Vry

Volkswirtschaftslehre

umweltfreundlich
... weil auf chlor- und säurefrei
gefertigtem Papier gedruckt

www.kiehl.de

Lehrbücher für die berufliche Weiterbildung

Volkswirtschaftslehre

Von Diplom-Volkswirt Wolfgang Vry

10., völlig neue Auflage

kiehl

Zur Herstellung dieses Buches wurde chlor- und säurefrei gefertigtes Recyclingpapier, zur Umschlagkaschierung eine Folie verwendet, die bei der Entsorgung keine Schadstoffe entstehen lässt. Auf diese Weise wollen wir einen aktiven Beitrag zum Schutz unserer Umwelt leisten.

ISBN: 978-3-470-**63150**-9 · 10., völlig neue Auflage 2009

Druck: Präzis-Druck, Karlsruhe – wa

Vorwort

Das hier vorgelegte Buch lehnt sich in Inhalt und Gliederung eng an die Rahmenlehrpläne für *Fachwirte und Fachkaufleute* an, an die es sich auch hauptsächlich wendet; es soll sie als Lehr- und Arbeitsbuch während des Vorbereitungskurses begleiten und ihnen schließlich helfen, sich angemessen auf die Prüfung vorzubereiten.

In Inhalt und im Aufbau stimmen die Ausführungen aber auch zum größten Teil mit Rahmenlehrplänen der *gymnasialen Oberstufe* für das Fach Volkswirtschaftslehre (Wirtschaftstheorie und -politik, Wirtschaftslehre, Wirtschaftswissenschaften) überein, sodass das Buch in einzelnen Bundesländern sinnvoll zumindest auch in Grundkursen genutzt werden kann. Das Buch ist gelegentlich für den Einsatz im BWL-Studium als Einführung in das Fachgebiet und als Propädeutik für angehende Volkswirte empfohlen worden.

Die notwendige didaktische Reduktion des Stoffes sowie die Beschränkung auf die vorgegebenen Themen und den erforderlichen Umfang zwingt zur Vernachlässigung einiger Stoffgebiete und gelegentlich zur Verkürzung einzelner Aspekte. Erhalten bleibt aber der folgende Zusammenhang:

Innerhalb einer staatlich regulierten und kontrollierten Ordnung produzieren Unternehmen Güter und Dienstleistungen, weil sie auf der Grundlage entsprechender Informationen die Nachfrage von anderen Unternehmen, von privaten und öffentlichen Haushalten einschließlich des Auslands dafür erwarten. Für die Produktion verwenden sie Faktoren, die sie kaufen müssen, für die sie also Ausgaben haben. Diese fließen den Verkäufern der Faktoren als Einkommen zu. Die Einkommensbezieher können dadurch die Güter und Dienstleistungen kaufen, die die Unternehmen produziert haben. Diese Tauschvorgänge – Kauf und Verkauf der Güter – finden auf Märkten statt. Märkte koordinieren so die Pläne der Anbieter und Nachfrager. Die Ordnung, Steuerung und Lenkung dieser Vorgänge ist Aufgabe der Wirtschaftspolitik.

Dem systematischen und methodisch sinnvollen Aufbau der Darstellung dieses Zusammenhangs folgt die *Gliederung* des Buches. In einer Einführung werden die Grundfunktionen „Produzieren" und „Verbrauchen" erarbeitet, dann zur Definition wichtiger Begriffe benutzt, in Statistiken veranschaulicht und schließlich zur Beschreibung einzelner Probleme, wie Marktvorgänge, Wirtschaftsordnung und Konjunktur herangezogen. Themen, die die Pläne nicht ausdrücklich oder nicht in diesem Umfang vorsehen, dienen der Vervollständigung und Vertiefung eines Stoffgebietes und werden dem Leser zur Erarbeitung empfohlen. Darüber hinaus sind in den Anhang aufbereitete Materialien aufgenommen worden, die der Ergänzung des Unterrichts und der weitergehenden Information dienen sollen.

In größere Problembereiche wird mit ausführlichen *Beispielen* eingeführt. Sie enthalten Hinweise auf die besondere Problematik und nennen bereits Begriffe, die anschließend erläutert und ergänzt werden. Diese Beispiele sollen einerseits Erfahrungen und Kenntnisse der Leser und Leserinnen aktivieren, andererseits ihr Interesse wecken, indem sie sie auf die Betroffenheit von Menschen durch wirtschaftliche Vorgänge hinweisen. Daneben sollen sie durch die Wiederholung von Namen und Sachverhalten den Zusammenhang aller Themenbereiche dieses Buches verdeutlichen.

Die für das Buch aufbereiteten Zahlen sind relativ gut zugänglich, die Quellen können deshalb zur Aktualisierung herangezogen werden. Auf die Darstellung von Statistiken in Diagrammen und Schaubildern wird weitgehend verzichtet; erfahrungsgemäß ist es (auch im Hinblick auf die Erfordernisse handlungsorientierten Unterrichts) sinnvoll, Kursteilnehmer bzw. Schüler Statistiken in Diagramme aufbereiten zu lassen, damit sie sich angemessen mit deren Aussagen beschäftigen. Im Übrigen veröffentlichen viele Tageszeitungen in ihren Wirtschaftsteilen Schaubilder zur Veranschaulichung von Statistiken; diese können von den Kursteilnehmern bzw. Schülern gesammelt, in den Unterricht eingebracht und diskutiert werden.

Das Buch kann wegen des umfangreichen Stichwortverzeichnisses auch als Nachschlagewerk genutzt werden. Sein Ziel ist aber, den Benutzer an den zusammenhängenden Text heranzuführen, ihn anzuleiten, sich mit dem Text zu beschäftigen, zu lesen. Deshalb wird auch auf Hervorhebungen durch farbliche Textmarkierungen verzichtet und mit Markierungen durch Fettdruck sparsam umgegangen. Lediglich am Ende eines Abschnitts wird im Allgemeinen ein Sachverhalt durch ein Struktogramm zusammengefasst.

Mit den *Aufgaben* im Schlussteil des Buches kann der Stoff wiederholt werden. Sie haben unterschiedliche Schwierigkeitsgrade, neben einfachen Wiederholungsaufgaben, die lediglich eine Wiedergabe des im Buch behandelten Stoffes verlangen, stehen Aufgaben zur Übertragung und Anwendung des gelernten Stoffes sowie zur Beurteilung von Sachverhalten. Anregungen und Hinweise zur Lösung der Aufgaben sind ebenfalls angegeben. Auf die ausführliche *Einführung in den Aufgabenteil* wird verwiesen; sie enthält Hinweise auf die verschiedenen Arten von Aufgaben, auf die Anforderungsbereiche der Aufgaben usw.

Für die 10. Auflage wurde das ursprüngliche Konzept beibehalten. Das statistische Material und die Tabellen wurden anhand neuer Veröffentlichungen aktualisiert bzw. berichtigt und das Buch inhaltlich ergänzt. Für die Aktualisierungen wurden die letzten statistischen Jahrbücher (2008), Fischer Weltalmanach 2009, Deutschland in Zahlen des Instituts der deutschen Wirtschaft Köln 2008, die Jahresberichte von EZB und Bundesbank für 2008, die entsprechenden monatlichen Veröffentlichungen bis Herbst 2008 herangezogen. Der Bearbeitung liegen die neuen Regeln der Rechtschreibung zu Grunde.

Bad Oldesloe, im Januar 2009

Wolfgang Vry

Inhaltsverzeichnis

Vorwort 5
Inhaltsverzeichnis 7

1. Einführung 11

2. Wirtschaftliche Grundtatbestände 17
2.1 Grundfunktionen der Wirtschaft 17
2.1.1 Die Produktion 17
2.1.1.1 Produktion und Produktionsfaktoren 17
2.1.1.2 Güter (Systematik) 19
2.1.2 Der Konsum 20
2.1.2.1 Grundlagen 20
2.1.2.2 Bedürfnisse (Systematik) 20
2.2 Das Wirtschaften 22
2.3 Die besondere Bedeutung der öffentlichen Haushalte 23
2.4 Die Arbeitsteilung 24
2.5 Das Ergebnis und seine Verteilung 25

3. Produktion und Verbrauch im Wirtschaftskreislauf 29
3.1 Der einfache Wirtschaftskreislauf 29
3.2 Der erweiterte Wirtschaftskreislauf 30
3.3 Wertschöpfung und Volkseinkommen 32
3.4 Volkswirtschaftliche Gesamtrechnungen 39

4. Private Haushalte 45
4.1 Wirtschaftsrechnungen privater Haushalte 48
4.2 Armutsgefährdung 59
4.3 Wirtschaftspläne privater Haushalte 61
4.4 Der Nutzen 62
4.5 Der Grenznutzen 65
4.6 Die Nachfrage privater Haushalte 66
4.6.1 Die Nachfragefunktion 66
4.6.2 Die Elastizität der Nachfrage 69

5. Private Unternehmen 75
5.1 Arten, Standorte und Rechtsformen von Unternehmen 75
5.1.1 Arten von Unternehmen 75
5.1.2 Standortentscheidungen der Unternehmen 76
5.1.3 Rechtsformen der Unternehmen 79
5.1.3.1 Einzelunternehmen 79
5.1.3.2 Personengesellschaften 80
5.1.3.3 Kapitalgesellschaften 81
5.1.3.3.1 Die Gesellschaft mit beschränkter Haftung (GmbH) 82
5.1.3.3.2 Die Aktiengesellschaft (AG) 83
5.1.3.4 Der Gang an die Börse - Going Public 86
5.1.3.4.1 Gründe für den Börsengang 87
5.1.3.4.2 Vorbereitungen des Börsengangs 89
5.1.3.4.3 Ermittlung des Emissionspreises 90
5.1.3.4.4 Antrag auf Zulassung 82
5.1.3.5 Besondere Rechtsformen 93
5.1.3.6 Die Zusammensetzung der Aufsichtsräte 95
5.1.3.7 Die Publizitätspflicht der Unternehmen 96

5.2 Kooperation ... 97
5.3 Kartelle und Unternehmenszusammenschlüsse ... 99
5.4 Konzentration ... 101
5.5 Produktion und Produktionsfaktoren ... 108
5.6 Das Ertragsgesetz ... 109
5.7 Kosten ... 111
5.8 Das Angebot ... 115

6. Markt und Preisbildung ... 121
6.1 Der Markt ... 121
6.2 Marktformen ... 126
6.3 Preisbildungen ... 127
6.3.1 Angebotsmonopol ... 127
6.3.2 Polypol ... 129
6.3.3 Angebotsoligopol ... 130
6.4 Staatliche Preisvorschriften ... 131
6.5 Gefährdung der Marktfunktionen durch Spekulationen ... 133

7. Die Koordination der einzelwirtschaftlichen Pläne – Die Wirtschaftsordnung ... 135
7.1 Die Wirtschaftsordnung ... 137
7.2 Wirtschaftssysteme ... 139
7.3 Die freie Marktwirtschaft ... 141
7.4 Die soziale Marktwirtschaft ... 146
7.4.1 Einleitung ... 146
7.4.2 Die deutsche Volkswirtschaft nach dem Zweiten Weltkrieg ... 146
7.4.3 Grundlagen des Wiederaufbaus ... 148
7.4.3.1 Die Währungsreform ... 148
7.4.3.2 Die Liberalisierung der Märkte ... 149
7.4.3.3 Der Marshall-Plan ... 150
7.4.4 Der wirtschaftliche Aufschwung ... 151
7.4.5 Neoliberalismus und Ordoliberalismus ... 153
7.4.6 Die konstituierenden und regulierenden Prinzipien nach Walter Eucken ... 154
7.4.7 Soziale Marktwirtschaft ... 157
7.4.7.1 Die Regulierung des Wettbewerbs ... 158
7.4.7.2 Der soziale Aspekt in der sozialen Marktwirtschaft ... 159

8. Wirtschaftspolitik ... 163
8.1 Grundlagen und Grundfragen ... 163
8.2 Definition und Bereiche der Wirtschaftspolitik ... 163
8.3 Träger der Wirtschaftspolitik ... 164
8.4 Ziele der Wirtschaftspolitik ... 165
8.5 Mittel der Wirtschaftspolitik ... 167

9. Geld und Geldpolitik ... 169
9.1 Funktionen und Erscheinungsformen des Geldes ... 170
9.2 Geldschöpfung ... 172
9.3 Binnenwert der Währung ... 173
9.3.1 Das Preisniveau ... 173
9.3.2 Instabilität des Geldwerts: Inflation ... 177
9.3.3 Probleme bei Inflation ... 177
9.3.4 Ursachen der Inflation ... 178
9.4 Geldpolitik ... 179

9.4.1 Die Institutionen des ESZB ... 182
9.4.2 Die Ziele und Aufgaben des ESZB ... 185
9.4.3 Die Grundlagen der Geldpolitik ... 186
9.4.4 Die Instrumente der Geldpolitik ... 190
9.4.4.1 Offenmarktgeschäfte ... 191
9.4.4.2 Ständige Fazilitäten ... 195
9.4.4.3 Mindestreserven ... 195

10. Konjunktur und Konjunkturpolitik ... 197
10.1 Exkurs: Gleichgewicht und Ungleichgewicht ... 197
10.1.1 Die gesamtwirtschaftliche Nachfrage nach Gütern ... 199
10.1.2 Das Gleichgewicht auf dem Gütermarkt ... 202
10.1.3 Der Multiplikatorprozess ... 204
10.2 Konjunkturzyklen ... 205
10.3 Konjunkturindikatoren ... 210
10.4 Konjunkturpolitik ... 212
10.4.1 Das Stabilitätsgesetz ... 213
10.4.1.1 Die Bedeutung des Gesetzes ... 213
10.4.1.2 Ziele und Instrumente des Stabilitätsgesetzes ... 214
10.4.2 Geld- und Kreditpolitik ... 216
10.4.3 Fiskalpolitik ... 216

11. Wachstum und Wachstumspolitik ... 217
11.1 Produktion und Wachstum ... 217
11.2 Gründe für und gegen Wachstum ... 219
11.3 Wachstumspolitik ... 220

12. Strukturwandel und Strukturpolitik ... 223
12.1 Strukturpolitik ... 223
12.2 Strukturen und Strukturwandel ... 224
12.3 Ziele und Instrumente der sektoralen Strukturpolitik ... 226
12.4 Die regionale Strukturpolitik ... 227

13. Beschäftigungspolitik ... 229
13.1 Erwerbstätigkeit ... 230
13.2 Arbeitslosigkeit ... 233
13.3 Arten der Arbeitslosigkeit ... 238
13.4 Bereiche und Maßnahmen der Beschäftigungspolitik ... 241
13.4.1 Beschäftigungspolitik i. e. S. ... 241
13.4.2 Arbeitsmarktpolitik ... 242
13.4.2.1 Aktive Arbeitsmarktpolitik ... 243
13.4.2.2 Passive Arbeitsmarktpolitik ... 245
13.4.3 Kollektivvertragliche Regelungen ... 250

14. Einnahmen und Ausgaben des Staates (Finanzpolitik) ... 253
14.1 Finanzpolitik und staatliche Aufgaben ... 253
14.2 Einnahmen des Staates ... 254
14.2.1 Einnahmearten ... 254
14.2.2 Steuern ... 255
14.2.2.1 Steuerdefinition und Grundbegriffe ... 255
14.2.2.2 Grundsätze der Besteuerung ... 256
14.2.2.3 Einteilung der Steuerarten ... 257
14.2.2.4 Steuertarife ... 259
14.2.2.5 Steuerabwehr ... 264

14.3 Ausgaben des Staates 265
14.4 Schulden des Staates 268
14.4.1 Öffentliche Kreditaufnahme 268
14.4.2 Grenzen der Staatsverschuldung 270
14.5 Der Staatshaushalt 271
14.6 Beispiele für Steuern 273
14.6.1 Einkommensteuer 273
14.6.1.1 Kennzeichen 274
14.6.1.2 Steuerbefreiende Ausgaben 274
14.6.1.3 Schematische Darstellung: Von den „Einnahmen" zum „Zu versteuernden Einkommen" 276
14.6.2 Gewerbesteuer 277
14.6.2.1 Kennzeichen der Gewerbesteuer 277
14.6.2.2 Berechnung 277
14.6.3 Umsatzsteuer 279
14.6.4 Körperschaftsteuer 282

15. Außenwirtschaft 285
15.1 Gründe für Außenhandel 285
15.2 Der deutsche Außenhandel 287
15.3 Terms of Trade 289
15.4 Außenhandelspolitik 290
15.5 Wechselkurse 291
15.5.1 Entstehung von Wechselkursen 291
15.5.2 Freie Wechselkurse 293
15.5.3 Feste Wechselkurse 294
15.6 Die Zahlungsbilanz 295
15.6.1 Aufgaben und Systematik 295
15.6.2 Inhalt der Zahlungsbilanz 296
15.6.3 Zahlungsbilanzgleichgewicht und -ungleichgewicht 299
15.6.4 Die Entwicklung der deutschen Zahlungsbilanz 301
15.7 Die deutsche Volkswirtschaft im internationalen Wirtschafts- und Währungsgefüge 301
15.7.1 Das Bretton-Woods-Abkommen 301
15.7.2 Der Internationale Währungsfonds (IWF) 302
15.7.3 Das Europäische Währungssystem (EWS) 303
15.7.4 Die Europäische Währungs- und Wirtschaftsunion (EWWU) 305
15.7.4.1 Die Entwicklung der Gemeinschaftswährung EURO 305
15.7.4.2 Konvergenz 308
15.7.4.3 Der Wechselkursmechanismus II 312
15.7.4.4 Der Stabilitäts- und Wachstumspakt 314
15.7.4.5 Die Bedeutung der Gemeinschaftswährung EURO 316
15.7.4.6 Die Euro-Zone – ein optimales Währungsgebiet 317
15.7.4.7 Der Außenwert des Euro 318
15.7.4.8 Wichtige Strukturdaten zur Europäischen Währungs- und Wirtschaftsunion 320

Anhang I: Das Stabilitätsgesetz 327
Anhang II: Steuern im Überblick 335
Anhang III: EU-Mitgliedstaaten – wirtschaftliche Strukturdaten 339
Anhang IV: EU-Mitgliedstaaten – Import- und Exportgüter, Import- und Exportländer 341

Aufgaben 345
Lösungen 389
Stichwortverzeichnis 477

1. Einführung

Altenaue, eine Kreisstadt im südlichen Schleswig-Holstein mit etwa 20.000 Einwohnern, ein „Wirtschaftszentrum im Aufbau" zwischen den Großstädten Lübeck und Hamburg, hat umfangreiche Gebiete an den beiden großen Ausfallstraßen für Unternehmensansiedlungen erschlossen und ist in ihren Bemühungen, Industrie- und andere Unternehmen dafür zu interessieren, bisher recht erfolgreich gewesen.

Ruhigere, bereits im Grünen gelegene Gebiete wurden als Bauland für den privaten Wohnungsbau ausgewiesen. Die Nachfrage nach den Grundstücken war sehr groß, viele bauwillige Altenauer und Neubürger haben inzwischen mehr oder weniger aufwändige Einfamilienhäuser bauen können.

Altenaue liegt im Einzugsgebiet der beiden Großstädte Lübeck und Hamburg; die Verkehrsanbindung an diese Städte über eine dreispurige Autobahn und mit stündlich verkehrenden Eilzügen ist sehr gut. Lübeck und Hamburg sind deshalb als Einkaufsstädte für die Altenauer von erheblicher Bedeutung. Das zwingt die Altenauer Einzelhändler zu einer Verbesserung ihres Leistungsangebots, d. h. zur Anpassung und Ausweitung der Sortimente und zu gemeinschaftlichen Bemühungen in einer Kooperationsgemeinschaft, um die Attraktivität der Stadt zu erhöhen. Nicht zuletzt ihrem Einfluss ist es zuzuschreiben, dass Pläne, die Innenstadt in eine Fußgängerzone umzugestalten, verwirklicht werden konnten. Bei dieser Gelegenheit wurden auch mit finanzieller Unterstützung des Landes Hausfassaden restauriert, Plätze neu gestaltet, Brücken über das Flüsschen gebaut, Wege angelegt u. a. So hat die Stadt an Attraktivität gewonnen, es lebt sich recht angenehm in Altenaue.

Das findet auch Familie Bohlsen, die vor einigen Jahren ein Grundstück von der Stadt kaufen konnte und nach Fertigstellung des Einfamilienhauses aus der gemieteten Wohnung in Lübeck hierher zog. Friedhelm Bohlsen, 45 Jahre, ist weiterhin als Abteilungsleiter bei der Großhandlung Anton Müller KG in Lübeck tätig, aus dieser Tätigkeit bezieht er ein entsprechend hohes Einkommen. Seine Frau Renate, 42 Jahre, hat vor der Geburt des ersten Kindes ihre Anstellung als MTA bei einer Kinderklinik aufgegeben und war bisher „Nur-Hausfrau". Das Ehepaar hat zwei Kinder, Caroline (17) und Christine (14), die in Altenaue zur Schule gehen.

Statistisch gehören die Bohlsens zu den besser situierten Haushalten. In ihrem Ausgabeverhalten entsprechen sie aber nicht der Statistik. Durch den Hausbau sind die Bohlsens erheblich belastet, etwa 40 % des Einkommens müssen für Tilgung und Verzinsung der Hypotheken und Baudarlehen an die Städtische Sparkasse und andere Darlehensgeber gezahlt werden.

Vom verbleibenden Einkommen sind alle übrigen Ausgaben zu bestreiten, also z. B. für Versicherungen, Kleidung, übrige Lebenshaltung, Ausbildung der Kinder, Bücher usw. So muss das Ehepaar Bohlsen mit den verfügbaren Mitteln äußerst wirtschaftlich umgehen, z. B. häufig auf die gemeinsame Urlaubsreise und auf den Zweitwagen verzichten. Nicht verzichten will man dagegen auf den Musikunterricht für die Kinder, das bedeutet aber an anderen Stellen noch mehr sparen.

Der Verkauf des Hauses könnte zwar viele Probleme lösen, kommt aber für die Familie Bohlsen nicht in Betracht. Es sind eher außerökonomische Gründe, die sie vom Hausverkauf abhalten: emotionale Beziehungen, Bereicherung des Familienlebens u. Ä. Allerdings zeigt auch das Beispiel des Freundes Karl Heinzen, wie problematisch und ökonomisch zumindest fragwürdig derzeit ein Hausverkauf ist. Karl, der seit einiger Zeit arbeitslos ist und deshalb die hohen Belastungen nicht mehr tragen kann, wurde sein Haus erst nach monatelangen Bemühungen und nachdem er seine Preisvorstellungen stark reduziert hatte los. Viele Hausbesitzer können die Hypotheken nicht mehr bedienen, Arbeitslosigkeit führt zur Verminderung des Familieneinkommens, Verkauf oder Zwangsversteigerung sind die Folgen. Dem relativ hohen Angebot von solchen Häusern steht eine relativ geringe Nachfrage gegenüber, evtl. als Folge einer gewissen Marktsättigung, aber sicher auch als Folge der Angst vor Verschuldung und hohen Finanzierungskosten.

Das seit Universitätstagen mit den Bohlsens befreundete Lehrerehepaar Schuster (beide als Oberstudienräte unkündbar berufstätig und kinderlos) kennt keine Schwierigkeiten der aufgezeigten Art. Sie haben ein Haus, in dem eine Wohnung gut vermietet ist, können relativ viel sparen und Geld in Aktien anlegen.

Die Gefahr, arbeitslos zu werden, besteht auch für Friedhelm Bohlsen nicht. Sein Arbeitsplatz ist ziemlich sicher. Zwar hat das Unternehmen, in dem er die Abteilung Innere Verwaltung leitet, 15 Arbeitskräfte entlassen müssen; doch gilt Bohlsen als erfahrener, theoretisch versierter Betriebswirt, der zudem ständig um seine Fortbildung bemüht ist, neue Kenntnisse und Erkenntnisse engagiert in das Unternehmen einbringt. Auf ihn wird man deshalb auch im Hinblick auf beabsichtigte Veränderungen in Organisation und Absatz nicht verzichten können.

Friedhelm Bohlsens Arbeitgeber ist die ***Großhandlung Anton Müller KG****, die von dem Großvater des derzeitigen Komplementärs um 1895 gegründet wurde. Der Tradition entsprechend handelt das Unternehmen vorwiegend mit Waren des Lebens- und Genussmittelbereichs, hat jedoch vor einiger Zeit das Sortiment um Warengruppen des Non-Food-Bereichs erweitert. Die Konzentrationsbewegung und der Kooperationstrend im Handel, die zunehmende Bedeutungslosigkeit des „klassischen“ (bisher vorwiegend beschrittenen) Absatzweges über den selbstständigen mittelständischen Einzelhandel werfen auch für Anton Müller KG Probleme auf, die die Nachfolgegeneration, Anton und Ludwig Müller, zurzeit noch Kommanditisten, bald – spätestens nach dem Ausscheiden von Anton Müller sen. – lösen müssen. Geplant ist der Ausbau der Kooperation in freiwilligen Ketten, beabsichtigt ist die Organisation eines C & C-Lagers, gedacht wird aber auf lange Sicht auch an ein Engagement im Einzelhandel. Diese Expansion wird teuer werden und nicht ohne Risiko sein. Die Umwandlung der KG in eine GmbH wird deshalb bereits erwogen.*

An diesem Donnerstag benötigt Renate Bohlsen den PKW; sie will gemeinsam mit den Kindern Tante Johanna vom Flughafen in Hamburg abholen. Die Tante, die nach dem Tod ihres Mannes recht gut von einer Rente und von den Erträgen aus dem von ihrem Mann angelegten Vermögen lebt, will nach einem Auslandsaufenthalt vor der Heimreise nach Düsseldorf ihre Nichte und deren Familie in Altenaue besuchen. Man freut sich auf den Besuch, ist auch der Tante, die gelegentlich großzügig Finanzierungsprobleme des Haushalts Bohlsen lösen hilft, zu Dank verpflichtet. Friedhelm Bohlsen nimmt die Unbequemlichkeit, heute mit dem Zug nach Lübeck fahren zu müssen, gern auf sich, zumal die Verbindungen recht gut sind. Er nutzt die Fahrt, um die AMZ (Altenauer Mittagszeitung) vom Vortag durchzublättern. Die AMZ berichtet an diesem Tag u. a.

- *über „negative Konjunktur" („Die Wirtschaftszahlen des Statistischen Landesamts Schleswig-Holstein zeigen negative konjunkturelle Entwicklungen.") Umsätze und Aufträge im verarbeitenden Gewerbe seien zurückgegangen,*

- *über eine Arbeitsplatzoffensive der Landesregierung, deren Ziel es sei, 12.000 neue Arbeitsplätze zu schaffen,*

- *über die Werftenkrise, von der das Bundesland Schleswig-Holstein besonders betroffen ist,*

- *über die Kritik der Werften an dem Tarifabschluss im Metallbereich, der die Lage der Schiffbauindustrie im internationalen Wettbewerb nicht berücksichtige,*

- *über die Arbeitsmarktsituation im Kreis Altenaue, die nach Ansicht der SPD keinen Grund für optimistische Beurteilung biete,*

- *über das hohe Zinsniveau in den USA und über die möglichen Folgen für das Zinsniveau in der Bundesrepublik.*

Die einfachen Beispiele dieser Einführung sollen exemplarisch veranschaulichen, was Volkswirtschaft eigentlich ist und womit sich die Volkswirtschaftslehre befasst. Es werden Probleme aufgezeigt, Sachverhalte angerissen und Menschen und Institutionen vorgestellt, die von diesen Problemen berührt werden und die in diesen Sachverhalten handeln.

Da sind zunächst **private Haushalte**, die Einkommen in unterschiedlicher Höhe dadurch beziehen, dass sie bei Unternehmen oder beim Staat arbeiten, dass sie Kapital ertragbringend in Wertpapieren oder in Mietshäusern angelegt haben, dass sie Rentenansprüche erwerben konnten oder dass sie Arbeitslosengeld bzw. -hilfe beziehen. Sie entscheiden über die Ausgaben der so erworbenen Mittel für den Kauf von Gütern zur Befriedigung von Bedürfnissen oder für die Vermögensbildung.

Dann ist da ein Großhändler, der exemplarisch für die privaten **Unternehmen**, zu denen selbstverständlich auch die Industrie-, Dienstleistungs- u. a. Unternehmen gehören, steht. Sie stellen Leistungen her, die sie gewinnbringend verkaufen wollen. Zur Herstellung dieser Leistungen benötigen sie die Arbeitskraft der Haushalte und andere Faktoren (z. B. Waren, Rohstoffe), die sie kaufen müssen, die also Ausgaben verursachen. Diese Ausgaben der Unternehmen bedeuten für die Verkäufer der Faktoren Einnahmen. So entsprechen z. B. die Lohnkosten der Unternehmen den Arbeitseinkommen der Haushalte.

Schließlich wird eine Gemeinde vorgestellt und das Land, zu dem sie gehört. Beide stehen beispielhaft für **öffentliche Haushalte**, den **Staat** i. w. S. Sie haben Einnahmen u. a. aus Steuern, die sie zur Finanzierung ihrer vielfältigen Ausgaben einsetzen: Verkehrseinrichtungen, Verschönerung des Stadtbildes, Einrichtung von Schulen, Beamtenbesoldung u. a. Auch zur Erfüllung seiner wirtschaftspolitischen Aufgaben benötigt der Staat Einnahmen, z. B. für Beschäftigungsmaßnahmen, für Subventionen.

Mit der Städtischen Sparkasse wird ein Beispiel für die **Banken** genannt. Banken sind zwar einerseits Unternehmen, andererseits haben sie als „Kapitalvermittler" eine besondere Bedeutung. Sie sollen deshalb hier gesondert aufgezählt werden.

Private Haushalte, Unternehmen, Staat (öffentliche Haushalte) und Banken werden als **Wirtschaftssubjekte** bezeichnet. Wirtschaftssubjekte sind Personen oder Personengruppen und Institutionen, die wirtschaftliche Entscheidungen treffen. Diese Wirtschaftssubjekte werden zu den Sektoren private Haushalte, private Unternehmen und Staat zusammengefasst. Daneben ist der Sektor Ausland („übrige Welt") von Bedeutung; in diesem Sektor sind die Wirtschaftssubjekte des Auslands (Haushalte, Unternehmen, staatliche Einrichtungen), die mit Wirtschaftssubjekten des Inlands in wirtschaftlichen Beziehungen stehen, zusammengefasst. Die Zusammenfassung aller Sektoren ist die Volkswirtschaft.

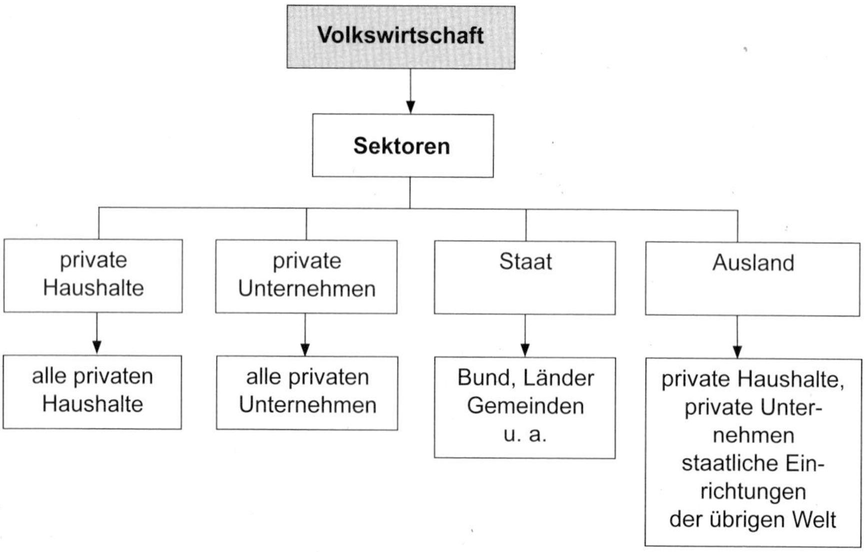

Die Einführung soll auch zeigen, dass zwischen den Wirtschaftssubjekten in einer Volkswirtschaft erhebliche Abhängigkeiten und Zusammenhänge bestehen können. Z. B. muss Friedhelm Bohlsen arbeiten, um die Mittel für die Finanzierung seiner Haushaltsausgaben zu verdienen, z. B. auch, um die Leistungen seines Arbeitgebers – über den Einzelhandel – kaufen zu können. Sein Arbeitgeber kann diese Leistungen aber nur produzieren, weil Bohlsen und andere ihm dabei helfen. Ein Unternehmen wird nur dann Leistungen produzieren und anbieten, wenn sie auch nachgefragt werden. Das heißt aber auch, die Nachfrager müssen über die für den Kauf erforderlichen Mittel verfügen können oder bereit sein, sich entsprechend zu verschulden, wodurch dann weitere Abhängigkeiten zwischen Wirtschaftssubjekten aufgebaut werden.

Aus der Einführung lassen sich weitere Beispiele für Abhängigkeiten (z. B. zwischen privaten und öffentlichen Haushalten) ableiten. Andere, weltweite Abhängigkeiten, werden angedeutet, so ist z. B. die Höhe der Zinsen, die der Haushalt Bohlsen für seine Hypotheken zu zahlen hat, auch vom amerikanischen Zinsniveau abhängig, so wird z. B. der Arbeitsplatz des Arbeiters auf einer schleswig-holsteinischen Werft gefährdet durch seinen „Kollegen" auf einer koreanischen Werft.

Den Teilbereich der sozialen Wirklichkeit, den die Beispiele beschreiben, bezeichnet man als **Volkswirtschaft**. Mit ihr befasst sich die Volkswirtschaftslehre, die neben der Betriebswirtschaftslehre ein **Teilgebiet der Wirtschaftswissenschaften** ist. Das Objekt der Volkswirtschaftslehre lässt sich folgendermaßen verkürzt umschreiben:

Innerhalb einer staatlich regulierten Ordnung produzieren Unternehmen Güter und Dienstleistungen, weil sie auf der Grundlage entsprechender Informationen die Nachfrage von anderen Unternehmen, von privaten und öffentlichen Haushalten einschließlich des Auslandes dafür erwarten. Für die Produktion verwenden sie Faktoren, die sie kaufen müssen, für die sie also Ausgaben haben. Die Einkommensbezieher können dadurch die Güter und Dienstleistungen kaufen, die die Unternehmen produziert haben. Der Staat setzt mit der Wirtschaftspolitik Rahmenbedingungen, regelt die Geldversorgung, nimmt Umverteilungen usw. vor.

Dieser Text reißt einige Problembereiche an, die sich in folgenden Fragestellungen zusammenfassen lassen.

- Welche Güter und Leistungen werden in welchem Umfang wann produziert?
- Für wen wird produziert? Wer erhält wie viel vom Produktionsergebnis?
- Mit welchen Faktoren wird produziert?
- Wie werden die Pläne von Käufern und Verkäufern koordiniert?
- Welche Rolle spielt der Staat?

Diese Fragestellungen weisen auf die Teilgebiete der Volkswirtschaftslehre hin. Sie werden im Folgenden kurz dargestellt und von der Betriebswirtschaftslehre abgegrenzt.[1]

Die **Wirtschaftstheorie** will mithilfe allgemein gültiger, logischer Aussagen, mit Modellen Einsichten in wirtschaftliche Zusammenhänge verschaffen. Sie **analysiert, was ist, und erklärt, warum es so ist**. Es ist üblich (wenn auch nicht immer sinnvoll), die Wirtschaftstheorie in die Teilbereiche **Mikroökonomik** und **Makroökonomik**[2] einzuteilen; die Mikroökonomik befasst sich mit einzelwirtschaftlichen, die Makroökonomik mit gesamtwirtschaftlichen Sachverhalten. Betrachtungsgegenstände der Mikroökonomik sind z. B. die privaten Haushalte und Unternehmen, die Preisbildung und die Verteilung, der Makroökonomik z. B. der Wirtschaftskreislauf, die Geldtheorie, das Wirtschaftswachstum.

---

[1] in Anlehnung an: Woll, Artur: Allgemeine Volkswirtschaftslehre, München und Wöhe, Günter: Einführung in die Allgemeine Betriebswirtschaftslehre, München

[2] von mikro... (gr.) - klein... und makro... - groß..., lang...

Die **Wirtschaftspolitik**, besser: die Theorie der Wirtschaftspolitik, analysiert Ziele und Mittel der staatlichen Wirtschaftspolitik, sie setzt dazu die wirtschaftstheoretischen Aussagen voraus. Sie **will zeigen, was sein kann**, welche Ziele mit welchen Mitteln erreicht werden können, welche Konsequenzen bestimmte Zielverfolgungen haben.

Die **Wirtschaftsgeschichte fragt nach der Entstehung von Sachverhalten**. Sie ist Voraussetzung für Wirtschaftstheorie und -politik. Sie will beschreiben, wie etwas war, wie es sich verändert und entwickelt hat und evtl. wie es heute ist. In diesen Bereich gehört auch die Geschichte der nationalökonomischen Lehrmeinungen.

Gegenstand der **Finanzwissenschaft** ist die Finanzwirtschaft, die Wirtschaft der öffentlich-rechtlichen Körperschaften (Bund, Länder, Gemeinden, Kreise). Die Finanzwissenschaft befasst sich mit Fragen der Steuererhebung, der Produktion öffentlicher Güter, Wirkungen von Steuererhebungen und Haushaltsdefiziten usw.

Das zweite große Teilgebiet der Wirtschaftswissenschaften ist die **Betriebswirtschaftslehre**. Sie befasst sich mit Aspekten des Wirtschaftens in Unternehmen bzw. Betrieben. Sie analysiert wirtschaftliche Fragen im Zusammenhang mit den Zielsetzungen des Betriebes (z. B. Gewinnmaximierung), mit dem Aufbau des Betriebes (z. B. Aufbauorganisation, Weisungssysteme, Wahl des Standortes), mit der Durchführung der Leistungserstellung und -verwertung (z. B. Beschaffung, Produktion, Absatz, Preisbildung, Finanzierung).

2. Wirtschaftliche Grundtatbestände

2.1 Grundfunktionen der Wirtschaft

Im Einführungsbeispiel wurde das folgende grundsätzliche Problem angerissen: Unternehmen produzieren Leistungen i.w.S., die von anderen Wirtschaftssubjekten (Unternehmen, Haushalten) gekauft werden. Haushalte können die Produkte aber nur kaufen, wenn sie auch die nötigen Mittel dazu, z. B. durch Arbeit, verdient haben. Verkürzt lässt sich also sagen: Unternehmen können nur produzieren, wenn konsumiert wird. **Produktion** und **Konsum** können deshalb als die **Grundfunktionen der Wirtschaft** bezeichnet werden.

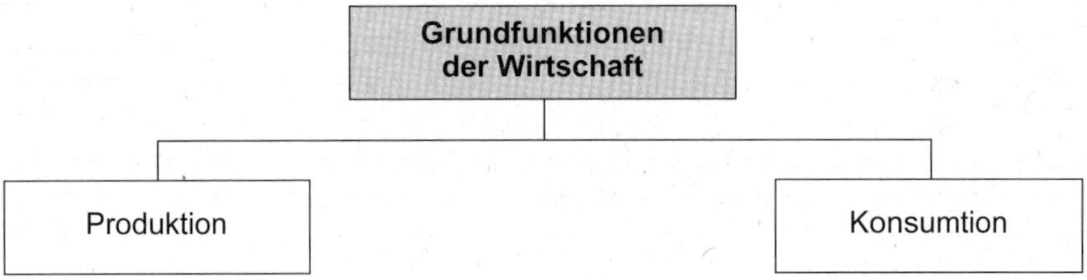

2.1.1 Die Produktion

In den Unternehmen der Urproduktion, des Bergbaus, der Industrie, des Handwerks, aber auch des Handels, des Bankensystems, der Versicherungen werden Güter, Dienste und Leistungen produziert. Dabei sind diese Unternehmen darauf aus, Gewinne zu erwirtschaften; sie verfolgen i.d.R. also ausschließlich ökonomische Ziele. Betriebe sind die produktionstechnischen Bereiche der Unternehmen. Ein Unternehmen kann also u. U. mehrere Betriebe haben. Die meisten Unternehmen haben jedoch nur einen Betrieb, die Unterscheidung ist deshalb schwierig. Ein Unternehmen und der dazugehörende Betrieb stellen sich für den Betrachter meistens als eine Einheit dar.

2.1.1.1 Produktion und Produktionsfaktoren

Unter Produktion wird die planmäßige **Kombination von Produktionsfaktoren** zur Erstellung von Leistungen verstanden. Ein Fertigungsunternehmen benötigt zur Produktion von Gütern folgende Faktoren: Roh-, Hilfs-, Betriebsstoffe, Teile, Ersatzteile (als Materialien), Betriebsmittel (z. B. Maschinen, Fuhrpark, Hallen), den Faktor Arbeit (als sog. objektbezogene und als sog. dispositive Arbeit). Ein Handelsunternehmen muss für die Erstellung seiner Leistungen folgende Faktoren beschaffen: Waren, Räumlichkeiten, dispositive und ausführende Arbeit, Fuhrpark etc. Die aufgezählten Faktoren sind betriebswirtschaftliche, d. h. spezielle Produktionsfaktoren.

Alle speziellen Faktoren, die in den verschiedenen Bereichen zur Produktion gebraucht bzw. bei Produktion verbraucht werden, lassen sich auf die allgemeinen (volkswirtschaftlichen) **Produktionsfaktoren** zurückführen: **Arbeit, Boden und Kapital**. Der Produktionsfaktor **Arbeit** umfasst alle Formen menschlicher Arbeit, also z. B. die ausführenden Arbeiten in der Werkstatt, in der Fabrik, im Geschäft, im Büro, auf der Baustelle, die leitenden, planenden, kontrollierenden Arbeiten, die Tätigkeiten des Ingenieurs, des Erfinders usw. Der Produktionsfaktor **Boden** umschreibt die naturgegebenen Voraussetzungen der Produktion. Gemeint ist der Boden als betrieblicher Standort, als Quelle von Rohstoffen, als Nutzfläche, gemeint sind auch die betrieblich nutzbaren Naturkräfte, wie z. B. Wasserkraft.

Mit dem Produktionsfaktor **Kapital** benennt man die produzierten Voraussetzungen der Produktion, das sind die Maschinen, die Kraftwagen, die Hallen, Werftanlagen u. a.

Arbeit und Boden werden als originäre (d. h. ursprüngliche) Produktionsfaktoren bezeichnet. Das Kapital ist ein derivativer (d. h. abgeleiteter) Produktionsfaktor, abgeleitet aus Arbeit und Boden. Für die Be- und Ausnutzung von Produktionsfaktoren haben die Produzenten Ausgaben. Diese sind für diejenigen Einnahmen, die die Produktionsfaktoren zur Verfügung gestellt haben: Lohn, Gehalt usw. für den Produktionsfaktor Arbeit, Miet- und Pachteinnahmen für den Produktionsfaktor Boden, Zinsen, Gewinne bzw. Gewinnanteile, Dividenden für den Produktionsfaktor Kapital.

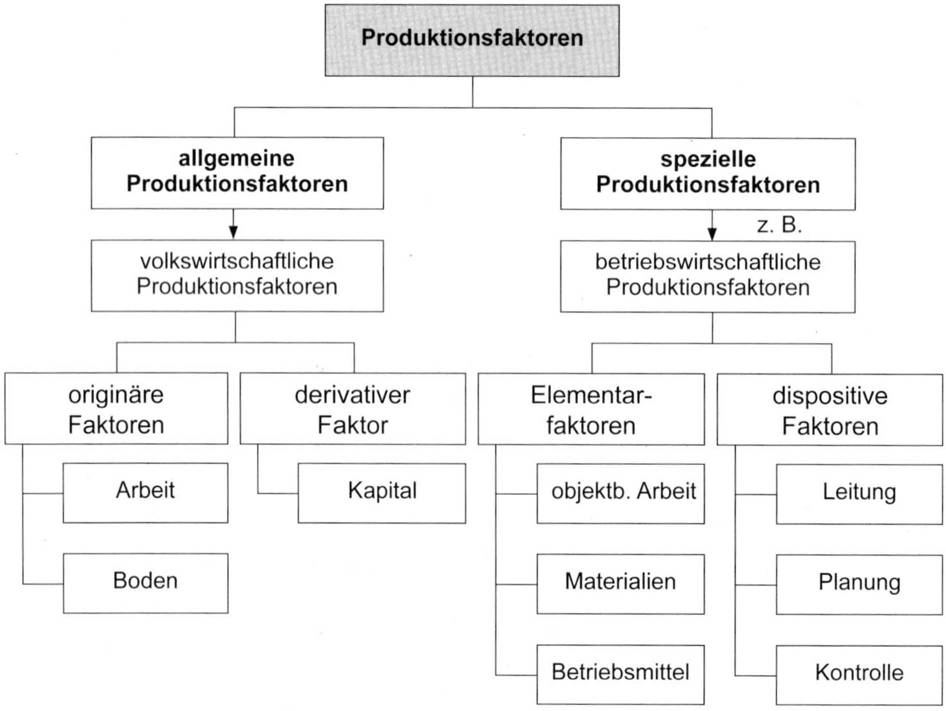

2.1.1.2 Güter (Systematik)

Die produzierten Güter i. w. S. lassen sich nach ihrer Verwendung in Haushalten oder Unternehmen als **Konsum- und Produktionsgüter** unterscheiden. Konsumgüter werden von Haushalten nachgefragt. Zu diesen Gütern gehören z. B. Kühlschränke, Lebensmittel, Medikamente, Pkw-Reparaturen in einer Kfz-Werkstatt. Produktionsgüter werden von Unternehmen nachgefragt. Zu ihnen können u. a. gezählt werden: Maschinen, Kraftwagen, Treibstoffe, Materialien. Konsum- und Produktionsgüter lassen sich jeweils unterteilen in Gebrauchsgüter, die dem längerfristigen Gebrauch dienen (z. B. Kühlschränke, Maschinen) und Verbrauchsgüter, die bei Verbrauch untergehen (z. B. Lebensmittel, Rohstoffe).

Ein anderes Einteilungskriterium für Güter ist ihr **Reifegrad**. Danach können Rohstoffe, Zwischenprodukte und Endprodukte unterschieden werden. Wenn Güter nach ihrer Beschaffenheit unterteilt werden, unterscheidet man materielle und immaterielle Güter. **Materielle Güter** sind z. B. Lebensmittel, Maschinen; als **immaterielle Güter** bezeichnet man u. a. Leistungen wie Rechtsberatungen.

Güter lassen sich auch nach der Beziehung zueinander unterscheiden. **Komplementäre Güter** sind Güter, die sich gegenseitig ergänzen und nur zusammen gebraucht werden können; z. B. ergänzt die Fensterscheibe den Fensterrahmen. **Substitute** können andere Güter ersetzen, sie erfüllen den gleichen Nutzen wie das ersetzte Gut; so kann in einem Haushalt das Streichfett Butter durch Margarine, in einem Unternehmen der Energieträger Kohle durch Öl ersetzt werden. **Limitationale Güter** begrenzen, „limitieren", sich gegenseitig; so benötigt z. B. ein Aggregat für eine bestimmte Leistung eine dadurch vorgegebene Menge an Energie.

Eine bedeutsame, für die folgenden Überlegungen wichtige Einteilung ist die in **freie** und **wirtschaftliche Güter**. Einteilungskriterium ist die Existenz von Preisen. Für freie Güter existiert kein Preis, sie sind frei verfügbar, z. B. Luft für uns alle, oder das Flusswasser für den Bootsfahrer. Wirtschaftliche Güter werden produziert, sie kosten etwas, der Produzent hat Ausgaben, diese schlagen sich im Verkaufspreis nieder. Die Höhe des Preises drückt den Grad der Knappheit aus. Weil Güter relativ knapp und evtl. teuer sind, ist ihre Beschaffung Gegenstand wirtschaftlicher Überlegungen.

Kriterien für die Unterscheidung von Gütern	Güterarten
Ort der Verwendung	Haushalts- und Unternehmensgüter
Art der Verwendung	Konsum- und Produktionsgüter
Reifegrad	Rohstoffe, Zwischenprodukte, Endprodukte
Beschaffenheit	materielle und immaterielle Güter
Beziehung zueinander	substitutionale, komplementäre, limitationale Güter
Existenz von Preisen	knappe und freie Güter

Tab. 2.1: Güterarten – Übersicht

2.1.2 Der Konsum

2.1.2.1 Grundlagen

Haushalte verbrauchen letztlich die von den Unternehmen produzierten und bereitgestellten Güter und Leistungen. Sie können sie beschaffen, weil ihnen u. a. Einnahmen aus dem Verkauf des Produktionsfaktors Arbeit zufließen. Andere Mittel für den Konsum können aus der Auflösung von Ersparnissen stammen.

Grundlage für den Konsum sind die **Bedürfnisse** der Haushalte. Bedürfnisse sind subjektiv empfundene Gefühle des Mangels mit dem Streben, diese Mangelgefühle zu beseitigen. Solche Bedürfnisse können z. B. Hunger, Durst, Feiern, Anerkennung, Selbstverwirklichung sein. Sie sind bestimmt von den Lebensumständen des „bedürftigen" Wirtschaftssubjekts, von seinem Alter, von der Werbung u. a.

Mit **Bedarf** fasst man die Summe der Bedürfnisse zusammen, die mit Kaufkraft ausgestattet sind. Er bildet die Grundlage der Nachfrage.

Der Teil der Einnahmen, der nicht in den Konsum geht, wird gespart. **Ersparnisse** sind also **Verzicht auf Konsum**.

2.1.2.2 Bedürfnisse (Systematik)

Der Versuch, Bedürfnisse zu systematisieren, stößt auf Schwierigkeiten. Zwar erkennt man leicht, dass die Bedürfnisse eines Wirtschaftssubjekts mit unterschiedlicher Stärke zur Befriedigung drängen. Hunger und Durst werden sicherlich als dringende, Bildung und Reisen vielleicht als weniger dringende Bedürfnisse empfunden, sodass die Einteilung in Existenzbedürfnisse (**Primärbedürfnisse**) und in Kultur- und Luxusbedürfnisse (**Sekundärbedürfnisse**) verständlich ist. Aber diese Einteilung lässt kaum eine verallgemeinernde Anwendung zu: Was für das eine Wirtschaftssubjekt Sekundärbedürfnisse sind, können für das andere durchaus Primärbedürfnisse sein.

Möglich ist auch die Einteilung in **naturgegebene** und **manipulierte Bedürfnisse**. Sie berücksichtigt die Tatsache, dass ein Mensch im Verlauf seiner primären und sekundären Sozialisation, durch Erziehung und andere Umwelteinflüsse (z. B. durch Werbung oder zwischenmenschliche Beziehungen) viele Bedürfnisse erst erwirbt.

Eine besondere Bedeutung hat die Einteilung in **Individual-** und **Kollektivbedürfnisse**. Die Bedürfnisse werden danach eingeteilt, ob sie vom Individuum oder vom Kollektiv, der öffentlichen Hand, befriedigt werden. So ist z. B. Bildung ein individuelles Bedürfnis, es kann aber weitgehend nur durch entsprechende Einrichtungen des Staates befriedigt werden und ist insofern ein Kollektivbedürfnis.

Verbreitet ist die **Einteilung der Bedürfnisse nach Maslow**. Diese Einteilung berücksichtigt einerseits die unterschiedliche Bedeutung von Bedürfnisschichten und andererseits die Rangordnung der Bedürfnisse. Maslow stellt die Bedürfnisschichten in einer Pyramide dar (vgl. Abb. 2.1).

Abb. 2.1: Maslow-Pyramide (Bedürfnisschichten)

1. Die unterste Bedürfnisschicht bilden die Grundbedürfnisse. Gemeint sind damit die Existenzbedürfnisse Hunger, Durst usw.

2. Die zweite Schicht gibt die Sicherheitsbedürfnisse an. Gemeint sind die Bedürfnisse, die darauf ausgerichtet sind, die Befriedigung der Grundbedürfnisse nachhaltig zu sichern, z. B. durch Versicherungen.

3. Die dritte Schicht meint die sozialen Bedürfnisse, Bedürfnisse nach Kontakten, Beziehungen etc.

4. Die Bedürfnisse der vierten Schicht sind die Wertschätzungsbedürfnisse, Bedürfnisse nach Anerkennung, Ansehen etc.

5. Die letzte Schicht beschreibt sog. Entwicklungsbedürfnisse, Selbstverwirklichungsbedürfnisse.

Mit der Form der Pyramide soll nicht nur die unterschiedliche quantitative Bedeutung der Bedürfnisschichten wiedergegeben werden, sondern auch eine Rangordnung in der Befriedigung der Bedürfnisse: Zunächst werden die Grundbedürfnisse vollständig, dann die Sicherheitsbedürfnisse zumindest zum großen Teil, dann die sozialen Bedürfnisse zumindest teilweise befriedigt usw.

Kriterien	Begriffe	Beispiele
Dringlichkeit	*Primärbedürfnisse* (Existenzbedürfnisse)	Hunger, Durst
	Sekundärbedürfnisse (Kultur- und Luxusbedürfnisse)	Theater-, Kirchenbesuch
Erwerb	*naturgegebene Bedürfnisse* (entstehen durch die natürlichen Bedingungen menschlicher Existenz)	Hunger, Durst
	manipulierte Bedürfnisse (werden im Verlauf des Sozialisationsprozesses erworben und/oder verändert)	Literatur, Kunst
Befriedigung	*Individualbedürfnisse* (Befriedigung erfolgt durch das Individuum)	Hunger, Durst
	Kollektivbedürfnisse (Befriedigung erfolgt durch die Gesellschaft)	Straßenbeleuchtung, Sicherheit
Dringlichkeit und Rangordnung (Bedürfnispyramide nach *Maslow*)	Einteilung in *fünf* Schichten: nach oben abnehmende Dringlichkeit und Bedeutung *1. Grundbedürfnisse*	Existenzbedürfnisse
	2. Sicherheitsbedürfnisse	Sicherung der Grundbedürfnisse
	3. soziale Bedürfnisse	Bedürfnisse nach Kontakten
	4. Wertschätzungsbedürfnisse	Anerkennung
	5. Entwicklungsbedürfnisse	Selbstverwirklichung

Tab. 2.2: Bedürfnisse – Einteilungskriterien

2.2 Das Wirtschaften

Die Wünsche der Menschen, die Bedürfnisse der Wirtschaftssubjekte, sind praktisch unbegrenzt. Aber die Güter als Mittel zur Bedürfnisbefriedigung stehen nur begrenzt zur Verfügung. Nahezu alle Güter sind im Verhältnis zu den Bedürfnissen der Wirtschaftssubjekte knapp.

Die Wirtschaftssubjekte sind deshalb ständig zu Überlegungen gezwungen, wie sie ihre Bedürfnisse mit der Knappheit der Güter in Einklang bringen können. Sie müssen darüber entscheiden, wie die knappen Mittel eingesetzt werden sollen, damit die Bedürfnisse mehr oder weniger, ganz oder gar nicht befriedigt werden. Sie müssen **wirtschaften**.

Wirtschaften ist rationales Handeln nach einem Plan, in dem die Wirtschaftssubjekte festlegen, in welcher Rangordnung die Bedürfnisse mit den verfügbaren, grundsätzlich begrenzten Mitteln befriedigt werden sollen, damit ein bestimmtes Ziel erreicht wird.

So könnte der Produktionsplan eines Unternehmens die planmäßige Verteilung der vorgegebenen Mittel auf die Produktionsfaktoren zur Produktion einer möglichst großen Gütermenge enthalten. Und der Haushaltsplan eines privaten Haushalts könnte umschrieben werden als die planmäßige Verteilung des Wirtschaftsgeldes auf die Güter und Dienstleistungen zur optimalen Versorgung des Haushalts.

In den Beispielen wird das **ökonomische Prinzip** angedeutet: Mit vorgegebenen Mitteln einen möglichst hohen Ertrag erzielen (Maximalprinzip). Nach dem ökonomischen Prinzip handelt auch ein Wirtschaftssubjekt, das ein bestimmtes Ziel mit möglichst geringen Mitteln erreichen will (Minimalprinzip).

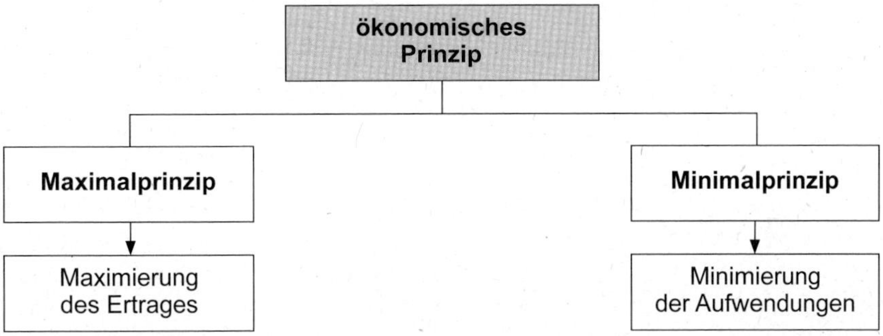

2.3 Die besondere Bedeutung der öffentlichen Haushalte

Auch öffentliche Haushalte haben Bedürfnisse im aufgezeigten Sinn, die sie befriedigen müssen. Sie produzieren Leistungen, die sie für die privaten Wirtschaftssubjekte bereitstellen. Dazu benötigen sie Faktoren, für die sie entsprechende Ausgaben haben. Auch öffentliche Haushalte müssen deshalb wirtschaften, mit knappen Mitteln wirtschaftlich umgehen, d. h. Pläne, Haushaltspläne, aufstellen.

Zu den öffentlichen Haushalten zählen u. a. die Gemeinden, die Kreise, die Länder, der Bund und die Sozialversicherungsträger. Sie produzieren zur Befriedigung von Kollektivbedürfnissen die entsprechenden Leistungen, z. B. in den Bereichen öffentliche Sicherheit, Versorgung, Verkehr, Bildungswesen.

Einige Leistungen werden bei Inanspruchnahme durch die Bürger direkt bezahlt, z. B. mit der Gebühr für den Reisepass, mit den Gebühren für den Stromverbrauch, beim Kauf der Straßenbahnkarte, beim Kauf der Eintrittskarte im Staatstheater. Für andere Leistungen werden Beiträge erhoben. So müssen z. B. Anlieger finanziell zum Bau eines Bürgersteiges beitragen u. Ä. Den größten Teil seiner Leistungen muss der Staat (wie die öffentlichen Haushalte im Folgenden verkürzt bezeichnet werden sollen) über Steuereinnahmen oder Kredite finanzieren.

Hier zeigt sich die besondere **Bedeutung des Wirtschaftssubjekts Staat**. Er vermindert die Nachfragemöglichkeiten der privaten Wirtschaftssubjekte, indem er von ihnen direkt oder indirekt Steuern einzieht. Aber der Staat verbessert auch die Nachfragemöglichkeiten bestimmter Haushalte und Unternehmen, indem er ihnen Transferzahlungen und Subventionen zukommen lässt.

Transferzahlungen sind Leistungen des Staates an Haushalte, die dafür keine direkte Gegenleistung erbringen müssen (z. B. Sozialhilfe, Renten, Beihilfen). **Subventionen** sind ähnliche Leistungen an Unternehmen, für die keine marktgerechte Gegenleistung erwartet wird. Sie sollen dazu beitragen, dass Ziele im öffentlichen Interesse erreicht werden; z. B. Erhaltung von Arbeitsplätzen, Aufrechterhaltung ausreichender Versorgung, Verbesserung der Wettbewerbsfähigkeit bestimmter Unternehmen, Unterstützung bestimmter Forschungsvorhaben.

Von großer Bedeutung ist die **Nachfrage des Staates** nach Schul- und Krankenhäusern, Straßenbauten, Rüstungsgütern, Einrichtungen usw. Der Staat erteilt Aufträge, die zur Produktion führen. Die dafür anfallenden staatlichen Ausgaben fließen den Unternehmen als Einnahmen zu.

Eine arbeitsteilige Volkswirtschaft kann nicht als reine Tauschwirtschaft, in der Güter gegen Güter getauscht werden, funktionieren. Der Staat muss deshalb für ein allgemein anerkanntes Tauschmittel sorgen, das auch zur Bewertung und Berechnung der Güter und Faktoren taugt, und seine Funktionsfähigkeit schützen. Dies Tauschmittel ist das Geld. Eine besonders wichtige Aufgabe des Staates ist also, die Volkswirtschaft mithilfe des Bankensystems mit ausreichenden Geldmitteln zu versorgen.

Der Staat richtet seine **Ausgaben nicht nach erwerbswirtschaftlichen Gesichtspunkten** aus, er will i. d. R. keinen Gewinn erzielen. Er hat andere Aufgaben: Er ordnet das wirtschaftliche Geschehen, er greift mit Transferzahlungen und Subventionen in das Wirtschaftsgeschehen ein, er kann zusätzlich nachfragen, wenn die Nachfrage der Haushalte und Unternehmen nachlässt. Dabei verfolgt er bestimmte, politisch vorgegebene Ziele. Auf diese Zusammenhänge wird noch einzugehen sein.

2.4 Die Arbeitsteilung

In seinem 1776 erschienenen Buch „Der Wohlstand der Nationen“ stellt Adam Smith fest: „Die Arbeitsteilung dürfte die produktiven Kräfte der Arbeit mehr als alles andere fördern und verbessern.“ Er beschreibt die Vorteile der Arbeitsteilung anhand des vielzitierten Beispiels aus der Stecknadelproduktion:

„Die Herstellung von Stecknadeln zerfällt in eine Reihe getrennter Arbeitsgänge, die zumeist zur fachlichen Spezialisierung geführt haben. Um eine Stecknadel anzufertigen, sind somit etwa 18 verschiedene Arbeitsgänge notwendig, die verschiedene Arbeiter besorgen.“ Auf diese Art, so seine Beobachtung, könnten zehn Arbeiter täglich 48.000 Nadeln herstellen, „hätten sie einzeln und unabhängig voneinander gearbeitet, so hätte der Einzelne gewiß nicht einmal 20 am Tage zustande gebracht“.[1]

Aus diesem Beispiel lassen sich einige **Aspekte der Arbeitsteilung** ableiten. Die Produktion eines Gutes wird in einzelne Verrichtungen zerlegt, die nacheinander von

[1] Adam Smith, Wohlstand der Nationen, übers. v. H. C. Recktenwald, dtv-Ausg. München 1978, S. 9 f.

spezialisierten Arbeitern oder Betrieben durchgeführt werden. Entsprechend kann man von innerbetrieblicher und zwischenbetrieblicher Arbeitsteilung sprechen. Spezialisierung von Arbeitern auf Teilverrichtungen führt über entsprechende Ausbildungsgänge zu vermehrter Qualifizierung. So entstehen neue Fertigkeiten mit besonderen Anforderungen, die schließlich Grundlagen sein können für die Definition neuer Berufe mit eigenen Berufsbildern und Qualifikationsvorschriften.

Durch Arbeitsteilung wird die Ergiebigkeit der Produktionsfaktoren gesteigert. Speziell ausgebildete Arbeiter und Spezialmaschinen können im Produktionsprozess eingesetzt werden und ermöglichen die Produktion großer Mengen bei relativ niedrigen Kosten pro Stück.

Der Zwang zur Anwendung des ökonomischen Prinzips fordert Arbeitsteilung und Spezialisierung, sie begünstigt auch ihre weit gehende Entwicklung zur Automation, die ihrerseits wieder hochqualifizierte Spezialisten erfordert.

Trotz der erkennbaren Nachteile, die die Entwicklung der Arbeitsteilung und ihre Folgen gebracht haben, kann eine moderne Volkswirtschaft nicht auf sie verzichten. Das zeigt sich auch in der internationalen Arbeitsteilung. Internationale Wirtschaftsbeziehungen kommen u. a. dadurch zu Stande, dass ein Land gegenüber einem anderen Kostenvorteile hat. Es kann also günstiger sein, Güter einzuführen, als im eigenen Land zu produzieren und im eigenen Land durch Spezialisierung Kostenvorteile im internationalen Vergleich zu schaffen, sodass Exportchancen entstehen oder verbessert werden.

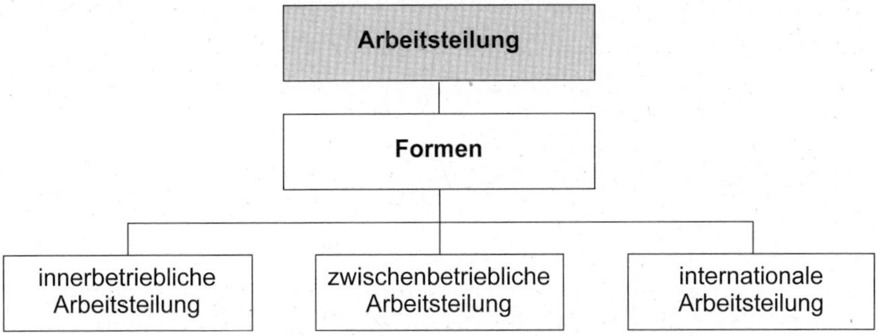

2.5 Das Ergebnis und seine Verteilung

Es wurde bisher **vereinfacht** folgender Zusammenhang dargestellt: Die Wirtschaftssubjekte – private Haushalte, Unternehmen, Staat (der Vollständigkeit halber sei hinzugefügt: auch des Auslandes) – haben Bedürfnisse, die ihre Nachfrage begründen; die Nachfrage der Wirtschaftssubjekte nach Gütern und Dienstleistungen führt schließlich zu deren Produktion. Für die Produktion benötigen die Unternehmen Produktionsfaktoren, für die sie Ausgaben haben, die anderen Wirtschaftssubjekten als Einnahmen (Einkommen) zufließen.

Der gesamte Produktionsvorgang weist demnach zwei Aspekte auf:

- einerseits werden Werte geschaffen (**Wertschöpfung**), d. h. Produkte für die Wirtschaftssubjekte hergestellt,
- andererseits entsteht Einkommen (**Einkommensentstehung**).

Das Ergebnis der Leistung einer Volkswirtschaft wird mit dem **Inlandsprodukt** gemessen. Das Inlandsprodukt ist – etwas vereinfacht ausgedrückt[1] – die Summe aller in einer Volkswirtschaft neu entstandenen Güter. Es entspricht also dem Wert aller in einem Jahr im Inland produzierten Güter (**Produktionswerte**) vermindert um die sog. **Vorleistungen**, das ist der Wert der Güter, die bei der Produktion verbraucht wurden. Zu unterscheiden sind Brutto- und Nettoinlandsprodukt; wenn vom Bruttoinlandsprodukt der Wert der Abschreibungen (Wertminderungen) abgezogen wird, ergibt sich das Nettoinlandsprodukt.

Das Inlandsprodukt unterscheidet sich definitionsgemäß vom **Nationaleinkommen**, das früher als Sozialprodukt bezeichnet wurde, durch den Saldo der Erwerbs- und Vermögenseinkommen an das Ausland und vom Ausland. Zur Ermittlung des Bruttonationaleinkommens werden vom Bruttoinlandsprodukt die Löhne, Zinsen u. dgl., die ins Ausland fließen, abgezogen und die Löhne, Zinsen u. dgl., die von Deutschen im Ausland verdient wurden, hinzugezählt: **Bruttoinlandsprodukt + Erwerbs- und Vermögenseinkommen vom Ausland - Erwerbs- und Vermögenseinkommen an das Ausland = Bruttonationaleinkommen**.

Das Inlandsprodukt gibt die Leistungsfähigkeit einer Volkswirtschaft mit den Produktionswerten an, während das Nationaleinkommen die Einkommensseite berücksichtigt. Aus dem Bruttonationaleinkommen (zu Faktorkosten) ergibt sich durch Abzug der Abschreibungen das Nettonationaleinkommen (zu Faktorkosten), das auch als **Volkseinkommen** bezeichnet wird. Das Volkseinkommen ist die Summe der für die Inländer anfallenden Einkommen.

Das Volkseinkommen entsteht also durch die Produktion, d. h. durch den Einsatz der volkswirtschaftlichen Produktionsfaktoren Arbeit, Boden und Kapital. Die Verteilung des Volkseinkommens auf seine Quellen, d. h. auf die Produktionsfaktoren, wird als **funktionelle Einkommensverteilung** bezeichnet. Die **personelle Einkommensverteilung** ist die Verteilung des Volkseinkommens auf die Personen, die als Eigentümer die Produktionsfaktoren zur Verfügung gestellt haben.

In den Ausführungen zur Volkswirtschaftlichen Gesamtrechnung können Entstehung und Verwendung des Inlandsprodukts und die Verteilung des Volkseinkommens nachvollzogen werden.

---

[1] In diesem Zusammenhang werden wegen der erforderlichen Vereinfachung nichtabziehbare Umsatzsteuer und Einfuhrabgaben (bei der Definition des BIP zu Marktpreisen) und Subventionen sowie Produktionssteuern (bei der Definition des BIP zu Faktorkosten) nicht berücksichtigt (vgl. Ausführungen im folgenden Abschnitt).

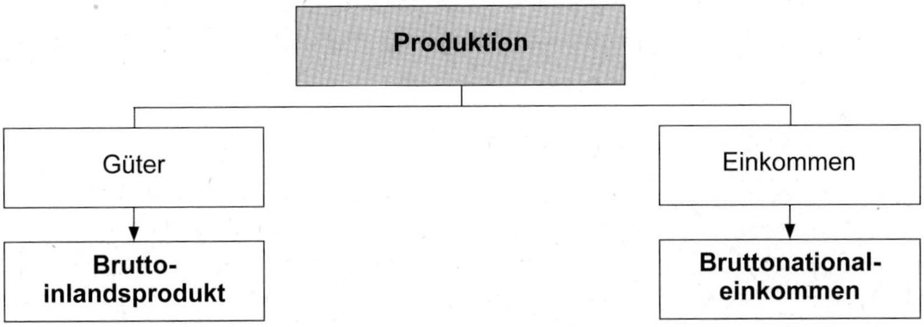
Produktion
Güter
Einkommen
Brutto-
inlandsprodukt
Bruttonational-
einkommen

3. Produktion und Verbrauch im Wirtschaftskreislauf

3.1 Der einfache Wirtschaftskreislauf

Die in Kapitel 1 und 2 enthaltenen Ausführungen lassen sich auch grafisch im sog. einfachen Wirtschaftskreislauf darstellen (Abb. 3.1):

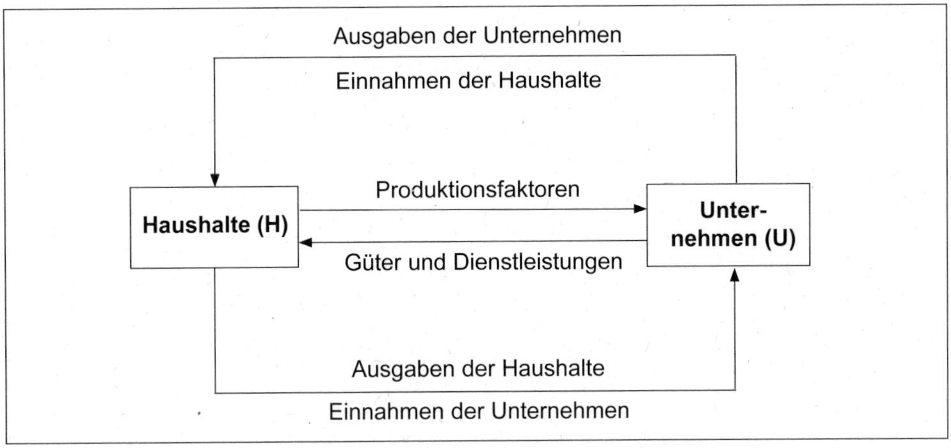

Abb. 3.1: Einfacher Wirtschaftskreislauf (Geld- und Güterströme)

In dieser Zeichnung sind alle Unternehmen zum **Sektor Unternehmen (U)** und alle privaten Haushalte zum **Sektor Haushalte (H)** zusammengefasst. Die von den Unternehmen hergestellten Güter fließen den Haushalten zu, die dafür die Faktoren zur Verfügung gestellt haben. Oder besser: weil sie dafür die Faktoren zur Verfügung gestellt haben. Der Vorgang erscheint als Tausch von Gütern gegen Güter. In einer arbeitsteiligen Wirtschaft ist ein Tauschvorgang in dieser Art natürlich unrealistisch. Die Unternehmen entgelten den Haushalten ihre Ansprüche an die Produktion vielmehr mit Geld. Den Haushalten fließt also Einkommen zu, das sie für die Güter wieder ausgeben.

In die folgende Grafik (Abb. 3.2) wird die realistische Annahme aufgenommen, dass die Haushalte einen Teil ihres Einkommens sparen, d. h. auf Konsum verzichten. Diese Ersparnis kann den Unternehmen zur Verfügung gestellt werden für die Nachfrage bei anderen Unternehmen nach Investitionsgütern. So zeigt die Zeichnung jetzt zweierlei:

1. Die Nachfrage der Haushalte nach Konsum- und die Nachfrage der Unternehmen nach Investitionsgütern,
2. die Verwendung des Einkommens für Konsumausgaben und Ersparnis[1].

[1] In Abb. 3.2 wird auf die Darstellung der Güterströme verzichtet, es werden also nur Geldströme angegeben. K bedeutet Kapitalvermittlung.

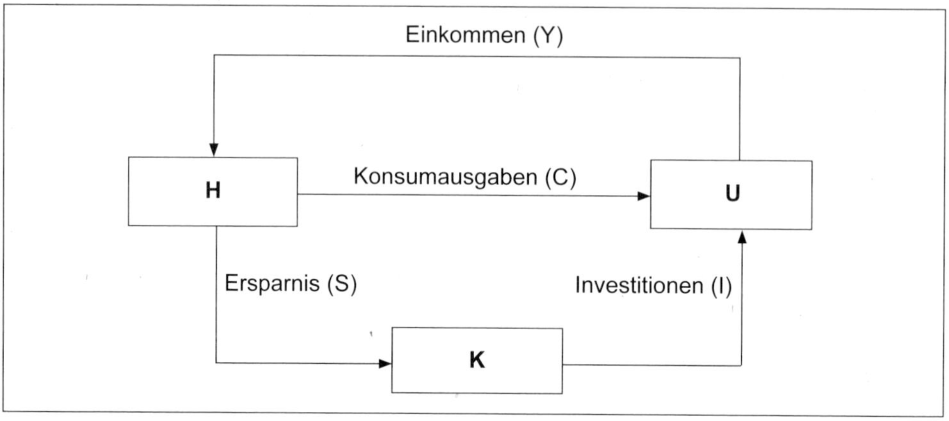

Abb. 3.2: Einfacher Wirtschaftskreislauf (Geldströme)

Der Sachverhalt lässt sich auch in Gleichungen verkürzt darstellen:

1) **Y = C + I**
2) **Y = C + S**

Die erste Gleichung gibt an, dass die Nachfrage nach Konsumgütern (C) und nach Investitionsgütern (I) zur Erstellung des Produkts (Y) führt. Das dadurch entstandene Einkommen (Y) wird für Konsumausgaben (C) und Ersparnis (S) verwandt (2. Gleichung). Gleichung 1) symbolisiert also die Entstehung, Gleichung 2) die Verwendung des Einkommens.

Da C + I = C + S (weil Y = Y) ist, ergibt sich aus den Gleichungen 1) und 2)

3) **S = I.**

Diese Formel gibt an, dass in diesem vereinfachten Modell die gesamten Ersparnisse der Haushalte an die Unternehmen für deren Nachfrage vermittelt wurde. Es wird also eine gleichgewichtige Situation dargestellt, in der die gesamte Produktion von den Unternehmen und den Haushalten aufgenommen wird. Die Problematik dieser statischen Betrachtungsweise zeigt sich bereits, wenn man z. B. unterstellt, dass mehr gespart als investiert wird.

3.2 Der erweiterte Wirtschaftskreislauf

Im einfachen Wirtschaftskreislauf wird grob vereinfachend unterstellt, dass der Staat nicht in das Wirtschaftsgeschehen eingreift und dass weder exportiert noch importiert wird. Abb. 3.3 berücksichtigt nun, dass der Staat als Nachfrager nach Gütern auftritt, dass er von den Haushalten direkt oder über die Unternehmen indirekt Steuern (T_{dir} und T_{ind}) einzieht, um damit seine Ausgaben (A_{St}) zu finanzieren. Außerdem benötigt er die Mittel für Transferzahlungen (Tr) an die Haushalte und Subventionen (Z) an die

Unternehmen. Die Zeichnung unterstellt, dass der Staat zur Deckung eines Haushaltsdefizits Kredite (D) aufnimmt. In Abb. 3.3 sind auch Exporte an das Ausland (Ex) und Importe aus dem Ausland (Im) enthalten. Vereinfachend wird angenommen, dass Exporte und Importe gleichwertig sind (Ex = Im).

Abbildung 3.3 zeigt, dass die von den Unternehmen hergestellten Produkte von den privaten Haushalten (Konsum), vom Staat (staatlicher Konsum und staatliche Investition), vom Ausland (Exporte) und von den Unternehmen (Investition) verbraucht bzw. verwendet werden. Die entsprechenden Geldströme (C, I, A_{St} und Ex) fließen dem Sektor Unternehmen zu.

Dieser Sachverhalt lässt sich in Anlehnung an Gleichung 1) (Einkommensentstehung) folgendermaßen darstellen:

4) $\mathbf{Y_{br} + Im = C + I + A_{St} + Ex.}$

Der Wert des Gesamtprodukts und der Wert der Importe entsprechen also dem Wert der Güter, die von den privaten Haushalten konsumiert, von den Unternehmen investiert, von den öffentlichen Haushalten konsumiert und investiert sowie ins Ausland exportiert wurden.

Bei der Produktion entstehen Faktorkosten, z. B. Löhne, Zinsen, Gewinne, die den privaten Haushalten als Faktoreinkommen zufließen. Die Summe aller Faktoreinkommen ist das **Volkseinkommen** (= Nettonationaleinkommen zu Faktorkosten). Der Gewinn fließt den Haushalten aber nur zum Teil zu, da die Unternehmen Steuern zahlen und einen Gewinnanteil, den unverteilten Gewinn, zurückbehalten. Neben diesen Faktoreinkommen erhält der Sektor Haushalte vom Staat Transferzahlungen.

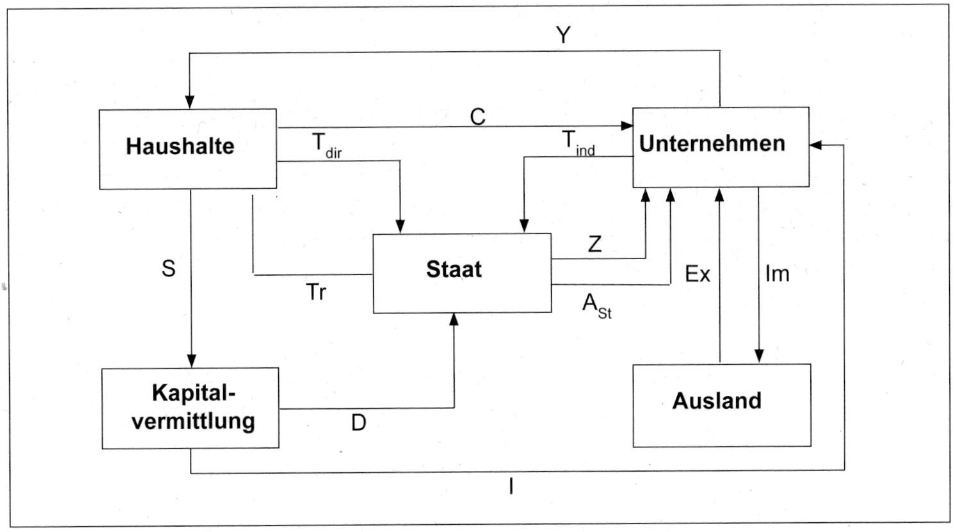

Abb. 3.3: Erweiterter Wirtschaftskreislauf

Das Einkommen der Haushalte (**privates Einkommen**) setzt sich also aus Faktor- und Transfereinkommen zusammen. Nach Abzug der Steuern ergibt sich daraus das **verfügbare Einkommen** (Y_{verf}). Als Gleichung ergibt sich für die Definition des verfügbaren Einkommens

5) $\mathbf{Y_{verf} = Y_{Fk} + Tr - T.}$

Nach den bisherigen Überlegungen kann die Gleichung für die Einkommensverwendung (vgl. Gleichung 2) folgendermaßen modifiziert werden:

6) $\mathbf{Y_{verf} = C + S.}$

Die Haushalte geben das ihnen zur Verfügung stehende Einkommen aus für den Konsum und für die Ersparnis.

Die im Kreislauf aufgezeigten Zusammenhänge (Einnahmen eines Sektors gleich Ausgaben eines anderen) lassen sich auch in Kontenform darstellen. Dabei wird für jeden Sektor ein Konto angenommen. Die Konten sind nach dem Schema der doppelten Buchführung miteinander verbunden.

S	**Haushalte**	H
	C	Y
	S	Tr
	T	

S	**Unternehmen**	H
	Y	C
	Im	I
	T	Ex
		A_{St}
		Z

S	**Staat**	H
	Tr	T
	Z	D
	A_{St}	

S	**Ausland**	H
	Ex	Im

S	**Kapitalvermittlung**	H
	I	S
	D	

Abb. 3.4: Sektoren des Wirtschaftskreislaufs in Kontenform

3.3 Wertschöpfung und Volkseinkommen

Die bisherige vereinfachte Darstellung des Zusammenhangs zwischen der Schaffung von Werten durch die Produktion und der Entstehung von Einkommen sollen nun zusammengefasst, vervollständigt und mit Zahlen für die Volkswirtschaft der Bundesrepublik veranschaulicht werden.

Nicht nur die Unternehmen, sondern auch die privaten Haushalte (einschließlich der privaten Organisationen ohne Erwerbszweck) und der Staat produzieren Leistungen (wenn auch in erheblich geringerem Umfang). Die Sektoren H und St haben deshalb wie die Unternehmen auch entsprechende Ausgaben für Faktoren, für die Einkommen an die Verkäufer der Faktoren zurückfließen (z. B. als Löhne). Typischerweise werden deshalb auch nur die Leistungen erfasst, die über die Faktorkosten bewertet werden können. So ist z. B. die wertvolle Arbeit der Hausfrau keine Leistung in dem hier gemeinten Sinn.

Die in den Sektoren hergestellten Güter und Dienstleistungen sind deren **Produktionswerte**. Der Produktionswert im Sektor Unternehmen ergibt sich vor allem aus dem Wert der Verkäufe, zu dem die Werte der selbst erstellten Anlagen und der Bestandsveränderungen, die Einnahmen aus Wohnungsvermietungen, die Privatentnahmen usw. addiert werden. Da die beiden anderen Sektoren (H und St) ihre Leistungen i. d. R. unentgeltlich zur Verfügung stellen, ergeben sich ihre Produktionswerte durch die Addition der Kosten für die Produktion.

Bei der Produktion werden **Vorleistungen** verbraucht. Dabei handelt es sich um Güter und Dienstleistungen, die bereits produziert wurden, das sind z. B. Roh-, Hilfs-, Betriebsstoffe, Teile, Reparaturleistungen, Transportkosten, Post- und andere Gebühren usw. Diese Vorleistungen werden von den Produktionswerten abgezogen, dadurch ergibt sich die **Bruttowertschöpfung** der Volkswirtschaft. Sie umfasst alle Werte, die letztlich neu geschaffen wurden.

7) **Bruttowertschöpfung** = Produktionswerte - Vorleistungen

Aus der Bruttowertschöpfung ergibt sich durch Abzug der Abschreibungen die Nettowertschöpfung. Die Nettowertschöpfung enthält das in den Sektoren entstandene Arbeitnehmerentgelt und das Selbstständigeneinkommen, den Betriebsüberschuss.

8) **Nettowertschöpfung** = Bruttowertschöpfung - Abschreibungen
= Arbeitnehmerentgelt + Selbstständigeneinkommen

Aus den Sektoren fließen dem Staat indirekte Steuern (Produktionssteuern, Gütersteuern) zu. Der Staat oder Institutionen der Europäischen Union zahlen den Unternehmen Subventionen.

Zu den indirekten Steuern zählen die Produktionsabgaben und die Importabgaben. Produktions- und Importabgaben sind u. a.

- die Verbrauchsteuern,
- die Gewerbesteuern,
- die Kfz.-Steuer (soweit sie nicht von den privaten Haushalten zu zahlen ist),
- die Grundsteuer,
- Zölle.

Subventionen sind Zuschüsse (laufende Zahlungen) des Staates oder der Europäischen Union an Produzenten ohne direkte ökonomische Gegenleistung zur Beeinflussung des Marktpreises oder zur Stützung von Produktion und Einkommen. Subventionen sind u. a.

- Zuschüsse an die Landwirtschaft (z. B. Zahlungen zum Ausgleich von Preisverlusten, Zahlungen für Treibstoffverbilligung),
- Zuschüsse an die Fischwirtschaft (z. B. Fangprämien, Zahlungen für Treibstoffverbilligung),
- Zuschüsse an die Energiewirtschaft und den Bergbau (z. B. Zahlungen zur Förderung des Einsatzes der Steinkohle in der Elektrizitätswirtschaft),
- Zuschüsse an das verarbeitende Gewerbe (z. B. Zuschüsse an die Stahlindustrie),
- Zuschüsse an das Baugewerbe (z. B. Lohnkostenzuschüsse),
- Zuschüsse an den Handel (z. B. Erstattung von Kosten der Steinkohlenbevorratung).

Wenn zur Bruttowertschöpfung die indirekten Steuern hinzugezählt und die Subventionen abgezogen werden [+ (indirekte Steuern - Subventionen)], erhält man das Bruttoinlandsprodukt zu Marktpreisen. Der zusammenfassende Ausdruck (indirekte Steuern - Subventionen) wird zur Definition der Produktionsbegriffe verwandt; wenn er in einem Wert enthalten ist, ist dieser zu Marktpreisen, wenn er nicht enthalten ist, zu Faktorkosten angegeben. Das Bruttoinlandsprodukt gibt den Wert der Produktion von Waren und Dienstleistungen im Inland an; das BIP ist also der Indikator für die inländische Produktion. Der Indikator für das inländische Einkommen ist das Bruttonationaleinkommen (zu Marktpreisen), das früher als Bruttosozialprodukt (zu Marktpreisen) bezeichnet wurde.

9) **Bruttoinlandsprodukt** (zu Marktpreisen) =
Bruttowertschöpfung + (indirekte Steuern - Subventionen)

Das Bruttonationaleinkommen ergibt sich rechnerisch, wenn das Bruttoinlandsprodukt um die Erwerbs- und Vermögenseinkommen, die den Inländern aus dem Ausland zufließen, vermehrt und um die Erwerbs- und Vermögenseinkommen, die ins Ausland abfließen, vermindert wird.

10) **Bruttonationaleinkommen** (zu Marktpreisen) =
Bruttoinlandsprodukt + Erwerbs- und Vermögenseinkommen aus der übrigen Welt
- Erwerbs- und Vermögenseinkommen an die übrige Welt

Das Nettonationaleinkommen (zu Marktpreisen) ergibt sich durch Abzug der Abschreibungen vom Bruttonationaleinkommen. Die Abschreibungen geben die Wertminderungen des reproduzierbaren Anlagevermögens im Berichtszeitraum an.

11) **Nettonationaleinkommen** (zu Markpreisen) =
Bruttonationaleinkommen (zu Marktpreisen) - Abschreibungen

Zur Ermittlung des Nettonationaleinkommens zu Faktorkosten werden von dem entsprechenden Wert zu Marktpreisen die indirekten Steuern (Produktionssteuern) wieder abgezogen und die Subventionen hinzugezählt.

12) **Nettonationaleinkommen zu Faktorkosten** =
Nettonationaleinkommen zu Marktpreisen - (indirekte Steuern - Subventionen)

Das Nettonationaleinkommen zu Faktorkosten (früher: Nettosozialprodukt zu Faktorkosten) wird auch als **Volkseinkommen** bezeichnet. Das Volkseinkommen ist die Summe aller Erwerbs- und Vermögenseinkommen, die die inländischen Wirtschaftssubjekte letztlich erhalten haben; es setzt sich zusammen aus dem Arbeitnehmerentgelt und dem Unternehmens- und Vermögenseinkommen. Mit der folgenden Gleichung wird also die Verteilung des Einkommens auf die beiden an der Produktion beteiligten Produktionsfaktoren – Arbeit und Kapital – angegeben.

13) **Nettonationaleinkommen zu Faktorkosten = Volkseinkommen** =
Arbeitnehmerentgelt + Unternehmens- und Vermögenseinkommen

Aus dem Volkseinkommen ergibt sich das **verfügbare Einkommen** durch Addition der Differenz aus indirekten Steuern und Subventionen und der Differenz der laufenden Transferleistungen an die übrige Welt und aus der übrigen Welt. Das verfügbare Einkommen wird für Konsumzwecke und Ersparnisbildung verbraucht.

14) **Verfügbares Einkommen** =
Volkseinkommen + (indirekte Steuern - Subventionen) + laufende Transferleistungen aus der übrigen Welt – laufende Transferleistungen an die übrigeWelt

Das **verfügbare Einkommen der Volkswirtschaft** ergibt sich **aus dem Nationaleinkommen zu Marktpreisen** durch Abzug der Salden aus geleisteten und empfangenen Vermögens- und Einkommensteuern (das sind die direkten Steuern), aus geleisteten und empfangenen Sozialleistungen und sonstigen laufenden Transfers (Transferleistungen). Das verfügbare Einkommen ist das Einkommen der Wirtschaftssubjekte nach Verteilung und Umverteilung.

15) **Verfügbares Einkommen** =
Nettonationaleinkommen zu Marktpreisen – (geleistete Einkommen- und Vermögensteuern + empfangene Einkommen- und Vermögensteuern) – (geleistete Sozialbeiträge + empfangene Sozialbeiträge)

Das **Bruttoinlandsprodukt** wird für den Verbrauch der privaten Haushalte (einschließlich der privaten Organisationen ohne Erwerbszweck), für den staatlichen Verbrauch, für die Bruttoinvestitionen und für den Außenbeitrag **verwendet**.

Der **private Verbrauch** erfasst die tatsächlichen Ausgaben der privaten Haushalte für den Kauf von Waren und Dienstleistungen und die unterstellten Ausgaben, dazu zählt z. B. der Wert von eigengenutzten Wohnungen. Private Haushalte sind alle Ein- und Mehrpersonenhaushalte. Sie beziehen ihr Einkommen vorwiegend aus Erwerbstätigkeit und Vermögen. Der private Verbrauch umfasst auch den Eigenverbrauch der privaten Organisationen ohne Erwerbszweck; das sind Einrichtungen, die ihre Leistungen im Allgemeinen ohne spezielles Entgelt den Haushalten zur Verfügung stellen. Finanziert werden sie hauptsächlich aus Beiträgen von privaten Haushalten. Zu diesen Organisationen zählen z. B. Kirchen, Parteien, Gewerkschaften.

Als **staatlichen Verbrauch** bezeichnet man die Dienstleistungen der staatlichen Institutionen, die der Allgemeinheit unentgeltlich zur Verfügung gestellt werden. Dazu zählen z. B. die Leistungen der Polizei, der Schulen, der Allgemeinen Verwaltung.

In den **Bruttoinvestitionen** sind die Bruttoanlageninvestitionen und die Vorratsinvestitionen zusammengefasst. **Bruttoanlageninvestitionen** sind vor allem die Käufe neuer Anlagen (einschließlich eingeführter Anlagen) und die selbst erstellten Anlagen; daneben werden auch die Käufe von gebrauchten Anlagen und Land nach Abzug der Verkäufe von gebrauchten Anlagen und Land erfasst. Anlagen sind hier alle dauerhaften reproduzierbaren Produktionsmittel. Diese Produktionsmittel sind dauerhaft, d. h. länger als ein Jahr, nutzbar und werden von den Unternehmen aktiviert. Mit den **Vorratsveränderungen** erfasst man die Differenz zwischen Anfangs- und Endbeständen von Vorräten (Mehr- oder Minderbestand). Zu den Vorratsveränderungen zählt hier auch der Nettozugang von Wertsachen; er besteht aus den Käufen der privaten Haushalte von Goldbarren u. Ä. und den entsprechenden Verkäufen.

Der **Außenbeitrag** ist die Differenz zwischen Exporten und Importen.

16) **Bruttoinlandsprodukt zu Marktpreisen** = Privater Verbrauch + Staatlicher Verbrauch + Bruttoinvestitionen + (Exporte - Importe)

Das folgende Struktogramm (Abb. 3.5) gibt eine Übersicht über die Zusammenhänge zwischen den Produktions- und Einkommensbegriffen sowie über die Entstehung, Verwendung und Verteilung von Produkt und Einkommen.

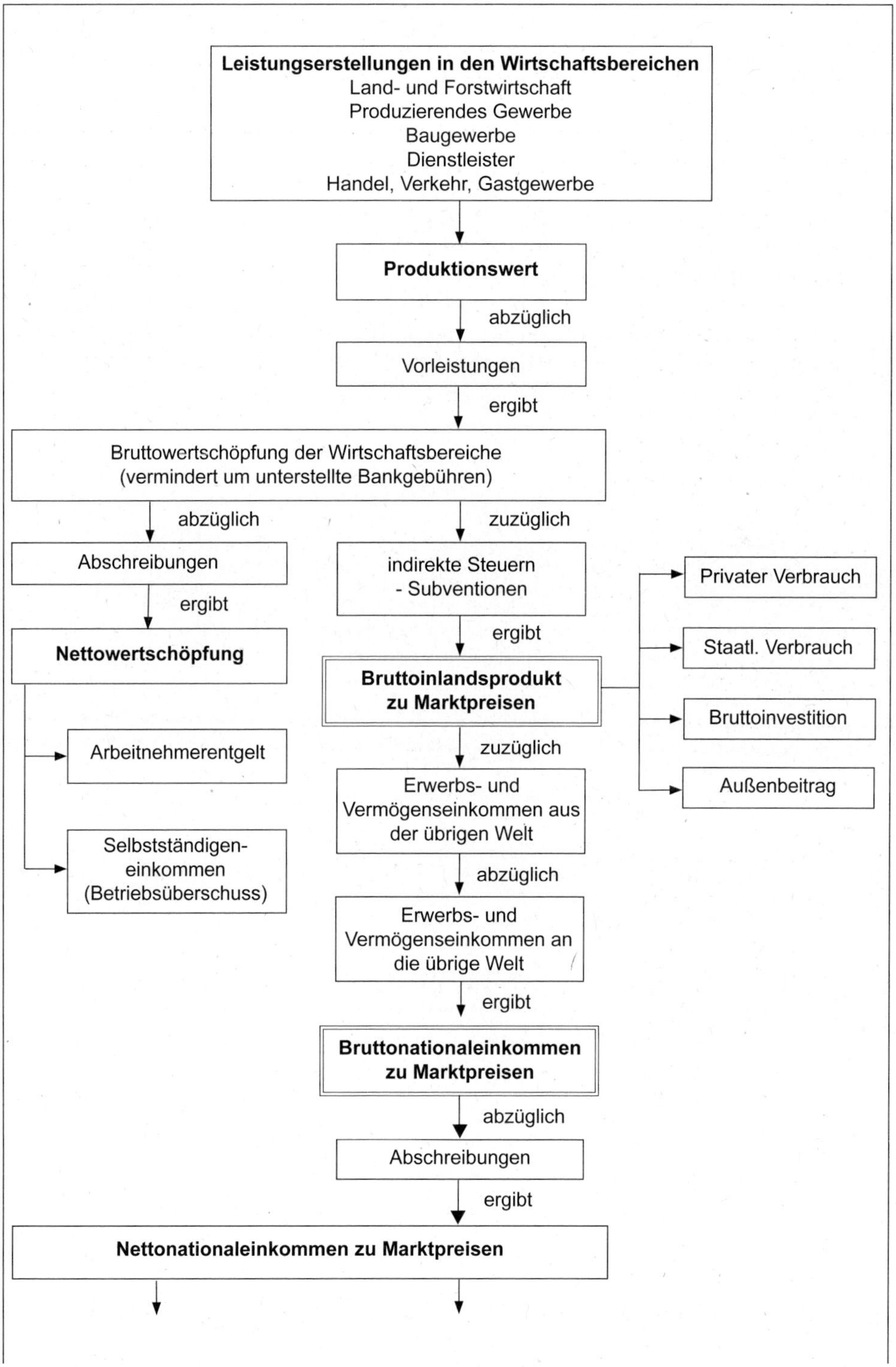
Leistungserstellungen in den Wirtschaftsbereichen
Land- und Forstwirtschaft
Produzierendes Gewerbe
Baugewerbe
Dienstleister
Handel, Verkehr, Gastgewerbe
Produktionswert
abzüglich
Vorleistungen
ergibt
Bruttowertschöpfung der Wirtschaftsbereiche (vermindert um unterstellte Bankgebühren)
abzüglich
zuzüglich
Abschreibungen
ergibt
Nettowertschöpfung
Arbeitnehmerentgelt
Selbstständigen-einkommen (Betriebsüberschuss)
indirekte Steuern - Subventionen
ergibt
Bruttoinlandsprodukt zu Marktpreisen
Privater Verbrauch
Staatl. Verbrauch
Bruttoinvestition
Außenbeitrag
zuzüglich
Erwerbs- und Vermögenseinkommen aus der übrigen Welt
abzüglich
Erwerbs- und Vermögenseinkommen an die übrige Welt
ergibt
Bruttonationaleinkommen zu Marktpreisen
abzüglich
Abschreibungen
ergibt
Nettonationaleinkommen zu Marktpreisen

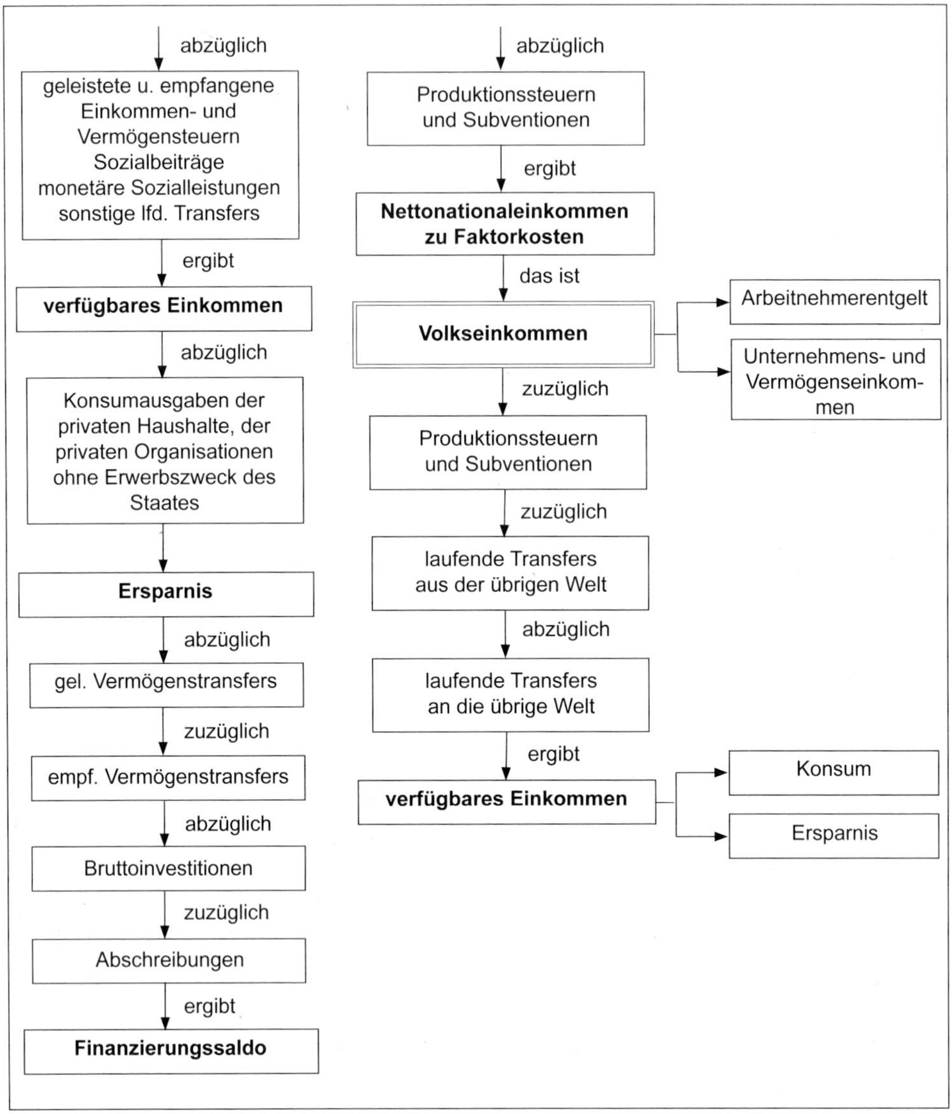

Abb. 3.5: Zusammenhänge zwischen Produktions- u. Einkommensbegriffen

3.4 Volkswirtschaftliche Gesamtrechnungen

Die Beschreibung der Zusammenhänge zwischen den Sektoren ist auch Grundlage der volkswirtschaftlichen Gesamtrechnungen. Sie sollen ein übersichtliches Gesamtbild des wirtschaftlichen Geschehens in einer Volkswirtschaft für ein Jahr vermitteln. In die Rechnung werden alle Wirtschaftssubjekte (in Sektoren zusammengefasst), ihre wichtigen wirtschaftlichen Tätigkeiten und die dadurch entstehenden zahlenmäßigen Vorgänge einbezogen. Die Werte werden in einem Kontensystem mit doppelter Verbuchung erfasst; der Darstellung können wegen der doppelten Verbuchung die Zusammenhänge entnommen werden. Darüber hinaus geben die VGR auch Auskunft über die Entstehung des Bruttoinlandsproduktes und seine Verwendung, über die Entstehung des Bruttonationaleinkommens (das früher als Bruttosozialprodukt bezeichnet wurde) und die Entstehung und Verteilung des Volkseinkommens.

Außerdem geben die VGR einen Überblick über die Entwicklung der wichtigen volkswirtschaftlichen Größen. Auch wichtige volkswirtschaftliche Kennzahlen, wie z. B. die Arbeitsproduktivität, können dem Zahlenwerk entnommen werden.

Die VGR fasst die Wirtschaftssubjekte zu folgenden Sektoren zusammen:

1. Private Haushalte, darin sind neben den privaten Haushalten (d. h. Ein- und Mehrpersonenhaushalte) auch Einzelunternehmer, Freiberufler usw. enthalten,

2. Private Organisationen ohne Erwerbszweck, dazu gehören u. a. Kirchen, Gewerkschaften, Parteien, Vereine, Wohlfahrtsverbände,

3. Nichtfinanzielle Kapitalgesellschaften, z. B. Personen- und Kapitalgesellschaften, rechtlich unselbstständige Eigenbetriebe des Staates,

4. Finanzielle Kapitalgesellschaften, z. B. Banken, Versicherungen,

5. Staat, das sind der Bund, die Länder, die Gemeinden und die Sozialversicherung,

6. Übrige Welt.

Im Folgenden werden exemplarisch einige Zahlenangaben aus den VGR in Tabellen zusammengefasst. Sie geben die Entstehung von Produkt und Einkommen, ihre Entwicklung über mehrere Jahre, sowie ihre Verwendung und Verteilung wieder. Mit ihrer Hilfe können die Ausführungen in Abschnitt 3.3 nachvollzogen werden. (Die Tabellen wurden in Anlehnung an die entsprechenden Angaben des Statistischen Jahrbuchs für die Bundesrepublik Deutschland für 2008 erstellt.)

		in Mrd. € in jeweiligen Preisen
1	**Bruttowertschöpfung**[1]	**2.172,18**
2	+ Nettogütersteuern[2]	251,62
3	**Bruttoinlandsprodukt** zu Marktpreisen[3]	**2.423,80**
4	+ Saldo der Primäreinkommen aus der übrigen Welt/an die übrige Welt[4]	22,61
5	**Bruttonationaleinkommen** zu Marktpreisen[5]	2.446,41
6	- Abschreibungen[6]	345,22
7	Nettonationaleinkommen zu Marktpreisen	2.101,19
8	- Produktions- und Importabgaben[7] abzüglich Subventionen	276,98
9	Nettonationaleinkommen zu Faktorkosten, **Volkseinkommen**	**1.824,21**
10	+ Produktions- und Importabgaben abzüglich Subventionen	276,98
11	**Nettonationaleinkommen zu Marktpreisen**	**2.101,19**
12	- Saldo aus empfangenen und geleisteten Einkommen- und Vermögensteuern, Transfers u. dgl.[8]	- 27,30
13	**verfügbares Einkommen**	**2.073,89**

Tab. 3.1: Von der Bruttowertschöpfung zum Volkseinkommen und zum verfügbaren Einkommen

		in Mrd. € in jeweiligen Preisen
1	Arbeitnehmerentgelt[9]	1.181,03
2	Unternehmens- und Vermögenseinkommen[10]	643,18
3	Volkseinkommen[11]	1.824,21

Tab. 3.2: Verteilung des Einkommens

		in Mrd. € in jeweiligen Preisen
1	Privater Verbrauch[12]	1.374,39
2	Staatlicher Verbrauch[13]	436,05
3	Bruttoinvestition[14]	442,51
4	Außenbeitrag[15]	170,85
5	Bruttoinlandsprodukt	2.423,80

Tab. 3.3: Verwendung des Produkts

		in Mrd. € in jeweiligen Preisen
1	Bruttowertschöpfung	2.172,18
2	- Abschreibungen	345,22
3	Nettowertschöpfung	1.826,96
4	- geleistetes Arbeitnehmerentgelt[16]	1.181,33
5	- geleistete sonstige Produktionsabgaben	53,71
6	+ empfangene sonstige Subventionen	26,22
7	**Betriebsüberschuss (Selbstständigeneinkommen)**[17]	**618,14**
8	+ empfangenes Arbeitnehmerentgelt	1.181,03
9	- geleistete Subventionen	27,02
10	+ empfangene Produktions- und Importabgaben	304,00
11	- geleistete Vermögenseinkommen	945,70
12	+ empfangene Vermögenseinkommen	970,74
13	**Primäreinkommen Nettonationaleinkommen zu Marktpreisen**	**2.101,19**

Tab. 3.4: Von der Bruttowertschöpfung zum Primäreinkommen

		in Mrd. € in jeweiligen Preisen
1	**Primäreinkommen Nettonationaleinkommen zu Marktpreisen**	**2.101,19**
2	- geleistete Einkommen- und Vermögensteuern[18]	264,89
3	+ empfangene Einkommen- und Vermögensteuern	270,86
4	- geleistetes Sozialbeiträge[19]	460,08
5	+ empfangene Sozialbeiträge	461,12
6	- geleistete monetäre Sozialleistungen[20]	455,75
7	+ empfangene monetäre Sozialleistungen	450,53
8	- geleistete sonstige laufende Transfers[21]	378,52
9	+ empfangene sonstige laufende Transfers	349,43
10	**verfügbares Einkommen**[22]	**2.073,89**
11	- Konsumausgaben[23]	1.810,44
12	Ersparnis[24]	263,45
13	- geleistete Vermögenstransfers[25]	61,41
14	+ empfangene Vermögenstransfers	62,84
15	- Bruttoinvestitionen	442,51
16	+ Abschreibungen	345,22
17	**Finanzierungssaldo**	**167,59**

Tab. 3.5: Vom Primäreinkommen zum verfügbaren Einkommen

	Bruttoinlandsprodukt in jeweiligen Preisen		Bruttonationaleinkommen in jeweiligen Preisen	
	insgesamt	je Einwohner	insgesamt	je Einwohner
	Mrd. €	€	Mrd. €	€
1991	1.534,60	19.186	1.541,55	19.273
1992	1.646,62	20.431	1.652,70	20.506
1993	1.694,37	20.872	1.696,96	20.904
1994	1.780,78	21.871	1.771,21	21.753
1995	1.848,45	22.636	1.834,76	22.468
1996	1.876,18	22.909	1.866,29	22.789
1997	1.915,58	23.246	1.901,71	23.177
1998	1.965,38	23.960	1.945,02	23.711
1999	2.012,00	24.511	1.990,47	24.248
2000	2.062,50	25.095	2.043,16	24.860
2001	2.113,16	25.664	2.092,15	25.409
2002	2.143,18	25.984	2.116,64	25.662
2003	2.163,80	26.222	2.148,67	26.038
2004	2.211,20	26.802	2.226,27	26.985
2005	2.244,60	27.219	2.265,00	27.467
2006	2.322,20	28.194	2.344,37	28.463
2007	2.423,80	29.464	2.446,41	29.739

Tab. 3.6/1: Entwicklung von Produkt und Einkommen seit 1991

	Volkseinkommen	Arbeitnehmer-entgelt	Löhne und Gehälter brutto	
	insgesamt	insgesamt	insgesamt	je Arbeitnehmer. mtl.
	Mrd. €	Mrd. €	Mrd. €	€
1991	1.192,57	847,01	692,99	1.643
1992	1.269,78	917,17	749,85	1.812
1993	1.287,66	938,77	769,08	1.890
1994	1.341,00	961,86	780,23	1.926
1995	1.397,22	997,02	805,34	1.986
1996	1.417,73	1.006,62	814,23	2.014
1997	1.438,62	1.010,69	812,82	2.017
1998	1.466,09	1.032,25	829,81	2.036
1999	1.487,26	1.059,51	854,55	2.065
2000	1.524,43	1.100,06	883,36	2.096
2001	1.560,85	1.120,61	902,02	2.134
2002	1.576,12	1.128,32	908,16	2.163
2003	1.599,63	1.132,08	908,28	2.190
2004	1.667,10	1.137,07	914,33	2.204
2005	1.691,15	1.129,90	911,91	2.210
2006	1.751,23	1.149,36	925,98	2.229
2007	1.824,21	1.181,03	955,67	2.262

Tab. 3.6/2: Entwicklung von Produkt und Einkommen seit 1991

Erläuterungen:

1 Bruttowertschöpfung umfasst den im Produktionsprozess geschaffenen Mehrwert, der zu Herstellungspreisen bewertet wird. Der angegebene Wert enthält die empfangenen Gütersubventionen, aber nicht die Gütersteuern.

2 Gütersteuern sind alle Steuern und ähnliche Abgaben, die pro Einheit einer gehandelten Ware oder Dienstleistung zu entrichten sind. Sie umfassen die nicht abziehbare Umsatzsteuer, Importabgaben, Verbrauchsabgaben, Vergnügungssteuern, Versicherungsteuer usw. Von den Gütersteuern werden die Subventionen abgezogen; deshalb erscheint hier der Begriff Nettogütersteuern.

3 Das Bruttoinlandsprodukt ist ein Indikator, der die wirtschaftliche Leistung einer Volkswirtschaft in einer Periode wiedergibt. Als wirtschaftliche Leistung gilt der Produktionswert von Waren und Dienstleistungen nach Abzug von Vorleistungen.

4 Dieser Saldo entspricht der Differenz aus der Erwerbs- und Vermögenseinkommen (Primäreinkommen) aus der übrigen Welt und der Erwerbs- und Vermögenseinkommen an die übrige Welt.

5 Das Bruttonationaleinkommen wurde früher als Bruttosozialprodukt bezeichnet. Er gilt als Einkommensindikator. Er ergibt sich, wenn zum Bruttoinlandsprodukt die Primäreinkommen, die inländische Wirtschaftssubjekte aus dem Ausland bezogen haben, hinzugezählt und die Primäreinkommen, die aus dem Inland an ausländische Wirtschaftssubjekte geflossen sind, abgezogen werden. Das Bruttonationaleinkommen wird zu Marktpreisen bewertet, d .h. Produktions- und Importabgaben abzüglich Subventionen sind enthalten.

6 Als Abschreibungen werden die Wertminderungen des Anlagevermögens durch Verschleiß und wirtschaftliches Veralten bezeichnet. Bewertet werden sie mit dem Wiederbeschaffungswert.

7 Produktions- und Importabgaben sind Zwangsabgaben in Form von Geld- oder Sachleistungen, die der Staat oder Institutionen der Europäischen Union ohne Gegenleistung auf die Produktion und die Einfuhr von Waren und Dienstleistungen usw. erheben. Diese Steuern sind ohne Rücksicht darauf zu zahlen, ob Betriebsgewinne erzielt worden sind oder nicht.

8 In dieser Zusammenfassung sind u.a. enthalten: Einkommen- und Vermögenssteuern, Sozialbeiträge, monetäre Sozialleistungen, sonstige lfd. Transfers. Vgl. Tab. 3.5, Z. 2 – 9.

9 Arbeitnehmerentgelt ist das Bruttoeinkommen aus unselbständiger Arbeit; dies ist der Anteil des Volkseinkommens, der auf den Produktionsfaktor Arbeit entfällt. Es umfasst die Bruttolöhne und -gehälter, die tatsächlichen Arbeitgeberanteile zur Sozialversicherung und an Lebensversicherungsunternehmen u. dgl.

10 Das **Unternehmens- und Vermögenseinkommen** ist das Einkommen aus selbständiger Arbeit (einschließlich Einkommen aus Kapitalvermögen usw.).

11 Die Tabelle gibt die Aufteilung des Volkseinkommens auf die an seiner Entstehung beteiligten Produktionsfaktoren (Arbeit und Kapital) wieder (**funktionale Verteilung**). Auf den Produktionsfaktor Arbeit entfallen 66,16 % des VE (Lohnquote), auf den Produktionsfaktor Kapital 33,84 % (Kapitalquote).

12 Der private Verbrauch umfasst alle **Konsumausgaben** privater (inländischer) Haushalte, das sind die Käufe von Waren und Dienstleistungen, Entgelte für häusliche Dienste, Eigenkonsum der Unternehmer, so genannte Naturalentgelte usw.

13 Staatlicher Verbrauch umfasst die **Konsumausgaben** des Staates; sie entsprechen (mit Einschränkungen) dem Wert der Güter, die vom Staat selbst produziert werden.

[14] Die Bruttoinvestitionen fassen die **Bruttoanlageinvestitionen** und die **Vorratsveränderungen** (einschl. Nettozugang an Wertsachen) zusammen.

[15] Der Außenbeitrag gibt den Saldo der Export- und Importwerte von Gütern und Leistungen wieder.

[16] Das von den Arbeitgebern insgesamt geleistete **Arbeitsentgelt** enthält die Bruttolöhne und -gehälter, die Arbeitgeberbeiträge zur Sozialversicherung usw.; außerdem sind unterstellte Sozialbeiträge enthalten, die den Gegenwert der sozialen Leistungen darstellen, die von Arbeitgebern an gegenwärtig oder früher beschäftigte Arbeitnehmer gezahlt oder als unverfallbare Forderungen gutgeschrieben werden.

[17] Das **Selbständigeneinkommen**, das ist der **Betriebsüberschuss**, ergibt sich im Wesentlichen durch den Abzug des gezahlten Arbeitnehmerentgelts von der Nettowertschöpfung.

[18] **Einkommen- und Vermögensteuern** sind sog. direkte Steuern, sie belasten das Einkommen und das Vermögen der Wirtschaftssubjekte; dazu zählen u. a. Einkommen-, Körperschaft-, Lohn-, Vermögensteuer.

[19] Sozialbeiträge sind
tatsächliche Sozialbeiträge, dazu gehören Beiträge an Sozialversicherungsträger und Versicherungsunternehmen, die soziale Leistungen gewähren;
Beispiele: Arbeitgeber- und Arbeitnehmerbeiträge zur Sozialversicherung, Pflichtbeiträge der Selbstständigen, Beiträge des Staates für Rentenempfänger usw.;
unterstellte Sozialbeiträge, sie stellen den Gegenwert von sozialen Leistungen dar, die von Arbeitgebern an die Leistungsempfänger gezahlt oder für sie zurückgestellt werden;
Beispiele: unterstellte Beiträge für die Beamten bei den Gebietskörperschaften, Beiträge für Aufwendungen von Unternehmen ohne eigene Rechtspersönlichkeit für Ruhegeldverpflichtungen usw.
Empfänger der Sozialbeiträge sind selbständige Versicherungsunternehmen, die Sozialversicherungsträger, private Haushalte und private Organisationen ohne Erwerbszweck sowie Unternehmen ohne eigene Rechtspersönlichkeit.

[20] **Monetäre Sozialleistungen** sind laufende Geldleistungen an private Haushalte (auch des Auslands) ohne spezielle Gegenleistung im Falle von Krankheit, Invalidität, Unfall, Bedürftigkeit von Hinterbliebenen, Arbeitslosigkeit usw.

[21] Sonstige laufende Transfers (Übertragungen) sind Zahlungen, die keine Steuern, keine Sozialleistungen, keine Sozialbeiträge, keine Sozialleistungen und Subventionen sind;
Beispiele: Schadensversicherungsleistungen, Zuschüsse an Verbände der freien Wohlfahrtspflege, an Religionsgemeinschaften, Rückerstattungen im Rahmen der Sozialhilfe, Strafen, Verwaltungsgebühren u. Ä.

[22] Das verfügbare Einkommen ist das Einkommen der Wirtschaftseinheiten nach Verteilung und Umverteilung. Die entsprechenden Vorgänge der primären und sekundären Verteilung werden in der Tabelle angedeutet.

[23] Die **Konsumausgaben** erfassen die Verbrauchsausgaben der privaten Haushalte, der privaten Organisationen ohne Erwerbszweck und des Staates (vgl. dazu die Anmerkungen zur Tab. Verwendung des Bruttoinlandsproduktes).

[24] Die **Ersparnis** ergibt sich als Differenz zwischen verfügbarem Einkommen und Konsumausgaben.

[25] **Vermögenstransfers** sind Geldleistungen des Staates (oder der Europäischen Union) ohne spezifische Gegenleistung, die unmittelbar Vermögenszunahmen oder Abnahmen darstellen. Dazu zählen z. B. Investitionszuschüsse an Unternehmen für Bauvorhaben, Zuweisungen für Infrastrukturmaßnahmen, Spar- und Wohnungsbauprämien, die an private Haushalte gehen.

4. Private Haushalte

Der Haushalt Bohlsen bezieht Einnahmen aus unselbstständiger Arbeit[1]. Friedhelm Bohlsen ist bekanntlich bei einer Großhandlung in Lübeck als Abteilungsleiter tätig. Dafür erhält er ein monatliches Bruttoeinkommen von 2.659,– €. Nach Abzug der Lohnsteuer (392,20 €), Kirchensteuer (35,30 €) und dem Anteil zur Sozialversicherung (245,93 €) wird ihm ein Nettogehalt von 1.985,57 € ausgezahlt. Renate Bohlsen hat inzwischen eine Halbtagsstelle als MTA im Labor des Kreiskrankenhauses angenommen, sie erhält dafür netto 600 €. Der Familie Bohlsen steht einschließlich des Kindergeldes (61,33 €) monatlich ein Betrag von 2.646,92 € zur Verfügung.

Davon sind an die Stadt Altenaue 13,29 € für Grundstücksabgaben und Anliegerbeiträge, an die Stadtwerke 256,67 € für Gas, Wasser und Strom sowie an die Feuerversicherung 15,34 € zu zahlen. Die monatlichen Beiträge an die Krankenversicherung belaufen sich auf 230,08 €. Für das Auto fallen an Versicherung und Steuer 30,52 € an, Telefon- und Fernsehgebühren betragen rund 38,99 €.

Der größte Ausgabeposten der Familie sind die Zinsen und Tilgungsbeiträge für Baudarlehen. Der Hausbau wurde seinerzeit überwiegend mit fremden Mitteln finanziert, die von der Bausparkasse, von der Wohnungsbaukreditanstalt und zum größten Teil von der Städtischen Sparkasse zur Verfügung gestellt wurden. Da der Zinssatz für die Sparkassendarlehen sehr hoch ist, belasten diese Ausgaben den Haushalt mit monatlich 1.022,58 €, sodass noch 1.039,45 € für andere Ausgaben zur Verfügung stehen. Nach Abzug der Ausgaben für Klavier- und Geigenunterricht der Kinder, Bücher, Zeitungen, ADAC-Beitrag, Rücklage für den Urlaub usw. bleibt schließlich für Kleidung und Wirtschaftsgeld ein Rest von ungefähr 750,– €.

Mit diesem Betrag muss Renate wirtschaften, d. h. sie muss den Bedarf des Haushalts an Kleidung, Lebensmitteln, Getränken usw. optimal decken. Das gelingt ihr nur, wenn sie Sonderangebote wahrnimmt, wenn sie von mehreren Gütern, die dem Haushalt den gleichen Nutzen stiften können, das billigste kauft. So wird z. B. mit Sorgfalt und Bedacht die Bekleidung für Caroline ausgewählt, deren Konfirmation bevorsteht. Rock und Blazer müssen mit Pulli und T-Shirt bzw. mit Jeans kombinierbar sein, damit sie auch nach dem Festtag zu anderen Anlässen oder auch täglich getragen werden können.

Diese Probleme hat das kinderlose Ehepaar Schuster nicht. Beide Eheleute sind berufstätig und haben entsprechend hohe Einkommen aus unselbstständiger Arbeit. Sie beziehen darüber hinaus auch Einnahmen aus Vermietung. Trotz der erheblichen Besteuerung verfügen die Schusters damit über Einnahmen, mit denen sie zwar wirtschaftlich umgehen, die aber gerade deshalb zur Befriedigung ihres anspruchsvollen Bedarfs und zur weitergehenden Vermögensbildung gut ausreichen.

Tante Johanna hat neben ihrer Rente erhebliche Einnahmen aus dem Wertpapiervermögen: Zinsen und Dividenden (Gewinnanteile); mit diesem Einkommen kann sie ihre

[1] Die folgenden Ausführungen beziehen sich auf das Jahr, in dem Bohlsen nach Altenaue zog (1987). Um die Angaben mit aktuellen Einkommensverhältnissen vergleichen zu können, wurden die DM-Angaben in Euro umgerechnet (1 € = 1,95583 DM).

aufwändigen Reisen gut finanzieren, zumal sie, wenn sie nicht auf Reisen ist, eher anspruchslos lebt.

Bohlsens Freund Karl Heinzen muss zurzeit mit seinem Arbeitslosengeld auskommen, das allerdings rund 1.500,– € ausmacht, da er zuletzt in seinem Beruf als Ingenieur recht gut verdiente. Aber wenn er nicht bald einen neuen Arbeitsplatz findet, wird er nur noch Arbeitslosenhilfe beziehen, und wenn diese dann eines Tages nicht mehr gezahlt wird, wird er auf Sozialhilfe angewiesen sein.[2]

Diese Einführungsbeispiele weisen auf die **personelle Einkommensverteilung** hin. Sie ist von der funktionellen (oder funktionalen) Einkommensverteilung zu unterscheiden. Bei der funktionalen Einkommensverteilung wird danach gefragt, wie sich das Wirtschaftsergebnis auf die beteiligten Faktoren Arbeit und Kapital verteilt; die Antworten spiegeln sich einerseits in der Lohn- und anderseits in der Kapitalquote wider.[3] Bei der personellen Einkommensverteilung wird danach gefragt, wie hoch das durchschnittliche Einkommen der Personen ist, die die Produktionsfaktoren zur Verfügung gestellt haben, oder die indirekt durch die Umverteilung am Produktionsergebnis beteiligt werden.

Das durchschnittliche Einkommen lässt sich als arithmetisches Mittel oder nach dem Mediankonzept ermitteln. Das einfache **arithmetische Mittel** (der einfache Durchschnitt) wird errechnet, wenn die einzelnen Merkmalsausprägungen einer Reihe addiert und die sich ergebende Summe durch die Zahl der Merkmalsausprägungen, d. h. durch die Gesamtheit, geteilt wird. Der **Median**, der auch als zentraler Wert bezeichnet wird, ist der Wert, der eine geordnete Reihe von Merkmalsprägungen in zwei Teile teilt, die jeweils die gleiche Anzahl von Merkmalsausprägungen enthalten.

Der Unterschied soll durch das folgende einfache **Beispiel** verdeutlicht werden.

	I	**II**
Einkommensbezieher	**Einkommen**	**Einkommen**
1	1.250	2.700
2	1.150	2.300
3	1.100	1.100
4	1.000	1.000
5	900	900
6	800	800
7	700	700
8	600	600
9	500	500
10	450	450
11	350	350
12	200	200
13	100	100
Summe	9.100	**11.700**
arithmetisches Mittel	700	**900**
Median	700	**700**

[2] Vgl. hierzu die Unterscheidung zwischen Arbeitslosengeld I und II.

[3] Vgl. Anmerkung Nr. 11 zu den Volkswirtschaftlichen Gesamtrechnungen.

Die in einer geordneten Reihe aufgelisteten Einkommensbezieher (1, 2, 3 ...) haben zunächst die bei I angegebenen Einkommen; das arithmetische Mittel wird mit 700 errechnet; der zentrale Wert (Median) beträgt ebenfalls 700, sechs Werte liegen darüber, sechs darunter. Die Einkommen von A und B werden erhöht (vgl. II); das arithmetische Mittel steigt entsprechend auf 900, der Median bleibt gleich.

Die Einführungsbeispiele deuten auch die **Quellen** an, aus denen private Haushalte ihre Einkommen beziehen. Zu unterscheiden sind

- Einkommen aus unselbstständiger Arbeit (z. B. Löhne, Gehälter, Besoldung),
- Einkommen aus selbstständiger Arbeit (z. B. aus freiberuflicher Tätigkeit),
- Einkommen aus Vermögen und Unternehmertätigkeit (z. B. Zinsen, Gewinne, Dividenden, Mieten),
- Transfereinkommen (Arbeitslosengeld, sonstige soziale Leistungen).

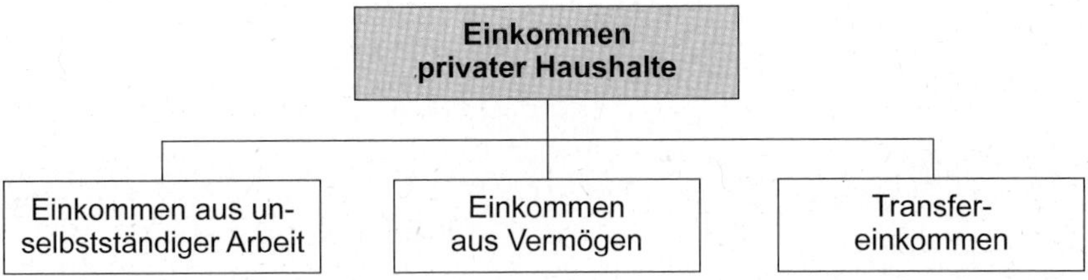

Haushalte müssen mit diesen Einkommen zunächst Steuern und Pflichtbeiträge zahlen und über den Rest so verfügen, dass sie ihre Bedürfnisse optimal befriedigen können.

Grundlage für das unterschiedliche Ausgabeverhalten der in der Einführung vorgestellten Haushalte ist einerseits das unterschiedlich hohe Einkommen, andererseits aber die unterschiedliche Bedürfnisstruktur. So haben Wohneigentum, Reisen, Musikunterricht in einzelnen Haushalten unterschiedliche Stellenwerte. Das wird deutlich an den zu anderen Ausgabenpositionen relativ hohen Ausgaben für die Befriedigung dieser Bedürfnisse.

Man kann also annehmen, dass die Gegenüberstellung von Einnahmen und Ausgaben der Haushalte Bohlsen, Schuster usw. sich sowohl auf der Einnahmenseite (Höhe und Herkunft der Einnahmen) als auch auf der Ausgabenseite (Rangordnung der Ausgaben, relative Höhe einzelner Ausgabenpositionen) unterscheiden.

4.1 Wirtschaftsrechnungen privater Haushalte

Die Wirtschaftsrechnungen privater Haushalte, die das Statistische Bundesamt erstellt, geben Einblick in die Verbrauchsstruktur der privaten Haushalte.

Das Statistische Bundesamt erhebt die erforderlichen Daten in Laufenden Wirtschaftsrechnungen sowie in Einkommens- und Verbrauchsstichproben. Die Laufenden Wirtschaftsrechnungen werden vierteljährlich, die Stichproben in fünfjährigem Abstand durchgeführt. Neben den Einnahmen und Ausgaben der Haushalte wird auch ihre Ausstattung mit langlebigen Wirtschaftsgütern erfragt.

Das Statistische Bundesamt stellt die Wirtschaftsrechnungen in einer differenzierten Form dar. Bei der Darstellung der Einnahmen und Ausgaben privater Haushalte werden folgende soziologische Merkmale berücksichtigt.

Haushaltstyp mit den Ausprägungen

- allein Lebende,
- allein Erziehende mit Kind oder Kindern unter 18 Jahre,
- Paare ohne Kind,
- Paare mit Kind oder Kindern unter 18 Jahre,
- sonstige Haushalte, das sind z. B. Haushalte mit Kindern über 18 Jahre, Mehrgenerationenhaushalte, Wohngemeinschaften.

Höhe des monatlichen Haushaltsnetteinkommens. Für die Angaben werden fünf Größenklassen gebildet. Haushalte, deren monatliches Netteinkommen 18.000 € übersteigt, sind nicht berücksichtigt. Auch die Haushalte von Selbstständigen und Landwirten werden nicht erfasst.

Größe des Haushalts. Die Haushalte werden nach Anzahl der Personen in fünf Kategorien eingeteilt, von Einpersonenhaushalten (1. Kategorie) bis zu Haushalten mit fünf und mehr Personen (5. Kategorie).

In den **Tabellen 4.1** wird **das ausgabefähige Einkommen (einschließlich der Einnahmen)** erfasst. Grundlage für die Ermittlung des ausgabefähigen Einkommen ist das Haushaltsbruttoeinkommen, das sich aus dem Bruttoeinkommen aus unselbstständiger und selbstständiger Arbeit, den Einnahmen aus Vermögen den Einnahmen aus den öffentlichen und nichtöffentlichen Transferzahlungen (einschließlich der Einnahmen aus Untervermietung) zusammensetzt. Öffentliche Transferleistungen sind z. B. die Renten aus der gesetzlichen Rentenversicherung, die Beamtenpensionen; zu den nichtöffentlichen Transferleistungen zählen z. B. Betriebsrenten und Unterhaltszahlungen anderer privater Haushalte.

Das Bruttoeinkommen wird um Einkommensteuer, Solidaritätszuschlag und Pflichtbeiträge zur Sozialversicherung vermindert. Das Statistische Bundesamt berechnet die Einkommensteuer, den Solidaritätszuschlag und die Pflichtbeiträge zur Sozialversicherung nicht, es legt vielmehr seinen Hochrechnungen die tatsächlichen Angaben der befragten Haushalte zu Grunde. Die entsprechenden Angaben können also nicht mithilfe von Steuer- oder Versicherungstabellen nachvollzogen werden.

Durch den Abzug ergibt sich das Haushaltsnettoeinkommen. Das Nettoeinkommen wird um Einnahmen aus dem Verkauf von Waren, z. B. dem Verkauf eines gebrauchten Pkw, und sonstigen Einnahmen, z. B. aus der Einlösung von Pfandflaschen, vermehrt. Daraus ergeben sich schließlich die ausgabenfähigen Einkommen und Einnahmen.

Weitere Einnahmen haben die privaten Haushalte aus Vermögensumwandlungen und aus der Aufnahme von Krediten, z. B. Grundschulden, Konsumentenkredite.

Die **Tabellen 4.2** enthalten die **Ausgaben** der privaten Haushalte, und zwar sowohl die privaten Konsum- als auch die anderen Ausgaben. Das Statistische Bundesamt geht bei den privaten Konsumausgaben von dem sog. Marktentnahmekonzept aus, d. h. es werden nur die Ausgaben für Käufe von Waren und Dienstleistungen aufgenommen, die am Markt realisiert werden. Dazu zählen auch einige unterstellte Käufe, z. B. der Mietwert der selbst genutzten Eigentumswohnung, die Sachentnahmen von Selbstständigen aus dem eigenen Betrieb. Von den Konsumausgaben sind die anderen Ausgaben zu unterscheiden; sie umfassen bestimmte Steuern, z. B. Hundesteuer, Erbschaftsteuer, Geschenke, Unterhaltszahlungen usw.

Den Ausführungen liegen die entsprechenden Angaben des Statistischen Jahrbuchs 2008 für die Bundesrepublik Deutschland zu Grunde. Das Stat. BA erfasst bei der Ermittlung des Haushaltseinkommens alle Einnahmen von jedem Haushaltsmitglied. Dazu befragt sie mithilfe einer Stichprobe eine repräsentative Gruppe von privaten Haushalten und rechnet die Angaben schließlich hoch. Das gilt für alle Angaben in den Wirtschaftsrechnungen.

Bei der Verrechnung der Ausgaben mit den Einnahmen ergeben sich Differenzen, sog. Statistische Differenzen. Sie entstehen dadurch, dass die befragten Haushalte gelegentlich insbesondere kleinere Beträge sowohl auf der Einnahmen- als auch auf der Ausgabenseite nicht eintragen.

Der Aussagewert einiger Angaben ist eingeschränkt, da der Zahlenwert statistisch relativ unsicher ist. In den folgenden Tabellen wird auf entsprechende Hinweise verzichtet.

	Haushaltstypen					
	Haushalte insges.	allein Lebende	Allein Erziehende	Paare o. Kinder	Paare mit Kindern	sonstige Haushalte
Bruttoeinkommen aus unselbstständiger Arbeit	2.062	1.073	1.255	2.001	3.719	3.425
Bruttoeinkommen aus selbstständiger Arbeit	16	k. A	k. A	24	29	25
Einnahmen aus Vermögen	337	183	141	426	488	474
Einkommen aus öffentlichen Transferzahlungen	872	730	572	1.258	597	830
Einkommen aus nicht-öffentlichen Transferzahlungen und Einnahmen aus Untervermietung	202	160	377	229	206	224
Haushaltsbruttoeinkommen	**3.489**	**2.146**	**2.345**	**3.938**	**5.039**	**4.978**
Einkommen-, Kirchensteuer, Solidaritätszuschlag	343	216	151	354	537	521
Pflichtbeiträge zur Sozialversicherung	382	217	251	405	606	596
Haushaltsnettoeinkommen	**2.764**	**1.713**	**1.943**	**3.179**	**3.896**	**3.861**
Einnahmen aus dem Verkauf von Waren	34	19	12	46	53	35
sonstige Einnahmen	29	18	17	33	40	41
ausgabefähige Einkommen und Einnahmen	**2.827**	**1.750**	**1.972**	**3.258**	**3.989**	**3.937**
Einnahmen aus Vermögensumwandlung und Krediten	909	605	171	1.198	1.145	1.102
Gesamteinnahmen	**3.736**	**2.355**	**2.143**	**4.456**	**5.134**	**5.039**

Tab. 4.1/1: Einkommen und Einnahmen privater Haushalte 2006 im Durchschnitt je Haushalt und Monat (in Euro) nach Haushaltstyp

	monatliches Haushaltsnettoeinkommen von ... bis unter ... Euro					
	unter 1.300	1.300 – 1.700	1.700 – 2.600	2.600 – 3.600	3.600 – 5.000	5.000 – 18.000
Bruttoeinkommen aus unselbstständiger Arbeit	332	758	1.366	2.372	3.526	5.919
Bruttoeinkommen aus selbstständiger Arbeit	k. A	k. A	k. A	13	29	68
Einnahmen aus Vermögen	-35	120	231	425	652	970
Einkommen aus öffentlichen Transferzahlungen	678	821	907	896	954	1.094
Einkommen aus nichtöffentlichen Transferzahlungen und Einnahmen aus Untervermietung	73	103	131	175	241	716
Haushaltsbruttoeinkommen	**1.048**	**1.802**	**2.635**	**3.881**	**5.402**	**8.767**
Einkommen-, Kirchensteuer, Solidaritätszuschlag	35	89	185	333	581	1.268
Pflichtbeiträge zur Sozialversicherung	109	209	328	480	625	742
Haushaltsnettoeinkommen	**904**	**1.504**	**2.129**	**3.068**	**4.196**	**6.757**
Einnahmen aus dem Verkauf von Waren	11	21	18	33	46	110
sonstige Einnahmen	11	13	17	31	33	94
ausgabefähige Einkommen und Einnahmen	**926**	**1.538**	**2.157**	**3.132**	**4.275**	**6.961**
Einnahmen aus Vermögensumwandlung und Krediten	256	570	623	902	1.316	2.661
Gesamteinnahmen	**1.182**	**2.108**	**2.780**	**4.034**	**5.591**	**9.622**

Tab. 4.1/2: Ausgabefähige Einkommen und Einnahmen privater Haushalte im Durchschnitt je Haushalt und Monat (in Euro).2006 (Haushalte insges. bei Tab. 4.1/1) (kA = keine Angaben)

	Haushalte mit ... Personen				
	1	**2**	**3**	**4**	**5 und mehr**
Bruttoeinkommen aus unselbstständiger Arbeit	1.073	1.920	3.372	4.023	4.209
Bruttoeinkommen aus selbstständiger Arbeit	k. A	20	27	30	k. A
Einnahmen aus Vermögen	183	386	435	538	646
Einkommen aus öffentlichen Transfer-zahlungen	730	1.156	715	635	888
Einkommen aus nichtöffentlichen Transferzahlungen und Einnahmen aus Untervermietung	160	240	214	204	270
Haushaltsbruttoeinkommen	**2.146**	**3.722**	**4.764**	**5.430**	**6.013**
Einkommen-, Kirchensteuer, Solidaritätszuschlag	216	331	503	589	596
Pflichtbeiträge zur Sozialversicherung	217	389	587	650	656
Haushaltsnettoeinkommen	**1.713**	**3.002**	**3.675**	**4.191**	**4.761**
Einnahmen aus dem Verkauf von Waren	19	40	37	60	47
sonstige Einnahmen	18	30	35	52	37
ausgabefähige Einkommen und Einnahmen	**1.750**	**3.072**	**3.747**	**4.303**	**4.845**
Einnahmen aus Vermögens-umwandlung und Krediten	605	1.109	860	1.284	1.461
Gesamteinnahmen	**2.355**	**4.181**	**4.607**	**5.587**	**6.306**

Tab. 4.1/3: *Einkommen und Einnahmen privater Haushalte 2006 im Durchschnitt je Haushalt und Monat (in Euro) nach Haushaltsgröße (Haushalte insges. bei Tab. 4.1/1)*

	Haushalte insges.	Haushaltstyp				
		Allein Lebende	Allein Erziehende	Paare o. Kinder	Paare mit Kindern	sonstige Haushalte
Private Konsumausgaben						
Nahrungs- und Genussmittel	287	161	244	331	427	416
Kleidung, Schuhe	93	53	92	102	146	127
Wohnen, Energie, Instandhaltung	684	510	576	766	849	854
Innenausstattung, Haushaltsgeräte	129	83	67	162	174	155
Gesundheitspflege	83	61	34	126	71	83
Verkehr (z. B. Kfz, Kraftstoffe, Personenbef.)	321	158	157	403	441	516
Nachrichtenübermittlung	62	46	72	59	77	96
Freizeit, Unterhaltung, Kultur (z. B. Bücher, Freizeit-, Kulturdienstleistungen)	233	155	157	280	319	283
Bildungswesen	14	5	22	4	39	29
Beherbergungs- und Gaststättendienstleistungen	106	64	62	141	138	131
andere Waren und Dienstleistungen (z. B. Schmuck, Körperpflegeartikel)	78	61	68	88	95	92
Private Konsumausgaben insges.	**2.090**	**1.357**	**1.551**	**2.462**	**2.776**	**2.782**
Andere Ausgaben						
sonstige Steuern	16	7	10	24	18	22
freiwillige Beiträge zur Rentenversicherung	7	4	2	7	12	10
freiwillige Beiträge zur Krankenversicherung	34	16	—	34	68	59
Versicherungsprämien und -beiträge	122	77	58	154	160	161
sonstige geleistete Übertragungen	145	113	67	187	128	181
Tilgung und Zinsen für Kredite	251	129	107	239	535	359
Ausgaben für die Bildung von Sachvermögen	178	110	—	137	441	217
Ausgaben für die Bildung von Geldvermögen	876	563	318	1.211	960	1.108
Andere Ausgaben insges.	**1.629**	**1.019**	**562**	**1.993**	**2.322**	**2.117**
Gesamtausgaben (Konsum- und andere Ausgaben)	**3.719**	**2.376**	**2.113**	**4.455**	**5.098**	**4.899**

Tab. 4.2/1: Konsum- und andere Ausgaben privater Haushalte im Durchschnitt je Haushalt und Monat (in Euro) nach Haushaltstyp 2006

	monatliches Haushaltsnettoeinkommen von ... bis unter ... Euro					
	unter 1.300	1.300 – 1.700	1.700 – 2.600	2.600 – 3.600	3.600 – 5.000	5.000 – 18.000
	Private Konsumausgaben					
Nahrungs- und Genussmittel	155	205	268	334	388	468
Kleidung, Schuhe	34	53	75	107	140	203
Wohnen, Energie, Instandhaltung	434	524	631	768	894	1.045
Innenausstattung, Haushaltsgeräte	48	98	105	142	208	251
Gesundheitspflege	25	40	57	81	144	227
Verkehr (z. B. Kfz, Kraftstoffe, Personenbef.)	79	164	233	365	507	833
Nachrichtenübermittlung	43	49	57	69	78	91
Freizeit, Unterhaltung, Kultur (z. B. Bücher, Freizeit-, Kulturdienstleistungen)	90	138	198	278	352	459
Bildungswesen	3	10	9	14	21	37
Beherbergungs- und Gaststättendienstleistungen	30	54	83	128	164	250
andere Waren und Dienstleistungen (z. B. Schmuck, Körperpflegeartikel)	33	50	72	86	111	156
Private Konsumausgaben insges.	**974**	**1.385**	**1.788**	**2.372**	**3.007**	**4.020**
	Andere Ausgaben					
sonstige Steuern	4	8	13	19	24	38
freiwillige Beiträge zur Rentenversicherung	1	3	5	8	11	22
freiwillige Beiträge zur Krankenversicherung	3	—	8	22	50	182
Versicherungsprämien und -beiträge	32	56	3	5	10	26
sonstige geleistete Übertragungen	45	81	127	166	229	302
Tilgung und Zinsen für Kredite	26	52	128	265	470	865
Ausgaben für die Bildung von Sachvermögen	—	—	59	55	254	916
Ausgaben für die Bildung von Geldvermögen	183	371	601	985	1.260	2.673
Andere Ausgaben insges.	**294**	**571**	**1.029**	**1.658**	**2.495**	**5.320**
Gesamtausgaben (Konsum- und andere Ausgaben)	**1.268**	**1.956**	**2.817**	**4.030**	**5.502**	**9.340**

Tab. 4.2/2: Ausgaben privater Haushalte im Durchschnitt je Haushalt und Monat (in Euro) nach dem monatlichen Nettoeinkommen 2006

	Haushalte mit ... Personen				
	1	**2**	**3**	**4**	**5 u. mehr**
Private Konsumausgaben					
Nahrungs- und Genussmittel	161	317	394	454	547
Kleidung, Schuhe	53	99	127	152	178
Wohnen, Energie, Instandhaltung	510	741	809	889	1.025
Innenausstattung, Haushaltsgeräte	83	148	157	182	199
Gesundheitspflege	61	113	75	84	69
Verkehr (z. B. Kfz, Kraftstoffe, Personenbef.)	158	375	444	485	683
Nachrichtenübermittlung	46	62	85	85	97
Freizeit, Unterhaltung, Kultur (z. B. Bücher, Freizeit-, Kulturdienstleistungen)	155	260	289	318	388
Bildungswesen	5	7	22	39	72
Beherbergungs- und Gaststättendienstleistungen	64	128	132	140	170
andere Waren und Dienstleistungen (z. B. Schmuck, Körperpflegeartikel)	61	84	96	97	97
Private Konsumausgaben insges.	**1.357**	**2.334**	**2.630**	**2.925**	**3.525**
Andere Ausgaben					
sonstige Steuern	7	22	22	19	24
freiwillige Beiträge zur Rentenversicherung	4	6	9	14	16
freiwillige Beiträge zur Krankenversicherung	16	30	47	84	102
Versicherungsprämien und -beiträge	77	140	161	171	177
sonstige geleistete Übertragungen	113	170	154	161	159
Tilgung und Zinsen für Kredite	129	234	338	568	575
Ausgaben für die Bildung von Sachvermögen	110	120	188	464	670
Ausgaben für die Bildung von Geldvermögen	563	1.116	1.001	1.053	1.038
Andere Ausgaben insgesamt	**1.019**	**1.838**	**1.920**	**2.534**	**2.761**
Gesamtausgaben (Konsum- und andere Ausgaben)	**2.376**	**4.172**	**4.550**	**5.459**	**6.286**

Tab. 4.2/3: Ausgaben privater Haushalte im Durchschnitt je Haushalt und Monat (in Euro) nach Haushaltsgröße 2006

Die Statistiken geben Hinweise auf den relativ hohen Lebensstandard privater Haushalte in der Bundesrepublik. Der drückt sich aber nicht nur in der Einkommenshöhe und im Ausgabeverhalten aus, sondern zeigt sich auch in den Möglichkeiten zum Sparen und zur Vermögensbildung. Viele Familien besitzen Wohneigentum, die meisten Haushalte sind mit wichtigen langlebigen Wirtschaftsgütern ausgestattet.

In den folgenden Tabellen wird die Ausstattung der privaten Haushalte mit langlebigen Wirtschaftsgütern an einigen Beispielen dargestellt. Dabei wird die **Typisierung von Haushalten** genutzt. Das Statistische Bundesamt typisiert die Haushalte

- nach der Größe der Haushalte (Ein- und Mehrpersonenhaushalte),
- nach der Höhe des monatlichen Haushaltseinkommens.

Diese Typendifferenzierung macht es möglich, die Ausstattung der Haushalte mit langlebigen Wirtschaftsgütern in Abhängigkeit sowohl von der Haushaltsgröße als auch vom Haushaltseinkommen darzustellen. Zusätzlich wird nach dem **Ausstattungsgrad** und dem **Ausstattungsbestand** unterschieden. Der Ausstattungsgrad gibt an, wie viele Haushalte eines Typs von 100 Haushalten dieses Typs mit einem Wirtschaftsgut ausgestattet sind. Der Ausstattungsbestand gibt an, mit wie viel Exemplaren eines Wirtschaftsguts 100 Haushalte eines Typs ausgestattet sind.

So zeigt z.B. Tab. 4.3 für den Haushaltstyp **Paare mit zwei Kindern** bei dem Wirtschaftsgut **Fahrrad** einen Ausstattungsgrad von 96,6 %. Dieser Wert besagt, dass (im Durchschnitt) 96,6 von 100 Haushalten Fahrräder besitzen. Für den gleichen Haushaltstyp und das gleiche Wirtschaftsgut gibt Tab. 4.3 einen Ausstattungsbestand von 375,5 wieder. Dieser Wert gibt an, dass (im Durchschnitt) in 100 Haushalten des Typs **Paare mit zwei Kindern** 375,5 Fahrräder vorhanden sind. (Quelle für diese und die folgenden statistischen Angaben ist das Statistische Jahrbuch für die Bundesrepublik Deutschland 2008.)

		Ausstatttungsgrad (je 100 Haushalte)					
		Haushalte insgesamt	allein Lebende	allein Erziehende	Paare ohne Kinder	Paare mit einem Kind	Paare mit zwei Kindern
1	Personenkraftwagen	77,0	54,8	71,9	91,1	90,8	97,4
2	Fahrrad	81,2	66,5	96,5	84,3	95,3	96,6
3	Hometrainer u. a. Sportgeräte	28,4	17,6	24,2	35,7	35,4	32,6
4	DVD-Player/Recorder	59,3	39,8	76,0	56,9	83,3	84,5
5	Camcorder (Videokamera) digital u. analog	19,7	6,8	21,2	20,0	43,1	43,5
6	MP3-Player	22,8	8,7	49,5	12,5	41,3	43,8
7	Spielkonsole	14,4	3,9	38,6	5,9	31,3	35,3
8	Personalcomputer	71,6	53,2	92,8	69,4	93,2	93,2
9	Internetanschluss	57,9	40,3	67,4	54,7	79,9	82,1
10	Telefon mobil	80,6	64,0	94,1	85,3	97,9	95,4
11	Gefrierschrank, -truhe	72,3	54,1	66,2	84,1	79,6	84,6
12	Geschirrspülmaschine	61,6	37,8	69,8	70,8	79,2	90,7
		Ausstattungsbestand (je 100 Haushalte)					
		Haushalte insgesamt	allein Lebende	allein Erziehende	Paare ohne Kinder	Paare mit einem Kind	Paare mit zwei Kindern
1	Personenkraftwagen	102,2	56,1	74,8	117,5	132,6	142,5
2	Fahrrad	187,8	87,2	224,6	181,6	268,1	375,5
3	Hometrainer u. a. Sportgeräte	32,5	18,8	25,7	41,0	41,9	38,3
4	DVD-Player/Recorder	75,6	44,0	90,5	66,6	111,9	119,0
5	Camcorder (Videokamera) digital u. analog	21,5	7,4	21,6	21,6	47,8	46,5
6	MP3-Player	31,2	9,6	63,4	14,5	49,6	68,5
7	Spielkonsole	18,3	4,4	47,1	6,9	39,3	48,7
8	Personalcomputer	106,8	62,3	122,8	93,3	146,7	164,0
9	Internetanschluss	60,1	40,6	68,9	55,7	82,7	87,7
10	Telefon mobil	137,1	68,4	157,3	129,71	210,4	216,1
11	Gefrierschrank, -truhe	83,0	56,3	69,4	100,6	91,2	98,7
12	Geschirrspülmaschine	62,5	38,0	70,0	72,0	79,9	92,0

Tab. 4.3/1: Ausstattungsgrad und Ausstattungsbestand, Ausstattung mit langlebigen Wirtschaftsgütern, nach Haushaltstypen mit und ohne Kinder, am 1.1.2006

		Ausstattungsgrad (je 100 Haushalte)				
		Haushaltsnettoeinkommen von ... € bis unter ... €				
		unter 1.300	1.300 - 1.700	1.700 - 2.600	2.600 - 3.600	3.600 - 5.000
1	Personenkraftwagen	49,8	76,9	90,2	97,3	98,6
2	Fahrrad	67,5	79,4	86,9	94,1	92,8
3	Hometrainer u. a. Sportgeräte	17,2	25,1	31,6	38,2	44,6
4	DVD-Player/Recorder	43,3	52,8	64,6	77,2	79,8
5	Camcorder (Videokamera) digital u. analog	8,1	14,7	24,7	30,1	35,8
6	MP3-Player	12,1	16,1	23,3	37,8	42,7
7	Spielkonsole	7,5	10,1	16,0	25,0	22,1
8	Personalcomputer	53,0	62,6	78,3	91,4	96,2
9	Internetanschluss	38,3	47,5	63,1	80,9	87,5
10	Telefon mobil	64,0	78,9	88,1	94,3	96,6
11	Gefrierschrank, -truhe	55,9	70,5	79,8	87,2	85,3
12	Geschirrspülmaschine	35,6	52,0	72,8	86,8	89,9
		Ausstattunsbestand (je 100 Haushalte)				
		Haushaltsnettoeinkommen von ... € bis unter ... €				
		unter 1.300	1.300 - 1.700	1.700 - 2.600	2.600 - 3.600	3.600 - 5.000
1	Personenkraftwagen	52,5	85,7	115,9	154,6	167,9
2	Fahrrad	102,2	143,8	214,6	283,1	300,3
3	Hometrainer u. a. Sportgeräte	18,3	27,7	35,7	45,8	54,4
4	DVD-Player/Recorder	48,9	59,3	82,3	105,8	120,7
5	Camcorder (Videokamera) digital u. analog	8,9	15,0	26,6	32,7	41,3
6	MP3-Player	14,1	18,9	30,5	57,5	64,7
7	Spielkonsole	9,4	13,2	20,3	31,2	30,1
8	Personalcomputer	63,0	81,6	112,1	154,3	191,4
9	Internetanschluss	38,8	47,8	64,0	84,2	97,7
10	Telefon mobil	79,8	110,2	152,2	201,4	220,3
11	Gefrierschrank, -truhe	59,4	78,6	92,8	105,4	103,8
12	Geschirrspülmaschine	35,7	52,6	73,5	88,5	93,0

Tab. 4.3/2: Ausstattungsgrad, Ausstattung mit langlebigen Wirtschaftsgütern, nach mtl. Haushaltsnettoeinkommen, 1.1.2006

4.2 Armutsgefährdung

In Fortführung des Beispiels von S. 46 sei angenommen, die Armutsgefährdungsgrenze läge bei 50 % des mittleren Einkommens, im Fall I also bei 350; dann würden die Einkommensbezieher 11, 12 und 13, deren Einkommen unterhalb dieser Grenze liegen, als arm gelten. In diesem Fall ist es gleichgültig, ob das mittlere Einkommen als arithmetisches Mittel oder nach dem Mediankonzept ermittelt wird. Im Fall II steigt die Armutsgrenze auf 450, wenn das arithmetische Mittel zu Grunde gelegt wird; das bedeutet, Einkommensbezieher 10 gilt jetzt auch als arm, obwohl sein Einkommen gleich geblieben ist. Der Medianwert bleibt gleich.

Als arm gilt, wer aufgrund seiner monetären Situation nicht in der Lage ist, ein angemessenes Leben zu führen. Weder in Deutschland noch in den anderen EU-Ländern besteht wegen des hohen durchschnittlichen Wohlstandsniveaus absolute Armut; Armut kann deshalb nur als relative Größe definiert werden. Für diese „relative Armut" hat sich der Begriff Armutsgefährdung durchgesetzt.

Armutsgefährdung besteht danach für alle Personen, deren Einkommen deutlich unter dem mittleren Einkommen, das als Medianeinkommen definiert wird, liegt. Die Armutsgefährdungsgrenze wird in Relation zum Medianeinkommen festgelegt. Sie liegt in Deutschland und in den übrigen EU-Ländern bei 60 % des Medianeinkommens. Bei Einkommen unterhalb dieser Grenze besteht für die betroffenen Personen Armutsgefährdung.

Im Jahr 2005 lag das Medianeinkommen bei 15.617 € im Jahr, die Armutsgefährdungsgrenze demnach bei 9.370,20 € bzw. bei 781 € im Monat. Ein Alleinstehender mit einem Einkommen unter 781 € im Monat galt im Jahr 2005 also als armutsgefährdet. Nach dem letzten Reichtums- und Armutsberichts der Bundesregierung, dem die Daten von 2005 zu Grunde liegen, galten 13 % der Bevölkerung als mehr oder weniger armutsgefährdet.[4] Im Vergleich mit anderen EU-Ländern ist das ein relativ guter Wert; lediglich die Niederlande, Schweden und Dänemark weisen bessere Werte auf.

Für die Analyse wird das sog. **Äquivalenzeinkommen** genutzt. Mithilfe des Äquivalenzeinkommens werden Einkommen von Personen, die in einem Haushalt mit anderen Personen (Ehepartnern, Kindern) leben, vergleichbar gemacht. Dazu wird das Haushaltsnettoeinkommen bedarfsgerecht gewichtet. Die Gewichtung ist erforderlich, weil insbesondere in größeren Haushalten Einspareffekte bestehen, z. B. durch die gemeinsame Nutzung von Wohnraum, von Haushaltsgeräten u. dgl.). Der Bedarfsgewichtung liegt folgende Gewichtungsskala[5] zu Grunde: Für den ersten Erwachsenen im Haushalt wird der Faktor 1 angesetzt, für jeden weiteren Erwachsenen und für jedes Kind ab 14 Jahren der Faktor 0,5, für jedes Kind unter 14 Jahren den Faktor 0,3.

[4] nach: SPIEGEL-Wissen v. 23.05.2008 (online)

[5] Modifizierte OECD-Skala

Der Sachverhalt kann mit folgendem Beispiel veranschaulicht werden: Ein Haushalt besteht aus fünf Personen, Vater, Mutter und drei Kindern im Alter von 16, 12 und 10 Jahren. Der Gesamtfaktor für die Familie in Höhe von 2,6 setzt sich zusammen aus dem Faktor 1 für den ersten Erwachsenen, zweimal Faktor 0,5 für den zweiten Erwachsenen und das ältere Kind und zweimal Faktor 0,3 für die beiden jüngeren Kinder. Der Haushalt verfügt über ein Haushaltsnetteinkommen von 52.000 €; wenn dies durch den Faktor 2,6 geteilt wird, ergibt sich das bedarfsgewichtete Haushaltseinkommen in Höhe von 20.000 €. Auf den ersten Erwachsenen entfallen also 20.000 €, auf den zweiten Erwachsenen und das ältere Kind jeweils 10.000 €, auf die beiden jüngeren Kinder jeweils 6.000 €.

Die folgende Tabelle gibt für einige ausgewählte Bevölkerungsgruppen das jeweilige Median-Äquivalenzeinkommen im Monat in Prozent des Gesamtmedian-Äquivalenzeinkommens wieder. Sie gibt an, wie die mittleren Äquivalenzeinkommen einzelner Gruppen vom entsprechenden Einkommen der Gesamtheit abweichen. Dazu wird das Median-Äquivalenzeinkommen der Gesamtheit gleich 100 gesetzt. Die erheblichen Abweichungen bei den Gruppen der allein Erziehenden und der Arbeitslosen weisen auf die Armutsgefährdung der Angehörigen dieser Gruppen hin. Die Angaben weisen aber auch darauf hin, dass eine höhere schulische Bildung das Armutsrisiko erheblich vermindern kann.

Median-Äquivalenzeinkommen mtl.		
ausgewählte Bevölkerungsgruppen		**in % des Gesamtmedian-Äquivalenzeinkommens**
Insgesamt		100
Personen in Haushalten mit Kindern	gesamt	97
	allein Erziehende	72
	zwei Erwachsene mit 1 Kind	108
	zwei Erwachsene mit 2 Kindern	102
	zwei Erwachsene mit 3 Kindern	89
Höchster Schulabschluss (Personen ab 16 Jahre)	kein Schulabschluss	82
	Hauptschulabschluss	92
	Realschulabschluss oder Polytechnische Oberschule	100
	Abitur oder Fachhochschulreife	119
Erwerbsstatus (Personen ab 16 Jahre)	erwerbstätig in Vollzeit	118
	erwerbstätig in Teilzeit	109
	arbeitslos	66
	Ruhestand	94
	sonstig nicht erwerbstätig	93

Tab. 4.4: Median-Äquivalenzeinkommen ausgewählter Bevölkerungsgruppen mtl. in Prozent des Gesamtmedian-Äquivalenzeinkommens (Quelle: Statistisches Jahrbuch 2007)

4.3 Wirtschaftspläne privater Haushalte

Man kann unterstellen, dass sich private Haushalte bei ihrer Einkommensverwendung nicht immer von ökonomischen Gründen leiten lassen, meistens liegt ihrem Ausgabeverhalten auch kein schriftlicher Plan zu Grunde. Aber selbstverständlich sind Haushalte gezwungen, wirtschaftliche Überlegungen darüber anzustellen, wie die im Verhältnis zu den vielen Wünschen meistens recht knappen Mittel am zweckmäßigsten eingesetzt werden. Und je knapper die zur Verfügung stehenden Mittel sind, desto größer ist der Zwang, sie nach einem Plan zu verwenden.

Die Überlegungen, die in diese Pläne eingehen, umfassen im Allgemeinen die drei folgenden Aspekte.

1. Die **Beschaffung von Einnahmen**, die dem Haushalt in der Planperiode zur Verfügung stehen. Dazu gehören die Einkommen aus unselbstständiger Arbeit sowie aus Unternehmertätigkeit und Vermögen, Renten und andere Übertragungen (evtl. auch Schenkungen), die Einnahmen aus der Auflösung von Ersparnissen.
2. Die **Verwendung der Einnahmen**, z. B. für die Käufe von Gütern und Dienstleistungen, für Vermögensbildung, für die Tilgung von Schulden.
3. Die **Verwendung des Vermögens**, also z. B. die Veränderung von Anlageformen (Sparbuchguthaben werden zu Wertpapierkäufen, Bausparguthaben zum Kauf eines Hauses verwandt u. Ä.), die Auflösung von Vermögensteilen (d. h. „Entsparen"), Vermögensbildung (d. h. die Wahl einer bestimmten Anlageform).

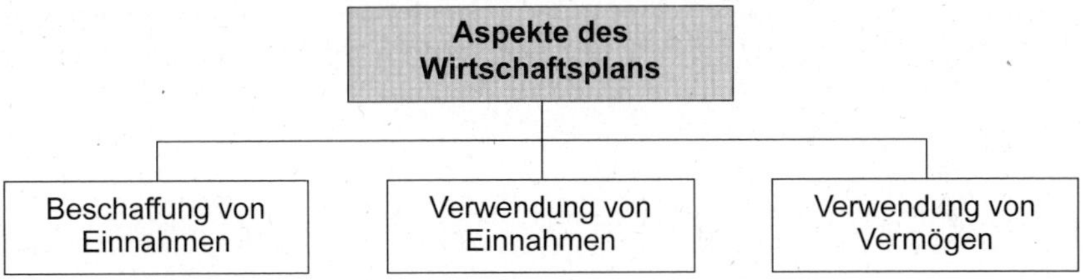

Auch die Haushalte legen ihren wirtschaftlichen Überlegungen – mehr oder weniger – das ökonomische Prinzip zu Grunde, d. h. sie verteilen die zur Verfügung stehenden Mittel so auf den Einkauf von Gütern und Dienstleistungen und auf die Ersparnis, dass ihr Bedarf optimal gedeckt wird.

Grundlagen dieser Überlegungen sind u. a.

- die Rangordnung der Bedürfnisse,
- die Preise der Güter und Dienstleistungen, die direkt oder als Substitute für die Befriedigung der einzelnen Bedürfnisse in Betracht kommen,
- alle anderen Preise,
- die Zinsen für Geldanlagen,
- die Zinsen für Konsumentenkredite.

4.4 Der Nutzen

Der Haushalt, der die zur Verfügung stehenden Mittel auf die Güter verteilt, versucht, seinen Nutzen zu maximieren.

Im Haushalt Bohlsen steht die Hausfrau für die Zubereitung des heutigen Mittagessens vor der Wahl zwischen Nudeln mit Hackfleischsauce und Kartoffeln mit Bratklops und Mehlsoße. Da sie weiß, dass ihre Familie das Nudelgericht, das sie schon seit einiger Zeit nicht mehr auf den Tisch gebracht hat, vorzieht, bereitet sie dieses zu. Der Familie erscheint das Nudelgericht „nützlicher", es wird subjektiv höher eingeschätzt. Sein Nutzen ist höher.

Menschen schätzen den Nutzen der Güter danach ein, in welchem Maß sie zur Bedürfnisbefriedigung beitragen. Die Einschätzung ist subjektiv und wird sich mit der Änderung der Bedürfnisse ebenfalls ändern.

Als Frau Bohlsen einige Tage verreisen muss, setzt Vater Bohlsen den Kindern die Nudeln mit Hackfleischsauce täglich vor, was – täglich zunehmend – die Wertschätzung für diese Speise erheblich mindert.

Als **Nutzen** wird **das subjektive Maß an Bedürfnisbefriedigung durch den Konsum** bezeichnet. Er nimmt mit fortlaufendem Konsum ab.

Nach dem vielzitierten *Beispiel von dem durstigen Wanderer heißt das: Das erste Glas Bier, das er sich im Gasthaus vorsetzen lässt, stiftet ihm den größten, das zweite bereits einen weniger großen, das dritte einen erheblich geringeren Nutzen usw.* Seine abnehmende Wertschätzung für das Getränk könnte sich darin ausdrücken, dass er für das 1. Glas mehr bezahlen würde als für das zweite, für das zweite mehr als für das dritte usw.

Jedes Glas Bier leistet einen Beitrag zum Gesamtnutzen des Wanderers, d. h. zur Löschung seines Durstes, und zwar so lange, bis er das Getränk „satt hat". Aber der Nutzenzuwachs, den bei fortlaufendem Konsum jedes zusätzliche Glas bringt, nimmt ab, bis schließlich eine Sättigung eintritt. Der Nutzenzuwachs wird auch als **Grenznutzen** bezeichnet (vgl. dazu die Ausführungen unter 4.5).

In der Regel stehen einem Haushalt zur Befriedigung seiner Bedürfnisse Mittel nur in begrenztem Umfang zur Verfügung. Es ist deshalb realistisch anzunehmen, dass er sich nicht alle Wünsche voll erfüllen kann, denn die Ausgaben für ein Gut vermindern die Mittel für die anderen Güter. *Wenn Familie Bohlsen die angesparten Mittel und das Geldgeschenk von Tante Johanna für den Kauf eines neuen Pkw ausgibt, würde sie auf Urlaubsreisen verzichten müssen. Wenn sie sich dagegen für einen gebrauchten Pkw entscheidet, kann die Reise unternommen und – bei angemessener Beschränkung – auch noch ein Teppich fürs Wohnzimmer gekauft werden.*

Frau Bohlsen hat in ihrem Haushaltsplan einen bestimmten Betrag für Nährmittel eingesetzt, den sie für Kartoffeln und Nudeln ausgibt. Sie kauft entsprechend ihren Vorstellungen von der Nützlichkeit der Kartoffeln als Hauptnahrungsmittel mehr Kar-

toffeln als Nudeln. Ein Haushalt verteilt die Mittel entsprechend seiner subjektiven Nutzenvorstellung so auf die Güter für die Bedürfnisbefriedigung, dass sein Gesamtnutzen maximiert wird.

Der Haushalt, der die ihm zur Verfügung stehenden begrenzten Mittel wirtschaftlich verplant, ist also gezwungen, sich entsprechend seiner subjektiven Wert- und Nutzenvorstellungen für bestimmte Güter bzw. Gütermengen zur Bedürfnisbefriedigung zu entscheiden. Dieser Zusammenhang lässt sich grafisch mit sog. **Indifferenzkurven** angeben. Dazu ein Beispiel:

Frau Bohlsen deckt den Bedarf der Familie an Nährmitteln, indem sie eine Mengenkombination von Kartoffeln und Nudeln kauft. Es ist leicht einzusehen, dass bestimmte Mengenkombinationen den jeweils gleichen Nutzen stiften können, es ist deshalb gleichgültig (indifferent), welche Mengenkombination Frau Bohlsen wählt. Dieser Sachverhalt wird in Abbildung 4.1 wiedergegeben.

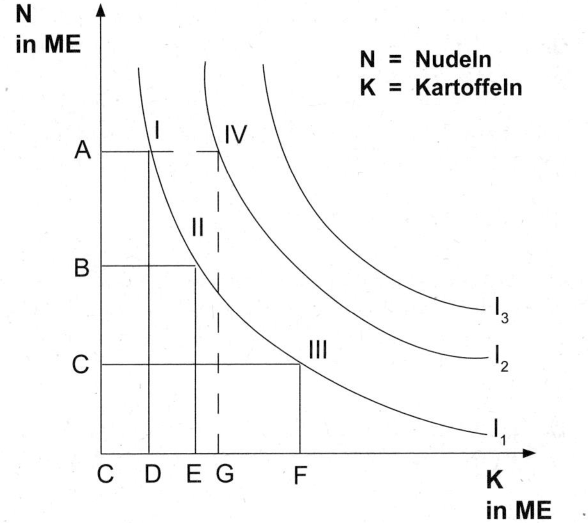

Abb. 4.1: Indifferenzkurven

Die Indifferenzkurve I_1 bestimmt alle Kombinationen der beiden Güter, die den gleichen Nutzen bringen; es ist also für den Haushalt gleichgültig, ob er die Kombination I (A ME Nudeln und D ME Kartoffeln), die Kombination II (B ME Nudeln und E ME Kartoffeln) oder irgendeine andere von I_1 bestimmte Kombination wählt. Die Kombination IV ist nur zu verwirklichen, wenn die Menge A an Nudeln mit der Menge G an Kartoffeln kombiniert wird; dadurch gelangt der Haushalt zu einem höheren Nutzen (I_2). Jede **Indifferenzkurve** drückt ein **bestimmtes Nutzenniveau** aus; je weiter die Indifferenzkurve vom Nullpunkt entfernt ist, desto höher ist das Nutzenniveau.

Dem Haushalt B steht für die Güter N und K ein bestimmter Betrag zur Verfügung, den er entweder für N oder für K oder für Kombinationen der beiden Güter ausgibt. Den Sachverhalt verdeutlicht in Abbildung 4.2 die sog. **Budgetgerade.**

In Abbildung 4.3 wird die Güterkombination ermittelt, die der Haushalt, der seinen Nutzen maximieren will, wählt.

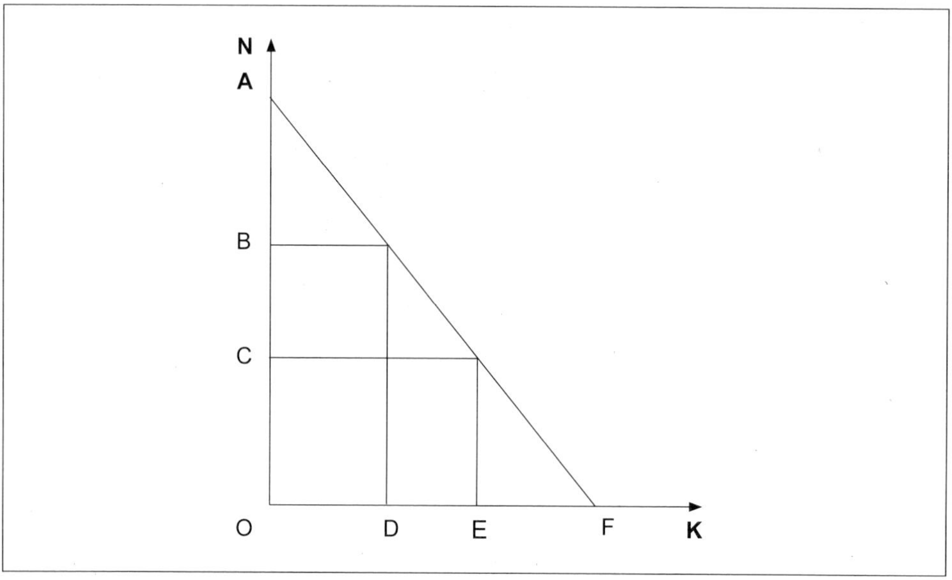

Abb. 4.2: Budgetgerade

In die Zeichnung werden die Indifferenzkurven und die Budgetgerade übernommen. Am Tangentialpunkt der Budgetgerade an die Indifferenzkurve I_2 ergibt sich die optimale Kombination. Die Schnittpunkte der Budgetgerade mit I_1 geben dagegen Güterkombinationen an, die dem Haushalt einen niedrigeren Nutzen stiften.

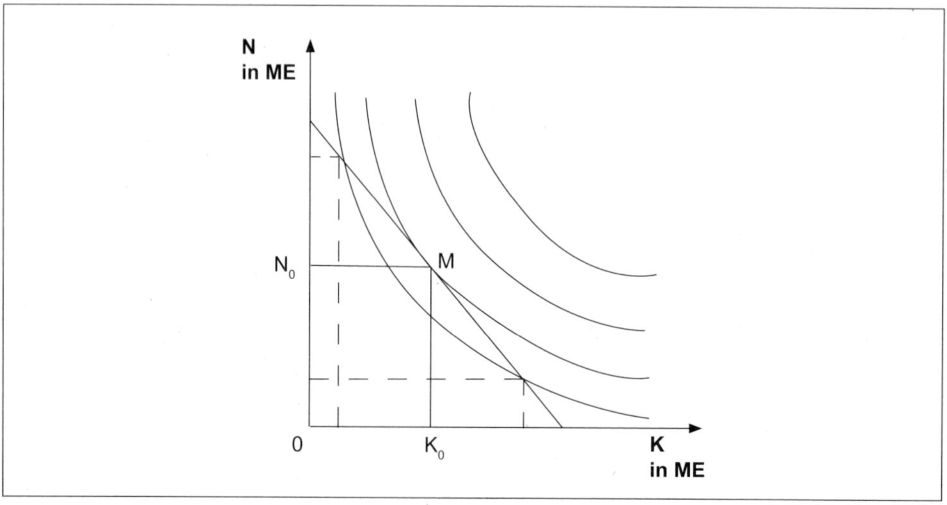

Abb. 4.3: Kombination der Güter N und K

4.5 Der Grenznutzen

Der Zuwachs am Gesamtnutzen eines Individuums, der dadurch entsteht, dass bei gegebener Güterkombination der Verbrauch eines Gutes um eine kleine Einheit (genauer: um eine infinitesimal kleine Einheit) ausgedehnt wird, wird als Grenznutzen bezeichnet. Der Grenznutzen ist ein zentraler Begriff der **Grenznutzenlehre**. Nach Auffassung der Grenznutzenlehre wird der Wert eines Gutes durch die subjektive Nutzenschätzung des Einzelnen bestimmt. Der Nutzen kann umschrieben werden als das Maß, mit dem ein Gut nach der Auffassung des einzelnen Verbrauchers zur Befriedigung seiner Bedürfnisse beiträgt. Der Verbraucher bestimmt also letztlich, welchen Wert ein Gut – für ihn – hat.

Die wesentlichen Grundideen dieser Lehre gehen auf einen deutschen Wissenschaftler zurück: auf Hermann Heinrich **Gossen** (1810 - 1854). Ihm zu Ehren wurden zwei der Gesetzmäßigkeiten, die der Grenznutzenlehre zu Grunde liegen, als Gossensche Gesetze bezeichnet. Beide Gesetze beruhen auf der Annahme, dass der Nutzen bzw. die Intensität des Nutzens messbar ist und z. B. mit Nutzeneinheiten angegeben werden kann.

Das **erste Gossensche Gesetz** wird auch als **Sättigungsgesetz** bezeichnet. Es besagt, dass nach dem fortlaufenden, ständigen Konsum eines Gutes schließlich Sättigung eintritt, sodass der weitere Konsum dem Verbraucher keinen Nutzen mehr bringt. Bevor jedoch die Sättigung eintritt, werden durch den fortlaufenden Konsum unterschiedliche Stufen der Nutzungsintensität durchlaufen.

Anders ausgedrückt: Bei fortlaufendem Konsum eines Gutes nimmt der Gesamtnutzen zwar zu, aber der Nutzenzuwachs, d. h. der Grenznutzen, wird ständig geringer; bei Sättigung gilt: Grenznutzen = 0. Abb. 4.4 stellt den Verlauf des Gesamtnutzens bei fortlaufendem Konsum dar; der Gesamtnutzen steigt bis (bei 7) das Nutzenmaximum erreicht ist, d. h. bis Sättigung eingetreten ist. Abb. 4.5 gibt dazu den Verlauf des Grenznutzens an; der Grenznutzen sinkt und wird schließlich (bei 7) gleich 0.

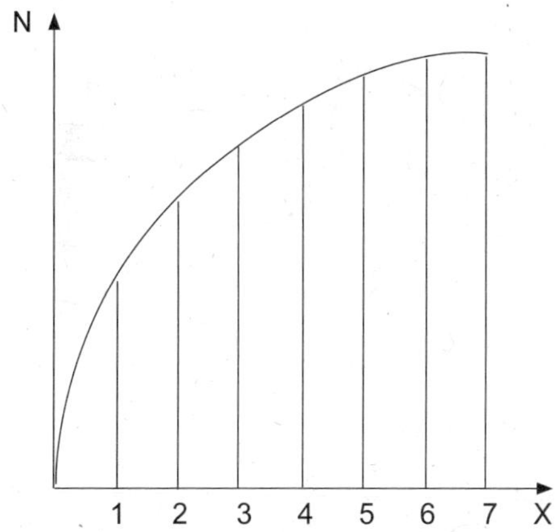

Abb. 4.4: Gesamtnutzen

Das zweite Gossensche Gesetz ist das Gesetz vom **Grenznutzenausgleich**. Es besagt, dass ein Verbraucher dann rational verfährt, wenn er seine Ausgaben so auf die Bedürfniskategorien Essen, Wohnen, Kleiden usw. verteilt, dass für alle Kategorien die Grenznutzen gleich sind. (Auf eine weitergehende Darstellung dieses Gesetzes wird hier verzichtet).

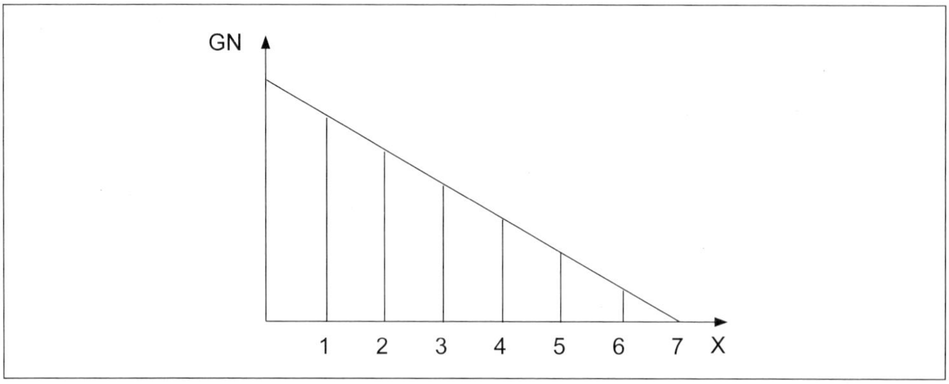

Abb. 4.5: Grenznutzen

4.6 Die Nachfrage privater Haushalte

Haushalte fragen Güter und Dienstleistungen nach; ihre Nachfrage wird u. a. von ihrem Einkommen, ihrer Bedürfnisstruktur, von den Preisen bestimmt. Im Folgenden soll danach gefragt werden, wie sich die mengenmäßige Nachfrage eines Haushalts nach einem Gut verhält, wenn sich der Preis für dieses Gut ändert. Dabei wird vorausgesetzt, dass die übrigen Bedingungen der Nachfrage, nämlich Einkommen, Bedürfnisstruktur, Preise anderer Güter, unverändert bleiben. Das ist zwar etwas unrealistisch, aber nur mit diesen modellhaften Vereinfachungen können wichtige Zusammenhänge aufgezeigt werden.

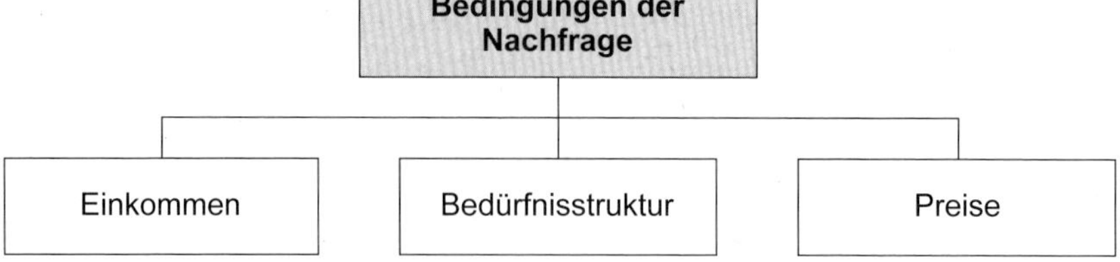

4.6.1 Die Nachfragefunktion

Im Haushalt Bohlsen gingen die Einkellerungskartoffeln zur Neige. Frau Bohlsen musste deshalb mittags häufiger Nudeln, Knödel und andere Substitute auf den Tisch bringen. Neue Kartoffeln waren ihr Anfang April noch zu teuer. Als die Preise in den folgenden Wochen sanken, kaufte sie sie gelegentlich in kleineren Mengen. Sie wird vermehrt nachfragen und auf die Zubereitung von Nudel- und ähnlichen Gerichten weitgehend verzichten, wenn die Preise für neue Kartoffeln weiter zurückgehen, was im Mai und Juni bekanntlich zu erwarten ist.

Der hier angedeutete Zusammenhang zwischen Nachfrage nach einem Gut und der Preisänderung kann durch das folgende hypothetische Zahlenbeispiel veranschaulicht werden (Tabelle 4.5):

Preis in € je kg (p)	**Nachgefragte Menge in kg pro Woche (x)**
4,00	0
3,50	2
3,00	4
2,50	6
2,00	8
1,50	10
1,00	12
0,50	14
0	16

Tab. 4.5: Angenommener Zusammenhang zwischen den Preisen für ein Gut und der mengenmäßigen Nachfrage des Haushalts B

In einer **Nachfragekurve** (vgl. Abb. 4.6) wird dieser Zusammenhang grafisch dargestellt. Auf der senkrechten Achse wird der Preis (p), auf der waagerechten die nachgefragte Menge (x) angegeben. Die Kurve zeigt, dass bei p = 3,– (2,–, 1,–) € sich eine Menge von x = 4 (8, 12) kg ergibt, dass also die nachgefragte Menge bei sinkendem Preis zunimmt. (Der Preis, bei dem keine Nachfrage besteht, ist der Höchstpreis, die Menge, die sich beim Preis p = 0 ergibt, wird als Sättigungsmenge bezeichnet.)

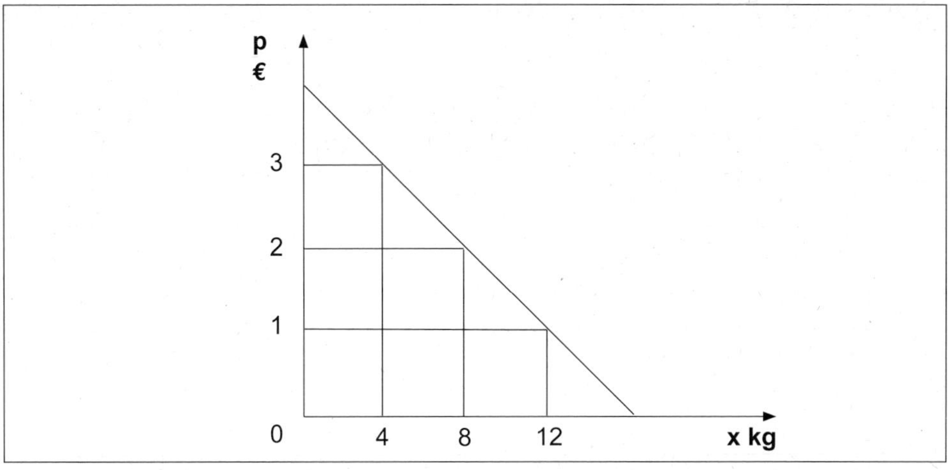

Abb. 4.6: Nachfragekurve

Im Regelfall hat die Nachfragekurve die in Abb. 4.6 dargestellte Form: Sie fällt von links oben nach rechts unten. Sie gibt an, dass bei gegebenem Einkommen und unveränderter Bedürfnisstruktur die Nachfragemenge zunimmt (abnimmt), wenn der Preis fällt (steigt).

Bei Veränderungen von Einkommen und/oder Bedürfnisstruktur kann sich die Nachfragekurve verschieben, d. h. bei gleichem Preis wird von diesem Gut mehr (x_2) oder weniger (x_3) nachgefragt (vgl. Abbildung 4.7).

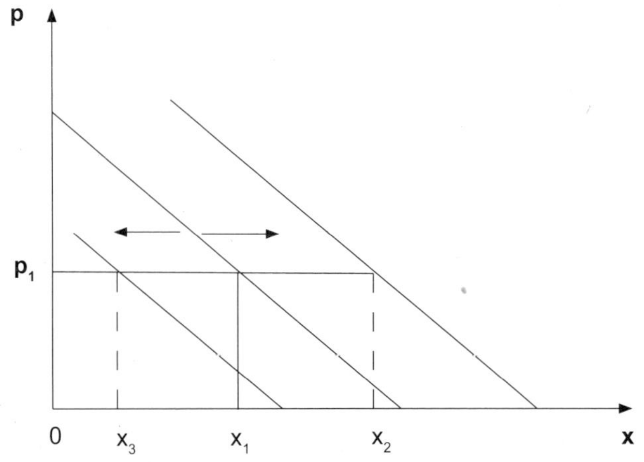

Abb. 4.7: Verschiebung der Nachfragekurve

Die beschriebenen Zusammenhänge zwischen dem Preis eines Gutes und der nachgefragten Menge dieses Gutes wird in der **Nachfragefunktion** angegeben.

$$\mathbf{x = f(p)}$$

Sie zeigt, dass die nachgefragte Menge eine Funktion des Preises ist. Mit ihrer Hilfe kann angegeben werden, welche Menge sich bei einer Preisänderung ergibt. Im Beispiel liegt eine Funktion von $x = 16 - 4\,p$ vor. Sie gibt z. B. an, dass bei einem Preis von $p = 2{,}50$ die Menge $x = 6$ nachgefragt wird: $x = 16 - 4 \cdot 2{,}50 = 6$.

Im Regelfall stellt eine Nachfragekurve die Veränderungen der Nachfragemenge eines Gutes in Abhängigkeit von Preisänderungen für dieses Gut dar. Nachfragekurven können aber auch die Abhängigkeit der Nachfrage nach einem Gut von Preisänderungen für ein anderes Gut veranschaulichen. Wenn z. B. der Preis für Kaffee steigt, sinkt die Nachfrage nach Kaffee (Regelfall), gleichzeitig nimmt die **Nachfrage nach einem Substitut**, z. B. Tee, zu. Die Nachfragekurve stellt also den Zusammenhang zwischen der Menge des Substituts (x_2) und dem Preis für das andere Gut (p_1) dar, die Kurve steigt von links nach rechts (vgl. Abb. 4.8 a).

Die **Nachfrage nach einem komplementären Gut** ist auch abhängig von Preisänderungen des zu ergänzenden Gutes. Wenn z. B. die Nachfrage nach Autos aufgrund von Preissteigerungen zurückgeht, geht auch die Nachfrage nach Benzin zurück. Die Nachfragekurve stellt also den Zusammenhang zwischen der Menge des Komplements (x_2) und dem Preis für das andere Gut (p_1) dar, die Kurve verläuft wie die Nachfragekurve im Regelfall (vgl. Abb. 4.8 b).

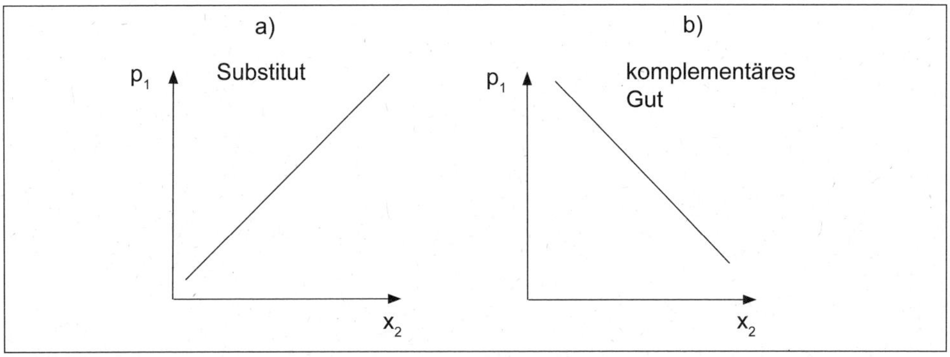

Abb. 4.8: Nachfragekurven bei Substituten und Komplementen

Auch den Zusammenhang zwischen Einkommensänderungen eines Verbraucherhaushalts und der Änderungen der Nachfrage nach bestimmten Gütern lässt sich mithilfe einer Nachfragekurve darstellen. Bei steigenden Einkommen nimmt die Nachfrage nach superioren Gütern zu, nach inferioren Gütern bzw. Sättigungsgütern nimmt sie ab oder stagniert (vgl. Abb. 4.9).

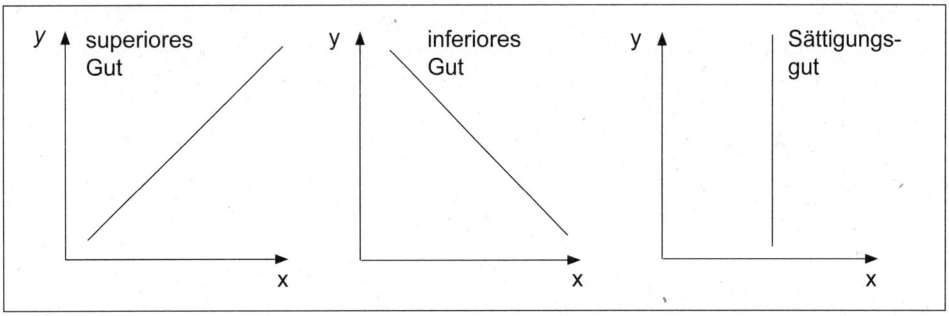

Abb. 4.9: Nachfragekurven — Abhängigkeiten vom Einkommen

4.6.2 Die Elastizität der Nachfrage

Es kann angenommen werden, dass der Haushalt Bohlsen bei der Nachfrage nach den unterschiedlichen Gütern, die er üblicherweise einkauft, auf Preisänderungen unterschiedlich reagiert. So kann man sich leicht vorstellen, dass Frau Bohlsen die Nachfrage nach neuen Kartoffeln, Rotkohl u. Ä. relativ stark einschränkt (bzw. relativ stark ausdehnt), wenn die Preise für diese Produkte steigen (bzw. fallen). Bei Preisänderungen anderer Produkte (z. B. Kaffee, Benzin u. Ä.) verändert der Haushalt Bohlsen die mengenmäßige Nachfrage nur geringfügig. In dem einen Fall reagiert die Nachfrage auf Preisänderungen relativ stark, im anderen Fall relativ schwach.

Diese unterschiedlichen Reaktionen der Nachfrage nach einem Gut auf Änderungen des Preises für dieses Gut wird mit der **direkten Preiselastizität** angegeben.

In Abb. 4.10 werden für zwei Güter, die von einem Haushalt nachgefragt werden, die entsprechenden Nachfragekurven dargestellt. Bei dem einen Gut könnte es sich um ein relativ leicht zu substituierendes Gut, z. B. um Rotkohl, bei dem anderen um ein Gut handeln, das nur schwer ersetzbar ist, z. B. Kaffee. Bei dem leicht zu substituierenden Gut verläuft die Nachfragekurve flacher als bei dem anderen. Es ist zu erkennen, dass bei gleichen Preiserhöhungen, z. B. um 1 %, die nachgefragten Mengen unterschiedlich stark zurückgehen. Die Nachfrage reagiert im ersten Fall relativ elastisch, im zweiten Fall relativ unelastisch auf die Preiserhöhungen.

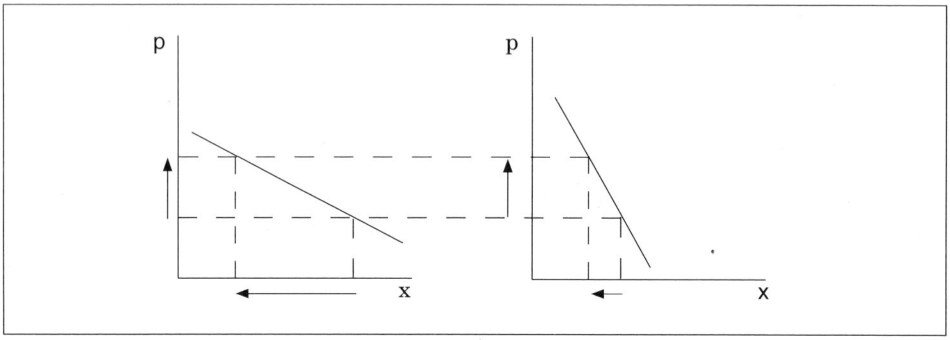

Abb. 4.10: Nachfragekurven mit unterschiedlichen Elastizitäten

Diese unterschiedlichen Reaktionen der Nachfrage auf Preisänderungen wird mit der **direkten Preiselastizität der Nachfrage** beschrieben. Sie gibt Auskunft auf die Frage, **wie** reagiert die Nachfrage auf Preisänderungen. Die Nachfrage kann relativ elastisch, relativ unelastisch, vollkommen elastisch oder vollkommen unelastisch reagieren.

Rechnerisch gibt die direkte Preiselastizität das Verhältnis der relativen Mengenänderung (Ergebnis) zur relativen Preisänderung (Ursache) an.

- $$El_N = \frac{\text{relative Mengenänderung}}{\text{relative Preisänderung}}$$

oder

- $$El_N = \frac{\dfrac{\text{Mengenänderung}}{\text{Ausgangsmenge}}}{\dfrac{\text{Preisänderung}}{\text{Ausgangspreis}}}$$

Aus den Formeln ergibt sich, dass die direkte Preiselastizität negativ ist, weil eine Preissenkung fast immer eine Mengenerhöhung und eine Preiserhöhung eine Mengensenkung zur Folge hat. Ist die Elastizität groß ($El_N < -1$), dann reagiert die Nachfrage auf eine Preisänderung relativ stark. Ist die Elastizität gering ($El_N > -1$), dann reagiert die Nachfrage auf eine Preisänderung relativ schwach.

Für ein Gut steigt der Preis von 1,50 € auf 2,— €, darauf geht die Nachfrage von 6 kg auf 3 kg zurück. Die direkte Preiselastizität wird folgendermaßen berechnet (Benutzung der Formel).

$$El_N = \frac{\frac{-3}{6}}{\frac{0{,}5}{1{,}5}} = -\frac{3}{2} = -1{,}5$$

Die Elastizität hat – absolut gesehen – einen hohen Wert; sie ist kleiner als –1; das bedeutet, die Nachfrage reagiert relativ elastisch. Eine Preissteigerung von 1 % führt zu einem Mengenrückgang, der höher als 1 %, nämlich 1,5 % ist. Mit anderen Worten: Wenn der Preis, wie in diesem Beispiel, um 33,3 % steigt, dann muss die Nachfrage um das 1,5-Fache von 33,3 % zurückgehen, nämlich um 50 %.

Für ein Gut steigt der Preis von 2 € auf 3 €, darauf geht die Nachfrage von 1,5 Stück auf 1 Stück zurück. Für die direkte Preiselastizität ergibt sich folgender Wert.

$$El_N = \frac{\frac{-0{,}5}{1{,}5}}{\frac{1}{2}} = -\frac{2}{3} = -0{,}67$$

Die Elastizität hat einen geringen Wert; sie ist größer als –1; das bedeutet, die Nachfrage reagiert relativ unelastisch. Eine Preissteigerung von 1 % führt zu einem Mengenrückgang, der geringer als 1 %, nämlich 0,67 %, ist. Mit anderen Worten: Wenn der Preis, wie in diesem Beispiel, um 50 % steigt, dann muss die Nachfrage um 1/3 zurückgehen.

Zwischen den Ausgaben (A) eines Verbrauchers für ein Gut, der nachgefragten Menge (x) und dem Preis für dieses Gut (p) besteht folgender Zusammenhang: A = p · x. Bei relativ elastischer Nachfrage führt eine Preissteigerung wegen des relativ starken Rückgangs der Nachfrage zu einer Senkung der Ausgaben: A ↓ = p ↑ · x ↓↓. Eine Preissenkung würde auf die Ausgaben umgekehrt wirken: A ↑ = p ↓ · x ↑↑.

Bei relativ unelastischer Nachfrage führt eine Preissteigerung wegen des relativ schwachen Mengenrückgangs zu einer Erhöhung der Ausgaben: A ↑ = p ↑↑ · x ↓ . Eine Preissenkung würde auf die Ausgaben umgekehrt wirken: A ↓ = p ↓↓ · x ↑.

Die Zusammenhänge zwischen den Änderungen von Ausgaben, Preisen und Nachfragemengen können anhand der folgenden Beispiele für Preiserhöhungen bei unterschiedlichen Elastizitäten nachvollzogen werden.

1. relativ elastische Nachfrage					**2. relativ unelastische Nachfrage**				
	p (€)	x (kg)	El	Ausg. (€)		p (€)	x (kg)	El	Ausg. (€)
1	9,0	3,0		27,0	1	4,0	5,0		20,0
2	10,0	2,0	– 3,0	20,0	2	5,0	4,5	– 0,4	22,5

Tab. 4.6: Wirkungen von Preiserhöhungen bei unterschiedlichen Elastizitäten

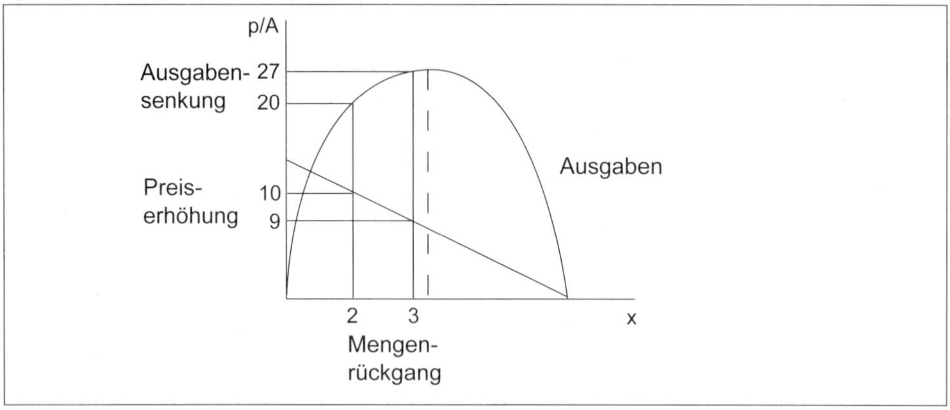

Abb. 4.11: Ausgabenänderungen bei relat. elast. Nachfrage

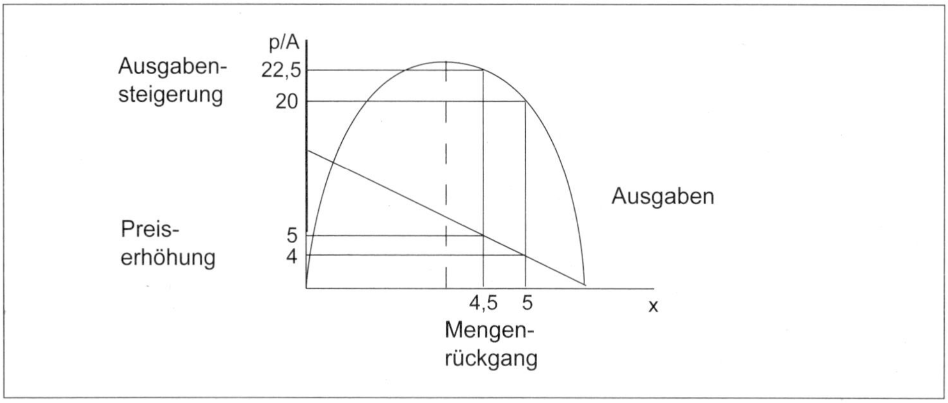

Abb. 4.12: Ausgabenänderungen bei rel. unelast. Nachfrage

Die Ausführungen über die Zusammenhänge zwischen direkter Preiselastizität der Nachfrage, Preis-, Mengen- und Ausgabenänderungen lassen sich folgendermaßen zusammenfassen.

Relativ elastische Nachfrage: Bei einer einprozentigen Preiserhöhung geht die Nachfragemenge um mehr als ein Prozent zurück; die Ausgaben nehmen ab. (Bei einer einprozentigen Preissenkung nimmt die Nachfragemenge um mehr als ein Prozent zu; die Ausgaben nehmen zu.)

Relativ unelastische Nachfrage: Bei einer einprozentigen Preiserhöhung geht die Nachfragemenge um weniger als ein Prozent zurück; die Ausgaben nehmen zu. (Bei einer einprozentigen Preissenkung nimmt die Nachfragemenge um weniger als ein Prozent zu; die Ausgaben nehmen ab.)

Vollkommen unelastische Nachfrage: Die Nachfrage reagiert nicht auf Preisänderungen. Bei einer Preiserhöhung erhöhen sich die Ausgaben, bei einer Preissenkung nehmen sie ab.

Vollkommen elastische Nachfrage: Bei Preisänderungen verschwindet die Nachfrage.

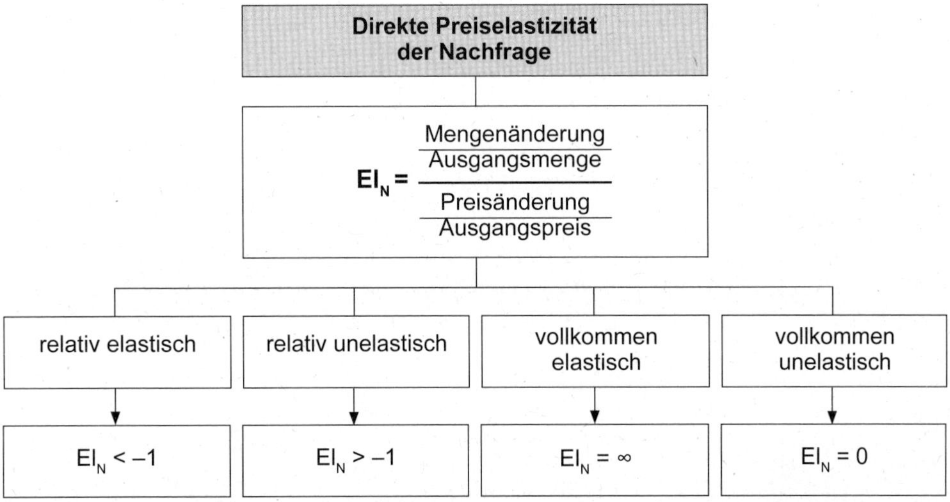

Im Gegensatz zur direkten Preiselastizität der Nachfrage gibt die **Kreuzpreiselastizität** an, wie die Nachfrage nach einem Gut auf Preisänderungen bei einem anderen Gut reagiert. Sie stellt das **Verhältnis der relativen Mengenänderungen eines Gutes zur relativen Preisänderung eines anderen Gutes** dar. Wenn z. B. der Preis für Kaffee steigt, nimmt die Nachfrage nach Kaffee ab, aber die Nachfrage nach dem Substitut Tee nimmt zu, und zwar in einem Ausmaß, der mit der entsprechenden Kreuzpreiselastizität angegeben werden kann. Bei Substituten ist die Elastizität positiv, bei komplementären Gütern negativ.

Die **Einkommenselastizität** der Nachfrage **gibt an, wie sich die nachgefragte Menge bei Einkommensänderungen ändert**. Bei Erhöhungen des Einkommens nimmt die Nachfrage nach sog. Nichtsättigungsgütern zu, d. h. die Elastizität ist positiv; der Wert der Elastizität gibt an, in welchem Umfang sich die nachgefragte Menge erhöht. Bei Sättigungsgütern ist die Einkommenselastizität entweder negativ oder gleich Null.

5. Private Unternehmen

Die Großhandlung Anton Müller KG ist ein Handelsunternehmen, das sich mit dem Einkauf und Verkauf von Waren befasst. Waren kauft sie u. a. bei einer Großmühle, d. h. bei einem Produktionsunternehmen. Zum Transport der Ware bei Beschaffung und Absatz nimmt sie die Dienste eines Spediteurs, zur Lagerung in einem Fremdlager die Dienste eines selbstständigen Lagerhalters, also die Dienste von Dienstleistungsunternehmen, in Anspruch. Ihre Waren verkauft sie an Einzelhandelsunternehmen, die sie schließlich für die Nachfrage der Haushalte bereithalten.

Unternehmen erstellen also Leistungen i. w. S., die sie anderen Unternehmen sowie privaten und öffentlichen Haushalten anbieten. Sie müssen dazu Produktionsfaktoren beschaffen, für die sie Geldmittel aufwenden, die also Kosten verursachen. Diese Produktionsfaktoren sind so einzusetzen, dass die Kosten minimiert werden. Die Unternehmen wollen schließlich Gewinne erwirtschaften und diese nach Möglichkeit maximieren.

5.1 Arten, Standorte und Rechtsformen von Unternehmen

5.1.1 Arten von Unternehmen

Das einfache Einführungsbeispiel zeigt, dass Unternehmen **nach der Art der** von ihnen erstellten **Leistungen** unterschieden werden können. Es gibt Unternehmen, die Sachleistungen, und Unternehmen, die Dienstleistungen produzieren. Zu den Sachleistungen zählen die Rohstoffgewinnung, die Herstellung von Produktionsgütern und Konsumgütern. Zu den Dienstleistungen zählen die Leistungen der Transport- und Verkehrsunternehmen, der Lagerhalter, der Versicherungen, der Banken, aber auch des Handels.

Unternehmen der Produktions- und Konsumgüterindustrie können **nach der Art der Güter**, die sie erzeugen, unterschieden werden. Sie lassen sich einteilen in Unternehmen, die Mehlprodukte, die Werkzeugmaschinen, die Schuhe, die Computer usw. herstellen. Sie lassen sich auch systematisieren **nach dem in der Produktion vorherrschenden Rohstoff**; man kommt dabei zu einer Einteilung in Unternehmen der holz-, textil-, lederverarbeitenden Industrie u. Ä.

Wichtig ist die Einteilung der Unternehmen **nach dem** in der Leistungserstellung **vorherrschenden Produktionsfaktor**. Dabei sind Unternehmen, in denen die menschliche Arbeitskraft überwiegt, von Unternehmen zu unterscheiden, in denen das Kapital vorherrscht, eine dritte Kategorie bilden die Unternehmen, die zur Produktion in besonderem Maße viel oder teures Material benötigen. Zur ersten Gruppe gehören z. B. die lohn- bzw. arbeitsintensiven Unternehmen der optischen und feinmechanischen Industrie; erkennbar sind sie an den relativ hohen Lohnkosten. Zur zweiten Gruppe gehören die Unternehmen, die zur Produktion einen großen Bestand an Maschinen u. dgl. (Sachkapital) benötigen; kapitalintensive Unternehmen findet man z. B. in der Automobilindustrie, im Schiffbau. Sie sind erkennbar an relativ hohen Abschreibungen und Kapitalkosten. Zur dritten Gruppe zählen die Unternehmen mit hohen Materialkosten, sie sind in der textil-, leder-, pelzverarbeitenden und in der Schmuckindustrie zu finden.

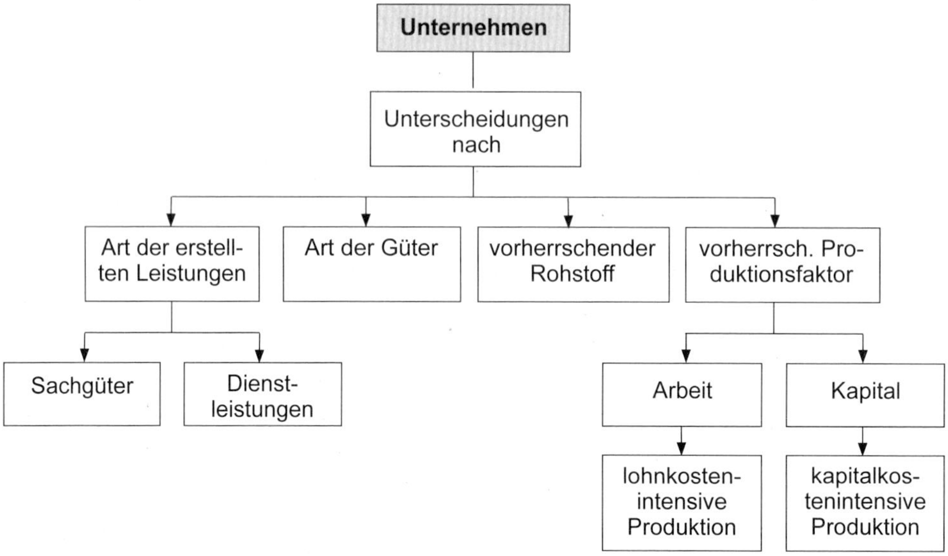

5.1.2 Standortentscheidungen der Unternehmen

Die Art eines Unternehmens bestimmt gelegentlich seinen Standort bzw. den Standort seiner Betriebe. Das gilt für Abbaubetriebe (z. B. Bergbau), für Anbaubetriebe (z. B. Landwirtschaft), für energieorientierte Betriebe und für Werften. Die so bestimmten Standorte werden als **gebundene Standorte** bezeichnet. **Freie Standorte** dagegen werden i. d. R. von wirtschaftlichen Faktoren bestimmt.

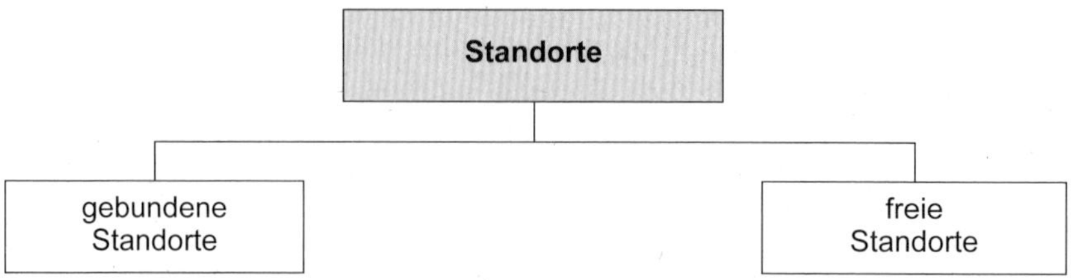

Die Großhandlung Anton Müller KG hat seit ihrer Gründung ihre Verwaltung und einen Teil ihrer Lagerräume in L. in innerstädtischer Nebenlage (zwei weitere Lager, die im Zuge der Erweiterung erforderlich werden, mussten in anderen Stadtteilen angemietet werden). Anlieferung und Abtransport werden in dieser engen, verkehrsreichen Straße immer problematischer, auch Interessen der Stadt werden tangiert. Die Stadt bietet deshalb der Firma Müller ein Grundstück in Stadtrandlage zu sehr günstigen Bedingungen

an. Da das Grundstück groß genug ist für die erforderlichen Gebäude und für geplante Erweiterungen, außerdem verkehrsgünstig zu einer Autobahnauffahrt liegt, ist die Unternehmensleitung sehr interessiert, zumal ein SB-Warenhaus und ein bundesweit expandierender Discounter bereits ernsthaftes Kaufinteresse an dem innerstädtischen Anwesen gezeigt haben.

Die verkehrsgünstige Stadtrandlage nutzt auch ein großer Verbrauchermarkt, der sich hier bereits vor Jahren niedergelassen hat, und dessen Kunden nicht nur aus L., sondern auch aus den benachbarten Kreisen kommen. Sie finden hier ausreichenden Parkplatz und – in baulicher Verbindung mit dem Markt – eine attraktive Ladenzeile mit Dienstleistungsunternehmen: Zeitschriften mit Lottoannahme, Friseur, Schuhreparatur, Reinigung und Reisebüro.

In der Kreisstadt Altenaue hat sich ein Betrieb eines bekannten Unternehmens der pharmazeutischen Industrie niedergelassen. Die Stadt hatte das Grundstück zu günstigen Bedingungen überlassen und bietet außerdem gewisse steuerliche Vorteile. Das Unternehmen versorgt von hier aus sein norddeutsches und einen Teil seines skandinavischen Absatzgebietes.

In Ostholm, einer kleinen Stadt im Kreis Altenaue, im Zentrum eines landwirtschaftlich strukturierten Gebietes, haben die Ostholmer Mühlenwerke GmbH ihren Sitz in der Nähe zu Rohstofflieferanten, den Landwirten, die hier vorwiegend Getreide anbauen.

Diese einfachen Beispiele sollen dreierlei verdeutlichen.

1. Grundlage für Standortentscheidungen sind wirtschaftliche Faktoren.
2. In die Entscheidung fließen mehrere Faktoren, allerdings mit unterschiedlicher Gewichtung, ein.
3. Unternehmen müssen gelegentlich frühere Standortentscheidungen überprüfen und evtl. Betriebsverlagerungen in Erwägung ziehen.

Aus den Beispielen lassen sich einige **wirtschaftliche Faktoren** exemplarisch ableiten. Unternehmen entscheiden sich für einen Standort wegen seiner **verkehrlichen Erreichbarkeit** durch die Abnehmer. Das gilt insbesondere für den Einzelhandel. Bestimmte Fachgeschäfte, Waren- und Kaufhäuser bevorzugen wegen der hohen Passantendichte und der guten Erreichbarkeit durch öffentliche Verkehrsmittel innerstädtische Hauptlagen. Geschäfte mit Stammkunden, auch bestimmte Discounter, findet man dagegen eher in innerstädtischen Nebenlagen. Sie vermeiden dort die hohen **Standortkosten** der Hauptlagen, nutzen aber auch die relativ gute Erreichbarkeit und die Vorteile innerstädtischer Attraktion für Verbraucher durch die Zusammenballung von Konkurrenz. Gemischtwarengeschäfte, kleinere SB-Märkte suchen wegen der Möglichkeit zur Konkurrenzmeidung und der niedrigen Standortkosten Standorte in unmittelbarer Nähe der Kundenwohnsitze (Nachbarschaftslage in Wohnsiedlungen). Große Verbrauchermärkte, die in großem Maße auf Autokunden angewiesen sind, lassen sich in Rand- oder Außenlagen nieder; sie finden dort nicht nur gute Anbindungen an Bundesstraßen und Autobahnen, sondern können dort – wegen der relativ niedrigen Standortkosten – auch ausreichend Parkplätze bieten.

Die Nähe zu den Abnehmern ist auch für manche Großhändler und Industrieunternehmen von Bedeutung. Sie suchen häufig Standorte für Auslieferungslager und Betriebsstätten, von denen aus sie relativ leicht, d. h. kostengünstig, z. B. mit eigenen LKW ihre Kunden versorgen können. Andere Produktionsunternehmen siedeln ihre Betriebsstätten in der Nähe ihrer Zulieferer oder dort an, wo – wegen der guten Anbindung an das Straßennetz, an Eisenbahn- und Schifffahrtsverbindungen – rasche und kostengünstige Zulieferungsmöglichkeiten bestehen. Dieser Gesichtspunkt gewinnt in den letzten Jahren im Zusammenhang mit der optimalen Gestaltung der Wertschöpfungskette an Bedeutung. In einer Wertschöpfungskette arbeitet der Hersteller eines Endprodukts mit dem Zulieferer von Rohstoffen und Materialien, den Lieferern von Teilen und Komponenten und evtl. mit Abnehmern in der Entwicklung eines Produkts und in der wirtschaftlichen Gestaltung der sog. **Supply Chain** zusammen.

Auch die **Verfügbarkeit über den Produktionsfaktor Arbeit** bei niedrigem Lohnniveau aber mit der erforderlichen Qualifikation kann die Standortwahl entscheidend beeinflussen. So verlagern z. B. viele deutsche Produktionsunternehmen Betriebsstandorte ins Ausland, vorwiegend in die Länder des ehemaligen Ostblocks. In diesen Ländern sind die Lohn- und Lohnnebenkosten geringer als in Deutschland und das Qualifikationsniveau der Arbeitnehmer genügt im Allgemeinen den Anforderungen. (Die Wahl des ausländischen Standorts wird begünstigt durch die Steuervorteile, die diese Länder bieten.)

Der wichtigste deutsche Standortvorteil ist das Know-how der Arbeitnehmer. Gelegentlich machen sich ausländische Unternehmen diesen Vorteil zunutze und verlagern Standorte – trotz hoher Arbeitskosten und relativ hoher Steuersätze – nach Deutschland.

Die **Größe des** für einen Standort in Aussicht genommenen **Grundstücks** kann dann die Entscheidung des Unternehmens wesentlich beeinflussen, wenn es Erweiterungen plant. Nicht zu unterschätzen ist der **Einfluss**, der von der **öffentlichen Hand** ausgeht. So betreiben z. B. Gemeinden Ansiedlungspolitik mit steuerlichen Vorteilen, mit dem Angebot günstiger Grundstücke usw.

In einer Untersuchung der Standorte mittelständischer Unternehmen stellte das Institut für Mittelstandsforschung vor einigen Jahren die folgenden Faktoren als besonders bedeutungsvoll für die Bewertung eines Standortes heraus. Es wird deutlich, dass die Entscheidung für einen Standort nicht nur von einem Faktor, sondern von vielen Faktoren abhängt, dass aber die Faktoren unterschiedliche Bedeutung haben. Sie müssen bei den Entscheidungen auch unterschiedlich gewichtet werden. Die Reihenfolge der Faktoren gibt in etwa auch eine Rangordnung ihrer Bedeutung wieder.

1. Arbeitskräftepotenzial (Qualifikation der Arbeitskräfte, Lohnniveau),
2. Staatliche Rahmenbedingungen (Bauleitplanungen, Finanzhilfen, Zusammenarbeit mit den Kommunen),
3. Infrastruktur (Image des Standortes, Angebot von Dienstleistungen, Anbindung an Kommunikationstechniken),
4. Kommunalabgaben und Energiekosten,
5. Markt- und Wettbewerbssituation (Lage zum Beschaffungs-, zum Absatzmarkt, Konkurrenz durch regionale Mitbewerber),
6. Verkehrsinfrastruktur (Straßenverkehr und Massengütertransport),
7. Gewerbeflächenpotenzial (Grundstückspreise, Möglichkeiten zur räumlichen Erweiterung).

5.1.3 Rechtsformen der Unternehmen

Die im Einführungsbeispiel vorgestellten Unternehmen firmieren mit Anton Müller KG und Ostholmer Mühlenwerke GmbH, sie haben also Namen, die entweder aus einem Familiennamen oder aus einem Sachnamen mit Zusätzen bestehen[1]*. Die Anton Müller KG ist – wie der Firmenzusatz angibt – eine Kommanditgesellschaft, die Ostholmer Mühlenwerke GmbH eine Gesellschaft mit beschränkter Haftung. Beide Unternehmen arbeiten mit den örtlichen Niederlassungen der Deutschen Bank AG zusammen, mit einer Aktiengesellschaft. Die Anton Müller KG beliefert u. a. das Einzelhandelsunternehmen Carl Paulsen e. K., der Firmenzusatz weist darauf hin, dass Paulsen eingetragener Kaufmann ist.*

Firmenzusätze dieser Art geben die rechtliche Organisation eines Unternehmens an, d. h. die Rechtsform des Unternehmens, die gelegentlich auch als Unternehmensform bezeichnet wird. Sie weisen auf die Eigentümer, auf die Art der Kapitalaufbringung, auf die Haftungsverhältnisse, auf Mitbestimmungen u. Ä. hin.

5.1.3.1 Einzelunternehmen

Die am weitesten verbreitete Unternehmensform ist das **Einzelunternehmen**; die meisten Unternehmen im Einzelhandel und im Handwerk sind als Einzelunternehmen organisiert. Die Firma besteht aus dem ausgeschriebenen Vornamen und dem Familiennamen des Gründers (des Inhabers bei Gründung); sie hat lediglich den Zusatz „eingetragener Kaufmann" (e. K.). Ein Kaufmann betreibt als Einzelunternehmer, als alleiniger Inhaber, sein Unternehmen; er bringt allein das Eigenkapital auf und haftet gegenüber Gläubigern mit seinem ganzen Vermögen, d. h. sowohl mit dem Geschäfts- als auch mit dem Privatvermögen. Der Gewinn steht ihm allein zu. Allerdings sind die Expansionsmöglichkeiten sehr beschränkt.

[1] Firma ist der Name eines Vollkaufmanns, unter dem er seine Handelsgeschäfte betreibt. Die Firma besteht im Allgemeinen aus einem Firmenkern (z. B. Anton Müller, Landtransport) und einem Firmenzusatz, der auf die Rechtsform hinweist (z. B. KG, GmbH).

5.1.3.2 Personengesellschaften

Die Firmierung Schmidt OHG besagt, dass es sich bei dem so benannten Unternehmen um eine **offene Handelsgesellschaft**[2] handelt. Die OHG ist eine Personengesellschaft. Die Firma enthält den Namen wenigstens eines Gesellschafters mit einem Zusatz, der das Vorhandensein einer Gesellschaft andeutet oder die Namen aller Gesellschafter, z. B. entweder Schmidt OHG oder Fischer & Schmidt. Die OHG wird u. a. aufgelöst durch einen entsprechenden Beschluss der Gesellschafter, durch Eröffnung des Konkursverfahrens über das Vermögen der Gesellschaft, durch Ablauf der Zeit, für die sie gegründet wurde.

In einer OHG sind alle Gesellschafter zur **Geschäftsführung** berechtigt und verpflichtet (Ausnahmen kann der Gesellschaftsvertrag regeln). Die Geschäftsführungsbefugnis bezieht sich auf alle Geschäfte, die der gewöhnliche Betrieb des Unternehmens mit sich bringt. Das sind im Allgemeinen Einkäufe, Verkäufe, Personaleinstellungen u. dgl. Für Geschäfte, die darüber hinaus gehen, muss ein entsprechender Beschluss der Gesellschafter vorliegen. Wenn ein wichtiger Grund vorliegt (z. B. geschäftsschädigendes Verhalten), kann ein Gesellschafter auf Antrag der übrigen Gesellschafter durch gerichtliche Entscheidung von der Geschäftsführung ausgeschlossen werden. Die Gesellschafter vertreten i. d. R. auch jeweils allein die Gesellschaft nach außen. Die Gesellschafter können im Laufe eines Geschäftsjahres bis zu 4 % ihres Anteils, wie er sich bis zum Ende des vorhergehenden Geschäftsjahres ergeben hat, privat entnehmen.

Ein Gesellschafter, der die Gesellschaft verlassen will, kann kündigen. Die Kündigung muss sechs Monate vor Ende eines Geschäftsjahres erfolgen. Die Kündigung am 30.9.2008 führt zur Beendigung des Gesellschaftsverhältnisses am 31.12.2009.

Wenn der Gesellschaftsvertrag nichts anderes vorsieht, wird der **Jahresgewinn** nach den Vorschriften des HGB folgendermaßen **verteilt**: Zunächst erhält jeder Gesellschafter einen Anteil in Höhe von 4 % seines Kapitalanteils; Einlagen und Entnahmen werden bei dieser Verteilung angemessen berücksichtigt. Reicht der Gewinn für die Vorwegverteilung nicht aus, wird er nach einem entsprechend niedrigeren Satz, ist er höher, wird der Rest nach Köpfen verteilt (auch der Verlust wird gleichmäßig „nach Köpfen" verteilt).

An der offenen Handelsgesellschaft Fischer & Schmidt sind die Herren Fischer, Müller und Schmidt mit den angegebenen Kapitalanteilen beteiligt. Ein Jahresgewinn in Höhe von 300.000 € wird nach den Vorschriften des HGB verteilt. (Die Verteilung zeigt die geringen Unterschiede in der Gesamtverteilung trotz erheblicher Unterschiede der Anteile.)

Teilhaber	**Anteil**	**Vorweg-verteilung** (4 % des Anteils)	**Restver-teilung** (nach Köpfen)	**Gesamt-verteilung**
Fischer	1.000.000,00	40.000,00	78.666,67	118.666,67
Müller	500.000,00	20.000,00	78.666,67	98.666,67
Schmidt	100.000,00	4.000,00	78.666,67	82.666,67
	1.600.000,00	64.000,00	236.000,00	300.000,00

[2] Rechtsgrundlage: HGB §§ 105 ff.

Die Gesellschafter müssen die Kapitalanteile, zu deren Einbringung sie sich vertraglich verpflichtet haben, fristgerecht einzahlen. Für die Gesellschafter besteht das sog. **Wettbewerbsverbot**, d. h. sie dürfen sich nicht anderen gleichartigen Gesellschaften als persönlich haftende Gesellschafter beteiligen und sie dürfen keine Geschäfte im Handelszweig der OHG, der sie als Gesellschafter angehören, machen, es sei denn, die Einwilligung der übrigen Gesellschafter liegt vor.

Die **Gesellschafter haften** den Gläubigern für die Schulden der Gesellschaft als Gesamtschuldner persönlich. Jeder Gesellschafter haftet für die Schulden solidarisch, d. h. er kann alleine für die Schulden der Gesellschaft vom Gläubiger in Anspruch genommen werden; jeder Gesellschafter haftet dem Gläubiger direkt, d. h. der Gläubiger kann sich mit seinem Anspruch an jeden Gläubiger direkt wenden, jeder Gläubiger haftet unbeschränkt, d. h. er haftet nicht nur mit seinem Geschäfts-, sondern auch mit seinem Privatvermögen.

Auch die **Kommanditgesellschaft**[3] (KG) ist eine Personengesellschaft. Sie besteht aus mindestens einem **Komplementär** (Vollhafter) und mindestens einem **Kommanditisten** (Teilhafter). Die Komplementäre führen die Geschäfte und vertreten die Gesellschaft nach außen. Außergewöhnlichen Geschäften können die Kommanditisten widersprechen. Außerdem kontrollieren die Kommanditisten die Geschäftsführung anhand der Jahresbilanz, die ihnen abschriftlich zugänglich gemacht werden muss; sie können die Richtigkeit der Bilanz auch durch Einsicht in die Bücher überprüfen. Der Gesellschaftsvertrag kann dieses Kontrollrecht ausdehnen und z. B. regelmäßige Einsichtnahme in die Bücher gestatten.

Wenn die **Gewinnverteilung** nicht durch Vertrag geregelt ist, wird sie nach den gesetzlichen Vorschriften durchgeführt, die besagen, dass die Kommanditisten zunächst eine Verzinsung ihrer Einlagen mit 4 % oder mit einem entsprechend niedrigeren Satz erhalten und ein Rest angemessen verteilt wird. Auch ein Verlust ist angemessen zu verteilen. Während die Kommanditisten nur bis zur Höhe ihrer Beteiligung zur **Haftung** herangezogen werden können, muss der Komplementär als persönlich haftender Gesellschafter auch mit seinem Privatvermögen haften. Hat die KG mehrere Komplementäre, haften diese wie die Gesellschafter der OHG (direkt, solidarisch, unbeschränkt).

Die Kommanditisten können ihren Gesellschaftsanteil zum Ende eines Geschäftsjahres mit sechsmonatiger Kündigungsfrist kündigen.

Die KG wird aufgelöst u. a. durch Tod eines Komplementärs und – wenn sie auf Zeit gegründet wurde – nach Zeitablauf.

5.1.3.3 Kapitalgesellschaften

Von den Personengesellschaften OHG und KG sind die Kapitalgesellschaften GmbH und AG zu unterscheiden. Nicht nur natürliche Personen, sondern auch Kapitalgesellschaften können Gesellschafter in Personengesellschaften sein. Kapitalgesellschaften erhalten ihre Rechtsfähigkeit durch die Rechtsform der **juristischen Person**. Juristische Personen entstehen durch Eintragung, z. B. in das Handelsregister.

---

[3] Rechtsgrundlage: HGB §§ 161 ff.

Für die Geschäftsführung und Vertretung von Kapitalgesellschaften sind besondere Organe vorgeschrieben. Die Gesetze schreiben auch die Mindesthöhe des einzubringenden Kapitals vor. Die Gesellschafter müssen Kapitalanteile, deren Mindesthöhe ebenfalls vorgeschrieben ist, einbringen; ihre persönliche Haftung ist ausgeschlossen, das Gesellschaftsvermögen (das Kapital) haftet für die Verbindlichkeiten der Gesellschaft. An der Willensbildung werden die Gesellschafter beteiligt. Der Umfang ihres Stimmrechts hängt von ihrem relativen Anteil am Gesellschaftskapital ab.

5.1.3.3.1 Die Gesellschaft mit beschränkter Haftung (GmbH)

Die Gesellschaft mit beschränkter Haftung (GmbH)[4] ist eine **Kapitalgesellschaft**. Sie kann durch eine oder durch mehrere Personen errichtet werden, die den Gesellschaftsvertrag aufstellen; er enthält Firma und Sitz der Gesellschaft, Gegenstand der Unternehmung, Betrag des Stammkapitals und der Stammeinlage. Die Firma besteht meistens aus einer Sachbezeichnung oder einem Familiennamen mit dem Zusatz, der das Gesellschaftsverhältnis andeutet; auf jeden Fall muss der Zusatz „mit beschränkter Haftung" enthalten sein. Die Gesellschafter bringen das Kapital (das **Stammkapital**), mindestens 25.000 Euro, in Geld oder Sachen ein; die einzelne Einlage (die **Stammeinlage**) muss mindestens 100 Euro betragen. Es ist zulässig, dass die Beträge der Stammeinlagen für die Gesellschafter unterschiedlich hoch sind; sie müssen jedoch in Euro durch fünfzig teilbar sein. Die Gesellschafter können durch Vertrag zu Ergänzungen ihrer Einlage verpflichtet werden (begrenzte und unbegrenzte Nachschusspflicht).

Die Gesellschaft wird aufgelöst, wenn die Gesellschafter die Auflösung mit einer Mehrheit von mind. 75 % beschließen, wenn das Insolvenzverfahren eröffnet wird usw.

Organe der GmbH sind Geschäftsführer, Gesellschafterversammlung und Aufsichtsrat.

Die GmbH muss einen oder mehrere **Geschäftsführer** haben, sie werden von der Gesellschafterversammlung bestellt. Sie müssen nicht Gesellschafter sein. Wenn die Gesellschaft mehr als 2.000 Arbeitnehmer hat, gehört der Geschäftsführung auch ein Arbeitsdirektor an. Die Geschäftsführer leiten die GmbH, bestimmte Geschäfte können sie nur mit Genehmigung der Gesellschafterversammlung oder des Aufsichtsrates vornehmen.

Die Beschlüsse der Gesellschafter werden in der **Gesellschafterversammlung** gefasst; sie wird durch die Geschäftsführer (schriftlich) einberufen. (Wenn sich alle Gesellschafter schriftlich mit der zu treffenden Bestimmung oder mit der schriftlichen Stimmabgabe einverstanden erklären, muss keine Versammlung stattfinden.) Beschlüsse werden mit der Mehrheit der abgegebenen Stimmen gefasst; jede 50 Euro eines Geschäftsanteils gewähren eine Stimme.

Die Gesellschafterversammlung fasst Beschlüsse u. a. in den folgenden Angelegenheiten:

[4] Rechtsgrundlage: GmbH-Gesetz

- Feststellung des Jahresabschlusses und Gewinnverwendung,
- Rückzahlung von Nachschüssen,
- Bestellung, Abberufung und Entlastung der Geschäftsführer,
- Maßregeln zur Prüfung und Überwachung der Geschäftsführung,
- Bestellung von Prokuristen,
- Änderungen des Gesellschaftsvertrages, z. B. Erhöhung des Stammkapitals,
- Auflösung der Gesellschaft.

Der **Aufsichtsrat** überwacht die Geschäftsführung. Er ist für GmbH mit mehr als 500 Arbeitnehmern vorgeschrieben. Für die Zusammensetzung des Aufsichtsrates gelten die gleichen Vorschriften wie für die AG (s. u.).

5.1.3.3.2 Die Aktiengesellschaft (AG)

Unternehmen mit besonders hohem Kapitalbedarf wählen häufig die Aktiengesellschaft (AG) als Unternehmensform; die AG ist die typische Form der Großunternehmen. Das Aktiengesetz schreibt vor, dass die AG von einer oder von mehreren Personen gegründet werden kann, die die Satzung aufstellen. Die **Satzung** bestimmt u. a.[5]

- die Firma, den Sitz der Gesellschaft, den Gegenstand der Unternehmung,
- die Höhe des Grundkapitals,
- die Zerlegung des Grundkapitals entweder in Nennbetragsaktien oder in Stückaktien (bei Nennbetragsaktien deren Nennbeträge und die Zahl der Aktien jedes Nennbetrags, bei Stückaktien deren Zahl), außerdem, wenn mehrere Gattungen von Aktien bestehen, die Gattung der Aktien und die Zahl der Aktien jeder Gattung (Aktien können mit unterschiedlichen Rechten ausgestattet sein, Aktien mit gleichen Rechten bilden jeweils eine Gattung),
- die Form der Bekanntmachungen der Gesellschaft.

Die Firma der AG ist im Allgemeinen eine Sachbezeichnung mit dem Zusatz AG. Die AG kann u. a. durch Mehrheitsbeschluss der Anteilseigner (75 %) und durch Eröffnung des Konkursverfahrens über das Gesellschaftsvermögen aufgelöst werden.

Die AG ist die Kapitalgesellschaft in typischer Ausprägung. Das **Grundkapital** muss mindestens 50.000 Euro betragen. Es wird von den Gesellschaftern aufgebracht; sie können ihre Einlagen in Geld oder – unter Beachtung besonderer Vorschriften – in Sachen einbringen (auch Sachübernahmen sind möglich).

Für ihre Einlagen erhalten die Gesellschafter Aktien. Die Aktien können als **Nennbetragsaktien** oder als **Stückaktien** ausgegeben werden. Die Summe der Nennbeträge aller Nennbetragsaktien entsprechen dem Betrag des Grundkapitals. Der Mindestbetrag einer Nennbetragsaktie ist ein Euro; höhere Nennbeträge sind möglich, sie müssen auf volle Euro lauten. Stückaktien haben keinen Nennbetrag; sie sind am Grundkapital in gleichem Umfang beteiligt; die Gesamtzahl aller Stücke, d. h. aller Anteile, entsprechen dem Grundkapital. Der auf die einzelne Stückaktien entfallende Anteil am Grundkapital darf einen Euro nicht unterschreiten.

---

[5] Vgl. Aktiengesetz § 23.

Die Aktien sind Urkunden, die entweder auf den Namen oder den Inhaber lauten (Namens- und Inhaberaktien); ihre Übertragung ist relativ einfach. Die Gesellschaft haftet gegenüber ihren Gläubigern mit dem Gesellschaftsvermögen, die persönliche Haftung der Gesellschafter ist völlig ausgeschlossen.

Die Aktionäre haben einen Anspruch auf Gewinnanteil (Dividende) gemäß ihren Anteilen. Im Allgemeinen haben sie bei einer Kapitalerhöhung auch ein Recht auf Bezug neuer Aktien (junger Aktien).

Die **Organe der AG** sind Vorstand, Aufsichtsrat und Hauptversammlung.

Der **Vorstand**[6] wird vom Aufsichtsrat auf höchstens fünf Jahre bestellt. Der Vorstand kann aus einer oder aus mehreren Personen, bei Gesellschaften mit mindestens drei Mio. Euro Grundkapital muss er aus mindestens zwei Personen bestehen (wenn die Satzung nichts anderes vorsieht). Bei Unternehmen, in denen paritätische Mitbestimmung besteht, gehört auch ein Arbeitsdirektor zum Vorstand.

Der Vorstand leitet die Geschäfte gemeinschaftlich unter eigener Verantwortung und vertritt die Gesellschaft gerichtlich und außergerichtlich, er berichtet dem Aufsichtsrat, beruft die Hauptversammlung ein, stellt den Jahresabschluss auf, macht den Jahresabschluss bekannt. Außerdem schlägt er vor, wie der Gewinn – nach Berücksichtigung der gesetzlichen Rücklage – auf freie Rücklagen, auf einen eventuellen Gewinnvortrag und auf die Dividende verteilt werden soll. Mit jeweils 5 % des Jahresgewinns muss die gesetzliche Rücklage aufgefüllt werden, bis diese 10 % des Grundkapitals ausmacht.

Der **Aufsichtsrat** setzt sich aus Vertretern der Aktionäre und der Arbeitnehmer zusammen (vgl. 5.1.3.5 Zusammensetzung der Aufsichtsräte). Der Aufsichtsrat wählt mit einer Mehrheit von mindestens zwei Dritteln seiner Mitglieder den Vorsitzenden und dessen Vertreter. Kommt die erforderliche Mehrheit nicht zu Stande, wählen in einem zweiten Wahlgang die Aktionärsvertreter den Vorsitzenden, die Arbeitnehmervertreter seinen Stellvertreter. Herrscht bei einer Beschlussfassung Stimmengleichheit, wird die Stimme des Vorsitzenden doppelt gewichtet.

Die wichtigste Aufgabe des Aufsichtsrates besteht in der Überwachung des Vorstands. Dazu muss ihm der Vorstand vierteljährlich einen Bericht vorlegen. Er prüft den Vorschlag für die Gewinnverteilung und den Geschäftsbericht des Vorstands. Schließlich erstattet er der Hauptversammlung (den Aktionären) Bericht.

Die wichtigsten Aufgaben des Aufsichtsrats sind die Bestellung und Abberufung des Vorstands, die Kontrolle der Geschäftsführung. Außerdem hat er den Jahresabschluss, den Geschäftsbericht und den Gewinnverwendungsvorschlag zu prüfen.

Die **Hauptversammlung** ist die Versammlung der Aktionäre. Sie tritt regelmäßig gem. Gesetz oder Satzung oder wenn das Wohl der Gesellschaft es erfordert zusammen. Sie beschließt über Gewinnverwendung, Satzungsänderungen (z. B. Kapitalerhöhung) usw. Außerdem wählt sie einen Teil der Aufsichtsratmitglieder.

[6] Vgl. Aktiengesetz §§ 76 ff.

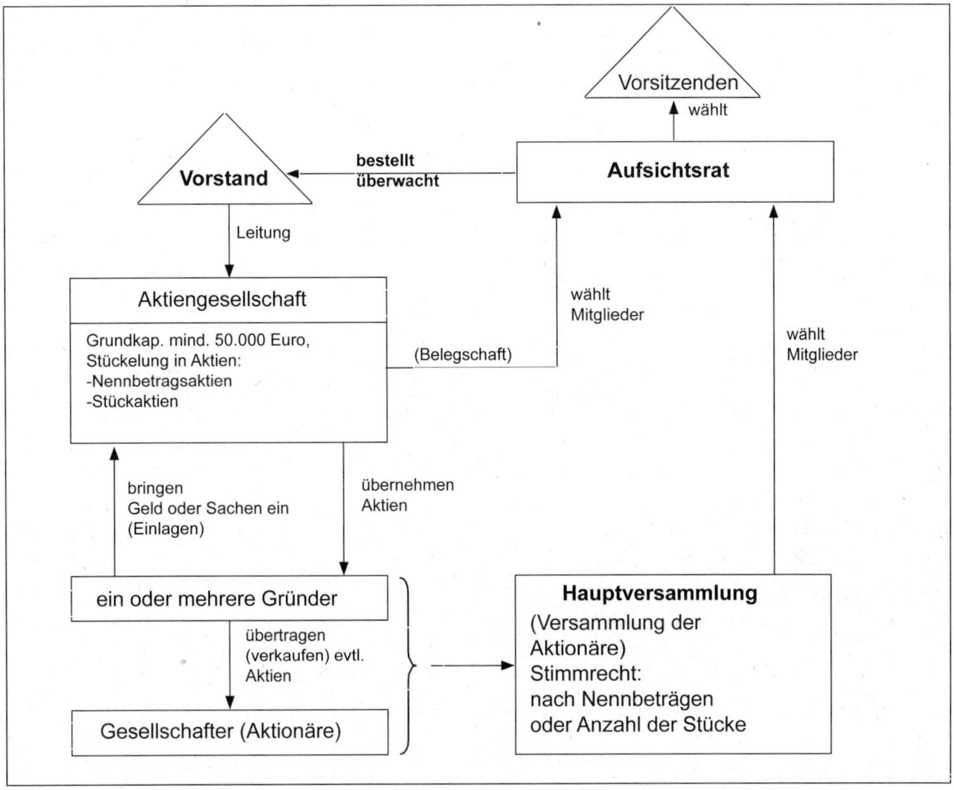

Abb. 5.1: Aktiengesellschaft – Aufbau

Die Aktien können übertragen, d. h. verkauft und gekauft, werden. Wenn Aktien an einer **Börse** gehandelt werden sollen, muss die Gesellschaft mithilfe einer bei der Börse vertretenen Bank die Zulassung zum Börsenhandel beantragen; für die Bearbeitung des Antrags ist die Zulassungsstelle der Börse zuständig. Wichtig für die Zulassung ist, dass die Gesellschaft einen Prospekt veröffentlicht hat, der alle Angaben zur Beurteilung der Aktien enthält.

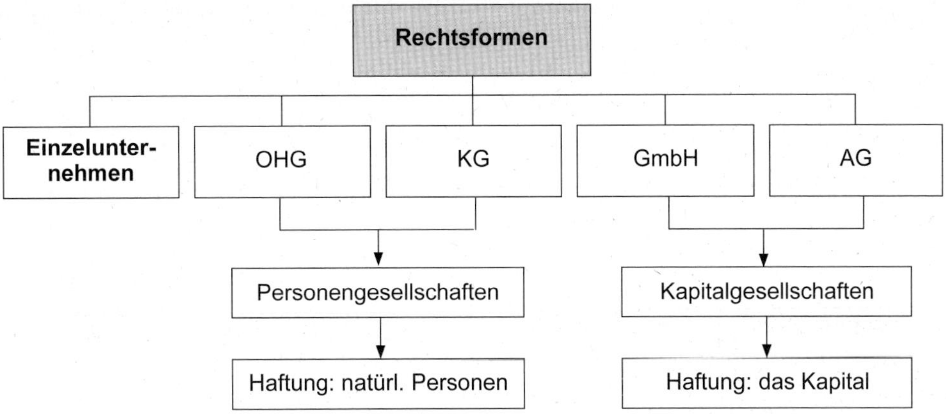

5.1.3.4 Der Gang an die Börse - Going Public

Die Landtransport ist ein mittelständisches Unternehmen, das sich seit mehreren Generationen im Familienbesitz befindet. Als die beiden Söhne des Gründers in den 60er-Jahren die Leitung des Unternehmens übernahmen, wurde es in eine GmbH umgewandelt. Gesellschafter sind (seit dem Tod des Gründers) die Frau, die beiden Söhne und die Tochter des Gründers. Die vier Enkel des Gründers werden nicht in das Unternehmen eintreten und Leitungsfunktionen übernehmen. Eine wichtige Aufgabe der Unternehmensleitung ist deshalb die Regelung des Nachfolgeproblems.

Die Landtransport stellt landwirtschaftliche Transportmittel her. Ihr Angebot umfasst Anhänger für Traktoren in verschiedenen Ausführungen für den landwirtschaftlichen Bedarf. Die Abnehmer sind vorwiegend Landwirte und Landhandelsunternehmen in Schleswig-Holstein, Niedersachsen, Mecklenburg-Vorpommern, Hessen und Dänemark. Die Nachfrage nach den Produkten steigt ständig, Umsatz und Gewinn nehmen zu. Die Zukunftsaussichten sind sehr gut. Deshalb ist beabsichtigt, in absehbarer Zeit die Produktion auszuweiten, das Produktionsverfahren zu ändern und von Werkstätten- zur Fließfertigung überzugehen sowie das Produktionsprogramm mit Transportbändern in mehreren Längenausführungen zur Bewegung von Lagergut zu ergänzen; dafür werden Investitionen erforderlich.

Der Kapitalbedarf ist erheblich. Die Finanzierung allein mit Gewinnrücklagen und Bankkrediten ist nicht möglich. Die Gesellschafter beschließen deshalb, die GmbH in eine AG umzuwandeln, um nach dem Gang an die Börse die Möglichkeiten zur Finanzierung über den Kapitalmarkt in Anspruch nehmen zu können.

Der Rechtsformwechsel ging relativ unproblematisch über die Bühne. Die Gesellschafter stellten die erforderliche Satzung auf, die u. a. folgende Bestimmungen enthält:

- *Firma:* ***Landtransport AG***,
- *Höhe des Grundkapitals:* ***4 Mio. €***,
- *Gattung der Aktien:* ***Stückaktien***,
- *Zerlegung des Grundkapitals in Aktien:* ***4 Mio. Stück***.

Die Aktien wurden von den Gesellschaftern („Altgesellschaftern") gemäß ihren Stammeinlagen übernommen. Die Hauptversammlung wird von den vier Gesellschaftern gebildet, den Vorstand bilden die bisherigen Geschäftsführer. (Es handelt sich bei der Landtransport AG um eine ***kleine Aktiengesellschaft****, für deren Gründung und Organisation der Gesetzgeber die strengen Regelungen des Aktienrechts gelockert hat; die Erleichterungen beziehen sich u. a. auf Mitbestimmung, Einberufung der Hauptversammlung und Publizitätspflicht.)*

Der Rechtsformwechsel der Landtransport von der GmbH in die AG hatte also im Wesentlichen folgende Gründe:

- *Die Vorbereitung des Börsengangs, der nur möglich ist, wenn das Gesellschaftskapital in Anteile aufgeteilt ist,*

- *die grundsätzliche Regelung der Problematik, die sich aus der Trennung von Management und Eigentum ergeben werden,*
- *die Erleichterung der Gründung kleiner Aktiengesellschaften.*

Nach der Umgründung begannen die Altgesellschafter mit der Emissionsbank den Börsengang vorzubereiten und ein Emissionskonzept zu erarbeiten. Dabei legten sie den Emissionspreis nach vorsichtiger Einschätzung der Kursentwicklung fest und wählten den Geregelten Markt mit seinen relativ einfachen Zulassungsbedingungen als angemessenes Marktsegment aus. Auf Antrag bei der Zulassungsstelle der Frankfurter Börse wurden schließlich die Aktien der Landtransport AG für den Handel am Geregelten Markt der Frankfurter Börse zugelassen.

Inzwischen hat der Markt die sorgfältige Vorbereitung des Börsenganges honoriert: Anleger nehmen die positive Entwicklung der Landtransport zur Kenntnis und zeigen nach anfänglicher Kaufzurückhaltung zunehmend Interesse an der Aktie, der Kurs steigt allmählich.

In Anlehnung an dieses Einführungsbeispiel werden sich die folgenden Ausführungen mit dem Börsengang (Going Public oder IPO, d. h. Initial Public Offering) eines Unternehmens befassen. Es geht also zunächst um die Erstemission von Aktien, d. h. um die Platzierung der Aktien auf dem sog. **Primärmarkt**. Probleme und Gründe sowie Art und Umfang der Vorbereitungen werden angedeutet. Dann müssen sich die Ausführungen aber auch mit dem Geschehen auf dem sog. **Sekundärmarkt** befassen, mit dem Verkauf und dem Kauf der Aktien durch Anleger, mit dem sich daraus ergebenden Kursen, mit Kursnotierungen, mit der Börse und den Marktsegmenten.

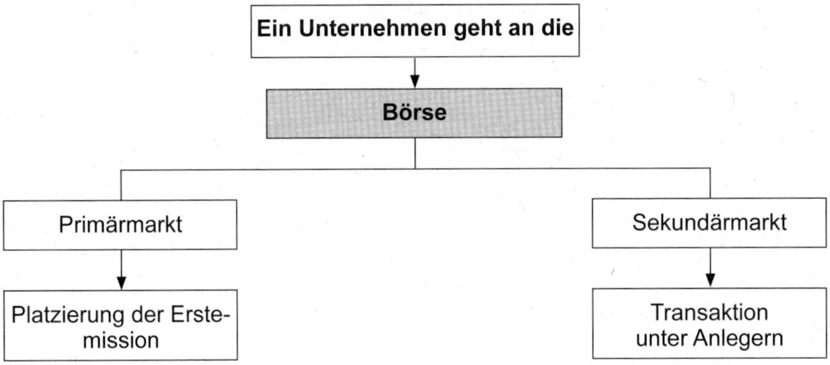

5.1.3.4.1 Gründe für den Börsengang

Unternehmen haben für den Gang an die Börse im Allgemeinen mehrere Gründe; die Finanzierung ist meistens der wichtigste Grund, andere Gründe sind dann von untergeordneter Bedeutung.

Im Einführungsbeispiel wird mit der Landtransport AG ein mittelständisches Unternehmen vorgestellt, das die gestiegene und weiterhin steigende Nachfrage nach seinen Produkten ausnutzen und seine Produktion erweitern will; außerdem will die Landtransport neue Produktionsverfahren einführen und neue Produkte auf den Markt bringen, mit denen sie einerseits auf den Bedarf ihrer traditionellen Zielgruppe eingehen, andererseits aber auch auf Nachfrage von lagerhaltenden Unternehmen des Handels, der Industrie und der Logistik hoffen kann. Die Erweiterungen und Erneuerungen machen teure Investitionen erforderlich, diese sollen durch den Gang an die Börse finanziert werden.

Diese **Finanzierung** ist eine Eigenkapitalfinanzierung; Anleger kaufen die angebotenen Aktien, sie werden dadurch Gesellschafter; der Erlös aus dem Verkauf der Aktien fließt dem Unternehmen als Eigenkapital zu. Mit dem Gang an die Börse eröffnen sich dem Unternehmen aber auch **weitergehende Finanzierungsmöglichkeiten**. So kann es z. B. bei einer Erhöhung des Grundkapitals neue Aktien ausgeben und an der Börse anbieten.

Dadurch wird das Unternehmen weitgehend unabhängig von den finanziellen Möglichkeiten der ursprünglichen Inhaber (Altgesellschafter). Außerdem wird im Allgemeinen wegen des höheren Eigenkapitals auch die **Kreditwürdigkeit** des Unternehmens verbessert.

Durch den Handel der Aktien, durch Veröffentlichungen von Geschäftsberichten und vor allem bei Anstieg des Aktienkurses steigen der Bekanntheitsgrad und das **Image** des Unternehmens. Das trägt weiter zur Kreditwürdigkeit bei und fördert das Interesse von Anlegern bei Neuemissionen aufgrund von Kapitalerhöhungen.

Ein Grund für den Börsengang wird darin gesehen, Mitarbeiter am Aktienkapital zu beteiligen. Mitarbeiter erhalten Aktien und werden dadurch als Gesellschafter am Gewinn beteiligt. Das Unternehmen will mit dieser **Mitarbeiterbeteiligung** die Motivation seiner Mitarbeiter erhöhen, Mitarbeiter für langjährige Unternehmenszugehörigkeit belohnen oder an das Unternehmen binden.

Die Altgesellschafter und ihre Familien können – wie im Einführungsbeispiel angedeutet – ein besonderes Interesse an dem Börsengang haben. Mithilfe des Börsenganges kann die **Nachfolge** in der Unternehmensleitung einfacher **geregelt** werden. Wenn sich die Altgesellschafter allmählich aus der Unternehmensleitung zurückziehen und in der Familie keine geeigneten Nachfolger finden, kann die Existenz eines Unternehmens gefährdet werden. Ein Vorstand führt die Geschäfte der AG, er wird vom Aufsichtsrat bestellt, der von der Hauptversammlung, evtl. unter Beteiligung der Belegschaft, gewählt wird; durch entsprechend hohe Beteiligung am Aktienkapital kann sich die Familie Einflussmöglichkeiten (z. B. über den Aufsichtsrat) sichern.

Auch nach dem Rückzug der Familienmitglieder aus dem Unternehmen haben die Altgesellschafter Interesse an dem Börsengang und der weitergehenden Beschaffung anonymen Kapitals. Einerseits wird die Existenz des vom Vater oder Großvater gegründeten Unternehmens gesichert, und sie sind über ihre Anteile weiterhin am Gewinn eines erfolgreichen Unternehmens beteiligt. Andererseits können sie sich aber relativ einfach von dem Aktienbesitz trennen und sich Liquidität verschaffen.

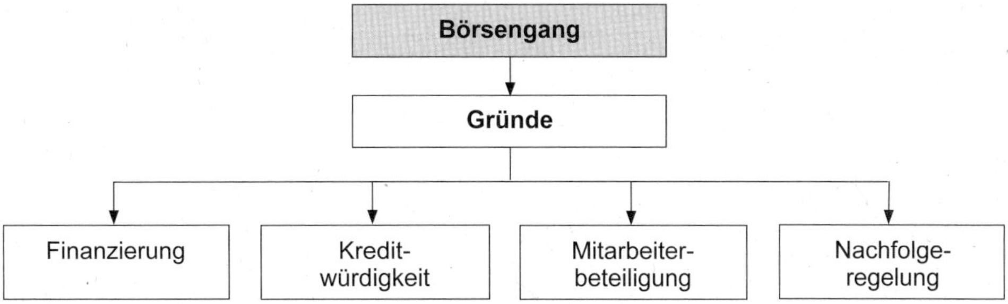

5.1.3.4.2 Vorbereitungen des Börsengangs

Ein Unternehmen kann nur an die Börse gehen, wenn sein Gesellschaftskapital in Anteile aufgeteilt ist, die verkauft und gekauft werden können. Liegt diese Voraussetzung nicht vor, gehört zur Vorbereitung des Börsengangs deshalb die **Umwandlung** in eine AG (oder KGaA).

Zu den Vorbereitungen gehört auch die Prüfung der **Börsenreife** des Unternehmens. Als börsenreif gilt ein Unternehmen, dessen Aktien emissionsfähig sind. Die Börsenreife wird von der Emissionsbank geprüft; allerdings können auch externe Prüfer (Due-Diligence-Prüfer) mit der Prüfung beauftragt werden.

Die Börsenreife eines Unternehmens bzw. die Emissionsfähigkeit seiner Aktien hängt u. a. von folgenden Aspekten ab, die deshalb (neben anderen) auch Gegenstand der Prüfung sind.

- **Umsatz**: Der Umsatz sollte eine Mindesthöhe nicht unterschreiten. Die Untergrenze für den Umsatz ist abhängig von der Branche; bei Handelsunternehmen liegt sie höher als bei Industrieunternehmen. Die Mindestuntergrenze hängt aber auch von dem prognostizierten Umsatzwachstum des Unternehmens (bzw. der Branche) ab. Bei Unternehmen mit starkem Umsatzwachstum und hervorragenden Marktaussichten wird der Mindestumsatz deshalb niedriger angesetzt.

- **Kursentwicklungen**: Für einen Anleger kann der Kauf von Aktien, die neu auf den Markt kommen, nur dann interessant sein, wenn er Kurssteigerungen erwarten kann. Kurssteigerungen hängen aber von der Gewinnentwicklung ab. Ein Unternehmen, das an die Börse geht, sollte deshalb kontinuierliche Gewinnsteigerungen in den drei bis vier Jahren vor dem Börsengang nachweisen können.

- **Management**: Die Entwicklung des Unternehmens hängt weitgehend von den Fähigkeiten des Managements ab. Kenntnisse und Erfahrung des Vorstands und die Qualifikation der mittleren Führungsebene sind entscheidend für den Zustand des Unternehmens und für seine bisherige und weitere Entwicklung. Die Fähigkeit der Unternehmensleitung zeigt sich in besonderem Maße auch bei der Abwicklung des Börsengangs und bei der Darstellung des Vorgangs in der Öffentlichkeit; sie soll bei einer interessierten Öffentlichkeit Vertrauen erwecken und Anleger zum Kauf der Aktien anregen können.

- **Marktstellung**: Die Marktstellung eines Unternehmens hängt u.a. von der Wettbewerbssituation ab. Es ist deshalb von Interesse, Anzahl und Stärke der Mitbewerber zu kennen, die sich in dieser Branche um die gleichen Zielgruppen bemühen. Wenn sich das Unternehmen bereits vor dem Börsengang erfolgreich gegenüber der Konkurrenz behaupten und einen relativ hohen Marktanteil für seine Produkte erwerben konnte, wenn zudem das Produktprogramm um ein Erfolg versprechendes Produkt erweitert und eine neue interessante Zielgruppe erschlossen werden soll, verbessert das die Emissionsfähigkeit der Aktien.

Häufig wird die Börsenreife mithilfe einer sog. **Due-Diligence-Prüfung** festgestellt. Externe Prüfer erhalten vom Unternehmen oder von der Emissionsbank den Auftrag, alle Aspekte, die für den Börsengang wichtig sein können, „mit gebührender Sorgfalt“ zu untersuchen. Die Due-Diligence-Prüfung ist eine sehr umfangreiche Prüfung, die sorgfältig vorbereitet und durchgeführt wird. Sie befasst sich mit den rechtlichen, wirtschaftlichen, finanziellen und steuerlichen Aspekten des Unternehmens. Zur rechtlichen Due Diligence zählen z. B. die Gesellschaftsunterlagen, die Verträge, das Personal, die Vermögensverhältnisse. Die wirtschaftliche und die finanzielle Due Diligence befasst sich z.B. mit der Markt- und Wettbewerbssituation, der unternehmerischen Entscheidungsstruktur, Finanzierungen, Jahresabschlüsse. Bei der steuerlichen Due Diligence werden z. B. die Steuerbescheide geprüft usw.

5.1.3.4.3 Ermittlung des Emissionspreises

Bei der Vorbereitung des Börsengangs ist die Ermittlung des Emissionspreises, d. h. des Ausgabekurses einer Aktie von großer Bedeutung. Wird er zu hoch angesetzt, kann er Anleger abschrecken. Ist er zu niedrig, d. h. steigt der Kurs nach der Erstplatzierung relativ stark, verlieren die Altgesellschafter Vermögen und dem Unternehmen entgeht evtl. dringend benötigte Liquidität.

Grundlage der Ermittlung ist die Bewertung des Unternehmens zum Tag der Börseneinführung und die Umrechnung des Wertes je Aktie. Zur weiteren Berechnung des Emissionspreises stehen sowohl wissenschaftliche als auch praktische Berechnungsverfahren zur Verfügung. Im Allgemeinen werden die **praktischen Berechnungsverfahren** den wissenschaftlichen vorgezogen. Die am häufigsten angewandten Verfahren beruhen auf dem Kurs-Gewinn-Verhältnis (**KGV**) und auf dem Berechnungsschema der Deutschen Vereinigung für Finanzanalyse und Anlageberatung e. V. und der Schmalenbach-Gesellschaft – Deutsche Gesellschaft für Betriebswirtschaft e. V. (**DVFA/SG**).

Das KGV ist eine wichtige Orientierungsgröße für Anleger. Es gibt als Quotient von Kurs zum Gewinn je Aktie an, in welchem Zeitraum der für die Aktie ausgegebene Betrag über die Gewinneinnahmen zurückfließt. Der Aktiengesellschaft signalisiert das KGV, mit dem Wievielfachen des Gewinns der Markt das Unternehmen bewertet.

$$\text{KGV} = \frac{\text{Kurs}}{\text{Gewinn je Aktie}}$$

Wenn also der Kurs einer Aktie bei 50 Euro liegt und der Gewinn je Aktie 10 Euro beträgt, ergibt sich ein KGV von 5. Es ist leicht einzusehen, dass ein KGV in Höhe von 3 günstiger ist als ein KGV in Höhe von 5.

Zur Beurteilung einer Erstausgabe von Aktien ziehen interessierte Anleger häufig das KGV für vergleichbare Anlagen heran. Es liegt deshalb für das emittierende Unternehmen nahe, das KGV vergleichbarer Unternehmen zur Bestimmung des Ausgabekurses seiner Aktien zu nutzen. An die Stelle des KGV vergleichbarer Unternehmen können auch entsprechende Durchschnittswerte der Branche, des betreffenden Marktsegments, u. U. auch des DAX treten. Der Ausgabekurs ergibt sich dann durch Multiplikation des „fremden" KGV mit dem Wert je Aktie des Unternehmens.

Die Bezugsgröße („Gewinn je Aktie") für das KGV kann aber auch der von dem emittierenden Unternehmen für das laufende Jahr und die folgenden Jahre geschätzt werden. Dabei wird im Allgemeinen nach dem von der DVFA/SG vorgeschlagenen Schema vorgegangen. Grundlage der Schätzung ist der Jahresüberschuss, der um ungewöhnliche, außergewöhnliche und dispositionsbedingte Aufwendungen und Erträge (jeweils nach Steuern) bereinigt wird. Durch die Bereinigung ergibt sich das **Jahresergebnis gem. DVFA/SG nach Steuern**. Der Ausgabekurs wird hier durch Multiplikation des „fremden" KGV mit dem Jahresergebnis ermittelt.

Der Ausgabekurs für die Erstemission wird vom emittierenden Unternehmen (evtl. gemeinsam mit der Emissionsbank bzw. dem Emissionskonsortium) als Festpreis bekannt gegeben. Zu diesem Preis können interessierte Anleger die Aktie nachfragen. Das **Festpreisverfahren** hat erhebliche Nachteile; sie entstehen durch die Schwierigkeit, einen Ausgabepreis zu finden, bei dem eine optimale Platzierung des Papiers möglich ist. So kann sich z. B. durch eine starke Nachfrage zeigen, dass der Festpreis zu niedrig war; den Altgesellschaftern und – wenn mit der Erstemission eine Erhöhung des Gesellschaftskapitals verbunden war – dem emittierenden Unternehmen entgehen Einnahmen. Wenn die Nachfrage zu gering ist, wurde der Festpreis wahrscheinlich zu hoch angesetzt. Das hat vor allem für die Emissionsbank dann einen erheblichen Nachteil, wenn sie sich durch Vertrag verpflichtet hat, nicht platzierte Aktien selbst zu übernehmen.

Hier zeigt sich ein Interessenkonflikt zwischen emittierenden Unternehmen sowie Altgesellschaftern und der Emissionsbank bzw. dem Emissionskonsortium, der allerdings auch bei anderen Verfahren der Emissionspreisermittlung bestehen kann. Unternehmen und Gesellschafter neigen zu relativ hohen Festpreisen zur Erzielung von Einnahmen; Banken, die zur Übernahme nicht platzierter Aktien verpflichtet sind, möchten den Festpreis möglichst niedrig ansetzen.

Der Nachteil des Festpreisverfahrens kann – zumindest teilweise – durch das **Bookbuilding-Verfahren** beseitigt werden. Bei diesem Verfahren werden Nachfrager an der Preisfindung beteiligt. Vor dem Emissionstermin bietet die Emissionsbank bzw. das Bankenkonsortium, das mit der Emission beauftragt ist, interessierten Anlegern die Möglichkeit, die Aktie zu „zeichnen". Dazu legt sie eine Preisspanne (z. B. 12 bis 19 Euro für eine Aktie) fest. Die Kaufinteressenten nennen die Stückzahl, die sie bei einem Preis innerhalb der Preisspanne kaufen wollen. Der Emissionspreis, den die Bank aus den vorliegenden Geboten ermittelt, ist der Preis, bei dem sich der höchste Umsatz ergibt bzw. bei dem sie die größte Stückzahl verkauft. Bei starkem Kaufinteresse liegt der Ausgabepreis schließlich in der Nähe der oberen, bei geringem Kaufinteresse in der Nähe der unteren Preisgrenze.

Bei einer Überzeichnung, d. h. wenn mehr Aktien bestellt werden als verkauft werden können, zeigt sich im Bookbuilding-Verfahren der gleiche Nachteil wie im Festpreisverfahren. Die Aktien können nur zu dem höchsten Preis der Preisspanne verkauft werden, der Markt hätte jedoch einen höheren Preis akzeptiert. (Bei einer Überzeichnung werden die vorhandenen Aktien zugeteilt.)

Dieser Nachteil des Bookbuildingverfahrens kann durch das **Auktionsverfahren** beseitigt werden, bei dem die Kaufinteressenten einen Preis und die Stückzahl nennen, die sie bei diesem Preis kaufen würden. Aus den vorliegenden Geboten kann dann wie bei der Einheitskursermittlung (s. u.) der Ausgabekurs nach dem Höchstumsatzprinzip festgelegt werden.

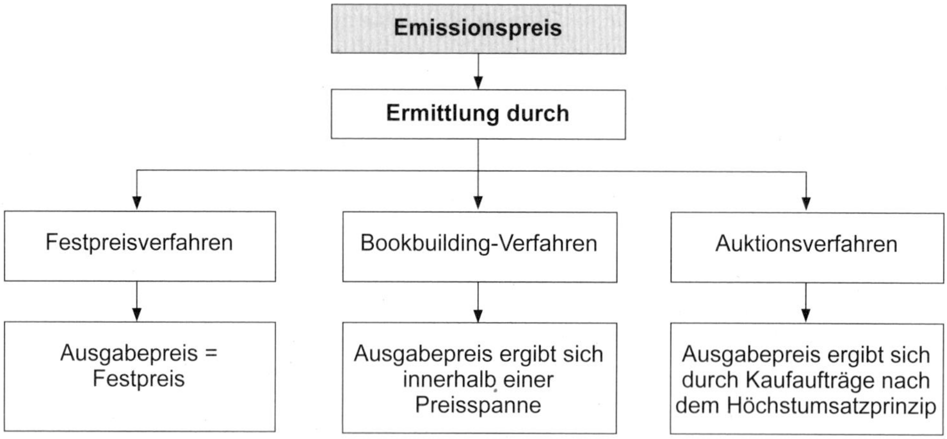

5.1.3.4.4 Antrag auf Zulassung

Am Ende der Vorbereitungen steht das **Emissionskonzept**. Es enthält u. a. den Emissionspreis, die Art der Aktien, das Platzierungsvolumen, d. h. die Anzahl der Aktien, die Streuung, das Marktsegment und schließlich die Regionalbörse, das ist die Börse, an der die Aktie gehandelt werden soll.

Bei der **Zulassungsstelle** der Regionalbörse, z. B. der Frankfurter Wertpapierbörse, wird der Antrag auf Zulassung vom emittierenden Unternehmen und der Emissionsbank gestellt. Die Zulassung setzt voraus, dass das emittierende Unternehmen gemeinsam mit der Emissionsbank einen **Börsenzulassungsprospekt** in bestimmten Zeitungen, den sog. Börsenpflichtblättern, veröffentlicht hat. Die Zulassungsstelle prüft den Prospekt auf Richtigkeit und Vollständigkeit.

Der Börsenzulassungsprospekt dient in erster Linie der Information und dem Schutz von Anlegern. Die **Börsenzulassungsverordnung** schreibt vor, welche Angaben der Prospekt enthalten muss. Dazu zählen z. B. bei der Emission von Aktien

- die Gesellschaft, z.B. Name, Sitz, Gegenstand des Unternehmens,
- die Art und die Anzahl der Aktien,
- Grundkapital,
- Zeitpunkt der Dividendenberechtigung,
- die Abschlüsse der letzten drei Geschäftsjahre.

Weitere Zulassungsbedingungen sind abhängig von dem Börsensegment, für das die Zulassung angestrebt wird.

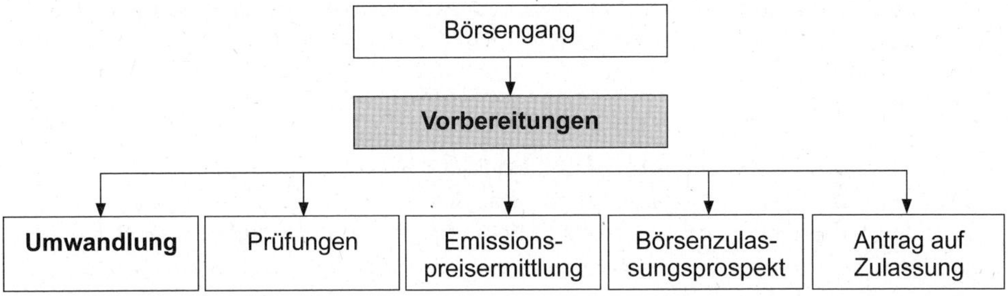

5.1.3.5 Besondere Rechtsformen

Von besonderer Bedeutung als Rechtsform ist die **GmbH & Co. KG**. Sie ist eine gemischte Rechtsform, die Aspekte der GmbH und der KG enthält. Es überwiegen die Merkmale der KG, also einer Personengesellschaft. Die Geschäftsführer der GmbH führen die Geschäfte der GmbH & Co. KG. Eine echte GmbH & Co. KG besteht dann, wenn die GmbH-Gesellschafter zugleich auch die Kommanditisten der GmbH & Co. KG sind. Eine GmbH, eine juristische Person, wird persönlich haftender Gesellschafter in einer KG. Die Haftung wird beschränkt auf das Vermögen der GmbH und die Einlagen der Kommanditisten. Diese Haftungsbeschränkung und steuerliche Vorteile der Personen- gegenüber der Kapitalgesellschaft haben zu der starken Verbreitung der Unternehmensform GmbH & Co. KG wesentlich beigetragen.

Eine andere gemischte Rechtsform ist die **Kommanditgesellschaft auf Aktien (KGaA)**[7]; sie stellt eine Kombination von Merkmalen der Kapitalgesellschaft AG und der Personengesellschaft KG dar, allerdings überwiegen die Merkmale der Kapitalgesellschaft. Im Gegensatz zur GmbH & Co. KG ist die KGaA in der Praxis relativ selten vorzufinden. Die Firma ist im Allgemeinen eine Sachbezeichnung mit dem Zusatz KGaA.

Nach der Definition des Gesetzes ist die KGaA eine Gesellschaft mit eigener Rechtspersönlichkeit, bei der mindestens ein Gesellschafter den Gläubigern der Gesellschaft gegenüber persönlich haftet, die übrigen Gesellschafter können nicht zur persönlichen Haftung herangezogen werden (vgl. KG). Sie sind an dem in Aktien zerlegten Grundkapital

[7] Rechtsgrundlagen: HGB §§ 161 ff., AktG §§ 278 ff.

beteiligt, das mindestens 50.000 € betragen muss (vgl. AG). Die persönlich haftenden Gesellschafter führen die Geschäfte (vgl. KG). Die Kommanditaktionäre nehmen ihre Rechte über die Hauptversammlung wahr (vgl. AG).

Als eine **stille Gesellschaft** bezeichnet man die Vermögensbeteiligung eines Gesellschafters an dem Unternehmen eines anderen. Dadurch erhöht sich das Eigenkapital des Unternehmens, ohne dass der Inhaber in seiner Geschäftsführung wesentlich beeinträchtigt wird; der stille Gesellschafter hat lediglich einige Kontrollrechte. Er erhält einen angemessen oder vertraglich festgelegten Gewinnanteil. Am Verlust wird er bis zur Höhe seines Anteils beteiligt; allerdings kann seine Beteiligung am Verlust durch Vertrag ausgeschlossen werden.

Die stille Gesellschaft ist eine Gesellschaft im Innenverhältnis, das bedeutet, dass die Beteiligung nach außen nicht in Erscheinung tritt. Die Firma enthält keinen Hinweis auf die stille Beteiligung. Die Beteiligung wird auch nicht ins Handelsregister eingetragen.

Wenn sich mehrere Personen durch Vertrag zusammenschließen, um einen gemeinsamen Zweck zu erreichen und zwar mit Beiträgen, die im Vertrag festgelegt sind, liegt eine **Gesellschaft des bürgerlichen Rechts** (**GdbR** oder BGB-Gesellschaft) vor. GdbR können z. B. Bankenkonsortien, Arbeitsgemeinschaften von Handwerksbetrieben usw. sein.

Von einer **Doppelgesellschaft** spricht man, wenn sich ein bisher selbstständiges Unternehmen in zwei Unternehmen aufspaltet, die sachlich und personell miteinander verflochten sind. Das eine Unternehmen wird im Allgemeinen als Personen-, das andere als Kapitalgesellschaft organisiert. Die Personengesellschaft fungiert als Besitzgesellschaft, ihr wird das Vermögen übertragen; die Kapitalgesellschaft wird Betriebsgesellschaft. Meistens sind Steuervorteile die entscheidenden Gründe für eine Betriebsaufspaltung.

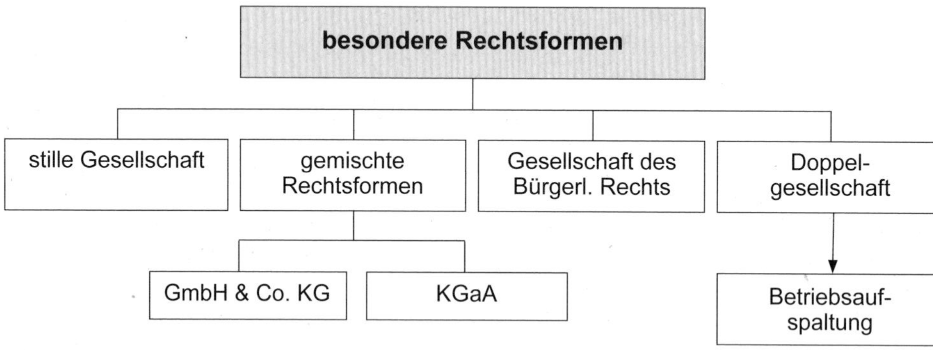

5.1.3.6 Die Zusammensetzung der Aufsichtsräte

Das **Mitbestimmungsgesetz von 1976** schreibt für Unternehmen mit mehr als 2.000 Arbeitnehmern die paritätische Zusammensetzung vor: Bei weniger als 10.000 Arbeitnehmern entsendet jede Gruppe 6, bei 10.000 bis 20.000 Arbeitnehmern 8, bei mehr als 20.000 Arbeitnehmern 10 Vertreter in den Aufsichtsrat. Die Arbeitnehmer werden entweder direkt oder (bei Gesellschaften mit mehr als 8.000 Arbeitnehmern immer) durch Wahlmänner gewählt. (In der Gruppe der Arbeitnehmer sind die Gewerkschaften angemessen vertreten.) Die Vertreter der Anteilseigner werden von der Hauptversammlung gewählt.

Bei kleineren Unternehmen (weniger als 2.000 Arbeitnehmer) gelten die Vorschriften des **Betriebsverfassungsgesetzes** (BVerfG). Danach wählen die Arbeitnehmer direkt ein Drittel der Aufsichtsratsmitglieder, die anderen werden von den Anteilseignern gewählt. Dieser Aufsichtsrat besteht aus mind. drei Mitgliedern, die Mitgliederzahl kann aber höher sein: bei einem Grundkapital bis 1,5 Mio. Euro 9, von mehr als 1,5 Mio. Euro 15, von mehr als 10 Mio. Euro 21 Mitglieder.

In Unternehmen der Montanindustrie, das sind die Unternehmen des Bergbaus und der eisen- und stahlerzeugenden Industrie, gilt das Montanmitbestimmungsgesetz, wenn sie als Kapitalgesellschaften organisiert sind und mehr als 1.000 Arbeitnehmer beschäftigen. Kennzeichen der **Montanmitbestimmung** ist die paritätische Mitbestimmung im Aufsichtsrat. Die Mitglieder werden zu gleichen Teilen von der Belegschaft und den Anteilseignern bestimmt. Außerdem wird auf gemeinsamen Vorschlag von Belegschaft und Hauptversammlung ein neutrales Mitglied in den Aufsichtsrat entsandt.

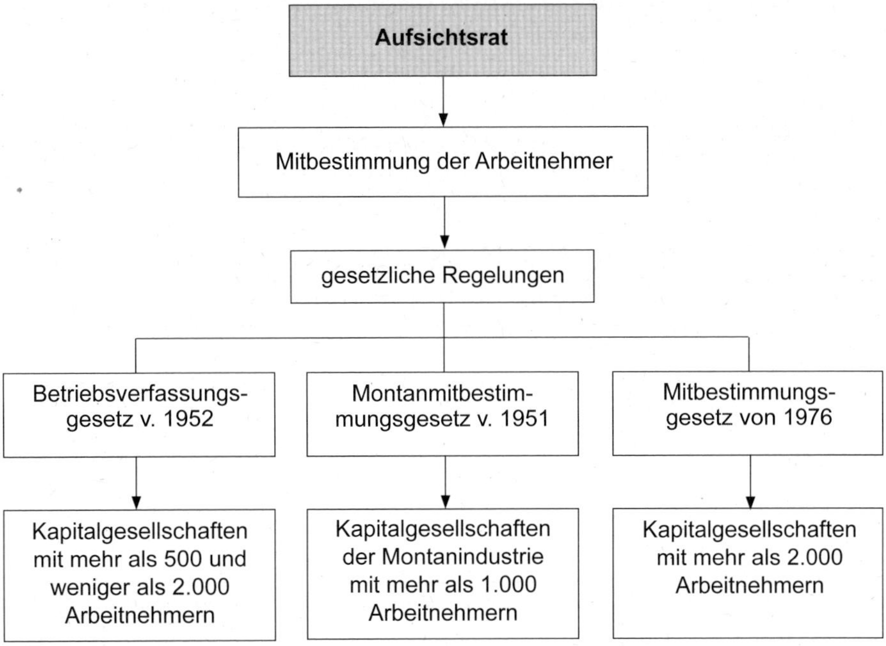

5.1.3.7 Die Publizitätspflicht der Unternehmen

GmbH und AG unterliegen der **Publizitätspflicht**, der Pflicht zur Rechnungslegung, nach HGB §§ 325 f., sie müssen den Jahresabschluss aufstellen und veröffentlichen, d. h. beim zuständigen Handelsregister einreichen und im Bundesanzeiger veröffentlichen. Zum Jahresabschluss gehören die Bilanz, die Gewinn- und Verlustrechnung, dazu ein Anhang, der Erläuterungen zu einzelnen Positionen der Bilanz und GuV-Rechnung enthält, und evtl. ein Lagebericht, in dem die Lage des Unternehmens und der Geschäftsverlauf des vergangenen Geschäftsjahres dargestellt und die voraussichtliche Entwicklung des Unternehmens abgeschätzt wird. Art und Umfang der Rechnungslegung hängt von der Größe der Gesellschaft ab. So müssen kleine Gesellschaften lediglich eine (verkürzte) Bilanz mit Anhang veröffentlichen, in vollem Umfang gelten die Vorschriften für die großen Kapitalgesellschaften.

Kriterien für die Unterscheidung von kleinen, mittleren und großen Kapitalgesellschaften sind Ausprägungen der Merkmale Bilanzsumme, Umsatzerlöse im abgeschlossenen Geschäftsjahr, Anzahl der Arbeitnehmer im monatlichen Durchschnitt des abgeschlossenen Geschäftsjahrs (vgl. Tab. 5.1)[8]. Von kleinen, mittleren und großen Kapitalgesellschaften spricht man dann, wenn jeweils zwei der angegebenen Merkmalsausprägungen vorliegen.

Kapitalgesellschaft	**Bilanzsumme (€)**	**Umsatzerlöse (€)**	**Arbeitnehmer** (Jahresdurchschnitt)
kleine	bis 3.438.000	bis 6.875.000	bis 50
mittlere	mehr als 3.438.000 bis 13.750.000	mehr als 6.875.000 bis 27.500.000	51 bis 250
große	mehr als 13.750.000	mehr als 27.500.000	mehr als 250

Tab. 5.1: Einteilung der Kapitalgesellschaften

Nach dem Publizitätsgesetz[9] unterliegen auch große Einzelunternehmen und Personengesellschaften der öffentlichen Rechnungslegung. Sie müssen ihren Jahresabschluss veröffentlichen, wenn sie zwei der folgenden Kriterien erfüllen:

- die Bilanzsumme für das abgeschlossene Geschäftsjahr übersteigt 65.000.000 €,
- die Umsatzerlöse im abgeschlossenen Geschäftsjahr übersteigen 130.000.000 €,
- Beschäftigung von mehr als 5.000 Arbeitnehmern im Monatsdurchschnitt des abgeschlossenen Geschäftsjahrs.

[8] Den Angaben liegt HGB § 267 (aktuelle Ausgabe) zu Grunde.
[9] Gesetz über die Rechnungslegung von bestimmten Unternehmen und Konzernen

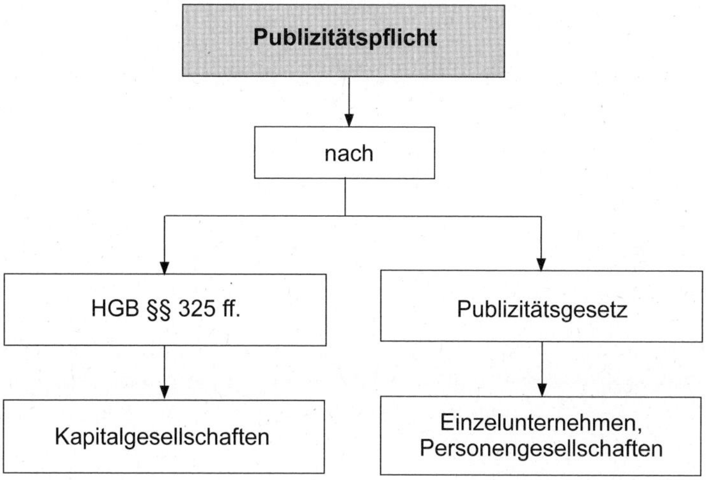

5.2 Kooperation

Im Einführungsbeispiel (vgl. 1. Kapitel) wird angenommen, dass die Großhandlung Anton Müller KG beabsichtigt, mit anderen Unternehmen gleicher Art zu kooperieren.

Kooperation ist die freiwillige, begrenzte Zusammenarbeit von Unternehmen; sie bezieht sich auf Koordination und Zusammenlegung betrieblicher Aktivitäten. Die kooperierenden Unternehmen bleiben selbstständig. Das Ziel der Zusammenarbeit ist im Allgemeinen die Verbesserung der gemeinsamen Wettbewerbsfähigkeit.

Die Kooperation bezieht sich insbesondere auf Beschaffung und Absatz. Im Einzelnen lassen sich folgende Kooperationsbereiche unterscheiden; sie sind in der Praxis allerdings von unterschiedlicher Bedeutung.

- Gemeinschaftlicher Einkauf,
- gemeinschaftliche Unterhaltung von Lagern,
- gemeinschaftliche Unterhaltung eines Fuhrparks,
- einheitliche Sortimentsbildung,
- Informationsaustausch,
- Durchsetzung bestimmter Qualitätsnormen gegenüber Lieferanten,
- Durchsetzung bestimmter politischer Maßnahmen, Einflussnahme auf Gesetzgebung,
- einheitliche Preispolitik,
- Entwicklung gemeinsamer Marken,
- Aufbau und Ausbau gemeinsamer Vertriebssysteme.

Für die **Kooperation** bieten sich u. a. die folgenden **Formen** an. **Einkaufsgenossenschaften** und **Einkaufsgemeinschaften** sind besonders häufige Formen der Beschaffungskooperation im Einzelhandel. Sie treten als Genossenschaften auf, vgl. z. B. EDEKA, oder sind als GmbH oder GmbH & Co. KG, gelegentlich auch als AG organisiert.

Depotsysteme sind Formen der Kooperation zwischen Herstellern und Händlern. Die Kooperationsverträge enthalten im Allgemeinen folgende Vereinbarungen: Der Händler (Depositär) verpflichtet sich, das gesamte Sortiment eines Herstellers als Depot zu halten, zu den empfohlenen Endverbraucherpreisen anzubieten, angemessen zu präsentieren und evtl. an Schulungsmaßnahmen des Herstellers teilzunehmen. Der Hersteller verpflichtet sich, den Händler zu unterstützen z. B. durch Marketingmaßnahmen, durch Organisation u. dgl. Nicht verkaufte Ware nimmt der Hersteller zurück. Depots können bei Eigenhändlern bestehen, so halten z. B. Kosmetikfachgeschäfte Depots bestimmter Kosmetikmarken; sie können aber auch bei sog. Kommissionsagenturen bestehen, so halten z. B. Bäcker Depots bestimmter Kaffeeröster.

Rack-Jobbing-Systeme sind Formen der Kooperation zwischen Großhandel (gelegentlich auch Hersteller) einerseits und Einzelhandel andererseits. In den Betrieben des Einzelhandels mieten Großhändler (oder Hersteller) Regale und statten diese auf eigene Rechnung und in eigener Disposition mit Waren aus. Der Vermieter übernimmt das Inkasso und die Abrechnung; er erhält dafür im Allgemeinen eine Beteiligung am Umsatz.

Franchisesysteme sind Formen der Kooperation auf verschiedenen Ebenen. Denkbar ist die Zusammenarbeit zwischen Hersteller und Großhändler oder Einzelhändler. Franchisegeber und -nehmer schließen einen Vertrag für eine umfassende längerfristige Zusammenarbeit. Der Franchisenehmer darf die Produkte und andere Leistungen des Franchisegebers in einem bestimmten Gebiet vertreiben und verwendet dabei dessen Namen, Marke und Ausstattungen. Dafür muss er sich mit ganzer Kraft einsetzen, darf nur Produkte des Franchisegebers vertreiben, ist an das Marketing- und Organisationssystem gebunden, muss Kontrollen zulassen und evtl. Zahlungen an den Franchisegeber leisten. Bekannte Beispiele für Franchisesysteme sind Coca-Cola, Mac Donalds Restaurants, Yves-Rocher-Läden.

Die Firma Anton Müller KG zieht die Kooperation mit anderen Unternehmen der Branche in einer ***freiwilligen Kette*** *vor. Freiwillige Ketten sind Formen der Kooperation zwischen Handelsunternehmen, die zwei Stufen umfasst.*

Unternehmen des Groß- und Einzelhandels meist gleichartiger Branchen schließen sich unter einem Zeichen zusammen, um unternehmerische Aufgaben gemeinsam durchzuführen. So kauft die Kette über ihre Zentrale ein und kann dabei die Vorteile großer Beschaffungsmengen (Preisnachlässe) in Anspruch nehmen, die den angeschlossenen Einzelhändlern zugute kommen. Die Kette nimmt auch andere Aufgaben für die Mitglieder wahr, z. B. in der Werbung, im Rechnungswesen oder in der Lagerung.

Die in einer freiwilligen Kette kooperierenden Unternehmen bleiben rechtlich selbstständig, ihre wirtschaftliche Selbstständigkeit geben sie aber zu Gunsten gemeinsamer

Aktivitäten oder zentraler Koordination teilweise auf. Kooperationssysteme dieser Art weisen damit wesentliche Merkmale von Kartellen auf.

Freiwillige Ketten entstanden in den 50er-Jahren in der Regel durch Initiative des Großhandels, als kleine und mittlere Groß- und Einzelhändler vor allem der Lebensmittelbranche in wachsendem Maße ihre Unterlegenheit im Wettbewerb mit den Großbetrieben des Einzelhandels zu spüren bekamen.

Um 1960 gab es 20 Systeme freiwilliger Ketten, die bis heute vor allem durch Zusammenschlüsse auf zwei zurückgingen. 1960 waren 510 Großhändler und 81.900 Einzelhändler an den Ketten beteiligt, 1981 waren es noch 55 bzw. 21.400.

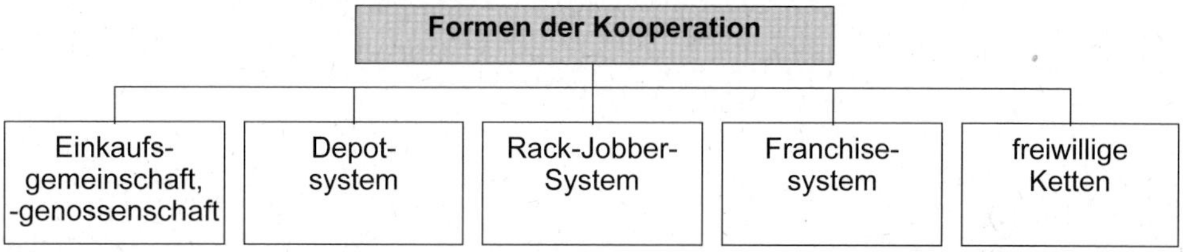

Die Kooperation hat die Konzentration im Handel also nicht aufhalten können. Es kann angenommen werden, dass die Kooperationssysteme die Konzentration sogar gefördert haben.

5.3 Kartelle und Unternehmenszusammenschlüsse

Als **Kartell** bezeichnet man den vertraglichen Zusammenschluss von Unternehmen einer Branche, die rechtlich und wirtschaftlich wenigstens teilweise selbstständig bleiben und durch ihren Zusammenschluss den Wettbewerb untereinander abbauen bzw. den Markt beeinflussen wollen. **Beispiele** für Kartelle sind

- Preiskartelle: Unternehmen sprechen sich über Preishöhe und -entwicklung ab und schließen damit den Preiswettbewerb untereinander aus;
- Konditionenkartelle: Unternehmen beschließen die einheitliche Anwendung allgemeiner Geschäfts-, Lieferungs- und Zahlungsbedingungen;
- Rationalisierungskartelle: Unternehmen schließen Verträge miteinander ab, die die einheitliche Anwendung von Normen oder Typen zum Gegenstand haben;
- Strukturkrisenkartelle: Unternehmen beschließen bei Absatzrückgang, der auf einer nachhaltigen Änderung der Nachfrage beruht, ihre gesamte Kapazität an den Bedarf anzupassen;
- Gebietskartelle: Unternehmen treffen Vereinbarungen über die Aufteilung ihrer Absatzgebiete;
- Kontingentierungskartelle: Unternehmen vereinbaren einen Verteilungsschlüssel, nach dem Aufträge oder Angebote aufgeteilt werden.

Kartelle sind nach dem **Gesetz gegen Wettbewerbsbeschränkungen** (GWB) **grundsätzlich verboten**, weil sie die wirtschaftlichen Chancen von unbeteiligten Unternehmen und insbesondere von Verbrauchern erheblich beeinträchtigen können. Aber es gibt unter bestimmten Voraussetzungen **Ausnahmen vom Kartellverbot**. So können z. B. Konditionen-, Strukturkrisen- und Rationalisierungskartelle erlaubt werden. Bestimmte Kartelle kann der Bundesminister für Wirtschaft zulassen, wenn die zu erwartenden Wettbewerbsbeschränkungen im Interesse der Gesamtwirtschaft notwendig sind (GWB § 8). Zugelassene Kartelle unterliegen der Aufsicht durch die Kartellbehörde, damit die Wettbewerbsbeschränkungen nicht missbraucht werden können.

Erlaubt werden in der Regel auch die Kooperationsvereinbarungen zwischen kleinen und mittleren Unternehmen („Mittelstandskooperation", GWB § 5b), wie z. B. die freiwilligen Ketten. Sie sollen der Rationalisierung dienen und die Leistungsfähigkeit der Beteiligten fördern. Aber auch sie dürfen den Wettbewerb nicht wesentlich beeinträchtigen.

Während die Kartelle Formen der Zusammenarbeit sind, bei denen die beteiligten Unternehmen rechtlich selbstständig bleiben und lediglich einen Teil ihrer wirtschaftlichen Selbstständigkeit aufgeben, geben bei den Unternehmenszusammenschlüssen die beteiligten Unternehmen meist auch ihre rechtliche Selbstständigkeit auf. Im Folgenden sollen Fusion, Konzern und Trust als Beispiele für Unternehmenszusammenschlüsse kurz dargestellt werden.

Eine **Fusion** ist der Zusammenschluss mehrerer Unternehmen (**Verschmelzung**). Dabei können zwei Formen unterschieden werden: Eine **Aufnahme** liegt vor, wenn eine AG oder eine GmbH das Vermögen eines anderen Unternehmens übernimmt. Von einer **Neubildung** spricht man, wenn die beteiligten Unternehmen ihre Vermögen in eine neue AG oder GmbH einbringen. Wenn Unternehmen der gleichen Stufe fusionieren, entsteht eine horizontale Verschmelzung; als vertikale Verschmelzung wird die Fusion von Unternehmen unterschiedlicher Stufen bezeichnet.

Ziele von Fusionen können u. a. sein: Marktbeeinflussung, Erweiterung der Produktionsbasis, Rationalisierung, Erhöhung der Kreditwürdigkeit, Sanierung.

Ein **Konzern** ist die **Zusammenfassung von Unternehmen unter einheitlicher Leitung**. Zwischen den Unternehmen kann ein Abhängigkeitsverhältnis bestehen: Die Leitung hat ein herrschendes Unternehmen, die anderen beteiligten Unternehmen sind von ihm abhängig. Die Unternehmen bleiben im Allgemeinen weitgehend selbstständig. Allerdings wird durch Abhängigkeitsverhältnisse die wirtschaftliche Selbstständigkeit mehr oder weniger eingeschränkt.

Zu unterscheiden sind horizontale und vertikale Zusammenfassungen. Vorrangiges Ziel der horizontalen Zusammenfassung ist die Rationalisierung der Produktionsvorgänge, vorrangiges Ziel der vertikalen Zusammenfassung kann die Sicherung von Beschaffung und Absatz sein.

Ein **Trust** ist ein **Zusammenschluss von Unternehmen unter gemeinsamer Leitung, die eine Unternehmung**, gelegentlich eine Holdinggesellschaft, **übernimmt**.

Die beteiligten Unternehmen werden weitgehend unselbstständig. Vorrangiges Ziel der Trustbildung ist die Marktbeherrschung.

Zu unterscheiden sind horizontale und vertikale Trusts. In einem horizontalen Trust sind Unternehmen der gleichen Produktionsstufe zusammengefasst; in einem vertikalen Trust sind Unternehmen unterschiedlicher Produktionsstufen zusammengefasst.

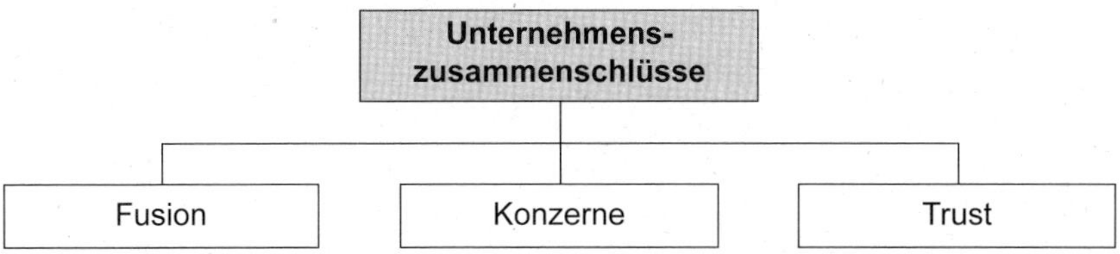

5.4 Konzentration

Der seit Jahren anhaltende Konzentrationsprozess im Einzelhandel, der kleinere Unternehmen zur Aufgabe zwang und Unternehmen mit größeren Verkaufsflächen und umfangreichen Sortimenten förderte, setzt auch den Sortimentsgroßhandel zunehmend unter Druck. So wird z. B. die Großhandlung Anton Müller in Lübeck nicht umhin können, ihre Kooperation in einer freiwilligen Kette auszubauen. Darüber hinaus plant sie, sich durch Umwidmung ihres C&C-Lagers in einen SB-Verbrauchermarkt im Einzelhandel zu engagieren. Dass sie dazu eine Umgründung in eine GmbH erwägt, weist auf den hohen Kapitalbedarf der SB-Verbrauchermärkte mit großen Verkaufsflächen bei Einrichtung und Ausbau und damit auf einen wichtigen Aspekt der Problematik hin: die Entwicklung zu immer größeren Märkten.

Die folgende Tabelle (Tab. 5.2) deutet die Problematik an. Sie zeigt, dass die 30 größten Unternehmen bzw. Unternehmensgruppen des Lebensmitteleinzelhandels im Jahre 2007 einen Gesamtumsatz von rd. 211,2 Mrd. Euro erzielen konnten; das dürften bei vorsichtiger Schätzung einem Umsatzanteil von etwa 98,5 % der Branche (Lebensmitteleinzelhandel) entsprechen.

Die Tabelle listet die 30 Unternehmen bzw. Unternehmensgruppen des Lebensmitteleinzelhandels nach der Höhe ihrer Gesamtumsätze auf. Angegeben werden die in Deutschland erzielten Gesamtumsätze. In der Liste werden die Gesamtumsätze zunächst in Mio. € und dann in ihren prozentualen Anteilen an allen Gesamtumsätzen der angegebenen Unternehmen bzw. Unternehmensgruppen angegeben. Es kann also z. B. abgelesen werden, dass die Edeka-Gruppe mit einem Umsatz von rd. 36,7 Mrd. € und einem Umsatzanteil von 17,35 % die größte Unternehmensgruppe darstellte, dass die Bünting-Gruppe mit einem Umsatz von 1,45 Mrd. € und einem Umsatzanteil von nur 0,69 % an 16. Stelle der „Top 30" stand und dass schließlich die Firma Feneberg mit einem Umsatz von 0,3 Mrd. € und einem Umsatzanteil von lediglich 0,14 % auch noch zu den Top 30 zählte. (Daraus kann man auf die Umsätze der vielen Unternehmen schließen, die nicht zu den Top 30 zählen.)

In einer weiteren Spalte werden die prozentualen Anteile kumuliert, d. h. die Anteile werden bis zu dem jeweiligen Wert addiert. Die Angaben erlauben z. B. folgende Informationen: Edeka und Metro, die beiden größten Gruppen, konnten allein einen Umsatzanteil von

32,45 % an sich ziehen; der Umsatzanteil der fünf größten Unternehmen, deren Umsätze jeweils über 20 Mrd. € lagen, betrug rd. 70 %, d. h. rd. 30 % des Gesamtumsatzes der Top 30 entfielen auf die restlichen 25 Unternehmen bzw. Unternehmensgruppen. (Zum Vergleich: Im Jahr 2003 lag der Umsatzanteil der fünf größten Unternehmensgruppen noch bei rd.63 %.)

Rang	**Unternehmen bzw. Unternehmensgruppe**	**Anteil Food in %[1]**	**Gesamtumsätze**		
			in Mio. €	**in %**	**in % kumuliert**
1	Edeka[2], Hamburg[3]	88,7	36.660	17,35	17,35
2	Metro-Gruppe, Düsseldorf[4]	44,9	31.880	15,09	32,45
3	Rewe-Gruppe, Köln[5]	81,8	28.214	13,36	45,80
4	Schwarz-Gruppe, Neckarsulm[6]	81,1	25.050	11,86	57,66
5	Aldi-Gruppe, Essen/Mühlheim[7]	80,9	24.275	11,49	69,15
6	Tengelmann-Gruppe, Mülheim[8]	61,0	14.371	6,80	75,96
7	Karstadt/Primondo, Essen[9]	2,7	8.125	3,85	79,80
8	Lekkerland, Frechen	98,3	7.836	3,71	83,51
9	Schlecker, Ehingen[10]	93,0	6.306	2,99	86,50
10	Globus, St. Wendel	55,0	3.632	1,72	88,22
11	dm-Drogeriemarkt, Karlsruhe	90,0	3.017	1,43	89,64
12	Norma, Nürnberg	85,0	2.925	1,38	91,03
13	Rossmann, Burgwedel[11]	75,0	2.732	1,29	92,32
14	Bartels-Langness, Kiel	77,5	2.265	1,07	93,39
15	Müller, Ulm	41,0	1.894	0,90	94,29
16	Bünting, Leer	75,0	1.450	0,69	94,98
17	Dohle, Siegburg	91,0	1.361	0,64	95,62
18	Coop, Kiel	83,5	1.354	0,64	96,26
19	Tegut, Fulda	80,0	1.100	0,52	96,78
20	Netto Nord, Stavenhagen	95,0	993	0,47	97,25
21	K + K Klaas + Kock, Gronau	85,0	870	0,41	97,67
22	Ratio, Münster	60,0	855	0,40	98,07
23	Woolworth, Frankfurt	19,3	816	0,39	98,46
24	Handelshof, Köln	85,0	637	0,30	98,76
25	Kaes, Mauerstetten	58,0	617	0,29	99,05
26	Hertie, Essen	5,0	550	0,26	99,31
27	Wasgau, Pirmasens	90,0	530	0,25	99,56
28	Denree, Topen[12]	95,0	317	0,15	99,71
29	Budnikowski, Hamburg	80,0	310	0,15	99,86
30	Feneberg, Kempten	91,2	300	0,14	100,00
	Gesamtumsätze insgesamt		211.242	100,00	

Tab. 5.2: Die 30 größten Unternehmen des Lebensmittelhandels 2007 nach (in Deutschland erzielten) Gesamtumsätzen brutto (Quelle: LZNET) – Die Liste enthält alle Vollsortimenter, dazu zählen filialisierter Lebensmittel-Einzelhandel, Cash & Carry, Lebensmittel-Zustellgroßhandel und Drogeriemarkt-Unternehmen; zum Food-Sortiment zählen alle Nahrungs- und Genussmittel sowie die wichtigsten Drogeriewaren

Anmerkungen zu Tab. 5.2

[1] Der Anteil von Food am Umsatz wird jeweils für die Gruppe angegeben. In einzelnen Sparten oder Bereichen der Gruppen kann der Anteil sehr viel höher sein; so liegt z. B. der Food-Anteil bei der Metrogruppe bei 44,9 %, bei Real jedoch, der zu dieser Gruppe gehört, liegt er bei 78 %.

[2] EDEKA ist als Bezeichnung für diese Organisation aus der Abkürzung EDK (Einkaufsgenossenschaften deutscher Kolonialwaren- und Lebensmittel-Einzelhändler) entstanden.

[3] einschl. Edeka Großhandlungen, Marktkauf, Netto Süd, Spar und der Außenumsätze des angeschossenen selbstständigen Einzelhandels,

[4] einschl. Real, Metro C + C, Kaufhof usw.,

[5] dazu zählen Rewe AG und Rewe Dortmund, die Angaben enthalten auch die Außenumsätze des angeschossenen selbstständigen Einzelhandels (ohne Touristik),

[6] dazu zählen Lidl und Kaufland,

[7] mit Aldi Süd und Aldi Nord,

[8] mit Plus, Kaiser's Tengelmann u. a.,

[9] stationärer und Versandhandel von Arcandor (ohne Touristik; der Lebensmitteleinzelhandel ist bei Rewe enthalten); Primondo ist der Name für das Versandhandelsgeschäft,

[10] einschl. Ihr Platz (Osnabrück),

[11] einschl. Kloppenburg Mellendorf,

Wesentliche Ursachen des Konzentrationstrends liegen in den Strukturveränderungen im Handel. Die Strukturveränderungen zeigen sich in einem **Ausleseprozess**, kleinere und mittlere Unternehmen müssen den Betrieb aufgeben, und in einem **Expansionsprozess**, von dem nur die großen Unternehmen betroffen sind.

Kleine und mittlere Unternehmen sind trotz aller Kooperationsbemühungen den Großunternehmen im Wettbewerb unterlegen. Die Unternehmereinkommen sinken. Schließlich müssen diese Unternehmen aufgegeben werden. Kooperationssysteme, die ursprünglich die kleinen Unternehmen im Wettbewerb gegenüber den großen schützen wollten, verlieren zunehmend diese Bedeutung. Sie tragen u. a. zum Ausleseprozess bei durch ihre Auswahlkriterien für beitrittswillige Einzelhandelsunternehmen (z. B. Mindestverkaufsflächen) oder durch die Differenzierung von Rabattsätzen (Weitergabe von ausgehandelten Preisvorteilen) zu Ungunsten der Abnehmer kleiner Mengen. Weitere Gründe für den Ausleseprozess können z. B. sein: mangelhafte Fähigkeit und Bereitschaft zu Anpassungen an die Veränderungen der Marktbedingungen, Nachfolgeprobleme in vielen Klein- und Mittelbetrieben.

Der **Expansionsprozess im Handel** wird getragen von besonderen marketingpolitischen Bemühungen um Kunden. Unternehmen, die im Wettbewerb bestehen wollen, müssen sich veränderten Marktbedingungen ständig anpassen und Kundenwünsche angemessen berücksichtigen. Das geschieht z.B. durch die folgenden Maßnahmen, die häufig miteinander verbunden sind, so z.B. die Sortimentserweiterungen und die Erschließung neuer Vertriebslinien mit Fusionen oder Beteiligungen.

Die **Handelsunternehmen vergrößern die Verkaufsflächen** und gestalten die Ladenlokale attraktiver; dazu gehört auch die übersichtliche Anordnung der Regale, die eine bedarfsgerechte Präsentation der Waren ermöglicht und den Verkauf fördert.

Die **Unternehmen erweitern die Sortimente** um neue Warengruppen und (innerhalb bestehender Warengruppen) um weitere Artikel und Sorten; so haben z. B. die meisten größeren Lebensmittelmärkte ihre traditionellen Sortimente um Warengruppen des Non-Food-Bereichs (z. B. Textilien, Haushaltsgeräte o. Ä.) erweitert. Ein Lebensmittel-

Discounter ergänzt sein Angebot im Frischebereich (vgl. hierzu das Aldi-Sortiment) oder ein SB-Verbrauchermarkt nimmt (frische) Backwaren in das Sortiment (vgl. z. B. das Penny-Sortiment). Eine Angebotsausweitung liegt auch vor, wenn eine Unternehmensgruppe sich durch Fusion oder Beteiligung über sein Stammgeschäft, z. B. Lebensmittelhandel, hinausgehende neue Geschäftsfelder, z. B. Unterhaltungselektronik, Reiseveranstaltung, erschließt (vgl. z. B. Rewe).

Auch die **Erschließung neuer Vertriebslinien** trägt zur Expansion der Unternehmen bei. Ein Unternehmen des stationären Einzelhandels erschließt sich den Versandhandel durch Beteiligung an einem Versandhandelsunternehmen (vgl. z. B. Karstadt). Häufig gehen Unternehmen bzw. Unternehmensgruppen mit mehreren unterschiedlichen Betriebstypen auf die sich ändernden Marktbedingungen ein (**Betriebstypendifferenzierung**); sie richten die Sortimente der Betriebstypen nach Zusammensetzung, Preisniveau, Qualität usw. auf die Zielgruppen und ihre Kauf- sowie Verbrauchsgewohnheiten aus (vgl. Rewe). Großhandelsunternehmen, die bisher lediglich Zustellgroßhandel betrieben haben, erschließen sich durch die Einrichtung eines Cash- & Carry-Marktes, bei dem Einzelhändler und Großverbraucher Ware (gegen Barzahlung) abholen können, eine neue Vertriebslinie (vgl. Rewe).

Rewe gibt auch ein Beispiel für die **Zusammenarbeit** mit anderen **Unternehmen in Kooperationssystemen**; darin zeigt sich die genossenschaftliche Basis der Handelsgruppe[13]. Etwa ein Drittel der Betriebstypen *REWE – Der Supermarkt* und *REWE – Nahkauf* wird noch von selbstständigen Kaufleuten betrieben; sie beziehen ihre Ware vorzugsweise von Rewe-Großhändlern (Zentralen), die auch die Rewe-eigenen Märkte beliefern. Diese im Allgemeinen sehr motivierten Kaufleute tragen zum Wachstum der Rewe-Handelsgruppe bei.

Aus Tab. 5.2 werden für die folgende Aufstellung drei Unternehmensgruppen ausgewählt. Die Liste zeigt die Zusammensetzung der jeweiligen Gruppe und weist auf die Geschäftsfelder hin.

- **Metro-Gruppe**
  Dinea (Gastronomie),
  Extra (SB-Verbrauchermarkt),
  Kaufhof (Warenhäuser),
  Media-Saturn (Elektrofachmärkte),
  Metro C + C (Selbstbedienungsgroßhandel),
  Praktiker (Baumärkte),
  Real (SB-Warenhaus)

- **Rewe-Handelsgruppe**
  Rewe - Der Supermarkt (z. T. mit selbstständigen Rewe-Kaufleuten),
  Rewe – Nahkauf (Lebensmittel des täglichen Bedarfs mit umfangreichem Frischebereich – teilweise mit Bedienung, z. T. mit selbstständigen Rewe-Kaufleuten),
  HL (mittelgroße SB-Supermärkte, Vollversorger mit Food- und Nonfoodartikeln),
  miniMal (relativ große SB-Verbrauchermärkte, Vollversorger mit Food- und Nonfoodartikeln für den kurz- und mittelfristigen Bedarf zu Dauerniedrigpreisen),

[13] *Rewe* ist die Abkürzung von Revisionsverband der Westkauf-Genossenschaften.

Penny (mittelgroße SB-Verbrauchermärkte mit den klassischen Warengruppen des Lebensmittelhandels mit Frischebereich einschl. Backwaren in SB),
toom (SB-Warenhäuser mit umfangreichen Sortimenten),
Rewe-GVS (Sortiments-Zustell-Großhandel und Großverbraucher-Service),
Fegro und Selgros (Cash- und Carrymärkte, SB-Großhandel),
toom-Baumarkt,
ProMarkt (Unterhaltungselektronik),
idea (Drogerien),
DER u. a. (Reisebüros),
Tjaereborg, ADACReisen u. a. (Reiseveranstalter)

- **Tengelmann-Gruppe**
  Plus (Lebensmittel-Discounter, hoher Anteil von Markenartikeln einschl. Eigenmarken zu niedrigen Preisen),
  Plus-Online-Shop,
  Kaiser's Tengelmann (Supermärkte, umfangreiche Sortimente, Betonung von Service, Frische und Qualität),
  Obi[14] (Baumärkte),
  kik (Textil-Discount),
  kd[15] (Drogeriemärkte)

Der Wettbewerb zwischen Herstellern findet zunehmend in konsumnahen Bereichen statt. Die dazu erforderlichen Marketingmaßnahmen sind eher mit großen Einzelhandelsunternehmen unter einheitlicher Leitung und mit Betriebstypendifferenzierung durchzuführen. Der Konzentrationstrend im Einzelhandel wird dadurch weiter gefördert.

In einer aktuellen Erhebung des Statistischen Bundesamtes gab es im Jahr 2005 in Deutschland rd. 254.000 Einzelhandelsunternehmen (vgl. Tab. 5.3). In dieser Zahl sind alle Einzelhandelsunternehmen enthalten; das sind alle Unternehmen, die an Endverbraucher, überwiegend also an private Haushalte, verkaufen. Die Zahl enthält neben dem stationären Einzelhandel auch den Versandhandel, neben dem Lebensmittelhandel auch den Textilhandel, den Handel mit Medikamenten usw. Die Einzelhandelsunternehmen (ohne Handel mit Kfz und Tankstellen) konnten zusammen einen Umsatz von mehr als 348 Mio. Euro erwirtschaften (Tab. 5.3).

Dieser Umsatz verteilte sich wie – Tab. 5.3 zeigt – völlig ungleich auf die beteiligten Unternehmen. Die kleineren Unternehmen mit einem Jahresumsatz von höchstens 1 Mio. €, das sind rd. 87 % aller Unternehmen, konnten lediglich einen Umsatzanteil von rd. 14 % erzielen. Die Unternehmen mit Jahresumsätzen bis zu 10 Mio. € machten zwar rd. 99 % aller Unternehmen aus, ihr Anteil am Gesamtumsatz betrug aber nur rd. 36 %. Die großen Unternehmen mit Jahresumsätzen über 10 Mio. €, das waren lediglich 0,83 % aller Unternehmen, konnten einen Umsatzanteil von rd. 64 % an sich ziehen.

[14] Obi ist eine Verballhornung des Wortes Hobby.

[15] Kaisers Drugstore

	Größenklassen von ... Mio. € bis unter ... Mio. €	Anzahl der Unternehmen	Umsatz in Mio. €	Anzahl der Unternehmen		Umsatz in Mio. €	
				in %	in % kum.	in %	in % kum.
1	- 1	217.813	48.444	85,89	85,89	13,91	13,91
2	1 – 2	20.395	28.593	8,04	93,93	8,21	22,13
3	2 – 5	10.731	31.557	4,23	98,16	9,06	31,19
4	5 – 10	2.558	17.410	1,01	99,17	5,00	36,19
5	10 und mehr	2.101	222.183	0,83	100,00	63,81	100,00
	zusammen	253.598	348.187	100,00		100,00	

Tab. 5.3: Umsatz im Einzelhandel 2005 nach Umsatzgrößenklassen (ohne Kfz, Tankstellen), (Quelle: Statistischen Bundesamt, Fachserie 6 Reihe 4 2005, Wiesbaden 2007)

Die Konzentration von Merkmalen lässt sich mithilfe einer **Konzentrationskurve** veranschaulichen.

Für die Darstellung werden die erforderlichen Zahlen in einer Tabelle aufbereitet: Die Ausprägungen der Merkmale werden in einer Reihenfolge geordnet, z. B. die Unternehmen mit kleinen Umsätzen zuerst, dann die mit größeren und schließlich die mit großen und sehr großen Umsätzen, und zu Größenklassen, z. B. zu Umsatzgrößenklassen, zusammengefasst. Die Zahlen für die Größenklasse, z. B. die Anzahl der Unternehmen und der Umsätze je Größenklasse, werden absolut und in V.-H.-Sätzen angegeben, die Sätze werden kumuliert. Tab. 5.3 gibt eine entsprechende Aufbereitung wieder.

Im Allgemeinen wird die Konzentrationskurve wie in Abb. 5.2 dargestellt. In einem Rechteck werden auf der unteren Waagerechten die Unternehmen in v.H. kumuliert aufgetragen und auf der linken Senkrechten der Umsatz in v.H. kumuliert. Die Diagonale ist die Kurve der **Gleichverteilung**: Man kann ablesen, dass 10 % (20, 30, 40 % usw.) der nach Größenklassen geordneten Unternehmen 10 % (20, 30, 40 % usw.) des Umsatz erzielen konnten. Die **unter der Gleichverteilungskurve hängende Kurve** ist die **Konzentrationskurve**; sie ergibt sich durch die Verbindung der Werte für *Unternehmen in v. H. kumuliert* mit den entsprechenden Werten für *Umsatz in v. H. kumuliert.*

Der Abstand der Konzentrationskurve von der Gleichverteilungskurve zeigt, wie stark die Konzentration ist. Bei einer 100-prozentigen Konzentration sind beide Flächen deckungsgleich, das bedeutet K = 1. In der Realität ist K immer kleiner als 1. Das Konzentrationsmaß K wird gegeben durch das Verhältnis der Fläche zwischen Gleichverteilungs- und Konzentrationskurve zur Gesamtfläche unter der Diagonalen.

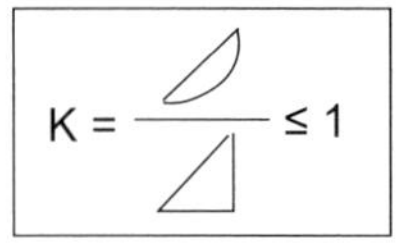

Zur Interpretation der Darstellung können Hilfslinien eingezeichnet werden, dazu werden im Allgemeinen die sog. Quartile oder Quintile genutzt. Quartile fassen die (nach Größenklassen geordneten) Ausprägungen des einen Merkmals in Abständen von jeweils 25 % zusammen; so ergibt sich das erste Quartil bei 25 %, das zweite bei 50 % und das dritte bei 75 %. Jedem Quartil lässt sich ein bestimmter Anteil der (ebenfalls nach Größenklassen geordneten) Anteile des anderen Merkmals zuordnen. (Quintile fassen die Anteile der Merkmalsausprägungen in Abständen von jeweils 20 % zusammen.)

In der grafischen Darstellung der Konzentration werden auf der Skala des einen Merkmals die Quartile angegeben. Über die Konzentrationskurve können die Werte des anderen Merkmals entsprechend abgelesen werden (vgl. Abb. 5.2). Mithilfe der Quartile und Quintile wird nicht nur das Ausmaß der Konzentration zu einem bestimmten Zeitpunkt angegeben, sie ermöglichen vielmehr auch den Vergleich zwischen verschiedenen Branchen und zwischen mehreren Jahren.

Abb. 5.2 gibt die Konzentration im deutschen Einzelhandel für das Jahr 2005 wieder. Die Darstellung beruht auf dem aufbereiteten Zahlenmaterial in Tab. 5.3. Die Konzentrationskurve weicht ganz erheblich von der Kurve der Gleichverteilung ab und veranschaulicht damit das hohe Maß an Umsatzkonzentration im Einzelhandel. Mithilfe der Quartile lässt sich die Konzentration folgendermaßen quantifizieren.

- 25 % des Umsatzes entfallen auf rd. 93 % der Unternehmen (das sind in der Reihenfolge der Größenklassen die kleinere Unternehmen); das bedeutet umgekehrt: 75 % des Umsatzes konnten 7 % der Unternehmen an sich ziehen.
- 50 % des Umsatzes entfallen auf rd. 97 % der Unternehmen; das bedeutet, die zweite Hälfte des Gesamtumsatzes konnte sich auf etwa drei Prozent der Unternehmen verteilen.

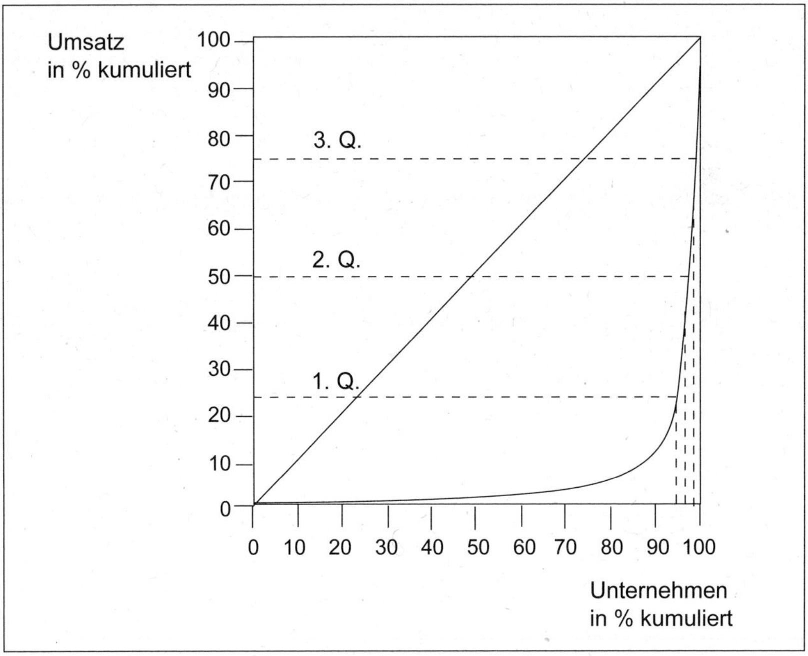

Abb. 5.2: Konzentrationskurve – Einzelhandel 2005 (nach Tab. 5.3)

Konzentration ist aber nicht nur ein Problem des Handels. Sie findet sich auch im verarbeitenden Gewerbe; die folgende Tabelle (Tab. 5.4) stellt sie für einige Wirtschaftsbereiche dar. Angegeben ist, wie viel Prozent des Umsatzes des jeweiligen Wirtschaftsbereichs auf die 6, 10, 25 umsatzgrößten Unternehmen dieses Wirtschaftsbereichs entfielen.

		Umsatzanteile der ... umsatzgrößten Unternehmen			
		6	**10**	**25**	**100**
		2006			
1	Kohlenbergbau, Torfgewinnung	-	96,7	99,6	X
2	Gewinnung von Steinen und Erden, sonst. Bergbau	-	28,4	45,0	73,7
3	Ernährungsgewerbe	7,8	11,1	20,8	40,4
4	Bekleidungsgewerbe	-	29,5	45,6	79,2
5	Ledergewerbe	47,8	58,4	75,4	96,7
6	Verlags-, Druckgewerbe, Vervielfältigungen	9,7	12,6	20,5	40,4
7	Herstellung von chemischen Erzeugnissen	26,0	33,3	48,1	70,2
8	Metallerzeugung und -bearbeitung	27,5	35,9	53,0	76,6
9	Maschinenbau	9,0	12,4	20,3	38,3
10	Herstellung von Kraftwagen und Kraftwagenteilen	65,4	74,7	82,0	92,2

Tab. 5.4: Unternehmenskonzentration im Bergbau und in einigen ausgewählten Bereichen des verarbeitenden Gewerbes 2006, befragt wurden Unternehmen (auch des Handwerks) mit mehr als 20 Beschäftigten (Quelle: Statistisches Jahrbuch 2008 und früher) Anmerkungen: - bedeutet: keine Veröffentlichung aus Gründen der Geheimhaltung von Einzelangaben, X bedeutet: Tabellenfach gesperrt, weil Aussage nicht sinnvoll

5.5 Produktion und Produktionsfaktoren

Produktion ist die Erzeugung von Gütern und Dienstleistungen durch Kombination von Produktionsfaktoren. Produktion in diesem Sinne findet u. a. statt in den Unternehmen

- der Urproduktion,
- des Bergbaus,
- der Industrie,
- des Handwerks,
- der Güterverteilung (Handel und Verkehr).

Für die Produktion werden die sog. betriebswirtschaftlichen Produktionsfaktoren benötigt. Als Beispiel seien sie für die Industrie genannt:

- Materialien (Rohstoffe, Hilfsstoffe, Betriebsstoffe, Teile, Ersatzteile),
- dispositive Arbeit (Planung, Leitung, Kontrolle u. a.),
- objektbezogene Arbeit,
- Betriebsmittel (Maschinen, Fuhrpark, Hallen u. a.).

Das Produktionsergebnis, der Ertrag (E), ist funktional abhängig vom planmäßigen Einsatz der Faktoren ($v_1, v_2, ..., v_n$).

$E = f(v_1, v_2, ... v_n)$

Aufgabe des dispositiven Faktors ist es, die vorhandenen Faktoren so miteinander zu kombinieren, dass das Produktionsergebnis möglichst groß ist, oder aus mehreren möglichen Produktionsverfahren das Verfahren auszuwählen, das mit dem geringsten Aufwand ein bestimmtes Ergebnis ermöglicht.

5.6 Das Ertragsgesetz

Mit dem sog. Ertragsgesetz (Gesetz vom abnehmenden Ertragszuwachs) wird der **Zusammenhang** zwischen **Ertrag** und dem **Einsatz von Produktionsfaktoren** in der landwirtschaftlichen Produktion dargestellt. Es gibt an, dass der Ertrag aus einem Acker bestimmter Größe und gleichbleibender Bodenqualität zunächst mit zunehmenden, dann mit abnehmenden Zuwachsraten wächst und schließlich abnimmt, wenn der Einsatz eines Produktionsfaktors laufend erhöht wird, während die Einsatzmengen der anderen Faktoren konstant gehalten werden.

Wenn ein Bauer seinem Acker ständig Dünger zuführt, nimmt der Ertrag z. B. an Getreide zunächst stark, dann weniger stark zu und schließlich wegen Überdüngung ab.

Dieser Sachverhalt lässt sich anhand des folgenden modellhaft vereinfachten, abstrakten Beispiels veranschaulichen. Eine Ackerfläche, auf der Getreide angebaut werden soll, wird in mehrere gleich große Parzellen aufgeteilt. Die einzelnen Parzellen werden unterschiedlich stark gedüngt, und zwar steigen die Gaben von Kunstdünger von Parzelle zu Parzelle um jeweils eine Mengeneinheit (z. B. kg); alle anderen Produktionsfaktoren werden auf der gesamten Ackerfläche in gleichem Umfang eingesetzt, sie bleiben unverändert. Kunstdünger ist hier also der veränderliche Produktionsfaktor (v_1), alle anderen Produktionsfaktoren, z. B. Saatgut, Pflügen, Eggen, Wässern (v_2 bis v_n), bleiben konstant.

Tabelle (Tab. 5.5) und Abbildungen (Abb. 5.3 und Abb. 5.4) zeigen, dass der mengenmäßige Ertrag (E z. B. in dz) zunächst mit steigenden, dann mit abnehmenden Zuwachsraten zunimmt, und schließlich – bei einer relativ hohen Düngemittelgabe – abnimmt. Die Ertragskurve erhält dadurch einen s-förmigen Verlauf. Der Ertragszuwachs wird auch durch die Veränderungen des Grenzertrages ausgedrückt.

Der **Grenzertrag** (GE) ist der zusätzliche Ertrag, der dadurch entsteht, dass der variable Faktor um eine Mengeneinheit erhöht wird. Die Grenzertragskurve steigt zunächst, beim Wendepunkt der E-Kurve hat sie ihr Maximum, dann fällt sie, beim Maximum der E-Kurve schneidet sie die x-Achse, d. h. der Grenzertrag wird negativ.

Der **Durchschnittsertrag** ($DE = \frac{E}{V_1}$) gibt an, wie hoch der Ertrag einer ME des veränderlichen Faktors ist. Der Durchschnittsertrag steigt, solange er kleiner als der Grenzertrag ist. Beim höchsten Durchschnittsertrag schneidet die DE-Kurve die GE-Kurve; bei diesem Schnittpunkt ist die Faktorenkombination optimal.

variabler Faktor	Gesamtertrag	Durchschnittsertrag	Grenzertrag
v_1	E	DE	GE
1	1	0,0	0
2	3	1,5	2
3	8	2,7	5
4	17	4,3	9
5	27	5,4	10
6	36	6,0	9
7	41	5,9	5
8	43	5,4	2
9	44	4,9	1
10	44	4,4	0
11	43	3,9	- 1
12	41	3,4	- 2

Tab. 5.5: Ertrag, Grenzertrag, Durchschnittsertrag

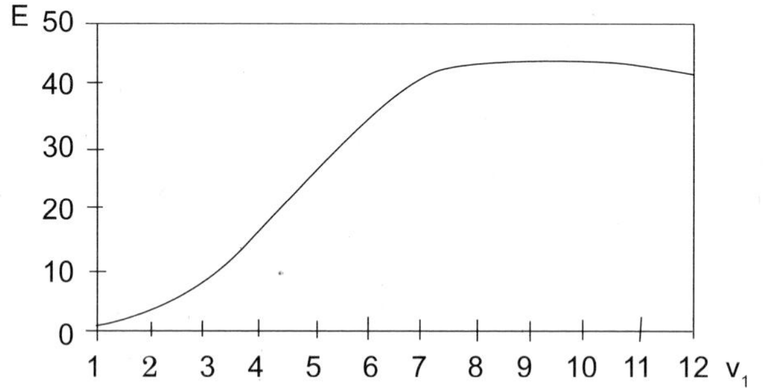

Abb. 5.3: Gesamtertragsverlauf

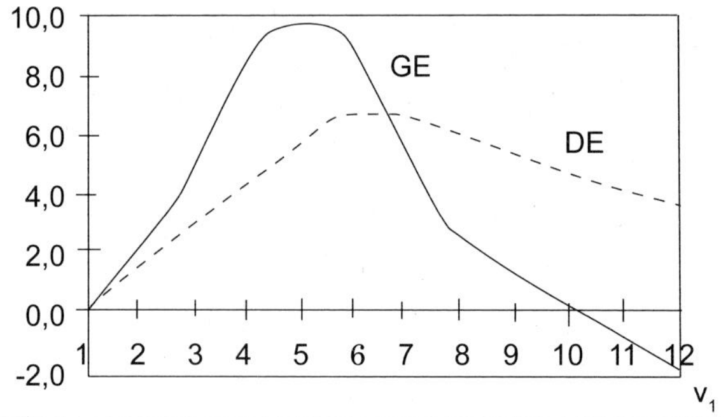

Abb. 5.4: Verläufe von Grenzertrag und Durchschnittsertrag

5.7 Kosten

Die Produktionsfaktoren kosten die Unternehmen Geld. Wenn ein Unternehmen produziert, entstehen daher Kosten, z. B. für den Produktionsfaktor Arbeit Löhne, für die Roh- und Hilfsstoffe Stoffkosten, für die Betriebsstoffe Stromkosten usw. **Kosten** sind der **Verzehr von Gütern und Dienstleistungen im Produktionsprozess** bewertet in Euro.

Zu unterscheiden sind fixe (feste) und variable (veränderliche) Kosten. **Fixe Kosten** sind in ihrer Höhe unabhängig von der Ausbringungsmenge. Die Höhe der **variablen Kosten** dagegen hängen von der produzierten Menge ab. Diese Kosten nehmen mit der Ausbringungsmenge zu bzw. ab. Abschreibungen können als Beispiele für fixe Kosten gelten, da ihre Höhe sich (unter bestimmten Voraussetzungen) während des Produktionsprozesses nicht ändert und die Maschinen auch abgeschrieben werden, wenn nicht produziert wird. Roh-, Hilfs- und Betriebsstoffkosten dagegen nehmen zu, wenn mehr, sie nehmen ab, wenn weniger produziert wird. Diese Kosten wären demnach variable Kosten.

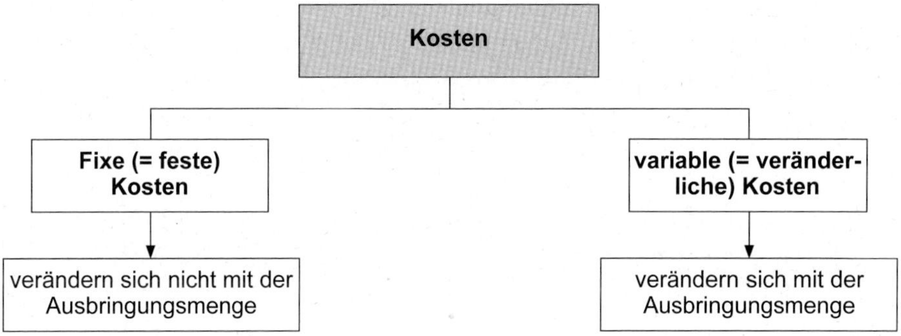

Die Summe aus fixen und variablen Kosten ergibt die **Gesamtkosten** (K = fK + vK). Die **Durchschnittskosten** werden als **Stückkosten** ermittelt; sie ergeben sich, wenn die Gesamtkosten durch die jeweils anfallende Produktionsmenge geteilt wird ($DK = \frac{K}{x}$); entsprechend ergeben sich die **variablen Stückkosten**, wenn die Durchschnittskosten durch die jeweils anfallende Produktionsmenge geteilt wird ($DvK = \frac{vK}{x}$). **Grenzkosten** sind die zusätzlichen Kosten (Gesamtkosten), die dadurch entstehen, dass die Produktionsmenge um eine kleine Einheit ausgedehnt wird ($GK = \frac{dK}{dx}$).

Im Allgemeinen werden folgende Typen von Kostenverläufen unterschieden.

- Fixe Gesamtkosten, d. h. die Kosten bleiben im Ablauf der Produktion gleich, sie verändern sich nicht mit der Ausbringungsmenge,
- proportionale Gesamtkosten, die Kosten steigen bei Ausdehnung der Produktionsmenge proportional an, bei Rückgang der Produktion nehmen sie proportional ab,
- überproportionale Gesamtkosten, die Kosten steigen bei Ausdehnung der Produktionsmenge überproportional an, bei Rückgang der Produktion nehmen sie überproportional ab, d. h. die Kosten steigen bei einer Steigerung der Ausbringungsmenge mit wachsenden Zuwachsraten (Grenzkosten),

- unterproportionale Gesamtkosten, die Kosten steigen bei Ausdehnung der Produktionsmenge unterproportional an, bei Rückgang der Produktion nehmen sie unterproportional ab, d. h. die Kosten steigen bei einer Steigerung der Ausbringungsmenge mit abnehmenden Zuwachsraten (Grenzkosten).

Im Folgenden werden die typischen Kostenverläufe auf der Grundlage der in der Tabelle (Tab. 5.6) angegeben Werte dargestellt. Die Zeichnungen (Abb. 5.5) enthalten die Gesamtkostenverläufe und abgeleitete Verläufe (DK und GK).

	1. fixe Gesamtkosten			**2. proportionale Gesamtkosten**			**3. überproport. Gesamtkosten**			**4. unterproport. Gesamtkosten**		
x	**K**	**DK**	**GK**	**K**	**DK**	**GK**	**K**	**DK**	**GK**	**K**	**DK**	**GK**
1	100	100,0		10	10		5	5,0		10	10	
2	100	50,0	0	20	10	10	15	7,5	10	19	9,5	9
3	100	33,3	0	30	10	10	30	10,0	15	27	9,0	8
4	100	25,0	0	40	10	10	50	12,5	20	34	8,5	7
5	100	20,0	0	50	10	10	75	15,0	25	40	8,0	6
6	100	16,7	0	60	10	10	105	17,5	30	45	7,5	5
7	100	14,3	0	70	10	10	140	20,0	35	49	7,0	4
8	100	12,5	0	80	10	10	180	22,5	40	52	6,5	3
9	100	11,1	0	90	10	10	225	25,0	45	54	6,0	2
10	100	10,0	0	100	10	10	275	27,5	50	55	5,5	1

Tab. 5.6: Typische Kostenverläufe

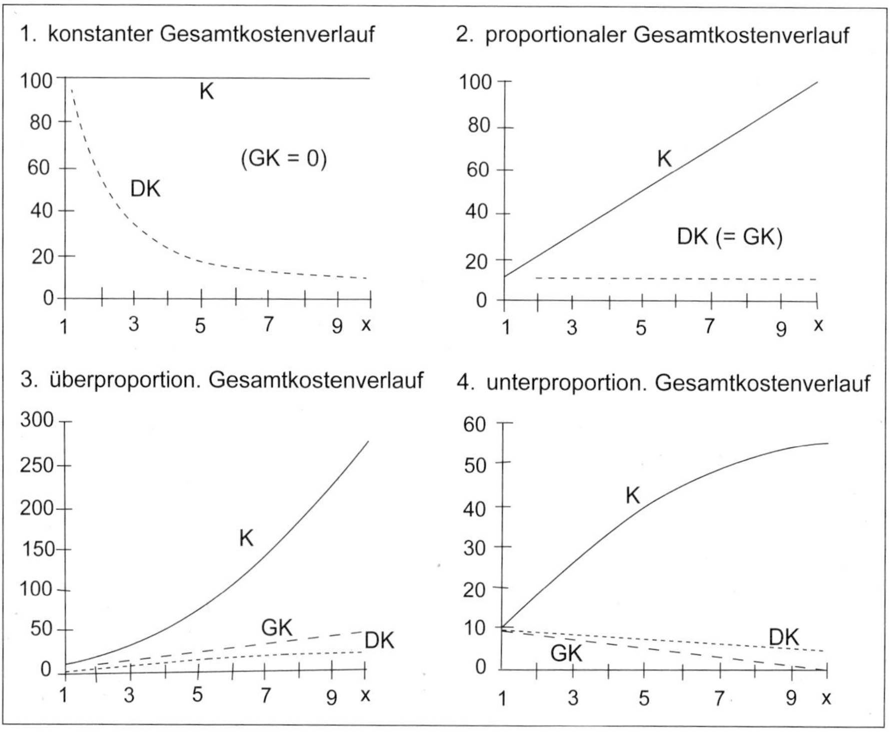

Abb. 5.5: Typische Kostenverläufe

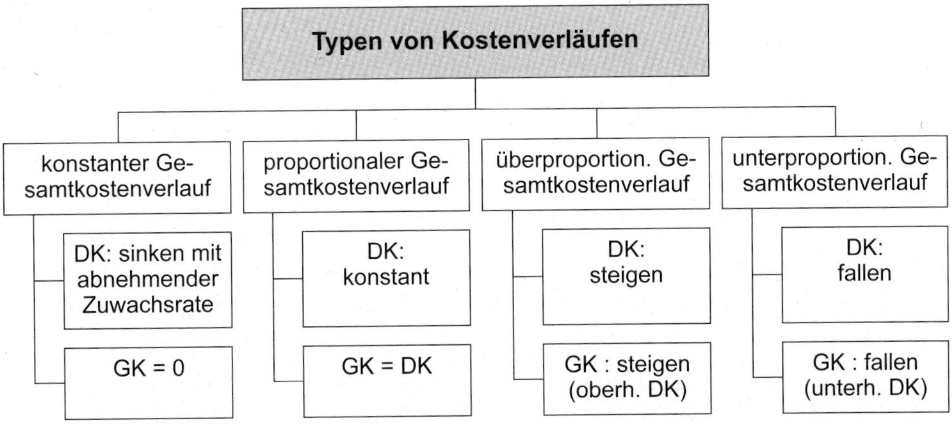

In der Realität sind die Gesamtkostenverläufe Kombinationen aus den beschriebenen Typen. Realitätsnah dürften Kostenverläufe sein, bei denen ein anfänglich linearer Verlauf in einen überproportionalen Verlauf übergeht. Von besonderer (theoretischer) Bedeutung ist der s-förmige Kostenverlauf, der auch als ertragsgesetzlicher Verlauf bezeichnet wird (vgl. Abb. 5.6). (Ein Vergleich mit der Darstellung des Ertragsgesetzes zeigt den Zusammenhang.)

Die Gesamtkosten steigen zunächst bis zum Wendepunkt unterproportional, d. h. mit abnehmenden, dann überproportional, d. h. mit zunehmenden Zuwachsraten. Entsprechend fallen die Grenzkosten zunächst und steigen dann an. Die durchschnittlichen variablen Kosten nehmen zunächst ab bis zum sog. Betriebsminimum (DvK = GK), danach steigen sie an; sie liegen unterhalb der Durchschnittskosten (Stückkosten), die die festen Kosten berücksichtigen. Die Durchschnittskosten fallen bis zum Betriebsoptimum (DK = GK) und steigen dann; sie nehmen also – wegen der in ihnen enthaltenen durchschnittlichen festen Kosten – noch ab, wenn die durchschnittlichen variablen Kosten bereits steigen.

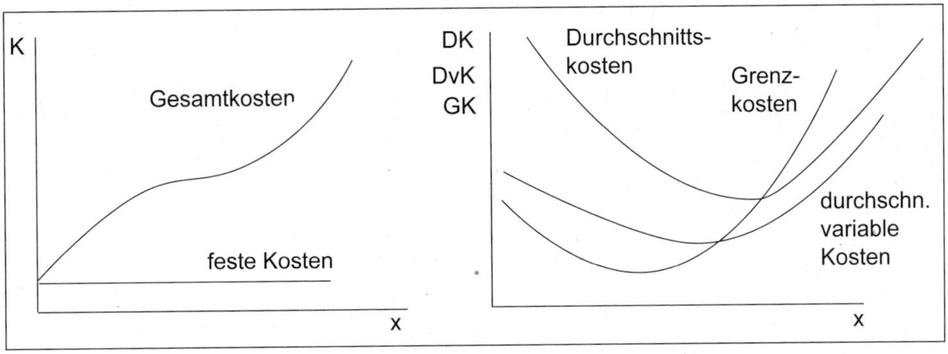

Abb. 5.6: s-förmiger (ertragsgesetzlicher) Kostenverlauf

Mathematisch lässt sich der ertragsgesetzliche Kostenverlauf beispielhaft mit folgender Gleichung darstellen:

$K = 0{,}008\ x^3 - 1{,}1\ x^2 + 90\ x + 1000$

Über die erste Ableitung der vorstehenden Gleichung (nach x) ergibt sich für die Grenzkosten die folgende Gleichung:

$$GK = 0{,}024\,x^2 - 2{,}2\,x + 90$$

Die Stückkosten werden mit folgender Gleichung ermittelt:

$$DK = \frac{0{,}008\,x^3 - 1{,}1\,x^2 + 90\,x + 1000}{x}$$

Die sich aus den Formeln ergebenden Werte werden im Folgenden tabellarisch und grafisch dargestellt.

x	fK	vK	K	DvK	DK	GK
0	1.000	0	1.000			
10	1.000	798	1.798	79,80	179,80	70,40
20	1.000	1.424	2.424	71,20	121,20	55,60
30	1.000	1.926	2.926	64,20	97,53	45,60
40	1.000	2.352	3.352	58,80	83,80	40,40
50	1.000	2.750	3.750	55,00	75,00	40,00
60	1.000	3.168	4.168	52,80	69,47	44,40
70	1.000	3.654	4.654	52,20	66,49	53,60
80	1.000	4.256	5.256	53,20	65,70	67,60
90	1.000	5.022	6.022	55,80	66,91	86,40
100	1.000	6.000	7.000	60,00	70,00	110,00

Tab. 5.7: Kosten

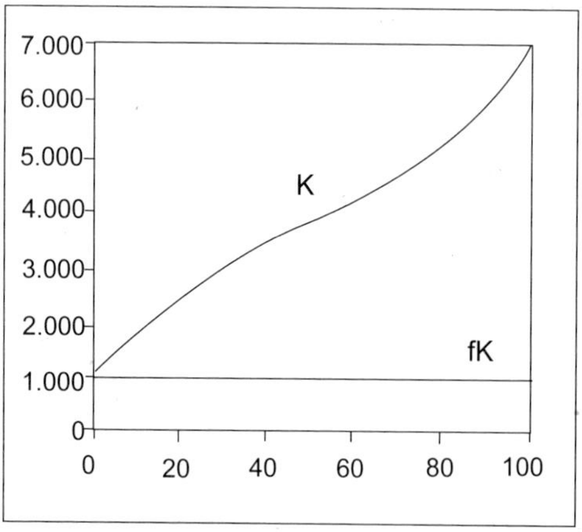

Abb. 5.7: Gesamtkostenverlauf

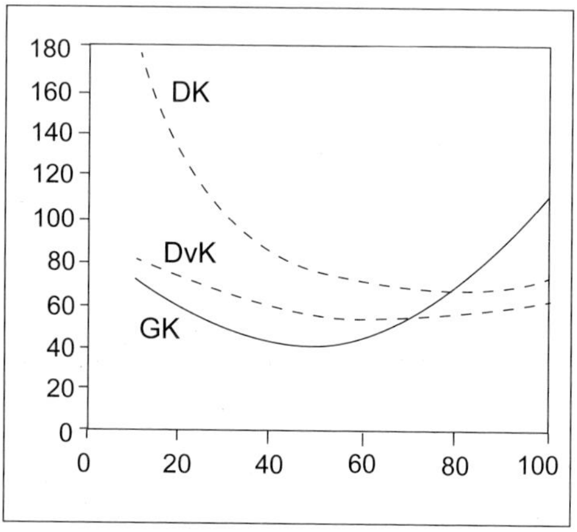

Abb. 5.8: abgeleitete Kostenverläufe

5.8 Das Angebot

Damit der folgende Sachverhalt angemessen erklärt werden kann, wird eine Konstruktion genutzt, in der die wirtschaftliche Realität modellhaft vereinfacht dargestellt ist. Es sei angenommen, ein Unternehmen produziere nur ein Gut („Ein-Produkt-Unternehmen"); bei der Produktion fallen Gesamtkosten an, die s-förmig ansteigen. Der Preis für das Produkt wird dem Unternehmen vom Markt vorgegeben; um seinen Gewinn zu maximieren, kann es nur die Ausbringungsmenge den Vorgaben anpassen (**Mengenanpasser**).

Es sollen exemplarisch die Wirkungen zweier unterschiedlicher Preisvorgaben betrachtet werden: p_1 = 5.000 € und p_2 = 7.000 € je ME. Bei diesen Preisen und den angenommenen Kosten ergeben sich die in Tab. 5.8 angegebenen Zahlenreihen. Sp. 8 gibt den Umsatz (U = x · p) und Sp. 9 den Gewinn bei p_1 an; der Umsatz bei p_2 ist in Sp. 10, der Gewinn bei p_2 in Sp. 11 angegeben. Die Tabelle zeigt, dass der höchste Gewinn bei p_1 bei der Menge x = 7 und bei p_2 bei der Menge x = 8 erreicht wird.

1	2	3	4	5	6	7	8	9	10	11
x	**fK**	**vK**	**K**	**DK**	**DvK**	**GK**	**U_1**	**Gew_1**	**U_2**	**Gew_2**
			K = fk + vK	DK = $\frac{K}{x}$	DvK = $\frac{vK}{x}$		$U_1 = p_1 \cdot x$	$G_1 = U_1 - K$	$U_2 = p_2 \cdot x$	$G_2 = U_2 - K$
0	10.000	0	10.000				0	- 10.000	0	- 10.000
1	10.000	5.000	15.000	15.000,0	5.000,0	5.000	5.000	- 10.000	7.000	- 8.000
2	10.000	8.200	18.200	9.100,0	4.100,0	3.200	10.000	- 8.200	14.000	- 4.200
3	10.000	10.200	20.200	6.733,3	3.400,0	2.000	15.000	- 5.200	21.000	800
4	10.000	11.950	21.950	5.487,5	2.987,5	1.750	20.000	- 1.950	28.000	6.050
5	10.000	13.500	23.500	4.700,0	2.700,0	1.550	25.000	1.500	35.000	11.500
6	10.000	16.000	26.000	4.333,3	2.666,7	2.500	30.000	4.000	42.000	16.000
7	10.000	19.800	29.800	4.257,1	2.828,6	3.800	35.000	5.200	49.000	19.200
8	10.000	25.500	35.500	4.437,5	3.187,5	5.700	40.000	4.500	56.000	20.500
9	10.000	33.500	43.500	4.833,3	3.722,2	8.000	45.000	1.500	63.000	19.500
10	10.000	44.000	54.000	5.400,0	4.400,0	10.500	50.000	- 4.000	70.000	16.000
11	10.000	57.000	67.000	6.090,9	5.181,8	13.000	55.000	- 12.000	77.000	10.000
12	10.000	72.000	82.000	6.833,3	6.000,0	15.000	60.000	- 22.000	84.000	2.000
13	10.000	89.000	99.000	7.615,4	6.846,2	17.000	65.000	- 34.000	91.000	- 8.000

Tab. 5.8: Kosten, Umsätze, Gewinne bei zwei verschiedenen Preisen

In den folgenden Abbildungen (Abb. 5.9 ff.) werden die in der Tabelle erfassten Werte grafisch dargestellt. Dabei lassen sich folgende **Erkenntnisse** gewinnen. In Abb. 5.9 wird der Kostenkurve die Umsatzkurve bei p_1 gegenübergestellt; dabei ergibt sich ein Bereich, in dem die Umsatzkurve über der Kostenkurve liegt (Gewinnlinse), d. h. zwischen den Mengen x = 4,5 und 9 fällt in diesem Unternehmen Gewinn an. Bei dem größten Abstand zwischen Umsatz- und Kostenkurve fällt der höchste Gewinn an, d. h. das Unternehmen erzielt das Gewinnmaximum bei der Ausbringungsmenge x = 7.

Wenn der Preis auf p = 7.000 steigt, verschiebt sich die Umsatzkurve um den Nullpunkt nach oben. Die Gewinnlinse vergrößert sich, das Gewinnmaximum liegt jetzt bei x = 8 (vgl. Abb. 5.10).

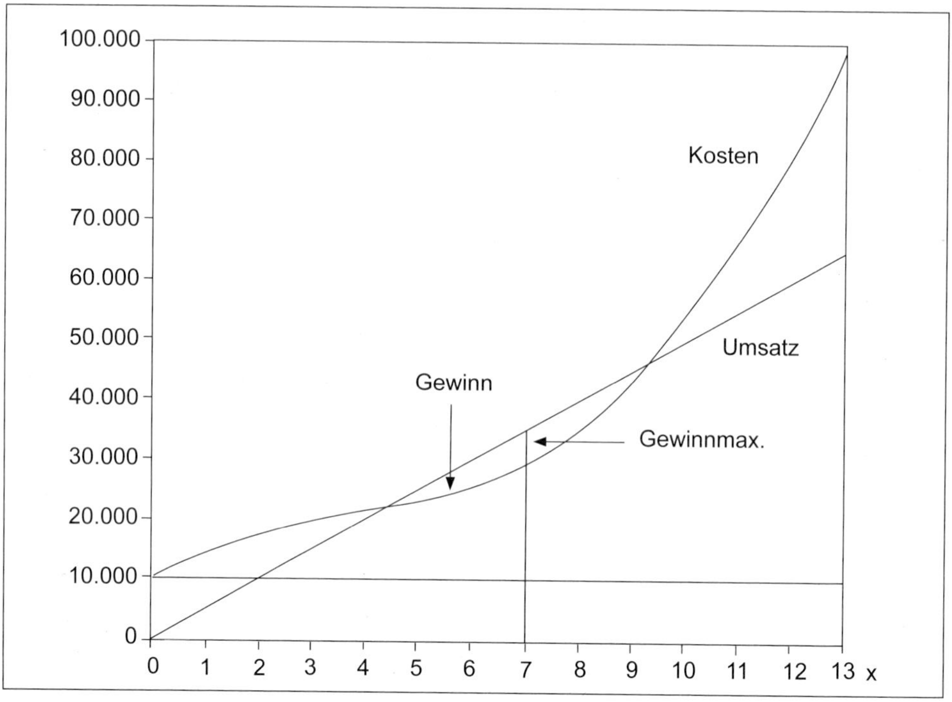

Abb. 5.9: Gewinnmaximum p_1

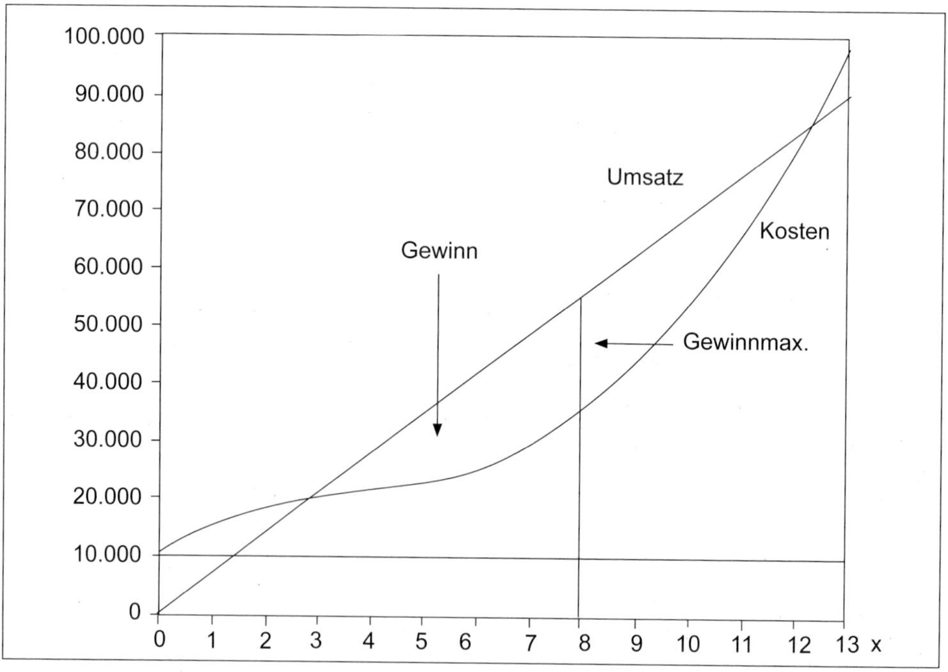

Abb. 5.10: Gewinnmaximum bei p_2

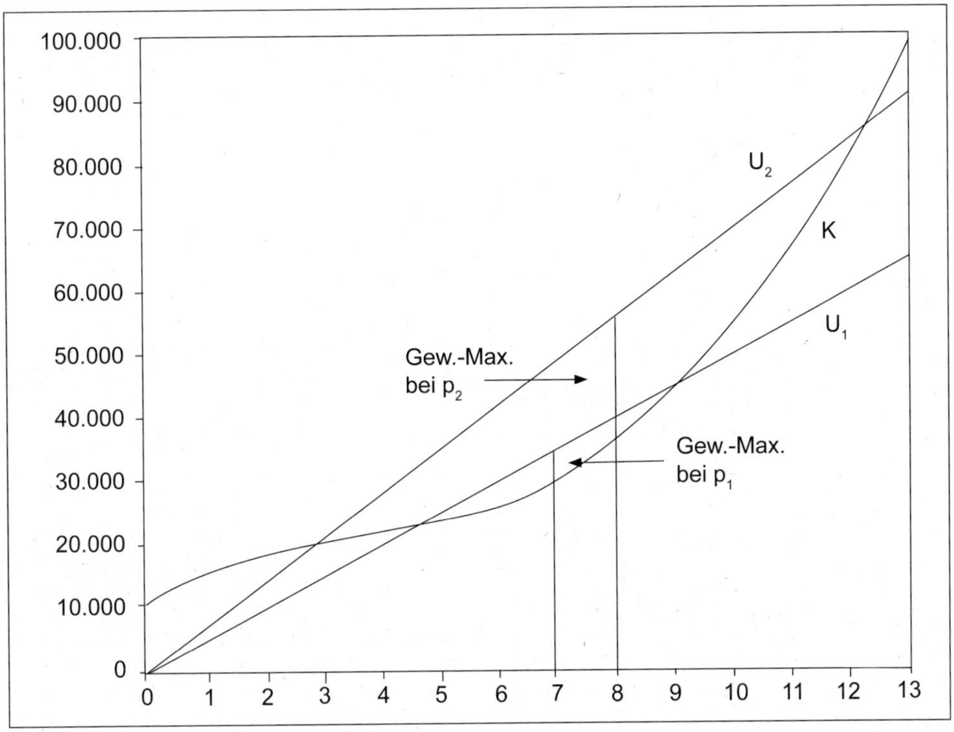

Abb. 5.11: Kostenkurve mit Umsatzkurven bei zwei verschiedenen Preisen

In Abb. 5.11 werden beide Umsatzkurven aus den vorhergehenden Zeichnungen zusammengefasst. Die Darstellung gibt die gewinnmaximalen Situationen bei zwei Preisen unter der Voraussetzung gleich bleibender Kosten an. Sie zeigt, dass bei einer Preissteigerung das Gewinnmaximum, d. h. der Abstand zwischen Kosten und Umsatz, bei einer höheren Menge erreicht wird. (Daraus kann geschlossen werden, dass bei einer Preissenkung die Ausbringungsmenge reduziert werden muss, damit das Gewinnmaximum erreicht wird.)

In Abb. 5.12 werden die aus den Gesamtverläufen abgeleiteten Kurven dargestellt: Grenzkostenkurve, Kurven der durchschnittlichen Kosten und Preisgerade für die Preise p_1 und p_2. Die Darstellung zeigt, dass bei den gewinnmaximalen Situationen, d. h. bei den Mengen x = 7 und x = 8, die Preisgeraden die Grenzkostenkurven schneiden. Man kann deshalb auch sagen, ein Gewinnmaximum wird unter der **Bedingung p = GK** erreicht. Der maximale Stückgewinn ist die Differenz zwischen Preis je Stück und den Durchschnittskosten. Die Zeichnung zeigt, dass durch die Ausdehnung der Menge von x = 7 auf x = 8 der Abstand zwischen den Preisgeraden und der DK-Kurve größer geworden ist, d. h. dass der Stückgewinn gestiegen ist.

Die bisherigen Ausführungen zeigen, dass der sog. Mengenanpasser seinen Gewinn unter der Bedingung p = GK maximiert. Bei steigendem Preis dehnt er die Menge aus, der Stückgewinn steigt, bei sinkendem Preis schränkt er sie ein, der Stückgewinn sinkt (vgl. Abb. 5.13). Wenn die Preisgerade das Minimum der DK-Kurve tangiert, hat er keinen

Gewinn mehr, der Preis deckt lediglich die Stückkosten (vgl. p_2 in Abb. 5.13). Wenn der Preis darunter liegt, deckt er die Stückkosten nur noch teilweise; der Mengenanpasser erleidet Verlust. Bei p_3 deckt der Preis nur noch die variablen Kosten. Über den Preis kann der Mengenanpasser die festen Kosten, z. B. die Abschreibungen, nicht mehr hereinholen. Wenn der Preis weiter sinkt, werden auch Teile der variablen Kosten nicht mehr gedeckt.

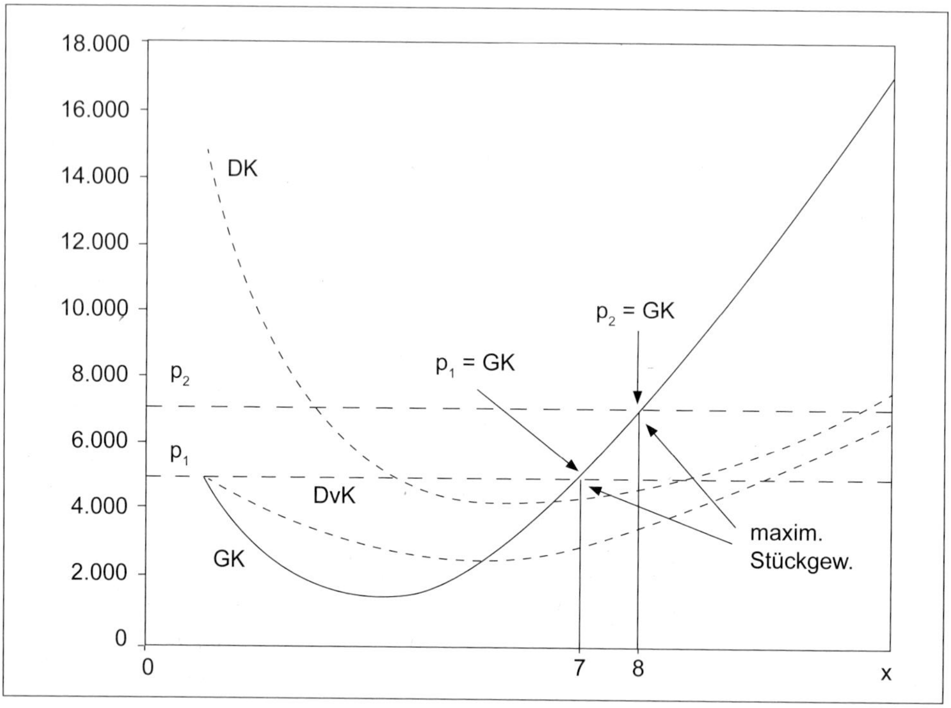

Abb. 5.12: p = GK

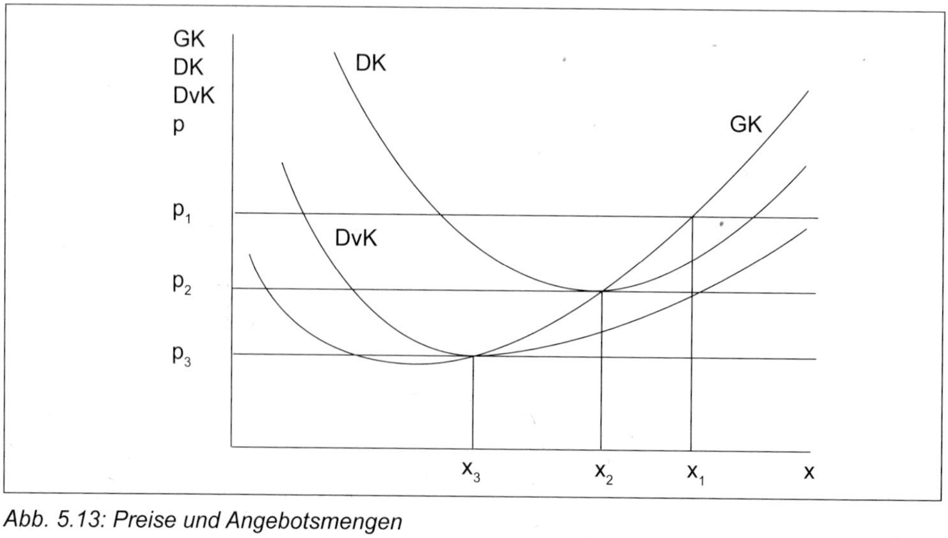

Abb. 5.13: Preise und Angebotsmengen

Daraus folgt:

- Der aufsteigende Strahl der GK-Kurve verbindet über die Bedingung p = GK den (vorgegebenen) Preis mit der (von dem Mengenanpasser) angebotenen Menge.
- **Der aufsteigende Strahl der GK-Kurve ist deshalb die individuelle Angebotskurve eines Anbieters** (der sich als Mengenanpasser verhält).
- Die individuelle Angebotskurve beginnt langfristig im Minimum der DK-Kurve, kurzfristig im Minimum der DvK-Kurve.

Die Gesamtangebotskurve ergibt sich aus der Addition der individuellen Angebotskurven.

6. Markt und Preisbildung

6.1 Der Markt

Der Markt ist ein gedachter Ort, an dem die Nachfrage nach einem Gut mit dem Angebot des gleichen Gutes zusammentrifft. Die gesamte Nachfrage auf dem Markt ergibt sich aus allen individuellen Nachfragen nach dem Gut, das gesamte Angebot ist entsprechend die Summe aus allen individuellen Angeboten. Auf einem Rohstoffmarkt sind Unternehmen Nachfrager und Anbieter, auf dem Arbeitsmarkt treten die Unternehmen als Nachfrager und die privaten Haushalte als Anbieter des Produktionsfaktors Arbeit auf, auf dem Konsumgütermarkt fungieren die privaten Haushalte als Nachfrager und die Unternehmen, die entsprechende Güter produzieren und bereitstellen, als Anbieter.

Bekanntlich steigt die Nachfrage der Haushalte nach einem Gut, wenn dessen Preis sinkt, ihre Nachfrage geht zurück, wenn der Preis steigt. Die diesen Zusammenhang darstellende Kurve (Nachfragekurve) hat deshalb den aus den Ausführungen über die individuelle Nachfragekurve bereits bekannten Verlauf. Unternehmen dehnen ihre Angebotsmenge aus, wenn der Preis steigt. Der gestiegene Preis deckt auch die Kosten weiterer Unternehmen, die nach dem Preisanstieg mit zusätzlichen Mengen auf den Markt kommen, sodass für das Gesamtangebot gilt: Bei steigendem Preis steigt die Angebotsmenge (bei sinkendem Preis nimmt sie entsprechend ab). Die Gesamtangebotskurve muss also steigen.

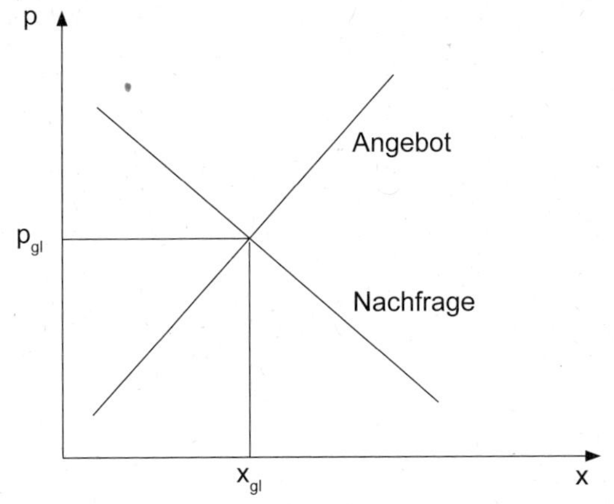

Abb. 6.1: Markt (Gleichgewichtssituation)

Im Schnittpunkt der beiden Kurven ergibt sich eine Gleichgewichtssituation, die durch einen bestimmten Preis (den *Gleichgewichtspreis)* und durch eine bestimmte Menge (die *Gleichgewichtsmenge)* definiert wird. Das *Angebot* ist in dieser Situation *gleich* der *Nachfrage*, die Haushalte fragen bei diesem Preis die Menge nach, die die Unternehmen bei diesem Preis anbieten.

Wenn die Haushalte mehr nachfragen, verschiebt sich die Nachfragekurve nach rechts (vgl. Abbildung 6.2), es entsteht ein neues Gleichgewicht: Bei höherem Preis wird mehr angeboten. Von der Elastizität ist (bei gleichbleibender Angebotskurve) abhängig, wie stark Preis und Menge steigen.

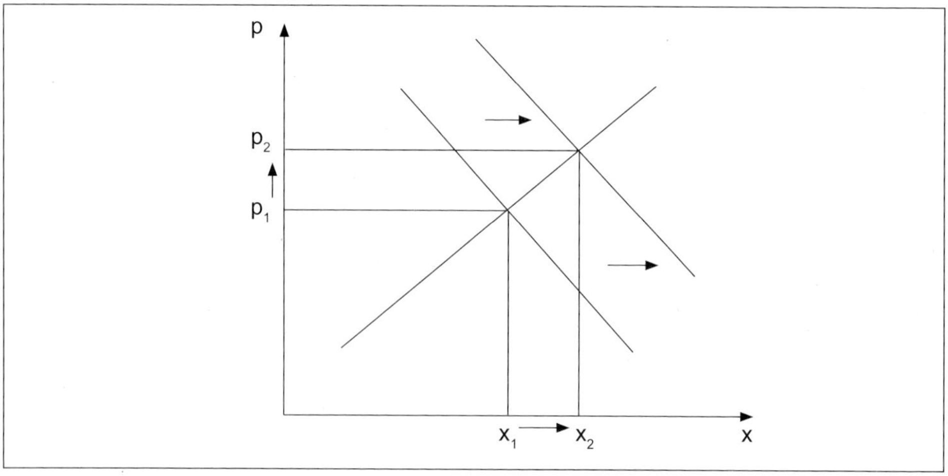

Abb. 6.2: Veränderung der Marktsituation durch Verschiebung der Nachfragekurve

Schränken die Unternehmen ihr Angebot ein, verschiebt sich die Angebotskurve nach links (vgl. Abbildung 6.3); es entsteht auch hier ein neues Gleichgewicht: Der Preis ist gestiegen, die Menge hat abgenommen. Anders ausgedrückt: Das angebotene Gut wird in Bezug auf die Nachfrage knapp, der Preis steigt. Je knapper ein Gut in Bezug auf die Käuferwünsche wird, desto stärker steigt sein Preis.

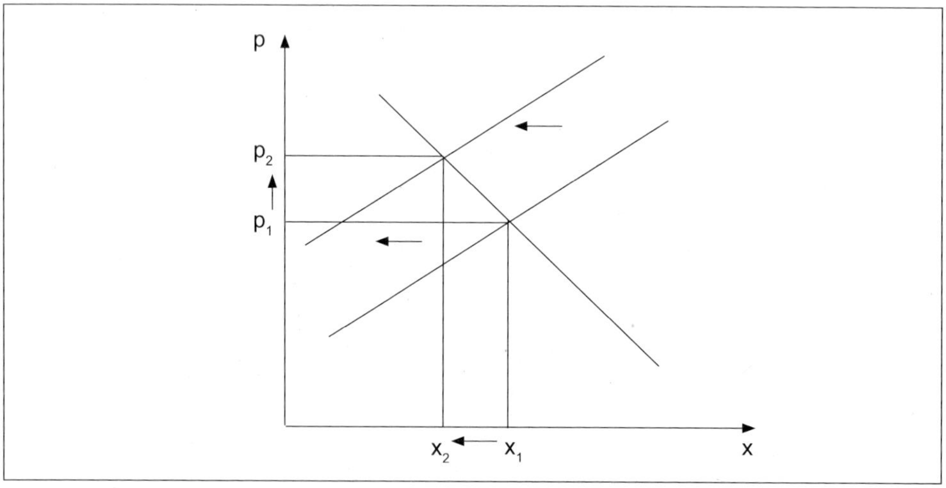

Abb. 6.3: Veränderung der Marktsituation durch Verschiebung der Angebotskurve

Erwarten die Unternehmer einen Preis, der über dem Gleichgewichtspreis liegt, und richten sie ihre Angebotsmenge danach aus, produzieren sie mehr als bei diesem Preis nachgefragt wird; es entsteht ein **Angebotsmengenüberschuss** ($x_A > x_N$). Die Preise müssen sinken, damit die Überschussmenge verkauft werden kann (vgl. Abb. 6.4). Situationen dieser Art finden sich häufig im Winter- bzw. im Sommerschlussverkauf. Wenn die Anbieter von einem Preis ausgehen, der unter dem Gleichgewichtspreis liegt, produzieren sie weniger als bei diesem Preis nachgefragt wird; es entsteht ein **Nachfragemengenüberschuss** ($x_A < x_N$). Der Preis müsste steigen (vgl. Abb. 6.5).

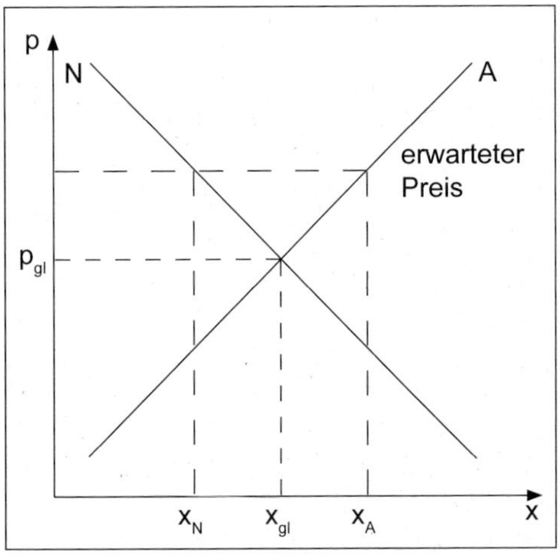

Abb. 6.4: Angebotsmengenüberschuss

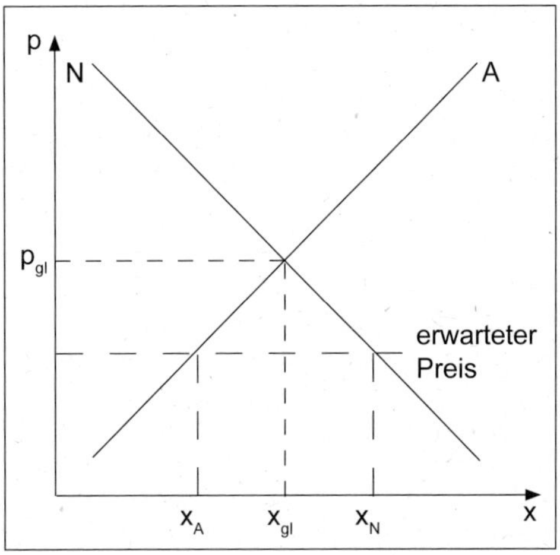

Abb. 6.5: Nachfragemengenüberschuss

Die optimale Reaktion auf dem Markt ist aber nur möglich, wenn die Voraussetzungen des sog. vollkommenen Marktes weitgehend erfüllt sind. Das ist aber meistens nicht der Fall; insbesondere fehlt häufig die Markttransparenz und im Allgemeinen bestehen Präferenzen, z. B. für eine Marke, für ein Geschäft. (Lesen Sie zur weiteren Information über den „vollkommenen Markt" die Ausführungen auf S. 143.)

Als Beispiel für einen nahezu optimal funktionierenden Markt kann die **Wertpapierbörse** genommen werden. Die Markttransparenz ist sehr hoch; die Anleger haben im Allgemeinen keine nichtökonomischen Präferenzen.

Nach der Börsenzulassung werden die Aktien eines Unternehmens an einer Regionalbörse, z. B. an der Frankfurter Wertpapierbörse, gehandelt. Die Wertpapierbörse ist der **organisierte Markt** für Wertpapiere, an der die Nachfrage und das Angebot von **Aktien** (und anderen Wertpapieren) zusammentreffen und an der schließlich auch die Börsenpreise, d.h. die Kurse für die Aktien ermittelt werden. Die rechtliche Grundlage für die Organisation der Börse und für den Börsenhandel ist das **Börsengesetz**; an jeder Börse besteht darüber hinaus eine Börsenordnung.

Der Parketthandel von Aktien ist weitgehend durch den Computerhandel ersetzt. Beim **Parketthandel** spielt sich der Handel „auf dem Parkett" des Börsensaals ab; Makler und

Händler sind anwesend, man spricht deshalb auch vom Präsenzhandel. Beim **Computerhandel** werden die Kauf- und Verkaufaufträge in den zentralen Rechner eingegeben, der sie zusammenführt und so den Handel zum Abschluss führt. Von besonderer Bedeutung für den Computerhandel ist das elektronische Handelssystem XETRA[1].

Es ist allerdings für die Kursfestlegung ohne Bedeutung, ob die Aufträge im Parkett- oder im Computerhandel abgewickelt wurden. Für die amtlich notierten Aktien wird der Kurs einmal je Börsentag von einem **amtlichen Kursmakler** festgelegt; dieser Kurs wird als Einheitskurs (Kassakurs) bezeichnet. Aus allen vorliegenden Aufträgen ermittelt der Makler nach dem Meistausführungs- bzw. Höchstumsatzprinzip den **Einheitskurs**. Dieser Einheitskurs ist der Kurs, bei dem die meisten Aufträge abgewickelt bzw. die höchsten Umsätze erzielt werden.

An einer Wertpapierbörse trifft das Angebot von Aktien auf die Nachfrage nach diesen Aktien. Angeboten werden die Papiere von den Eigentümern, die einem Makler (bzw. ihrer Bank) entsprechende **Verkaufaufträge** erteilen; Verkaufaufträge werden mit B (= **Brief**) symbolisiert. Nachfrager erteilen einem Makler (bzw. ihrer Bank) Kaufaufträge; **Kaufaufträge** werden mit G (= **Geld**) symbolisiert. Kauf- und Verkaufaufträge werden entweder mit einer Kursangabe „limitiert" oder ohne Kursangabe „bestens" erteilt.

Ein Kaufauftrag für eine bestimmte Aktie über 1.000 Stück zum Kurs von 315 limitiert bedeutet, der Auftraggeber will für dieses Papier höchstens 315 Euro ausgeben, bei einem Kurs von 316 kommt kein Kauf zu Stande. Ein Kaufauftrag über 2.000 Stück „bestens" bedeutet, dass der Auftraggeber mit dem besten Kurs einverstanden ist. Ein Verkaufauftrag für ein Papier über 1.500 Stück zum Kurs von 320 limitiert besagt, dass der Auftraggeber mindestens 320 Euro für die Aktien haben will, mit einem höheren Kurs ist er selbstverständlich einverstanden. Ein Verkaufauftrag „bestens" bedeutet, dass der Auftraggeber mit dem für ihn günstigsten Kurs einverstanden ist.

Aus den Kauf- und Verkaufaufträgen, die ihm vorliegen, ermittelt der amtliche Kursmakler den Einheitskurs (Kassakurs), das ist der Kurs einer Aktie, bei dem die höchsten Umsätze erzielt werden. Liegen für eine Aktie nur Kauf- oder nur Verkaufaufträge vor, findet kein Umsatz statt. Häufig können bei dem ermittelten Kurs nicht alle Aufträge abgewickelt werden. Wenn nicht alle Verkaufaufträge ausgeführt werden können, erhält die Kursangabe den Zusatz bezB (bezahlt Brief); wenn dagegen nicht alle Kaufaufträge bedient werden können, wird die Kursangabe mit bezG (bezahlt Geld) ergänzt.

Nach Festlegung des Einheitskurses werden die vorliegenden Orders, die zu diesem Kurs ausgeführt werden können, abgewickelt. Der Einheitskurs wird bekannt gegeben.

Die Ermittlung des Einheitskurses soll durch das folgende einfache Beispiel verdeutlicht werden. (Zur Vereinfachung wird angenommen, dass Aufträge mit gleichen Kursangaben oder mit der Angabe „bestens" jeweils zusammengefasst sind. Die Nummerierungen dienen lediglich der Kennzeichnung der Orders in der zweiten Tabelle.)

[1] XETRA ist abgeleitet aus Exchange Electronic Trading.

Kaufaufträge			Verkaufsaufträge		
	Stück	**Kurs**		**Stück**	**Kurs**
1	*2.000*	*bestens*	*5*	*800*	*325 lim.*
2	*1.850*	*320 lim.*	*6*	*1.800*	*320 lim.*
3	*2.210*	*315 lim.*	*7*	*700*	*318 lim.*
4	*1.870*	*312 lim.*	*8*	*1.220*	*bestens*

Die Ermittlung des Einheitskurses für dieses Papier an diesem Tag kann folgendermaßen nachvollzogen werden.

Kurs	Kaufaufträge zum angegebenen Kurs		Verkaufsaufträge zum angegebenen Kurs		Umsätze in Stück	Umsätze in Euro
312	*7.939*	*1, 2, 3, 4*	*1.220*	*8*	*1.220*	*380.640*
315	*6.060*	*1, 2, 3*	*1.220*	*8*	*1.220*	*384.300*
318	*3.850*	*1, 2*	*1.920*	*7, 8*	*1.920*	*610.560*
320	*3.850*	*1, 2*	*3.720*	*6, 7, 8*	***3.720***	***1.190.400***
325	*2.000*	*1*	*4.520*	*5, 6, 7, 8*	*2.000*	*650.000*

Beim Kurs von 320 werden 3.750 umgesetzt; 130 Stück Kaufaufträge können nicht ausgeführt werden. Der Einheitskurs wird mit 320 bezG angegeben.

Aktien mit hohen Umsatzstückzahlen werden im Allgemeinen variabel gehandelt, d.h. sie werden an den Börsen fortlaufend notiert. Für die Zulassung zur fortlaufenden Notierung schreiben die Börsen Mindeststückzahlen vor, sie werden als **Mindestschluss** bezeichnet. An einigen Börsen beträgt der Mindestschluss 50 bis 100 Aktien. Für den Xetra-Handel liegt der Mindestschluss zzt. bei 100 Stück. An einigen deutschen Börsen wurde der Mindestschluss auf eine Aktie herabgesetzt; das bedeutet, dass an diesen Börsen die Vorschrift über einen Mindestschluss nicht mehr besteht und alle Aktien variabel notiert werden.

Auch bei dem variablen Handel wird im Allgemeinen aus den zu Beginn der Börsenzeit vorliegenden Aufträgen der Einheitskurs als Eröffnungskurs ermittelt; außerdem wird etwa in der Mitte der Börsenzeit ein weiterer Kassakurs festgestellt. Als **Schlusskurs** einer Aktie wird der Kurs angenommen, zu dem der letzte Handel in der Börsenstunde abgewickelt wurde.

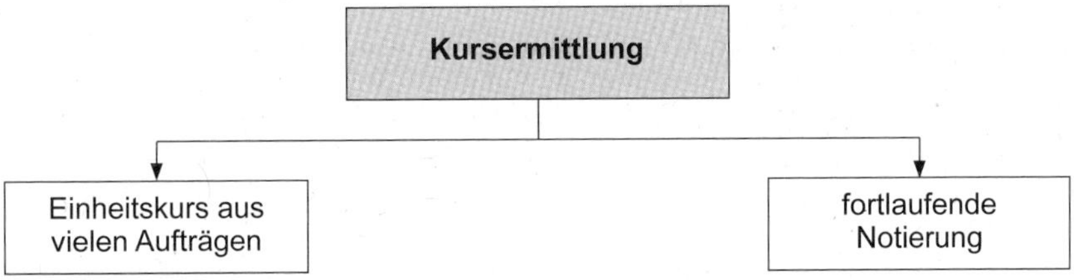

6.2 Marktformen

Nach der Anzahl der Marktteilnehmer werden die Marktformen unterschieden. In einem **Angebotsmonopol** steht ein Anbieter, in einem **Angebotsoligopol** stehen relativ wenige, relativ starke Anbieter, in einem **Polypol** viele Anbieter jeweils einer großen Zahl von Nachfragern gegenüber. Diese drei Formen liegen den weiteren Ausführungen zu Grunde. Es sei aber darauf hingewiesen, dass weitere Marktformen nach der Anzahl der Nachfrager definiert werden können. So kann es ein **Nachfragemonopol** (mit einem Nachfrager und vielen Anbietern), ein **Nachfrageoligopol** oder ein **bilaterales Monopol** (mit einem Nachfrager und einem Anbieter) geben. Die Tabelle 6.1 gibt einen Überblick über die möglichen Marktformen.

Anbieter / Nachfrager	einer	wenige, starke	viele
einer	bilaterales Monopol	beschränktes Nachfragemonopol	Nachfrage-monopol
wenige, starke	beschränktes Angebotsmonopol	bilaterales Oligopol	Nachfrage-oligopol
viele	Angebotsmonopol	Angebotsoligopol	Polypol

Tab. 6.1: Marktformen (schematische Übersicht)

Es ist leicht einzusehen, dass für den Monopolisten der Markt, auf dem er alleiniger Anbieter ist, eine andere Bedeutung hat als für Oligopolisten und Polypolisten, die mit mehr oder weniger starken Mitanbietern rechnen müssen.

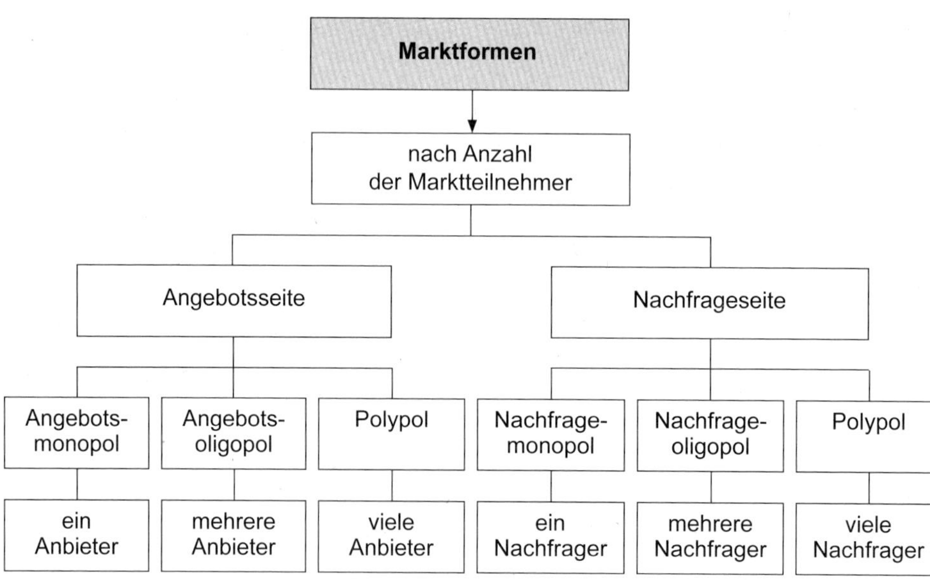

6.3 Preisbildungen

6.3.1 Angebotsmonopol

Der Monopolist kann den **Preis** für sein Produkt **festsetzen**, er ist für ihn kein Datum. Reaktionen von Mitbewerbern muss er bei seiner Preispolitik nicht befürchten, da er alleiniger Anbieter ist. Er muss aber damit rechnen, dass die Nachfrager auf seine Preisfestsetzungen reagieren. Sie können z. B. auf das Produkt verzichten, wenn der Preis zu hoch ist. Es ist deshalb für den Monopolisten wichtig, die **Nachfragereaktionen** richtig einzuschätzen, d. h. die Elastizität der Nachfrage zu kennen.

Die Menge, die der Monopolist bei einem fixierten Preis bereitstellt, ergibt sich aus der Preis-Absatz-Relation (Nachfragekurve). Da er das Ziel der Gewinnmaximierung verfolgt, wird er Preis und Menge so zu kombinieren versuchen, dass die Differenz zwischen Umsatz und Kosten – der Gewinn – am größten wird (vgl. Tab. 6.2 und Abb. 6.6 bzw. 6.7).

x	2	3	4	5	6	7
1	p	U	K	Gewinn	GU	GK
0	3.000	0	1.000	- 1.000	2.700	1.700
1	2.700	2.700	2.700	0	2.100	1.000
2	2.400	4.800	3.700	1.100	1.500	500
3	2.100	6.300	4.200	2.100	900	400
4	1.800	7.200	4.600	2.600	300	700
5	1.500	7.500	5.300	2.200	- 300	1.200
6	1.200	7.200	6.500	700	- 900	1.800
7	900	6.300	8.300	- 2.000	- 1.500	2.300
8	600	4.800	10.600	- 5.800	- 2.100	3.000
9	300	2.700	13.600	- 10.900	- 2.700	4.000
10	0	0	17.600	- 17.600		

Tab. 6.2

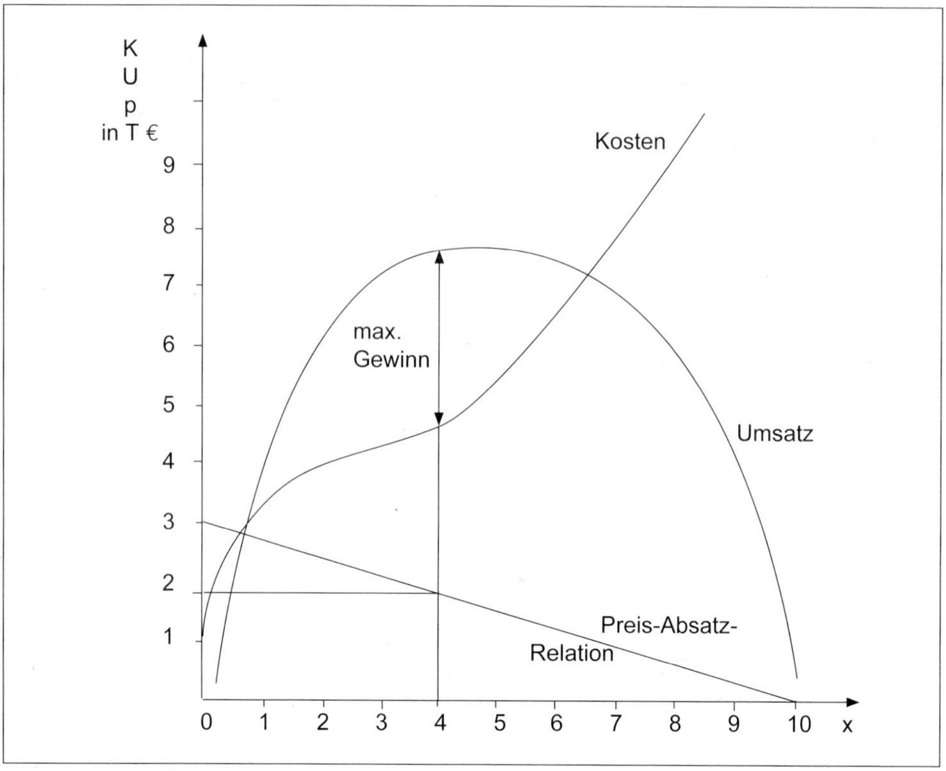

Abb. 6.6: Preis-Mengen-Kombination bei Gewinnmaximierung des Monopolisten

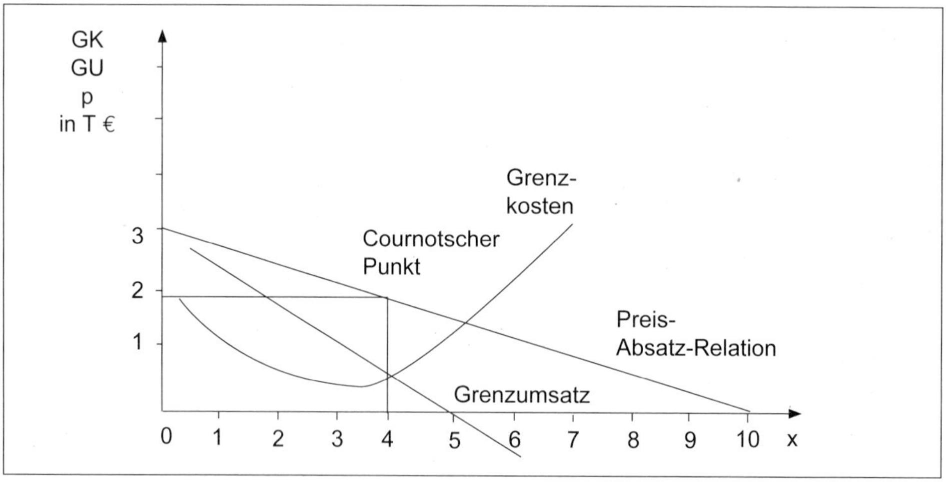

Abb. 6.7: Bestimmung der gewinnmax. Situation über den Cournotschen Punkt (GU = GK)

Bei den angenommenen **Preisen** (p = 3.000, 2.700, 2.400 usw.) für ein Produkt ergeben sich die angegebenen **Mengen** in Stück (x = 0, 1, 2, usw.) Dieser Zusammenhang wird in der Preis-Absatz-Relation (Nachfragekurve) dargestellt. Der **Umsatz** ergibt sich als Produkt aus Preis und Menge ($U = p \cdot x$). Er nimmt zunächst zu und dann ab, in der Darstellung ergibt sich deshalb die Form einer Parabel. Als **Grenzumsatz** (GU) wird der Umsatzanstieg bezeichnet, der durch die Ausdehnung des Absatzes um eine Einheit entsteht. Der Grenzumsatz nimmt ab. Für die **Kosten** (K) wird der s-förmige Verlauf angenommen, d. h. sie steigen zunächst mit abnehmenden, dann mit zunehmenden Zuwachsraten. Die **Grenzkosten** (GK) – die bekanntlich den Zuwachs der Kosten bei der Ausdehnung der Produktion um jeweils eine Einheit angeben – fallen zunächst und steigen dann.

Tabelle und Zeichnung zeigen, dass der größte **Gesamtgewinn** bei der Produktion von vier Einheiten erreicht wird. Der entsprechende Preis (p = 1.800) ergibt sich in der Zeichnung über die Preis-Absatz-Relation (vgl. Abbildung 6.6). In Abbildung 6.7 wird die gewinnmaximale Situation über den **Schnittpunkt** der **Grenzkosten** mit dem **Grenzumsatz** bestimmt. Über den Schnittpunkt wird – wie in der Zeichnung angegeben – der **Cournotsche Punkt** auf der Preis-Absatz-Relation ermittelt. Er bestimmt Preis und Menge, die dem Gewinnmaximum entsprechen. Der Anbieter, der seinen Preis selbst setzen kann, maximiert den Gewinn unter der Bedingung **GU = GK**[2].

6.3.2 Polypol

Im Polypol steht eine große Zahl von Anbietern mit kleinen Marktanteilen einer großen Zahl von Nachfragern gegenüber. Unter den Voraussetzungen des vollkommenen Marktes herrscht **vollkommene Konkurrenz**. Die Polypolisten können den Marktpreis kaum beeinflussen. Setzt ein Polypolist seinen Preis unter den Marktpreis, wird er die Nachfrage, die sich auf ihn dann konzentriert, nicht befriedigen können, setzt er seinen Preis über den Marktpreis, wird er seine Kunden verlieren. Es ist deshalb für den Polypolisten sinnvoll, den Marktpreis als Datum zu akzeptieren. Er maximiert seinen Gewinn, wenn er seine Produktionsmenge dem vorgegebenen Preis anpasst (Mengenanpasserverhalten).

Als Regel für die Gewinnmaximierung gilt **p = GK**, d. h. der Gewinn ist dann am höchsten, wenn die Kosten der zuletzt produzierten Einheit genau so hoch sind wie der vorgegebene Preis (vgl. dazu die Ausführungen zu Kap. 5.8.).

Gelingt es einem Polypolisten durch entsprechende Maßnahmen Präferenzen für sein Geschäft oder für sein Produkt zu schaffen, erhält er für **Preissetzungen** einen gewissen **Spielraum** (monopolistische Konkurrenz). Seine Nachfragekurve könnte die in Abbildung 6.8 dargestellte Form haben. Zwischen **Preisobergrenze** (POG) und **Preisuntergrenze** (PUG) ist die Nachfrage relativ unelastisch. Eine Preiserhöhung würde in diesem Bereich nur zu einem geringen Nachfragerückgang führen.

---

[2] Hinweis für den mathematisch versierten Leser: Grenzumsatz und Grenzkosten stellen die ersten Ableitungen des Umsatzes und der Kosten dar. Grenzumsatz- und Grenzkostenkurven schneiden sich bei dem x-Wert, bei dem Umsatz- und Kostenkurven den größten Abstand aufweisen.

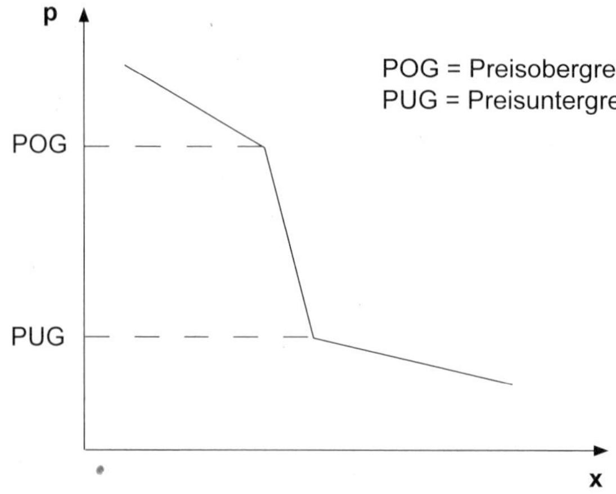

Abb. 6.8: Geknickte Nachfragekurve

6.3.3 Angebotsoligopol

Im Angebotsoligopol gibt es nur wenige, dafür aber relativ starke Anbieter. Sie müssen bei ihrer Preisgestaltung die Reaktionen von Kunden und Mitbewerbern beachten.

Erhöht ein Oligopolist seinen Preis, und die anderen Anbieter ziehen nicht mit, verliert er Kunden an sie. Er muss mit dem Preis wieder zurückgehen. Senkt er aber seinen Preis, ziehen die Konkurrenten evtl. nach, um keine Kunden an ihn zu verlieren. Alle betroffenen Anbieter haben dadurch Umsatzeinbußen.

Wegen dieser möglichen Reaktion der Konkurrenten halten sich Oligopolisten in ihrer Preispolitik eher zurück. Häufig ist deshalb im Oligopol **Preisstarrheit** zu beobachten, die Preise bleiben über längere Zeit konstant. Gelegentlich wird in einem Oligopol ein **Preisführer** anerkannt. Dieser gibt durch seine Preisänderung das Zeichen zur allgemeinen Preisänderung. Es kommt so zu einem Parallelverhalten ohne Absprache.

In Oligopolen kommt es gelegentlich auch zu vertraglichen Vereinbarungen, d. h. zu **Preiskartellen.** Statt dieses Koalitionsverhaltens ist aber auch ein **ruinöser Konkurrenzkampf** im Oligopol denkbar. Ein Oligopolist, der seine relative Stärke durch Zusammenschluss mit anderen noch vergrößern kann, versucht, durch entsprechende Preisgestaltung, Mitbewerber vom Markt zu drängen.

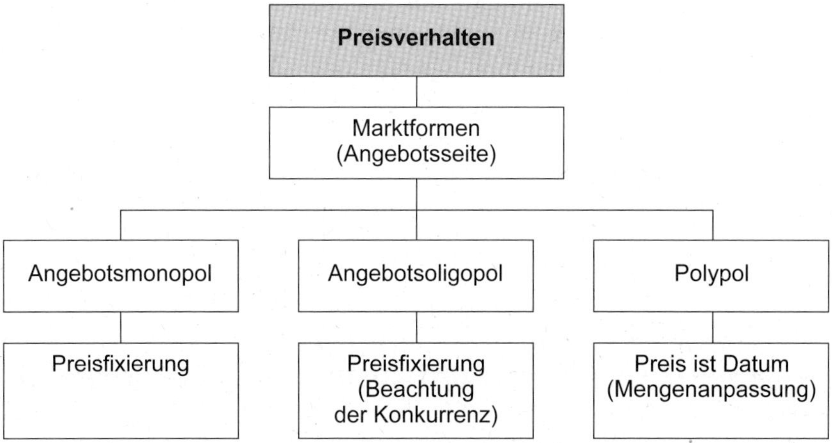

Durch präferenzpolitische Maßnahmen (z. B. Schaffung von Markenbewusstsein) können sich auch Anbieter im Oligopol einen preispolitischen Spielraum schaffen. Die Nachfragekurve hat dann die bereits bekannte geknickte Form.

6.4 Staatliche Preisvorschriften

Der Staat kann in die Preispolitik der Unternehmen eingreifen u. a. durch Vorschriften über Mindest- und Höchstpreise.

Staatliche **Mindestpreise** dienen dem Schutz der Produzenten, z. B. der Landwirte. In der Regel liegen sie über den Preisen, die sich bei freier Preisbildung ergeben würden. In Abbildung 6.9 wird gezeigt, dass beim Mindestpreis (p_M), der über dem Gleichgewichtspreis (p_O) liegt, die Produzenten die Menge x_2 anbieten, die Nachfrager aber nur die Menge x_1 kaufen. Es entsteht ein Angebotsmengenüberschuss (x_1/x_2).

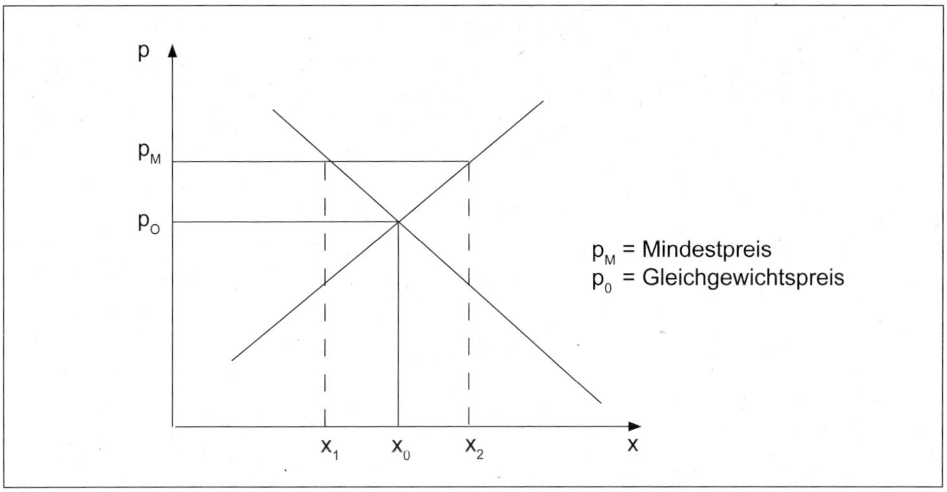

Abb. 6.9: Mindestpreis

Der staatlich garantierte Mindestpreis führt fast immer zur Produktion von Mengen, die bei diesem Preis nicht nachgefragt werden. Da die Produzenten in der Regel kaum bereit sein werden, die Produktionsmengen freiwillig einzuschränken, muss der Staat weitergehend eingreifen. Er könnte den Anbietern Produktionsbeschränkungen oder den Nachfragern bestimmte Abnahmemengen vorschreiben. Meistens greift er aber als Nachfrager ein und kauft die Überschussmengen auf. Das zwingt die staatlichen Institutionen zu aufwändiger Haltung eines Vorrats, der ständig zunimmt, da die Produktion nicht eingeschränkt wird. Daraus ergibt sich schließlich das Problem, die erheblichen Lagerbestände abzubauen. Das geschieht z. B. durch Verkauf ins Ausland zu Preisen, die erheblich unter den Ankaufpreisen liegen oder durch Verarbeitung hochwertiger zu geringwertigen Gütern (Butter zu Butterschmalz).

Mit dem staatlich festgesetzten **Höchstpreis** sollen Konsumenten geschützt werden. Der Höchstpreis (p_H) liegt in der Regel unter dem Preis, der sich bei freier Preisbildung ergeben würde (p_O) (vgl. Abbildung 6.10).

Bei dem Höchstpreis können die Produzenten nur die Menge x_1 anbieten, die Nachfrager würden aber die Menge x_2 kaufen. Es ergibt sich also ein Nachfragemengenüberschuss. Der Staat muss deshalb Vorschriften über die Verteilung der knappen Güter erlassen (z. B. Rationierung über Bezugsscheinsystem).

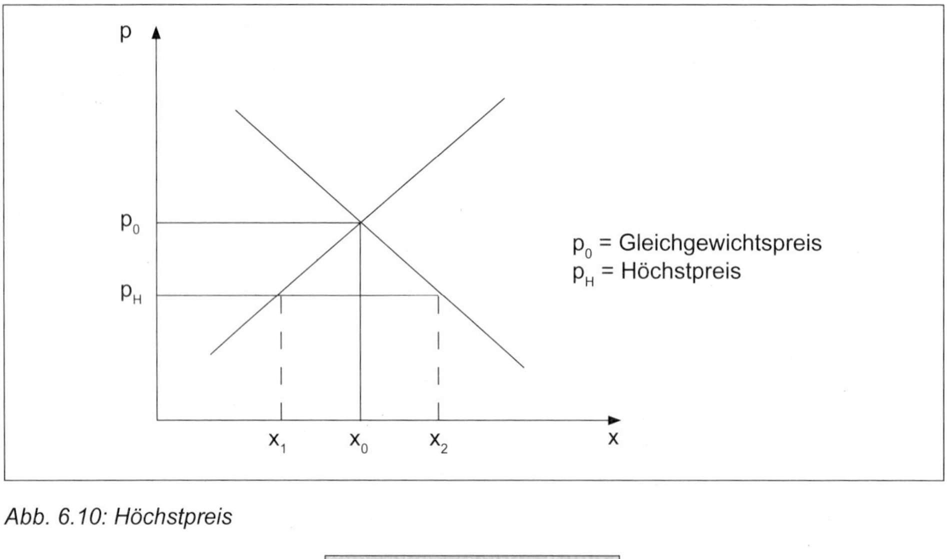

Abb. 6.10: Höchstpreis

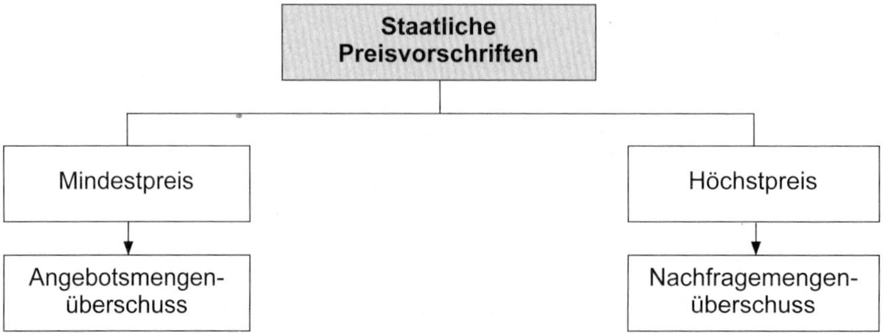

6.5 Gefährdung der Marktfunktionen durch Spekulationen

Gelegentlich wird der **Preis** als **Phänomen der Knappheit** bezeichnet. Ressourcen sind in Bezug auf die Nachfrage knapp; das Maß der Knappheit drückt sich im Preis aus. Wenn die Nachfrage z. B. nach einem Rohstoff stärker steigt als das Angebot, steigt der Preis. Produzenten und Händler erhalten die entsprechenden Signale vom Markt und können ihre Pläne danach ausrichten.

Der Preis kann also wirtschaftliches Handeln und Planen lenken; dies ist seine wichtigste volkswirtschaftliche Funktion. Spekulationen können sie außer Kraft setzen. Das gilt vor allem auf Märkten für bestimmte Rohstoffe.

Weltweit steigt die Nachfrage nach Rohstoffen, z. B. nach Erdöl, Kohle, Kupfer, Weizen, das Angebot ist aber begrenzt. Deshalb sind Preissteigerungen zu erwarten. Diese Erwartungen sind Gegenstand der Spekulation.

Ein Spekulant will mithilfe einer kurzfristigen Investition finanzielle Vorteile daraus ziehen, dass er bestimmte Marktentwicklungen anders einschätzt als andere Marktteilnehmer. Das wird besonders deutlich bei einem Termin- oder Zeitgeschäft.

An dem folgenden einfachen **Beispiel** lässt sich ein derartiger Vorgang veranschaulichen. *Ein Getreidehändler kauft einem Landwirt weit vor der Ernte Getreide ab. Im Vertrag, durch den sich der Landwirt zur Lieferung und Händler zur Abnahme verpflichten, werden u. a. der Preis und die Menge des zu liefernden Getreides, seine Qualität sowie der Zeitpunkt der Lieferung festgelegt.*

Wenn der tatsächliche Marktpreis zum Zeitpunkt der Lieferung höher als der ausgehandelte Kaufpreis ist, hat der Händler einen Vorteil; das Termingeschäft hat sich für ihn gelohnt. Wenn der Marktpreis aber gesunken sein sollte, macht er Verlust, der Bauer aber hat den Vorteil, dass er trotz des niedrigeren Marktpreises den ausgehandelten Preis erhält. Der Getreidehändler hat die Möglichkeit, den Vertrag vor Lieferung z. B. an eine Mühle zu verkaufen, die sich dadurch einen bestimmten Kaufpreis für das Getreide sichern will. Welchen Preis sie zu zahlen bereit ist, hängt wiederum davon ab, wie sie die Marktentwicklung in den folgenden Monaten und Wochen einschätzt.

Dies einfache Beispiel weist auf die wesentlichen Aspekte der Spekulation hin: Der Bauer überträgt das Risiko auf den Händler. Der Händler aber ist bereit, bei entsprechenden Renditeerwartungen das Risiko zu übernehmen, dass er aufgrund seiner Marktkenntnisse als relativ gering einschätzt. Schließlich wird aber auch deutlich, dass der Anspruch auf die Lieferung verkauft werden kann.

Termingeschäfte von der hier beispielhaft dargestellten Art sind der Ursprung moderner Warentermingeschäfte. Gegenstand von Warentermingeschäften sind aber nicht nur Getreide, sondern auch Erdöl, Kupfer, Zinn und andere Rohstoffe. Der Motor, der die Warentermingeschäfte antreibt, sind Erwartungen an Markt- und Preisentwicklungen. Man kann sagen, dass nicht mehr die Ware selbst, sondern Erwartungen gehandelt werden. Es ist deshalb nicht erforderlich, dass die Ware gehandelt wird; gehandelt werden die Papiere, die den Anspruch an die Warenlieferung letztlich begründen. Die auf diesen Papieren beruhende Anspruchsberechtigung bezieht sich auf einen grundlegenden Wert, den Basiswert; sie werden deshalb auch als **Derivate**[1] bezeichnet. Kennzeichen von Derivaten ist die Abhängigkeit ihrer Preise (Kurse) von dem zu Grunde liegenden Basiswert.

Derivate können an Börsen, z. B. an Warenterminbörsen, gehandelt werden. Diese Termingeschäfte werden auch als **Futures** oder als Terminkontrakte bezeichnet.

Futures liegen standardisierte Vertragspunkte zu Grunde; dadurch werden sie eindeutig definiert. Die Standardisierung betrifft u. a. die Liefermenge, die Qualität, die Preisangabe, die sich immer auf die zu Grunde liegende Maßeinheit beziehen muss. Die eindeutige Definition des Future-Kontrakts gibt den Marktteilnehmern erhebliche Sicherheit.

Nur sehr wenige Futures-Geschäfte werden durch Realtausch abgewickelt. Die meisten Kontrakte werden vor Fälligkeit verkauft bzw. gekauft; dadurch werden sie glattgestellt.

Futures werden häufig genutzt, um das Risiko im Zusammenhang mit den Preisentwicklungen zu verringern. Hier zeigt sich auch ihr spekulativer Charakter; der Verkäufer will sich evtl. vor Kursverfall absichern, der Käufer aber ist bereit, wegen der erwarteten Kurssteigerungen das relativ gering eingeschätzte Risiko zu übernehmen.

Das Interesse an Futures-Werten nimmt ständig zu. Das Handelsvolumen an den Börsen ist erheblich gestiegen. Die Kurswerte der Futures steigen ständig. Ob die Kurswerte realistische Signale setzen, kann bezweifelt werden. Steigende Preise bzw. Kurse müssten eigentlich die Knappheit des zu Grunde liegenden Rohstoffs und den Abbau von Vorräten signalisieren. Das trifft zumindest nicht immer zu. So wird z. B. berichtet, dass der Preis für Baumwolle gestiegen ist; aber die Lager mit der Ernte des vergangenen Jahres noch voll sind.

Der Markt für Futures funktioniert optimal; durch die – spekulativ begründeten – steigenden Nachfragen nach Futures-Werten steigen auch die Kurse. Aber diese Preise signalisieren höchst unzulänglich die Bedingungen für den Realtausch. Man kann sagen, dass z. B. der Preis für Benzin wegen der Knappheit des Rohöls steigt und weiterhin wohl steigen wird, dass er aber ohne den Spekulationsboom nicht die derzeitige Höhe (2008) hätte.

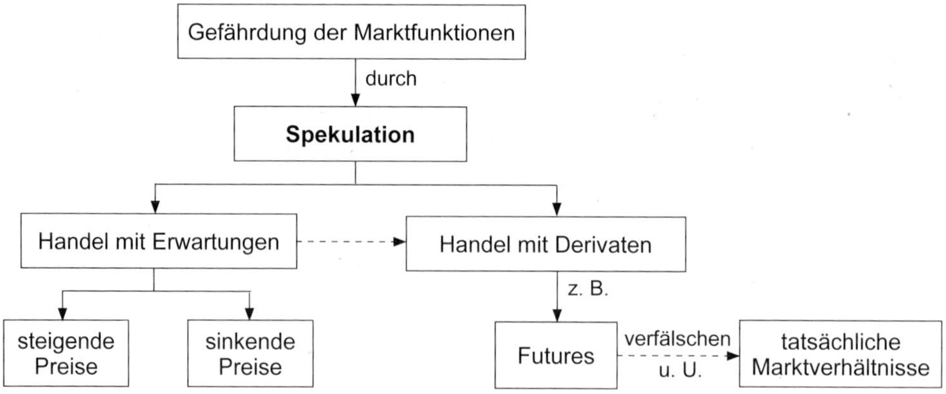

[1] Dem Begriff liegt das lateinische Verb derivare (= ableiten) zu Grunde.

7. Die Koordination der einzelwirtschaftlichen Pläne – Die Wirschaftsordnung

Friedhelm Bohlsens Vater hatte nach der Lehre in einem großen Kolonialwarengeschäft in Lübeck und nach der Tätigkeit als „junger Mann" bei einem führenden Feinkosthändler in Hamburg 1935 in Ostholm ein Lebensmittelgeschäft übernehmen, modernisieren und erweitern können. Sein unternehmerischer Elan war zwar bald durch die zunehmende staatliche Reglementierung aller Bereiche der Wirtschaft (also auch des Handels) gedämpft und seine kaufmännische Tätigkeit auf die Verteilung rationierter Waren mittels Lebensmittelkarten und Bezugscheinen reduziert worden. Doch hatte er bis zu seiner Einberufung zur Wehrmacht 1942 das Geschäft relativ erfolgreich führen und einen Kundenstamm an den Laden binden können, der dann von seiner Frau Emma während der folgenden Kriegsjahre betreut worden war.

So fand Bohlsen sen., als er im Spätsommer 1945 aus der Kriegsgefangenschaft entlassen wurde und nach Ostholm zurückkehrte, ein funktionierendes Geschäft vor, in dem in bekannter Weise rationierte Ware „auf Marken" zu fast den gleichen Preisen wie vor seiner Einberufung verkauft wurde. Da aber die Behörden ein wegen der Kriegsfolgen erheblich verringertes Produktionsergebnis auf mehr Menschen verteilen mussten, waren die Rationen kleiner geworden. Einem sog. Normalverbraucher standen 1946 laut Plan pro Tag zu: 40 g Fleisch, 13 g Fett, 300 g Brot, 24 g Zucker, 400 g Kartoffeln, 44 g Magermilch, 5 g Kaffee-Ersatz, 43 g Hülsenfrüchte[1]. Der Kunde legte seinem Kaufmann (Herrn Bohlsen) seine Lebensmittelkarten vor, die in Abschnitten mit unterschiedlichen Mengenangaben (z. B. 50 g Fett, 100 g Zucker u. Ä.) seine Zuteilung für einen bestimmten Zeitraum enthielt. Herr Bohlsen schnitt aus der Karte die entsprechende Marke (z. B. 50 g Fett) aus und händigte seinem Kunden die Ware (z. B. 50 g Margarine) gegen Bezahlung des offiziellen Preises aus. Die Marken für eine Dekade (10 Tage) sammelte er, klebte sie nach Warenarten geordnet in Bögen, die er gegen Bezugscheine beim Wirtschaftsamt eintauschte. Diese Scheine berechtigten ihn zum Bezug der Ware beim Großhändler, dieser konnte dafür wieder Ware z. B. beim Hersteller beziehen, der schließlich daraus wieder einen entsprechenden Anspruch auf z. B. Rohstoffe für die Produktion hatte. Dieses gut durchdachte, von den Nazis übernommene planwirtschaftliche Verteilungssystem berechtigte also nur den zum Bezug von Waren oder Rohstoffen, der Waren oder Produkte auch gegen Bezugschein (oder Karte) weitergab. Durch Verkauf seiner Produkte auf Bezugschein erhielt also der Unternehmer das Bezugsrecht auf Rohstoffe für die Produktion, damit kanalisierte das Bezugsrecht Art und Umfang der Produktion. Dieses System konnte nur durch Kontrollen und Sanktionen aufrechterhalten werden und funktionierte tatsächlich nur in den Kriegsjahren wegen der äußerst harten Strafen bei Wirtschaftsvergehen. Jetzt – nach dem Krieg – waren die Bestrafungen weniger hart. Frau Bohlsen, die angezeigt worden war, einer Kundin bereits Fett, Zucker und Mehl auf Marken der nächsten Dekade verkauft zu haben, kam mit einer Verwarnung und der Androhung einer Geldstrafe im Wiederholungsfall davon.

---

[1] *Quelle: G. Stolper u. a., Deutsche Wirtschaft seit 1870, Tübingen 1964, S. 235*

Das relativ geringe Risiko begünstigte den schwarzen Markt. Die Versorgung der Bevölkerung wurde immer schlechter; Obst, Bohnenkaffe, Tee, Schokolade u. a. gab es nicht, notwendige Lebensmittel nur in den verordneten, äußerst geringen Rationen. Waren dieser Art ließen sich aber auf dem schwarzen Markt gegen hohe Bezahlung beschaffen. Viele Deutsche verfügten wegen des kriegsbedingten „Zwangssparens" über erhebliche Spareinlagen und damit über die nötigen Mittel, auf dem schwarzen Markt nachzufragen. Mit dem Anstieg der Preise auf diesen Märkten schwand das Vertrauen in die offizielle Währung, sodass sich eine Ersatzwährung, die „Zigarettenwährung" (Zigaretten als allgemein anerkanntes Tauschmittel), etablieren konnte. Neben den inoffiziellen und verbotenen schwarzen Märkten existierten organisierte Tauschmärkte, Tauschzentralen, mit deren Hilfe man Güter gegen Güter, z. B. Tennisschläger gegen Elektrokocher, Blockflöte gegen Essbesteck, tauschen konnte. Hier gelang es Bohlsen sen., sein Akkordeon gegen vier Wohnzimmerfenster als Ersatz für seine durch Kriegseinwirkungen zertrümmerten Schaufenster zu tauschen, wodurch einerseits das Ladenlokal endlich mehr Tageslicht erhielt, andererseits Herr Bohlsen aber gezwungen war, den Schaufensterkasten zu dekorieren mit überdimensionierten Milchdosenattrappen von Libby, imitierten Würsten und mit Tee-, Kaffee- und Tabakpäckchen, die er mit Torfmull gefüllt hatte: Ausdruck der besonderen Dürftigkeit der Versorgung durch die Unzulänglichkeit einer planwirtschaftlichen Ordnung.

Mit der Neuordnung der Währung 1948 und der danach einsetzenden allmählichen Befreiung der Wirtschaft von staatlicher Bevormundung begann eine Änderung der Probleme. Die Zulassung einer marktwirtschaftlichen Ordnung, des freien Zusammenspiels von Angebot und Nachfrage auf einigen, später auf fast allen Märkten, führte zur Erhöhung der Produktion und des Einkommens, zur Verbesserung der Versorgung und zu einem allmählichen Anstieg der Beschäftigung. Unternehmerische Initiative und Arbeit begannen sich wieder zu lohnen. Mit dem Geld, das bei der Erstellung von Leistungen verdient wurde, konnte man diese Leistungen auch wieder kaufen. Und dies zu angemessenen Preisen und ohne Bezugsscheine oder Karten. Die Nachfrage der privaten Haushalte zielte zunächst auf den Bereich mit dem dringendsten Nachholbedarf, auf Nahrungs- und Genussmittel. Das Angebot kam dieser Nachfrage erstaunlich schnell und in großem Umfang nach.

Auch Herr Bohlsen sen. konnte sein Geschäft mit den begehrten Waren ausstatten und sein Sortiment den Kundenwünschen in den folgenden Jahren anpassen. Es trat – trotz gewisser Engpässe – eine spürbare Verbesserung der Versorgung ein. Ohne Bezugsscheine, ohne Beziehungen, ohne Tauschgüter konnte man bald wieder alle Produkte kaufen. So war es Herrn Bohlsen endlich möglich, die Schaufensterscheiben zu ersetzen und den Laden mit Einrichtungsgegenständen zur Bedienungserleichterung und zur Warenpräsentation zu versehen, um so das Geschäft für die Kunden attraktiver zu machen.

Denn Kunden mussten nun umworben werden. Zunehmende Konkurrenz im Lebensmitteleinzelhandel zwangen Herrn Bohlsen bald, sich den strengen Bedingungen des Wettbewerbs in einem typischen Käufermarkt anzupassen, teilweise Selbstbedienung einzuführen und sich schließlich der Kette A & O anzuschließen.

Es bleibt noch anzumerken, dass Herr Bohlsen sen. bereits 1970 einem Herzinfarkt erlag und dass sich für das Lebensmittelgeschäft keine Nachfolge ergab. In dem Ladenlokal befindet sich heute ein Billard-Café. Den Bedarf an Lebensmitteln decken die Verbraucher vorwiegend in einem SB-Markt, der sich am Stadtrand niedergelassen hat.

Die Darstellung zeigt exemplarisch, dass das Handeln von Wirtschaftssubjekten, nämlich die Bedürfnisse mit den knappen Mitteln in Einklang zu bringen, im Rahmen gesetzter Bedingungen abläuft. Dieser Rahmen soll gemäß bestimmter Ziele, mit entsprechenden gesetzlichen Vorschriften und den zur Durchsetzung notwendigen Institutionen das Ausmaß und die Richtung der Produktion, des Konsums und der Verteilung organisieren. Ein derartiger Bedingungsrahmen wird durch die Wirtschaftsordnung definiert. Die Beschreibung deutet **zwei Wirtschaftsordnungen** an:

1. Die im 3. Reich begründete und wesentlich von der Kriegswirtschaft bestimmte **Planwirtschaft**, die die Alliierten nach dem Krieg übernehmen. Sie ist gekennzeichnet von staatlichen Vorschriften für Produktion und Verteilung des Produktionsergebnisses, durch Kontrollen und Strafen zur Durchsetzung der Vorschriften.

2. Die mit der Währungsreform 1948 beginnende **am Markt orientierte Wirtschaft**, bei der staatliche Reglementierung unterbleibt. Die Unternehmen produzieren das, was die Nachfrager kaufen wollen, und zwar zu kostengünstigen Bedingungen, damit sie im Wettbewerb bestehen können.

7.1 Die Wirtschaftsordnung

Die **Wirtschaftsordnung** definiert den Bedingungsrahmen, in dem das Wirtschaftsgeschehen tatsächlich ablaufen soll. Sie **gibt** damit auch **an, wie die Pläne von Haushalten und Unternehmen aufeinander abgestimmt werden**, wie die Unternehmen erfahren, was und wie viel sie produzieren, welche Produktionsfaktoren sie in welchem Umfang dazu nutzen, wie viel die Haushalte schließlich von dem Produktionsergebnis erhalten.

Die Wirtschaftsordnung muss also Antworten auf die grundsätzlichen Fragen jeder arbeitsteiligen Volkswirtschaft geben:

1. **Was** und **wie viel** soll **produziert** werden? (Bestimmung des Produktionsziels),

2. **Mit welchen Produktionsfaktoren**, mit welcher Kombination soll produziert werden? (Anordnung der Produktionsfaktoren),

3. **Wer soll was** und **wie viel** vom Produktionsergebnis **erhalten**? (Verteilung des Produktionsergebnisses).

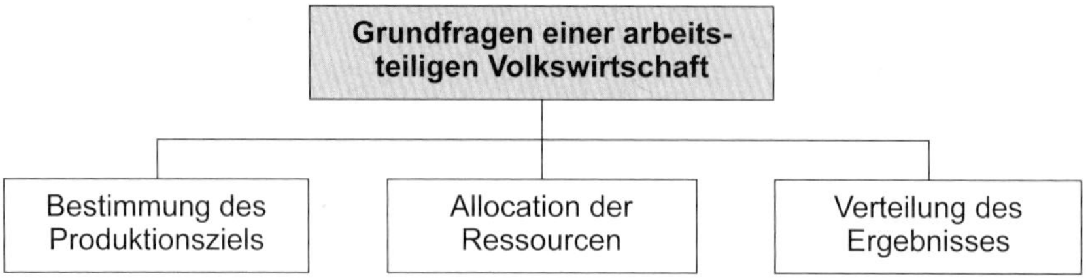

Die Koordination der einzelwirtschaftlichen Pläne geschieht durch die **Koordinationsmechanismen Markt und Plan**. Wie das Einführungsbeispiel zeigt, wird eine Wirtschaftsordnung dadurch gekennzeichnet, welcher Mechanismus im konkreten Fall die Regelung übernimmt. So besteht die Wirtschaftsordnung der ersten Nachkriegsjahre fast als vollständige Planwirtschaft, weil Pläne das Produktionsziel, die Anordnung der Produktionsfaktoren und die Verteilung in fast allen Bereichen bestimmen. Die Wirtschaftsordnung nach der Währungsreform ist eher als Marktwirtschaft zu bezeichnen, weil – mit einigen Einschränkungen – über den Markt bestimmt wird, was Unternehmen produzieren, ob sie mehr menschliche Arbeitskraft oder mehr Kapitalgüter einsetzen und wer schließlich wie viele Anteile der produzierten Güter kaufen kann.

Das Einführungsbeispiel zeigt auch, dass die Koordinationsmechanismen **Informations- und Sanktionssysteme** enthalten. So informiert das rückwärts schreitende Bezugsrecht in der Planwirtschaft nach dem Krieg die Unternehmen, was, wie viel und womit sie zu produzieren haben. Wer diese Informationen nicht oder falsch aufnimmt, wird bestraft, d. h. negativ sanktioniert. In einer marktwirtschaftlichen Ordnung erhalten die Produzenten die erforderlichen Informationen vom Markt, die Nachfrager bestimmen (mit Einschränkungen) letztlich, was produziert wird. Nehmen die Produzenten die Informationen richtig auf, werden sie belohnt (positiv sanktioniert), z. B. durch Gewinne; im anderen Fall werden sie negativ sanktioniert, sie haben Verluste. (Es ist relativ leicht einzusehen, dass Informationen und Sanktionen auch die Pläne privater Haushalte lenken).

Neben dem Koordinationsmechanismus ist das **Eigentum an Produktionsmitteln** eine Möglichkeit, reale Wirtschaftsordnungen zu charakterisieren. So beruhen marktwirtschaftliche Ordnungen fast immer auf dem privaten Eigentum an Produktionsmitteln, während sich in planwirtschaftlichen Ordnungen die Produktionsmittel häufig in staatlichem Eigentum befinden.

Reale Wirtschaftsordnungen lassen sich auch dadurch unterscheiden, in welchem Umfang sie freie Entscheidungen der Wirtschaftssubjekte zulassen. Kriterien sind z. B. der Umfang staatlicher Reglementierung, mit der unternehmerische Entscheidungen über Produktion, Investition, Standorte usw. beeinflusst werden, die Garantien für freie Wahl des Arbeitsplatzes, für Vertragsfreiheit, für freie Konsumentenentscheidungen usw. Eine Wirtschaftsordnung kann auch dadurch gekennzeichnet werden, welche Bedeutung sie dem **Ziel der sozialen Gerechtigkeit,** z. B. im Zusammenhang mit der Verteilung des Produktionsergebnisses, einräumt.

Keine Wirtschaftsordnung kommt ohne **gesetzliche Vorschriften und Institutionen** aus. Das gilt natürlich besonders für planwirtschaftliche Ordnungen, die einen umfangreichen bürokratischen Apparat erfordern. Pläne werden als Gesetze oder Verordnungen vorgegeben, ihre Anwendung durch Kontrollen, Bußgelder und Strafen geregelt. Aber auch marktwirtschaftliche Ordnungen müssen Regelungen treffen, damit der Koordinationsmechanismus „Markt" funktionieren kann, damit Freiheiten gesichert und soziale Gerechtigkeiten garantiert bleiben.

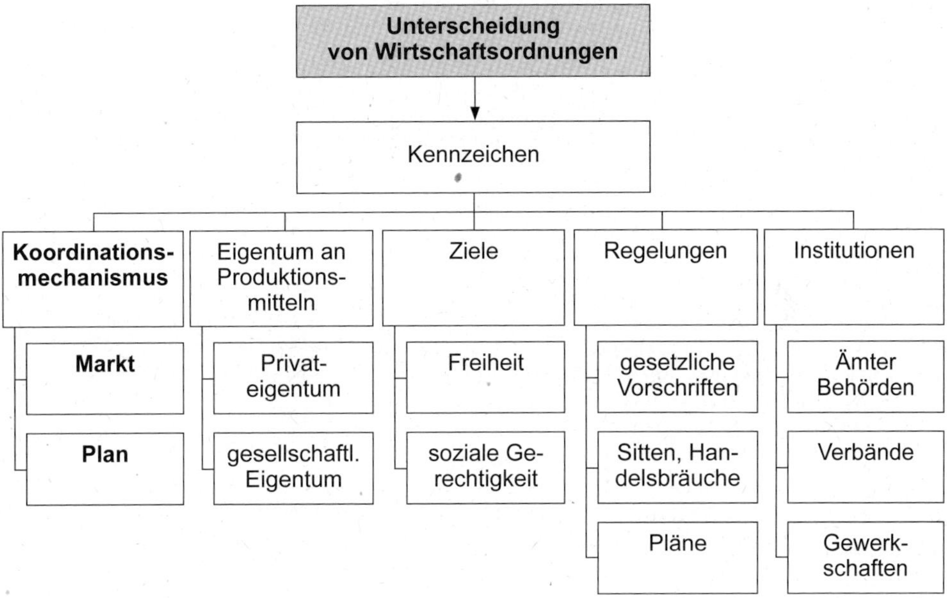

7.2 Wirtschaftssysteme

Wirtschaftsordnungen regulieren reales wirtschaftliches Geschehen, sie sind höchst komplex. Die Bestimmung ihrer Bestandteile und vor allem deren Ausgestaltung sind abhängig von zeittypischen Besonderheiten. **Wirtschaftssysteme** dagegen sind theoretische, in sich logische Gebilde. Sie geben **Wirtschaftsordnungen in reiner Form** an.

Man bezeichnet Modelle dieser Art als **Idealtypen**. Sie dienen in den Sozialwissenschaften der Begriffsbestimmung und der Erklärung realer Erscheinungsformen (**Realtypen**). In einem Idealtyp werden bestimmte Aspekte von Realtypen unter den „idealen" Annahmen eines theoretischen Modells, d. h. ohne zeittypische Besonderheiten und Zufälligkeiten, betrachtet und ihre Funktionen untersucht. Mit dem entwickelten Begriffsapparat und durch Vergleich mit dem Idealtyp können Realtypen beschrieben und analysiert werden. (Die herangezogenen Aspekte geben dem Idealtyp meistens auch seine Bezeichnung.)

Wirtschaftssysteme sind Idealtypen, Wirtschaftsordnungen sind Realtypen. In den Wirtschaftssystemen werden bestimmte Elemente der Wirtschaftsordnungen theoretisch betrachtet, Kausalzusammenhänge und Folgen von Veränderungen modellhaft untersucht und ein zur Beschreibung der Realtypen geeigneter Begriffsapparat entwickelt. Wenn die Koordinationsmechanismen Markt und Plan herangezogen werden, ergeben sich die beiden Wirtschaftssysteme **Marktwirtschaft** und **Planwirtschaft**. Durch den Vergleich mit den Wirtschaftssystemen können Wirtschaftsordnungen und ihre besonderen historischen, sozialen, rechtlichen Bedingungen analysiert und mithilfe des Begriffsapparates beschrieben und unterschieden werden.

Dadurch wird auch eine Bildung von Kategorien möglich; Kategorien können z. B. markt- und planwirtschaftliche Ordnungen sein. Der Kategorie „marktwirtschaftliche Ordnungen" werden die Wirtschaftsordnungen zugeordnet, in denen der Markt die einzelwirtschaftlichen Pläne koordiniert, der Kategorie „planwirtschaftliche Ordnungen" entsprechend alle Wirtschaftsordnungen mit dem Koordinationsmechanismus „zentraler Plan".

Innerhalb der Kategorien können die Wirtschaftsordnungen danach eingeteilt werden, in welchem Umfang der jeweilige Mechanismus die einzelwirtschaftlichen Pläne koordiniert. So gehören z. B. die Wirtschaftsordnungen von Großbritannien und Deutschland in die Kategorie „marktwirtschaftliche Ordnungen", aber in Deutschland greift der Staat stärker regulierend und korrigierend in das Marktgeschehen ein. In die Kategorie „planwirtschaftliche Ordnungen" gehörten vor 1989 die Wirtschaftsordnungen von Russland und der DDR, aber die Regulierungen durch den zentralen Plan waren in Russland umfangreicher als in der DDR.

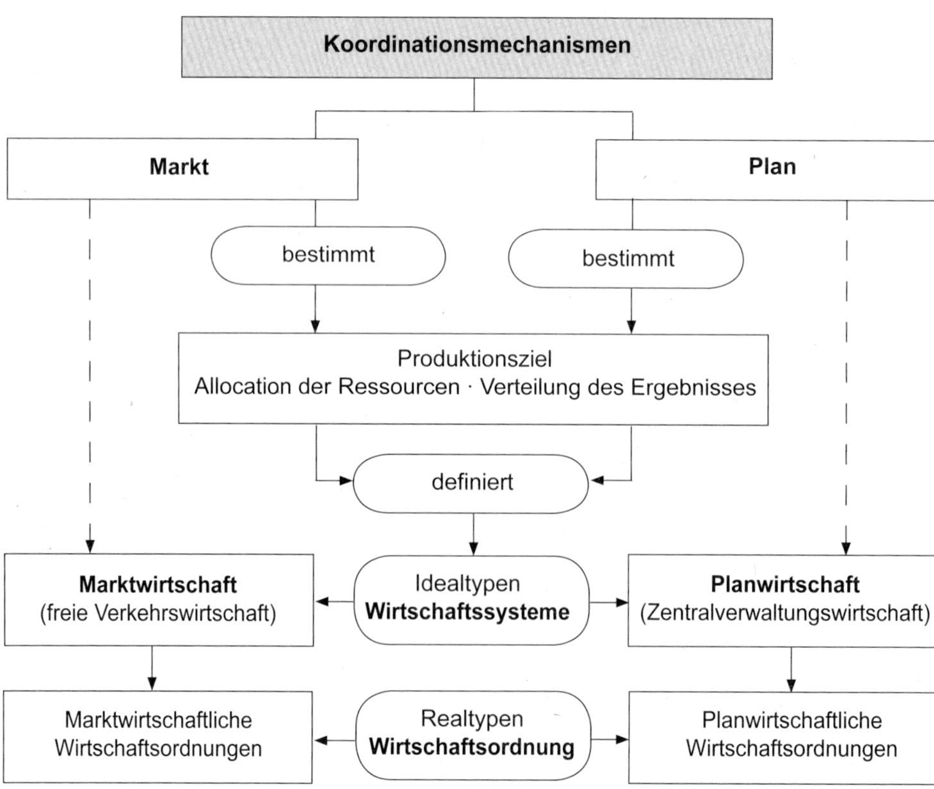

7.3 Die freie Marktwirtschaft

Das Konzept der freien Marktwirtschaft beruht auf den Ideen des klassischen Liberalismus, dessen bedeutendster Vertreter, *Adam Smith*, in seinem Buch *„Wohlstand der Nationen"* 1776 davon ausging, dass der Einzelne seine Interessen am besten kenne und sie deshalb auch am besten selbst wahrnehmen könne. Er schloss, dass die Wahrnehmung des Eigeninteresses auch dem Gesamtinteresse, dem Wohlstand der Nation, zugute käme.

Die selbstverantwortliche Tätigkeit des Einzelnen und seine wirtschaftliche Handlungsfreiheit (freie Verfügungsgewalt über Produktionsmittel und Konsumfreiheit) stehen im Vordergrund des Konzepts; der Staat soll nicht wesentlich in das wirtschaftliche Geschehen eingreifen („Nachtwächterstaat").

In der Marktwirtschaft werden die Pläne der Einzelwirtschaften durch den „freien" Markt koordiniert. Grundlage des Systems ist das Privateigentum an den Produktionsmitteln.

Der Markt ist der fiktive Ort, an dem die Nachfrage nach einem Gut mit dem Angebot des gleichen Gutes zusammentrifft. Die Gesamtnachfrage auf dem Markt ergibt sich aus allen individuellen Nachfragen nach dem Gut, das Gesamtangebot ist entsprechend die Summe aus allen individuellen Angeboten. Auf einem Konsumgütermarkt sind die privaten Haushalte im Allgemeinen die Nachfrager und die Unternehmen, die die entsprechenden Güter produzieren und bereitstellen, die Anbieter. Auf einem Rohstoffmarkt sind Unternehmen Anbieter und Nachfrager; auf dem Arbeitsmarkt treten die privaten Haushalte als Anbieter und Unternehmen als Nachfrager des Produktionsfaktors Arbeit auf.

Im Allgemeinen kann man annehmen, dass die Nachfrage nach einem Gut steigt, wenn dessen Preis sinkt, und die Nachfrage zurückgeht, wenn der Preis steigt. Abb. 7.1 stellt diesen Zusammenhang grafisch dar; in einem Koordinatenkreuz werden auf der Waagerechten die Menge (x) und auf der Senkrechten der Preis (p) angegeben. Es ergibt sich eine Kurve, die sog. Nachfragekurve, die typischerweise einen fallenden Verlauf aufweist. Im Allgemeinen kann davon ausgegangen werden, dass Unternehmen die Angebotsmenge ausdehnen, wenn der Preis steigt. Der gestiegene Preis deckt auch die Kosten weiterer Unternehmen, die nach dem Preisanstieg mit zusätzlichen Mengen auf den Markt kommen. Deshalb gilt für das Gesamtangebot: Bei steigendem Preis steigt die Angebotsmenge, bei sinkendem Preis nimmt sie ab. Die Angebotskurve muss also einen steigenden Verlauf aufweisen (vgl. Abb. 7.2).

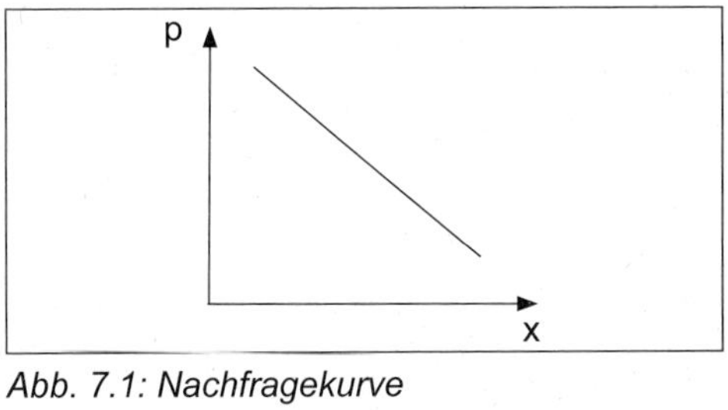

Abb. 7.1: Nachfragekurve

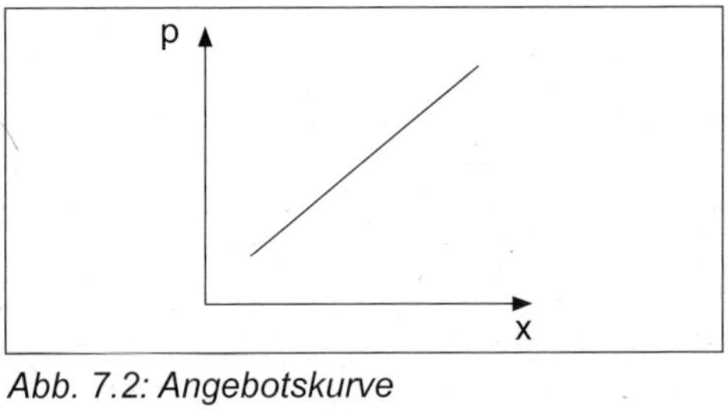

Abb. 7.2: Angebotskurve

Bei der grafischen Darstellung des Marktes werden die Angebotskurve und die Nachfragekurve zusammengefügt (vgl. Abb. 7.3). Im Schnittpunkt der beiden Kurven ergibt sich eine Gleichgewichtssituation, die durch einen bestimmten Preis, den sog. Gleichgewichtspreis, und eine bestimmte Menge, die sog. Gleichgewichtsmenge, definiert wird. In dieser Gleichgewichtssituation wollen die Nachfrager bei dem Gleichgewichtspreis die Menge kaufen, die die Unternehmen bei diesem Preis anbieten wollen und können.

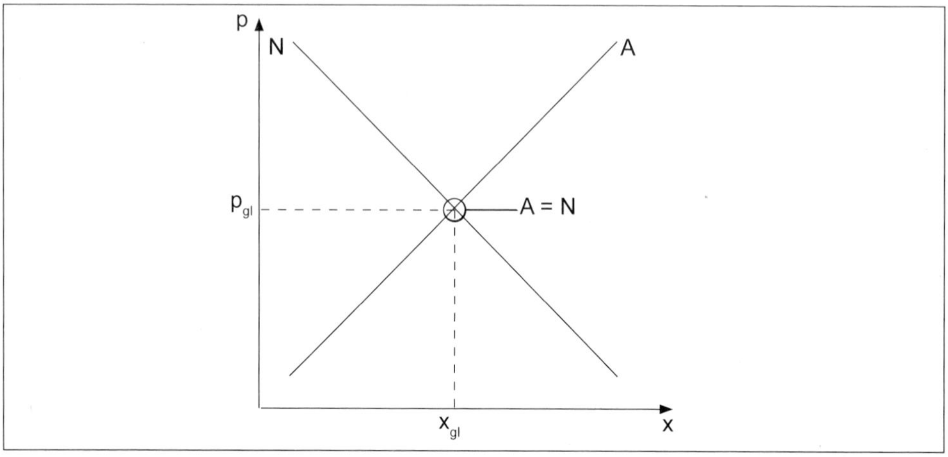

Abb. 7.3: Markt (Gleichgewicht)

Wenn die Nachfrage ausgedehnt wird (vgl. Abb. 7.4), verschiebt sich die Nachfragekurve nach rechts. Unter den angenommen modellhaften Bedingungen ergibt sich ein neues Gleichgewicht: bei gestiegenem Preis wird mehr angeboten. Wenn dagegen die Nachfrage eingeschränkt wird, passen die Anbieter die Angebotsmenge den neuen Bedingungen an (vgl. Abb. 7.5).

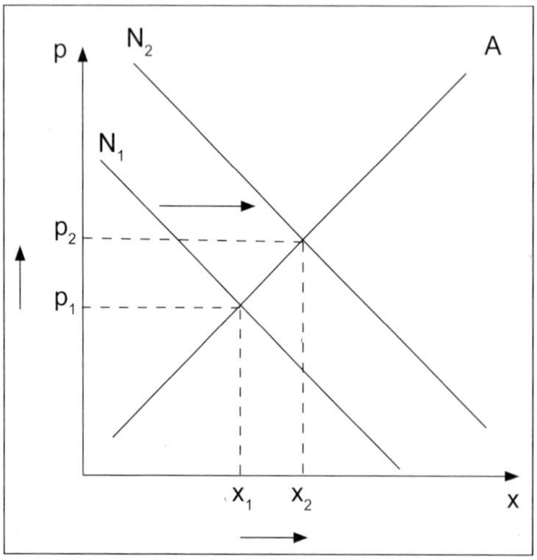

Abb. 7.4: Ausdehnung der Nachfrage

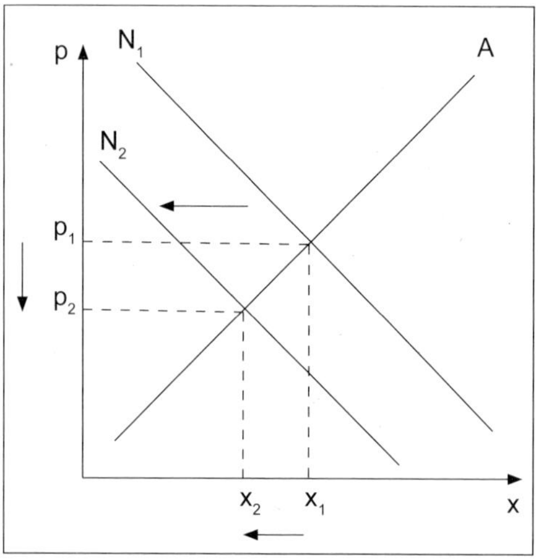

Abb. 7.5: Einschränkung der Nachfrage

Diese einfachen Beispiele zeigen die Bedeutung von **Information** und **Sanktion** durch den Markt. Der Markt informiert die Anbieter über verändertes Nachfrageverhalten, sie passen sich an, dehnen z. B. die Menge aus, und werden so vom Markt positiv sanktioniert, d. h. können mehr verkaufen und ihren Gewinn steigern (vgl. Abb. 7.4). Wenn die Anbieter vom Markt die Information erhalten, dass z. B. aufgrund modischer Entwicklungen die Nachfrage nach einem Gut zurückgeht, werden sie im Allgemeinen die Produktion dieses Gutes und damit das Angebot einschränken; wenn sie aber die Information nicht erkennen oder falsch interpretieren, werden sie das Gut weiter produzieren; da sie es aber nicht mehr verkaufen können, müssen sie es auf Lager nehmen oder erheblich unter den Herstellungskosten verkaufen, in jedem Fall haben sie Verluste, d. h. der Markt hat sie negativ sanktioniert.

Positive Sanktionen in einer Marktwirtschaft sind Gewinne, zusätzliche Marktanteile, höhere Absatzmengen, steigender Umsatz usw. Negative Sanktionen sind z. B. Verluste, Umsatzrückgang, Verlust von Marktanteilen.

Der Markt kann die Informations- und Sanktionsfunktion nur dann vollkommen wahrnehmen, wenn die folgenden Voraussetzungen erfüllt werden.

- Die Produzenten verfolgen das Ziel der Gewinnmaximierung, die Haushalte das der Nutzenmaximierung, d. h. Anbieter und Nachfrager handeln nach dem ökonomischen Prinzip.
- Die Zugänge zum Markt dürfen nicht behindert werden.
- Der Markt muss für die Marktteilnehmer überschaubar sein, d. h. Markttransparenz muss vorliegen. Die Nachfrager müssen sich über Preise, Qualitäten usw., die Anbieter über Marktbedingungen, Mitbewerber usw. informieren können.
- Die Marktteilnehmer dürfen weder sachliche noch persönliche Präferenzen haben. Ein Käufer sollte z. B. einem Produkt, einer Marke, einem Geschäft nur aus ökonomischen Gründen den Vorzug vor anderen geben.
- Die Marktteilnehmer müssen sich den Marktbedingungen und ihren Veränderungen schnell anpassen können.

Diese theoretischen **Voraussetzungen für den sog. vollkommenen Markt** werden meistens nicht vollständig erfüllt. Unvollkommene Märkte sind deshalb häufiger als vollkommene. Vor allem fehlt häufig die Markttransparenz oder es bestehen Präferenzen, z. B. für bestimmte Marken.

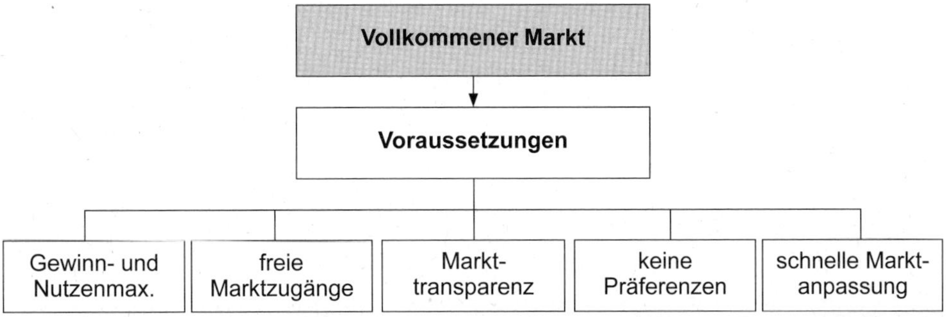

In einer Marktwirtschaft wird also letztlich über den Markt entschieden,

- was und wie viel produziert wird (Bestimmung des Produktionsziels),
- wie produziert wird (Allocation der Ressourcen),
- für wen produziert wird (Verteilung des Ergebnisses).

Das **Produktionsziel** wird durch die Nachfrage bestimmt (Konsumentensouveränität). Weiten z. B. auf einem Markt für ein Konsumgut die privaten Haushalte die Nachfrage aus, erhöhen die Unternehmer wegen der gestiegenen Gewinnchancen die Angebotsmenge. Bietet ein Unternehmen ein Gut an, das die privaten Haushalte nicht kaufen wollen, muss er es vom Markt nehmen.

Die **Allocation der Ressourcen** ist von der Situation auf den Faktormärkten abhängig. Die Wahl der Produktionsfaktoren wird von den Kosten bestimmt; Faktorkosten sind die Preise für die Faktoren, die sich auf den Märkten ergeben. Die Höhe von Löhnen und Zinsen entscheidet u. a. darüber, ob ein Unternehmen den Produktionsfaktor Arbeit durch den Produktionsfaktor Kapital substituiert.

Die **Verteilung des Ergebnisses** ist abhängig vom Markt. Produkte kann nur kaufen, wer aus dem Verkauf von Produktionsfaktoren Einkommen bezogen hat. Wer also z. B. arbeitet, kann Produkte kaufen. Wer den Produktionsfaktor Arbeit besonders günstig verkaufen kann, weil er z. B. entsprechende Informationen des Arbeitsmarktes richtig aufgenommen und sich nachfragegerecht qualifiziert hat, wird vom Markt positiv sanktioniert: Er erhält ein höheres Einkommen und kann darum auch mehr Produkte kaufen. Wer nicht arbeitet, hat auch keinen Anspruch auf einen Anteil des Produkts. Ein Kapitaleigner, der den Produktionsfaktor Kapital marktgerecht anlegt, kann mit Gewinnanteilen rechnen. Ein Unternehmer, der nicht marktgerecht investiert, hat keinen Gewinn. Für den einen entstehen also Ansprüche an das Produktionsergebnis, für den anderen nicht.

Das wesentliche Element der Marktwirtschaft ist ein funktionsfähiger Wettbewerb. Der Wettbewerb der Marktteilnehmer untereinander hat erhebliche **Vorteile**. Der Wettbewerb zwingt Unternehmer, ihre Produkte billiger anzubieten als die Mitbewerber; das gelingt im Allgemeinen nur durch die Einführung kostengünstiger und besserer Produktionsverfahren. Diese Funktion des Wettbewerbs trägt auch zur Stabilität des allgemeinen Preisniveaus bei. Zur Verbesserung ihrer Marktchancen müssen Unternehmen neue Produkte und bessere Qualitäten anbieten. Der funktionsfähige Wettbewerb führt also zur **Innovation von Produktionsprozessen und Produkten**.

Die Unternehmen erhalten durch die Innovation bei entsprechendem Absatz höhere Gewinne („Pioniergewinne“). Bei funktionierendem Wettbewerb werden diese aber wieder abgebaut, weil „Nachahmer“ auf den Markt drängen, und das zusätzliche Angebot auf den Preis drückt. So verhindert Wettbewerb auch, dass ein Unternehmen auf Dauer wirtschaftliche Macht aufbauen kann (**Abbau wirtschaftlicher Macht**).

Der funktionsfähige Wettbewerb lenkt über das Informations- und Sanktionssystem der Faktorenmärkte die Produktionsfaktoren an die Orte, an denen sie am günstigsten eingesetzt werden können. Wenn z. B. in Hamburg aufgrund der Baukonjunktur bestimmte Baufacharbeiter knapp und darum teuer werden, kann die entsprechende Information arbeitslose Arbeiter in Nordfriesland dazu bewegen, Arbeit in Hamburg aufzunehmen. Der Faktor Arbeit wird also dahin gelenkt, wo er benötigt wird. Das zusätzliche Arbeitsangebot in Hamburg kann dazu führen, dass übertarifliche Entlohnung entfällt und die Arbeitskosten der Unternehmen sinken. Die **Lenkung der Produktionsfaktoren** ist also nachfrage- und kostengerecht.

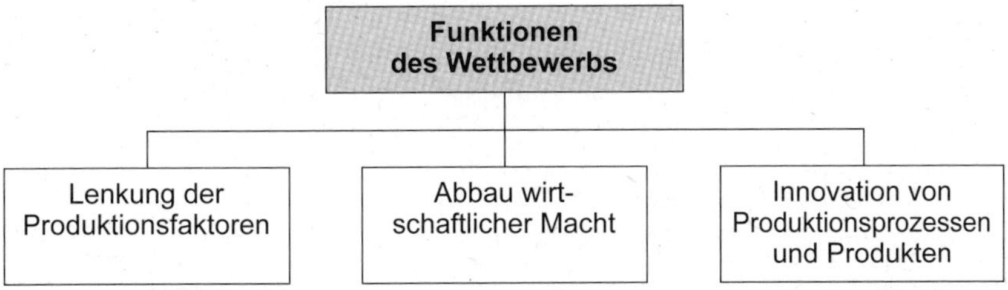

Die **Kritik** an einer freien **Marktwirtschaft** hat u. a. folgende Ansätze:

- Wenn die Nachfrage der Haushalte, die über hohe Einkommen verfügen, zu Preissteigerungen für wichtige Konsumgüter führt, können ärmere Haushalte diese Güter nicht mehr kaufen. Der Markt wirkt hier unsozial.

- Die Unternehmen produzieren nur Güter, wenn entsprechende Gewinnerwartungen bestehen. Bestimmte öffentliche Güter (z. B. Sicherheit, Infrastruktur, Straßenbeleuchtung) werden deshalb nicht oder nicht in ausreichendem Maß produziert.

- Unternehmen benutzen freie Güter (z. B. Luft) unentgeltlich bei der Produktion. Ihnen entstehen keine Kosten, wohl aber der Gesellschaft wegen der Folgen (z. B. Luftverschmutzung).

- Wer nicht arbeiten kann, erhält – außer über Almosen – kein Einkommen. Arbeitnehmer mit geringer, häufig vorkommender Qualifikation erhalten nur geringe Entlohnung, mit der sie ihren Lebensunterhalt gerade finanzieren können. Ihre Möglichkeiten, sich durch zusätzliche Qualifizierung bessere Marktchancen zu schaffen, sind dadurch sehr eingeschränkt. Die Bildung von Vermögen ist ihnen unmöglich. Diese Vorgänge fördern die Ungleichheit der Verteilung von Einkommen und Vermögen.

- Der freie Wettbewerb als Grundlage der freien Marktwirtschaft stellt sich nicht automatisch ein, er ist nicht naturgegeben. Unternehmer können z. B. Preise absprechen oder sich zusammenschließen, sodass der Wettbewerb behindert wird.

- Das System ist krisenanfällig. Es kommt zu regelmäßigen Konjunktureinbrüchen.

7.4 Die soziale Marktwirtschaft

7.4.1 Einleitung

Die Wirtschaftsordnung der Bundesrepublik Deutschland wird als soziale Marktwirtschaft bezeichnet. Der Name ist Programm: „Marktwirtschaft" besagt, dass die einzelwirtschaftlichen Pläne grundsätzlich durch Märkte, d. h. durch Angebot und Nachfrage, gelenkt werden sollen; die staatliche Wirtschaftspolitik hat vor allem dafür zu sorgen, dass die Märkte die Lenkungsaufgabe auch wahrnehmen können. Die Beifügung „sozial" deutet darauf hin, dass die staatliche Wirtschaftspolitik aus sozialen Gründen in das Marktgeschehen eingreifen und ungerechte Marktlösungen korrigieren soll.

Müller-Armack, der Staatssekretär *Ludwig Erhards*, hat die soziale Marktwirtschaft definiert als eine „ordnungspolitische Idee, deren Ziel es ist, auf der Basis der Wettbewerbswirtschaft die freie Initiative mit einem gerade durch die marktwirtschaftliche Leistung gesicherten sozialen Fortschritt zu verbinden".

Die Grundidee beruht einerseits auf der Kritik an der „klassischen" Auffassung einer freien Marktwirtschaft, andererseits bezieht sie Erfahrungen mit Planwirtschaften – vor allem mit der Wirtschaftsordnung des 3. Reiches – ein. Sie geht von der Überlegung aus, dass nur die Leistungsfähigkeit einer marktwirtschaftlichen Ordnung den sozialen Fortschritt sichern kann und dass die freie Initiative zu Gunsten des sozialen Fortschritts reguliert werden muss.

Zusammengefasst lassen sich folgende **Aspekte der sozialen Marktwirtschaft** aufzeigen.

1. Die Marktwirtschaft kann die Verbraucher optimal versorgen.
2. Die Marktwirtschaft kann wegen ihrer hohen Leistungsfähigkeit auch die Mittel für die soziale Sicherung bereitstellen.
3. Der Wettbewerb als Grundlage der Marktwirtschaft ist nicht naturgegeben, er muss vor Einschränkungen geschützt werden.
4. Der Markt kann bestimmte – vor allem soziale – Probleme nicht lösen, er muss also korrigiert werden.

7.4.2 Die deutsche Volkswirtschaft nach dem Zweiten Weltkrieg

Die Machthaber des Dritten Reiches hatten die Deutschen in einen entsetzlichen, verheerenden Krieg geführt; sein Ende bedeutete für Deutschland nicht nur eine politische, sondern auch eine wirtschaftliche Katastrophe. Die auch **wirtschaftlich bedeutsamen Folgen des Krieges** lassen sich folgendermaßen kurz umschreiben:[2]

[2] in Anlehnung an Henning, F.-W.: Das industrialisierte Deutschland 1914 bis 1978, Paderborn, 1979 (5. Auflage), S. 185 ff. und Stolper, Gustav u. a.: Deutsche Wirtschaft seit 1870, Tübingen, 1964, S. 203 ff.

- Deutschland musste etwa ein Viertel seiner Fläche abtreten.
- Das übrige Gebiet wurde in vier Besatzungszonen aufgeteilt, für die jeweils eine Siegermacht zuständig war. Es gab also eine amerikanische, eine britische, eine französische und eine russische Besatzungszone.
- Die Siegermächte verlangten Reparationsleistungen. Zur Abgeltung ihrer Forderungen demontierten sie in ihren Besatzungszonen Fabrikanlagen, Gleisanlagen u. dgl., beschlagnahmten Materialien und Anteile der laufenden Produktion.
- Die deutschen Auslandsvermögen wurden enteignet.
- Vertriebene aus den abgetrennten Gebieten, Flüchtlinge aus anderen osteuropäischen Gebieten und aus der russischen Besatzungszone strömten in die westlichen Besatzungszonen.
- Viele Städte waren zerbombt, Wohnraum war in erheblichem Umfang zerstört.
- Auch Fabriken, Hafenanlagen, Transporteinrichtungen usw. wurden durch Kriegseinwirkungen ganz oder teilweise zerstört.
- Etwa vier Millionen deutsche Soldaten waren gefallen, rund zwei Millionen Zivilpersonen waren durch die Bombardierung deutscher Städte oder auf der Flucht umgekommen. Viele deutsche Soldaten befanden sich in Kriegsgefangenschaft.

Bereits vor Kriegsende hatten sich Amerikaner und Engländer über einige Grundsätze für die Wirtschaftspolitik im besiegten und besetzten Deutschland geeinigt. Sie gingen auf den damaligen amerikanischen Finanzminister Morgenthau zurück. Der **Morgenthau-Plan** sah die Rückentwicklung Deutschlands zu einem Agrarstaat und die fast völlige Beseitigung der Industrieproduktion vor. Es setzte sich jedoch die Einsicht durch, dass bei seiner rigorosen Durchführung Deutschland auf lange Zeit von der Versorgung durch die Siegermächte abhängig sein würde. Der Morgenthau-Plan wurde deshalb außer Kraft gesetzt. Allerdings enthält der 1946 von den Besatzungsmächten beschlossene Industrieplan die ursprüngliche Absicht, die wirtschaftliche Kraft Deutschlands auf Dauer erheblich zu beschränken.

Der **Industrieplan** lief darauf hinaus, die deutsche Industrieproduktion in einigen Bereichen einzuschränken und in anderen zu verhindern. Das Verbot galt selbstverständlich für die Herstellung von Waffen, Munition u. dgl., aber auch für die Produktion von Traktoren, Werkzeugmaschinen, Kugellagern, die synthetische Gewinnung von Benzin, Gummi usw. Die Beschränkungen bezogen sich u. a. auf die Stahlindustrie, die nur noch maximal rd. 25 % der Produktionsmenge von 1938 herstellen durfte, auf die Werkzeugmaschinenindustrie (11 %), auf die Schuhindustrie (50 %), auf die Fahrzeugindustrie (40. 000 Pkw und 40.000 Lkw im Jahr).[3]

Die **Versorgung** der Bevölkerung stellte die Behörden unter diesen Bedingungen vor ungeheure Probleme. Lebensmittel, Textilien, Schuhe, Benzin, Kohle, Wohnraum usw. waren bewirtschaftet. **Bewirtschaftung** hieß Rationierung, d. h. die relativ geringen Produktionsmengen waren einigermaßen gerecht auf die Verbraucher zu verteilen. Das geschah mithilfe von Lebenmittelmarken und Bezugsscheinen. Auch die Versorgung

---

[3] nach Stolper, Gustav u. a.: Deutsche Wirtschaft seit 1870, Tübingen, 1964, S. 212

der Industrie mit Roh- und Hilfsstoffen, mit Energie usw. unterlag der Bewirtschaftung und damit dem Bezugscheinwesen. Dieses Verteilungssystem hatten die Nazis im Krieg eingeführt, die Besatzungsmächte übernahmen es ohne Änderungen.

Die folgende Tabelle (Tab. 7.1) kann die wirtschaftlichen Probleme der Nachkriegszeit verdeutlichen; verglichen werden Bevölkerungszahl, Erwerbstätigkeit und Wirtschaftsergebnisse vor und nach dem Zweiten Weltkrieg für das Gebiet der vier Besatzungszonen einschließlich Berlin (1936 einschließlich Saargebiet).

	1936	**1946**
Bevölkerung (in Millionen)	58,0	66,0
Erwerbspersonen (in Millionen)	29,0	26,5
Volkseinkommen (Mrd. €, Preise von 1936)	30,013	16,361
Index der industriellen Produktion (1936 = 100)	100,0	27,0
Brotgetreideernte (in Mio. t)	9,2	5,5
Kartoffelernte (in Mio. t)	36,0	22,0
Rindviehbestand (in Mio. Stück)	16,0	13,9
Schweinebestand (in Mio. Stück)	18,3	7,5
Güterbeförderung der Bahn (in Mio. t)	439,0	180,0
Nahrungsmittelverbrauch pro Person (in Kalorien je Tag)	3.113,0	1.729,0

Tab. 7.1: Wirtschaftsdaten im Vergleich 1936 und 1946 (Quelle: Stolper, Gustav u. a.: Deutsche Wirtschaft seit 1870, Tübingen, 1964, S. 236)

Viele Güter ließen sich häufig nur auf dem sog. **schwarzen Markt** auftreiben. Als schwarzen Markt bezeichnete man den inoffiziellen Markt, der neben dem offiziellen bestand; auf ihm galten weder die vorgeschriebenen Preise noch das Bezugscheinsystem. Angeboten und nachgefragt wurden auf dem schwarzen Markt z. B. Haushaltsgüter (Teppiche, Photoapparate, Uhren u. dgl.), Güter aus den Beständen der amerikanischen Besatzungsmacht (Kaffee, Tee, Schokolade, Zigaretten u. dgl.), Güter aus der laufenden Produktion, Güter, die aus der Bewirtschaftung herausgehalten werden konnten (bestimmte landwirtschaftliche Produkte), Nahrungs- und Genussmittel. Im Allgemeinen wurden Güter gegen Güter oder gegen das allgemein anerkannte Tauschmittel Zigaretten getauscht. Wer keine Tauschgüter oder keine Zigaretten zum Tauschen hatte, musste für die angebotenen Produkte horrende Preise in Reichsmark bezahlen.

7.4.3 Grundlagen des Wiederaufbaus

7.4.3.1 Die Währungsreform

Das Vertrauen in die offizielle Währung „Reichsmark" ging sehr schnell verloren. Das Geld hatte seine für eine moderne Volkswirtschaft wesentlichen Funktionen als allgemein anerkanntes Tauschmittel, als Wertmesser und Wertübertragungsmittel, als Kreditübertragungs- und Schuldentilgungsmittel verloren.

Ursache für die **Misere der Geldwirtschaft** war die Art, wie der Staat seine Ausgaben für die Aufrüstung und für die Durchführung des Krieges finanziert hatte. Die erforderlichen Mittel wurden durch zusätzliche Geldschöpfungen beschafft. Die Einkommen der privaten Haushalte stiegen, aber sie konnten kaum ausgegeben werden; denn Güter für den privaten Gebrauch und Verbrauch konnten nur in sehr geringem Maße produziert werden, da die Produktion kriegswichtiger Güter unbedingten Vorrang hatte. So ergab sich am Ende des Krieges eine Geldmenge (Summe aus Bargeld, Sichteinlagen, Sparguthaben) von rd. 298 Mrd. RM gegenüber 56,4 Mrd. RM zu Beginn des Jahres 1939.[4] Diesem stand kein entsprechendes Angebot gegenüber.

Bei diesem ungeheuren **Geldüberhang** hätten die Preise explodieren müssen, aber durch die Zwangswirtschaft und durch vorgeschriebene Preise während des Krieges und der ersten Nachkriegsjahre wurde die Inflation zurückgestaut, nur auf dem Schwarzen Markt wurde sie gelegentlich sichtbar. Die offizielle Währung Reichsmark hatte keinen Wert mehr, sie hatte ihre Kaufkraft verloren. **Die Reform des Geldwesens war dringend erforderlich.**

In den westlichen Besatzungszonen begann diese Reform 1947 und 1948 mit dem Aufbau eines Zentralbanksystems nach amerikanischem Vorbild, es sollte die Aufgaben der ehemaligen Reichsbank wahrnehmen. Zunächst wurden die Landeszentralbanken errichtet, danach als deren Zentrale die Bank Deutscher Länder in Frankfurt.

Am **Sonntag, dem 20. Juni 1948**, begann die **Währungsumstellung** von Reichsmark auf Deutsche Mark in den westlichen Besatzungszonen. Jeder Deutsche erhielt an diesem Tag 40 DM im Umtausch gegen 40 RM, den ersten Teil seiner „Kopfquote" von insgesamt 60 DM, der zweite Teil wurde zwei Monate später ausgezahlt. Lediglich die Kopfquote wurde im Verhältnis 1 : 1 getauscht, alle anderen Geldbestände und privaten Forderungen im Verhältnis von 100 : 10. Da ein Teil von Forderungen (insbesondere juristischer Personen) schließlich gestrichen wurde, ergab sich tatsächlich ein Austauschverhältnis von 100 RM zu 6,50 DM.[5]

Ab Montag, dem 21. Juni 1948, begann man mit dem neuen Geld zu arbeiten. Die Arbeitgeber erhielten für jeden Arbeitnehmer 60 DM gegen Verrechnung mit RM, sodass die Löhne ausbezahlt werden und die Arbeitnehmer einkaufen konnten. Aus Hortungslagern kamen Waren in die Läden, die die Verbraucher lange entbehren mussten; sie waren im Allgemeinen von mäßiger Kriegs- bzw. Nachkriegsqualität, sie konnten aber mit dem neuen Geld zu „Friedenspreisen" gekauft werden. Die Zeit des schwarzen Markts war vorbei. Allmählich begann ein wirtschaftlicher Aufschwung.

7.4.3.2 Die Liberalisierung der Märkte

Bis zur Währungsreform unterlagen (fast) alle Waren usw. der Bewirtschaftung und der Rationierung, es bestanden Preisvorschriften für alle Waren und Leistungen. Bereits am Tag der Währungsumstellung wurden 400 Warenarten aus der Bewirtschaftung

---

[4] Stolper, G.: a. a. O., S. 239

[5] Rittmann, Herbert: Deutsche Geldgeschichte seit 1914, München, 1986, S. 343

herausgenommen. Noch im Jahr 1948 wurden ca. 90 % aller Preisvorschriften aufgehoben und der seit 1936 geltende allgemeine Preisstopp außer Kraft gesetzt. Diese Maßnahmen zur Liberalisierung schufen ein neues Wirtschaftsklima, Produktion und Beschäftigung begannen sofort zu steigen.

Allerdings stiegen auch die Preise für die Güter der privaten Lebenshaltung. Die dadurch verursachte Verteuerung der Lebenshaltung führte zu Unruhen (Generalstreik 1948). Die Preissteigerungen hatten folgende Ursachen:

- Anstieg der Produktionskosten, der allerdings hinter dem Anstieg des Preisniveaus zurückblieb,
- starke (relativ unelastische) Nachfrage der privaten Haushalte, die sich aus ihrem erheblichen Nachholbedarf ergab,
- mangelhafte Abschöpfung überschüssiger Kaufkraft durch die Währungsreform,
- Anstieg der Geldmenge.

Die Preissteigerungen führten zu einem Anstieg der **Unternehmensgewinne**. Mithilfe dieser Gewinne konnten die Unternehmen die dringend erforderlichen **Investitionen** vornehmen; andere Möglichkeiten zur Finanzierung der Investitionen bestanden nur in sehr geringem Umfang. Die im Krieg zerstörten und beschädigten, in der Nachkriegszeit demontierten und im Übrigen veralteten Anlagegüter mussten ersetzt, erneuert und erweitert werden. Diese Investitionen waren für den Wiederaufbau der deutschen Wirtschaft von besonderer Bedeutung. Sie haben den wirtschaftlichen Aufschwung in erheblichem Maße begünstigt.

7.4.3.3 Der Marshall-Plan

Alle europäischen Länder hatten mehr oder weniger unter den Kriegsfolgen zu leiden. Zur Linderung der Not und zur Unterstützung des Wiederaufbaus beschlossen die USA 1948 ein Wiederaufbauprogramm für Europa (**ERP** = European Recovery Program), an dem sich allerdings nur die westeuropäischen Staaten beteiligten. Dieses Programm ging auf Vorschläge des amerikanischen Außenministers George N. Marshall zurück und wird deshalb auch **Marshall-Plan** genannt.

Die europäischen Staaten gründeten zur Durchführung des Plans den **Europäischen Wirtschaftsrat** (OEEC); bis zur Gründung der Bundesrepublik waren die Besatzungszonen darin durch die Repräsentanten der Besatzungsmächte vertreten. Er vermittelte die Unterstützungsleistungen in einem Gesamtumfang von 17 Mrd. $ an die Mitgliedsländer. Die als Kredite zur Verfügung gestellten Mittel wurden im Allgemeinen zum Einkauf von Produkten in den USA genutzt.

Deutschland erhielt Unterstützungsleistungen im Gesamtwert von ca. 1,7 Mrd. $, für die Lebensmittel, Rohstoffe und Maschinen importiert wurden. Die Empfänger erhielten diese Produkte nicht geschenkt, sie mussten sie vielmehr in DM bezahlen. Diese Beträge wurden in sog. Gegenwertsfonds gesammelt und konnten für weitergehende Investitionen im Inland verwendet werden. Der größte Teil der zur Verfügung gestellten Mittel sollte innerhalb von 30 Jahren zurückgezahlt werden. Aus den Gegenwertsfonds entstand später das ERP-Sondervermögen, aus dem nach Auslaufen des ERP regionale und sektorale Wirtschaftshilfe, Maßnahmen des Umweltschutzes u. dgl. finanziell gefördert wurden. Diese vom ehemaligen Kriegsgegner USA (sicherlich nicht ganz uneigennützig) gewährte großzügige Hilfe hat den Wiederaufbau in Deutschland gefördert und ist dem wirtschaftlichen Aufschwung sehr zugute gekommen.

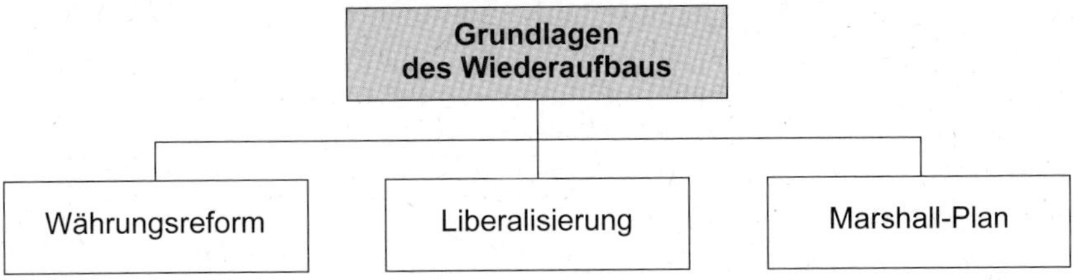

7.4.4 Der wirtschaftliche Aufschwung

Die Entwicklung der deutschen Volkswirtschaft in den ersten Jahren nach Gründung der Bundesrepublik war gekennzeichnet durch ein unerwartet starkes Wirtschaftswachstum. Sozialprodukt und Volkseinkommen stiegen mit überraschend hohen Zuwachsraten, die Arbeitslosigkeit ging erheblich zurück, die Kriegsfolgeschäden konnten fast vollständig beseitigt und die Flüchtlinge und Vertriebenen aus den Ostgebieten eingegliedert werden. In den meisten Jahren wurde mehr aus- als eingeführt. Dieser eindrucksvolle wirtschaftliche Aufschwung wird als das deutsche **Wirtschaftswunder** bezeichnet. Die folgende Tabelle (Tab. 7.2) stellt die Entwicklung für die Zeit von 1950 bis 1970 anhand einiger ausgewählter Indikatoren dar.

Diese eindrucksvolle Entwicklung der deutschen Wirtschaft wurde vor allem durch eine Wirtschaftspolitik ermöglicht, deren **Leitbild** eine **sozial orientierte Wettbewerbswirtschaft** ist. Das Konzept stammt von **Alfred Müller-Armack**, der auch den Begriff **soziale Marktwirtschaft** dafür prägte. **Ludwig Erhard** hat es in wirtschaftspolitische Praxis umgesetzt und zur Grundlage der Wirtschaftsordnung in der Bundesrepublik Deutschland gemacht.

	BSP in konstanten Preisen	Volkseinkommen zu laufenden Preisen		Kosten d. Lebens-haltung	Arbeitslose	Saldo der Handels-bilanz
Jahr	Index	Mrd. DM	DM pro Kopf	Index	in % der Be-schäftigen	Mrd. DM
1950	100	75,2	1.602	100,0	8,2	- 3,0
1951	111	91,1	1.921	107,8	7,7	- 0,1
1952	121	103,8	2.174	110,0	6,4	0,7
1953	130	112,1	2.328	108,1	5,5	2,5
1954	140	121,1	2.486	108,2	4,7	2,7
1955	157	139,5	2.834	110,0	2,7	1,2
1956	168	154,4	3.100	112,9	2,2	2,9
1957	177	168,3	3.337	115,2	1,9	4,1
1958	183	180,1	3.528	117,7	1,7	5,0
1959	196	194,0	3.757	118,8	1,1	5,4
1960	226	235,7	4.252	120,5	0,6	5,2
1961	238	258,0	4.593	123,2	0,5	6,6
1962	248	277,5	4.882	126,9	0,4	3,5
1963	256	295,8	5.154	130,7	0,5	6,0
1964	273	324,3	5.593	133,8	0,4	6,1
1965	288	355,3	6.060	138,3	0,4	1,2
1966	296	377,1	6.375	143,1	0,5	8,0
1967	296	376,0	6.342	145,2	1,6	16,9
1968	319	416,9	7.006	147,3	0,8	18,4
1969	344	460,6	7.669	151,5	0,5	15,6
1970	364	529,2	8.725	157,0	0,5	15,7

Tab. 7.2: Ausgewählte Indikatoren zur wirtschaftlichen Entwicklung der Bundesrepublik Deutschland 1950–1970 (Quelle: Hardach, Karl: Deutschland 1914–1970, in Cipolla und Borchardt (Hg.): Europäische Wirtschaftsgeschichte, Band 5, Stuttgart, 1985)

Ludwig Erhard (1897–1977) absolvierte nach dem Schulabschluss eine kaufmännische Lehre und studierte nach dem 1. Weltkrieg, an dem er teilnehmen musste, Wirtschaftswissenschaften. Danach war er an der Wirtschaftshochschule Nürnberg wissenschaftlich tätig. 1948 wurde er zum Direktor für Wirtschaft des Vereinigten Wirtschaftsgebiets (Zusammenfassung der westlichen Besatzungszonen) berufen. In diese Zeit fällt die Währungsreform, die allmähliche Aufhebung der Zwangswirtschaft auf den meisten Märkten und die Einführung der sozialen Marktwirtschaft als Wirtschaftsordnung. Nach Gründung der Bundesrepublik 1949 wurde er Wirtschaftsminister (bis 1963). Die von ihm verantwortete Wirtschaftspolitik im Rahmen der sozialen Marktwirtschaft war sehr erfolgreich. Nach Adenauers Rücktritt war Erhard von 1963 bis 1966 Bundeskanzler.

Alfred Müller-Armack (1901–1978) war Professor für Volkswirtschaftslehre in Köln. Er gilt als Theoretiker der sozialen Marktwirtschaft, da er das Konzept wissenschaftlich begründete. Aber als Staatssekretär im Bundeswirtschaftsministerium hat er auch sehr viel zu seiner Durchsetzung beigetragen.

7.4.5 Neoliberalismus und Ordoliberalismus

Die Idee der sozialen Marktwirtschaft beruht auf neoliberalem Gedankengut. Der **Neoliberalismus** greift die Forderungen des klassischen Liberalismus nach individueller Freiheit und Selbstverantwortung des Einzelnen auch im wirtschaftlichen Bereich auf. So stimmt der Neoliberalismus mit dem klassischen Liberalismus grundsätzlich in der Betonung des Wettbewerbs und in der Ablehnung staatlicher Eingriffe in das Wirtschaftsgeschehen überein.

Die Vertreter des Neoliberalismus, z. B. der Österreicher Friedrich August von Hayek (1899–1992) und die Professoren der sog. „Freiburger Schule", sehen allerdings auch die Mängel liberaler Wirtschaftsordnungen. Insbesondere beschäftigen sie sich mit der Problematik staatlicher Eingriffe. Dabei gehen sie u. a. von Erfahrungen mit der Wirtschaftspolitik in den Jahren nach dem 1. Weltkrieg aus, durch die weder die Hyperinflation in Deutschland noch die Weltwirtschaftskrise vermieden wurde. Das konzeptionslose Intervenieren der Regierungen hatte vielmehr neue Probleme geschaffen.

Der neoliberale Ansatz sieht deshalb einen **Ordnungsrahmen** für das wirtschaftliche Handeln der Einzelwirtschaften vor. **Wirtschaftspolitik ist immer Ordnungspolitik, darf nie Prozesspolitik sein**; d. h. die Wirtschaftspolitik soll die Wirtschaftsordnung gestalten, sie soll aber nicht den Wirtschaftsablauf planen und lenken.

Die Ordnungspolitik hat nach bestimmten, vorgegebenen Prinzipien abzulaufen. Zu unterscheiden sind **konstituierende und regulierende Prinzipien**. Die konstituierenden Prinzipien geben die grundlegenden Bedingungen an, nach denen der neoliberale Ordnungsrahmen funktioniert. Die regulierenden Prinzipien ergänzen die konstituierenden; sie nennen die Bereiche, in denen die offizielle Wirtschaftspolitik regulierend eingreifen soll.

Mit dem Begriff **Ordoliberalismus**[6] bezeichnet man die deutsche Ausformung des Neoliberalismus, er wurde schließlich Grundlage der sozialen Marktwirtschaft. Der Ordoliberalismus geht im Wesentlichen auf Arbeiten der **Freiburger Schule** zurück. „Freiburger Schule" ist die zusammenfassende Bezeichnung für eine Gruppe von liberalen Professoren der Volkswirtschaft und der Rechtswissenschaft an der Universität Freiburg.

Das besondere Interesse deutscher Volkswirte für Fragen der Wirtschaftsordnung hat seine Ursachen in den Erfahrungen, die gerade in Deutschland mit der Volkswirtschaft und der Wirtschaftspolitik und deren katastrophalen Auswirkungen auf Gesellschaft und Politik in der jüngsten Geschichte gemacht werden konnten. Dazu zählen die sozialen Auswirkungen des sog. Laissez-faire-Liberalismus (Altliberalismus), Entstehung von Marktmacht durch Monopole und Absprachen bzw. Kartelle, durch die die Marktfunktionen behindert wurden, die Hyperinflation nach dem 1. Weltkrieg und die Weltwirtschaftskrise mit verheerenden sozialen Folgen, die dirigistische Wirtschaftspolitik im 3. Reich, durch die der Marktmechanismus außer Kraft gesetzt wurde.

---

[6] von lat. ordo = Ordnung

Der Ordoliberalismus unterscheidet sich vom Neoliberalismus vor allem durch die Betonung des sozialen Bereichs. Das **Konzept des Ordoliberalismus** lässt sich folgendermaßen zusammenfassen.

- Der Staat soll den **Wettbewerb** kontrollieren und wettbewerbsbehindernde Maßnahmen von Unternehmen verbieten.
- Der Staat soll für die **Geldwertstabilität** sorgen, damit insbesondere Inflationen vermieden werden.
- Der Staat soll eine **Sozialordnung** schaffen, mit deren Hilfe die primäre Einkommensverteilung korrigiert werden und andere soziale Ungerechtigkeiten ausgeglichen werden können.

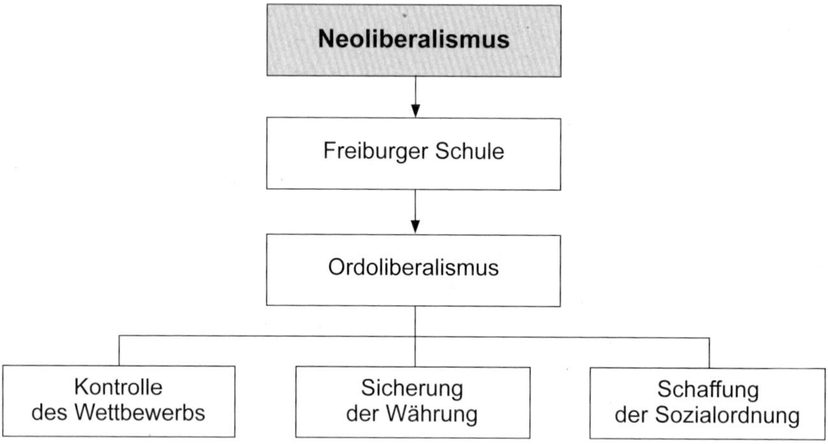

7.4.6 Die konstituierenden und regulierenden Prinzipien nach Walter Eucken

Der bekannteste Vertreter der Freiburger Schule ist **Walter Eucken**. Er wurde 1891 in Jena als Sohn des bekannten Philosophen Rudolf Eucken, der an der Universität Jena als Professor lehrte und mit dem Nobelpreis für Literatur ausgezeichnet wurde, geboren. Walter Eucken studierte ab 1909 Volkswirtschaftslehre, Geschichte und Philosophie in Kiel, Bonn und Jena; 1913 wurde er von der Bonner Universität zum Doktor promoviert. Am 1. Weltkrieg nahm er als Frontsoldat (Offizier) von 1914 bis 1918 teil. 1921 habilitierte er sich an der Universität Berlin, wo er zunächst auch als Privatdozent lehrte. 1925 wurde er als Professor an die Universität Tübingen, 1927 an die Universität Freiburg berufen. 1950 starb er auf einer Vortragsreise in London.

Seine wichtigsten Werke, die auch heute noch aufgelegt werden, sind „Grundlagen der Nationalökonomie" und „Grundsätze der Wirtschaftspolitik".

Die **konstituierenden Prinzipien** gehören zusammen; sie konstituieren durch ihre gemeinsame Anwendung eine bestimmte gewollte Wirtschaftsordnung. Im Folgenden werden die konstituierenden Prinzipien kurz dargestellt.

1. **Grundprinzip** ist das funktionsfähige **Preissystem vollständiger Konkurrenz.** Dieses Prinzip schließt u. a. eine Konjunkturpolitik aus, durch die das Preissystem der vollständigen Konkurrenz ausgeschaltet wird, es schließt auch eine Steuerpolitik aus, die den Konzentrationsprozess fördert. Das Grundprinzip ist der gemeinsame Mittelpunkt aller anderen konstituierenden Prinzipien.

2. **Primat der Währungspolitik:** Die Währungspolitik hat für die Wettbewerbsordnung eine besondere Bedeutung, weil alle Bemühungen zur Verwirklichung der Wettbewerbsordnung umsonst sind, wenn „eine gewisse Stabilität des Geldwerts" nicht gesichert ist. Durch die Stabilisierung des Geldwerts wird in den Wirtschaftsprozess ein Lenkungsinstrument eingebaut.

3. **Offene Märkte:** Sowohl der Staat als auch private Machtgruppen und Monopolunternehmen haben Möglichkeiten, Außenseiter am Marktzugang zu hindern, und sie nutzen sie gelegentlich, z. B. durch Einfuhrverbote oder durch Absprachen. Aber nur durch die Öffnung von Angebot und Nachfrage wird die Wettbewerbsordnung konstituiert.

4. **Privateigentum:** Die Unternehmer benötigen eine „gewisse Freiheitssphäre", die das Privateigentum an den Produktionsmitteln verleiht; nur so können sie sich schnell neuen Marktgegebenheiten anpassen. Mit den richtigen, d. h. vom Markt verlangten Entscheidungen nehmen sie selbstverständlich ihre privatwirtschaftlichen Interessen wahr, nutzen aber gleichzeitig der Volkswirtschaft.

5. **Vertragsfreiheit:** Sie ist eine Voraussetzung für das Zustandekommen der Konkurrenz. Nur durch freie individuelle Verträge, die aus den einzelwirtschaftlichen Plänen hervorgehen, kann der tägliche Wirtschaftsprozess mithilfe der vollständigen Konkurrenz gelenkt werden. Die Vertragsfreiheit darf aber nicht dazu genutzt werden, die Vertragsfreiheit anderer zu behindern oder auszuschließen.

6. **Haftung:** „Wer den Nutzen hat, muss auch den Schaden tragen." Haftung bewirkt u. a., dass Kapitaldispositionen vorsichtig erfolgen. Haftung ist notwendig, damit der Wettbewerb der Leistung innerhalb der Wettbewerbsordnung funktionsfähig wird. Die Wettbewerbsordnung kann ohne persönliche Verantwortung des Einzelnen nicht funktionieren. Der Weg zur Rentabilität darf nur über eine äquivalente wirtschaftliche Leistung führen, und Fehlleistungen müssen zu Verlusten oder sogar zum Verschwinden vom Markt führen.

7. **Konstanz der Wirtschaftspolitik:** Konstanz der Wirtschaftspolitik heißt z. B. langfristige Festlegung von Steuern, von Handelsverträgen, von Währungseinheiten. Sie fördert die Investitionstätigkeit der Unternehmen.

Die **regulierenden Prinzipien** sind erforderlich, damit die Wettbewerbsordnung funktionsfähig wird und bleibt. Denn der Wettbewerb weist gelegentlich Mängel auf, die korrigiert werden müssen. Diese Prinzipien umreißen die Aufgaben einer Politik der Wettbewerbsordnung (Ordnungspolitik als Teil der staatlichen Wirtschaftspolitik). Im Folgenden werden die regulierenden Prinzipien kurz dargestellt.

1. **Monopolaufsicht durch ein staatliches Monopolaufsichtsamt:** Das Monopolamt soll Monopole so weit wie möglich auflösen und diejenigen, die nicht aufgelöst werden können, beaufsichtigen. Ob ein Monopol besteht oder im Entstehen ist, muss an Symptomen von außen erkennbar sein, z. B. an Sperren, Treuerabatten, Preisdifferenzierungen, Kampfpreisen u. Ä. Die Monopolaufsicht muss die Träger wirtschaftlicher Macht veranlassen, sich zu verhalten, als ob vollständige Konkurrenz bestünde. „Das Verhalten des Monopolisten hat wettbewerbsanalog zu sein."

2. **Einkommenspolitik:** Die Einkommensverteilung, die sich durch die Wettbewerbsordnung, d. h. über den Markt, ergibt, ist zwar besser als die Verteilung durch politische Instanzen; sie weist aber Mängel auf. Unterschiede in der Verteilung von Kaufkraft können dazu führen, dass Unternehmer wegen der entsprechenden Nachfrage von Haushalten mit sehr hohen Einkommen Luxusgüter produzieren, während die Haushalte mit sehr geringen Einkommen noch nicht einmal einfache Grundbedürfnisse befriedigen können. Die Korrektur der Einkommensverteilung ist deshalb eine wichtige Aufgabe der Einkommenspolitik. Mithilfe der Steuerpolitik, vor allem durch die progressive Gestaltung der Einkommensteuer, kann die Korrektur vollzogen werden. „Die Progression der Einkommensteuer in der Wettbewerbsordnung hat ... einen sozialen Sinn."

3. **Begrenzung der Planungsfreiheit der Betriebe:** Im Allgemeinen berücksichtigen Unternehmen bei der Durchführung ihrer einzelwirtschaftlichen Pläne nicht die Rückwirkungen auf die Gesamtwirtschaft und auf die Gesellschaft. In den Wirtschaftsrechnungen der Unternehmen sind die gesamtwirtschaftlichen Folgen der Produktion nicht enthalten. So führt die Abholzung der Wälder zur Versteppung des Landes, chemische Fabriken schädigen durch Abwässer die Umwelt, mangelhafter Schutz der Arbeitnehmer führt zu gesundheitlichen Schäden usw. In genau angebbaren Fällen muss deshalb die Planungsfreiheit der Betriebe eingeengt und begrenzt werden. So ist z. B. dem Waldbesitzer der Kahlschlag seines Waldes zu verbieten, Unternehmen müssen Arbeiterschutz einführen, Frauen- und Kinderarbeit müssen geregelt werden.

4. **Korrektur des Arbeitsmarktes bei anomalem Verhalten des Angebots:** Auf einigen Märkten kann bei sinkenden Preisen das Angebot steigen. Anomales Verhalten liegt z. B. vor, wenn auf einem Arbeitsmarkt wegen der Bevölkerungsvermehrung das Angebot des Produktionsfaktors Arbeit steigt, das führt zu sinkenden Löhnen; der Druck auf den Lohn wird verstärkt, wenn die Familien deshalb gezwungen sind, auch ihre Kinder gegen Entgelt arbeiten zu lassen. Wenn dieses Problem durch die anderen Prinzipien nicht ausreichend gelöst wird, müssen Minimallöhne festgesetzt werden.

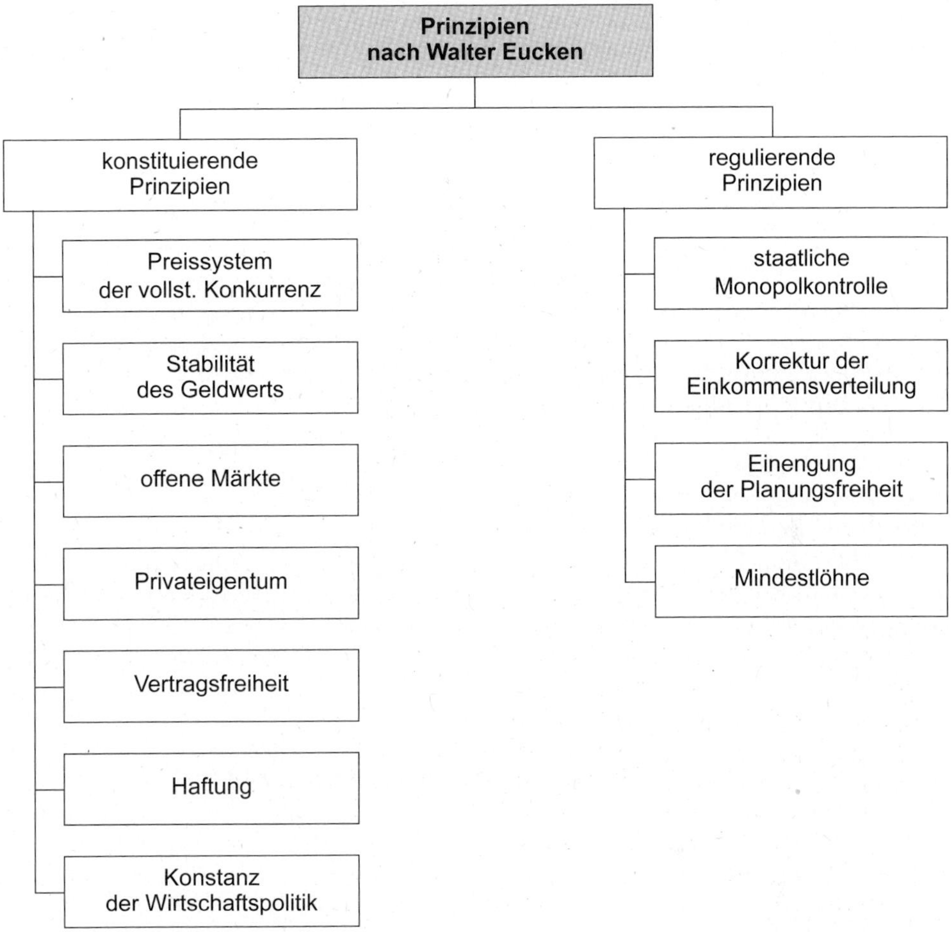

7.4.7 Soziale Marktwirtschaft

Nach Müller-Armack ist die **soziale Marktwirtschaft eine bewusst gestaltete marktwirtschaftliche Gesamtordnung.** Sie ist dadurch gekennzeichnet, dass die einzelwirtschaftlichen Pläne durch den Markt, d. h. durch den Wettbewerb, koordiniert werden und dass aus sozialen Gründen in das Marktgeschehen eingegriffen werden kann. Der Sinn dieser Wirtschaftsordnung besteht darin, „das Prinzip der Freiheit auf dem Markt mit dem des sozialen Ausgleichs zu verbinden".

Mit der Betonung des sozialen Bereichs lehnt sich das Konzept der sozialen Marktwirtschaft eng an den Ordoliberalismus an. Müller-Armack und andere Vertreter wollen eine ordnungspolitische Idee zur Grundlage der Wirtschaftspolitik machen, „deren Ziel es ist, auf der Basis der Wettbewerbswirtschaft die freie Initiative mit einem gerade durch die marktwirtschaftliche Leistung gesicherten sozialen Fortschritt zu verbinden."[7]

[7] Müller-Amak, Alfred: Soziale Marktwirtschaft (1956), in: Müller-Armak, A.: Wirtschaftsordnung und Wirtschaftspolitik, Freiburg, 1966, S. 243 f.

Müller-Armack zählt folgende soziale Leistungen der sozialen Marktwirtschaft auf. Der Wettbewerb selbst hat bereits **soziale Funktionen:**

- **Orientierung am Verbrauch:** Die Nachfrager entscheiden letztlich, was produziert wird.
- **Produktivitätssteigerung:** Der Wettbewerb erzwingt Verbesserungen und Steigerungen der Produktion, die letztlich dem Verbraucher zugute kommen.
- **Eindämmung einseitiger Einkommensbildungen:** Der Wettbewerb behindert wirtschaftliche Sonderstellungen, z. B. den Aufbau wirtschaftlicher Macht.

7.4.7.1 Die Regulierung des Wettbewerbs

Der Wettbewerb als Grundlage der Marktwirtschaft ist nicht naturgegeben; er ist durch Beschränkungen und Behinderungen ständig gefährdet. Er muss deshalb durch entsprechende ordnungspolitische Maßnahmen und Institutionen geschützt werden. Zum **Schutz des Wettbewerbs** besteht in Deutschland das Gesetz gegen Wettbewerbsbeschränkungen (GWB), das sog. Kartellgesetz. Das Bundeskartellamt in Berlin sorgt für Einhaltung der Vorschriften. Formen der Wettbewerbsbeschränkungen bzw. -behinderungen sind vor allem Kartelle, Ausschließlichkeitsverträge und missbräuchliche Marktbeherrschung. Gefährdungen des Wettbewerbs gehen aus von Fusionen, Konzernbildungen u. Ä.

Kartelle sind Absprachen bzw. vertragliche Vereinbarungen zwischen Unternehmen meistens der gleichen Stufe; sie wollen durch Absprachen über Preise, Lieferungs- und Zahlungsbedingungen, Produktionsmengen u. dgl. den Wettbewerb untereinander ausschalten. Die Unternehmen bleiben rechtlich selbstständig. Kartelle sind nach GWB § 1 **grundsätzlich verboten.** Vom grundsätzlichen Verbot gibt es allerdings Ausnahmen (GWB § 2 ff.); Konditionen- und Rabattkartelle u. a. sind lediglich anmeldepflichtig, Krisen- und Rationalisierungskartelle u. a. müssen ausdrücklich genehmigt werden.

Fusionen sind Verschmelzungen von Unternehmen der gleichen Stufe (horizontale Verschmelzung) oder unterschiedlicher Stufe (vertikale Verschmelzung). Eine Fusion kann die Bildung eines neuen Unternehmens oder die Aufnahme in ein bestehendes Unternehmen sein. Bei einer Neubildung übertragen die beteiligten Gesellschaften ihre Vermögen auf eine neue Gesellschaft, bei einer Aufnahme übernimmt eine Gesellschaft das Vermögen einer anderen. Geplante Fusionen müssen beim Kartellamt angemeldet werden. Sie werden verboten, wenn Marktbeherrschung entsteht oder bereits bestehende Marktbeherrschung verstärkt wird.

Marktbeherrschung kann außer durch Fusionen durch internes oder externes Wachstum entstehen. Ein Unternehmen kann durch eine entsprechende Unternehmenspolitik und Geschäftsführung, durch Marketingmaßnahmen usw. wachsen (internes Wachstum); extern kann ein Unternehmen u. a. dadurch wachsen, dass konkurrierende Unternehmen ausscheiden. Die Entstehung von Marktmacht auf diese Art kann kaum verhindert werden. Marktbeherrschung kann vermutet werden bei einem Monopol, bei überragender Marktstellung und bei einem marktbeherrschenden Oligopol. Die missbräuchliche Ausnutzung von Marktmacht ist verboten. Sie liegt z. B. vor, wenn ein marktbeherrschendes Unternehmen überhöhte Preise durchsetzt (Ausbeutungswettbewerb) oder wenn es andere Unternehmen oder Abnehmer am Marktzugang hindert (Behinderungsmissbrauch).

Ausschließlichkeitsbindungen sind Verträge, durch die Partner daran gehindert werden, Waren und Leistungen von Dritten zu beziehen oder an Dritte zu liefern. Bindungen der gleichen Art liegen auch vor, wenn Partner durch Verträge dazu verpflichtet werden, sachlich oder handelsüblich nicht zusammengehörige Waren oder gewerbliche Leistungen abzunehmen. Ausschließlichkeitsbindungen sind grundsätzlich verboten, aber es bestehen Ausnahmen.

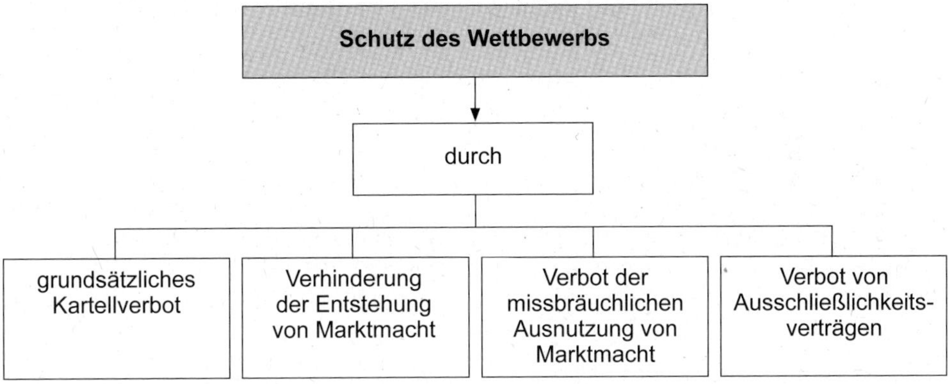

7.4.7.2 Der soziale Aspekt der sozialen Marktwirtschaft

Der Wettbewerb in einer marktwirtschaftlichen Ordnung hat bereits soziale Vorteile (s. o.). Märkte lösen die Grundprobleme der Wirtschaft aber ohne Rücksichtnahme auf moralische Gesichtspunkte; Ziele wie soziale Gerechtigkeit und sozialer Frieden sind erheblich gefährdet bzw. werden nicht erreicht. Marktlösungen müssen deshalb gelegentlich reguliert, d. h. gelenkt, korrigiert oder ergänzt, werden. Das Konzept der sozialen Marktwirtschaft ist darauf angelegt, soziale Ungerechtigkeiten, die eine reine Marktwirtschaft mit sich bringt, grundsätzlich zu beseitigen. Die Bundesrepublik Deutschland hat in der **Sozialordnung** dafür Normen, Vorschriften, Rahmenbedingungen und Institutionen geschaffen oder übernommen.

Wenn der Staat zur Sicherung des sozialen Friedens und zur Durchsetzung von mehr sozialer Gerechtigkeit in das Wirtschaftsgeschehen eingreift, legt er seinen Maßnahmen die folgenden Prinzipien zu Grunde.

1. Das **Solidaritätsprinzip** besagt, dass soziale Hilfe auf Gegenseitigkeit in einer Solidargemeinschaft beruht. Man kann es umschreiben mit dem Grundsatz „Alle für einen, einer für alle". Das Solidaritätsprinzip zeigt sich insbesondere in der kleinsten Solidargemeinschaft, der Familie. Auf höherer Ebene drückt es sich heute z. B. in der besonderen steuerlichen Belastung höherer Einkommen und im Solidaritätszuschlag aus.

2. Das **Subsidiaritätsprinzip** fordert, dass soziale Probleme auf der untersten möglichen Ebene gelöst werden. Hilfe soll danach zunächst die Familie dem Bedürftigen gewähren, und erst wenn diese dazu nicht (bzw. nicht mehr) in der Lage ist, der Staat. Mit diesem Prinzip, das aus der katholischen Soziallehre stammt, wird die Verantwortung des Bürgers für sich und seine Familie in besonderem Maße berücksichtigt.

3. Das **Sozialstaatsprinzip** umschreibt die Pflicht des Staates, soziale Probleme zu lösen. Wenn der Staat z. B. bedürftigen Familien Hilfe zur Selbsthilfe gewährt, entspricht das Sozialstaatsprinzip den beiden anderen Prinzipien. In vielen Fällen bestehen allerdings Konflikte zwischen den Prinzipien, z. B. wenn der Staat Zwangsversicherungen vorschreibt.

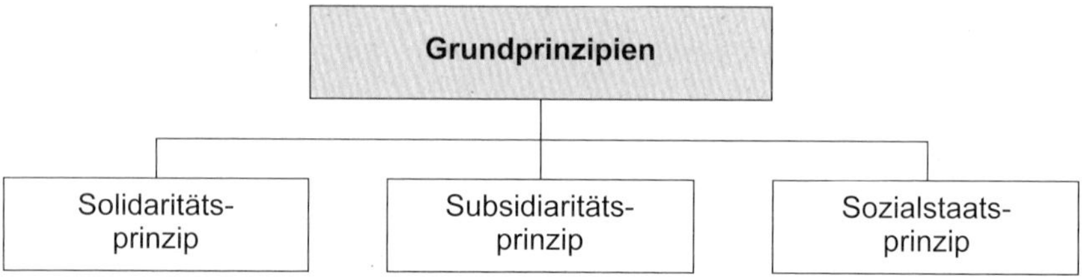

Im Folgenden werden die wichtigsten Bereiche aufgezählt, in denen der Staat aus sozialen Gründen in das Wirtschaftsgeschehen eingreift bzw. Rahmenbedingungen für Eingriffe setzt, wenn die Marktlösungen soziale Gerechtigkeit verletzen und den sozialen Frieden gefährden. Dabei berücksichtigt er die drei Grundprinzipien.

1. Das Ergebnis der primären Verteilung, das ist die Verteilung des Produktionsergebnisses bzw. des Volkseinkommens vor der Umverteilung, ist korrekturbedürftig. Das macht eine sekundäre Verteilung (Umverteilung) mit dem **Ziel des sozialen Ausgleichs** erforderlich. Im Allgemeinen nimmt der Staat die **Umverteilung durch das Steuer- und Transfersystem** vor. Die progressive Gestaltung des Einkommensteuer-Tarifs ist ein Beispiel für die Verteilungskorrektur durch Steuern: Mit steigendem Einkommen steigt die Besteuerung überproportional nach dem Grundsatz der Leistungsfähigkeit; geringe Einkommen – bis zur Höhe des Existenzminimums – werden nicht besteuert. Darüber hinaus kann das zu versteuernde Einkommen noch durch den Abzug besonderer Ausgaben verringert werden, z. B. die Kosten für die Fahrten zum Arbeitsplatz (Werbungskosten), die eigenen Beiträge des Steuerpflichtigen zu Krankenversicherungen (Sonderausgaben) und die Kinderfreibeträge (außergewöhnliche Belastungen).

   Beispiele für Transferleistungen des Staates aus sozialen Gründen ist das Arbeitslosengeld II. Alg II erhalten Bedürftige, die sich nicht selbst helfen können und keine Hilfe von anderer Stelle erhalten. Sie soll ihnen die Führung eines menschenwürdigen Lebens ermöglichen; sie ist aber auch Hilfe zur Selbsthilfe, d. h. sie soll die Empfänger dazu befähigen, wieder unabhängig von ihr zu leben. Sozialhilfe wird als Hilfe zum Lebensunterhalt durch laufende und einmalige Leistungen und als Hilfe in besonderen Lebenslagen (z. B. Hilfe zur Sicherung der Lebensgrundlage, Ausbildungshilfe) gewährt. Wohngeld ist ein Zuschuss zu den Aufwendungen für Wohnraum; er soll angemessenes und familiengerechtes Wohnen wirtschaftlich absichern. Wohngeld wird als Mietzuschuss und als Lastenzuschuss bei Wohneigentum gezahlt.

Neben dem Staat nehmen die Tarifpartner (Gewerkschaften und Arbeitgeberverbände) Verteilungskorrekturen vor. Über Lohnerhöhungen wird das Produktionsergebnis zu Gunsten der Arbeitnehmer verteilt. Auch die staatlich geförderte Politik, Arbeitnehmer am Produktivvermögen zu beteiligen, stellt eine Form der Verteilungskorrektur dar.

2. Die staatliche Sozialversicherung übernimmt die **soziale Sicherung der Bürger**. Gegen die Risiken Krankheit, Alter, Arbeitslosigkeit, Unfall und Pflegebedürftigkeit werden der Einzelne und seine Angehörigen im Allgemeinen durch die einzelnen Zweige der staatlichen Sozialversicherung abgesichert.

   Die **staatliche Sozialversicherung** umfasst die folgenden **Zweige**. Die Beiträge zu den Versicherungen werden i. d. R. von Arbeitnehmern und -gebern je zur Hälfte getragen; die Ausgaben der Unfallversicherungen werden in Umlageverfahren auf die Mitgliedsunternehmen der jeweiligen Berufsgenossenschaft verteilt.

   - Gesetzliche Krankenversicherung, Träger sind die Krankenkassen (Allgemeine Ortskrankenkassen, Ersatzkassen u. Ä.),
   - Rentenversicherung, Träger sind die Bundesversicherungsanstalt für Angestellte, die Landesversicherungsanstalten für Arbeiter u. a.,
   - Arbeitslosenversicherung, Träger ist die Bundesagentur für Arbeit,
   - Pflegeversicherung, Träger sind die Krankenkassen,
   - Unfallversicherung, Träger sind die Berufsgenossenschaften.

3. Bei ausschließlichen Marktlösungen sind Arbeiter häufig nicht ausreichend geschützt. Aus Kostengründen könnten Unternehmen den Unfallschutz am Arbeitsplatz vernachlässigen, die Arbeitskraft zeitlich über Gebühr in Anspruch nehmen usw. Deshalb besteht zum **Schutz von Arbeitnehmern** Regulierungsbedarf. Arbeitnehmer werden z. B. durch Kündigungsschutzbestimmungen, durch Vorschriften über den Schutz am Arbeitsplatz, durch gesetzliche Arbeitszeitregelungen, durch das Gesetz über Lohnfortzahlungen u. dgl. geschützt.

4. Außer den Arbeitnehmern müssen auch die Verbraucher geschützt werden. Der **Schutz der Konsumenten** erfolgt z. B. durch die Gesetze zum Verbraucherschutz, durch Mieterschutzregelungen usw.

5. Ein besonderer Problembereich ist die **Gleichberechtigung der Produktionsfaktoren Arbeit und Kapital,** d. h. der Arbeitnehmer und der Kapitaleigner. Sie drückt sich z. B. in den Möglichkeiten zur Mitbestimmung der Arbeitnehmer bei unternehmerischen Entscheidungen aus. Gleichberechtigung kann sich nicht über den Markt ergeben. Der Staat muss deshalb korrigierend eingreifen. Mit den Mitbestimmungsvorschriften im Betriebsverfassungsgesetz u. a. wurden die entsprechenden Rahmenbedingungen und Regelungen geschaffen.

6. Auch die Voraussetzungen für **Chancengleichheit** muss der Staat schaffen, z. B. durch Einrichtung von öffentlichen Schulen, durch Schulgesetze, durch Rahmenbedingungen für das Schul- und Ausbildungswesen usw.

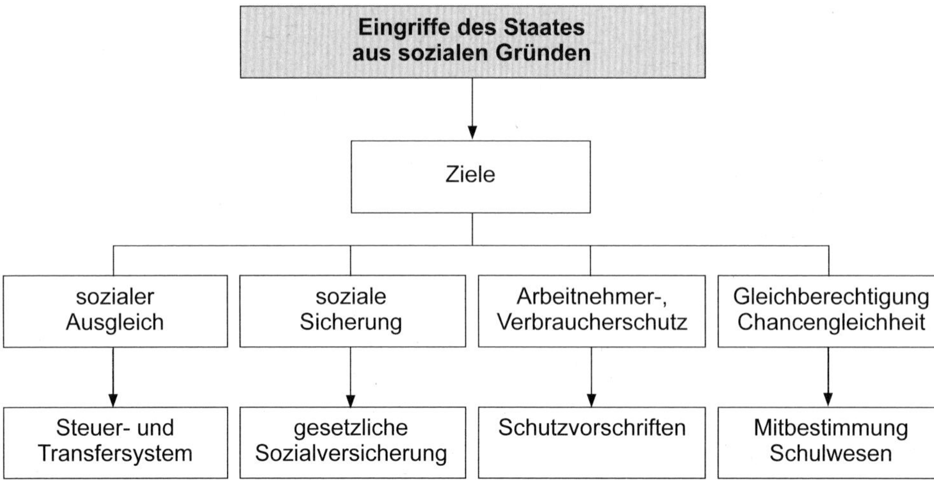

8. Wirtschaftspolitik

8.1 Grundlagen und Grundfragen

Friedhelm Bohlsen (vgl. Einführung) überfliegt den Wirtschaftsteil seiner Zeitung. Dabei nimmt er die folgenden Schlagzeilen zur Kenntnis.

- *Werftenkrise: Das Bundesland Schleswig-Holstein erhofft sich Hilfe vom Bund.*
- *Tarifabschluss im Metallbereich: Die Werften üben über ihren Zentralverband Kritik am Tarifabschluss, der die internationale Wettbewerbssituation nicht berücksichtige.*
- *Arbeitsmarkt: Arbeitsmarktoffensive der Landesregierung mit dem Ziel, 12.000 neue Arbeitsplätze zu schaffen.*
- *Senkung der Leitzinsen: Im Hinblick auf die geringe Preisentwicklung als Ergebnis der bisherigen Geldpolitik wird eine Senkung des Zinsniveaus zur Anregung der Kreditnachfrage befürwortet.*
- *Unternehmenszusammenschluss: Ein Kaufhauskonzern mit Filialen in allen Großstädten der Bundesrepublik plant den Zusammenschluss mit einem bedeutenden Versandhaus; das Bundeskartellamt will die Fusion nur mit bestimmten Auflagen genehmigen.*

Diese einfachen Beispiele zeigen einige **Aspekte von Wirtschaftspolitik** auf: Eine Landesregierung startet eine Arbeitsplatzoffensive mit dem Ziel, **Arbeitsplätze** zu **schaffen**. Die zentrale Bank senkt die Leitzinsen letztlich mit dem Ziel der **Konjunkturankurbelung**. Eine Landesregierung fordert mit Nachdruck finanzielle Unterstützung bei der Beseitigung einer **Strukturkrise**. Eine Bundesbehörde reguliert einen Unternehmenszusammenschluss mit dem Ziel, den **Wettbewerb** zu **erhalten** usw. Erkennbar wird Folgendes: Träger von Wirtschaftspolitik treffen Maßnahmen, mit denen wirtschaftliche Aktivitäten bestimmten (politischen oder wirtschaftspolitischen) Zielen entsprechend beeinflusst, gelenkt und geordnet werden sollen.

8.2 Definition und Bereiche der Wirtschaftspolitik

Wirtschaftspolitik wird definiert als die **Gesamtheit aller** an politischen bzw. wirtschaftspolitischen Zielen orientierten **Maßnahmen ihrer Träger zur Ordnung** des Wirtschaftslebens, **zur Beeinflussung** der Wirtschaftsstruktur und **zur Lenkung** des Wirtschaftsablaufs. Entsprechend können die folgenden Bereiche der Wirtschaftspolitik unterschieden werden.[1]

Ordnungspolitik, sie befasst sich mit der Sicherung der Wirtschaftsordnung im weiteren Sinne, insbesondere hat sie die Funktionsfähigkeit des Marktes zu sichern; ihr wichtigstes Teilgebiet ist deshalb die Wettbewerbspolitik.

---

[1] Nach den Vorgaben durch die Lehrpläne wird Ordnungspolitik in Kap. 7 angesprochen.

Ablaufpolitik (Prozesspolitik), sie lenkt den Ablauf der Wirtschaft zur Beeinflussung der Ergebnisse, so z. B. den Konjunkturverlauf zur Verhinderung oder Milderung von Inflation und Arbeitslosigkeit, zur Erreichung eines stetigen und angemessenen Wachstums; entsprechend können als Teilgebiete Konjunktur- und Wachstumspolitik unterschieden werden; aber auch Antiinflationspolitik und Beschäftigungspolitik sind – wenn sie nicht als Teile der Konjunkturpolitik definiert werden – Teilbereiche der Ablaufpolitik.

Strukturpolitik, sie beeinflusst die Richtung und das Tempo des Strukturwandels in bestimmten Wirtschaftsregionen oder -sektoren, strukturpolitische Maßnahmen sind entweder auf eine Beschleunigung des Wandels bzw. der Anpassung oder auf ihre Verzögerung aus, die Ziele sind entweder Verbesserung der Wettbewerbsfähigkeit oder Milderung unerwünschter Auswirkungen; die Teilgebiete sind sektorale und regionale Strukturpolitik.

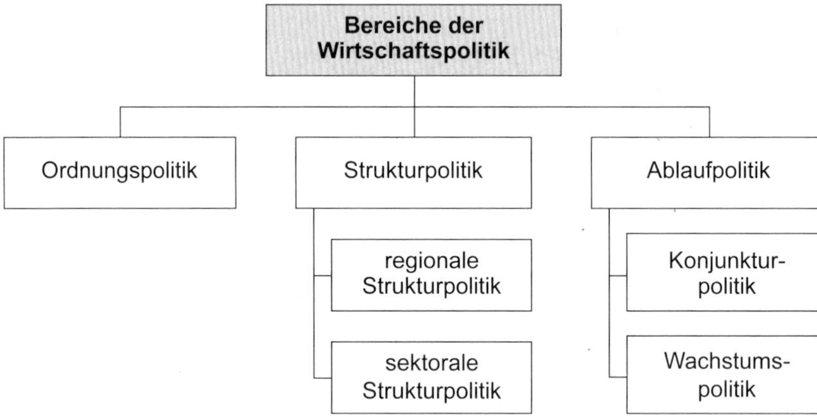

8.3 Träger der Wirtschaftspolitik

Träger der Wirtschaftspolitik sind die **Institutionen und Instanzen, die befugt sind, ordnend, lenkend, Einfluss nehmend in Wirtschaftsordnung, -struktur und -ablauf einzugreifen**. Die Einflussnahme kann direkt oder indirekt erfolgen. Es ist üblich, primäre und sekundäre Träger der Wirtschaftspolitik zu unterscheiden. Primäre Träger sind gesetzlich beauftragt, wirtschaftspolitische Entscheidungen zu treffen, durchzusetzen, ihre Durchsetzung zu kontrollieren; zu ihnen zählen die Gebietskörperschaften, Bund, Länder und Gemeinden, die Europäische Zentralbank und andere europäische Behörden. Sekundäre Träger sind u. a. die Wirtschaftsverbände, z. B. Arbeitgeberverbände, Gewerkschaften, Verbraucherverbände, aber auch die Parteien. Sie können keine wirtschaftspolitischen Entscheidungen treffen, sie können aber auf die Entscheidungen u. U. erheblich Einfluss nehmen, bei der Entscheidungsfindung helfen usw.

Die Möglichkeiten der Wissenschaft, d. h. der **theoretischen Wirtschaftspolitik**, auf die wirtschaftspolitischen Entscheidungen, d. h. auf die **praktische Wirtschaftspolitik**, Einfluss zu nehmen, sind gesetzlich institutionalisiert. So begutachtet z. B. ein

Sachverständigenrat regelmäßig die gesamtwirtschaftliche Situation und die Entwicklung von gesamtwirtschaftlicher Nachfrage und gesamtwirtschaftlichem Angebot, Preisniveaustabilität, Beschäftigung usw.; er zeigt Fehlentwicklungen auf und schlägt wissenschaftlich fundierte Lösungsmöglichkeiten vor. Allerdings entsteht der Eindruck, dass die praktische Wirtschaftspolitik weniger von der sachlichen Argumentation der Wissenschaft als vielmehr von der Berücksichtigung der Wahlchancen beeinflusst wird.

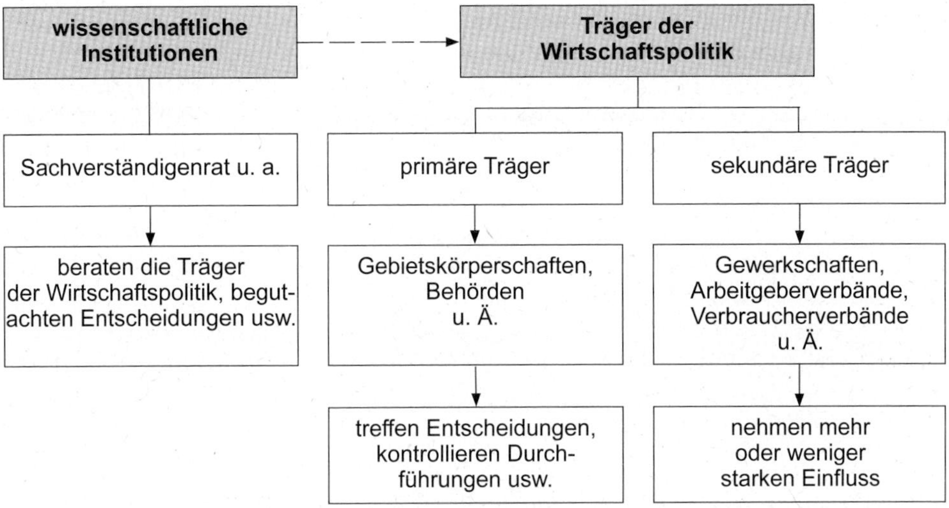

8.4 Ziele der Wirtschaftspolitik

Wirtschaftspolitische Ziele entsprechen den gesellschaftlichen Zielen, die im Allgemeinen der Durchsetzung gesellschaftlicher Grundwerte, wie Freiheit, Gerechtigkeit, Wohlstand und Sicherheit dienen. In gebotener Kürze können die Grundwerte folgendermaßen umschrieben werden.

Freiheit ist die Summe der Möglichkeiten eines Individuums, sein Leben eigenverantworlich zu gestalten und Freiheitschancen auch im ökonomischen Bereich wahrzunehmen; so zählt nicht nur die Möglichkeit eines Arbeitnehmers zur Beteiligung an betrieblichen Entscheidungsprozessen zu seiner Freiheit, sondern auch seine Möglichkeit, regelmäßig Einkommen zu beziehen, es ohne Verlust durch Inflation anzulegen oder zu konsumieren.

Gerechtigkeit i. S. von sozialer Gerechtigkeit drückt sich vor allem in der primären und sekundären Verteilung von Einkommen aus. Aber auch die Beteiligung von Arbeitnehmern an den betrieblichen Entscheidungsprozessen, die sie unmittelbar betreffen, und die darauf beruhende Verteilung der Risiken sind Aspekte der Gerechtigkeit. Ob auch die Verteilung von Arbeit von „Arbeitbesitzern" zu Arbeitslosen ein Aspekt sozialer Gerechtigkeit ist, wird seit Anfang der 90er-Jahre diskutiert. Ludwig Erhard, der liberale Wirtschaftspolitiker, vertrat dazu die Meinung, es sei gerecht, wenn jeder, der arbeiten wolle, auch einen Arbeitsplatz fände; der Forderung nach mehr sozialer Gerechtigkeit würde deshalb eher die Schaffung weiterer Arbeitsplätze durch Ausdehnung der Produktion, also durch Wachstum, entsprechen.

Wohlstand drückt sich vor allem aus in der materiellen Versorgung, d. h. also in der Tatsache, dass Menschen Arbeit haben, Einkommen beziehen und sich mit diesem Einkommen in ausreichendem Maß auch mit Gütern versorgen können. Der Wohlstand steigt, wenn mehr produziert, mehr verdient und das Angebot an Gütern und Dienstleistungen reichhaltiger wird, wenn die Arbeitsproduktivität steigt und Arbeitnehmer über mehr Freizeit (bei gleichem oder steigendem Einkommen) verfügen und diese in lebensgerechter Umwelt durch das Angebot an Möglichkeiten zur Freizeitgestaltung genießen können. Die Produktion, ausgedrückt im Bruttoinlandsprodukt, wäre demnach der beste Wohlstandsmesser. Aber bei der Messung des Lebensstandards müssen auch andere Indikatoren berücksichtigt werden, z. B. Einkommensverteilung, Umweltbedingungen, Lebenserwartungen u. Ä.

Sicherheit bedeutet, dass sich Menschen vor bestimmten Risiken des Lebens, z. B. Arbeitslosigkeit, Invalidität, Alter, Krankheiten, schützen können. Das Streben nach Sicherheit zeigt sich aber auch in dem Bedürfnis der Menschen, den erreichten Lebensstandard auf Dauer zu halten. Sicherheit drückt sich aus in Umverteilungsvorgängen, in der Einrichtung und Erweiterung der Sozialversicherungen, aber auch in der Bekämpfung von Inflation u. Ä.

Die Ausführungen machen deutlich, dass die Formulierung gesellschaftlicher Ziele nicht Aufgabe der Wirtschaftspolitik sein kann. Die theoretische Wirtschaftspolitik kann als eine Wissenschaft nicht die „gerechte" Einkommensverteilung definieren, sie kann auch nicht vorgeben, in welchem Umfang Mitbestimmung von Arbeitnehmern richtig ist. Sie kann aber aufzeigen, welcher Zusammenhang z. B. zwischen dem Wachstumsziel und den Zielen Vollbeschäftigung und Preisniveaustabilität besteht. Sie kann Maßnahmen zur Erreichung der Ziele vorschlagen, z. B. eine Senkung der Nachfrage zur Stabilisierung des Preisniveaus; sie kann schließlich auch prognostizieren, welche Folgen die Nachfragesenkung auf die Beschäftigung haben kann usw. Insofern sind die folgenden Ziele, die sich aus den gesellschaftlichen Zielen für die Wirtschaft ableiten, **Ziele für die Wirtschaftspolitik**: Wachstum der Produktion, stabiles Preisniveau, Vollbeschäftigung bzw. hohe Beschäftigung, außenwirtschaftliches Gleichgewicht, gerechte Einkommensverteilung, Beteiligung an Entscheidungen.

Durch Art. 109 Abs. 4 GG und das dazu ergangene Gesetz zur Förderung der Stabilität und des Wachstums der Wirtschaft (Stabilitätsgesetz) sind der deutschen Wirtschaftspolitik folgende Ziele vorgegeben:

- stetiges angemessenes Wachstum,
- hohe Beschäftigung,
- Stabilität des Preisniveaus,
- außenwirtschaftliches Gleichgewicht.

Diese Ziele weisen **zwei Problembereiche** auf. Der eine ergibt sich aus dem Zwang zur **Quantifizierung**, es muss z. B. angegeben werden, was ein angemessenes Wachstum, was hohe Beschäftigung usw. ist. Der andere ergibt sich aus den **Beziehungen der Ziele** zueinander. Die Maßnahmen zur Verfolgung eines Ziels beeinflussen auch die anderen Ziele: So kann z. B. die Verfolgung eines Ziels zur Erreichung eines anderen beitragen (**Zielkomplementarität**) oder die Erreichung eines anderen behindern (**Zielkonflikt** bzw. Zielkonkurrenz). Maßnahmen zum Wachstum des Bruttoinlandsprodukts führen u. U. auch zu einem Anstieg der Beschäftigung, die gleichen Maßnahmen können evtl. aber auch die Preise in die Höhe treiben.

Die Quantifizierung der Ziele geschieht dadurch, dass Eckwerte für die entsprechenden Indikatoren angenommen werden, die mit entsprechenden wirtschaftspolitischen Maßnahmen erreicht werden sollen. Dabei wird die **Relationalität der Ziele** deutlich: So könnte z. B. angegeben werden: Wenn das BIP um 3 % wächst, wird wahrscheinlich die Arbeitslosenquote um zwei Prozentpunkte abnehmen und ein weiterer Preisanstieg vermieden.

Die Schwierigkeit, die Ziele gleichzeitig zu erreichen, wird gelegentlich mit dem Schlagwort „magisches Viereck" umschrieben.

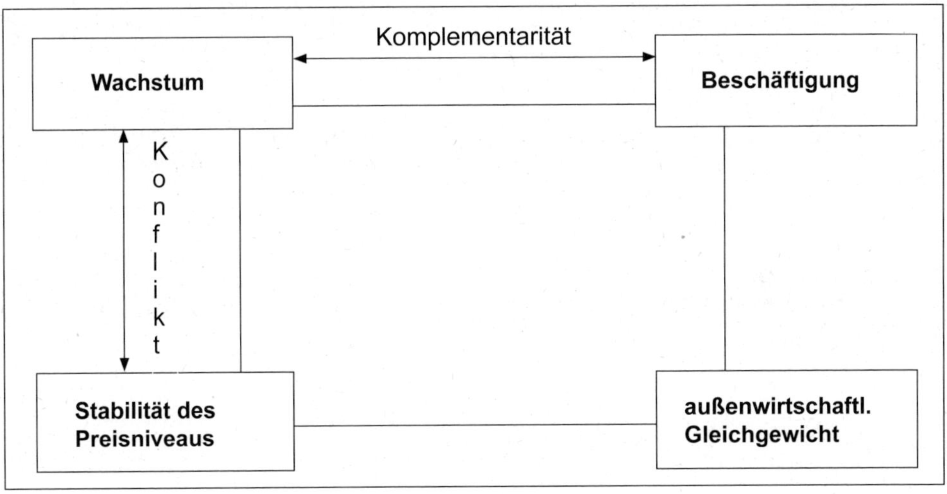

Abb. 8.1: Magisches Viereck

8.5 Mittel der Wirtschaftspolitik

Den Trägern der Wirtschaftspolitik stehen zur Erreichung der Ziele verschiedene Mittel zur Verfügung. (Sie werden in den folgenden Kapiteln behandelt.)

Mittel der Fiskalpolitik, die die Gebietskörperschaften als Träger einsetzen, sind u. a.

- Einnahmen, vor allem Steuern, Beiträge usw.,
- Ausgaben, z. B. für Transferzahlungen, Subventionen, andere Ausgaben (Käufe usw.),
- Kreditaufnahme, Schuldentilgung.

Mittel der Geldpolitik, die die Europäische Zentralbank als Trägerin einsetzt, sind u. a.

- Offenmarktgeschäfte,
- ständige Fazilitäten,
- Mindestreserven.

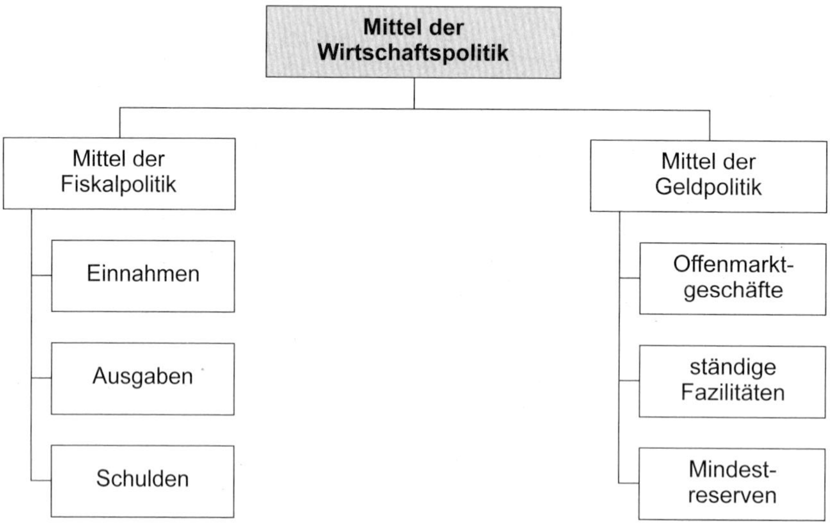

9. Geld und Geldpolitik

Bohlsen sen. erzählte seinen Kindern gelegentlich von der „guten alten Zeit“ und zeigte ihnen dabei einen 20-Mark-Schein von 1910 (vgl. Abbildung 9.1). Sohn Friedhelm musste dann vorlesen: Zwanzig Mark zahlt die Reichsbankhauptkasse ... dem Einlieferer dieser Banknote. „Zwanzig Mark in Gold!“ pflegte Bohlsen sen. jedesmal anzufügen, damals wäre das Geld noch etwas wert gewesen.

Abb. 9.1: Reichsbanknote von 1910

Bohlsen sen. erzählte aber auch von den Jahren der Inflation nach dem 1. Weltkrieg. So konnte er sich aus dem Jahre 1923, seinem ersten Lehrjahr, gut erinnern, wie wertlos das Geld war und wie schnell es im Wert weiter fiel: Im Januar habe ein Brot 250 M, im Juli 3.465 M, im September 1.512.000 M und im November sogar 201.000.000.000 M gekostet.

Käufer wären sofort nach dem Empfang ihrer Löhne und Gehälter, die wöchentlich ausgezahlt wurden, mit riesigen Geldpaketen in das Geschäft gekommen, um das wertlose Papier möglichst schnell gegen wertbeständigere Güter wieder loszuwerden. Der Höhepunkt der Geldentwertung wäre im November 1923 gewesen. 20 Goldmark aus der guten alten Zeit hätten nun einem Wert von 20 Billionen Mark entsprochen; „einer 20 mit 12 Nullen!“ beendete Bohlsen sen. regelmäßig seinen Bericht.

Probleme dieser Art hat Friedhelm Bohlsen heute nicht, der Geldwert ist relativ stabil. Er kann zwar eine Geldnote nicht bei einer Zentralbank gegen einen entsprechenden Gegenwert in Gold eintauschen, aber er kann dafür Ware und Dienstleistungen jederzeit zu angemessenen Preisen kaufen. Der Wert seines 20-€-Scheins ergibt sich durch dessen Kaufkraft.

Sein Geld verdient Friedhelm Bohlsen durch den „Verkauf" seiner Arbeitskraft. Der Betrag wird ihm nicht bar ausgezahlt, sondern auf sein Konto bei der Altenauer Städtischen Sparkasse überwiesen. Er verfügt über den gutgeschriebenen Betrag durch Überweisungen, bargeldlose Zahlungen und Barabhebungen. Für tägliche Einkäufe muss der Haushalt Bohlsen ständig liquide sein, den Betrag dafür will Herr Bohlsen möglichst gering halten, denn Liquidität kostet Geld: entweder entgangene Zinsen für den Verzicht auf Anlage oder aber tatsächlich zu zahlende Zinsen für die Inanspruchnahme des Dispositionskredits. Herr Bohlsen ist in diesem Monat gezwungen, im Rahmen seines Dispositionskredits sein Konto zu überziehen, da die Bank den Quartalsbetrag von 2.200,– € für Hypothekenzinsen und -tilgung abgebucht hat. Diese Zinsbelastung ist sehr hoch. Die Bohlsens mussten vor 4 $^1/_2$ Jahren nach Ablauf des ersten, relativ zinsgünstigen Vertrages einen Hypothekenvertrag mit 5-jähriger Bindung und einem Zinssatz von 9,3 % abschließen. Der Zinssatz für Hypothekarkredite geht seit Monaten zurück, zzt. liegt er bei 6,25 %. Herr Bohlsen verfolgt diese Zinsentwicklung (und die Entwicklung der sie beeinflussenden Faktoren) mit Spannung und hofft, dass sie wenigstens noch ein halbes Jahr anhält.

Trotz der angespannten finanziellen Lage wollen die Bohlsens in diesem Jahr in Urlaub fahren und legen deshalb monatlich 75,– € zurück, die sie im Dauerauftrag auf das Sparkonto überweisen lassen.

Frau Bohlsen zahlt bei ihren Einkäufen für den Haushalt meistens bar bzw. mithilfe der EC-Karte und Abbuchung. An diesem Wochenende bringt sie vom Einkauf in der Stadt einen „Warenkorb" im Wert von etwa 150,– € heim, der so unterschiedliche Güter und Leistungen wie z. B. Butter, Gemüse, Brot, T-Shirt, Kamm, Seife, besohlte Schuhe, gereinigten Mantel etc. enthält. Dabei sind insgesamt sieben Zahlungsvorgänge angefallen.

Die Großhandlung Anton Müller KG nimmt zum Ausgleich einer Rechnung einen Wechsel über 5.000,– € in Zahlung, den sie ihrer Bank verkauft. Die Bank schreibt den Barwert (= Nennwert abzüglich Zinsen u. a.) ihrem Konto gut. Das Unternehmen hat also aus diesem Vorgang ein Guthaben bei seiner Bank, über das es verfügen kann.

Bohlsens Freund Karl benötigt zur Anschaffung eines Autos einen Kredit, den ihm die Bank gegen Sicherungsübereignung auch gewährt. Der Betrag wird Karls Konto gutgeschrieben; Karl überweist ihn dem Autoverkäufer, der darüber auch mit einer Überweisung verfügt.

Diese Aufzählung von Beispielen, die man leicht nachvollziehen und mit eigenen Erfahrungen ergänzen kann, weisen auf die Bedeutung des Geldes in einer arbeitsteiligen Wirtschaft hin. Sie deuten die Funktionen des Geldes, seine Erscheinungsformen, seine Entstehung und schließlich auch an, dass es nur so viel wert ist, wie man dafür kaufen kann.

9.1 Funktionen und Erscheinungsformen des Geldes

In einer arbeitsteiligen Volkswirtschaft hat das Geld wichtige **Funktionen**.

1. Das Geld ist **Tauschmittel**. In einer arbeitsteiligen Wirtschaft können Güter in der Regel nicht gegen Güter getauscht werden, deshalb muss es zur Regulierung der Tauschvorgänge ein allgemein anerkanntes Mittel zur Wertübertragung geben. Nur mit Geld kann Frau Bohlsen einkaufen; Herr Bohlsen erhält als Entgelt für seine Arbeitskraft Geld, keine Ware. Die Tauschmittelfunktion wird dadurch gestützt, dass das Geld gesetzliches Zahlungsmittel ist.

2. Das Geld ist **Recheneinheit**. Der Wert der Ware, der Wert der Faktoren wird mit Geld angegeben. Mithilfe des Geldes können Güter miteinander vergleichbar gemacht werden, die unterschiedlichen Güter in einem Warenkorb zusammengezählt, alle in einem Jahr erstellten Güter und Leistungen als Inlandsprodukt angegeben werden. Der Preis, der auf dem Markt Angebot und Nachfrage in Übereinstimmung bringt, könnte diese Funktion nicht wahrnehmen, wenn es keine allgemein anerkannte Recheneinheit, kein Wertmaß gäbe.

3. Geld ist **Wertaufbewahrungsmittel**. Mit Geld kann heute erworbene Kaufkraft in die Zukunft verlagert werden. Teile des heute verdienten Einkommens werden zurückgelegt, damit sie im Urlaub ausgegeben werden können. Die Neigung zur „Wertaufbewahrung" z. B. auf Sparkonten ist sicherlich abhängig vom Vertrauen in die Beständigkeit des Geldwertes. Geringe Kaufkraftverluste können aber durch Zinsgewinne ausgeglichen werden.

4. Geld ist **Liquiditätsreserve**. Wirtschaftssubjekte müssen aus bestimmten Gründen liquide sein, sie wollen z. B. ständig Einkäufe gegen Barzahlung tätigen können. Der Wunsch, Bargeld zu halten oder ständig über ein Guthaben auf einem Konto in laufender Rechnung bzw. über einen Dispositionskredit verfügen zu können, kostet Geld. Liquidität bedeutet entgangene Zinsen für Verzicht auf lukrative Geldanlage oder aber Zinszahlung bei geliehenem Geld.

5. Geld ist **Kreditübertragungs- und Schuldentilgungsmittel**. Kredite werden in der Form von Geld gewährt, Schulden werden mit Geld getilgt.

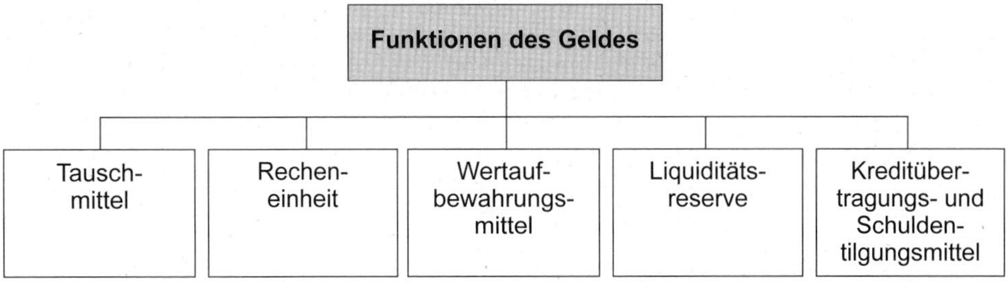

Geld ist aber mehr als sich in diesen Funktionen ausdrückt. Geld ist auch ein **Mittel der Wirtschaftspolitik**. Mithilfe der **Geldpolitik** können konjunkturpolitische Ziele unterstützt werden. Wie wichtig eine „richtige" Geldpolitik ist, zeigen die beiden Währungsreformen, durch die Produktion und Beschäftigung wesentlich angeregt wurden.

Folgende **Erscheinungsformen** des Geldes werden unterschieden.

1. **Bargeld** in Form von **Münzen und Noten**. Die Bundesregierung hat das sog. Münzregal, d. h. das Recht, Münzen zu prägen bzw. die Prägung zu regeln. Die bundesdeutschen Scheidemünzen werden u. a. in den folgenden Münzstätten („Münzen") geprägt, sie erhalten dabei den in Klammern angegebenen Buchstaben: Berlin (A), München (D), Stuttgart (F), Karlsruhe (G) und Hamburg (J). Da der Wert der Scheidemünzen höher ist als Rohstoff- und Prägekosten, entsteht ein Münzgewinn; dieser Gewinn steht dem Bundeshaushalt zu. Banknoten kann nur die Bundesbank herausgeben.

2. **Buchgeld** (Giralgeld), das ist das Geld, das im „Buch", also auf dem Konto bei einer Bank steht. Es entsteht durch Einzahlungen, Überweisungen, Kreditgewährungen usw.

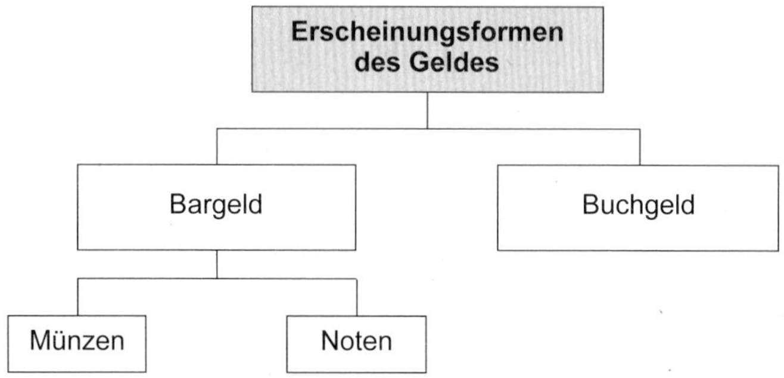

Die Summe aus dem umlaufenden Bar- und Buchgeld wird als **Geldvolumen** bezeichnet. Es ist die im Nichtbankensektor befindliche Zahlungsmittelmenge.

9.2 Geldschöpfung

Im Einführungsbeispiel erhält ein Kaufmann zum Ausgleich einer Rechnung einen Besitzwechsel. Er gibt ihn weiter an die Bank, die Bank schreibt ihm den Barwert auf seinem Girokonto gut. Es entsteht also Giralgeld. Ein Haushalt beantragt bei seiner Bank einen Kredit, den die Bank bewilligt, sie schreibt dem Haushalt den Betrag auf dessen Girokonto gut. Wieder ist Giralgeld entstanden. Denkbar wäre auch der Fall, dass ein Wirtschaftssubjekt Devisen an seine Bank verkauft und sich den Betrag auf seinem Girokonto gutschreiben lässt, sodass auch Giralgeld entsteht. **Die Bank schafft Geld, indem sie Vermögensteile, die keine Zahlungsmittel darstellen** (z. B. Wechsel, Forderungen, Devisen), **„monetisiert"**. (Auf die Unterscheidung zwischen primären und sekundären Aktiven wird hier verzichtet.) Die entstandenen Guthaben an Giralgeld sind Forderungen der Kontoinhaber an die Bank. **Zahlungsmittel sind** also **Forderungen an die Kreditinstitute**.

In den Ländern, die zur europäischen Währungsunion gehören, besteht das Bankensystem aus Kreditbanken und dem Zentralbanksystem. Diese schaffen gemeinsam durch Kredite die für die Wirtschaft erforderliche Zahlungsmittelmenge.

Der Kreditspielraum einer Bank wird (außer durch Vorschriften) dadurch begrenzt, dass sie immer über Liquidität verfügen muss; sie muss z. B. für Barabhebungen durch ihre Kunden zahlungsfähig sein. Diese Liquiditätsreserve ist erfahrungsgemäß gering. Die Banken könnten – wenn die Bundesbank sie gewähren ließe – den Kreditwünschen der Kunden in hohem Maße nachkommen. (Auf eine Darstellung der Multiplikatorwirkung im Geldschöpfungsprozess soll verzichtet werden. Wichtig ist aber zu wissen, dass die Zahlungsmittelmenge im Nichtbankensektor und damit die monetäre Nachfrage der Wirtschaftssubjekte auch von den Kreditbanken beeinflusst werden kann.)

9.3 Binnenwert der Währung

9.3.1 Das Preisniveau

Der Wert des Euro ist nicht an ein Gut gebunden. Das Wertmaß der Währungseinheit wird also nicht bestimmt durch entsprechende Mengeneinheiten eines Wertmetalls, wie das z. B. in Goldumlaufwährungen der Fall ist. Die Währung des Deutschen Reiches zwischen 1876 und 1914 war eine **Goldumlaufwährung**. Der Wert einer Kurantmünze wurde bestimmt durch die **Grundgleichung 1 kg Feingold = 2.790 Mark**; die 20-M-Münze, die gegen eine Banknote mit dem entsprechenden Wertaufdruck eingelöst wurde, hatte ein Feingoldgehalt von 7,168 g.

Der Wert des Euro ergibt sich vielmehr aus seiner **Kaufkraft**, die sich in der Gütermenge, die man für eine Geldeinheit kaufen kann, ausdrückt. Steigt das Preisniveau, nimmt die Gütermenge, die für diese Geldeinheit gekauft werden kann, ab, d. h. die Kaufkraft des Geldes sinkt. Die Steigerungsrate des Preisniveaus gibt also an, in welchem Umfang der Wert der Währung verfällt.

Die Indikatoren, die die Stabilität und die Instabilität des Preisniveaus anzeigen, sind die **Preisindizes**. Preisindizes werden von der amtlichen Preisstatistik zur Beobachtung der Preisentwicklung in bestimmten wirtschaftlichen Bereichen erstellt. Es gibt eine Vielzahl von Preisindizes, so z. B. den Index der Erzeugerpreise, der Großhandelspreise, den Index der Ein- und Ausfuhrpreise, den Preisindex für Bauwerke, den Index der Einzelhandelspreise. Von besonderer Bedeutung sind die Preisindizes der Lebenshaltung; einer von ihnen ist der **Preisindex für die Lebenshaltung aller privaten Haushalte**.

Um diesen Index aufstellen zu können, befragt das Statistische Bundesamt eine Anzahl von privaten Haushalten nach ihrem Ausgabeverhalten. Die Haushalte werden mithilfe von Stichproben zufällig ausgewählt; sie stellen eine Repräsentation aller Haushalte dar. Sie halten in Haushaltsbüchern Art, Mengen und Preise der in einem Berichtszeitraum (z. B. Monat) gekauften Güter und Leistungen fest. Das Statistische Bundesamt wertet alle Haushaltsbücher aus; es ermittelt Durchschnittswerte und gewichtet einzelne Ausgabenarten entsprechend ihrer Bedeutung. Das Amt kann so feststellen, wie teuer die Lebenshaltung in einem Berichtszeitraum war. Durch Vergleich mit den folgenden Berichtszeiträumen kann ermittelt werden, ob und wie sich die Lebenshaltung verteuert hat.

Der Wert der Güter und Leistungen in einem Jahr, dem sog. Basisjahr, wird gleich 100 gesetzt. Wenn sich die Lebenshaltung im folgenden Jahr z. B. um 2 % verteuert hat, steigt der Index auf 102. Der Preisindex muss von Zeit zu Zeit neu berechnet werden, weil sich die Verbrauchsgewohnheiten verändern. Die letzte Neuberechnung wurde kürzlich mit der Festlegung des Basisjahres 2005 vorgenommen.

Ein einfaches Beispiel soll den Sachverhalt verdeutlichen. Es wird ein Warenkorb mit lediglich vier Bestandteilen (A, B, C, D) angenommen; die Bestandteile stehen für die Waren und Dienstleistungen, die von privaten Haushalten mehr oder weniger häufig gekauft werden. Bestandteile dieses Warenkorbs sind z. B. Nahrungsmittel (z. B. Brot, Butter, Wein), Industrieerzeugnisse (z. B. Waschmaschine), Dienstleistungen (z. B. Mieten, Reparaturleistungen) usw. (vgl. die Hauptkomponenten den Harmonisierten Verbraucherpreisindex des ESZB). Sie werden entsprechend ihrer Bedeutung im Verbrauch der Haushalte unterschiedlich (und zwar hier mit den angenommen Gewichtungsfaktoren) gewichtet.

In der folgenden Tabelle sind in Spalte 1 die Bestandteile, in Sp. 2 die Gewichtungsfaktoren, in Sp. 3 die Preise des Basisjahres, in Sp. 4 und 5 die Preise des Folgejahre angegeben. In den Spalten 6 bis 8 werden die Preise jeweils gewichtet.

Der Indexwert eines Berichtsjahres wird durch das Verhältnis der gewichteten Preise des Berichtsjahres zu den gewichteten Preisen des Basisjahres ermittelt. Im Beispiel ergibt sich für das erste Jahr ein Indexwert von 125, für das zweite Jahr von 150 Punkten; der Indexwert des Basisjahres beträgt 100. Die **Reihe der Indexwerte** wird als **Preisindex** bezeichnet. Mit dem Preisindex kann die Entwicklung des Preisniveaus beobachtet und analysiert werden.

Im Beispiel ist das Preisniveau vom Basisjahr zum ersten Jahr um 25 % und zum zweiten Jahr um 50 % gestiegen. Der Anstieg vom Basisjahr zum ersten Jahr und vom ersten zum zweiten Jahr beträgt jeweils 25 Indexpunkte. Die Veränderung des Indexwertes eines Jahres zum entsprechenden Wert des Vorjahres lässt sich also mit Indexpunkten angeben.

Im Allgemeinen wird jedoch die **Inflationsrate** zur Kennzeichnung der Veränderungen herangezogen. Die Inflationsrate gibt den Anstieg der Indexwerte von einem Jahr zum nächsten in Prozent an. Im Beispiel beträgt die Inflationsrate im ersten Jahr 25 %, im zweiten 20 %.

Wenn das Preisniveau ansteigt, geht die **Kaufkraft** zurück. Als Kaufkraft bezeichnet man im Allgemeinen eine Geldsumme, die zum Kauf einer bestimmten Gütermenge ausreicht. Wenn die Kaufkraft im Basisjahr mit 100 angenommen wird, ist sie in den Folgejahren entsprechend geringer. Es entsteht eine Reihe von Werten, die man als **Kaufkraftindex** bezeichnen kann.

Die **Kaufkraft** eines Jahres wird durch das Verhältnis der gewichteten Preise des Basisjahres zu den gewichteten Preisen dieses Jahres ermittelt. Im Beispiel ergibt sich für das erste Jahr ein Indexwert für die Kaufkraft von 80, im zweiten Jahr von 66,67.

Die Kaufkraft ist also vom Basis- zum ersten Jahr um 20 und zum zweiten Jahr um 33,3 Indexpunkte zurückgegangen. Der Kaufkraftverlust wird im Allgemeinen als prozentuale Verringerung eines Indexwertes zum folgenden angegeben. Im Beispiel beträgt der Kaufkraftverlust im ersten Jahr 20 %, im zweiten Jahr 16,6 %.

1	2	3	4	5	6	7	8
Bestand-teile	**Gewichte**	**Basisjahr**	**1. Jahr**	**2. Jahr**	$p_0 \cdot q_0$	$p_1 \cdot q_0$	$p_2 \cdot q_0$
A	1	6,0	7,5	11,0	6,0	7.5	11,0
B	5	2,0	2,5	3,0	10,0	12,5	15,0
C	2	4,0	5,0	5,0	8,0	10,0	10,0
D	3	2,0	2,5	3,0	6,0	7,5	9,0
Σ					30,0	37,5	45,0
Preisindex					100,0	125,0	150,0
Veränderungen gegenüber Vorjahr		Indexpunkte				25,0	25,0
		Inflationsraten				25,0	20,0
Kaufkraftindex					100,0	80,0	66,7
Veränderungen gegenüber Vorjahr		Indexpunkte				20,0	13,3
		Kaufkraftverlust in %				20,0	16,6

Der Indexwert für das erste Jahr des Preisindexes im vorstehenden Beispiel wird folgendermaßen errechnet:

$$P_1 = \frac{\sum p_1 \cdot q_0}{\sum p_0 \cdot q_0} \cdot 100 = \frac{37,5}{30} \cdot 100 = 125$$

Der Preis des Berichtsjahres wird nach folgender verallgemeinerter Form errechnet.

$$P_{\text{Berichtsjahr}} = \frac{\text{gewichtete Preise des Berichtsjahres}}{\text{gewichtete Preise des Basisjahres}} \cdot 100$$

Die Kaufkraft des Berichtsjahres im vorstehenden Beispiel wird folgendermaßen errechnet:

$$K_1 = \frac{\sum p_0 \cdot q_0}{\sum p_1 \cdot q_0} \cdot 100 = \frac{30}{37,5} \cdot 100 = 80$$

Der Kaufkraft des Berichtsjahres (bezogen auf das Basisjahr) wird nach folgender verallgemeinerter Formel errechnet:

$$K_{\text{Berichtsjahr}} = \frac{\text{gewichtete Preise des Basisjahres}}{\text{gewichtete Preise des Berichtsjahres}} \cdot 100$$

Die folgenden Tabellen (Tab. 9.1) geben die Entwicklung der Verbraucherpreise von 2004 bis 2007 anhand des Verbraucherpreisindexes wieder. Sie zeigt also, wie sich die Lebenshaltung der privaten Haushalte in Deutschland seit 2004 verteuerte. In der

Tab. 9.1/1 wird der Preisindex nach Gütergruppen differenziert, so wird verdeutlicht, in welchem Maße diese Gütergruppen an der allgemeinen Preisentwicklung beteiligt sind.

Verbraucherpreisindex (2005 = 100)	2004	2005	2006	2007
insgesamt	98,07	100,0	101,6	103,9
nach Gütergruppen				
Nahrungsmittel	99,9	100,0	101,9	105,9
andere Verbrauchs- und Gebrauchsgüter (ohne Energie)	99,1	100,0	100,3	101,7
Energie	90,7	100,0	108,5	112,8
Dienstleistungen (ohne Wohnungsmieten)	98,0	100,0	101,0	103,9
Wohnungsmieten	99,0	100,0	101,1	102,2

Tab. 9.1/1: Verbraucherpreisindex in Deutschland (Quelle: Bundesbankbericht August 2008)

Im Jahr 2007 lag der Preisindex bei 103,9; das Preisniveau stieg vom Basisjahr 2005 bis zum Berichtsjahr 2007 um 3,9 Indexpunkte und von 2006 um 2,3 Indexpunkte. Der Indexanstieg von 2006 bis 2007 entspricht einem Preisanstieg von 2,26 %; die Inflationsrate lag also über 2 %. Die Kaufkraft von 2007 gegenüber dem Basisjahr beträgt 96,25; das entspricht einem Kaufkraftverlust in diesem Zeitraum von 3,75 %.

Die Tabelle weist darauf hin, dass sich die Indexwerte für die angegebenen Gütergruppen unterschiedliche entwickelten. Besonders stark zeigt sich der Preisanstieg bei Nahrungsmitteln (von 2005 bis 2007 um 5,9 Indexpunkte) und bei Energie (um 12,8 Indexpunkte).

Die in der Tabelle angegeben Indexwerte sind Jahreswerte. Die Monatswerte von Juni 2007 bis Juli 2008 zeigen die aktuelle Entwicklung (vgl. Tab. 9.1/2). Wegen ihrer besonderen Bedeutung werden in der Tabelle auch die Indexwerte für Nahrungsmittel und Energie angegeben.

	insgesamt	Nahrungsmittel	Energie
Juni 2007	103,6	105,1	112,8
Juli	104,2	105,0	113,8
August	104,1	105,1	112,5
September	104,2	105,8	114,0
Oktober	104,5	108,2	113,8
November	105,0	109,7	118,2
Dezember	105,6	110,4	115,8
Januar 2008	105,3	112,1	118,4
Februar	105,8	112,0	118,8
März	106,3	112,6	121,5
April	106,1	113,0	122,6
Mai	106,7	113,0	126,9
Juni	107,0	113,1	129,3
Juli	107,6	113,4	131,0

Tab. 9.1/2: Verbraucherpreisindex in Deutschland von Juni 2007 bis Juli 2008 insgesamt, Nahrungsmittel und Energie (Quelle: Bundesbankbericht August 2008)

9.3.2 Instabilität des Geldwerts: Inflation

Der Anstieg des Preisniveaus für Güter und Dienstleistungen über einen längeren Zeitraum wird als **Inflation** bezeichnet. Alle Güter und Dienstleistungen werden teurer, der Geldwert nimmt ab. In Zeiten „galoppierender" Inflation steigen die Preise sehr schnell, z. B. in den Inflationsjahren bis 1923. Die Geldmenge nimmt zu; das Vertrauen in die Währung schwindet, sodass Einnahmen, z. B. Löhne und Gehälter, sofort wieder nachfragewirksam werden; die Umlaufgeschwindigkeit des Geldes ist hoch. Ständig wachsende Geldmenge und hohe Umlaufgeschwindigkeiten des Geldes fördern den weiteren Preisanstieg.

Eine geringe Geldentwertung wird als schleichende, eine mit hohen, stark ansteigenden Raten als galoppierende Inflation bezeichnet. Eine Inflation mit äußerst hohen Preissteigerungsraten, wie sie z. B. in Deutschland 1923 herrschte, ist eine sog. Hyperinflation. Von einer zurückgestauten Inflation spricht man, wenn ein staatlich verordneter Preisstopp den Preisanstieg verhindert. Nach Aufhebung des Preisstopps steigt die Inflationsrate sofort.

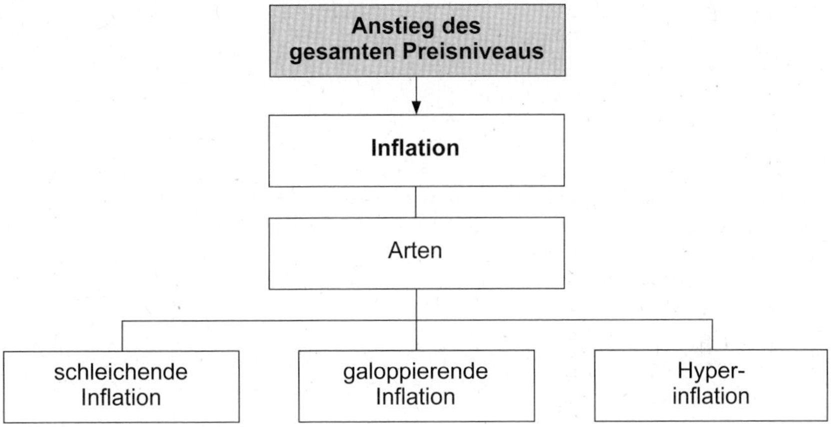

9.3.3 Probleme bei Inflation

Bei schleichender Inflation, d. h. bei niedrigen Inflationsraten, bestehen in der Regel nur geringe Probleme. Die privaten Nachfrager gewöhnen sich an die Preissteigerungen. Erhebliche Probleme ergeben sich aber bei hohen und weiter steigenden Inflationsraten.

So zeigen sich Verteilungsprobleme u. a. darin, dass Bezieher von Gewinnen (Residualeinkommen) im Vorteil gegenüber Beziehern fester Einkommen sind. Einnahmen von Unternehmen steigen mit den Preisen, Löhne können aber erst nach der tariflichen Bindung steigen, also besteht die Möglichkeit, dass Unternehmereinkommen schneller zunehmen als die Löhne. Auch Bezieher fester, d. h. nicht dynamisierter Renten sind im Nachteil. Ihre Einkommen erhöhen sich erst nach einer entsprechenden Rentenanpassung. Die Möglichkeiten zur Vermögensbildung nehmen für die Lohn- und Rentenempfänger mit steigenden Inflationsraten ab. Bezieher von Residualeinkommen versuchen, der Geldentwertung durch die Flucht in Sachwerte, z. B. Immobilien, zu entkommen. Auch die Preise für diese Sachwerte steigen dadurch weiter an. Vor allem für Bezieher relativ geringer (fester) Einkommen wird es nahezu unmöglich, diese Sachwerte zu kaufen. Besonders ungerecht wird gelegentlich die inflationsbedingte Umverteilung zwischen Schuldnern und Gläubigern empfunden. Bei langandauernder Inflation mit hohen und stark steigenden Raten nimmt die „Kaufkraft" einer Forderung ab. Ein Darlehensgeber erhält nach Ablauf eines Kreditvertrages vom Darlehensnehmer zwar den nominal gewährten Betrag zurück, aber dieser entspricht real nicht mehr dem Wert der ursprünglichen Forderung.

Der inflationäre Preisanstieg macht Preisvorteile, die das Inland für bestimmte Güter und Leistungen gegenüber dem Ausland hat, zunichte. Die Folge kann ein Rückgang des Außenhandels sein.

Bei einer Inflation mit sehr hohen Preissteigerungsraten verlieren die Bürger das Vertrauen in die Währung. Einkommen werden nicht gespart, sondern fließen sofort wieder in die Nachfrage. Die hohe Umlaufgeschwindigkeit des Geldes heizt die Inflation zusätzlich an.

Schließlich wird eine Währungsreform erforderlich.

9.3.4 Ursachen der Inflation

Ursachen der Inflation können von der Nachfrage- und von der Angebotsseite sowie von der Geldmenge ausgehen.

Von einer **Nachfrageinflation** spricht man, wenn der erste Impuls für die Geldentwertung von der Nachfrage ausgeht. Wenn die gesamtwirtschaftliche Nachfrage größer ist als das gesamtwirtschaftliche Angebot und die Menge nicht ausgedehnt werden kann, müssen die Preise steigen. Die steigende Nachfrage nach Gütern führt wegen der zunehmenden Produktion auch zu vermehrter Nachfrage nach Produktionsfaktoren, also auch nach dem Produktionsfaktor Arbeit. Bei starker Nachfrage auf dem Arbeitsmarkt können höhere Lohnforderungen durchgesetzt werden. Höhere Löhne bedeuten wieder Anstieg der Nachfrage, daraus kann der weitere Anstieg des Preisniveaus resultieren.

Wenn der erste Impuls für die Inflation von der Angebotsseite ausgeht, wird von einer **Angebotsinflation** gesprochen. Die Angebotsinflation wird gelegentlich auch als Kostendruckinflation bezeichnet. So können u. a. die Preise ansteigen, weil importierte Vorprodukte teurer geworden sind. Auch von Lohnerhöhungen kann der Anstieg der Preise verursacht werden: Steigt z. B. das Lohnniveau stärker als die Produktivität, muss das Preisniveau steigen. Zins- und Steuererhöhungen können u. U. ebenfalls zu Preissteigerungen führen und damit zum Anstieg des Preisniveaus beitragen.

In einer ausschließlich geldwirtschaftlich (monetaristisch) begründeten Erklärungshypothese geht der Impuls für die Inflation davon aus, dass die Geldmenge erhöht wird. Das kann durch die folgende Gleichung gut veranschaulicht werden: $\mathbf{G \cdot P = M \cdot U}$.

In der Gleichung, es handelt sich um eine einfache Darstellungsform der sog. **Quantitätsgleichung**, bedeuten P - Preisniveau, G - Gütermenge (Handelsvolumen), M - Geldmenge, U - Umlaufgeschwindigkeit des Geldes. Auf der linken Seite der Gleichung steht gewissermaßen das Gesamtprodukt bewertet mit den jeweiligen Preisen. Wenn die Geldmenge M bei Konstanz der Umlaufgeschwindigkeit U erhöht wird, und die Gütermenge G nicht mitwächst, kommt es zu einem Anstieg des Preisniveaus P.

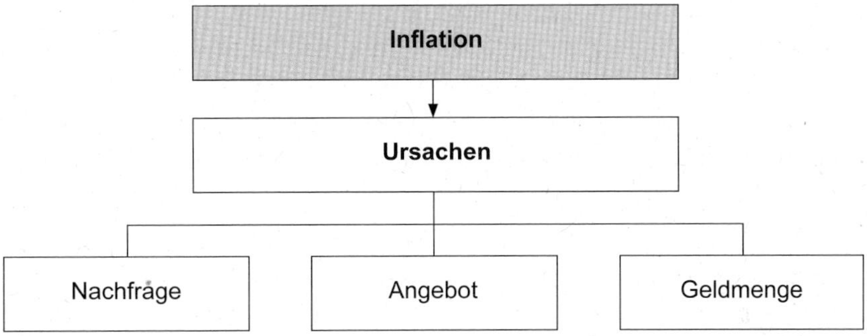

9.4 Geldpolitik

Europäische Zentralbank (Hg.): Monatsbericht – Oktober 2008

***Editorial*[1]**

Auf seiner Sitzung am 2. Oktober 2008[2] *beschloss der EZB-Rat auf der Grundlage seiner regelmäßigen wirtschaftlichen und monetären Analyse, die Leitzinsen der EZB unverändert zu belassen. Der EZB-Rat beriet eingehend über die jüngste Verschärfung der Finanzmarkturbulenzen und ihrer möglichen Auswirkungen auf die Konjunktur und die Inflation und trug dabei der außergewöhnlich hohen Unsicherheit infolge der letzten Entwicklungen Rechnung. In diesem Zusammenhang betonte der EZB-Rat, dass es von entscheidender Bedeutung ist, die Inflationserwartungen fest auf einem Niveau verankert zu halten, das mit seinem Ziel der Preisstabilität im Einklang steht. Preisstabilität ...stützt ein nachhaltiges Wachstum und die Beschäftigung und trägt zur Finanzstabilität bei. Die aktuellsten Daten bestätigen eindeutig, dass sich die Konjunktur im Euro-Währungsgebiet angesichts einer gedämpften Inlandsnachfrage und verschärfter Finanzierungsbedingungen abschwächt. Gleichzeitig stellte der EZB-Rat fest, dass die jährlichen Teuerungsraten einige Zeit lang deutlich über einem mit Preisstabilität zu vereinbarenden Niveau bleiben dürften. In Anbetracht der schwächeren Nachfrage haben sich die Aufwärtsrisiken für die Preisstabilität zwar etwas verringert, sie bestehen aber weiterhin. Während die nach wie vor kräftige Grunddynamik des Geldmengenwachstums auf Aufwärtsrisiken für die Preisstabilität auf mittlere Sicht hindeutet, weist die Expansion der weit gefassten Geldmenge und der Kreditaggregate weitere Anzeichen einer Mäßigung auf. ...*

[1] Gekürzte Fassung des für den Oktoberbericht am 06.10. fertig gestellten Editorials.

[2] Die Sitzungen des EZB-Rates finden regelmäßig am ersten Donnerstag jeden Monats statt.

Bei der Untersuchung der aktuellen Entwicklung der Wirtschaftstätigkeit ist zu betonen, dass die derzeitige Lage ein außergewöhnlich hohes Maß an Unsicherheit mit sich bringt, das zum großen Teil von der jüngsten Verschärfung der Finanzmarktunruhen herrührt. ... die jüngsten Daten bestätigen eindeutig, dass sich die Konjunktur im Euroraum angesichts einer gedämpften Inlandsnachfrage und restriktiverer Finanzierungsbedingungen abschwächt. ...

Nach Auffassung des EZB-Rats sind die Konjunkturaussichten zunehmenden Abwärtsrisiken ausgesetzt, die in erster Linie damit zusammenhängen, dass die Auswirkungen der anhaltenden Finanzmarktspannungen auf die Realwirtschaft negativer ausfallen könnten als derzeit angenommen. ...

Was die Preisentwicklung anbelangt, so blieb die jährliche Teuerungsrate nach dem HVPI seit letztem Herbst deutlich über dem Niveau, das mit Preisstabilität vereinbar ist. Diese Rate, die im August 3,8 % betragen hatte, belief sich ... im September auf 3,6 %. Dieses immer noch bedenkliche Inflationsniveau ist großteils das Ergebnis sowohl direkter als auch indirekter Auswirkungen der in der Vergangenheit weltweit stark gestiegenen Energie- und Nahrungsmittelpreise. Trotz einer schwächeren Wachstumsdynamik hat zudem das Lohnwachstum in den letzten Quartalen recht kräftig angezogen, und dies zu einer Zeit, in der sich die Arbeitsproduktivitätssteigerung verlangsamte. ...

Mit Blick auf die Zukunft dürfte die jährliche HVPI-Inflationsrate angesichts der aktuellen Preise der Terminkontrakte für Rohstoffe noch einige Zeit merklich über einem mit Preisstabilität zu vereinbarenden Niveau liegen und sich im Jahresverlauf 2009 abschwächen. ... Insbesondere gibt es sehr große Bedenken, dass sich aus dem Preis- und Lohnsetzungsverhalten breit angelegte Zweitrundeneffekte[3] ergeben, von denen ein erheblicher zusätzlicher Inflationsdruck ausgehen könnte. ... Der EZB-Rat verfolgt das Preissetzungsverhalten und die Tarifverhandlungen im Eurogebiet mit besonderer Aufmerksamkeit und hat erneut seine Besorgnis über das Vorhandensein von Lohnregelungen geäußert, bei denen die Nominallöhne an die Verbraucherpreise gebunden sind. ...

Im Hinblick auf die monetäre Analyse ist zu berücksichtigen, dass sich ... die Auswirkungen der jüngsten Verschärfung der Finanzmarktturbulenzen noch nicht widerspiegeln.

... den Augustdaten war zu entnehmen, dass sich das Kreditwachstum erwartungsgemäß allmählich abschwächte, wobei sich die Kreditnachfrage der Unternehmen verlangsamte. Gleichzeitig setzt das Wachstum der Kreditvergabe an private Haushalte den in den vergangenen Jahren beobachteten Abwärtstrend ... fort.

---

[3] Als Zweitrundeneffekte werden Folgewirkungen von Preissteigerungen bezeichnet; der Anstieg des Preisniveaus (1. Runde) hat Forderungen nach höheren Löhnen zur Folge (2. Runde). Der Anstieg der Löhne kann die Inflation anheizen (Zweitrundeneffekt), und zwar sowohl über den Kostenanstieg als auch über die höhere Nachfrage. Zweitrundeneffekte werden auch als Subsequent Effects bezeichnet.

Was die Finanzpolitik betrifft, so ist es in der derzeitigen Situation anhaltender wirtschaftlicher Unsicherheit von entscheidender Bedeutung, dass die Regierungen an den Vorgaben des Stabilitäts- und Wachstumspakts festhalten ... Die Beibehaltung solider öffentlicher Finanzen wird es den Regierungen ermöglichen, die automatischen Stabilisatoren frei wirken zu lassen und so zur Glättung des Konjunkturzyklus sowie zur Stärkung des Vertrauens des privaten Sektors beizutragen. Im Hinblick auf die Strukturpolitik sind Maßnahmen, die Wettbewerb sowie Flexibilität fördern und zu einem gemäßigten Wachstum der Lohnstückkosten beitragen, in der gegenwärtigen wirtschaftlichen Lage von größter Bedeutung. ...

Beschlüsse vom 8. Oktober 2008

Nach Fertigstellung des vorliegenden Monatsberichts beschloss der EZB-Rat am 8. Oktober die EZB-Leitzinsen zu senken sowie das Tenderverfahren ... zu ändern.

Geldpolitische Beschlüsse

Während der gegenwärtigen Finanzkrise befanden sich die Zentralbanken fortlaufend in enger Konsultation und arbeiteten bei beispiellosen gemeinsamen Maßnahmen – wie der Bereitstellung von Liquidität zur Verringerung von Engpässen an den Finanzmärkten – zusammen. ... Die Inflationserwartungen sinken und bleiben im Einklang mit Preisstabilität verankert. Die jüngste Verschärfung der Finanzkrise hat zu größeren Abwärtsrisiken für das Wachstum geführt, wodurch die Aufwärtsrisiken für die Preisstabilität weiter abgenommen haben. Eine gewisse Lockerung der weltweiten monetären Bedingungen ist daher angebracht. ...

Bei einer Telekonferenz fasst der EZB-Rat der folgenden geldpolitischen Beschlüsse[4]:

- *Der Mindestbietungssatz für die Hauptrefinanzierungsgeschäfte des Eurosystems wird um 50 Basispunkte auf 3,75 % gesenkt. ...*
- *Der Zinssatz für die Spitzenrefinanzierungsfazilität wird mit sofortiger Wirkung um 50 Basispunkte auf 4,75 %.*
- *Der Zinssatz für die Einlagefazilität wird mit sofortiger Wirkung um 50 Basispunkte auf 2,75 % gesenkt.*

Änderung des Tenderverfahrens

Beginnend mit dem am 15. Oktober abzuwickelnden Geschäft werden die wöchentlichen Hauptrefinanzierungsgeschäfte als Mengentender mit vollständiger Zuteilung zum Zinssatz für die Hauptrefinanzierungsgeschäfte, d. h. derzeit 3,75 % durchgeführt.

[4] Am 4. November und am 2. Dezmber 2008 fasst der EZB-Rat weitere Beschlüsse zu Leitzinssenkungen. Sie sind in der folgenden Abbildung berücksichtigt.

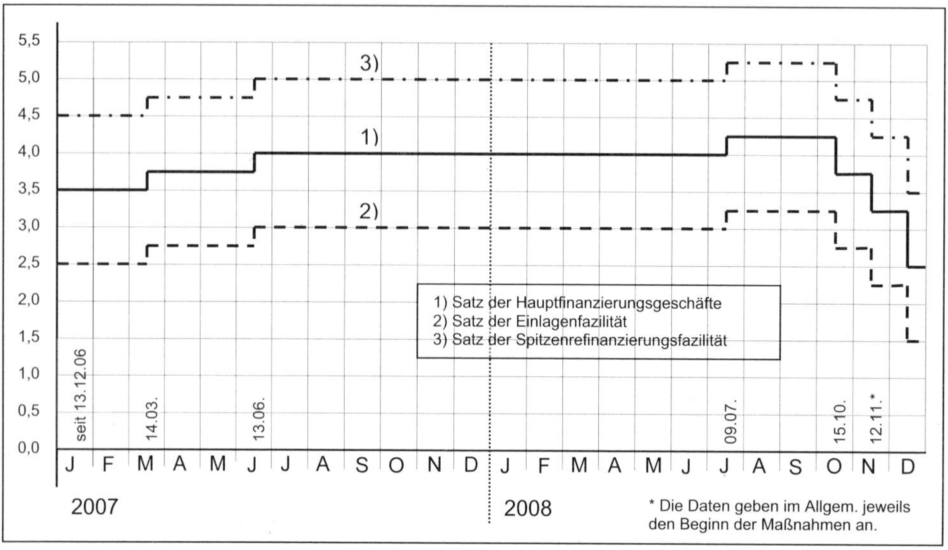

Abb. 9.2 Entwicklung der Leitzinsen der EZB von Januar 2007 bis November 2008

Der Text deutet an, womit sich die folgenden Ausführungen u.a. zu befassen haben.

- Geldpolitische Maßnahmen zur Vermeidung der Preisniveauinstabilität,
- Analyse der Rahmenbedingungen für die geldpolitischen Maßnahmen, z. B. Preis- und Geldmengenentwicklung, allgemeine wirtschaftliche Entwicklung,
- evtl. Stützung der wirtschaftlichen Entwicklung im Eurogebiet,
- Zielgrößen der Geldpolitik,
- Ziele und Instrumente der Geldpolitik,
- Träger der Geldpolitik (Europäisches Zentralbanksystem).

9.4.1 Die Institutionen des ESZB

Am 1. Januar 1999 ging die Zuständigkeit für die Geldpolitik von elf nationalen europäischen Zentralbanken, darunter auch die Deutsche Bundesbank, auf das Europäische System der Zentralbanken (ESZB) über. Grundlage für die Errichtung des ESZB waren der Vertrag zur Gründung der Europäischen Gemeinschaft (EG-Vertrag) von 1957 und die Satzung des ESZB und der europäischen Zentralbank, die dem EG-Vertrag als Protokoll beigefügt ist.

Das Europäische System der Zentralbanken (ESZB) besteht aus der Europäischen Zentralbank (EZB) und den 27 Nationalen Zentralbanken aller EU-Mitgliedstaaten.

Vom **Europäischen System** der Zentralbanken ist das **Eurosystem** zu unterscheiden. Als Eurosystem wird das Zentralbankensystem des Euro-Währungsgebietes bezeichnet, das aus der Europäischen Zentralbank und den Zentralbanken der Staaten besteht, in denen der Euro bereits als Währung gilt.

Der EZB-Rat und das EZB-Direktorium haben in einem „Leitbild" Ziele und strategische Leitlinien des Eurosystems formuliert und verabschiedet. Dieses **Leitbild des Eurosystems** wurde im Januar 2005 als wichtiges und grundlegendes Dokument veröffentlicht. Darin heißt es u. a.

Die Europäische Zentralbank und die nationalen Zentralbanken der Mitgliedstaaten, deren Währung der Euro ist, bilden das Eurosystem, die Währungsbehörde des Eurogebiets. Unser vorrangiges Ziel ist die Gewährleistung von Preisstabilität im Interesse des Gemeinwohls. ... Glaubwürdigkeit, Vertrauen, Transparenz und Rechenschaftspflicht sind tragende Werte bei der Umsetzung unserer Ziele. Eine erfolgreiche Kommunikation mit den Bürgerinnen und Bürgern Europas sowie mit den Medien ist für uns von größter Bedeutung. ... Strategisch wie operativ tragen wir alle ... zur Erreichung der gemeinsamen Ziele bei. ...

Mit dem Begriff Eurosystem wird offiziell das System von Einrichtungen, Instanzen und Zuständigkeiten bezeichnet, in dem das ESZB seine Aufgaben für eine einheitliche Geldpolitik im Euro-Raum erfüllt. Das sind zwar die wichtigsten, aber nicht die einzigen Aufgaben des ESZB.

Die **EZB** hat – im Gegensatz zum ESZB – eigene Rechtspersönlichkeit im Sinne des Völkerrechts. Sie kann also in ihrem Zuständigkeitsbereich völkerrechtliche Verträge abschließen und mit internationalen Institutionen, z. B. dem Internationalen Währungsfonds, der Weltbank u. Ä., zusammenarbeiten. Darüber hinaus hat sie in den Mitgliedstaaten die Rechte einer juristischen Person nach den Rechtsvorschriften des betreffenden Landes; sie kann also Vermögen erwerben, Verträge abschließen usw.

Die EZB ist dafür verantwortlich, dass die Aufgaben des Eurosystems entweder zentral oder dezentral ausgeführt werden. Der EZB-Rat entscheidet darüber, welche Aufgaben zentral durch die EZB und welche dezentral durch die nationalen Zentralbanken auszuführen sind. Grundsätzlich soll der dezentralen Ausführung bestimmter Geschäfte der Vorzug gegeben werden; wenn allerdings Aufgaben entsprechend der Zielvorgaben besser zentral erledigt werden können, bleiben sie der EZB vorbehalten. Die nationalen Zentralbanken sind an die Weisungen der EZB gebunden.

Für ihre Arbeit muss die EZB unabhängig sein. Weder die Organe der EU noch die Regierungen der Mitgliedstaaten können ihr Weisungen erteilen. Diese Unabhängigkeit gilt auch für die Mitglieder der Beschlussorgane; sie dürfen keine Weisungen ihrer Regierungen entgegennehmen bzw. einholen.

Das ESZB wird von den **Beschlussorganen** geleitet. Beschlussorgane sind der Europäische Zentralbankrat, das Direktorium und der Erweiterte Rat.

Der **EZB-Rat** ist das **oberste Beschlussorgan** der EZB. Er setzt sich zusammen aus allen Mitgliedern des Direktoriums der EZB und den Präsidenten der Zentralbanken derjenigen Mitgliedstaaten, in denen der Euro eingeführt ist. Jedes Mitglied verfügt über eine Stimme. Die Entscheidungen werden im Allgemeinen mit einfacher Mehrheit getroffen. Der EZB-Rat sorgt grundsätzlich mithilfe von Leitlinien dafür, dass das Eurosystem die ihm durch den EU-Vertrag zugewiesenen Aufgaben erfüllt. Er legt die Geldpolitik im Euro-Währungsgebiet fest, erlässt Leitlinien für die Durchführung der Geldpolitik, entscheidet über die Anwendung bestimmter Instrumente der Geldpolitik usw.

Das **Direktorium** führt die laufenden Geschäfte der EZB und ist für die Durchführung der Geldpolitik zuständig, es ist also das **ausführende Beschlussorgan**. Es führt die Geldpolitik gemäß den Vorgaben durch den EZB-Rat durch; dazu gibt es die entsprechenden Weisungen an die nationalen Zentralbanken. Das Direktorium setzt sich zusammen aus dem Präsidenten und dem Vizepräsidenten der EZB und weiteren vier Mitgliedern. Sie werden aus dem Kreis der in Währungs- oder Bankfragen anerkannten Persönlichkeiten von den Regierungschefs der Mitgliedstaaten ausgewählt und ernannt; dazu ist die Empfehlung des EU-Rates erforderlich, der vorher das Europäische Parlament und den EZB-Rat anhören muss.[3]

Die Mitglieder des Direktoriums sind für jeweils mehrere Aufgabenbereiche, die in Generaldirektionen und Direktionen zusammengefasst sind, zuständig. So gibt es z. B. folgende Generaldirektionen und Direktionen:

- Externe Beziehungen,
- Verwaltung und Personal,
- Informationstechnik,
- Finanzmarktsteuerung,
- Volkswirtschaft,
- Forschung,
- Internationale und europäische Beziehungen,
- Controlling.

Der **Erweiterte Rat** ist ein Übergangsorgan. Er nimmt vor allem die Aufgaben wahr, die damit zusammenhängen, dass der Euro noch nicht von allen Mitgliedstaaten eingeführt wurde, zusammenhängen. Dazu gehört z. B. die Festlegung der Wechselkurse zwischen dem Euro und den Währungen dieser Länder. Der Erweiterte Rat besteht aus dem Präsidenten und dem Vizepräsidenten der EZB sowie den Präsidenten der 27 Zentralbanken.

[3] Vgl. dazu Art. 11 der ESZB-Satzung.

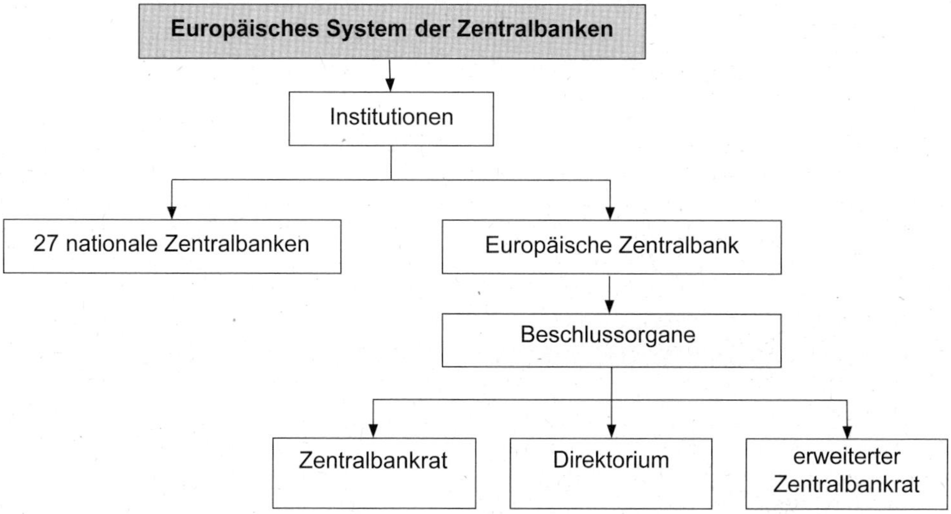

9.4.2 Die Ziele und Aufgaben des ESZB

Der EG-Vertrag schreibt in Art. 105 dem ESZB vor, in erster Linie für ein **stabiles Preisniveau** im Euro-Währungsgebiet zu sorgen. Wenn das vorrangige Ziel der Preisstabilität dadurch nicht beeinträchtigt wird, soll das ESZB aber auch die Wirtschaftspolitik in der Gemeinschaft unterstützen und zur Verwirklichung der Gemeinschaftsaufgaben nach Art. 2 des Vertrages beitragen. Das ESZB soll dabei im Einklang mit dem Grundsatz einer offenen Marktwirtschaft mit freiem Wettbewerb handeln, weil dadurch ein effizienter Einsatz der Ressourcen gefördert wird.

Nach Art. 2 und 3 a des EG-Vertrages soll die Gemeinschaft u. a. das Wirtschaftsleben innerhalb der Gemeinschaft harmonisch und ausgewogen entwickeln, ein beständiges, nichtinflationäres Wachstum fördern und ein hohes Beschäftigungsniveau anstreben. Dazu sollen die Mitgliedstaaten und die Gemeinschaft eine einheitliche Geld- und Wechselkurspolitik mit dem vorrangigen Ziel der Preisstabilität betreiben. Wenn also bestimmte wirtschaftspolitische Ziele mit dem Ziel der Preisstabilität konfligieren, so ist vorrangig immer eine Politik zur Sicherung des Preisniveaus zu betreiben.

Darüber hinaus bestehen **die grundlegenden Aufgaben des ESZB** u. a. darin[4],

- die Geldpolitik der Gemeinschaft festzulegen und auszuführen,
- Devisengeschäfte durchzuführen,
- die offiziellen Währungsreserven der Gemeinschaft zu halten und zu verwalten,
- das reibungslose Funktionieren der Zahlungssysteme zu fördern,
- Banknoten auszugeben,
- die Ausgabe von Münzen durch die Mitgliedstaaten zu genehmigen,

[4] Vgl. Art 3 ff. der ESZB-Satzung und Art. 106 des EG-Vertrages.

- die Institutionen der Gemeinschaft und die Mitgliedstaaten bei Rechtsakten zu beraten, die in seinen Zuständigkeitsbereich fallen,
- statistische Daten zu erheben.

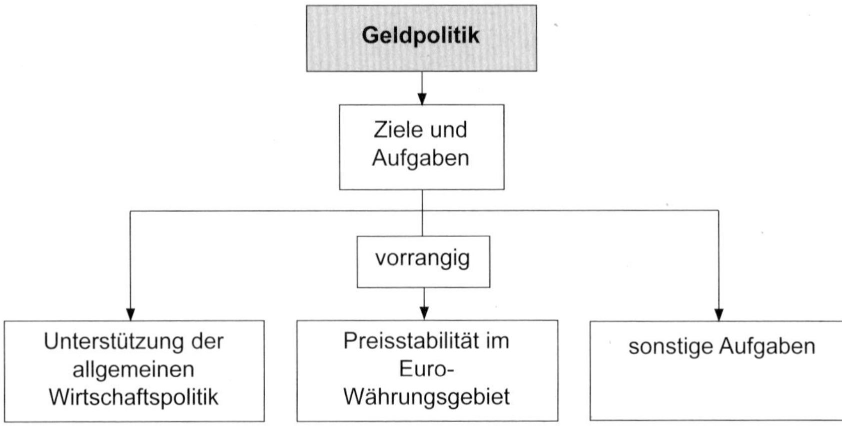

9.4.3 Die Grundlagen der Geldpolitik

Als eine wichtige Grundlage der geldpolitischen Strategie hat der EZB-Rat **Preisstabilität** als einen **jährlichen Preisanstieg von weniger als zwei Prozent** definiert. Nach dieser Definition ist das Preisniveau stabil, wenn sich die Lebenshaltung der Verbraucher im Jahr um höchstens zwei Prozent verteuert.

Zur Analyse der Preisentwicklung nutzt der EZB hauptsächlich den **Harmonisierten Verbraucherpreisindex** (HVPI). In den Mitgliedstaaten bestehen zur Messung der Preisentwicklungen eigene Verbraucherpreisindizes.[5] Sie unterscheiden sich in einzelnen Punkten, sodass ein Vergleich der nationalen Ergebnisse sehr erschwert wird. Um die Entwicklung der Verbraucherpreise auf eine vergleichbare Grundlage zu stellen, hat die Europäische Kommission (Eurostat) in Zusammenarbeit mit den Mitgliedstaaten den HVPI entwickelt.

In den HVPI gehen die Preise einer großen Anzahl von Konsumgütern und Dienstleistungen ein. Sie werden zu Aggregaten, den Komponenten des HVPI, zusammengefasst. Die Komponenten werden gemäß den Verbrauchsausgaben im Berichtszeitraum gewichtet, d. h. sie gehen mit unterschiedlichen prozentualen Anteilen in den HVPI ein. In der folgenden Tabelle (Tab. 9.2) werden die Hauptkomponenten des HVPI aufgelistet, angegeben werden auch die Gewichte.

[5] Vgl. Kap. 9.3.

	Hauptkomponenten des HVPI	Gewichte nach Verbrauchsausgaben in v. H.	
Waren	Verarbeitete Nahrungsmittel	11,9	
	Unverarbeitete Nahrungsmittel	7,6	
	Industrieerzeugnisse (außer Energie)	29,8	
	Energie	9,8	59,1
Dienstleistungen	Wohnungsmieten und -dienstleistungen	10,1	
	Verkehr	6,1	
	Nachrichtenübermittlung	3,3	
	Freizeitdienstleistung u. Ä.	14,7	
	sonstige Dienstleistungen	6,8	40,9

Tab. 9.2: Hauptkomponenten des HVPI – Gewichtung bezogen auf den Indexzeitraum 2008 (Quelle: Europ. Zentralbank, Monatsbericht Juli 2008)

Der Verbraucherpreisindex wird anderen Preisindizes vorgezogen, weil Güter und Dienstleistungen, die von den privaten Haushalten verbraucht werden, am Ende des Produktionsprozesses stehen. Dadurch sind in den Verbraucherpreisen auch die Preisentwicklungen bei Gütern und Dienstleistungen, die während des Produktionsprozesses gebraucht oder verbraucht werden, berücksichtigt. Der Verbraucherpreisindex gibt also die Preisentwicklung relativ umfassend wieder.

Weil der Verbraucherpreisindex sich auf eine Vielzahl von Gütern und Dienstleistungen bezieht, gibt er die Preisentwicklung relativ genau an. Preisentwicklungen werden in der Öffentlichkeit am ehesten bei Konsumgütern u. dgl. wahrgenommen, deshalb ist der Verbraucherpreisindex zur Darstellung der Problematik von besonderer Bedeutung.

In der folgenden Tabelle (Tab. 9.3) wird die Entwicklung des HVPI dargestellt.

	HVPI insgesamt (2005 = 100)
2002	93,9
2003	95,8
2004	97,9
2005	100,0
2006	102,2
2007	104,4

Tab. 9.3: Harmonisierter Verbraucherpreisindex (Quelle: Europ. Zentralbank, Monatsberichte August 2008 und frühere)

Allerdings wird die Preisentwicklung bei häufig gekauften Gütern und Dienstleistungen von den Verbrauchern anders wahrgenommen als die Preisentwicklung bei Gütern und Dienstleistungen, die seltener beschafft werden müssen. Diese subjektive Inflationswahrnehmung wird gelegentlich als **gefühlte Inflation** bezeichnet. Wenn die Preise häufig gekaufter Produkte stärker steigen, weicht die gefühlte Inflation von der durch den HVPI wiedergegebenen Preisentwicklung ab. Das war z. B. im Jahr 2002 nach der Euro-Einführung der Fall, als die Preise für bestimmte Nahrungsmittel, für Benzin, für Dienstleistungen im Gastronomiegewerbe u. Ä. relativ stark anstiegen, während der HVPI lediglich einen Preisanstieg von unter zwei Prozent anzeigte.

Die gefühlte Inflation wirft ein Problem auf, weil sie das Kaufverhalten der privaten Haushalte mitbestimmt. Wenn die Inflation subjektiv als relativ hoch empfunden wird, schätzen die Verbraucher die Reallöhne und die Kaufkraft ihres Einkommens unter Umständen falsch ein. Das kann zur Zurückhaltung beim Kauf, zum Rückgang des Konsums und damit zum Rückgang der gesamtwirtschaftlichen Nachfrage führen.

Im HVPI sind selbstverständlich auch die Preise der häufig gekauften Güter und Dienstleistungen enthalten, darüber hinaus wird auch die Häufigkeit von Käufen mithilfe der Gewichtung in den Index einbezogen. Der HVPI spiegelt deshalb das Verbraucherverhalten relativ genau wider und gewährleistet eine präzise Inflationsmessung. Es hat sich jedoch als nützlich erwiesen, die Preisentwicklung der Verbrauchsgüter nicht nur allgemein mithilfe des HVPI zu messen, sondern die gefühlte Inflation durch einen eigenen Indikator zu erfassen.

Der Indikator für die gefühlte Inflation ergibt sich auf der Grundlage von Umfragen, die europaweit, aber auf nationaler Ebene, monatlich bei rd. 26.000 Verbrauchern durchgeführt werden. Die Verbraucher werden u.a. danach gefragt, wie hoch sie die aktuellen Lebenshaltungskosten im Vergleich zu denen vor zwölf Monaten einschätzen.

Die Umfrageergebnisse werden in zwei Gruppen zusammengefasst.

1. Anteil (in Prozent) derjenigen, die das aktuelle Preisniveau höher einschätzen,
2. Anteil (in Prozent) derjenigen, die das aktuelle Preisniveau niedriger oder als gleich hoch einschätzen.

Das Ergebnis der zweiten Gruppe wird von dem der ersten Gruppe abgezogen; der sich so ergebende Saldo (in Prozentpunkten) ist der Indikator für die gefühlte Inflation.

Dieser Indikator kann lediglich Auskunft über die subjektive Wahrnehmung der Inflationsentwicklung geben. Er gibt aber nie die tatsächliche, quantitative Inflationsrate an.

Nicht nur die Preise, sondern auch die Geldmenge ist eine Zielgröße der Geldpolitik. Die EZB beobachtet die Entwicklung der Geldmenge, weil starke Preissteigerungen meistens mit einer übermäßigen Ausweitung der Geldmenge einhergehen. Die EZB muss deshalb die Entwicklung der Geldmenge kontrollieren, um inflationären Entwicklungen entgegenwirken zu können. Als weitere Grundlage der geldpolitischen Strategie ist deshalb die Festlegung der Geldmengenentwicklung von besonderer Bedeutung.

Der EZB-Rat hat kein Geldmengenziel angegeben, er hat vielmehr die **Zuwachsrate der Geldmenge begrenzt**. Für die Wachstumsrate der Geldmenge gibt sie zzt. einen Referenzwert von 4,5 % vor. **Bezugsgröße** der Geldmengenpolitik ist die Geldmenge

M 3. M 3 fasst alle Geldmengen zusammen, Veränderungen zwischen den Geldmengen M 1, M 2 und M 3 (z. B. die Anlage von Bargeld usw.) werden dadurch aufgefangen; als Indikator für die Preisentwicklung ist M 3 stabil und zeigt mittelfristig die Preisentwicklung relativ zuverlässig an.

Das Eurosystem definiert drei Geldmengen (monetäre Aggregate). Sie unterscheiden sich hinsichtlich der Liquidität der enthaltenen Komponenten.

- Die Geldmenge **M 1** ist eng gefasst; M 1 fasst den Bargeldumlauf und die täglich fälligen Einlagen (Sichtguthaben) zusammen.
- Die Geldmenge **M 2** setzt sich zusammen aus M 1 und den sonstigen kurzfristigen Anlagen, das sind Einlagen mit vereinbarter Laufzeit von bis zu zwei Jahren und Einlagen mit vereinbarter Kündigungsfrist von bis zu drei Monaten.
- Die Geldmenge **M 3** ist ein weit gefasstes Aggregat; M 3 ergibt sich als Summe aus M 2 und marktfähigen Instrumenten; marktfähige Instrumente sind Repo-Geschäfte (Wertpapierpensionsgeschäfte), Geldmarktfondsanteile und geldmarktfähige Papiere sowie Schuldverschreibungen bis zu zwei Jahren einschließlich.

In der folgenden Tabelle (Tab. 9.4) wird die Entwicklung der Geldmenge M 3 von Januar 2007 bis Juni 2008 dargestellt.

	Mrd. Euro
Januar 2007	7.811,9
Februar	7.868,9
März	8.002,2
April	8.036,9
Mai	8.113,9
Juni	8.183,0
Juli	8.273,3
August	8.340,5
September	8.398,0
Oktober	8.529,4
November	8.620,8
Dezember	8.630,8
Januar 2008	8.782,5
Februar	8.828,5
März	8.857,1
April	8.943,3
Mai	8.995,3
Juni	9.022,1

Tab. 9.4: Entwicklung der Geldmenge M 3 von Januar 2007 bis Juni 2008 (Quelle: Europ. Zentralbank, Monatsberichte August 2008 und frühere)

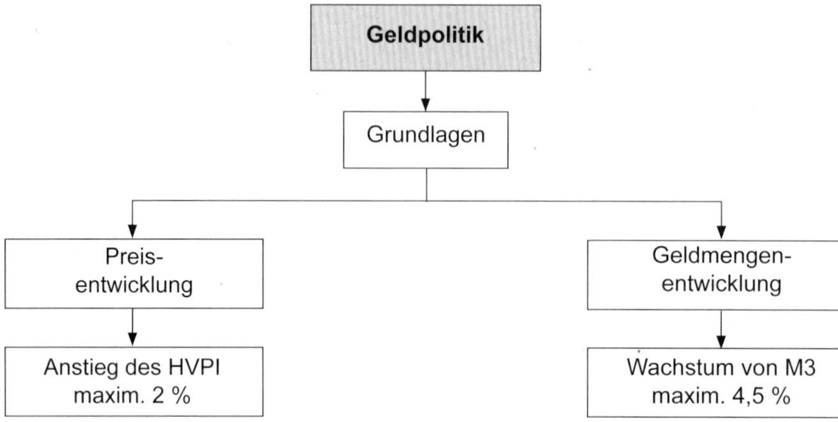

9.4.4 Die Instrumente der Geldpolitik

Indikatoren zeigen Störungen der Preisstabilität an. Wichtige Indikatoren sind – neben einigen anderen – die Preisentwicklung und das Wachstum der Geldmenge M 3. Wenn also der HVPI ansteigt und/oder die Geldmenge M 3 anwächst, werden die Ursachen analysiert und – falls erforderlich – nach geeigneten Maßnahmen zur Sicherung des Preisniveaus gesucht.

Instrumente, die der EZB-Rat zur Sicherung der Preisstabilität einsetzen kann, sind:

- Offenmarktgeschäfte,
- Ständige Fazilitäten,
- Mindestreserven.

Mit diesen Instrumenten nimmt die EZB **Einfluss auf** die **Liquiditätssituation** der Geschäftsbanken **und** auf das **Zinsniveau**. Mit entsprechenden Ausformungen des Instrumentariums können Kredite verteuert oder verbilligt werden. Wenn z. B. die Liquidität verknappt wird und die Zinsen steigen, wenn also Kredite teurer werden, kann die Kreditnachfrage und damit die gesamtwirtschaftliche Nachfrage zurückgehen. Dadurch kann ein Anstieg des Preisniveaus gestoppt und eine drohende Inflation wirksam bekämpft werden. Wenn die Preisniveaustabilität nicht bedroht ist, kann die Geldpolitik gelockert werden; Zinsen sinken, Kredite werden billiger, die Kreditnachfrage kann zunehmen. Dadurch wird wirtschaftliches Wachstum angeregt.

Schließlich gibt das ESZB mit der Änderung von Leitzinsen **Signale** für den geldpolitischen Kurs, den es fahren wird, wenn bestimmte Entwicklungen des Preisniveaus und der Geldmenge sich fortsetzen. Die Signale richten sich in erster Linie an die Kreditinstitute und an die Träger der Wirtschaftspolitik.

Geschäftspartner des ESZB sind Geschäftsbanken, das sind im Allgemeinen alle Kreditinstitute im Euro-Währungsgebiet. Wenn eine Mindestreservepflicht besteht, können nur Kreditinstitute, die der Mindestreservepflicht unterliegen, an bestimmten Offenmarktgeschäfte teilnehmen oder die Fazilitäten in Anspruch nehmen. Feinsteuerungsgeschäfte betreibt das ESZB nur mit ausgewählten Geschäftspartnern.

Bei den geldpolitischen Transaktionen, durch die die Geschäftspartner Liquidität erhalten, müssen Papiere als Sicherheit hinterlegt werden. Bei diesen refinanzierungsfähigen Sicherheiten, an die hohe Bonitätsanforderungen gestellt werden, unterscheidet man Kategorie-1-Sicherheiten von Kategorie-2-Sicherheiten. Wenn Sicherheiten für das gesamte im Euro-Währungsgebiet einheitlich ausgestattet sind, spricht man von **Kategorie-1-Sicherheiten**; dazu zählen u. a. öffentliche Anlagen und EZB-Schuldverschreibungen.

Kategorie-2-Sicherheiten sind marktfähige und nichtmarktfähige Sicherheiten, die für das jeweilige nationale Banken- und Finanzsystem eine besondere Bedeutung haben und deshalb unterschiedlich ausgestattet sind. In Deutschland gehören z. B. Handelswechsel mit einer Restlaufzeit bis zu sechs Monaten dazu.

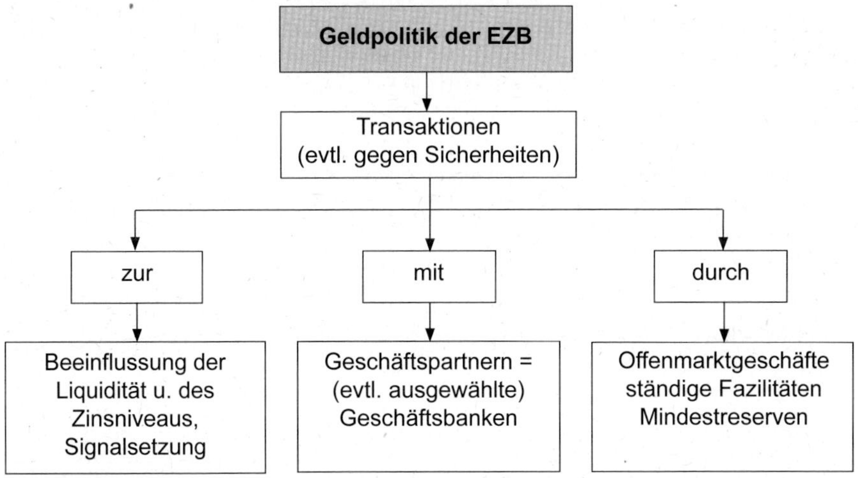

9.4.4.1 Offenmarktgeschäfte

Bei Offenmarktgeschäften kauft oder verkauft die ESZB Wertpapiere auf dem „offenen Markt"; ihre Geschäftspartner sind dabei Geschäftsbanken. Es ist leicht einzusehen, dass die Geschäftsbanken Liquidität, „Geld", erhalten, wenn sie dem ESZB Papiere verkaufen, und dass sie Liquidität abgeben, wenn sie die Papiere kaufen. Die Geschäftsbanken können sich also auf diesem Wege Liquidität verschaffen, d. h. sie refinanzieren sich für die Geschäfte mit ihren Kunden, z. B. für Auszahlungen, für Kreditvergabe u. Ä.

Die Offenmarktgeschäfte werden besonders häufig als **Wertpapierpensionsgeschäfte** durchgeführt. Bei Pensionsgeschäften wird vereinbart, dass die Geschäftspartner nach Ablauf der Transaktionen die Papiere zurückkaufen. Offenmarktgeschäfte können auch als **Pfandkredite** abgewickelt werden. Dabei werden die Papiere an das ESZB als Sicherheit verpfändet, sie bleiben also im Eigentum der Geschäftsbank. Nach Ablauf der Transaktion wird das Pfand eingelöst.

Die Initiative für die Offenmarktgeschäfte geht von dem ESZB aus, dem mehrere Verfahren zur Verfügung stehen, dazu zählen u. a. die befristeten Transaktionen (kurz- und längerfristige Transaktionen).

Das **Hauptrefinanzierungsinstrument** sind die **kurzfristigen Transaktionen**; die Geschäftsbanken decken damit den größten Teil ihres Refinanzierungsbedarfs. Sie finden in wöchentlichem Abstand statt und haben eine Laufzeit von zwei Wochen.

Längerfristige Refinanzierungsgeschäfte dienen der Liquiditätszuführung auf mittlere Sicht. Die Transaktionen finden in monatlichem Abstand statt, sie haben eine Laufzeit von drei Monaten.

Schließlich kann das ESZB mit **Feinsteuerung** die Marktliquidität von Fall zu Fall regulieren. Bei Liquiditätsbedarf, z. B. vor einem großen Steuertermin, kann der Markt relativ schnell mit Liquidität versorgt werden. Bestimmte Feinsteuerungsmaßnahmen dienen auch dazu, dem Markt überschüssige Liquidität zu entziehen.

Die Transaktionen werden im sog. **Tenderverfahren**[6] abgewickelt, das wie eine Auktion funktioniert. Die EZB legt intern den Betrag an Zentralbankgeld fest, der den Geschäftsbanken als Liquidität zufließen soll; sie löst dann das Verfahren mit einer Ausschreibung aus. Die Ausschreibung enthält nähere Angaben zum Verfahren, so wird z. B. angegeben, ob es sich um einen Mengen- oder um einen Zinstender handelt. Auf die Ausschreibung reagieren die Geschäftspartner mit Geboten.

Bei einem **Mengentender** gibt die Zentralbank den Zinssatz bekannt, zu dem sie Zentralbankgeld zuteilen wird. Die Geschäftspartner geben ihre Gebote ab; darin nennen sie die Beträge, für die sie Wertpapiere an die Zentralbank zu dem vorgegebenen Zinssatz verkaufen wollen. Der Bietungsbetrag der Geschäftspartner ist im Allgemeinen größer als der Zuteilungsbetrag der Zentralbank. Der Zuteilungsbetrag wird dann mithilfe von Prozentsätzen, die vom ESZB festgelegt werden[7], an die Geschäftspartner verteilt.

Die kurzfristigen Transaktionen wurden bis vor einigen Jahren als Mengentender durchgeführt; mit der Bekanntgabe des Zinssatzes signalisierte die Zentralbank die Richtung ihrer Zinspolitik.

[6] tender (engl.) = Angebot bei Ausschreibung
[7] Grundlage sind die abgegebenen Gebote.

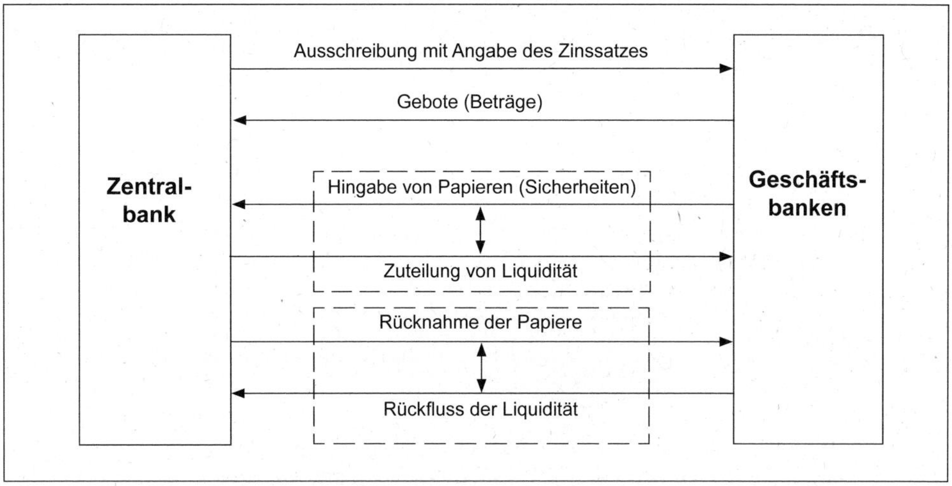

Abb. 9.3: Offenmarktgeschäfte – Mengentender

Der **Zinstender** wird von der EZB seit einiger Zeit dem Mengentender vorgezogen. Bei einem Zinstender gibt die Zentralbank keinen Zinssatz bekannt; die Geschäftspartner geben (in verschlossenen Umschlägen) ihre Gebote ab, in denen sie angeben, welche Beträge sie zu welchen Zinssätzen übernehmen wollen. Jede Geschäftsbank kann bis zu zehn Gebote einreichen. Die Zentralbank legt schließlich einen Zinssatz, den marginalen Zinssatz, fest. Die Gebote der Geschäftsbanken mit einem höheren Zinssatz werden bei der Zuteilung voll berücksichtigt. Wenn die Mittel ausreichen, werden auch die Gebote zum marginalen Zinssatz voll berücksichtigt; wenn die Mittel nicht ausreichen, werden die Restmittel im Verhältnis der Betragsangaben zugeteilt.

Das folgende einfache Zahlenbeispiel soll diese Ausführungen verdeutlichen. *Angenommen wird, dass die Zentralbank intern den Gesamtbetrag mit 1.095 Mio. Euro festgelegt hat und dass vier Geschäftsbanken jeweils vier Gebote mit Zins- und Betragsangaben einreichen. Aus den Geboten ergibt sich ein marginaler Zinssatz von 4,8 %. Alle Gebote zu diesem und höheren Zinssätzen können berücksichtigt werden, das sind bei GB I alle, bei GB II und III die beiden ersten Gebote. GB IV geht in diesem Fall leer aus. - GB I erhält einen Gesamtbetrag von 670 Mio. Euro; aus den einzelnen Beträgen und Zinssätzen ergibt sich dafür ein durchschnittlicher Zinssatz von 4,92 %; GB II erhält insgesamt 165 Mio. Euro zu einem durchschnittlichen Zinssatz von 4,9 % und GB III 260 Mio. Euro (4,85 %).*

	Geschäftsbanken							
	I		*II*		*III*		*IV*	
	Mio. €	*Zins in %*	*Mio. €*	*Zins in %*	*Mio. €*	*Zins in %*	*Mio. €*	*Zins in %*
Gebote	***100***	*5,10*	***80***	*5,00*	***120***	*4,90*	*70*	*4,75*
	150	*5,00*	***85***	*4,80*	***140***	*4,80*	*65*	*4,70*
	200	*4,90*	*90*	*4,75*	*160*	*4,75*	*60*	*4,65*
	220	*4,80*	*92*	*4,50*	*180*	*4,50*	*55*	*4,50*
Zuteilung	***670***		***165***		***260***			
durchschnittl. Zinssatz		***4,92***		***4,90***		***4,85***		

Bei dem Mengentender mit vorgegebenem festen Zinssatz geben die Geschäftsbanken im Allgemeinen sehr viel höhere Gebote ab als ihrem Bedarf entspricht, damit sie an dem Zuteilungsverfahren teilnehmen können. Das wird bei dem Zinstender weitgehend vermieden; denn wer hoch bietet, kauft Liquidität teuer ein; wer zu wenig bietet, erhält keine Liquidität (vgl. Beispiel) und muss sie sich bei Bedarf zu ungünstigeren Bedingungen beschaffen.

Die EZB gibt neuerdings beim Zinstender einen Mindestsatz für die Gebote vor; die Gebote müssen also mindestens über diesen Zinssatz lauten oder darüber liegen. Die EZB erhofft sich von dieser Zinsvorgabe eine ähnliche Signalwirkung wie vom Festzins beim Mengentender.

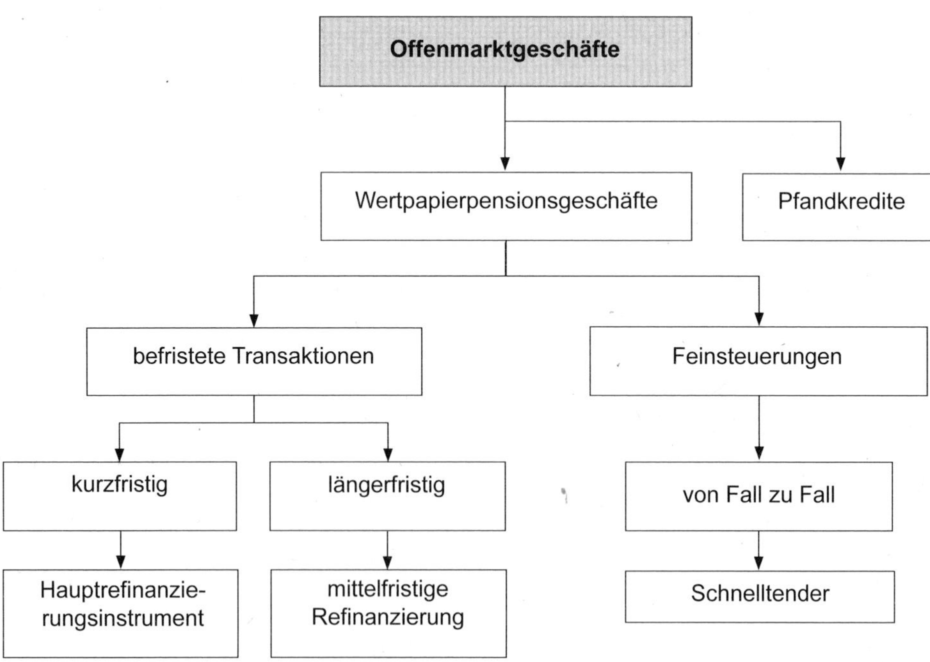

9.4.4.2 Ständige Fazilitäten

Ständige Fazilitäten sind **Kreditmöglichkeiten**, die die als Geschäftspartner ausgewählten Geschäftsbanken **bei Bedarf** in unbegrenzter Höhe in Anspruch nehmen können. Die Initiative für diese Geschäfte geht von den Geschäftspartnern aus, die sich dazu an die jeweils zuständige nationale Zentralbank wenden.

Dieser Geschäftsbereich dient dazu, sog. **Übernachtliquidität** bereitzustellen oder zu absorbieren. Entsprechend sind Spitzenrefinanzierungsfazilität und Einlagenfazilität zu unterscheiden. Die Zinssätze für Spitzenrefinanzierungsfazilität und Einlagenfazilität stellen die Ober- und Untergrenze der Geldmarktsätze für Tagesgelder dar. Sie **signalisieren** den Kurs der Geldpolitik.

Die **Spitzenrefinanzierungsfazilität** erlaubt den Geschäftspartnern, Übernachtliquidität von der zuständigen nationalen Zentralbank zu einem vorgegebenen Zinssatz abzurufen. Die Geschäftsbank muss der Zentralbank dafür entsprechende, refinanzierungsfähige Sicherheiten überlassen. Die Übernachtliquidität dient dem Ausgleich eines Sollsaldos auf dem Girokonto bei Tagesabschluss. Der Zinssatz für die Spitzenrefinanzierungsfazilität stellt im Allgemeinen die Obergrenze für den Tagesgeldsatz dar.

Die **Einlagenfazilität** räumt den Geschäftspartnern die Möglichkeit ein, überschüssige Liquidität „über Nacht" bei der zuständigen Zentralbank verzinslich anzulegen. Der Zinssatz für die Anlage der Überschussliquidität ist vorgegeben. Er bildet im Allgemeinen die Untergrenze für den Tagesgeldsatz.

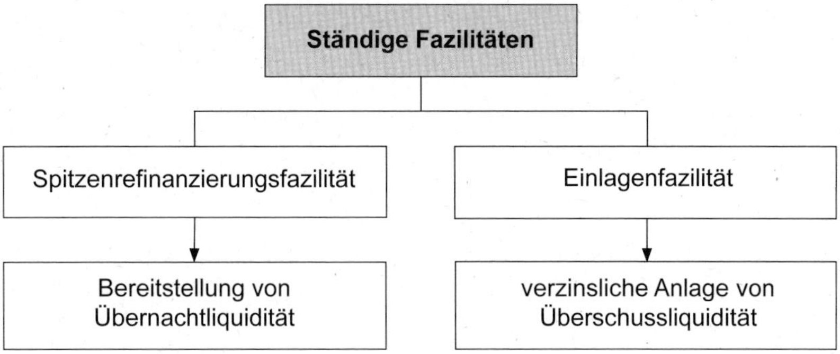

9.4.4.3 Mindestreserven

Das ESZB kann von den Geschäftspartnern verlangen, dass sie einen Teil ihrer Verbindlichkeiten auf Girokonten bei der zuständigen nationalen Zentralbank hinterlegen. Dieser hinterlegte Betrag wird als **Mindestreserve** bezeichnet. Nur der um die Mindestreserve verminderte Betrag, die sog. Überschussreserve, steht der Bank zur weiteren Kreditvergabe zur Verfügung. Mit dem **Reservesatz** wir der prozentuale Anteil an den jeweiligen Verbindlichkeiten angegeben, der als Mindestreserve zu halten ist.

Es ist nun leicht einzusehen, dass eine Erhöhung des Reservesatzes zu einer Verminderung der Überschussreserve führt. Die Banken können weniger Kredite vergeben. Das Geld wird knapper und teurer (d. h. der Zins kann steigen). Umgekehrt setzt eine Senkung des Reservesatzes bei den Kreditinstituten Mittel für zusätzliches Kreditangebot frei. Geld ist also weniger knapp und könnte billiger werden (d. h. der Zinssatz könnte sinken).

Als **Mindestreservesoll** bezeichnet man den Betrag, den das betreffende Kreditinstitut hinterlegen muss. Es ergibt sich durch Multiplikation der reservepflichtigen Verbindlichkeiten (vermindert um einen Freibetrag) mit dem Reservesatz. Dieser Sollbetrag muss im Laufe eines Monats im Durchschnitt gehalten werden. Wenn diese Bedingung erfüllt ist, wird der Betrag mit dem Hauptrefinanzierungssatz verzinst. Wird sie nicht erfüllt, muss der betreffende Geschäftspartner einen Sonderzins zahlen; er kann evtl. auch von diesen Geschäften ausgeschlossen werden.

Für die folgenden reservepflichtigen Verbindlichkeiten beträgt der Reservesatz zzt. 2 %:

- täglich fällige Einlagen,
- Einlagen mit vereinbarter Laufzeit und Kündigungsfrist von bis zu zwei Jahren,
- Schuldverschreibungen mit vereinbarter Laufzeit von bis zu zwei Jahren,
- Geldmarktpapiere.

Für die folgenden reservepflichtigen Verbindlichkeiten beträgt der Reservesatz zzt. 0 %:

- Einlagen mit vereinbarter Laufzeit und Kündigungsfrist von mehr als zwei Jahren,
- Repo-Geschäfte,
- Schuldverschreibungen mit vereinbarter Laufzeit von mehr als zwei Jahren.

Mit der Mindestreservevorschrift nimmt das ESZB Einfluss auf die Liquidität der Geschäftspartner; dadurch wird die Geldmengenentwicklung im Sinne der Geldpolitik kontrolliert.

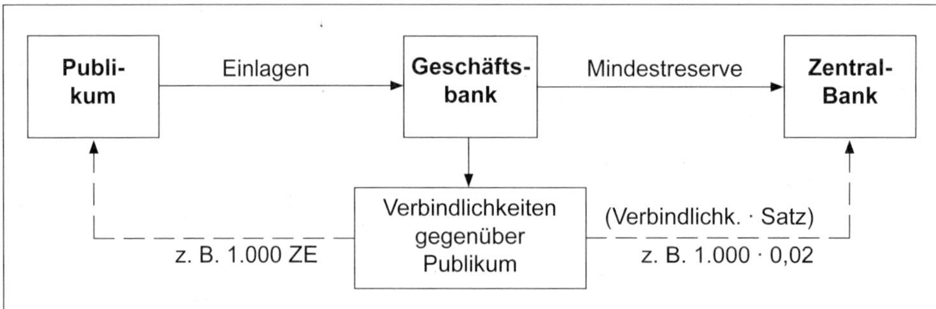

Abb. 9.4: Mindestreserve

10. Konjunktur und Konjunkturpolitik

Die bisherigen Ausführungen lassen sich vereinfacht folgendermaßen zusammenfassen: Innerhalb einer staatlich regulierten und kontrollierten marktwirtschaftlichen Ordnung produzieren Unternehmen Güter und Dienstleistungen, weil sie auf der Grundlage entsprechender Informationen die Nachfrage von anderen Unternehmen, von privaten und öffentlichen Haushalten (einschließlich des Auslands) dafür erwarten. Für die Produktion benutzen sie Faktoren, deren Eigentümer dadurch Ansprüche an das Produktionsergebnis erhalten. Über die Märkte werden die Pläne von Anbietern und Nachfragern koordiniert. In einer als Geldwirtschaft organisierten Tauschwirtschaft fungiert das Geld u. a. als Tauschmittel; die Tauschvorgänge erscheinen als Käufe und Verkäufe mit entsprechenden Zahlungsvorgängen. Käufer haben Ausgaben, die die Einnahmen der Verkäufer sind. So erhält der Verkäufer eines Produktionsfaktors (z. B. des Produktionsfaktors Arbeit) Geld (z. B. Lohn), mit dem er seinen Anspruch an das Produktionsergebnis geltend machen kann.

Der aufgezeigte Zusammenhang ist bereits aus der Darstellung des Kreislaufs bekannt: Bei der Produktion entsteht Einkommen. Dieses Einkommen kann die Nachfrage nach den insgesamt bereitgestellten Gütern und Dienstleistungen finanzieren. Es ist also eine Situation denkbar, bei der die gesamte Nachfrage genauso groß ist wie das gesamte Angebot, d. h. die Produzenten haben die Nachfrage richtig eingeschätzt und entsprechend produziert.

In dieser **Gleichgewichtssituation** gibt es **keine** Nachfragelücke bzw. **deflatorische Lücke** (**A > N**) und auch **keine** Angebotslücke bzw. **inflatorische Lücke** (**A < N**).

10.1 Exkurs: Gleichgewicht und Ungleichgewicht

Aus der Darstellung des Kreislaufs (vgl. Kap. 3) ist bereits Folgendes bekannt: Bei der Produktion entsteht Einkommen; dieses Einkommen kann die Nachfrage nach den insgesamt bereitgestellten Gütern und Dienstleistungen finanzieren. Es ist also eine Situation – theoretisch – denkbar, bei der die gesamte Nachfrage genau so groß ist wie das gesamte Angebot. Das heißt aber auch, dass das entstandene Einkommen (Y) zur Nachfrage nach dem Produkt (Y) verwendet wurde.

Zur Einführung in die folgende Problematik ist es sinnvoll, sich den aufgezeigten Sachverhalt anhand einer Grafik (Abb. 10.1) zu veranschaulichen. In einem Koordinatenkreuz wird auf der Waagerechten das gesamtwirtschaftliche Angebot und auf der Senkrechten die gesamtwirtschaftliche Nachfrage abgetragen. Das gesamtwirtschaftliche Angebot ist (vereinfacht) die Summe der produzierten Güter (Inlandsprodukt = Y); die gesamtwirtschaftliche Nachfrage ergibt sich aus den bei der Erstellung der Produkte verdienten Einkommen (Nationaleinkommen = Y). In das Koordinatenkreuz wird als Hilfslinie die Winkelhalbierende eingezeichnet, sie spiegelt die Angaben von der

Waagerechten auf die Senkrechte (und umgekehrt), so werden die Entsprechungen veranschaulicht. Auf der Winkelhalbierenden liegen alle Punkte, die die Gleichheit von Angebot und Nachfrage und damit auch die Gleichheit von Produkt und Einkommen angeben.

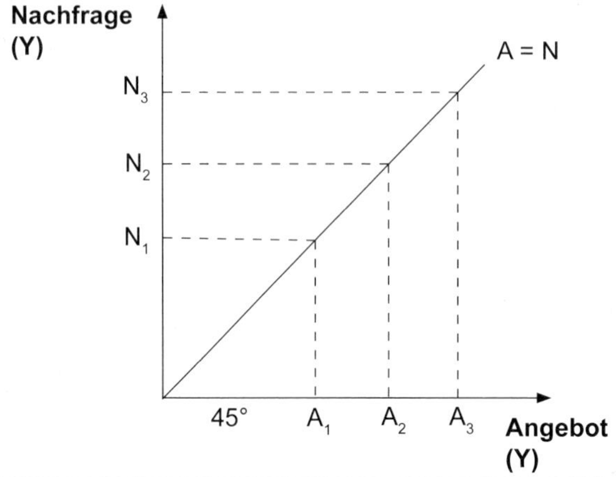

Abb. 10.1: Zusammenhang zwischen A und N

Die gesamtwirtschaftliche Nachfrage (N) setzt sich zusammen aus der Nachfrage der privaten Haushalte nach Konsumgütern (C), der Nachfrage der privaten Unternehmen nach Investitionsgütern (I), der Nachfrage des Staats nach Konsum- und Investitionsgütern (A_{St}) und der Nachfrage des Auslands nach im Inland produzierten ins Ausland exportierten Gütern (Ex), d. h. formelhaft vereinfacht

1) $\mathbf{N = C + I + A_{St} + Ex}$

Das gesamtwirtschaftliche Angebot setzt sich zusammen aus den im Inland produzierten Gütern und Diensten (Y) und aus dem im Ausland produzierten, ins Inland importierten Gütern (Im), d. h. formelhaft vereinfacht

2) $\mathbf{A = Y + Im}$.

In der Gleichgewichtssituation A = N gilt also

3) $\mathbf{Y + Im = C + I + A_{St} + Ex}$

bzw.

4) $\mathbf{Y = C + I + A_{St} + (Ex - Im)}$.

Aber nicht Gleichgewichtssituationen, sondern ungleichgewichtige Situationen, also Angebots- und Nachfragelücken, sind die Regel.

10.1.1 Die gesamtwirtschaftliche Nachfrage nach Gütern

Für die folgende Darstellung gelten die vereinfachenden Annahmen: 1. Die insgesamt hergestellten Güter werden zu einem „Gut" zusammengefasst. 2. Auch die unterschiedlichen Arten von Arbeitsleistungen werden zu einer einheitlichen Leistung zusammengefasst. 3. Der Kapitalbestand ist vorgegeben. 4. Die Preise ändern sich nicht. 5. Es wird lediglich die Nachfrage der privaten Haushalte und Unternehmen (C und I) berücksichtigt (Modell der geschlossenen Volkswirtschaft ohne staatliche Aktivität, vgl. Kapitel 3).

Der private Konsum ist in seiner Höhe abhängig von der Höhe des Einkommens [C = C(Y)]; das bedeutet, die Konsumausgaben der privaten Haushalte nehmen zu, wenn das Einkommen steigt, und ab, wenn das Einkommen sinkt. Diese allgemeine Aussage gilt allerdings mit einer Einschränkung: Neben dem funktional vom Einkommen abhängigen Konsum besteht auch ein einkommensunabhängiger, konstanter Konsum.

Die **Konsumfunktion**, die den hier aufgezeigten Zusammenhang formelhaft vereinfacht ausdrückt, kann folgendermaßen dargestellt werden.

5) $\mathbf{C = k + cY}$,

dabei symbolisiert k den konstanten, d. h. einkommensunabhängigen Konsum und c den Faktor, der die Abhängigkeit des Konsums vom Einkommen kennzeichnet. Dieser Faktor (c) wird als **marginale Konsumquote** bezeichnet; sie gibt an, wie die Konsumausgaben zu- bzw. abnehmen, wenn das Einkommen um eine Einheit steigt bzw. fällt.

Aus der Konsumfunktion ergibt sich die **Sparfunktion**; der nicht konsumierte Teil des Einkommens wird gespart. Damit ist auch die Ersparnisbildung abhängig vom Einkommen [S = S(Y)].

(Konsum- und Sparfunktion vernachlässigen die Tatsache, dass die Konsumausgaben privater Haushalte und die Vermögensbildung selbstverständlich auch beeinflusst werden von Einkommensabzügen, wie Steuern und Beiträgen, von Transfereinkommen, von Konsumgewohnheiten, von Preisen und Zinsen, von Einkommenserwartungen usw.)

Die Konsumfunktion lässt sich auch grafisch darstellen. In ein Koordinatenkreuz (vgl. Abb. 10.2) wird die Nachfragekurve, die wegen des konstanten Konsums bei k beginnen muss, eingezeichnet. Sie gibt an, wie die Konsumgüternachfrage der privaten Haushalte zunimmt (abnimmt), wenn das Einkommen steigt (fällt). Die Steigung der Konsumkurve wird durch die marginale Konsumquote bestimmt.

Unternehmen fragen Investitionsgüter nach, um abgeschriebene Anlagegüter zu ersetzen (Ersatz- oder **Reinvestition**), um den vorhandenen Maschinenpark und damit die Produktionsmöglichkeiten zu erweitern (**Erweiterungsinvestition**) und um den vorhandenen Maschinenpark und damit die Produktionsmöglichkeiten zu verbessern und zu rationalisieren, um Handarbeit durch Maschinen zu ersetzen usw. (**Rationalisierungsinvestition**). Investiert wird aber nicht nur in maschinelle Anlagen und Ausstattungen (Ausrüstungsinvestitionen), sondern auch in Bauten, Gebäuden u. Ä. (Bauinvestition) und Vorräte (Vorratsänderungen).

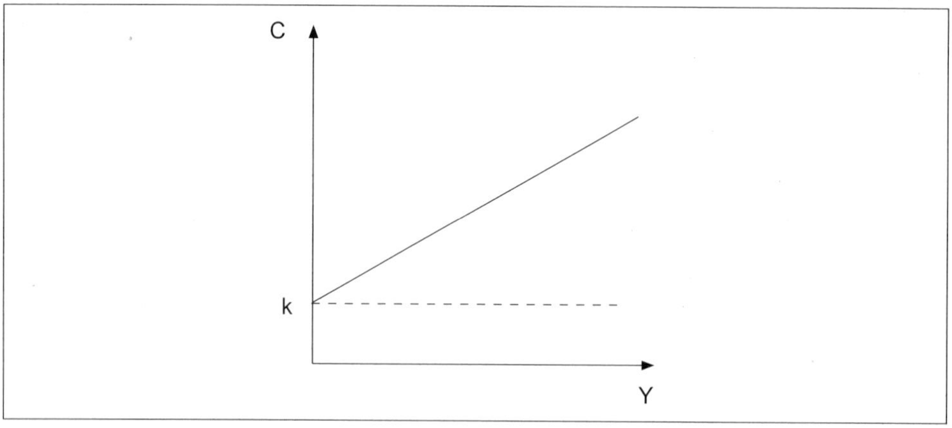

Abb. 10.2: Konsumfunktion

Als **Bruttoinvestition**[1] wird die Gesamtheit der Investitionen bezeichnet, sie setzt sich zusammen aus Neuinvestition (Nettoinvestition) und Ersatzinvestition (Reinvestition).

Die Nachfrage der Unternehmen nach Investitionsgütern ist unabhängig von der Höhe des Einkommens. Es besteht aber eine Abhängigkeit vom Zinssatz: Bei steigendem Zins nimmt die Nachfrage nach Investitionsgütern zu, bei sinkendem Zins ab. Diese Abhängigkeit, die nicht immer einzusehen ist, kann das folgende einfache Rechenbeispiel verdeutlichen.

Ein Unternehmer plant die Anschaffung einer Maschine im Wert von 90.000 €, die in drei Jahren abgeschrieben werden soll; es wird mit Nettoeinnahmen (Differenz aus Einnahmen und Betriebsausgaben) aus dieser Investition in Höhe von 35.000 € pro Jahr gerechnet. Um die Frage beantworten zu können, ob sich die Investition lohnt, muss der Investor ermitteln, welchen Wert die geplanten Nettoeinnahmen, die am Ende des 1., 2. und 3. Nutzungsjahres anfallen, zum Zeitpunkt der Anschaffung haben, d. h. er muss die Nettoeinnahmen auf den Zeitpunkt der Anschaffung (mit z. B. 8 %) abzinsen. Wie die folgende Berechnung zeigt, beläuft sich die Summe der abgezinsten Nettoeinnahmen, das ist der Barwert der Nettoeinnahmen, auf 90.198,30 €, sie liegt über der Anschaffungsausgabe von 90.000 €; die Investition würde sich lohnen.

	Nettoeinnahmen	**Abzinsung**	**abgezinste Nettoeinnahmen**
1. Jahr	35.000,00	$35.000,00 / (1 + 0,08)$	32.407,41
2. Jahr	35.000,00	$35.000,00 / (1 + 0,08)^2$	30.006,86
3. Jahr	35.000,00	$35.000,00 / (1 + 0,08)^3$	27.784,13
			90.198,40

Tab. 10.1: Ermittlung des Barwerts

Im Allgemeinen liegt der Zinssatz, mit dem der Barwert der Nettoeinnahmen ermittelt wird, über dem banküblichen Zinssatz. Dadurch wird das erhebliche Risiko der Investi-

[1] Weitere Angaben zum Investitionsbegriff findet der Leser in den Anmerkungen zur VGR.

tionen berücksichtigt. Das bedeutet aber, dass die Investitionstätigkeit häufig nicht auf Zinsänderungen reagiert.

Die Beispielaufgabe zeigt, dass der Umfang der Investitionstätigkeit letztlich vom Zinssatz abhängt. Das gilt auch bei Berücksichtigung der angedeuteten relativ unelastischen Reaktion der Investitionsnachfrage auf Zinsänderungen. Den Zusammenhang gibt die **Investitionsfunktion** formelhaft vereinfacht wieder:

6) **I = I (i)**

In Abbildung 10.3 wird die Investitionsfunktion grafisch dargestellt.

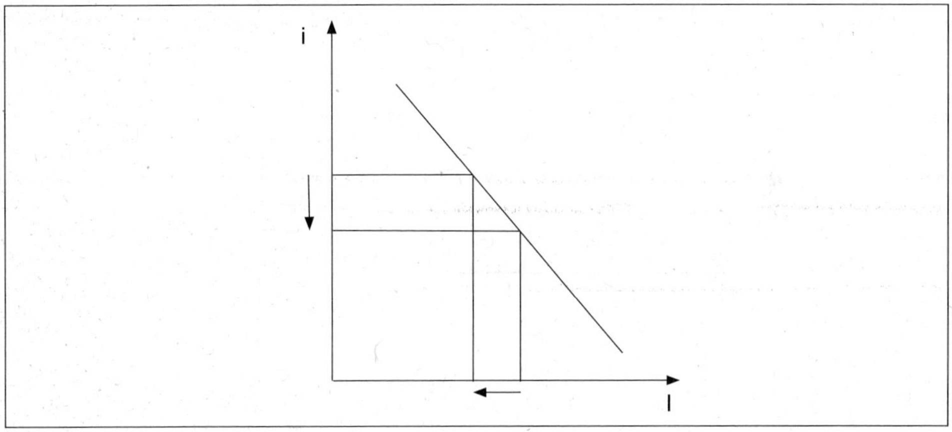

Abb. 10.3: Investitionsfunktion

Unter Berücksichtigung der Tatsache, dass die Investitionen zwar von den Zinsen, aber nicht vom Einkommen abhängen, kann Abb. 10.2 folgendermaßen ergänzt werden. In dem hier angenommenen Modell der geschlossenen Volkswirtschaft ohne staatliche Aktivität wird die gesamtwirtschaftliche Nachfrage gegeben durch die Nachfrage nach Konsum- und Investitionsgütern. Die Abb. 10.4 gibt an, wie die gesamtwirtschaftliche Nachfrage steigt, wenn das Einkommen (Produkt) steigt.

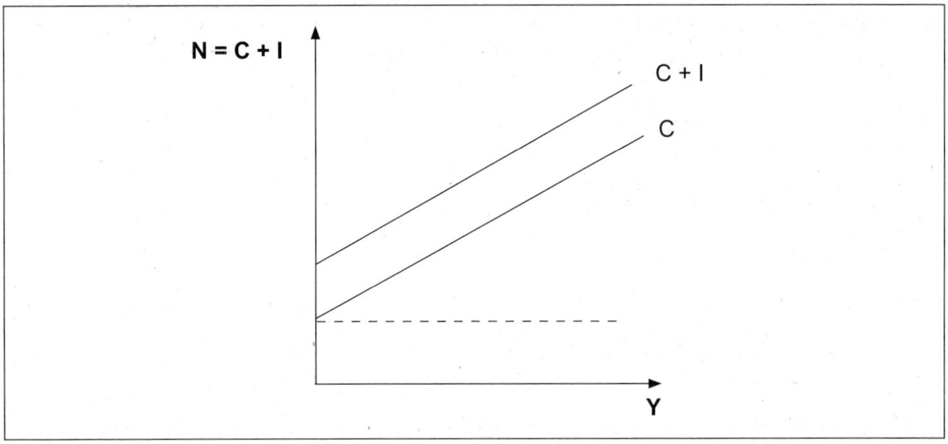

Abb. 10.4: Nachfrage nach Konsum- und Investitionsgütern

10.1.2 Das Gleichgewicht auf dem Gütermarkt

Das gesamtwirtschaftliche Angebot ergibt sich (bei den hier vorliegenden vereinfachenden Annahmen) aus den im Inland produzierten Gütern. In der folgenden Grafik stellt die Winkelhalbierende die Angebotskurve dar: Bei steigenden Einkommen (Produkt) steigt das gesamtwirtschaftliche Angebot. Die Nachfragekurve stellt die gesamtwirtschaftliche Nachfrage dar (vgl. Abb. 10.5). Im Schnittpunkt der beiden Kurven ergibt sich das Gleichgewicht von gesamtwirtschaftlichem Angebot und gesamtwirtschaftlicher Nachfrage. In diesem Punkt wird das Produkt erstellt, das bei dem sich ergebenden Einkommen nachgefragt wird (Y = Y).

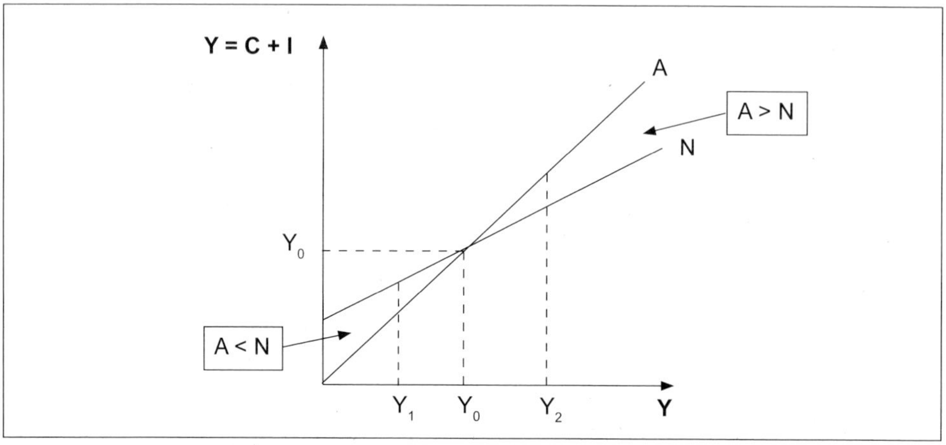

Abb. 10.5: Gleichgewichtseinkommen

In Abb. 10.5 gibt Y_0 das sog. **Gleichgewichtseinkommen**, das Einkommen in der Gleichgewichtssituation (A = N), an. Beim Gleichgewichtseinkommen gibt es keine Nachfrage- und Angebotslücken. Aber nicht die Gleichgewichtssituationen, sondern ungleichgewichtige Situationen mit ihren Begleiterscheinungen und Folgen sind die Regel. Wird z. B. Y_1 produziert (vgl. Abb. 10.5), ist die Nachfrage größer als das Angebot, es entsteht eine **Angebotslücke**, auch inflatorische Lücke genannt (A < N); die Lagerbestände nehmen ab, es wird „entspart", die Preise steigen, die Produktion wird allmählich erhöht, die Beschäftigung steigt, **das System bewegt sich auf die Gleichgewichtssituation zu**. Wird z. B. Y_2 produziert, ist das Angebot größer als die Nachfrage, es entsteht eine **Nachfragelücke**, auch deflatorische Lücke genannt (A > N); es wird gespart, Preise können sinken bzw. steigen mit abnehmenden Zuwachsraten, Lagerbestände nehmen zu, es wird weniger produziert, die Beschäftigung nimmt ab, **das System bewegt sich auf die Gleichgewichtssituation zu**.

Unter Berücksichtigung der Sparfunktion, die angibt, dass auch die Höhe der Ersparnisse funktional von der Einkommenshöhe abhängig ist, lässt sich die Gleichgewichtssituation auch folgendermaßen beschreiben. In Abb. 10.6 werden die Kurven für Konsum und Ersparnis dargestellt, die Winkelhalbierende gibt das bei Produktion entstandene Einkommen an. Da Y - C = S, ist der Abstand zwischen der Winkelhalbierenden und der C-Kurve genau so groß wie der Abstand zwischen der S-Kurve und der Waagerechten. Bei Y_0, der Gleichgewichtssitutation, wird das Einkommen für Konsumgüter ausgegeben, es wird nicht gespart. Bei Y_1 dient ein Teil des Einkommens der Ersparnisbildung, bei Y_2 wird „entspart".

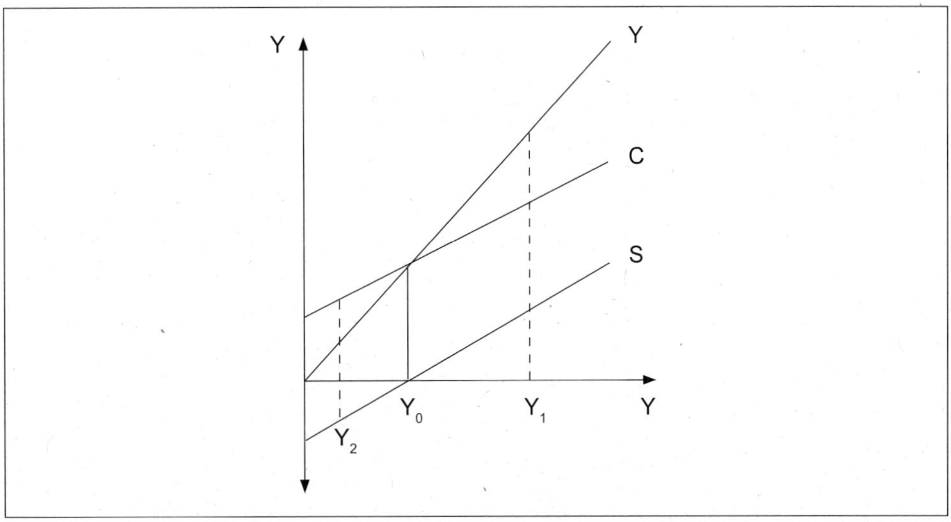

Abb. 10.6: Konsum- und Ersparnis

In der folgenden Grafik wird Abb. 10.6 ergänzt durch Berücksichtigung der Investitionen. Da die Investitionen in ihrer Höhe nicht vom Einkommen abhängen, können sie als Parallele zur Waagerechten dargestellt werden. Das gesamtwirtschaftliche Gleichgewicht ergibt sich sowohl durch Y = C + I, als auch durch S = I (vgl. Y_2 in Abb. 10.7).

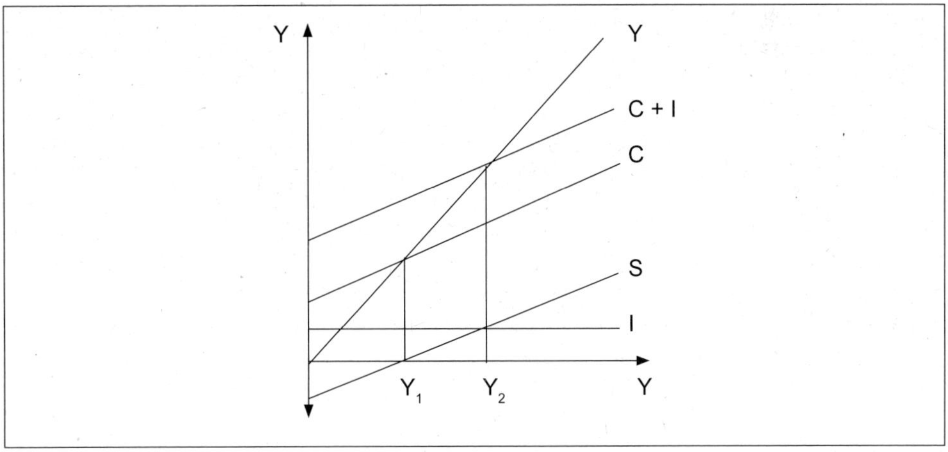

Abb. 10.7: Nachfrage, Investition und Ersparnis

Das Gleichgewichtseinkommen wird mathematisch folgendermaßen ermittelt. Da – wie oben dargestellt – Y = Y und N = C + I, ergibt sich für das Gleichgewicht A = N

7) $\mathbf{Y = C + I}$, da $\mathbf{C = k + cY}$, ergibt sich

8) $\mathbf{Y = k + cY + I}$,

9) $\mathbf{Y - cY = k + I}$,

10) $\mathbf{Y\,(1 - c) = k + I}$,

11) $\mathbf{Y = \dfrac{1}{1 - c}\,(k + I)}$

Wenn für die marginale Konsumquote (c) 0,8, für den konstanten Konsum (k) 1.000 Einheiten und für die Investitionen ebenfalls 1.000 Einheiten angenommen werden, so ergibt sich für das Gleichgewichtseinkommen

$$Y = \frac{1}{1 - 0{,}8} \cdot (1.000 + 1.000) = \frac{2.000}{0{,}2} = 10.000.$$

Die Höhe des Gleichgewichtseinkommens wird also bestimmt von der marginalen Konsumquote, dem konstanten Konsum und den Investitionen.

10.1.3 Der Multiplikatorprozess

Im Folgenden soll dargestellt werden, wie sich die dauerhafte Erhöhung der Investitionen auf das Gleichgewichtseinkommen auswirkt. Bei c = 0,8, k = 1.000 und I = 1.000 (s. o.) werden die Investitionen auf Dauer um ΔI = 500 Einheiten erhöht. Das neue Gleichgewichtseinkommen ergibt sich folgendermaßen:

$$Y = \frac{1}{1 - 0{,}8} \cdot (1.000 + 1.000 + 500) = \frac{2.500}{0{,}2} = 12.500.$$

Es zeigt sich, dass sich durch diesen Vorgang das Einkommen um ein Mehrfaches der Investition erhöht. Die Erhöhung des Einkommens (ΔY) durch die Erhöhung der Investitionen um ΔI lässt sich formelhaft folgendermaßen ausdrücken:

12) $\mathbf{\Delta Y - c\Delta Y = \Delta I}$,

13) $\mathbf{\Delta Y(1 - c) = \Delta I}$,

14) $\mathbf{\Delta Y = \dfrac{1}{1 - c} \cdot \Delta I = \dfrac{\Delta I}{1 - c}}$

oder mit obigen Zahlen:

$$\Delta Y = \frac{500}{0{,}2} = 2.500$$

Das Gleichgewicht wird im Allgemeinen nicht kurzfristig, sondern erst nach Ablauf vieler Anpassungsvorgänge erreicht. Das soll anhand der folgenden Tabelle gezeigt werden; der Darstellung liegen die bereits bekannten Zahlenwerte zu Grunde. Es wird von der vereinfachenden Annahme ausgegangen, dass die Unternehmen die Produktion einer Periode der Nachfrage der Vorperiode anpassen und die Konsumgüternachfrage vom laufenden Einkommen abhängt. In der 1. Periode werden die Investitionen um 500 Zähleinheiten (E) erhöht; die Gesamtnachfrage steigt dadurch auf 10.500 E; da diese Nachfrage mit der Produktion dieser Periode nicht gedeckt werden kann, finden in entsprechender Höhe Lagerentnahmen statt. Die Nachfragesteigerung veranlasst die Ausdehnung der Produktion in der 2. Periode auf 10.500 E; dadurch erhöht sich der Konsum auf 9.400 E (1.000 + 0,8 · 10.500); aus Konsumgüter- und Investitionsgüternachfrage ergibt sich eine Gesamtnachfrage von 10.900 E, die aber aus der Produktion nicht befriedigt werden kann, sodass wieder Lagerentnahmen stattfinden; die Lagerentnahmen sind aber geringer als die der Vorperiode, die Differenz zwischen Nachfrage und Produktion wird geringer usw. Das Gleichgewicht wird – theoretisch – nach unendlich vielen Perioden erreicht.

Periode	Produkt	Konsum	geplante Investitionen	Nachfrage	ungeplante Investitionen (Lagerinvestitionen, Vorratsinvestitionen)
0	10.000,00	9.000,00	1.000,00		0,00
1	10.000,00	9.000,00	1.500,00	10.500,00	- 500,00
2	10.500,00	9.400,00	1.500,00	10.900,00	- 400,00
3	10.900,00	9.720,00	1.500,00	11.220,00	- 320,00
4	11.220,00	9.976,00	1.500,00	11.476,00	- 256,00
5	11.476,00	10.180,80	1.500,00	11.680,80	- 204,80
6	11.680,80	10.344,64	1.500,00	11.844,64	- 163,84
7	11.844,64	10.475,71	1.500,00	11.975,71	- 131,07
8	11.975,71	10.580,57	1.500,00	12.080,57	- 104,86
9	12.080,57	10.664,46	1.500,00	12.164,46	- 83,89
10	12.164,46	10.731,56	1.500,00	12.231,56	- 67,11
•					
∞	12.500,00	11.000,00	1.500,00	12.500,00	0,00

Tab. 10.2: Multiplikationsprozess

10.2 Konjunkturzyklen

Die Großhandlung Anton Müller KG hat seit zwei Jahren insgesamt 15 Mitarbeiter entlassen müssen. Die Nachfrage war zurückgegangen, die Umsatzzuwächse im Großhandel mit Schwerpunkt Nahrungsmittel waren sehr gering bzw. stagnierten. Bestimmte Produkte blieben länger als erwartet auf Lager. Bei einem Geschäftsbesuch bei den Ostholmer Mühlenwerken – einem wichtigen Zulieferer – stellte Friedhelm Bohlsen ähnliche Probleme fest: Relativ hohe Lagerbestände, Einschränkungen in der Produktion, Stilllegung eines Transportbandes mit der Abpack- anlage, Entlassungen von Arbeitern. Vor einigen Jahren – so erfuhr Bohlsen bei den Gesprächen – hatte das ganz anders ausgesehen: Die damals relativ hohe Nachfrage hatte zu Produktionsausdehnung, Abbau von Lagerbeständen, gelegentlich sogar zur Ausdehnung von Lieferfristen geführt, sodass ein drittes Transportband mit einer zusätzlichen Abpackanlage installiert und der Personalbestand erhöht werden mussten.

Bohlsens Freund Karl Heinzen, der als Dipl.-Ing. arbeitslos wurde, konnte sein Haus nur unter Schwierigkeiten und nach erheblichen Preisnachlässen verkaufen. So wie ihm geht es vielen Hauseigentümern. Hohe Belastungen konnten wegen verringerter Einkünfte infolge von Arbeitslosigkeit nicht mehr finanziert werden, so boten sie ihre Häuser zum Kauf an und wurden sie nicht los. Der Bauboom jener Jahre, in denen auch die Bohlsens ihr Einfamilienhaus gebaut hatten, war vorbei. Beim Bauamt der Stadt Altenaue ging die Zahl der Anträge auf Baugenehmigung erheblich zurück. Die Zahl der Insolvenzen in der Baubranche nahm zu.

Als die Bohlsens bauten, lag der Zinssatz für Baudarlehen mit fünfjähriger Bindung bei 6,3 %, als dieser Vertrag vor 4 1/2 Jahren auslief, musste für den neuen Vertrag ein Zinssatz von 9,25 % akzeptiert werden. (Zzt. liegt der Zinssatz wieder bei 6,3 %.) Frau Bohlsen macht die Erfahrung, dass die Preise für die Waren und Dienstleistungen des Haushaltsbedarfs zwar steigen, aber keineswegs mehr so stark wie vor einigen Jahren.

Die Altenauer Mittagszeitung berichtet („Arbeitslosigkeit weiter gesunken“) über die Arbeitsmarktsituation im Arbeitsamtsbezirk Altenaue am Ende des 2. Quartals 1986. Danach hat die Zahl der sozialversicherungspflichtig beschäftigten Arbeitnehmer auf rund 81.000 zugenommen (zum Vergleich: 1982 – rund 77.000, 1980 – rund 78.000). Ferner wird mitgeteilt, dass die Zahl der Arbeitslosen Ende Mai 1987 rund 9.000 betragen hatte, das entspricht einer Arbeitslosenquote von 7,5 % (zum Vergleich die Quoten der Vorjahre: 1986 – 8 %, 1985 – 8,9 %, 1982 – 5,8 %). Mit diesen Zahlen liegt Altenaue unter den entsprechenden Werten des Landes (Arbeitslosenquote Mai 1987: 9,5 %) und des Bundes (8,3 %).[2]

Hier werden in einigen Beispielen Merkmale betrachtet, die die angedeutete Problematik kennzeichnen. Die Nachfrage ist Schwankungen unterworfen, d. h. private Haushalte und Unternehmen fragen mal mehr und mal weniger nach. Das führt bei der Produktion von Gütern und Leistungen ebenfalls zu Schwankungen, die sich dann auf die Kapazitätsauslastung auswirken. Zeitweilig wird auf Lager produziert, zeitweilig entstehen Lieferfristen. Die Beschäftigung nimmt entsprechend zu oder ab und Preise steigen entweder mit hohen oder geringen Zuwachsraten.

Die gesamtwirtschaftliche Nachfrage schwankt um die gesamtwirtschaftlichen Angebotsmöglichkeiten. Die Schwankungen lösen die beschriebenen Bewegungen in den genannten Merkmalen aus. Die Schwankungen der Nachfrage werden als konjunkturelle Schwankungen, als **Konjunkturzyklen**, bezeichnet.

---

[2] Dem Leser wird empfohlen, die aktuelle Situation mit dem Einführungsbeispiel, das sich auf das Jahr 1986 bezieht, zu vergleichen.

Konjunkturzyklen werden häufig typisiert dargestellt als Schwankungen der Nachfrage um einen Wachstumspfad (vgl. Abbildung 10.8). Der Wachstumspfad gibt den langfristigen Wachstumstrend des Sozialprodukts an. Er beeinflusst die Erwartungen, von denen Haushalte und Unternehmen bei ihren Nachfrageentscheidungen ausgehen.

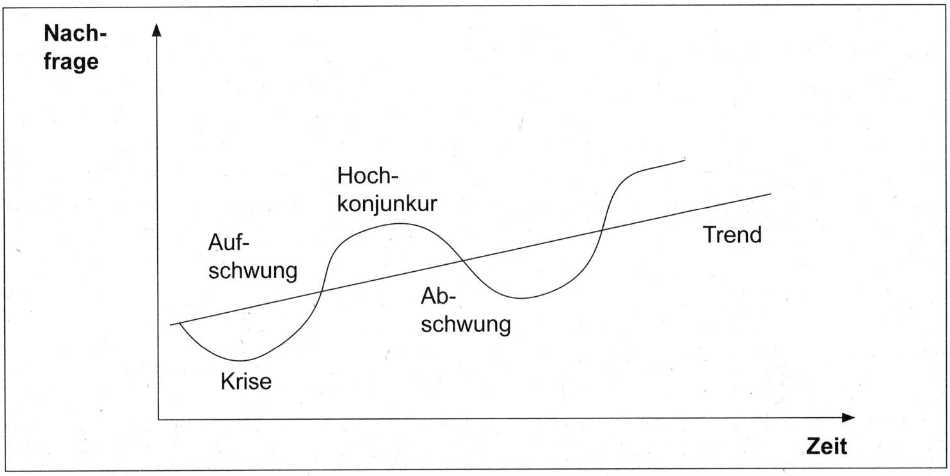

Abb.10.8: Konjunkturverlauf

Ein **Konjunkturzyklus** besteht aus **vier Phasen**: Krise (untere Wende), die als **Rezession** oder – bei besonders starkem Nachfragerückgang – auch als Depression bezeichnet wird, **Aufschwung**, Hochkonjunktur oder **Boom** (obere Wende) und **Abschwung**.

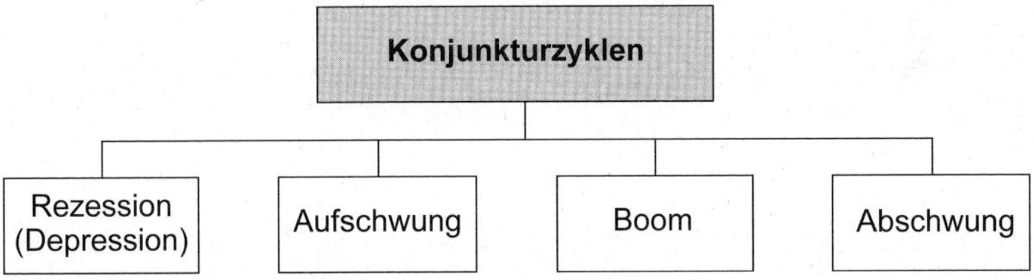

Die Krisensituation (die **Rezession**) ist gekennzeichnet durch einen erheblichen Angebotsüberschuss, der die Unternehmen zu intensivem Wettbewerb und zur Ausnutzung von Innovationen zwingt. Das kann bei expansiver Wirtschaftspolitik zu einem konjunkturellen Anstoß führen. Diese Nachfrageanregung verstärkt sich allmählich, Unternehmen beginnen zu investieren, dadurch werden Produktion, Beschäftigung und weitere Investitionen angeregt. So kommt es zu einer allmählichen konjunkturellen Erholung. Die Aufschwungphase beginnt.

In der **Aufschwungphase** nehmen die Löhne zunächst äußerst gering zu; das führt zu erhöhten Gewinnen, mit denen weitere Investitionen finanziert werden können. Im weiteren Verlauf des Aufschwungs führen die Forderungen der Gewerkschaften zu neuen Tarifen mit höheren Löhnen auf Kosten der Gewinne. Dadurch steigt jetzt auch die

Nachfrage nach Konsumgütern. Die Gewinne in diesem Bereich nehmen zu, sodass auch die erforderlich werdenden Investitionen in der Konsumgüterindustrie finanziert werden können. Der andauernde Aufschwung bestätigt die optimistischen Erwartungen der Unternehmer; Aufträge für Konsum- und Investitionsgüter gehen vermehrt ein und veranlassen weitere Investitionen.

Schließlich wird in der Aufschwungphase Vollbeschäftigung erreicht. Arbeitskräfte werden knapp; Löhne müssen erheblich steigen im Wettbewerb der Unternehmen um Arbeiter. Aber es wird der Versuch erkennbar, den knappen und teuren Produktionsfaktor Arbeit durch Maschinen zu ersetzen (Rationalisierungsinvestitionen). Die Investitionsneigung wird auch durch den hohen Grad der Kapazitätsauslastung begünstigt. Es kann trotzdem zu Engpässen kommen. Die Preise steigen, evtl. mit wachsenden Zuwachsraten. Private Haushalte gewöhnen sich allmählich an diese Inflation und fragen nach anfänglicher Zurückhaltung weiterhin und – wegen der ständig steigenden Einkommen – evtl. auch vermehrt nach.

Inzwischen ist die Phase der **Hochkonjunktur** erreicht. Hohe und steigende Preise, hohe und steigende Löhne, hohe Produktionsziffern kennzeichnen diese Phase. Die Tarifpolitik der Gewerkschaften setzt hohe Löhne durch; die Lohnsteigerungen gehen zu Lasten der Gewinne. Sinkende Gewinne der Unternehmen aber bedeuten abnehmende Investitionsneigung. Die Unternehmensnachfrage geht zurück. Auch die restriktive Geldpolitik beginnt zu wirken.

Der **Abschwung** hat begonnen. Aufträge gehen zurück; damit gehen auch die Einnahmen zurück. Die Gewinne der Unternehmen sinken, das führt zu einem sich verstärkenden Rückgang der Investitionen. Die Liquidität wird für die Unternehmen zu einem zunehmenden Problem. Restriktive Geldpolitik und der Rückgang der Einnahmen führen zu wachsenden Liquiditätsengpässen. Das Risiko, zahlungsunfähig zu werden, fördert die Bereitschaft der Unternehmen, Einnahmen nicht mehr für Investitionen zu nutzen. Nicht nur die Gewinne der Unternehmer, sondern auch die Löhne, zumindest die Lohnzuwächse, gehen zunächst allmählich, dann aber sich rasch verstärkend zurück. So muss auch die Nachfrage der Haushalte entsprechend zurückgehen. Arbeitslosigkeit setzt ein. Insolvenzen von Unternehmen werden beobachtet. Die Arbeitslosigkeit verstärkt sich. Preise müssten sinken, zumindest steigen sie nur noch mit erheblich abnehmenden Zuwachsraten. Eine neue Rezession beginnt.

Über die **Länge der Zyklen** im Konjunkturverlauf und über das Ausmaß der Schwankungen lassen sich keine verallgemeinernden Aussagen machen. Die grafischen Darstellungen der Entwicklung des Bruttosozialproduktes bzw. Bruttonationaleinkommens zu Marktpreisen seit 1950 (Abbildung 10.9) und der dazugehörenden Steigerungsraten (Abbildung 10.10) lassen den Schluss zu, dass Konjunkturzyklen heute in der Bundesrepublik Deutschland etwa vier bis sechs Jahre dauern. In Abbildung 10.10 werden Krisenjahre durch niedrige Zuwachsraten des Bruttosozialprodukts bzw. Bruttonationaleinkommens gekennzeichnet; Boomjahre sind an den hohen Zuwachsraten erkennbar.

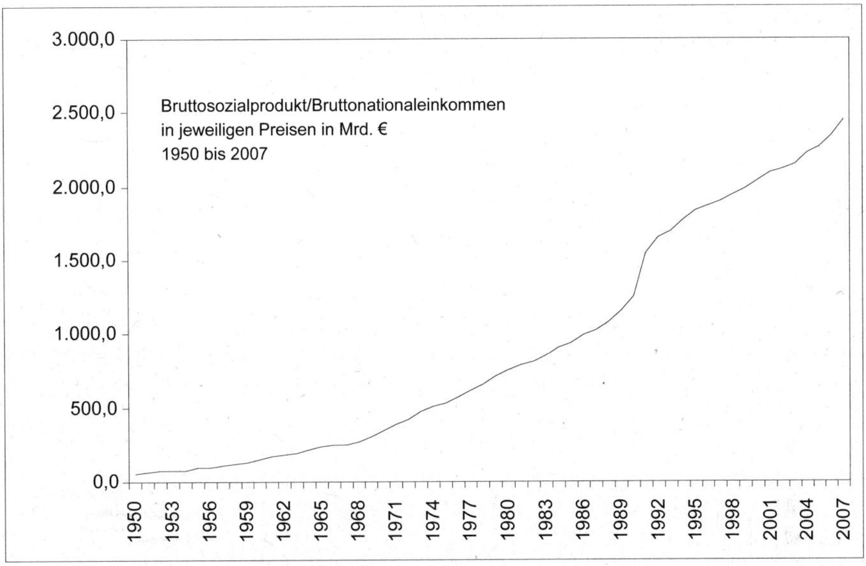

Abb. 10.9: Entwicklung des Bruttosozialprodukts zu Marktpreisen bzw. des Bruttonationaleinkommens zu Marktpreisen in jeweiligen Preisen in Mrd. €, ab 1991 einschl. Neue Bundesländer

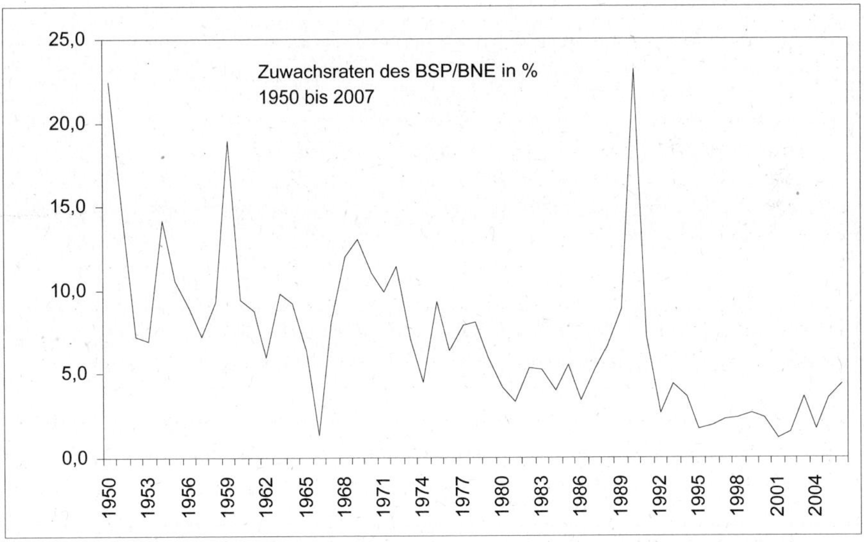

Abb. 10.10: Entwicklung der Zuwachsraten von BSP/BNE von 1960 bis 2007

10.3 Konjunkturindikatoren

Für die konjunkturpolitische Therapie benötigen die Träger der Konjunkturpolitik eine einwandfreie Diagnose. Es werden Indikatoren benötigt, die die jeweilige Stellung im Konjunkturzyklus rechtzeitig und eindeutig angeben und nach Möglichkeit auch die Richtung der weiteren Entwicklung andeuten. Als Indikatoren werden einige der vielen Faktoren benutzt, die den Konjunkturverlauf bestimmen oder sich aus ihm ergeben. Zu unterscheiden sind **Frühindikatoren**, dazu gehört z. B. der Auftragseingang, **gleichlaufende Indikatoren**, dazu werden z. B. die Produktion und die Umsätze im Handel gezählt, und **Spätindikatoren**, wie z. B. der Preisindex der Lebenshaltung, die Arbeitslosenquote bzw. die Beschäftigtenzahlen.

Der Sachverständigenrat beim Bundeswirtschaftsministerium benutzt für die Diagnose einen Gesamtindikator, der sich aus zwölf Einzelindikatoren ergibt. Enthalten sind z. B. Auftragseingänge, Lagerbestände, Löhne, Nettoproduktion, Geldvolumen und die Arbeitslosenzahl. Der Gesamtindikator soll in etwa ein Bild des Konjunkturverlaufs geben. Kritisiert wird gelegentlich, dass wichtige Einzelindikatoren fehlen, andere zu stark gewichtet werden.

In der folgenden Tabelle (Tab. 10.3) wird beispielhaft für Produktion, Beschäftigung und Preisniveaustabilität die Entwicklung der entsprechenden Indikatoren wiedergegeben, und zwar von 1980 bis zur Gründung der neuen Bundesländer. Die Weiterentwicklung der Zahlenreihen kann den Tabellen 3.5 (S. 41), 9.1 (S. 176) und 13.4 (S. 234) entnommen werden. Um die Vergleichbarkeit zu erleichtern, wurden die DM-Angaben in Tab. 10.3 in Euro umgerechnet.

	Produktion		**Beschäftigung**		**Preisentwicklung**
	Bruttoinlandsprodukt		**Arbeitslosenquote**	**abhängig Beschäftigte**	**Preisindex für die Lebenshaltung aller privaten Haushalte**
	in jeweiligen Preisen Mio. €	in Preisen von 1991 Mio. €		in Tsd.	1985 = 100
1980	752.642,1	1.031.787,0	3,8	28.897	82,6
1981	784.817,7	1.032.809,6	5,5	23.907	88,0
1982	811.977,5	1.023.095,1	7,5	23.639	92,6
1983	863.336,8	1.041.092,5	9,1	23.293	95,7
1984	895.215,8	1.070.389,6	9,1	23.351	98,0
1985	932.177,1	1.092,119,5	9,3	23.559	100,0
1986	984.385,1	1.117.735,2	9,0	23.910	99,9
1987	1.017.716,3	1.134.249,9	8,9	24.141	100,1
1988	1.071.657,6	1.077.803,3	8,7	24.365	101,4
1989	1.137.338,1	1.219.124,4	7,9	24.750	104,2
1990	1.239.985,1	1.288.660,1	7,2	25.460	107,0

Tab. 10.3: Entwicklung einiger Konjunkturindikatoren – alte Bundesländer (Quelle: Diverse Unterlagen des Statistischen Bundesamtes für die VGR, März 1994, Monatsberichte der Deutschen Bundesbank Nr. 4/94 und frühere)

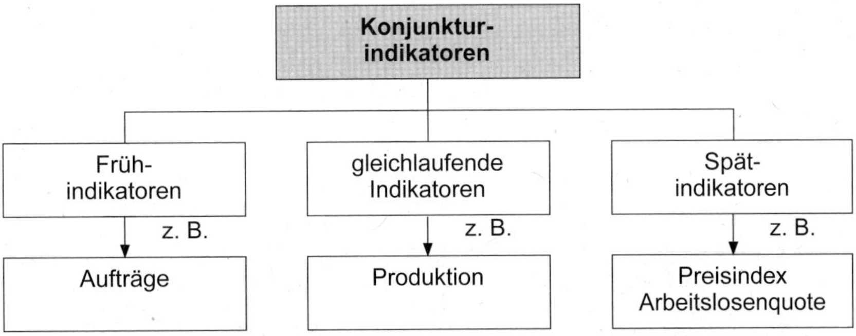

Ein besonderer Konjunkturindikator ist der **ifo Geschäftsklimaindex**. Er unterscheidet sich wesentlich von den Indikatoren, die die Politik und. der Sachverständigenrat nutzen. Diese beruhen auf den offiziellen (und darum objektiven) Statistiken des Statistischen Bundesamtes; der Geschäftsklimaindex geht jedoch von den subjektiven Einschätzungen von Unternehmen aus

Der ifo Geschäftsklimaindex wird monatlich vom Institut für Wirtschaftsforschung an der Universität München ermittelt. Das Institut befragt 7.000 Unternehmen des Verarbeitenden Gewerbes, des Bauhauptgewerbes und des Handels danach, wie sie ihre derzeitige Geschäftslage und ihre Geschäftserwartungen in den nächsten sechs Monaten beurteilen. Für die Beurteilung der Lage sind die Kategorien „gut", „befriedigend" und „schlecht", für die Beurteilung der Erwartungen die Kategorien „günstiger", „gleich bleibend" und „ungünstiger" vorgegeben. Mithilfe statistischer Methoden werden aus diesen Angaben die Indexwerte errechnet. Zzt. wird der Durchschnittswert des Jahres 2000 als Basiswert angenommen, auf den die monatlich ermittelten Werte jeweils bezogen sind.

In der folgenden Tabelle (Tab. 10.4) werden für die Zeit von Juni 2007 bis Juli 2008 die Indexwerte für das Geschäftsklima, die gegenwärtige Lage und die Geschäftserwartungen angegeben.

	Geschäfts-klima	Geschäfts-lage	Geschäfts-erwartungen
	2000 = 100		
Juni	107,0	111,4	102,8
Juli	106,4	111,3	101,7
August	105,8	111,4	100,4
September	104,2	109,9	98,7
Oktober	103,9	109,6	98,6
November	104,2	110,4	98,3
Dezember	103,0	108,1	98,2
Januar	103,4	107,9	99,0
Februar	104,0	110,3	98,1
März	104,7	111,5	98,4
April	102,4	108,4	96,7
Mai	103,5	110,1	97,2
Juni	101,3	108,3	94,7
Juli	97,5	105,7	90,0

Tab. 10.4: ifo Geschäftsklimaindex Juni 2007 bis Juli 2008 (Quelle: ifo Konjunkturtest)

10.4 Konjunkturpolitik

Das Gesetz zur Förderung der Stabilität und des Wachstums der Wirtschaft (StabGes) von 1967 nennt in § 1 konjunkturpolitische Ziele. Die Träger der Konjunkturpolitik sollen nach diesem Gesetz bei ihren finanz- und wirtschaftspolitischen Maßnahmen die **Erfordernisse des gesamtwirtschaftlichen Gleichgewichts** beachten. Sie müssen wirtschaftspolitische Maßnahmen so treffen, dass sie bei **angemessenem und stetigem Wirtschaftswachstum** zur **Preisniveaustabilität**, zu einem **hohen Beschäftigungsstand** und zum **außenwirtschaftlichen Gleichgewicht** beitragen.

Angestrebt wird also ein gesamtwirtschaftliches Gleichgewicht, das erreicht wird, wenn die Maßnahmen für angemessenes und vor allem auch stetiges Wachstum die Stabilität des Preisniveaus nicht gefährden und gleichzeitig zu einer hohen Beschäftigung führen. (Auf die Einbeziehung des Zieles „außenwirtschaftliches Gleichgewicht" wird hier verzichtet.)

Entsprechend der Annahme, dass der Konjunkturverlauf mit seinen Schwankungen die Nachfrage der Haushalte, der Unternehmen, des Staates und des Auslandes wiedergibt, muss eine Konjunkturpolitik, die diese Schwankungen ausgleichen will, bei der Nachfrage ansetzen.

Der Staat muss in der Hochkonjunktur die private Nachfrage dämpfen und die eigene Nachfrage zurücknehmen. In der Rezession, wenn die private Nachfrage nachgelassen hat, muss der Staat die Nachfrage anregen und selbst nachfragen. Die konjunkturpolitischen Aktivitäten müssen dem Zyklus entgegenwirken (**antizyklische Konjunkturpolitik**). Voraussetzung für die Wirksamkeit konjunkturpolitischer Maßnahmen ist, dass sie im Bedarfsfall schnell eingesetzt und zurückgenommen werden können. Es besteht sonst die Möglichkeit, dass expansive Maßnahmen, die für die Rezession oder für die Stützung des Aufschwungs gedacht sind, noch in der Hochkonjunktur wirken und diese anheizen. Kontraktive Maßnahmen dürfen entsprechend nicht mehr während des Abschwungs oder gar während der Rezession wirksam sein.

Das Stabilitätsgesetz, die Geld- und Kreditpolitik und die Fiskalpolitik stellen die Instrumente für die Konjunkturpolitik.

10.4.1 Das Stabilitätsgesetz

10.4.1.1 Die Bedeutung des Gesetzes

Das Gesetz zur Förderung der Stabilität und des Wachstums der Wirtschaft (Stabilitätsgesetz) wurde 1967 verabschiedet. Es kann als der Versuch der Wirtschaftspolitik interpretiert werden, der konjunkturellen Abschwächung der vorhergehenden Jahre Herr zu werden. Das Gesetz stellte die Kodifizierung eines in sich geschlossenen wirtschaftstheoretischen Grundkonzepts dar, das auf der keynesianischen Theorie beruht. Dieses Konzept stand im Gegensatz zu der klassischen Auffassung von der Bedeutung der Selbstheilungskräfte der Wirtschaft, die bis dahin die Wirtschaftspolitik maßgeblich beeinflusst hatte. Grundlegender Gedanke von Keynes' Theorie ist, dass die staatliche Wirtschaftspolitik mit Ausgaben und Einnahmen Wirtschaftsabläufe so beeinflussen kann, dass bestimmte Ziele, z. B. Vollbeschäftigung bzw. hohe Beschäftigung, Preisniveaustabilität, Wachstum, erreicht und konjunkturelle Krisen vermieden werden können.

Das Stabilitätsgesetz hat aus verschiedenen Gründen seine praktische Bedeutung verloren, es ist zwar nicht außer Kraft, wird aber kaum noch angewandt. Es bleibt jedoch in theoretischer und historischer Hinsicht von Bedeutung, da es als erste (und bisher einzige) Kodifizierung eines wirtschaftstheoretischen Systems Grundlage der Wirtschaftspolitik war und Wirtschaftstheorie mit der Praxis verband.

Da das Stabilitätsgesetz dem Bund die Einflussnahme auf die Länderhaushalte einräumte, musste der Grundgesetzartikel 109 entsprechend ergänzt werden.[3]

Art. 109 Abs. 4 postuliert die Ziele der Wirtschaftspolitik, die durch das Stabilitätsgesetz erreicht werden sollten.

Das wirtschaftspolitische Konzept des Stabilitätsgesetzes wird als **Globalsteuerung** bezeichnet. Globalsteuerung heißt, dass sich die Maßnahmen der staatlichen Wirtschaftspolitik auf makroökonomische Aggregatgrößen beziehen, insbesondere auf die gesamtwirtschaftliche Nachfrage, d. h. auf die Nachfrage der Gebietskörperschaften, der privaten Unternehmen nach Investitions- und der privaten Haushalte nach Konsum-

[3] Der Leser findet im Anhang einen Auszug aus dem StabGes und den Wortlaut des Art. 109 GG.

gütern. Die Maßnahmen werden so eingesetzt, dass sich die Nachfrage antizyklisch verhält. Wenn also die gesamtwirtschaftliche Nachfrage das gesamtwirtschaftliche Angebot übersteigt und ein überdurchschnittlicher Preisanstieg droht, muss der Staat seine Nachfrage zurücknehmen und die private Nachfrage so beeinflussen, dass sie eingeschränkt wird. Wenn dagegen die gesamtwirtschaftliche Nachfrage zurückgeht, insbesondere wenn private Unternehmen und Haushalte ihre Nachfrage einschränken, muss der Staat vermehrt nachfragen und durch geeignete Maßnahmen die Nachfrage nach Investitions- und Konsumgütern ankurbeln.

10.4.1.2 Ziele und Instrumente des Stabilitätsgesetzes

Diese Ausführungen zeigen, dass die Maßnahmen des StabG die wirtschaftlichen Aktivitäten zum **gesamtwirtschaftlichen Gleichgewicht** (A = N, vgl. 10.1) lenken sollen. Bei A < N, d. h. also bei einer inflatorischen Lücke, soll die Nachfrage gedrosselt, bei A > N, bei einer deflatorischen Lücke, die Nachfrage angekurbelt werden. Ein weiterer Grundgedanke des Gesetzes ist, dass **Bund und Länder gemeinsam** zu dieser antizyklischen Politik verpflichtet sind.

In § 1 StabG werden die Ziele des Gesetzes genannt:

> *Bund und Länder haben bei ihren wirtschafts- und finanzpolitischen Maßnahmen die Erfordernisse des gesamtwirtschaftlichen Gleichgewichts zu beachten. Die Maßnahmen sind so zu treffen, dass sie im Rahmen der marktwirtschaftlichen Ordnung gleichzeitig zur Stabilität des Preisniveaus, zu einem hohen Beschäftigungsstand und außenwirtschaftlichen Gleichgewicht bei stetigem und angemessenem Wirtschaftswachstum beitragen.*

Das Stabilitätsgesetz enthält zunächst Vorschriften, die die sachgerechte Anwendung des Gesetzes **gewährleisten** sollen. So soll z. B. die Bundesregierung im Januar jedes Jahres einen *Jahreswirtschaftsbericht* mit einer Stellungnahme zum Jahresgutachten des Sachverständigenrates und einer Jahresprojektion der wirtschafts- und finanzpolitischen Ziele vorlegen (§ 2). Für die konzertierte Aktion hat sie *Orientierungsdaten* aufzustellen (§ 3). Außerdem ist eine fünfjährige *Finanzplanung* auf der Grundlage von Investitionsprogrammen zu erstellen, die jährlich der Entwicklung anzupassen ist *(mittelfristige Finanzplanung)* (§§ 9 und 10).

Ein zweiter Bereich von Vorschriften befasst sich mit Fragen der **Koordination**. So schreibt das Gesetz u. a. die *Kooperation* der Träger der Wirtschaftspolitik und *gegenseitige Information* vor (vgl. §§ 1, 16 und 17). Es sieht die Möglichkeit zu *konzertierter Aktion* vor, das ist ein gleichzeitiges aufeinander abgestimmtes Verhalten der Gebietskörperschaften, Gewerkschaften und Unternehmensverbände zur Erreichung der Ziele des Gesetzes (§ 3). Schließlich wird die Bildung eines *Konjunkturrates* vorgeschrieben (§ 18).

Im Übrigen enthält das Gesetz Vorschriften zur **Intervention**. Mit diesen Vorschriften gibt das Gesetz den Trägern der **Wirtschaftspolitik** Instrumente zur Beseitigung und zur Vermeidung von Ungleichgewichten an die Hand, mit ihnen kann die Nachfrage der öffentlichen Hand, der privaten Unternehmen und der privaten Haushalte antizyklisch gesteuert werden.

Für die **Nachfragesteuerung der öffentlichen Hand** hat die *Konjunkturausgleichsrücklage* besondere Bedeutung. Die öffentliche Hand soll Mittel bei der Bundesbank zurücklegen, wenn die wirtschaftliche Situation eine Nachfragedämpfung erforderlich macht, und der Rücklage Mittel entnehmen, wenn die Nachfrage ausgedehnt werden muss (§§ 5, 6, 7 und 15). Darüber hinaus kann die öffentliche Nachfrage durch *Investitionssteuerung* beeinflusst werden (§§ 6 und 11). Auch mit Maßnahmen der *Schuldenpolitik*, nämlich Beschränkung der Kreditaufnahme und zusätzliche Schuldentilgung, wird öffentliche Nachfrage eingeschränkt (§§ 15, 19, 23).

Die private **Investitionsnachfrage** kann durch *Herabsetzung und Erhöhung der Einkommensteuer* (bzw. Körperschaftsteuer) bis zu 10 % für die Dauer eines Jahres beeinflusst werden (§§ 26 und 27). Außerdem sind *Steuervorteile bei Anschaffungen* vorgesehen, wenn sich das gesamtwirtschaftliche Ungleichgewicht in einer erheblichen Abnahme der Beschäftigung zeigt; dagegen können Abschreibungsmöglichkeiten zurückgenommen werden, wenn sich das gesamtwirtschaftliche Ungleichgewicht in erheblichen Preissteigerungen zeigt (§ 26 Abs. 3). Auch die **private Konsumnachfrage** wird durch die Herabsetzung und die Erhöhung der Einkommensteuer beeinflusst (§ 26).

	Interventionsmöglichkeiten bei	
	N > A	**N < A**
staatliche Nachfrage	KAR-Mittelzuführung	KAR-Mittelentnahme
	Tilgung von Schulden bei der Bundesbank. Beschränkung der Kreditaufnahme	Kreditaufnahme
	Rückstellung von Investitionen	Beschleunigung von Investitionsvorhaben
Investitionsgüternachfrage der privaten Unternehmen	Beschränkung der Abschreibungsmöglichkeiten	Steuervergünstigungen bei Investitionen (Anschaffungen und Herstellung)
	Erhöhung der Einkommensteuer und Körperschaftsteuer	Senkung der Einkommensteuer und Körperschaftsteuer
Konsumgüternachfrage der priv. Haushalte	Erhöhung der Einkommensteuer	Senkung der Einkommensteuer

Tab. 10.5: Maßnahmen des Stabilitätsgesetzes zur Beeinflussung der gesamtwirtschaftlichen Nachfrage

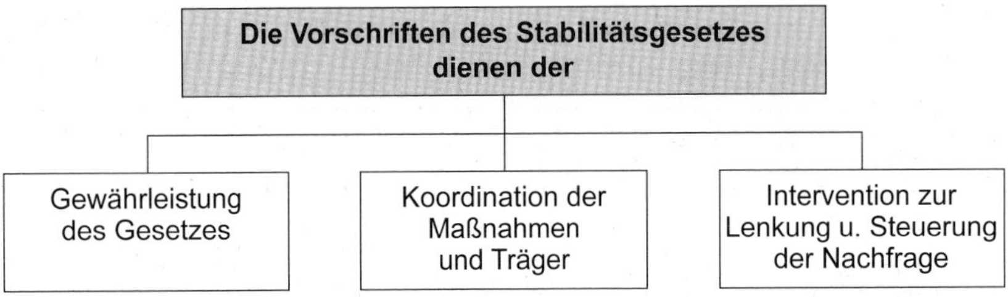

10.4.2 Geld- und Kreditpolitik

Das Europäische Zentralbanksystem ist Träger der **„monetären Konjunkturpolitik"**. Seine Aufgabe ist nicht nur die Sicherung der Preisniveaustabilität, sondern es muss vielmehr auch die monetären Voraussetzungen für ein dauerhaftes Wirtschaftswachstum schaffen. Die Geldpolitik beruht auf dem Gedanken, dass die gesamte effektive monetäre Nachfrage nach Gütern und Leistungen dem gesamten Angebot an Gütern und Leistungen entsprechen muss. Das bedeutet einerseits, die Geldmenge muss mit dem Produktionspotenzial wachsen, sie darf aber andererseits nicht so stark ansteigen, dass die monetäre Nachfrage das Angebot übersteigt.[4]

10.4.3 Fiskalpolitik

Mit **Veränderungen** seiner **Ausgaben** und seiner **Einnahmen** nimmt der Staat **Einfluss auf die Nachfrage**. Bund, Länder und Gemeinden stellen Beamte, Angestellte, Arbeiter ein, diese erhalten Einkommen. Die öffentlichen Hände kaufen Güter und Dienstleistungen, z. B. werden Unternehmen beauftragt, Rüstungsgüter herzustellen, Straßen und Gebäude zu bauen. Durch diese Käufe entsteht ebenfalls Faktoreinkommen. Der Staat hat Ausgaben für Transferzahlungen an Haushalte und Subventionen an Unternehmen, es entstehen Transfereinkommen. Entsprechend den konjunkturpolitischen Erfordernissen kann der Staat diese Ausgaben erhöhen und senken, er erhöht und senkt damit direkt oder indirekt die gesamtwirtschaftliche Nachfrage.

Wenn der Staat seine Steuereinnahmen senkt oder erhöht, beeinflusst er die Nachfragemöglichkeiten der Steuerpflichtigen. Eine Steuersenkung kann z. B. zu einer Erhöhung der Nachfrage im privaten Bereich führen. Eine Steuererhöhung würde die Nachfrage evtl. drosseln.

Seine konjunkturpolitisch notwendigen Ausgaben kann der Staat kurzfristig mit Krediten finanzieren **(deficit-spending)**, andererseits muss er Mittel aber stilllegen oder zur Schuldentilgung nutzen, wenn seine Nachfrage mit diesen Mitteln die Konjunktur anheizen würde.

Einnahmen- und Ausgabensysteme können auch **automatische Stabilisatoren** enthalten. Wenn z. B. das Einkommen im konjunkturellen Aufschwung steigt, nehmen die Einkommensteuern wegen des progressiven Steuertarifs überproportional zu und verringern entsprechend das für die Nachfrage zur Verfügung stehende Einkommen; die umgekehrte Wirkung setzt ein, wenn das Einkommen im Konjunkturverlauf sinkt. Automatisch stabilisierend können auch bestimmte Transferausgaben wirken, die im konjunkturellen Abschwung einkommensschwachen Haushalten vermehrt zufließen und so die private Nachfrage stärken. Automatische Stabilisatoren reichen als konjunkturpolitische Mittel nicht aus.

[4] Vgl. dazu die Ausführungen zur Geldpolitik (Kap. 9.4).

11. Wachstum und Wachstumspolitik

11.1 Produktion und Wachstum

Seit einiger Zeit wird das Bruttoinlandsprodukt als Indikator für Produktion und Wachstum dem Bruttosozialprodukt vorgezogen. Das Statistische Bundesamt nutzt seit September 1992 das BIP entsprechend.

Das Bruttoinlandsprodukt ist die Summe aller im Inland produzierten Güter mit den Faktoren, die im Inland zur Verfügung gestellt wurden, und zwar auch von Ausländern (mit ständigem Wohnsitz im Ausland). Die Faktoreinkommen, die Inländer (mit ständigem Wohnsitz im Inland) im Ausland verdient haben, bleiben unberücksichtigt. Das **Bruttoinlandsprodukt** gibt also **die wirtschaftliche Leistung im Inland**, d. h. in einem abgegrenzten Wirtschaftsgebiet an. Darum eignet es sich besser als das Bruttosozialprodukt/Bruttonationaleinkommen als Indikator für die Konjunktur in diesem Gebiet.

Bruttoinlandsprodukt und Bruttonationaleinkommen unterscheiden sich durch den Saldo der Erwerbs- und Vermögenseinkünfte, die vom Ausland ins Inland bzw. vom Inland ins Ausland fließen. Zu den Erwerbseinkünften zählen vor allem die Einkommen aus unselbstständiger Arbeit von Grenzgängern, zu den Vermögenseinkünften z. B. Kapitalerträge, Erträge aus Patenten und Lizenzen. Ausländer, die ihren ständigen Wohnsitz im Ausland beibehalten, tragen zum Inlandsprodukt bei, indem sie im Inland z. B. Arbeit und Kapital zur Verfügung stellen; die Faktoreinkommen, die sie dabei verdienen, fließen ins Ausland. Umgekehrt stellen Inländer, die ihren ständigen Wohnsitz im Inland haben, für ausländische Produktion Faktoren zur Verfügung; die Einkommen, die sie dabei verdienen, fließen ins Inland (vgl. 3.3). Diese Faktoreinkommen haben aber im Allgemeinen wenig mit der inländischen Konjunktur zu tun. So kommt es vor, dass Kapitalerträge zu- oder abfließen weil sich bestimmte Rahmenbedingungen geändert haben (z. B. Einführung der Quellensteuer).

Das Bruttoinlandsprodukt ist also das geeignete Maß, wenn die Produktion zur Beurteilung einer wirtschaftlichen Situation herangezogen wird; wenn jedoch die Einkommensseite im Mittelpunkt der Betrachtung steht, ist das Bruttonationaleinkommen vorzuziehen.

Der Anstieg der Produktion als das Ergebnis der wirtschaftlichen Aktivitäten wird als **Wachstum** bezeichnet. Gelegentlich wird unterschieden zwischen kurzfristigem und langfristigem Wachstum. Kurzfristiges Wachstum ist die Zunahme des (realen) Bruttoinlandsproduktes von einer Periode zur nächsten, also mit Berücksichtigung der Schwankungen im Konjunkturverlauf. Als langfristiges Wachstum bezeichnet man die Zunahme des Produktionspotenzials; mit dem Begriff **Produktionspotenzial** wird die gesamtwirtschaftliche Produktionskapazität einer Volkswirtschaft umschrieben, es stellt die Produktion dar, die bei Vollbeschäftigung (z. B. bei der oberen Wende im Konjunkturverlauf) erreicht werden könnte. Der Vergleich zwischen Produktionspotenzial und tatsächlicher Produktion erlaubt Rückschlüsse auf den Auslastungsgrad des Potenzials und ist damit ein Indikator zur Beschreibung der konjunkturellen Situation einer Volkswirtschaft. Da langfristig die tatsächliche Produktion dem Produktionspotenzial entspricht (ohne Berücksichtigung der konjunkturellen Schwankungen), erscheint auch langfristig das Bruttoinlandsprodukt als Wachstumsindikator geeignet.

Nominales Wachstum liegt vor, wenn die Steigerung des Bruttoinlandsproduktes mit den jeweiligen Preisen bewertet wird. Von **realem Wachstum** spricht man, wenn die Steigerung des Bruttoinlandsproduktes in konstanten Preisen, d. h. in Preisen eines Basisjahres, bewertet wird. **Nullwachstum** liegt vor, wenn das reale Bruttoinlandsprodukt konstant bleibt, dabei kann durchaus nominales Wachstum vorliegen.

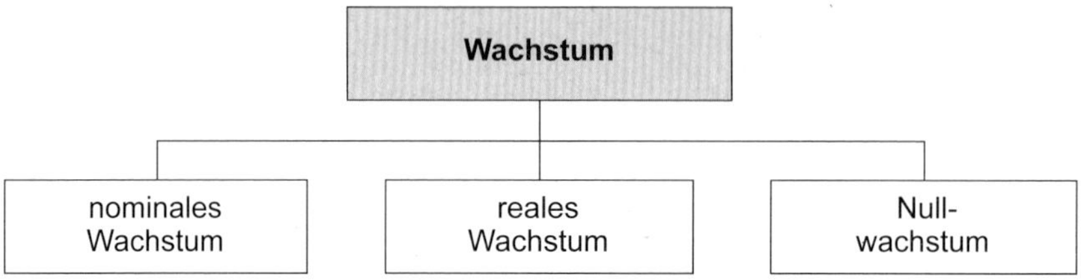

Die **Bestimmungsgründe für wirtschaftliches Wachstum** sind der vermehrte und verbesserte Einsatz der volkswirtschaftlichen Produktionsfaktoren Arbeit und Kapital unter Berücksichtigung des technischen Wissens. Durch technisches Wissen werden die Produktionsfaktoren Arbeit und Kapital verbessert; der sich daraus ergebende technische Fortschritt zeigt sich in der Herstellung neuer und verbesserter Güter (Produktinnovation) und in der Verbesserung von Produktionsverfahren (Prozessinnovation). Durch vermehrten Einsatz des Produktionsfaktors Kapital, d. h. durch zusätzliche Investitionen, wird die Produktivität erhöht. Wichtige Voraussetzungen für private Investitionstätigkeit ist die Infrastruktur i. w. S. Dazu zählen u. a. Rahmenbedingungen (z. B. die Rechtsordnung), Verkehrsinfrastruktur (z. B. Verkehrsanbindungen), Qualifikation der Arbeitnehmer (z. B. Ausbildungsstand).

Wirtschaftliches Wachstum geht einher mit Beschädigungen der Umwelt. **Folgen des Wachstums** sind z. B. gesundheitsschädigende Belastungen der Luft, der Gewässer usw. Eine Hauptursache für dieses Problem liegt darin, dass Umwelt kostenlos zu haben ist. Wenn Unternehmen Umwelt als einen Produktionsfaktor kaufen müssten, würde sich der Vorgang im Preis niederschlagen. Der Preismechanismus würde dann die Nachfrage nach der knappen und darum teuren Umwelt regulieren.

Mit dem Emissionshandel, den die Europäische Union für einige Branchen am 1. Januar 2005 einführte, soll der Ausstoß des klimaschädlichen Kohlendioxyds (CO_2) mit marktwirtschaftlichen Mitteln reduziert werden. Das Umweltministerium legt eine bestimmte Zielgröße für den CO_2-Ausstoß fest, die den umweltpolitischen Zielen entspricht. Für diese Gesamtmenge werden Wertpapiere ausgegeben, die den Unternehmen entsprechend dem nationalen Allokationsplan zugeteilt werden. Sie berechtigen die Eigentümer dazu, die Umwelt mit einer entsprechenden Menge zu belasten. Ein Unternehmen, dass die Umwelt durch CO_2 belastet, muss dafür eine Lizenz haben. Wenn das Unternehmen allerdings den CO_2-Ausstoß durch geeignete Maßnahmen reduziert, kann es die eingesparten

Anteile an seiner Emissionsberechtigung an andere Unternehmen verkaufen. Durch den Kauf entstehen dem Unternehmen Kosten, ihm steht der Produktionsfaktor Umwelt also nicht mehr kostenlos zur Verfügung. (Im Juni 2006 kündigte der Umweltminister für die zweite Zuteilungsrunde – ab 2012 – eine erhebliche Kürzung der insgesamt erlaubten CO_2-Emission an.)

11.2 Gründe für und gegen Wachstum

Viele **Gründe** sprechen **für wirtschaftliches Wachstum**. Im Folgenden werden die wichtigsten aufgezählt.

Durch wirtschaftliches Wachstum wird der **Lebensstandard** in der Volkswirtschaft verbessert. Es werden mehr und bessere Produkte produziert. Mit der Produktion wächst auch das Einkommen, sodass die produzierten Waren und Leistungen auch gekauft werden können.

Wirtschaftliches Wachstum sichert **Arbeitsplätze**. Durch vermehrte Investitionen, durch die Steigerung der Produktion und durch die Zunahme der wachstumsbedingten Nachfragemöglichkeiten der privaten Haushalte werden Arbeitsplätze geschaffen und erhalten. Arbeitnehmer, die in Unternehmen aufgrund struktureller Bedingungen freigesetzt werden, finden in Unternehmen wachsender Branchen wieder Beschäftigung. Hier zeigt sich, dass in einer wachsenden Wirtschaft bestimmte Probleme, die sich aus strukturellen Veränderungen ergeben, relativ schnell und reibungslos gelöst werden.

Wirtschaftliches Wachstum erleichtert die **Umverteilung**. Gewinnzuwächse geben den Unternehmen die Möglichkeit, auf Forderungen der Gewerkschaften einzugehen. Den Systemen der sozialen Sicherung fließen mehr Mittel zu, die sie insgesamt leistungsfähiger machen.

Die **Produktionsbedingungen** werden verbessert. Die Unternehmen werden durch Wettbewerb gezwungen, kostengünstiger zu produzieren. Sie werden also veranlasst, neue Produktionsverfahren einzuführen, bessere und leistungsfähigere Maschinen anzuschaffen, Arbeit neu zu organisieren usw. Kostensenkungen kommen den Verbrauchern zugute.

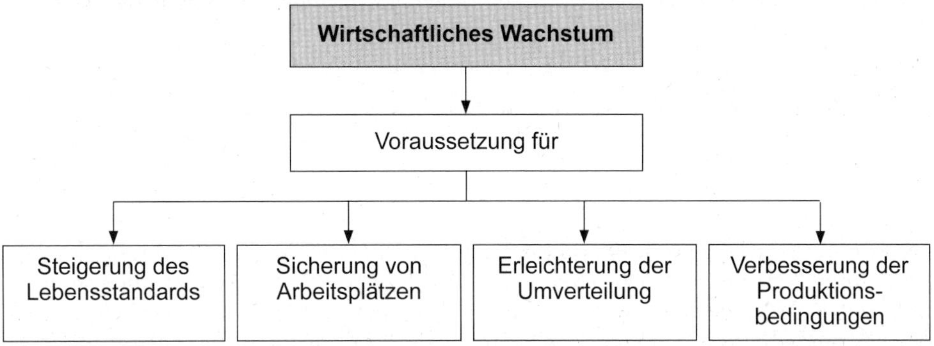

Es gibt aber auch wichtige **Argumente gegen wirtschaftliches Wachstum**. Einige sind den Wachstumsgegnern von so großer Bedeutung, dass sie ein sog. „Null-Wachstum" fordern.

Das **Bruttoinlandsprodukt ist kein ausreichender Wohlstandsindikator**, es drückt den Wohlstand einer Volkswirtschaft bzw. einer Gesellschaft nur unzulänglich aus. Es kann nur die Leistungen messen, für die Faktoreinkommen entstanden sind; so werden z. B. die Leistungen von Müttern und Hausfrauen nicht erfasst. Andere Faktoren müssten bei der Definition des Lebensstandards berücksichtigt werden. Aus dem kürzlich veröffentlichten Weltentwicklungsbericht der UNO geht hervor, dass die Bundesrepublik Deutschland auf einer internationalen Skala des Lebensstandards, die u. a. durch Pro-Kopf-Einkommen, Lebenserwartungen, Bildung, Gesundheitsversorgung, Arbeitslosigkeit, Umweltbedingungen definiert wird, den elften Platz einnimmt, obwohl sie zu den stärksten Wirtschaftsmächten der Welt zählt.

Das ausschließlich quantitative **Wachstum gefährdet bestimmte gesellschaftliche Werte**, insbesondere wird die allmähliche Entsolidarisierung der Gesellschaft befürchtet. Die bürokratischen sozialen Systeme können zwischenmenschliche Solidarität nicht vermitteln, zumal sie die unsoziale und unsolidarische Selbstbedienungsmentalität fördern.

Wirtschaftliches **Wachstum zerstört langfristig die Umwelt**. Die Umweltschäden zeigen sich u. a. in der vollständigen Ausbeutung von Rohstoffen, die nicht nachwachsen, und in der produktions- bzw. wachstumsbedingten Belastung der Umwelt, z. B. durch Abgase. Landschaften werden zerstört, Bäume sterben ab, seltene Tierarten verschwinden. Gewässer werden verschmutzt, Böden vergiftet, die Luft verunreinigt. Die immens hohen Kosten für die Beseitigung der Umweltschäden hat die Gesellschaft zu tragen.

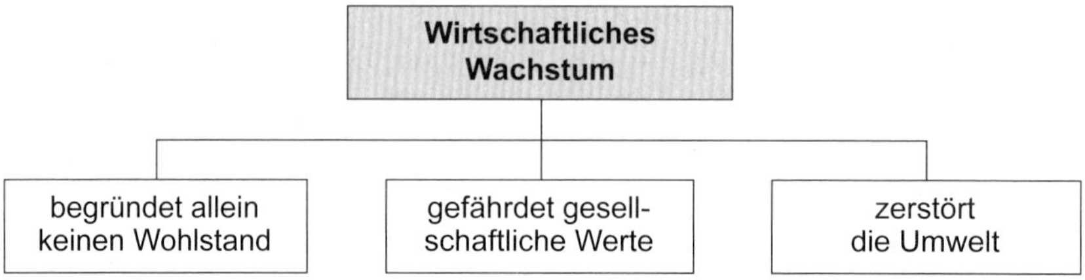

11.3 Wachstumspolitik

Als Wachstumspolitik bezeichnet man alle wirtschaftspolitischen **Maßnahmen, mit denen das wirtschaftliche Wachstum gefördert und gesichert werden soll**. Wachstum ist ein wichtiges wirtschaftspolitisches Ziel aller Volkswirtschaften. Auch der Wirtschaftspolitik der Bundesrepublik Deutschland ist dieses Ziel durch Gesetz vorgegeben (vgl. Gesetz zur Förderung der Stabilität und des Wachstums der Wirtschaft). Das Gesetz schreibt nicht nur ein angemessenes Wachstum vor, das Wachstum soll vielmehr auch stetig sein, d. h. konjunkturelle Schwankungen sollen weitgehend vermieden werden.

Hier zeigt sich, wie Konjunktur- und Wachstumspolitik miteinander verknüpft sind. Während konjunkturpolitische Maßnahmen konjunkturelle Schwankungen ausgleichen und evtl. die tatsächliche Auslastung der Produktion an das Produktionspotenzial heranführen sollen, will man mit den Maßnahmen der Wachstumspolitik erreichen, dass das Produktionspotenzial insgesamt zunimmt.

Vorbedingungen für Wachstum sind die Erhöhung des Kapitalstocks, das Vorhandensein einer angemessenen Infrastruktur und die Verbesserung des technischen Fortschritts. Die Maßnahmen der Wachstumspolitik müssen an diesen Vorbedingungen ansetzen.

Vorbedingungen für Wachstum

Erhöhung des Kapitalstocks	Vorhandensein einer Infrastruktur	Verbesserung des tech. Fortschritts

Im Folgenden sollen einige Aspekte der Wachstumspolitik dargestellt werden.

Damit das Sachkapital insgesamt vergrößert wird, muss die staatliche Wachstumspolitik die **Investitionstätigkeit fördern**. Das kann z. B. geschehen durch eine Verbesserung des Investitionsklimas. Dazu kann eine staatliche Wachstumspolitik beitragen, indem sie durch entsprechende Stabilisierungsmaßnahmen dafür sorgt, dass Krisen und Inflationen vermieden oder abgemildert werden. In Nachfragekrisen wird nicht einmal das Produktionspotenzial ausgenutzt, Investitionen zur Erweiterung der Kapazitäten finden nicht statt. In Zeiten hoher Preissteigerungen verliert der Markt seine Lenkungsfunktion. Der Staat kann Investitionen u. a. anregen

- über die Steuern, z. B. durch Steuervergünstigungen (Abschreibungen, Einkommen- und Körperschaftsteuer), evtl. mit einer Änderung der Gewerbesteuer usw.,
- über Subventionen,
- über seine Nachfrage nach Gütern.

Damit das Sachkapital verbessert wird, muss die staatliche Wachstumspolitik **Prozessinnovationen** fördern. Das kann z. B. geschehen durch die Verbesserung der Wettbewerbssituation; durch den Druck der Konkurrenz sind Unternehmen bereit, Investitionen zur Verbesserung des Sachkapitals vorzunehmen. Durch Verkürzung der Abschreibungsdauer kann der Steuergesetzgeber neue Investitionen und damit die Berücksichtigung des technischen Fortschritts fördern.

Ein wesentlicher Aspekt der Wachstumspolitik ist die staatliche **Unterstützung von Forschung**. Darüber hinaus muss der Staat in den Universitäten und staatlichen Forschungsinstituten Grundlagenforschung betreiben, deren Ergebnisse den Unternehmen zur Verfügung gestellt werden können.

Der Verbesserung des Produktionsfaktors Arbeit dient die allgemeine und insbesondere die berufliche **Bildung**. Der Staat muss Bildungsstätten wie allgemeine und Berufsschulen, Fachhochschulen, Universitäten usw. einrichten und unterhalten. Der beruflichen Ausbildung im dualen System (Betrieb und Schule) kommt in der Zukunft besondere Bedeutung zu.

Im Rahmen der Wachstumspolitik muss der Staat die **Infrastruktur** zur Verfügung stellen. Der Bau von Straßen und Wasserwegen, Einrichtung und Unterhaltung von Bildungsstätten, Krankenhäusern usw. und die Aufrechterhaltung der Rechtsordnung und der Eigentumsordnung u. Ä. sind Aufgaben, die nur der Staat wahrnehmen kann.

Schließlich haben auch **Aspekte der Verteilungspolitik** wachstumspolitische Bedeutung. So muss z. B. eine Vermögenspolitik betrieben werden, damit auch Arbeitnehmer in den Genuss von Vermögenszuwächsen kommen. Nur so kann eine allgemeine Zustimmung zur offiziellen Wachstumspolitik erwartet werden.

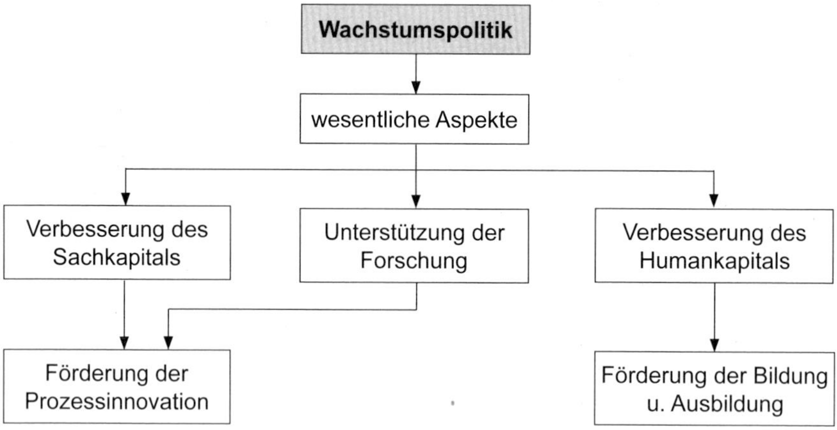

12. Strukturwandel und Strukturpolitik

12.1 Strukturpolitik

Friedhelm Bohlsen findet in einer Zeitschrift eine Statistik, die die prozentualen Anteile der Erwerbstätigen in den großen Wirtschaftsbereichen (Sektoren) Land- und Forstwirtschaft, Industrie (mit Handwerk), Dienstleistungen i. w. S. (d. h. einschließlich Handel und häusliche Dienste) von 1880 bis 1992 aufzeigt.

	Landwirtschaft	Industrie	Dienstleistung
1880	42 %	36 %	22 %
1935	26 %	42 %	32 %
1950	24 %	43 %	33 %
1992	3 %	39 %	58 %

Über diese Tabelle kommt Bohlsen ins Grübeln; sie weist auf gravierende Veränderungen innerhalb eines Zeitraums hin, den er aus eigener Anschauung und aus den Erzählungen des Großvaters und des Vaters gut überschauen kann, sie haben das Leben der Familie über mehrere Generationen begleitet und betroffen, Schicksale gelenkt: Arbeitslosigkeit, Berufswechsel, Verlegung des Wohnorts in die Stadt, sozialer Aufstieg, Veränderungen der Lebensbedingungen im weitesten Sinne, Verbesserung des Einkommens, Berufswahl, berufliche Stellung.

Die Altenauer Mittagszeitung (AMZ) berichtet über ein Entwicklungskonzept für die „Metropolregion Hamburg", das die Hansestadt und die angrenzenden Landkreise, also auch den Kreis Altenaue, betrifft. Das Konzept geht davon aus, dass die Bevölkerung in dieser Region bis zum Jahre 2010 um etwa 140.000 bis 200.000 Menschen anwachsen wird. Dafür müssen die Gemeinden Flächen für Wohnungsbau und Gewerbeansiedlung zur Verfügung stellen; Naherholungsgebiete, Schulen, Kindergärten, Versorgungseinrichtungen müssen geplant werden. Den Bedenken der Gemeindebürgermeister aus dem Kreis Altenaue und der Vertreter der Umweltschutzverbände halten die Planer entgegen, dass die Region langfristig die Chance zur Vollbeschäftigung hat, wenn für die Entwicklung eine angemessene Infrastruktur zur Verfügung steht.

Zwei einfache Beispiele, die der Leser aus eigener Erfahrung nachvollziehen oder ergänzen kann, sollen andeuten, womit sich die folgenden Ausführungen beschäftigen werden.

1. Zwischen den Sektoren Landwirtschaft, Industrie und Dienstleistungen verschieben sich die Anteile der Beschäftigung, es hat ein **Wandel der sektoralen Struktur** zu Gunsten des Sektors Dienstleistungen vor allem auf Kosten des Sektors Landwirtschaft stattgefunden, der sich weiter fortsetzt; aber nicht nur zwischen den Sektoren, sondern auch innerhalb der Sektoren finden Veränderungen statt, so

wechseln z. B. Arbeitnehmer aus Wirtschaftszweigen mit abnehmender Bedeutung in Unternehmen der Wachstumsbranchen. Das Beispiel deutet die häufig schicksalhafte Betroffenheit von Menschen durch strukturellen Wandel an.

2. Ein Planungsausschuss plant den **Wandel der regionalen Struktur**. Eine Region verändert sich durch die demographische Entwicklung. Die Veränderung soll planmäßig verlaufen. Das Konzept wird der Öffentlichkeit vorgestellt, betroffene Instanzen und Gremien werden an der Planung beteiligt und in Entscheidungsprozesse einbezogen. Das Beispiel deutet an, dass nicht nur Bedenken gegen die Planung, sondern vielmehr auch gegen den Wandel, der die Region verändern könnte, bestehen.

Als Strukturpolitik bezeichnet man alle staatlichen **Maßnahmen zur Einwirkung auf Richtung und Tempo des Strukturwandels**. Während sich die Konjunkturpolitik mit kurzfristigen Veränderungen wirtschaftlicher Größen im Wirtschaftsablauf befasst, sind die strukturpolitischen Maßnahmen langfristig ausgerichtet. Sie sollen die Verschiebungen und Veränderungen, die sich im Zusammenhang mit der wirtschaftlichen Entwicklung und dem wirtschaftlichen Wachstum ergeben, lenken. Strukturpolitik bezieht sich auf sektorale und auf regionale Strukturen, entsprechend kann man sektorale und regionale Strukturpolitik unterscheiden.

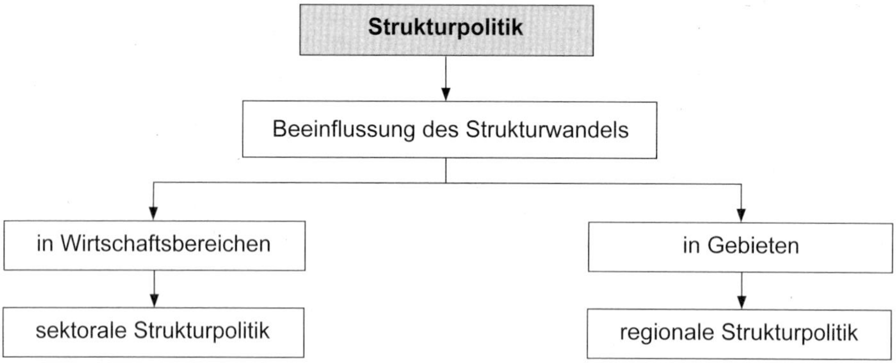

Bevor Ziele und Instrumente der Strukturpolitik beschrieben werden können, muss geklärt werden, was unter Strukturwandel zu verstehen ist. (Auf den Zusammenhang zwischen Struktur- und Wachstumspolitik wurde in Kapitel 11 Wachstumspolitik bereits eingegangen.)

12.2 Strukturen und Strukturwandel

Eine **Wirtschaftsstruktur** ist die Aufteilung einer ökonomischen Gesamtgröße in relevante Teilgrößen. In Beispiel 1. ist die Gesamtbeschäftigung die Gesamtgröße, und die Beschäftigung in den einzelnen Sektoren sind die relevanten Teilgrößen. Eine Struktur dieser Art wird als **sektorale Struktur** oder – wenn sie sich wie hier auf Beschäftigung bezieht – genauer als sektorale Beschäftigungsstruktur bezeichnet. Wenn die Beschäftigung eines Sektors als Gesamtgröße und die Beschäftigung in den einzelnen

Wirtschaftszweigen innerhalb des Sektors als Teilgrößen bestimmt werden, ergibt sich eine intrasektorale Beschäftigungsstruktur.

Wenn man die Gesamtgröße mit G und die Teilgrößen mit g bezeichnet, kann die Struktur formelhaft verkürzt folgendermaßen dargestellt werden.

$$G = g_1 + g_2 + g_3 + \ldots + g_n \quad \text{oder} \quad G = \sum gi \quad (i = 1, 2, 3, \ldots n)$$

Für **sektorale und regionale Wirtschaftsstrukturen** lassen sich leicht Beispiele finden. Eine sektorale Produktionsstruktur liegt vor, wenn man das Bruttoinlandsprodukt als Gesamtgröße und die Sektoren Landwirtschaft, Industrie, Dienstleistungen, in denen das Produkt entstand, als Teilgrößen nimmt. Bei einer regionalen Beschäftigungsstruktur ist z. B. die Beschäftigung in Deutschland die Gesamtgröße, Teilgrößen sind die Beschäftigung in einzelnen relevanten Regionen, das können die Bundesländer oder bedeutende Wirtschaftsregionen („Metropolregion Hamburg") sein.

Strukturwandel liegt vor, wenn sich Verschiebungen zwischen den Sektoren (bzw. Regionen) oder innerhalb der Sektoren (bzw. Regionen) ergeben. Die Verschiebung zwischen den Sektoren wird als **inter**sektoraler Strukturwandel, die Verschiebung innerhalb des Sektors als **intra**sektoraler Strukturwandel bezeichnet. (Die Begriffe lassen sich entsprechend auf regionalen Strukturwandel übertragen.) Die Tabelle im Einführungsbeispiel zeigt einen sektoralen Strukturwandel besonders deutlich: Die Beschäftigung verschiebt sich im Laufe der Jahre vom Sektor Landwirtschaft zu den Sektoren Industrie und Dienstleistungen und vom Sektor Industrie zum Sektor Dienstleistungen, d. h. vom primären Sektor zum sekundären und tertiären Sektor und vom sekundären zum tertiären Sektor.

Strukturwandel ist eine **Begleiterscheinung wirtschaftlicher Entwicklung**. Er ergibt sich durch die Anpassungen der Marktteilnehmer an Veränderungen der Marktdaten. Wenn das Einkommen der privaten Haushalte steigt und sich die Präferenzen ändern, verändert sich die Nachfrage nach Konsumgütern, die Nachfrage nach superioren Gütern nimmt auf Kosten der inferioren Güter zu. Die Unternehmen passen ihr Angebot an, stellen die Produktion um, ändern die Produktionsverfahren usw. Wenn Löhne und Lohnnebenkosten steigen, beginnen Unternehmen zu rationalisieren; die Nachfrage nach dem Produktionsfaktor Arbeit nimmt u. U. ab, die Nachfrage nach Maschinen und anderen Betriebsmitteln zu. Es finden Verschiebungen in der sektoralen Produktionsstruktur, in der sektoralen Beschäftigungsstruktur und evtl. auch in der regionalen Beschäftigungsstruktur statt. Im Allgemeinen sind Änderungen der aufgezeigten Art Ursache für den Wandel.

Häufig sind Anpassungsvorgänge mit Friktionen verbunden, die insbesondere zu Problemen im sozialen Bereich führen können. Wenn z. B. die Nachfrage nach Stahl zurückgeht, wird sich das Angebot entsprechend anpassen, die Produktion wird eingeschränkt, Arbeitnehmer werden entlassen, evtl. werden sogar Produktionsstätten stillgelegt. Das Beispiel „Stahlkrise" deutet auf die Problematik der Verschiebungen hin: Menschen werden arbeitslos, sie finden in ihrer Region keine Arbeit, wenn Arbeitsplätze in anderen Unternehmen nicht zur Verfügung stehen, wenn die Stahlarbeiter für andere Arbeitsplätze nicht ausreichend qualifiziert sind.

12.3 Ziele und Instrumente der sektoralen Strukturpolitik

Die Strukturpolitik, die nach der oben angegebenen Definition auf Richtung und Tempo des Strukturwandels einwirken soll, hat **zwei** grundsätzliche **Ziele**. 1. Verzögerung des Strukturwandels, damit unerwünschte Auswirkungen, wie z. B. hohe Arbeitslosigkeit, abgemildert oder ganz vermieden werden. 2. Beschleunigung des Strukturwandels, damit die Wettbewerbsfähigkeit, vor allem auch im internationalen Vergleich, verbessert wird.

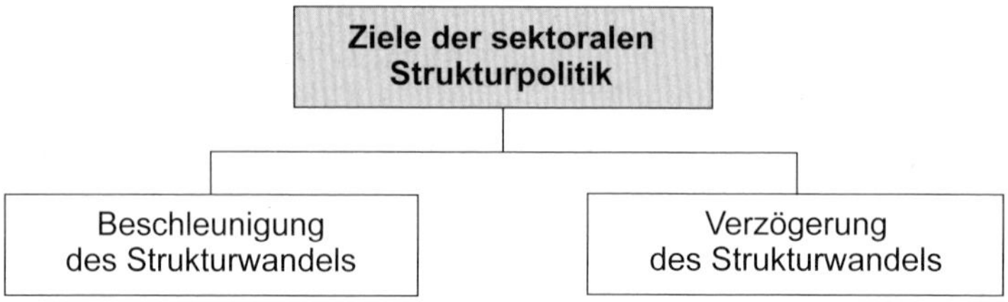

Um diese Ziele zu erreichen, steht der Strukturpolitik eine Reihe von Instrumenten zur Verfügung. Zu unterscheiden sind ordnungspolitische und prozesspolitische Instrumente.

Die **ordnungspolitischen Instrumente** betreffen die Rahmenbedingungen für die einzelwirtschaftlichen Entscheidungen. Mit ihrer Hilfe kann der Staat konstituierend in den allgemeinen Ordnungsrahmen oder regulierend durch Sonderordnungen eingreifen. Zu den konstituierenden Instrumenten zählen z. B. die Verstaatlichung bzw. die Privatisierung von Unternehmen, Genehmigungen von Wettbewerbsbeschränkungen bzw. die Rücknahmen dieser Genehmigungen. Zu den regulierenden Instrumenten zählen z. B. die Regulierung von Märkten bzw. die Deregulierung, Auflagen für den Umweltschutz u. Ä.

Prozesspolitische Instrumente zielen direkt oder indirekt auf die einzelwirtschaftliche Entscheidung. **Direkte Einflussnahme** ist z. B. möglich durch die Festsetzung von Produktionsmengen, von Preisen (Höchst- und Mindestpreisen), Vorgaben von Investitionsplänen. Auf Nachfrage und Angebot nimmt der Staat mit den entsprechenden Instrumenten **indirekten Einfluss**. Instrumente zur Beeinflussung der Nachfrageseite sind der Staatsverbrauch bzw. die öffentliche Nachfrage, die Verbrauchsteuern u. a.

Prozesspolitische Instrumente, mit denen die Politik die **Angebotsseite** beeinflusst, können z. B. kostenlose Vorleistungen sein, die der Staat den privaten Unternehmen erbringt, indem er ihnen eine angemessene Infrastruktur (ausgebautes Verkehrsnetz, erschlossene Gewerbegebiete u. Ä.) zur Verfügung stellt. Von besonderer Bedeutung sind **Subventionszahlungen**. Subventionen zahlt der Staat z. B. an Unternehmen als Beihilfe zu Forschungsaufwendungen, als Zuschüsse für bestimmte Investitionen. Die Subventionen können den Unternehmen entweder direkt zufließen oder ihnen als Steuervorteile gewährt werden.

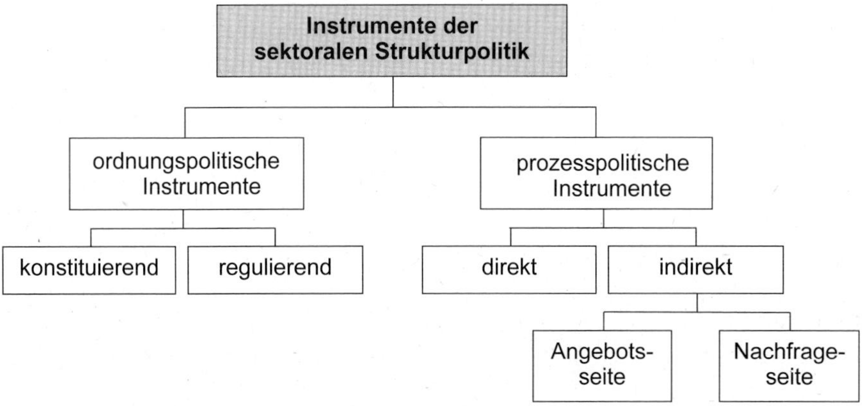

12.4 Die regionale Strukturpolitik

Regionen (als relevante Teilgebiete einer Gesamtregion) können Bundesländer, z. B. Schleswig-Holstein, Baden-Württemberg, einzelne Wirtschaftsgebiete, z. B. das Rhein-Main-Gebiet, die Hamburger Region, innerhalb dieser Regionen aber wieder andere Gebiete sein, z. B. Nordfriesland in Schleswig-Holstein, Ostfriesland in Niedersachsen. Ungleichheiten zwischen Regionen ergeben sich aus unterschiedlichen Entwicklungen in der Industrialisierung bzw. in der Produktivität, aus unterschiedlichen Bevölkerungsentwicklungen, aus unterschiedlichen Entwicklungen der Produktionsstrukturen, aus unterschiedlichen Entwicklungen der Bevölkerungsstruktur usw. Ungleichheiten zeigen sich u. a. in den unterschiedlichen Lebens- und Arbeitsbedingungen, in den unterschiedlich hohen Arbeitslosenquoten, in den unterschiedlich hohen Zuwachsraten des BIP, in den unterschiedlich hohen Pro-Kopf-Einkommen.

Das **Ziel** regionaler Strukturpolitik (Regionalpolitik) ist, **Ungleichheiten** (Disparitäten) der aufgezeigten Art **abzubauen**.

Die Maßnahmen, mit denen sich dieses regionalpolitische Ziel erreichen lässt, können folgendermaßen zusammengefasst werden:

- Maßnahmen zur Beeinflussung der städtischen bzw. dicht besiedelten Regionen, z. B. durch Ausweisung von innerstädtischen Baugebieten, Stadtsanierungen usw., und Maßnahmen zur Beeinflussung ländlicher Regionen, z. B. durch Ausweisung von Baugebieten, Flurbereinigung, Verbesserung der Siedlungsstruktur usw.,
- Förderung von Gebieten, die durch die Natur oder durch die besondere historische Entwicklung besonders benachteiligt sind, z. B. Rand- und Küstengebiete,
- Beeinflussung der Standortwahl von Unternehmen z. B. durch Infrastrukturmaßnahmen, steuerliche Vergünstigungen, öffentliche Aufträge, Investitionszuschüsse, Ausweisung erschlossener Gewerbegebiete usw.,
- Beeinflussung der Standortwahl privater Haushalte, z. B. durch die Wohnungsbaupolitik.

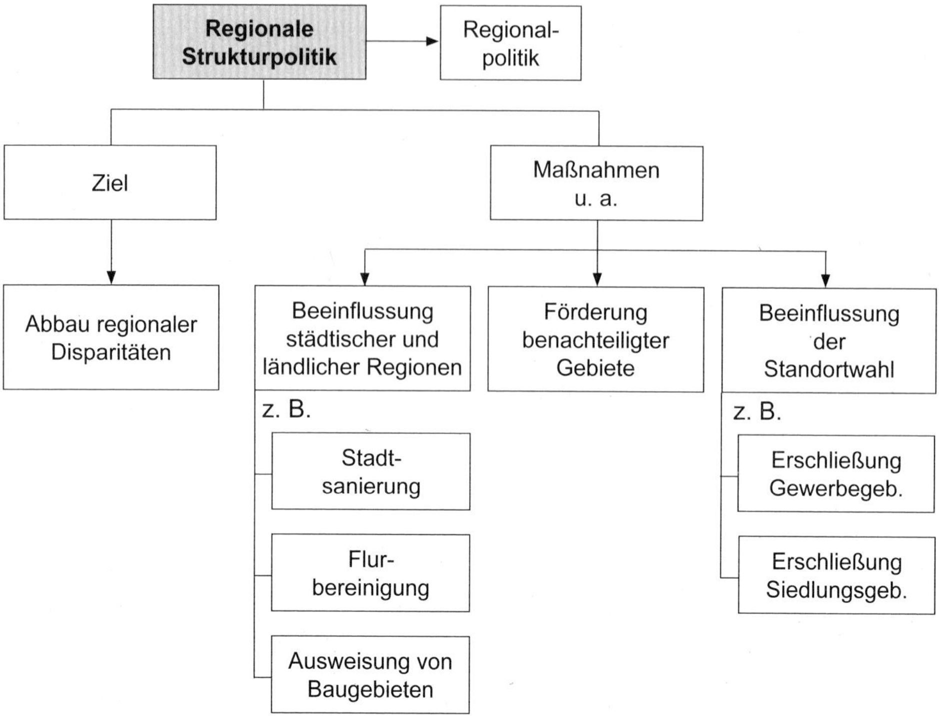
Regionale Strukturpolitik
Regionalpolitik
Ziel
Maßnahmen u. a.
Abbau regionaler Disparitäten
Beeinflussung städtischer und ländlicher Regionen
Förderung benachteiligter Gebiete
Beeinflussung der Standortwahl
z. B.
Stadtsanierung
Flurbereinigung
Ausweisung von Baugebieten
z. B.
Erschließung Gewerbegeb.
Erschließung Siedlungsgeb.

13. Beschäftigungspolitik

Die Geschäftsleitung der Großhandlung Anton Müller in Lübeck, die davon ausgehen muss, dass die Nachfrage im Handel in der Zukunft kaum steigen wird, will durch Rationalisierungsmaßnahmen i. w. S . die Kosten senken, die vor allem im Personalbereich erheblich gestiegen sind. Die Personalkosten, die in einem lohnintensiven Handelsbetrieb von besonderer Bedeutung sind, setzen sich zusammen aus den Lohnkosten und den Lohnnebenkosten. Die Lohnnebenkosten betragen im Handel zzt. rd. 70 % der Lohnkosten, sie sind entstanden durch gesetzliche Vorschriften, durch Tarifverträge und durch betriebliche Vereinbarungen.

Die Rationalisierungsmaßnahmen setzen bei den Personalkosten an. Die Filiale in Schleswig wurde bereits geschlossen, das Lager im nördlichen Niedersachsen aufgelöst; Mitarbeiter wurden entlassen, die Stellen ausscheidender Mitarbeiter werden – zumindest bis auf Weiteres – nicht wieder besetzt. Friedhelm Bohlsen wird zweiter Geschäftsführer und damit außer für den Vertrieb auch für Einkauf und Lagerwesen zuständig. Unter seiner Leitung wird das Lager in Lübeck zzt. umorganisiert, durch moderne Transporteinrichtungen sollen die Einlagerung und die Entnahme, durch ein neues Computerprogramm sollen Lagerkontrollen und Bestandsaufnahmen rationalisiert werden. Für den Vertrieb werden in Zukunft die Dienste eines Logistikunternehmens in Anspruch genommen. Außerdem besteht die Absicht, die Zahl der Außendienstmitarbeiter zu senken.

Die freigesetzten Arbeitnehmer melden sich beim Arbeitsamt, ihre Zahl geht in die Arbeitslosenstatistik ein. „Sie stehen dem Arbeitsmarkt zur Verfügung!" Die Arbeitslosen erhalten zunächst Arbeitslosengeld I, wenn sie längere Zeit arbeitslos bleiben, Arbeitslosengeld II. Das Arbeitsamt ist zwar bemüht, für diese ehemaligen Angestellten und Arbeiter aus einem Handelsunternehmen entsprechende Arbeitsplätze zu finden, die Chancen sind sehr gering, da die Beschäftigung im Handel insgesamt zurückgeht. Einige von ihnen wollen an öffentlich geförderten Umschulungs- und Fortbildungsmaßnahmen teilnehmen. Arbeitsbeschaffungsmaßnahmen (ABM) standen für keinen von ihnen zur Verfügung.

Arbeitslosigkeit ist das vorrangige Thema der Wirtschaftspolitik. Politiker, Vertreter der Verbände und Wissenschaftler suchen nach Ursachen und diskutieren Möglichkeiten zur Erhöhung der Beschäftigung. Nahezu täglich wird darüber in den Zeitungen berichtet.

Die Träger der Beschäftigungspolitik sind gefordert. Der Staat soll für mehr Beschäftigung sorgen, neue Rahmenbedingungen für den Arbeitsmarkt setzen. Die Tarifpartner werden aufgefordert, die Tarife zu entschlacken. Der Abbau der Arbeitsbeschaffungsmaßnahmen in den Neuen Bundesländern wird kritisiert.

Diese Beispiele deuten an, womit sich der folgende Abschnitt befassen wird. In einem Betrieb entsteht Arbeitslosigkeit, weil die Nachfrage zurückgeht, die Kosten zu hoch sind, das Unternehmen rationalisieren will bzw. muss; die freigesetzten Arbeiter finden in den Berufen, die sie bisher ausgeübt haben, keine Beschäftigung mehr, weil im Handel Stellen abgebaut werden. Sie müssen sich deshalb um- oder höher qualifizieren. Entsprechende Maßnahmen werden mit öffentlichen Mitteln gefördert. Die Träger der Wirtschaftspolitik, der Staat und die Tarifpartner sollen für mehr Beschäftigung sorgen. Die Beispiele weisen also auf die Arbeitsmarktsituation, auf Ursachen und Arten der Arbeitslosigkeit und auf Erfordernisse der Beschäftigungspolitik hin.

13.1 Erwerbstätigkeit

In der folgenden Tabelle (vgl. Tab. 13.1/1) wird die Zahl der Erwerbstätigen insgesamt angegeben, außerdem zeigt sie die Aufteilung der Beschäftigten auf die Sektoren (Wirtschaftsbereiche) Land- und Forstwirtschaft, produzierendes Gewerbe und Dienstleistungen (**sektorale Beschäftigungsstruktur**). Sie gibt auch die Veränderungen seit 1960 wieder, die Zunahme der Erwerbstätigen und die Veränderung zwischen und innerhalb der Sektoren. Erkennbar ist die deutliche Abnahme der Beschäftigtenzahl in der Land- und Forstwirtschaft, der allmähliche Rückgang im Produzierenden Gewerbe und die deutliche Zunahme bei den Dienstleistungen, einschließlich Handel und Verkehr (**intersektorale Veränderungen**); aber auch innerhalb der einzelnen Sektoren gibt es Verschiebungen (**intrasektorale Veränderungen**), die allerdings in der Tabelle nur andeutungsweise sichtbar werden, vgl. z. B. im Sektor Produzierendes Gewerbe den Bereich Energie- und Wasserversorgung sowie Bergbau mit den anderen Bereichen.

Wirtschaftsbereiche	**1960**		**1980**		**1990**	
Land- und Forstwirtschaft, Fischerei		**3.581**		**1.403**		**995**
Produzierendes Gewerbe		**12.497**		**11.721**		**11.309**
Energie- und Wasserversorgung, Bergbau	747		493		466	
Verarbeitendes Gewerbe	9.624		9.094		8.932	
Baugewerbe	2.126		2.134		1.911	
Handel und Verkehr		**4.759**		**5.032**		**5.314**
Handel	3.299		3.512		3.727	
Verkehr, Nachrichtenübermittlung	1.460		1.520		1.587	
Dienstleistungsunternehmen		**2.364**		**3.970**		**5.294**
Kreditinstitute, Versicherungsunternehmen	383		755		892	
sonstige (z. B. Gastgewerbe, Bildung, Verlagswesen, Gesundheitswesen, Wohnungsvermietung u. a.)	1.981		3.215		4.402	
Staat		**2.098**		**3.929**		**4.305**
Gebietskörperschaften	1.950		3.704		4.038	
Sozialversicherung	148		225		267	
Private Haushalte und private Organisationen ohne Erwerbszweck		**764**		**925**		**1.262**
Erwerbstätige insgesamt		**26.063**		**28.970**		**28.479**

Tab.13.1/1: Erwerbstätige nach Wirtschaftsbereichen, Erwerbstätige im Inland, früheres Bundesgebiet, Jahresdurchschnitt in 1000 (Quelle: Stat. Jahrbuch 1995)

Die folgende Tabelle (Tab. 13.1/2) ergänzt die Aussage von Tab. 13.1/1. Sie zeigt für Deutschland nach 1991, dass die Zahl der Erwerbstätigen in den beiden ersten Wirtschaftsbereichen weiterhin ständig abnimmt, im Sektor Dienstleistungen aber zunimmt.

Wirtschaftsbereiche	1991	2001	2007
Land- und Forstwirtschaft, Fischerei	1.515	925	850
Produzierendes Gewerbe	14.136	11.142	10.104
Dienstleistungsbereiche	22.970	27.249	28.783
	38.621	39.316	39.737

Tab. 13.1/2: Erwerbstätige in Deutschland 1991 bis 2007, Angaben in Tsd., ab 2001 vorläufig (Quelle: Statistisches Jahrbuch 2007 und frühere)

Die **Beschäftigungsstruktur ändert sich mit der Produktionsstruktur**. Der Anteil des ersten Sektors an der Gesamtproduktion nimmt seit vielen Jahren ab und ist heute sehr gering; die Bedeutung des zweiten Sektors für die Produktion nimmt allmählich ab, während der dritte Sektor Zuwachsraten hat und weiterhin haben wird. Entsprechend verändert sich die Beschäftigungsstruktur. Während vorwiegend auf Handarbeit ausgerichtete Tätigkeiten im Handwerk, in der Industrie und der Landwirtschaft abnehmen, nehmen die verteilenden, planenden, verwaltenden u. ä. Tätigkeiten zu. Diese Tätigkeiten verlangen im Allgemeinen höhere Qualifikationen.

Die Statistiken weisen noch auf einen anderen Trend in der Beschäftigungsstruktur hin: Der **Anteil der erwerbstätigen Frauen** nimmt allmählich zu.

Tab. 13.2 zeigt, wie sich die Zahl der **Erwerbstätigen in Deutschland** seit 1994 entwickelt hat, angegeben sind die entsprechenden Zahlen für alle Erwerbstätigen sowie für die männlichen und weiblichen Erwerbstätigen. Die Zahl der Erwerbstätigen im Inland ergibt sich durch folgende Rechnung.

Erwerbspersonen (das sind alle Personen, die eine auf Erwerb ausgerichtete Tätigkeit ausüben oder suchen)
– Arbeitslose
= erwerbstätige Inländer (das sind Selbstständige einschl. mithelfende Familienangehörige und beschäftigte Arbeitnehmer)
+ im Inland erwerbstätige Einpendler
– im Ausland erwerbstätige Auspendler.

Außerdem werden für diesen Zeitraum die Erwerbsquoten angegeben. Die **Erwerbsquote** ist eine statistische Kennziffer, sie gibt den Anteil der Erwerbstätigen an der Wohnbevölkerung an. Die Erwerbsquote nimmt ständig ab, allerdings gibt es Unterschiede bei den Quoten für Männer und Frauen.

	Erwerbspersonen (in 1.000)			Erwerbsquoten (in v. H.)		
	insgesamt	Männer	Frauen	insgesamt	Männer	Frauen
1994	40.236	23.038	17.198	49,4	59,8	41,1
1995	40.083	22.929	17.154	49,1	57,8	40,9
1996	39.985	22.832	17.153	48,9	57,3	40,9
1997	40.280	22.930	17.350	49,1	57,4	41,3
1998	40.262	22.864	17.399	49,1	57,2	41,4
1999	40.509	22.879	17.630	49,4	57,2	42,0
2000	40.326	22.677	17.650	49,1	56,6	41,9
2001	40.550	22.683	17.866	49,3	56,5	42,4
2002	40.607	22.625	17.982	49,2	56,2	42,6
2003	40.792	22.625	18.167	49,4	56,1	43,1
2004	40.606	22.526	18.080	49,2	55,9	42,9
2005	41.150	22.709	18.441	49,9	56,3	43,8
2006	41.607	22.824	18.782	50,5	56,6	44,7

Tab. 13.2: Erwerbspersonen in Deutschland, 1994 - 2006; Erwerbsquoten (Quelle: Institut der Deutschen Wirtschaft Köln (Hg.): Deutschland in Zahlen 2008 und frühere)

Die folgende Tabelle (Tab. 13.3) weist auf die regionalen Unterschiede der Erwerbstätigkeit hin. Sie gibt zunächst die Anzahl der Erwerbstätigen in den einzelnen Bundesländern wieder und gibt dann an, wie viel Prozent der Bevölkerung erwerbstätig ist. So wird ein Vergleich zwischen den Ländern möglich.

	Bundesländer	**Erwerbstätige**	
		in 1.000	in v. H. der Bevölkerung
1	Hamburg	1.086	61,7
2	Bremen	389	58,7
3	Bayern	6.536	52,3
4	Baden-Württemberg	5.518	51,3
5	Hessen	3.099	51,1
6	Saarland	512	49,3
	Deutschland	**39.737**	**48,3**
7	Nordrhein-Westfalen	8.583	47,7
8	Berlin	1.607	47,2
9	Sachsen	1.945	45,9
11	Niedersachsen	3.607	45,2
13	Rheinland-Pfalz	1.821	45,0
10	Schleswig-Holstein	1.255	44,3
12	Thüringen	1.017	44,2
14	Mecklenburg-Vorpommern	725	43,0
15	Sachsen-Anhalt	1.004	41,3
16	Brandenburg	1.034	40,7

Tab. 13.3: Erwerbstätigkeit in Deutschland - Ländervergleich 2007 – Jahresdurchschnitt nach Arbeitsort (Quelle: Institut der Deutschen Wirtschaft Köln (Hg.): Deutschland in Zahlen, 2008)

13.2 Arbeitslosigkeit

Die Beschäftigungssituation in Deutschland ist gekennzeichnet durch eine seit langem andauernde, hohe Arbeitslosigkeit. Als **Arbeitslose** werden im Folgenden alle Arbeitsuchenden bezeichnet, die arbeitsfähig und bereit sind, mindestens 15 Stunden in der Woche zu arbeiten, und die beim Arbeitsamt registriert sind. Dazu zählen zunächst die Personen, die vor Beginn ihrer Arbeitslosigkeit als Selbstständige, Angestellte, Arbeiter o.dgl. **erwerbstätig** waren, dann auch diejenigen, die bis zu ihrer Meldung beim Arbeitsamt nicht bzw. vorübergehend **nicht erwerbstätig** waren, schließlich sind auch **Schulentlassene** arbeitslos, die noch eine Ausbildungsstelle suchen.

Der wichtigste Indikator für die Beschäftigung ist die **Arbeitslosenquote**. Die Arbeitslosenquote ist eine statistische Kennziffer, sie gibt die Arbeitslosigkeit in einem Prozentsatz wieder; die ALQ gibt an, wie hoch der Anteil der Arbeitslosen an den abhängig Beschäftigten einschließlich der registrierten Arbeitslosen ist.

Die Arbeitslosenquote nimmt nur die offiziell registrierte Arbeitslosigkeit auf. Es ist deshalb sinnvoll, die nicht registrierte Beschäftigungslosigkeit, die man definitionsgemäß nicht als Arbeitslosigkeit bezeichnen kann, in die Analyse der Beschäftigungssituation einzubeziehen. Die Arbeitslosenquote berücksichtigt z. B. die Umschüler nicht; Umschüler können Arbeitnehmer sein, die aufgrund der wirtschaftlichen Situation entlassen wurden (vgl. Einführungsbeispiel) und die jetzt öffentlich geförderte Umschulungsmaßnahmen besuchen, um ihre Chancen am Arbeitsmarkt zu verbessern. Teilnehmer an Arbeitsbeschaffungsmaßnahmen (ABM) sind ebenfalls in der Arbeitslosenquote nicht enthalten; in ABM werden häufig langfristig Arbeitslose beschäftigt. In die Arbeitslosenquote werden auch die Kurzarbeiter nicht aufgenommen; Kurzarbeit liegt vor, wenn in einem Unternehmen die Arbeitszeit wegen der mangelhaften Auftragslage herabgesetzt wird.

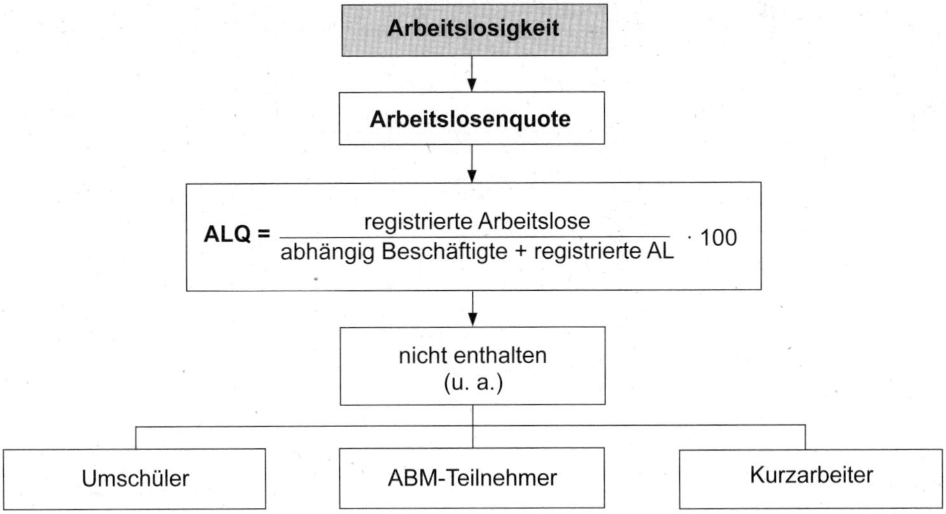

Zur Beurteilung der Beschäftigungssituation werden deshalb neben der Statistik der Arbeitslosigkeit i. e. S. auch die Statistiken der Umschüler, der ABM-Teilnehmer und der Kurzarbeiter herangezogen. Zweckmäßig ist es, wenn auch noch die Angaben der offenen Stellen und die Entwicklung der Beschäftigtenzahlen insgesamt in die Betrachtung einbezogen werden.

Grundlage der Beschäftigungspolitik müssen Statistiken sein, aus der auch die besonderen Probleme des Arbeitsmarkts ersichtlich sind. Das Zahlenmaterial muss deshalb so differenziert sein, dass erkennbar wird, welche Regionen, Wirtschaftsbereiche, Personengruppen usw. von der Arbeitslosigkeit besonders betroffen sind, welche Entwicklungen und Veränderungen sich ergeben haben.

Die folgende Tabelle (Tab. 13.4) zeigt die Entwicklung der Arbeitslosigkeit seit 1994 in Deutschland anhand der absoluten Zahlen und der Arbeitslosenquoten. Die Tabelle zeigt die unterschiedlichen Entwicklungen bei der Arbeitslosigkeit von Männern und Frauen. Man kann der Tabelle entnehmen, dass die Arbeitslosigkeit bis 2005 ständig gestiegen ist, danach abnimmt und dass die Quote bei den Frauen höher ist als bei den Männern.

	in 1.000 (Jahresdurchschnitt)			**ALQ**		
	insges.	**Männer**	**Frauen**	**insges.**	**Männer**	**Frauen**
1994	3.698	1.863	1.835	10,6	9,5	12,0
1995	3.612	1.851	1.761	10,4	9,6	11,4
1996	3.965	2.112	1.854	11,5	11,0	12,1
1997	4.384	2.342	2.042	12,7	12,2	13,3
1998	4.279	2.273	2.007	12,3	11,9	12,8
1999	4.099	2.160	1.939	11,7	11,3	12,2
2000	3.899	2.053	1.836	10,7	10,5	10,9
2001	3.852	2.063	1.788	10,3	10,5	10,2
2002	4.060	2.239	1.821	10,8	11,4	10,3
2003	4.376	2.446	1.930	11,6	12,4	10,8
2004	4.381	2.449	1.932	11,7	12,5	10,8
2005	4.861	2.611	2.250	13,0	13,4	12,7
2006	4.487	2.338	2.149	12,0	12,0	12,0
2007	3.776	1.900	1.876	10,1	9,8	10,4

Tab. 13.4: Die Entwicklung der Arbeitslosigkeit in Deutschland seit 1994 (Quelle: Institut der Deutschen Wirtschaft (Hg.): Deutschland in Zahlen 2008)

Zusätzliche Informationen über den Arbeitsmarkt gibt die folgende Tabelle (Tab. 13.5); sie gibt für die Zeit ab 1992 die Zahl der Kurzarbeiter, der Teilnehmer an Arbeitsbeschaffungsmaßnahmen (ABM) und der Personen in beruflicher Weiterbildung an. Außerdem enthält sie die Zahl der offenen Stellen.

		Kurzarbeit	Teilnehmer an ABM	Personen in Weiterbildung	offene Stellen
1	1992	653	466	861	356
2	1993	948	310	731	279
3	1994	372	338	568	285
4	1995	199	384	560	321
5	1996	277	354	546	327
6	1997	183	302	431	337
7	1998	115	385	343	422
8	1999	119	430	358	456
9	2000	86	316	352	514
10	2001	123	243	345	506
11	2002	207	193	340	452
12	2003	195	143	260	355
13	2004	151	117	184	286
14	2005	126	62	114	413
15	2006	67	51	124	564
16	2007	68	42	131	621

Tab. 13.5: Kurzarbeiter u. a., Angaben in 1.000
(Quelle: Monatsberichte der Deutschen Bundesbank Juli 2008 und frühere)

Die folgende Tabelle (Tab. 13.6) gibt die Arbeitslosigkeit in den alten und den neuen Bundesländern wieder. Sie veranschaulicht die unterschiedliche Entwicklung von Arbeitslosigkeit in verschiedenen Regionen.

	in 1.000 (Jahresdurchschnitt)						ALQ					
	Alte Bundesländer			Neue Bundesländer			Alte Bundesländer			Neue Bundesländer		
	insg.	M	F	insg.	M	F	insg.	M	F	insg.	M	F
1996	2.646	1.529	1.117	1.319	582	736	9,9	10,1	9,7	16,6	14,1	19,2
1997	2.870	1.665	1.216	1.514	688	827	10,8	11,0	10,5	19,1	16,7	21,6
1998	2.751	1.553	1.198	1.529	720	809	10,3	10,4	10,2	19,2	17,5	21,0
1999	2.604	1.448	1.156	1.495	712	784	9,6	9,7	9,6	18,7	17,3	20,2
2000	2.380	1.312	1.069	1.508	741	767	8,4	8,5	8,3	18,5	17,8	19,3
2001	2.320	1.287	1.033	1.532	776	755	8,0	8,3	7,7	18.8	18,5	19,0
2002	2.498	1.425	1.072	1.563	814	749	8,5	9,1	7,8	19,2	19,5	18,9
2003	2.753	1.594	1.158	1.623	852	772	9,3	10,2	8,3	20,1	20,6	19,6
2004	2.781	1.607	1.174	1.600	841	759	9,4	10,3	8,4	20,1	20,6	19,5
2005	3.247	1.749	1.497	1.614	856	758	11,0	11,3	10,7	20,6	21,4	19,8
2006	3.007	1.567	1.440	1.480	771	709	10,2	10,1	10,2	19,2	19,5	18,8
2007	2.486	1.245	1.239	1.291	655	635	8,4	8,1	8,7	16,8	16,7	16,8

Tab. 13.6: Die Entwicklung der Arbeitslosigkeit in den Alten und Neuen Bundesländern seit 1996, Jahresdurchschnitt (Quelle: Institut der Deutschen Wirtschaft (Hg.): Deutschland in Zahlen der Bundesrepublik Deutschland 2008 und frühere)

Auch die folgende Tabelle (Tab. 13.7) zeigt regionale Unterschiede in der Arbeitslosigkeit; sie gibt die Zahl der Arbeitslosen und die Arbeitslosenquoten für die Bundesländer an.

	Bundesländer	**Arbeitslose in 1.000**	**Arbeitslose in v. H. der zivilen Erwerbspersonen**
1	Baden-Württemberg	273	4,9
2	Bayern	350	5,3
3	Rheinland-Pfalz	134	6,5
4	Hessen	236	7,6
5	Schleswig-Holstein	120	8,4
6	Saarland	43	8,4
7	Niedersachsen	353	8,9
	Deutschland	**3.776**	**9,0**
8	Hamburg	81	9,2
9	Nordrhein-Westfalen	855	9,5
10	Bremen	41	12,7
11	Thüringen	159	13,2
12	Sachsen	323	14,7
13	Brandenburg	200	14,9
14	Berlin	261	15,5
15	Sachsen-Anhalt	202	16,0
16	Mecklenburg-Vorpommern	146	16,5

Tab. 13.7: Arbeitslosigkeit in den Bundesländern 2007, Jahresdurchschnitt nach Arbeitsort (Quelle: Institut der Deutschen Wirtschaft (Hg.): Deutschland in Zahlen 2008)

Für bestimmte beschäftigungspolitische Maßnahmen ist es wichtig, die Struktur der Arbeitslosigkeit zu kennen. Aspekte der Strukturierung können Alter der Arbeitslosen oder Dauer der Arbeitslosigkeit sein.

Bei der Altersstruktur werden benachbarte Jahrgänge zu Klassen und diese wieder zu besonderen Problemgruppen zusammengefasst. Problemgruppen für die Arbeitsmarktpolitik sind z. B. die jugendlichen Arbeitslosen, die evtl. keine Ausbildung oder noch nie in einem Arbeitsverhältnis gestanden haben, und die älteren Arbeitnehmer, die häufig lediglich aufgrund ihres Alters nicht mehr beschäftigt werden.

In der folgenden Tabelle (13.8) werden drei Problemgruppen für mehrere Jahre erfasst: jugendliche Arbeitslose unter 20 und unter 25 Jahren sowie Arbeitslose, die 55 Jahre oder älter sind.

	Alter von ... bis unter ... Jahren	insgesamt	männlich	weiblich
1	unter 20	55.615	30.097	25.518
2	20 - 25	248.407	138.794	109.613
3	25 - 50	2.010.701	1.007.657	1.003.044
4	50 - 55	425.498	208.573	216.925
5	55 und älter	419.590	209.896	209.694
	Bestand	3.159.811	1.595.017	1.564.794

Tab. 13.8: Arbeitslosigkeit nach Altersgruppen Ende Juni 2008 (Quelle: Bundesarbeitsagentur Juli 2008)

Ein besonderer Problembereich ist die Langzeitarbeitslosigkeit. Als „langzeitarbeitslos" gilt, wer ein Jahr oder länger arbeitslos ist. Die folgende Tabelle (13.9) zeigt die Entwicklung der Zahlenreihen insgesamt sowie für die alten und neuen Bundesländer.

	insgesamt	Alte Bundesländer	Neue Bundesländer
2000	1.454.190	936.570	517.620
2001	1.354.166	817.298	536.868
2002	1.369.388	793.565	575.823
2003	1.521.410	872.479	648.931
2004	1.680.945	983.715	697.230
2005	1.588.089	990.280	597.809
2006	1.676.032	1.124.022	552.010
2007	1.386.748	901.884	484.864

Tab. 13.9: Langzeitarbeitslosigkeit von 2000 bis 2007 (Quelle: Statistisches Jahrbuch 2008)

Der Arbeitsmarkt ist – wie auch die Zahlenreihen in den Tabellen zeigen – in Bewegung. Die Zahl der Arbeitslosen ändert sich ständig, bisher Arbeitslose werden vermittelt, neue kommen hinzu; der Bestand am Ende eines Jahres weist höchstens zu einem Drittel die gleichen Personen wie der Anfangsbestand auf. Für die Träger der Beschäftigungspolitik ist es wichtig, die Veränderungen zu kennen. Die folgende Tabelle gibt die Veränderungen einiger wichtiger Indikatoren des Arbeitsmarkts im Jahre 2007 wieder.

	Alte Bundesländer		Neue Bundesländer	
Zugang an Arbeitslosen (in Tsd.) davon aus		5.118		2.441
Erwerbstätigkeit	2.075		1.043	
betrieblicher Ausbildung	1.045		503	
Nichterwerbstätigkeit	1.781		739	
Abgang an Arbeitslosen (in Tsd.)		5.665		2.574
Zugang an offenen Stellen (in Tsd.)		2.169		729
durchschnittliche Dauer der Arbeitslosigkeit in Wochen (geschätzt)	rd. 40		rd. 43	

Tab. 13.10: Bewegungen auf dem Arbeitsmarkt 2007 (Quelle: Institut der Deutschen Wirtschaft (Hg.): Deutschland in Zahlen 2008)

13.3 Arten der Arbeitslosigkeit

Die Arten von Arbeitslosigkeit kann man danach unterscheiden, welche Ursachen und Bedingungen sie haben und wie lange sie dauern. Danach lassen sich die folgenden Typen bilden. In der Realität sind einzelne Arten häufig miteinander verbunden oder die vorherrschende Arbeitslosigkeit hat mehrere Ursachen.

In einigen Wirtschaftsbereichen, z. B. im Bau, unterliegt die Produktion jahreszeitlichen Schwankungen. Wenn die Produktion wegen besonderer jahreszeitlicher Bedingungen, z. B. wegen starken Frosts im Winter, zurückgeht, können Arbeitskräfte vorübergehend nicht beschäftigt werden; sie werden arbeitslos. Diese Arbeitslosigkeit wird als **saisonale Arbeitslosigkeit** bezeichnet. Mit der Saison ist im Allgemeinen auch die Arbeitslosigkeit beendet.

Ein Rückgang der gesamtwirtschaftlichen Nachfrage kann dazu führen, dass die Unternehmen die Produktion einschränken. Häufig müssen sie deswegen Arbeitnehmer entlassen, die auch bei anderen Unternehmen keine Beschäftigung wieder finden. Die durch den konjunkturellen Abschwung entstandene Arbeitslosigkeit bezeichnet man als **konjunkturelle Arbeitslosigkeit**. Sie nimmt im Verlauf des Aufschwungs – zumindest teilweise – wieder ab.

Am Anfang eines Aufschwungs nimmt die Beschäftigung meistens kaum zu; häufig kann beobachtet werden, dass nicht alle im Abschwung freigesetzten Arbeitnehmer im Verlauf des folgenden Aufschwungs wieder eine Anstellung finden. Das kann einmal dadurch verursacht sein, dass bei einem schwachen Aufschwung bzw. am Beginn eines Aufschwungs die Produktionskapazitäten nicht ausgenutzt sind, sodass der Produktionsapparat nicht erweitert werden muss und die wichtige Nachfrage nach Investitionsgütern unterbleibt. Außerdem haben die Unternehmen Arbeitsplätze wegrationalisiert, um die Lohnkosten zu senken.

So kann u. U. aus einer konjunkturellen eine **strukturelle Arbeitslosigkeit** hervorgehen. Die Unternehmen haben neue Technologien eingeführt; dadurch werden bestimmte Beschäftigungsarten nicht mehr gebraucht. Die Beschäftigungsstruktur verändert sich; vorwiegend auf Handarbeit ausgerichtete, meistens auch geringwertige Tätigkeiten nehmen ab. Arbeitnehmer werden freigesetzt und sind arbeitslos.

Strukturelle Arbeitslosigkeit entsteht im Allgemeinen durch eine dauerhafte Veränderung bzw. durch eine Verlagerung der Nachfrage nach bestimmten Leistungen. So führte z. B. die Substitution der Kohle durch andere Energieträger zu Einschränkungen der Kohleförderung und damit zur Arbeitslosigkeit von Bergleuten. Weil einige Werften in Niedriglohnländern Containerschiffe kostengünstiger herstellen können als die deutschen Seewerften, verlagert sich die Nachfrage ins Ausland; wegen hoher Lohnkosten geht die Nachfrage in Norddeutschland zurück; Werftarbeiter werden freigesetzt. Wenn sie nicht in anderen Bereichen, Branchen oder Betrieben neue Anstellungen finden, sind sie – evtl. auf Dauer – arbeitslos.

Solange diese Werftarbeiter noch nach einer neuen Beschäftigung suchen, sind sie auf jeden Fall arbeitslos. Die Dauer dieser **Sucharbeitslosigkeit** hängt u. a. ab von der Mobilität des Arbeitsuchenden, von Unterstützungen, vom Erfolg von Qualifizierungen und Umschulungen usw.

Die Arbeitslosigkeit, die durch Anpassungsvorgänge dieser Art, z. B. im Zusammenhang mit einem Arbeitsplatzwechsel entstehen, nennt man **friktionelle Arbeitslosigkeit**.

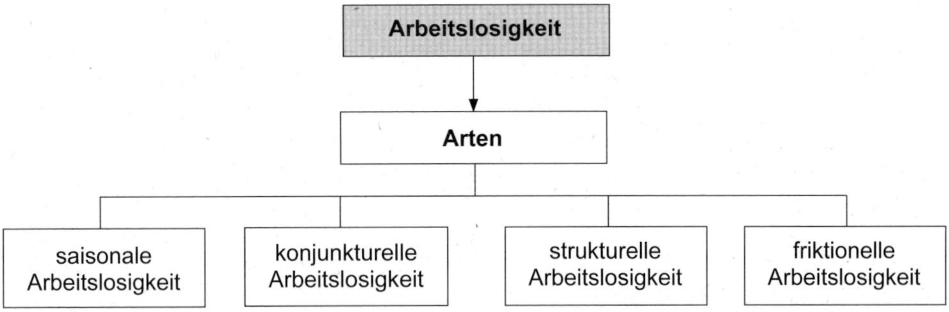

Die derzeit in der Bundesrepublik Deutschland herrschende Arbeitslosigkeit ist überwiegend struktureller Natur. Die Arbeitslosigkeit stieg bis etwa 2004 ständig, aber im Allgemeinen nicht stetig an, der Anstieg erfolgte vielmehr in Sprüngen. Die im Abschwung eines Konjunkturzyklus entstandene Arbeitslosigkeit wurde im Aufschwung nicht vollständig beseitigt. Es blieb ein Sockel von Arbeitslosigkeit, der sich regelmäßig erhöhte. Von dieser Arbeitslosigkeit sind neben den Behinderten insbesondere die Personen ohne Berufsausbildung und ältere Personen betroffen. Ein besonderes Kennzeichen dieser Arbeitslosigkeit ist ihr hoher Anteil an Langzeitarbeitslosen, rd. ein Drittel aller Arbeitslosen sind länger als ein Jahr ohne Beschäftigung.

Ursachen für diese Arbeitslosigkeit sind vor allem die **Rationalisierungsanstrengungen** der Unternehmen. Als Gründe dafür werden die Lohnkosten, insbesondere die erheblichen Personalzusatzkosten genannt, die im internationalen Vergleich sehr hoch sind und die die deutschen Unternehmen im internationalen Wettbewerb benachteiligen. In einigen Branchen hat dieser „zweite Lohn" fast die Höhe des eigentlichen Lohns erreicht. So fielen 2007 z. B. im Produzierenden Gewerbe bei einem Entgelt für geleistete Arbeit in Höhe von z. B. 100 € Personalzussatzkosten in Höhe von rd. 53,9 € an.

Personalzusatzkosten entstehen einerseits durch gesetzliche Vorschriften, andererseits aber auch durch tarifliche und betriebliche Vereinbarungen. Sie lassen sich folgendermaßen zusammenfassen:

- Sonderzahlungen, dazu zählen z. B. Vermögensbildung, zusätzliches Urlaubsgeld, Jahressonderzahlungen, erfolgs- und leistungsabhängige Sonderzahlungen,
- Vergütung arbeitsfreier Tage, dazu zählen z. B. Urlaub, Entgeltfortzahlung im Krankheitsfall, bezahlte Feiertage,
- Sozialversicherungsbeiträge der Arbeitgeber,
- betriebliche Altersversorgung,
- sonstige Personalzusatzkosten.

Die Personalzusatzkosten sind seit einigen Jahren rückläufig; im Produzierenden Gewerbe lagen sie z. B. im Jahre 2000 noch bei 81,3 %,

	Produzierendes Gewerbe	Großhandel	Einzelhandel	Kreditgewerbe	Versicherungsgewerbe
Sonderzahlungen (z. B. Vermögensbildung, fest vereinbarte Sonderzahlungen)	7,3	5,5	5,5	8,5	11,2
Vergütung arbeitsfreier Tage (z. B. Urlaub, Entgeltfortzahlung im Krankheitsfall)	16,6	15,8	16,2	14,8	15,6
Sozialversicherungsbeiträge der Arbeitgeber	18,9	17,9	19,4	16,6	16,8
Betriebliche Altersversorgung	6,8	4,2	2,6	12,3	9,9
Sonstige Personalzusatzkosten	4,3	5,6	5,4	7,9	5,5
Insgesamt	53,9	49,0	49,1	60,1	59,0

Tab. 13.11: Personalzusatzkosten in Prozent des Entgelts für geleistete Arbeit 2007 (Quelle: Institut der deutschen Wirtschaft (Hg.): Deutschland in Zahlen 2008)

Eine weitere Ursache für Arbeitslosigkeit sind die **Direktinvestitionen** vieler Unternehmen ins Ausland, um dort neue Kapazitäten aufzubauen. Einer Umfrage der IHK-Vereinigung in Schleswig-Holstein zufolge, wollen viele schleswig-holsteinische Unternehmen des verarbeitenden Gewerbes die Produktion ganz oder teilweise ins Ausland verlagern. Als Gründe für die Auslandsinvestitionen geben die Unternehmen Standortnachteile in Deutschland, insbesondere die hohen Lohn- und Lohnnebenkosten, an.

Auch die **Tarifabschlüsse** haben Arbeitslosigkeit gefördert, wenn nicht gar verursacht. Lohnabschlüsse, die sich nicht daran orientierten, was Unternehmen auf neuen Arbeitsplätzen erwirtschaften können, verursachen zusätzliche Kosten.

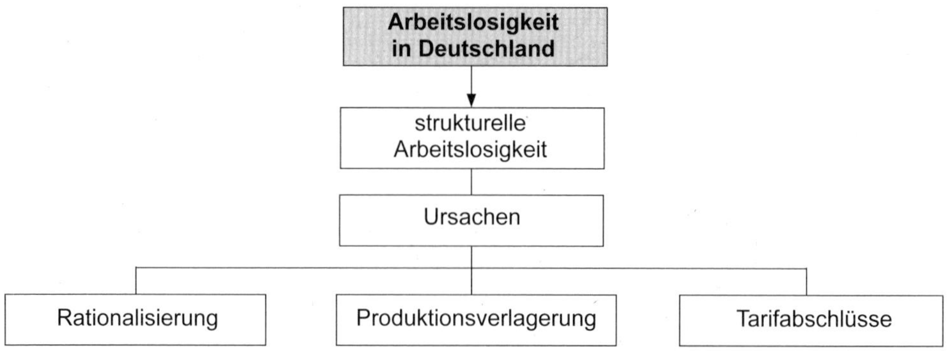

13.4 Bereiche und Maßnahmen der Beschäftigungspolitik

Mit Beschäftigungspolitik sollen hier **alle wirtschaftspolitischen Maßnahmen** bezeichnet werden, **mit denen die gesamtwirtschaftliche Beschäftigung erhöht und die Arbeitslosigkeit bekämpft werden können**. Diese Beschäftigungspolitik umfasst u. a. folgende Bereiche: die Beschäftigungspolitik i. e. S., die Arbeitsmarktpolitik und die kollektivvertraglichen Regelungen.

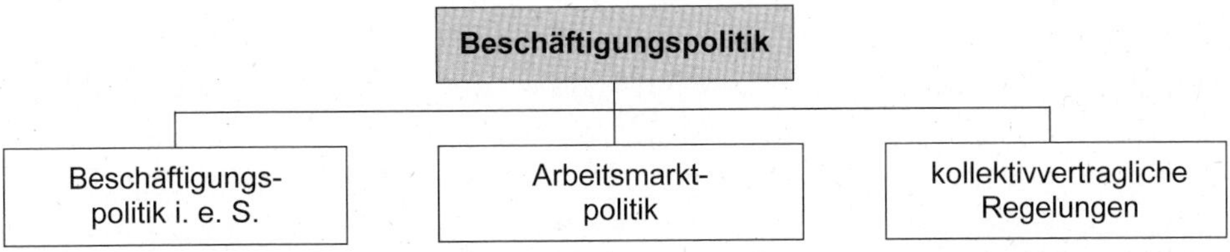

Träger der Beschäftigungspolitik sind u. a. das Bundesarbeitsministerium, die Bundesagentur für Arbeit, im weiteren Sinne auch die Tarifvertragsparteien; bei einer nachfrageorientierten Beschäftigungspolitik (Konjunkturpolitik) kann auch das Bundeswirtschaftsministerium als Träger angesehen werden. Grundlagen der Beschäftigungspolitik sind Gesetze und Vorschriften, z. B. das Grundgesetz, einige Steuergesetze, das Arbeitsförderungsgesetz, das Tarifvertragsgesetz usw.

13.4.1 Beschäftigungspolitik i. e. S.

Als Beschäftigungspolitik i. e. S. bezeichnet man alle Maßnahmen der offiziellen Finanz- und Geldpolitik, mit denen vorrangig hohe Beschäftigung erreicht werden soll. Im Allgemeinen ist damit eine Politik im Rahmen der Stabilitätspolitik gemeint. Das Ziel des Stabilitätsgesetzes „gesamtwirtschaftliches Gleichgewicht" ist bei hoher Arbeitslosigkeit nicht erreicht.[1] Beschäftigungspolitik wird damit ein Teil der (nachfrageorientierten) **Konjunkturpolitik**. Durch Verbesserung der Nachfragemöglichkeiten der privaten Haushalte und Unternehmen mithilfe von Transferzahlungen und Subventionen und insbesondere **durch** die eigene **Nachfrage** des Staates **werden Arbeitsplätze geschaffen**.

Die angebotsorientierte Wirtschaftspolitik geht davon aus, dass wirtschaftliche Aktivitäten – und damit auch die Schaffung von Arbeitsplätzen – nur durch eine **Förderung der Angebotsseite** der Wirtschaft angeregt werden können. Sie fordern deshalb **Steuererleichterungen, Kürzungen öffentlicher Ausgaben, stabilitätsorientiertes Wachstum der Geldmenge und insbesondere Deregulierungen**; unter Deregulierungen versteht man den Abbau staatlicher Einflussnahme auf die Entscheidungen von Unternehmen. Beschäftigungspolitik im Sinne angebotsorientierter Wirtschaftspolitik beschränkt sich auf die Förderungen der regionalen und beruflichen Mobilität sowie auf eine leistungsbezogene Lohnsatzdifferenzierung.

[1] Vgl. die Ausführungen zum Stabilitätsgesetz.

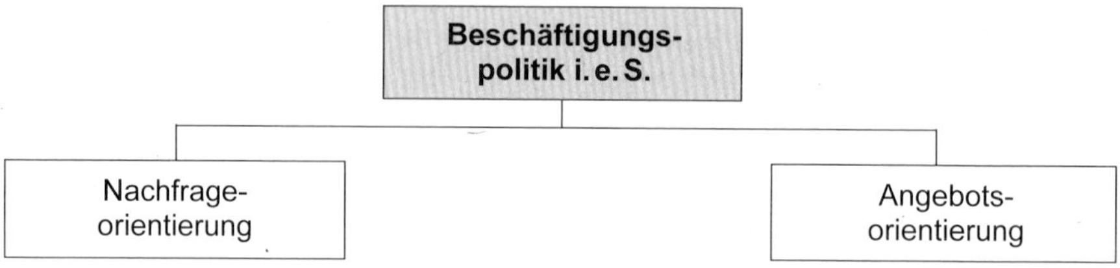

Beide Aspekte der Beschäftigungspolitik gehen davon aus, dass mehr Wachstum auch mehr Beschäftigung bedeutet. Allerdings weisen Prognosen darauf hin, dass erst bei einem Wachstum, das erheblich über 2 % liegt, neue Arbeitsplätze entstehen.

Ein Unternehmer, der auf Gewinn aus ist, wird einen Arbeitsuchenden nur dann einstellen, wenn es sich für ihn lohnt; das bedeutet, der Arbeiter muss dem Unternehmen mehr einbringen als er kostet. Das Produktionsergebnis eines Arbeiters in einer Stunde wird als Arbeitsproduktivität bezeichnet; dieses Ergebnis ist mit dem Preis zu multiplizieren, den der Unternehmer dafür auf dem Markt erzielen kann. Wenn dieser Wert höher ist als die Kosten des Arbeiters, das sind sein Lohn und die entsprechenden Nebenkosten, hat sich die Einstellung gelohnt. Es sind also im Wesentlichen **drei Faktoren, die die Einstellung des Arbeiters bestimmen: die Arbeitsproduktivität, der Preis, der auf dem Markt erzielt werden kann, und die Kosten, die der Arbeiter verursacht.**

13.4.2 Arbeitsmarktpolitik

Als Ordnungspolitik schafft Arbeitsmarktpolitik die Rahmenbedingungen für den Arbeitsmarkt; dazu zählen z. B. die gesetzlichen Vorgaben zum Mutter- und zum Jugendschutz sowie zum Kündigungsschutz, bestimmte Regelungen zur Arbeitszeit, die Regelungen der Zumutbarkeit für die Aufnahme einer Beschäftigung u. Ä. Im engeren Sinne hat Arbeitsmarktpolitik aber prozesspolitischen Charakter; ihre Aufgabe besteht darin, Ungleichgewichte zwischen Angebot von und Nachfrage nach Arbeit auszugleichen, die Transparenz des Marktes zu erhöhen, die Mobilität von Betroffenen zu verbessern, die Folgen des Strukturwandels zu mildern usw.

Deshalb umfasst Arbeitsmarktpolitik ein System von Maßnahmen, die man danach einteilen kann, ob mit ihnen gestaltend Einfluss genommen werden kann oder ob mit ihnen Arbeitslosigkeit verwaltet wird. Entsprechend kann von **aktiver und passiver Arbeitsmarktpolitik** gesprochen werden. Aktive Arbeitsmarktpolitik liegt z. B. bei den Bemühungen um Reintegration eines Arbeitslosen in den Arbeitsprozess vor; die Gestaltung der Lohnersatzleistungen ist ein Beispiel für passive Arbeitsmarktpolitik. Die Grenzen zwischen aktiver und passiver Arbeitsmarktpolitik sind fließend; das zeigen die folgenden Beispiele.

Träger der Arbeitsmarktpolitik ist die Agentur für Arbeit mit ihren drei funktionalen Ebenen:

1. die Bundesagentur für Arbeit mit Sitz in Nürnberg,
2. die Regionaldirektionen in den Bundesländern und
3. die Agenturen für Arbeit.

13.4.2.1 Aktive Arbeitsmarktpolitik

Die Maßnahmen der aktiven Arbeitsmarktpolitik sind vor allem auf **Wiedereingliederung**, **Qualifizierung** und **Mobilisierung** ausgerichtet. Sie richten sich in erster Linie an Arbeitslose und an Beschäftigte, die von Arbeitslosigkeit bedroht sind. Aber auch die Vermittlung und Beratung von Berufsanfängern gehören zu diesem Maßnahmenbündel. Letztlich geht es darum, die Nachfrage nach Arbeit dem Angebot von Arbeit anzupassen, und zwar sowohl in qualitativer als auch in quantitativer Hinsicht. Im Folgenden werden einige Maßnahmen aufgelistet.

Arbeitsvermittlung

Die Vermittlung und die damit verbundene Beratung sind wesentliche Aufgaben der Arbeitsagenturen; diese Leistungen sind grundsätzlich kostenlos. Die Agenturen kennen die Unternehmen und deren speziellen Bedarf an Arbeitskräften (und Auszubildenden), sie ist ständig um ein breites Spektrum an Stellenangeboten durch Kontakte zu den Unternehmen bemüht. Die Vermittler wählen die Bewerberwünsche und Stellenangebote aus, die am besten zueinander passen.

Für Arbeitslose hat die Vermittlung eine besondere Bedeutung. Wenn sie die Vermittlung in eine zumutbare Beschäftigung nicht akzeptieren, können ihnen Lohnersatzleistungen gestrichen werden. Für die Festlegung der Zumutbarkeit bestehen Regeln, danach muss ein Arbeitsloser z. B. eine geringfügige Verschlechterung gegenüber seiner früheren Tätigkeit in Kauf nehmen; Fahrten zum Arbeitsplatz bis zu zweieinhalb Stunden gelten als zumutbar.

Förderung beruflicher Weiterbildung

Bei einer beruflichen Weiterbildung wird eine vorhandene berufliche Ausbildung vertieft, erweitert oder ergänzt. Ziele der Weiterbildung können z. B. der Erwerb einer Zusatzqualifikation oder eine höhere Qualifizierung sein.

Eine besondere Form der Weiterbildung ist die Umschulung. Als Umschulung wird eine verkürzte Ausbildung bezeichnet, die eine Berufsausbildung oder entsprechende Berufserfahrung voraussetzt. Eine Umschulung kann erforderlich werden, wenn die bisherige Tätigkeit aus gesundheitlichen Gründen nicht mehr ausgeübt werden kann oder wenn eine berufliche Tätigkeit aufgrund des strukturellen Wandels nicht mehr benötigt wird.

Die berufliche Weiterbildung kann von der Agentur für Arbeit gefördert werden, wenn dadurch die Vermittlungschancen deutlich verbessert werden und der Geförderte nach der Weiterbildungsmaßnahme mit hoher Wahrscheinlichkeit wieder dauerhaft in den ersten Arbeitsmarkt eingegliedert werden kann. Deshalb wird vor Gewährung der Förderung geprüft, ob der Antragstellung angemessene Fähigkeiten, Vorkenntnisse, Berufserfahrungen und ausreichende geistige Eignung in die Weiterbildungsmaßnahme einzubringen in der Lage ist.

Folgende Weiterbildungskosten werden übernommen:

- Lehrgangskosten,
- Fahrtkosten,
- Kosten für auswärtige Unterkunft und Verpflegung,
- evtl. Kinderbetreuungskosten.

Förderung von Existenzgründungen

Wenn Arbeitslose planen, durch eine hauptberufliche selbstständige Tätigkeit die Arbeitslosigkeit zu beenden, haben sie Anspruch auf einen sog. **Gründungszuschuss**. Der Zuschuss soll in der Zeit unmittelbar nach der Gründung zur Sicherung des Lebensunterhalts und zur sozialen Sicherung beitragen.

Voraussetzung für die Gewährung des Zuschusses ist, dass die Gründer und Gründerinnen arbeitslos sind und noch über einen Restanspruch auf Arbeitslosengeld von mindestens 90 Tagen verfügen. Darüber hinaus müssen sie nachweisen, dass sie über die Fähigkeiten und Kenntnisse verfügen, die für die Ausübung der selbstständigen Tätigkeit erforderlich sind. Schließlich muss noch eine fachkundige Stelle ein Gutachten über das Vorhaben erstellen. Wenn die Tragfähigkeit der Gründung feststeht, kann der Zuschuss gewährt werden.

Der Zuschuss wird in **zwei Phasen** gezahlt:

1. In den ersten neun Monaten nach Gründung: monatliche Zuschüsse in Höhe des zuletzt bezogenen Arbeitslosengeldes und zusätzlich 300 € (für die soziale Absicherung),

2. in den folgenden sechs Monaten bei offensichtlichem Erfolg in der selbstständigen Tätigkeit: monatliche Zuschüsse in Höhe von 300 €.

Arbeitsbeschaffungsmaßnahmen (ABM)

Mithilfe besonderer Arbeitsbeschaffungsmaßnahmen sollen Arbeitslose zumindest vorübergehend eine Beschäftigung erhalten. Bei der Einrichtung der ABM werden die Problemschwerpunkte der regionalen und beruflichen Teilarbeitsmärkte berücksichtigt. Träger von ABM können Kommunen, Vereine u. Ä. sein, wenn sie die Voraussetzungen für eine ordnungsgemäße Durchführung der Maßnahme bieten. Die Agenturen weisen den Trägern förderungswürdige und -bedürftige Arbeitslose zu; die Arbeitsverträge werden zwischen den Trägern und den Arbeitslosen abgeschlossen; Beiträge zur Arbeitslosenversicherung fallen nicht an.

Die Förderungsdauer beträgt i. d. R. zwölf Monate. Sie kann um zwölf Monate verlängert werden, wenn der Träger sich verpflichtet, den Arbeitnehmer nach Ablauf der

Maßnahme dauerhaft zu beschäftigen, oder wenn ein besonderes arbeitsmarktpolitisches Interesse an der Förderungsmaßnahme besteht. Wenn die Teilnehmer an der Maßnahme älter als 55 Jahre sind, kann die Förderungsdauer auf 36 Monate ausgedehnt werden.

Die Träger der ABM erhalten von der Bundesagentur für Arbeit pauschalierte Zuschüsse zu den Lohn- und den Sachkosten. Die Höhe der Pauschale liegt in Abhängigkeit von der Tätigkeit des Arbeitnehmers zwischen 900 und 1.300 Euro monatlich.

Mobilitätshilfen

Arbeitslose und Arbeitsuchende, denen es zur Aufnahme einer versicherungspflichtigen Beschäftigung an der erforderlichen Mobilität fehlt, können unter bestimmten Bedingungen Beihilfen beantragen.

Die Beihilfen umfassen ein Darlehen (bis zur Höhe von 1.000 €) als Übergangsbeihilfe bis zur ersten Lohnzahlung und eine Ausrüstungsbeihilfe (bis zur Höhe von 260 €). Wenn die Arbeit an einem anderen Ort aufgenommen werden muss, können weitere Beihilfen gewährt werden, z. B. zu den Reisekosten, den Fahrkosten, den Trennungskosten und den Umzugskosten.

13.4.2.2 Passive Arbeitsmarktpolitik

Arbeitslosengeld I

Das Arbeitslosengeld I (Alg I) ist eine Versicherungsleistung, sie wird aus den Beitragsmitteln der Arbeitsförderung finanziert. Der Anspruch entsteht bei Arbeitslosigkeit oder bei Teilnahme an einer geförderten beruflichen Weiterbildung.

Alg I erhalten Arbeitslose, die ohne (versicherungspflichtige) Beschäftigung sind und sich bei der zuständigen Agentur für Arbeit arbeitslos melden; mit der Meldung stellen sie den Antrag auf Gewährung des Arbeitslosengeldes. Als beschäftigungslos gilt, wer vorübergehend keiner (versicherungspflichtigen) Beschäftigung nachgeht oder weniger als 15 Stunden wöchentlich beschäftigt ist. Von dem Arbeitslosen wird verlangt, dass er sich selbst bemüht, wieder Arbeit zu finden.

Eine wichtige Voraussetzung für die Gewährung ist, dass der Arbeitslose der Vermittlung zur Verfügung steht. Die Verfügbarkeit umfasst folgende Aspekte.

- Der Arbeitslose muss für die Agentur an jedem Werktag erreichbar sein und die Agentur täglich aufsuchen können.
- Er muss eine versicherungspflichtige, mindestens 15 Wochenstunden umfassende Beschäftigung ausüben können und dürfen.
- Er muss bereit sein, an Maßnahmen zur beruflichen Eingliederung teilzunehmen.
- Er muss bereit sein, jede zumutbare Beschäftigung anzunehmen; als zumutbar gilt eine Beschäftigung z. B. auch dann, wenn sie nicht der Ausbildung oder der bisherigen beruflichen Tätigkeit des Arbeitslosen entspricht, wenn für die neue

Beschäftigung ein Umzug erforderlich ist, wenn die neuen Arbeitsbedingungen ungünstiger sind als die bisherigen.

Arbeitslosengeld I kann ein Arbeitsloser nur erhalten, wenn er die **Anwartschaftszeit** erfüllt hat. Die Anwartschaftszeit erfüllt er, wenn er während der zwei Jahre vor der Arbeitslosmeldung mindestens zwölf Monate beitragspflichtig beschäftigt war. Der Zeitrahmen kann unter besonderen Bedingungen verlängert werden, z. B. bei Pflege von Angehörigen. Die Anwartschaftszeit wird auch erfüllt durch den Wehr- oder Zivildienst usw.

Grundlage für die Berechnung des Arbeitslosengeldes sind Lohn oder Gehalt aus versicherungspflichtigen Beschäftigungsverhältnissen, im Krankheitsfall auch das Krankengeld und ähnliche Leistungen, die der Arbeitslose während der letzten 52 Wochen bezogen hat. Die Summe aus diesen Einnahmen wird durch die Zahl der Wochen, in denen sie bezogen wurden, geteilt und das Ergebnis auf den nächsten durch fünf teilbaren Betrag aufgerundet. Der sich so ergebende Betrag ist das sog. **wöchentliche Bemessungsentgelt**.

Aus dem Bemessungsentgelt ergibt sich der sog. **wöchentliche Leistungssatz** durch Anwendung des entsprechenden Prozentsatzes; er beträgt bei Arbeitslosen mit Kindern **67 %**, sonst **60 %**. Wenn der Arbeitslose noch anrechenbare Einnahmen hat, werden sie vom Leistungssatz abgezogen.

Die **Anspruchsdauer** auf Alg I ist von zwei Kriterien abhängig:

1. Dauer von Versicherungspflichtverhältnissen bei der Bundesagentur für Arbeit in den letzten fünf Jahren (Rahmenfrist),
2. Lebensalter.

Die folgende Tabelle gibt einen Überblick über die Anspruchsdauer.

Versicherungspflicht innerh. der Rahmenfrist (Dauer in Monaten)	Lebensalter (nach Vollendung des angeg. Lebensjahres)	Anspruchsdauer (in Monaten)
12		6
16		8
20		10
24		12
30	50	15
36	55	18
48	58	24

Tab. 13.12: Alg I – Anspruchsdauer in Monaten (1 Monat = 30 Tage)

Arbeitslosengeld II

Das Arbeitslosengeld II (Alg II) ist keine Versicherungsleistung wie Alg I; sie ist eine finanzielle Hilfe für Arbeitslose, die ohne sie ihren Lebensunterhalt nicht bestreiten könnten; sie umfasst Leistungen zur Sicherung des Lebensunterhalts und zur Deckung der Kosten für eine angemessene Unterkunft und für die Heizung. Alg II wird aus Steuermitteln finanziert.

Anspruch auf Alg II haben **erwerbsfähige**, **hilfebedürftige Personen** im Alter von 15 bis 65 Jahren. Als erwerbsfähig gilt, wer mindestens drei Stunden täglich erwerbstätig sein könnte, auch wenn ihm Erwerbstätigkeit vorübergehend nicht zugemutet werden kann. Sie müssen für die Vermittlung zur Verfügung stehen (vgl. Verfügbarkeit bei Alg I).

Hilfebedürftig sind Arbeitslose dann, wenn sie den Bedarf zum eigenen Lebensunterhalt und zum Lebensunterhalt der mit ihnen in einer Bedarfsgemeinschaft lebenden Personen nicht aus eigenen Kräften und Mitteln sichern können. Die Hilfebedürftigkeit umfasst folgende Aspekte.

- Die Aufnahme einer zumutbaren Arbeit ist nicht möglich.
- Einkommen und Vermögen, soweit es die Freibeträge übersteigt, reichen zur Bedarfssicherung nicht aus.
- Hilfen von Angehörigen oder von Trägern anderer Sozialleistungen sind nicht möglich.
- Vorrangige Ansprüche auf Sozialleistungen und Ansprüche auf Unterhaltsleistungen sind bereits in Anspruch genommen worden.

Das Arbeitslosengeld II setzt sich zusammen aus der Regelleistung[1] zur Sicherung des Lebensunterhalts und Leistungen für Unterkunft und Heizung. Die **Regelleistung** deckt den Bedarf zum Lebensunterhalt pauschal ab. Als Alg II werden entweder die Grundbeträge (vgl. Tabelle) oder die Differenzbeträge zwischen Grundbeträgen und anrechenbarer Eigenleistung ausgezahlt. Die folgende Tabelle[2] (Tab. 13.12) gibt die Grundbeträge und die Höhe der Ansprüche wieder.

Die Kosten für die Unterkunft und für die Heizung werden in Höhe der tatsächlichen Ausgaben übernommen. Die Ausgaben werden jedoch nur anerkannt, wenn und soweit sie angemessen sind.

---

[1] Die Regelleistung wird jeweils zum 1. Juli eines Jahres im Einklang mit der Änderung des aktuellen Rentenwertes der gesetzlichen Rentenversicherung angepasst.

[2] Quelle: SGB II, Merkblatt der Bundesagentur für Arbeit

Berechtigte	Alleinstehende, Alleinstehender Alleinerziehende, Alleinerziehender Person mit minderjährigem Partner	Partner ab Vollendung des 18. Lebensjahres (Ehepartner)	Kinder ab Vollendung des 14. Lebensjahres bis zur Vollendung des 18. Lebensjahres minderjährige Partner	Kinder bis zur Vollendung des 14. Lebensjahres
Anspruchshöhe in %	100	90	80	60
Grundbeträge in Euro	351	316	281	214

Tab. 13.12.: Regelleistungen (seit 1. Juli 2008)

Ein-Euro-Jobs

Bezieher von Alg II erhalten mit den sog. Ein-Euro-Jobs Arbeitsgelegenheiten, sodass sie am Arbeitsleben teilnehmen und einige Euro zuverdienen können. Der Zuverdienst liegt zwischen einem und zwei Euro pro Stunde; er wird nicht auf das Arbeitslosengeld II angerechnet. Die Jobs müssen gemeinnützig sein; sie dürfen normale Arbeitsplätze nicht verdrängen. Ziel der Einrichtung ist die Vermittlung von Langzeitarbeitslosen in reguläre Beschäftigungsverhältnisse; deshalb sind diese Jobs zeitlich begrenzt.

Ein Arbeitsloser, dem ein Ein-Euro-Job von der Arbeitsagentur angeboten wird, muss ihn annehmen, sonst kann das Arbeitslosengeld II gekürzt werden; wenn er noch nicht 25 Jahre alt ist und das Angebot nicht annimmt, kann ihm das Arbeitslosengeld ganz gestrichen werden.

Minijobs

Als Minijobs werden geringfügige Beschäftigungsverhältnisse bezeichnet; geringfügige Beschäftigungsverhältnisse können entweder geringfügig entlohnt oder kurzfristig sein.

Eine **geringfügig entlohnte Beschäftigung** ist ein Minijob, bei dem die monatliche Verdienstgrenze bis zu 400 € beträgt. Die Jobs sind für Arbeitnehmer steuer- und abgabenfrei. Der Arbeitgeber muss den Jobnehmer bei der Minijob-Zentrale der Knappschaft Bahn See anmelden und einen Pauschalbetrag für die Renten- und Krankenversicherung einzahlen.

Der Minijob kann als Nebenjob angesehen werden, der die Möglichkeit für einen Nebenverdienst erschließt. Für einen Arbeitslosen kann dieser Minijob aber auch den Einstieg in ein reguläres Arbeitsverhältnis begründen.

Entgeltsicherung für ältere Arbeitnehmer

Ältere Arbeitnehmer, die Arbeitslosigkeit nur dadurch vermeiden oder beenden können, dass sie eine geringer entlohnte Beschäftigung beginnen, haben einen Anspruch auf einen zeitlich befristeten Zuschuss zum Lohn und einen zusätzlichen Beitrag zur gesetzlichen Rentenversicherung. Die Antragsteller müssen das 50. Lebensjahr vollendet und (bei Beginn der neuen Beschäftigung) noch für mindestens 120 Tage Anspruch auf Arbeitslosengeld haben.

Grundlage für die Berechnung des Zuschusses ist die Differenz zwischen dem letzten Arbeitsentgelt (netto) bzw. dem Arbeitsentgelt, nach dem die Höhe des Arbeitslosengeldes berechnet wurde, und dem Nettolohn der neuen Beschäftigung. Die Differenz muss mindestens 50 Euro betragen. Der Zuschuss wird für die Dauer von zwei Jahren nach Beginn des neuen Beschäftigungsverhältnisses gewährt. Im ersten Jahr beträgt er 50 % der Differenz, im zweiten Jahr 30 %. Zusätzlich werden die Beiträge zur gesetzlichen Rentenversicherung aufgestockt.

Kurzarbeitergeld

Als Kurzarbeit wird die Herabsetzung der betrieblichen Arbeitszeit bezeichnet, die im Allgemeinen durch eine Verschlechterung der Auftragslage verursacht wird. Die Arbeitnehmer können vorübergehend nur verkürzt oder gar nicht beschäftigt werden. Kurzarbeit ist im Sinne der gesetzlichen Vorgaben vorübergehend, sie wird mit Verbesserung der Auftragslage beendet.

Der Verdienstausfall der Arbeitnehmer während des Arbeitsausfalls wird zumindest teilweise durch das Kurzarbeitergeld ausgeglichen. Das Kurzarbeitergeld ist eine Leistung der Bundesagentur für Arbeit. Die gesetzliche Bezugsfrist von Kurarbeitergeld beträgt sechs Monate; sie kann unter besonderen Bedingungen verlängert werden[3].

Bei der Beantragung muss das betroffene Unternehmen nachweisen, dass der Arbeitsausfall erheblich ist. Damit ein Arbeitsausfall als erheblich gelten kann, müssen folgende Bedingungen vorliegen:

- Der Arbeitsausfall muss wirtschaftlich oder durch ein unabwendbares Ereignis begründet sein.
- Er muss vorübergehend und unvermeidbar sein.
- Der Verdienstausfall Im Anspruchszeitraum muss mindestens ein Drittel der in dem Betrieb beschäftigten Arbeitnehmer betreffen.
- Der Verdienstausfall muss mehr als zehn Prozent des monatlichen Bruttoentgelts ausmachen.

Der Verdienstausfall wird durch das Kurarbeitergeld nicht voll ausgeglichen. Bei Arbeitnehmern mit Kind beträgt der Leistungssatz 67 %, sonst 60 %; Grundlage für die Berechnung ist der sog. pauschalierte Nettoentgeltausfall.

[3] Für 2009 beginnende oder bereits laufende Kurzarbeit wird die Bezugsfrist auf 18 Monate verlängert (lt. Rechtsverordnung vom November 2008).

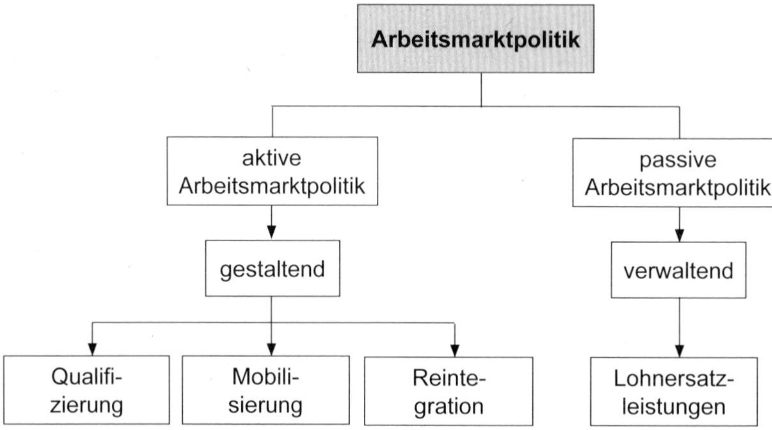

13.4.3 Kollektivvertragliche Regelungen

Kollektivverträge, das sind Betriebsvereinbarungen und Tarifverträge, können die Beschäftigung beeinflussen; insofern gehören sie auch zur Beschäftigungspolitik im weiteren Sinne

Betriebsvereinbarungen werden auf betrieblicher Ebene zwischen Arbeitgeber und Betriebsrat getroffen. Sie können z. B. Arbeitszeitregelungen, Errichtung von Sozialeinrichtungen, freiwillige betriebliche Leistungen u. Ä. betreffen. Arbeitsentgelte und andere Arbeitsbedingungen, die grundsätzlich oder üblicherweise durch Tarifverträge geregelt werden, können nicht Gegenstand von Betriebsvereinbarungen sein. Von größerer Bedeutung für die Arbeitsmarktpolitik sind die **Tarifverträge**.

Tarifverträge werden von den **Tarifvertragspartnern** oder -parteien nach entsprechenden Tarifverhandlungen abgeschlossen. Tarifpartner auf der Arbeitnehmerseite ist immer eine **Gewerkschaft**, auf Arbeitgeberseite kann der Tarifpartner ein Arbeitgeberverband oder ein einzelner Arbeitgeber sein, entsprechend unterscheidet man Verbandstarifvertrag und Firmen-, Werks- oder Haustarifvertrag. Die Mitgliedschaft in diesen Verbänden ist freiwillig, d. h. die Arbeiter müssen nicht in einer Gewerkschaft, die Arbeitgeber nicht in einem Arbeitgeberverband sein. Der Staat kann in die Tarifverhandlungen nicht eingreifen und Einfluss auf die Vertragsinhalte nehmen, das Grundgesetz garantiert die **Tarifautonomie** der Tarifpartner.

Die Tarifverträge erfüllen wichtige **Funktionen**. Sie schützen den Arbeitnehmer vor dem wirtschaftlich stärkeren Arbeitgeber (**Schutzfunktion**), sie tragen durch die Vereinheitlichung zur Ordnung des Arbeitslebens bei (**Ordnungsfunktion**) und sie schließen während ihrer Laufzeit neue Forderungen und Arbeitskämpfe grundsätzlich aus (**Friedensfunktion**).

In den Tarifverträgen werden die Vereinbarungen über Löhne und andere Arbeitsbedingungen in Lohn- und Manteltarifverträgen festgehalten. Diese Vereinbarungen dürfen in den Betrieben – z. B. in Einzelverträgen – nicht unterschritten werden. So ist z. B. der in einem Tarifvertrag für eine bestimmte Tätigkeit festgelegte Lohn ein Mindestlohn; der in einem Unternehmen tatsächlich gezahlte Lohn darf darüber, aber nicht darunter liegen. Vereinbarungen in einem Einzelvertrag zwischen dem Unternehmen und einem Angestellten oder Arbeiter müssen prinzipiell mindestens so günstig sein wie die tarifvertraglichen Vereinbarungen. Man nennt dieses Prinzip das **Günstigkeitsprinzip**.

Im **Lohntarifvertrag** wird der Lohn (Mindestlohn) für die unterschiedlichen Lohngruppen vereinbart. Ähnlich wird beim Gehaltstarifvertrag verfahren. Vom Entgeltstarifvertrag spricht man, wenn nicht zwischen Lohn und Gehalt (d. h. nicht zwischen Arbeitern und Angestellten) unterschieden wird. Der Lohntarifvertrag wird im Allgemeinen für ein Jahr abgeschlossen. Der **Manteltarifvertrag** (Rahmentarifvertrag) hat fast immer eine längere Laufzeit. Er enthält die allgemeinen Arbeitsbedingungen, die meistens mehrere Jahre lang gültig sind, z. B. Lohngruppendefinitionen, Grundlagen der Arbeitsbewertungen, Urlaub, Kündigungsfristen.

Die abgeschlossenen Tarifverträge gelten für einen Wirtschaftszweig, z. B. für die Metallverarbeitung, für den Handel. Sie können je nach Vertragsinhalt für einen Bezirk, für ein Land oder für das ganze Bundesgebiet gelten, entsprechend kann man zwischen Bezirks-, Landes- und Bundestarifen unterscheiden.

Ein Tarifvertrag enthält **normative und schuldrechtliche Bestimmungen**. Die normativen Bestimmungen beziehen sich u. a. auf die Regelungen von Inhalt, Abschluss und Beendigung von Arbeitsverhältnissen. Die schuldrechtlichen Bestimmungen regeln das Rechtsverhältnis der Vertragspartner untereinander. So verpflichten sie sich z. B. für die Dauer des Tarifvertrags zur Einhaltung des Arbeitsfriedens, d. h. Kampfmaßnahmen, die sich gegen den Bestand des Tarifvertrages richten, sind verboten **(Friedenspflicht)**; von besonderer Bedeutung ist auch die **Einwirkungspflicht**, d. h. die Tarifpartner müssen auf die Verbandsmitglieder einwirken, sich an die getroffenen Vereinbarungen zu halten.

Grundsätzlich sind zunächst nur die Mitglieder der Tarifvertragsparteien (bei Haus- u. Ä. Verträgen auch die einzelnen Arbeitgeber) an die normativen Bestimmungen gebunden (**Tarifbindung**). Aber der Bundesminister für Arbeit kann sie auf Antrag einer der beiden Tarifvertragsparteien für allgemein verbindlich erklären; nach dieser **Allgemeinverbindlichkeitserklärung** gelten sie dann auch für die Arbeitnehmer und -geber, die nicht tarifgebunden sind. Für die Allgemeinverbindlichkeitserklärung gibt es folgende **Voraussetzungen**:

- Sie muss im öffentlichen Interesse sein. Öffentliches Interesse liegt z. B. vor, wenn die Erklärung verhindert, dass die Arbeitsbedingungen unter das sozial angemessene Niveau sinken.
- Die tarifgebundenen Arbeitgeber müssen wenigstens 50 % der Arbeitnehmer beschäftigen, die unter den Geltungsbereich des Tarifvertrages fallen.

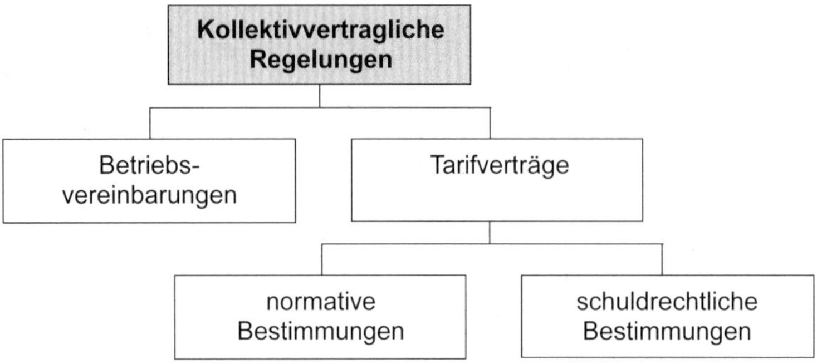

Die Tarifverträge sind in die **Kritik** geraten, weil Tarifabschlüsse Arbeitslosigkeit fördern, evtl. sogar verursachen können. Probleme werden darin gesehen, dass sich vereinbarte Lohnerhöhungen und andere Leistungen gelegentlich zu wenig am Produktivitätsfortschritt der Unternehmen orientieren. Viele Unternehmen können die zusätzlichen Kosten nicht auffangen. Als besonders nachteilig wird angesehen, dass die Tarifvereinbarungen zu wenig Rücksicht nehmen auf weniger leistungsfähige Unternehmen in einem Tarifgebiet bzw. in einer Branche.

Die Kritiker stellen deshalb u. a. folgende Forderungen an die Tarife.

- Die Tarife sollen **flexibler** gestaltet werden und den Unternehmen die Möglichkeit geben, Entlohnung und Arbeitszeiten den betrieblichen Erfordernissen und Möglichkeiten anzupassen.
- Die Tarife sollen **Öffnungsklauseln** enthalten, d. h. die Unternehmen müssen bei schlechteren Ergebnissen die Lohnerhöhungen teilweise und vorübergehend zurücknehmen können.
- Das **Günstigkeitsprinzip** sollte **gelockert** werden.
- Die Tarifverträge sollten besondere **Einsteigertarife** vorsehen.
- Die **Allgemeinverbindlichkeitserklärung** von Tarifverträgen sollte **erschwert** werden.

14. Einnahmen und Ausgaben des Staates (Finanzpolitik)

14.1 Finanzpolitik und staatliche Aufgaben

Der Sektor Staat, gemeint sind vor allem die Gebietskörperschaften und die Sozialversicherung, hat im Zusammenhang mit der Erfüllung der ihm übertragenen Aufgaben erhebliche Ausgaben. Zur Finanzierung dieser Ausgaben sind entsprechende Einnahmen erforderlich. Wichtigste Aufgabe des Staates bzw. der staatlichen Finanzpolitik muss deshalb die Beschaffung von Mitteln zur Deckung des erheblichen Finanzbedarfs sein. Diese Aufgabe wird als die **fiskalische Aufgabe** des Staates bezeichnet.

Die anderen (für den folgenden Zusammenhang wichtigen) staatlichen Aufgaben lassen sich folgendermaßen zusammenfassen:

- **Stabilisierungsaufgaben**, das sind die Aufgaben des Staates im Zusammenhang mit der Stabilisierung von Wirtschaftsabläufen, die sich in konjunkturpolitischen und wachstumspolitischen Maßnahmen niederschlagen (vgl. dazu die Ausführungen zum Stabilitätsgesetz, zur Konjunktur- und Wachstumspolitik),
- **Distributionsaufgaben**, das sind die Aufgaben des Staates im Zusammenhang mit Verteilung von Einkommen und Vermögen, sie schlagen sich u. a. nieder in den Maßnahmen zur Korrektur der primären Verteilung,
- **Allokationsaufgaben**, das sind Aufgaben des Staates im Zusammenhang mit der Verteilung von Produktionsfaktoren i. w. S., sie schlagen sich u. a. nieder in Maßnahmen zur Strukturpolitik (regionale Wirtschaftsförderung), im Finanzausgleich zwischen Bund und Ländern bzw. zwischen den Ländern.

Aus den Aufgaben des Staates ergeben sich entsprechende Ziele, die mit Einnahmen und Ausgaben erreicht werden sollen. Die staatliche Finanzpolitik muss die staatlichen Einnahmen und Ausgaben so gestalten, dass die sich aus den staatlichen Aufgaben ergebenden Ziele erreicht werden können. Zu den Aufgaben der Finanzpolitik gehört also neben der erforderlichen Mittelbeschaffung durch Steuern, Kreditaufnahme usw. und der zielgerechten Gestaltung von Steuertarifen auch die zielgerechte Verausgabung der vereinnahmten Mittel usw. So ergeben sich die folgenden **finanzpolitischen Ziele**.

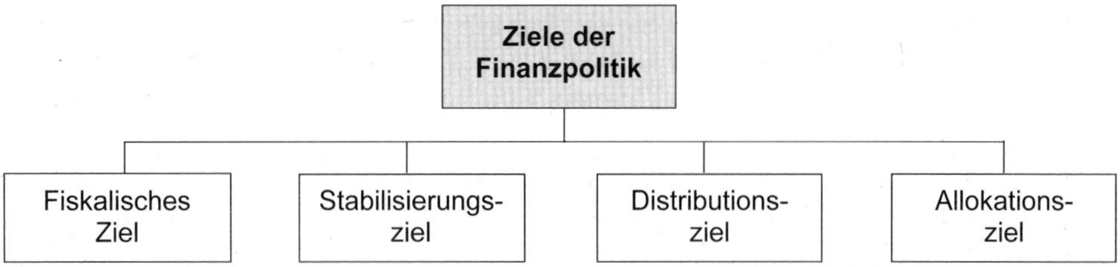

14.2 Einnahmen des Staates

14.2.1 Einnahmearten

Den Gebietskörperschaften, Bund, Ländern und Gemeinden, fließen Einnahmen aus verschiedenen Quellen zu. Von besonderer Bedeutung sind die Abgaben, das sind Steuern, Gebühren, Beiträge.

Steuern sind Zwangsabgaben an den Staat ohne spezielle Gegenleistung.

Gebühren sind Abgaben an den Staat für eine individuelle, spezielle Gegenleistung, z. B. stellt die Behörde auf Antrag einen Pass aus, für den der Antragsteller eine angemessene Gebühr zu entrichten hat.

Beiträge sind Zwangsabgaben, die der Staat als Kostenbeteiligung für ein öffentliches Vorhaben erhebt, das Vorhaben kommt im Allgemeinen vielen, insbesondere aber den Beitragszahlern zugute; z. B. werden für den Bau einer Straße von den Anliegern Beiträge zur Beteiligung an den Baukosten erhoben, die fertige Straße kann von allen Verkehrsteilnehmern genutzt werden, letztlich ist sie aber für die Anlieger von besonderem Vorteil.

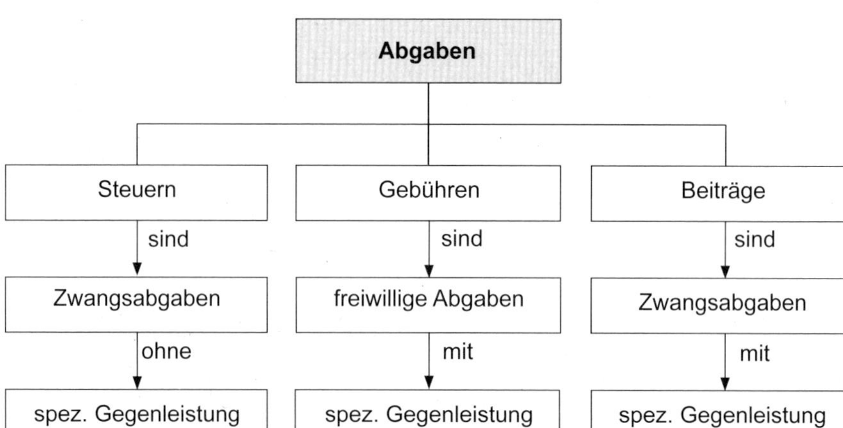

Kredite muss der Staat aufnehmen, wenn die Einnahmen zur Deckung der Ausgaben nicht ausreichen.

Der Staat ist an vielen Industriebetrieben direkt oder indirekt beteiligt. Er hat deshalb auch **Einnahmen aus Unternehmertätigkeit**.

Die folgende Tabelle (Tab. 14.1) zeigt die Entwicklung der Einnahmen des Sektors Staat; es sind also nicht nur die Einnahmen der Gebietsköperschaften, sondern auch die der Sozialversicherungen usw. angegeben. Die Tabelle zeigt, dass die Einnahmenzuwächse von Jahr zu Jahr schwanken und der Anteil der Steuern an den Einnahmen nicht nur besonders hoch, sondern im Zeitablauf auch relativ konstant ist.

	insgesamt	darunter	
		Steuern und steuerähnliche Abgaben	Einnahmen aus wirtschaftlicher Tätigkeit
1992	765.032	646.784	19.061
1993	797.472	672.751	18.811
1994	850.885	710.078	20.286
1995	889.492	744.044	18.172
1996	894.310	751.071	18.279
1997	876.581	757.379	17.658
1998	906.549	777.543	26.265
1999	929.935	809.478	22.526
2000	979.322	826.533	17.767
2001	925.600	810.157	21.580
2002	928.720	810.414	26.611
2003	928.726	816.220	19.960
2004	929.319	818.114	14.560
2005	946.460	826.547	17.540
2006	992.612	882.104	17.655
2007	1.026.809	913.860	21.849

Tab 14.1: Entwicklung der Einnahmen von 1992 bis 2007 in Mio. €, ab 1997 ohne Krankenhäuser und Hochschulkliniken mit kaufm. Rechnungswesen (Quelle: Statistisches Jahrbuch 2008)

14.2.2 Steuern[1]

14.2.2.1 Steuerdefinition und Grundbegriffe

Steuern sind Abgaben an öffentlich-rechtliche Gemeinwesen ohne Anspruch auf Gegenleistung in Geldform. In Anlehnung an die Abgabenordnung (§ 1) lassen sich zur genaueren Kennzeichnung der Steuer als Abgabe folgende Merkmale heranziehen:

- Steuern sind **Geldleistungen**,
- für Steuerleistungen gibt es **keine spezifischen Gegenleistungen**,
- Steuern werden von **öffentlich-rechtlichen Gemeinwesen** erhoben,
- mit den Steuern erhalten öffentlich-rechtliche Gemeinwesen **Einkünfte**,
- Grundlagen für Steuererhebungen sind **Gesetze**.

Im Folgenden sollen einige Grundbegriffe der Besteuerung anhand eines Beispiels erläutert werden.

[1] Im Anhang befindet sich eine Liste mit allen im Jahr 2006 in der Bundesrepublik Deutschland erhobenen Steuern. Die Liste enthält durch eine entsprechende Aufbereitung und durch Anmerkungen zusätzliche Informationen.

B. kauft in einer Buchhandlung ein Fachbuch. Da er die Ausgabe als Werbungskosten in seiner Einkommensteuer-Erklärung berücksichtigen kann, lässt er sich bei der Bezahlung an der Kasse von der Verkäuferin einen Beleg ausstellen. Der Beleg enthält den Hinweis „Im Rechnungsbetrag sind 7 % Mehrwertsteuer enthalten". B. hat also außer dem Warenwert eine Umsatzsteuer bezahlt. Der Buchhändler muss die Mehrwertsteuer (nach entsprechender Verrechnung mit der Vorsteuer) im folgenden Monat an das Finanzamt abführen.

In diesem Beispiel fällt eine Steuer beim Verkauf (Umsatz) einer Ware an; der Tatbestand, an den die Besteuerung anknüpft, wird als **Steuerobjekt** oder Steuergegenstand bezeichnet. Steuerobjekt ist entweder – wie im vorliegenden Fall – ein wirtschaftlicher Vorgang oder ein Wirtschaftsgut. Die Steuer muss der Verkäufer an das Finanzamt zahlen, er ist der **Steuerschuldner**; Steuerschuldner ist im Allgemeinen derjenige, der die Steuer bezahlt; nur bei Steuererhebungen im Quellenabzugsverfahren sind Steuerschuldner und -zahler nicht identisch. Indirekt hat der Käufer die Steuer gezahlt, er ist deshalb der sog. **Steuerträger**; als Steuerträger wird derjenige bezeichnet, der letztlich die Steuerlast tatsächlich trägt. Wenn ein Steuerschuldner die Steuerlast nicht auf einen anderen abwälzen kann, ist er auch Steuerträger; d. h. bei allen nicht überwälzbaren Steuern, das sind die direkten Steuern, ist der Steuerschuldner auch der Steuerträger. Im vorliegenden Fall, d. h. bei der Mehrwertsteuer, soll nach dem Gesetz der Käufer der Steuerträger sein, er ist deshalb der sog. **Steuerdestinatar**; Steuerdestinatar ist derjenige, der nach der Absicht des Gesetzgebers die Steuerlast tragen soll. Als **Steuerquelle** wird schließlich die Quelle bezeichnet, aus der die Steuerzahlung fließt, das ist im Allgemeinen das Einkommen.

In der folgenden Übersicht werden die Begriffe exemplarisch auf drei Steuern angewendet.

	Mehrwertsteuer	**Einkommensteuer**	**Gewerbesteuer**
Steuerquelle	Einkommen	Einkommen	Einkommen
Steuerobjekt	Umsatz	Einkommen	Gewerbeertrag (und -kapital)
Steuerschuldner	Verkäufer	Einkommensbezieher	Unternehmer bzw. Gesellschaft
Steuerträger	Käufer	Einkommensbezieher	bei Überwälzung der Käufer, sonst Unternehmer bzw. Gesellschaft
Steuerdestinatar	Käufer	Einkommensbezieher	Unternehmer oder Gesellschaft

Tab. 14.2: Steuerbegriffe

14.2.2.2 Grundsätze der Besteuerung

Die Besteuerung folgt bestimmten Grundsätzen (Besteuerungsprinzipien). Die folgenden „klassischen" **Steuergrundsätze** stammen von **Adam Smith** („Wohlstand der Nationen"). Sie sind zwar in ihrer typischen Formulierung zeitgebundene Forderungen an die öffentliche Finanzwirtschaft und haben deshalb vorwiegend historische Bedeutung, sie können aber auch heute noch als selbstverständliche Grundlagen der Besteuerung gelten und sind in den modernen Besteuerungsprinzipien enthalten. Die Steuergrundsätze nach Adam Smith lauten:

1. Gleichmäßigkeit der Besteuerung, d. h. dass Privilegien bei der Besteuerung ausgeschlossen sind;
2. Bestimmtheit der Besteuerung, d. h. dass Willkür bei der Besteuerung ausgeschlossen ist;
3. Bequemlichkeit der Besteuerung, d. h. dass Steuertermine und -zahlungsformen für die Steuerpflichtigen „bequem" sein müssen;
4. Billigkeit der Besteuerung, d. h. dass die Erhebungskosten minimiert werden.

Moderne Besteuerungsgrundsätze lassen sich folgendermaßen umschreiben. Steuern müssen den staatswirtschaftlichen Finanzbedarf ausreichend decken, sie müssen sich den Änderungen des Finanzbedarfs und den Veränderungen wirtschaftlicher Bedingungen anpassen können (**fiskalische Grundsätze**). Die Besteuerung muss die Grundsätze der Allgemeinheit, der Gleichmäßigkeit, der Leistungsfähigkeit angemessen berücksichtigen (**soziale und ethische Grundsätze**). Eine Steuer muss wettbewerbsneutral wirken, sie soll sich konjunkturellen Bedingungen angemessen anpassen können, d. h. sie soll antizyklisch wirken, diese u. a. Prinzipien fasst man als **wirtschaftspolitische Grundsätze** zusammen. Mit den sog. **technischen Grundsätzen** werden z. B. folgende Forderungen an die Besteuerung gestellt: Die Steuer muss für die Besteuerten bequem zu entrichten sein, sie müssen Bescheide nachprüfen können, sie müssen die Vorschriften usw. übersehen können.

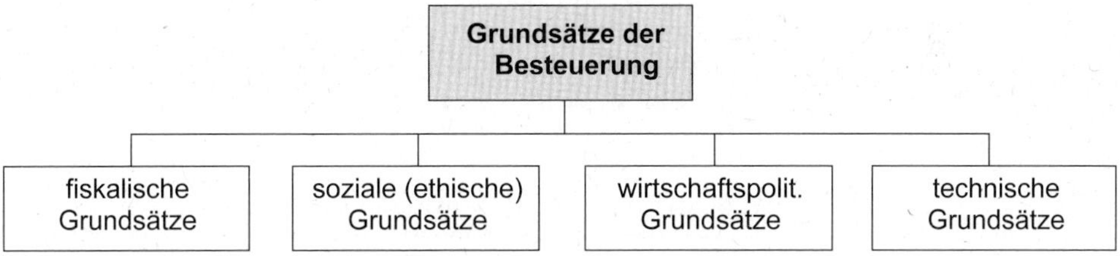

14.2.2.3 Einteilung der Steuerarten

Steuern lassen sich u. a. danach einteilen, ob sie überwälzbar sind, welche Objekte besteuert werden, welche Gebietskörperschaft das Aufkommen erhält, welche Bedeutung sie von der Höhe des Aufkommens haben.

Nach dem Kriterium der **Überwälzbarkeit** werden direkte und indirekte Steuern unterschieden. Direkte Steuern können – im Gegensatz zu indirekten Steuern – nicht überwälzt werden. Bei direkten Steuern sind also Steuerschuldner und Steuerträger identisch, bei den indirekten Steuern nicht. Direkte Steuern sind z. B. Einkommensteuer, Kfz-Steuer (bei privaten Haushalten), Hundesteuer; indirekte Steuern sind z. B. Mehrwertsteuer, Verbrauchsteuern.

Bei der Einteilung der Steuerarten nach dem **Steuerobjekt** ergeben sich die folgenden Gruppierungen: Besitzsteuern, Verkehrsteuern, Verbrauchsteuern, Sonstige Steuern, Zölle. **Besitzsteuern** knüpfen an Besitz, Ertrag und Einkommen an; Besitzsteuern sind z. B. Einkommensteuer, Grundsteuer. **Verkehrsteuern** knüpfen an Vorgänge des Rechts- und Wirtschaftsverkehrs an; zu den Verkehrsteuern zählen u. a. die Kapitalverkehrsteuer, die Grunderwerbsteuer. **Verbrauchsteuern** knüpfen an den Verbrauch i. w. S. an, d. h. an den Verbrauch in Haushalten, an Weiterverarbeitung in anderen Betrieben u. Ä. Zu den Verbrauchsteuern zählen z. B. Tabaksteuer, Branntweinsteuer, Biersteuer. **Sonstige Steuern** ist die Zusammenfassung von Steuern mit lediglich lokaler Bedeutung, z. B. Hundesteuer, Schankerlaubnissteuer. **Zölle** sind Abgaben, die bei Grenzüberschreitung erhoben werden.

Das Recht auf das Aufkommen aus einer Steuer wird als **Steuerertragshoheit** bezeichnet. Die Steuerertragshoheit ist im Grundgesetz Art. 106 geregelt. **Empfänger** der Steueraufkommen können der Bund, die Länder, die Gemeinden oder Bund und Länder gemeinschaftlich sein, entsprechend können die Steuern in Bundes-, Landes-, Gemeinde- und Gemeinschaftsteuern eingeteilt werden. **Bundessteuern** sind z. B. die Verbrauchsteuern außer Biersteuer. **Landessteuern** sind z. B. die Kfz-Steuer, die Biersteuer. **Gemeindesteuern** sind die unter dem Oberbegriff „Sonstige Steuern" zusammengefassten Steuern (Hundesteuer u. a.). **Gemeinschaftssteuern** sind z. B. die Mehrwertsteuer, das Aufkommen wird zzt. im Verhältnis 65 : 35 auf Bund und Länder aufgeteilt, die Körperschaftsteuer (50 : 50), die veranlagte Einkommen- und die Lohnsteuer, die wegen der Gegenleistung für die Gewerbesteuerumlage im Verhältnis 42,5 : 42,5 : 15 auf Bund, Länder und Gemeinden aufgeteilt werden. Die Gewerbesteuer ist keine Gemeinschaftssteuer, auch wenn Bund und Länder mit jeweils 20 % an ihrem Aufkommen beteiligt werden. Um die Abhängigkeit der Gemeinden von der Gewerbesteuer, die als konjunkturreagibel gilt, zu verringern, wurde die Gewerbesteuerumlage eingeführt; als Gegenleistung erhalten die Gemeinden 15 % des in ihren Gebieten anfallenden Aufkommens aus Lohn- und Einkommensteuer.

Schließlich können die Steuern nach der **Höhe des Aufkommens** eingeteilt werden.

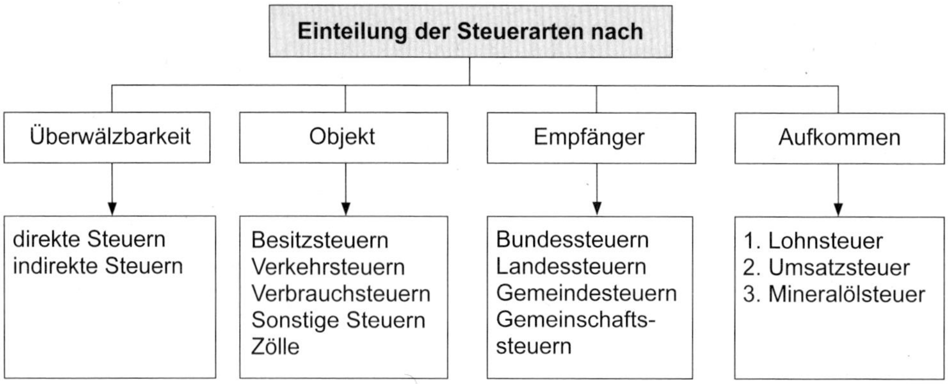

14.2.2.4 Steuertarife

Die Höhe der steuerlichen Belastung ist nicht nur von der Höhe der Bemessungsgrundlage, sondern auch von der **Gestaltung des Tarifs** abhängig. Drei Tariftypen können unterschieden werden: 1. Progressiver Tarif, 2. Proportionaler Tarif, 3. Regressiver Tarif.

Bei einem **progressiven Tarif** steigt mit steigender Bemessungsgrundlage der Steuerbetrag überproportional an. Diesen Sachverhalt kann Abb. 14.1 veranschaulichen: Bei einem Anstieg der Bemessungsgrundlage (z. B. Einkommen) von E_1 auf E_2 , d. h. um ungefähr das Doppelte, steigt der Steuerbetrag von T_1 auf T_2 , d. h. auf mehr als das Doppelte des ursprünglichen Betrags.

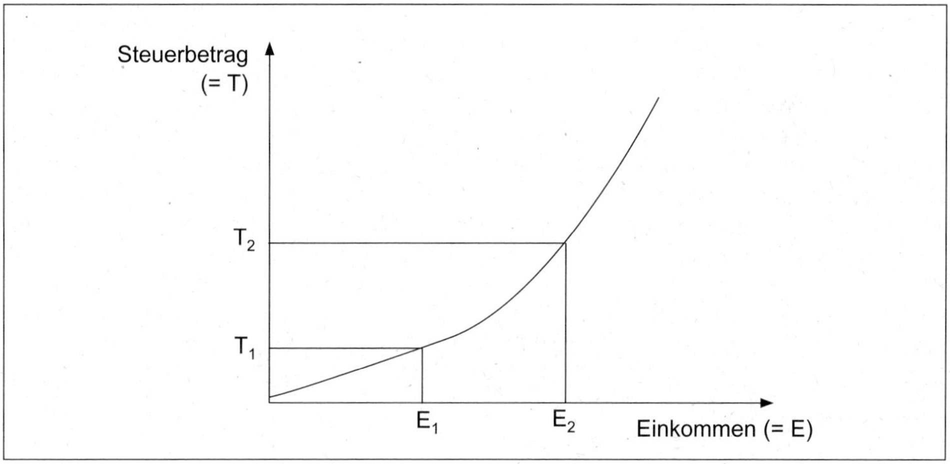

Abb. 14.1: Progressiver Steuertarif

Dieser Sachverhalt lässt sich mithilfe des Durchschnittssteuersatzes auch folgendermaßen ausdrücken: Der Durchschnittssteuersatz (t) ist $(\frac{T}{E}) \cdot 100$. Wenn für E_1, E_2, T_1, T_2 usw. die angegebenen Beträge beispielhaft angenommen werden, ergeben sich die folgenden Durchschnittssteuersätze:

	Einkommen	Steuerbeträge	Durchschnittssteuersätze
1	2.000 €	200 €	$\frac{200}{2.000} \cdot 100 = 10\ \%$
2	4.000 €	500 €	$\frac{500}{4.000} \cdot 100 = 12,5\ \%$
3	6.000 €	900 €	$\frac{900}{6.000} \cdot 100 = 15\ \%$

Tab. 14.3/1: Tarifverlauf (Progression)

Bei progressivem Steuertarif steigen die Durchschnittssteuersätze.

Bei einem **proportionalen Tarif** steigt der Steuerbetrag bei steigender Bemessungsgrundlage (z. B. Einkommen) linear an. Die Durchschnittssteuersätze bleiben bei steigender Bemessungsgrundlage selbstverständlich gleich (vgl. Abb. 14.2).

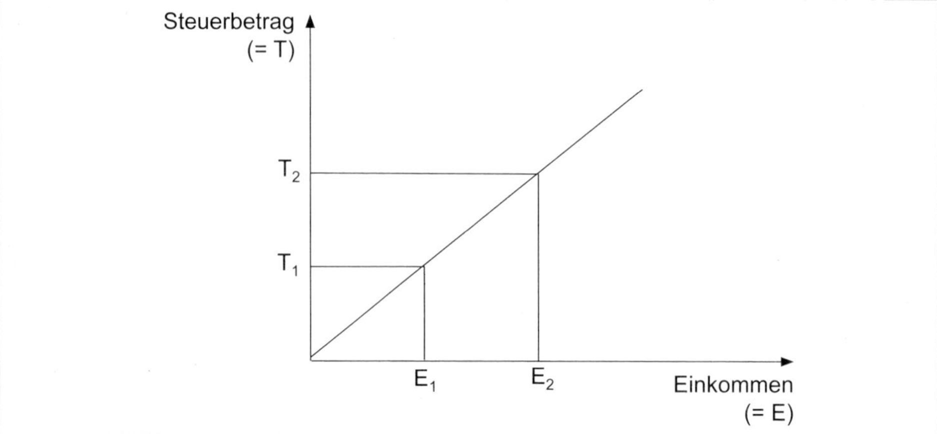

Abb. 14.2: Proportionaler Steuertarif

In einen proportionalen Tarif lässt sich durch die Berücksichtigung eines Freibetrages eine sog. indirekte Progression einbauen. Das kann durch folgendes Beispiel veranschaulicht werden. Angenommen wird ein Steuersatz von 15 % und ein Freibetrag von 500 €. Das Beispiel zeigt, dass die Durchschnittssteuersätze steigen.

	Einkommen in €	Steuerbeträge	Durchschnittssteuersätze
1	2.000 - 500 = 1.500	225 €	$\frac{225}{2.000} \cdot 100 = 11,25$ %
2	4.000 - 500 = 3.500	525 €	$\frac{525}{4.000} \cdot 100 = 13,13$ %
3	6.000 - 500 = 5.500	825 €	$\frac{825}{6.000} \cdot 100 = 13,75$ %

Tab. 14.3/2: Tarifverlauf (indirekte Progression)

Bei einem **regressiven Tarif** nehmen die Steuerbeträge mit steigender Bemessungsgrundlage (proportional, unterproportional oder überproportional) ab. Regressive Tarife sind sehr selten. Allerdings gibt es regressive Wirkungen bei Verbrauchsteuern, die niedrige Einkommen relativ höher belasten als hohe. Unter der Annahme, dass in einem Vier-Personen-Haushalt mit einem Einkommen von 4.000 € die Konsumausgaben etwa genau so hoch sind wie in einem gleichen Haushalt mit 6.000 €, zeigt sich, dass eine Besteuerung des Verbrauchs von z. B. 10 % unterschiedlich wirkt. Die Durchschnittssteuersätze sinken, die Steuer weist also eine Regression auf (vgl. folgendes Beispiel).

Haushalt	I	II
Einkommen	4.000 €	6.000 €
Verbrauchsausgaben	2.000 €	2.000 €
Verbrauchsbesteuerung (10 %)	200 €	200 €
Durchschnittssteuersatz	$\frac{200}{4.000} \cdot 100 = 5\ \%$	$\frac{200}{6.000} \cdot 100 = 3{,}33\ \%$

Tab. 14.4: Belastung durch indirekte Besteuerung

Vom Durchschnittssteuersatz ist der sog. **Grenzsteuersatz** zu unterscheiden. Der Grenzsteuersatz gibt in einem V.-Hundert-Satz die zusätzliche steuerliche Belastung an, die durch eine Erhöhung der Bemessungsgrundlage, z. B. des Einkommens, um eine Einheit bewirkt wird.

Der aktuelle deutsche **Einkommensteuertarif** ist ein progressiver Tarif. Er besteht aus vier Stufen: einem Grundfreibetrag, zwei Progressionsstufen und der oberen Proportionalstufe. Liegt das zu versteuernde Einkommen in den Grenzen des Grundfreibetrages, fällt keine Steuer an. Der **Eingangssteuersatz** liegt zzt. bei 15 %; er fällt an, wenn das zu versteuernde Einkommen den Grundfreibetrag übersteigt. In der ersten Proportionalstufe steigt der Grenzsteuersatz linear von 15 % auf 23,97 %, in der zweiten von 23,97 % auf 42 % an. In der oberen Proportionalstufe ist der Grenzsteuersatz konstant 42 % (**Spitzensteuersatz**).

Stufe	Grenzsteuersatz	Einkommensbereich, Jahreseinkommen von ... Euro bis ... Euro	
		Alleinstehende	Verheiratete
Grundfreibetrag	0	0 - 7.664	0 - 15.328
erste Progressionsstufe	linear ansteigend von 15 % (= Eingangssteuersatz) auf 23,97 %	7.665 - 12.739	15.329 - 25.479
zweite Progressionsstufe	linear ansteigend von 23, 97 % auf 42 %	12.740 - 52.151	25.480 - 104.303
obere Proportionalstufe	konstant 42 % (= Spitzensteuersatz)	ab 52.152	ab 104.304

Tab. 14.5: Aufbau des ESt-Tarifs 2004

In Abb. 14.3 wird der Verlauf des aktuellen Tarifs grafisch dargestellt. Gezeigt wird, wie der Grenzsteuersatz bei steigenden Einkommen von Unverheirateten verläuft. Nach dem Grundfreibetrag steigt der Grenzsteuersatz in zwei Stufen linear bis zum Höchststeuersatz. Bei weiter steigendem Einkommen steigt der Grenzsteuersatz nicht, alle zusätzlichen Einkommen werden mit dem Höchststeuersatz besteuert.

Der Einkommensteuertarif gilt als reformbedürftig. Kritisiert werden die hohen Sätze, d. h. die relativ hohe Belastung der Einkommen, und die mangelhafte Transparenz des Einkommensteuerrechts. Die zzt. diskutierten Reformvorschläge setzen deshalb bei der Entlastung der Steuerpflichtigen durch Senkung der Steuersätze und bei der Vereinfachung der Vorschriften an; darüber hinaus sehen sie den Abbau von Steuervergünstigungen vor. Von der Entlastung wird eine Stärkung der Konsumgüternachfrage durch die privaten Haushalte erwartet, die die Konjunktur stärken könnte.

Die traditionelle Einkommensteuer gilt als wichtiges Lenkungsinstrument; durch die Ausgestaltung der Steuer wird das Individualverhalten der Bürger gelenkt. Mithilfe von differenzierten Steuersätzen und besonderen Freibeträgen können wirtschaftspolitische, sozial- und gesundheitspolitische sowie kulturpolitische Ziele verfolgt werden. In der Diskussion um die Steuerreform im Allgemeinen und die Reform der Einkommensteuer im Besonderen hat der Vorschlag des Verfassungsrichters Paul Kirchhof besonderes Interesse gefunden; Kirchhofs Vorschlag zeichnet sich dadurch aus, dass er die Lenkungsfunktion der Steuer grundsätzlich ablehnt. Wegen dieses grundlegenden Unterschieds lohnt sich die Beschäftigung mit dem Kirchhof-Modell.

Das **Kirchhof-Modell**[2] der Einkommensbesteuerung beruht auf der Auffassung, dass ein liberales Staatsverständnis die Trennung von Staat und Wirtschaft, damit auch die Neutralität der Besteuerung fordert; in dem Modell sind die Steuern so ausgestaltet, dass sie den eigengesetzlichen Ablauf der wirtschaftlichen Prozesse möglichst wenig beeinflussen.

Das Modell schließt wirtschaftspolitische, sozial- und gesundheitspolitische sowie kulturpolitische Lenkungen des Individualverhaltens der Bürger mithilfe von Steuervergünstigungen aus. Alle Einkünfte, also z. B. Einkünfte aus unselbständiger und selbstständiger Arbeit, Einkünfte aus Vermietung und Verpachtung, Kapitaleinkünfte, werden zusammengefasst und mit dem gleichen Steuersatz besteuert. Dieser Steuersatz kann wegen der Streichung aller Steuervergünstigungen auf 25 % gesenkt werden.

Zwar sieht das Modell eine lineare Besteuerung von 25 % vor, aber da die Einkommen von 10.000 bis 15.000 € nur zu 60 % und die Einkommen von 15.000 bis 20.000 € lediglich zu 80 %, faktisch also mit 15 % bzw. 25 % besteuert werden, ist der Tarifverlauf progressiv. (Der Tarifverlauf wird in Abb. 14.3 angedeutet.)

Das Modell berücksichtigt die Steuergerechtigkeit in mehreren Aspekten, so z. B.

- durch die gleichmäßige Besteuerung aller Einkünfte,
- durch die Vereinfachung des Verfahrens,
- durch die übersichtliche Gestaltung der Vorschriften,
- durch den Verzicht auf Steuervorteile,
- durch die Berücksichtigung von Freibeträgen, vorgesehen ist ein Grundfreibetrag von 8.000 € pro Person und eine allgemeine Kostenpauschale von 2.000 €.

Die Steuerentlastungen bedeuten aber gleichzeitig auch Mindereinnahmen der öffentlichen Haushalte. Die Finanzierung der Steuerausfälle ist sehr problematisch. Eine

[2] Kirchhof, Paul: Der Weg zu einem neuen Steuerrecht, München 2005 (dtv)

grundlegende oder radikale Steuerreform wird deshalb wohl noch mehrere Jahre auf sich warten lassen.

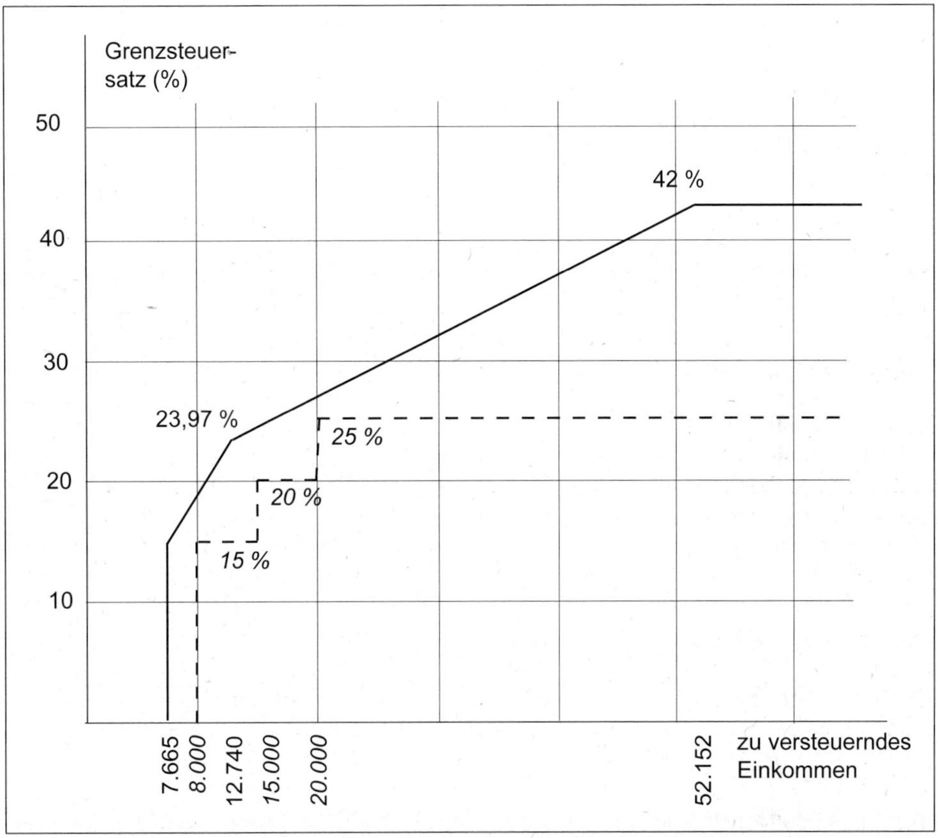

Abb. 14.3: Aktueller Tarifverlauf (zusätzlich wird der Tarifverlauf nach dem Kirchhof-Modell angedeutet durch die gestrichelte Linie und durch Angaben in Kursivdruck)

Der ESt-Tarif weist mit dem **Splittingtarif** eine Besonderheit auf. Eheleute können in ihrer ESt-Erklärung die gemeinsame Veranlagung beantragen. Bei der Ermittlung des Steuerbetrages wird so vorgegangen, als ob jeder Ehepartner jeweils die Hälfte des Gesamteinkommens verdient hätte. Wegen des progressiven Tarifs ist diese Vorgehensweise für die Eheleute günstiger, vor allem dann, wenn ein Ehepartner erheblich weniger verdient hat als der andere. Dieser Sachverhalt kann mit der folgenden Zeichnung veranschaulicht werden; die dargestellte Progression ist stark überzeichnet. Angenommen, die Eheleute verdienen zusammen E_1, sie würden bei getrennter Veranlagung T_1 an Steuern bezahlen; bei gemeinsamer Veranlagung wird das Einkommen gesplittet, sie bezahlen zweimal T_2 an Steuern (T_3). Der Betrag liegt unter T_1; das Splittingverfahren ist also günstiger.

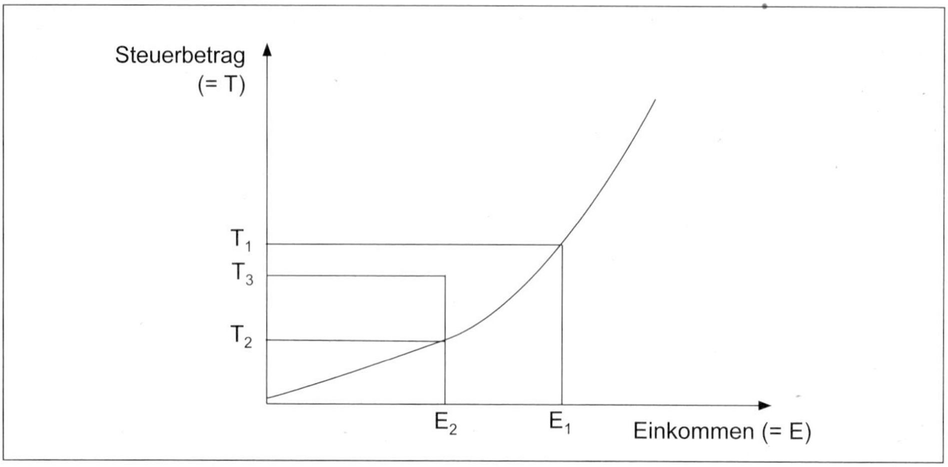

Abb. 14.4: Splittingtarif

14.2.2.5 Steuerabwehr

In dem Beispiel (vgl. S. 256) bezieht der Verkäufer eine Steuer, die er zu zahlen hat, in den Preis ein und überträgt so die Steuerlast auf den Käufer, der dadurch zum Steuerträger wird. Dieser Vorgang wird als **Steuerüberwälzung** bezeichnet. Die spezielle Form der Überwälzung auf den Nachfrager ist eine Vorüberwälzung.

Steuerüberwälzungen sind Formen der Steuerabwehr, die rechtlich zulässig, gelegentlich sogar vom Gesetzgeber gewollt sind. Häufig gelingt dem Steuerschuldner die Überwälzung von Verbrauchsteuern, z. B. Biersteuer, zumindest teilweise über den Preis auf den Nachfrager. Ob und wie weit die Überwälzung einer Verbrauchsteuer gelingt, hängt von der Elastizität der Nachfrage ab. Bei relativ unelastischer Nachfrage wird eine durch eine Steuererhöhung bedingte Preiserhöhung eher akzeptiert als bei relativ elastischer Nachfrage. Diesen Sachverhalt kann die folgende Grafik veranschaulichen. In Abb. 14.5 b) (relativ elastische Nachfrage) geht die Nachfrage aufgrund der steuerbedingten Preiserhöhung stärker zurück als in Abb. 14.5 a).

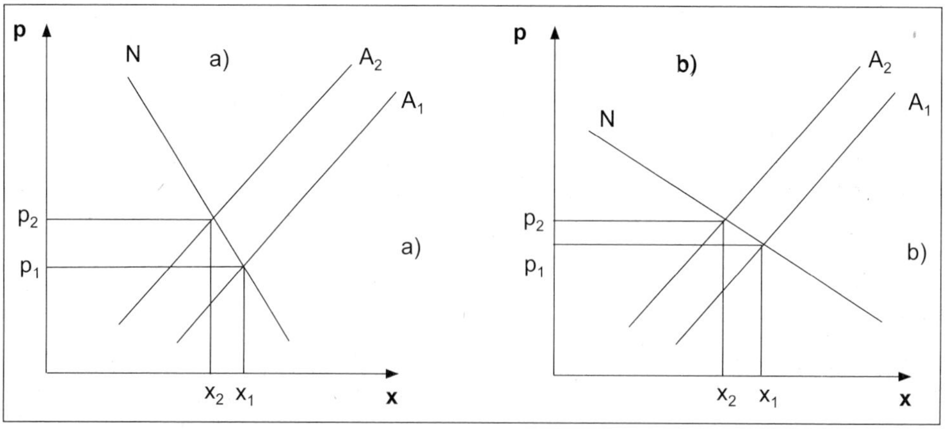

Abb. 14.5: Steuerüberwälzung

Eine andere Form von rechtlich zulässiger Steuerabwehr ist die **Steuervermeidung**. Der Steuerträger vermeidet eine Steuer bzw. mindert seine steuerliche Belastung dadurch, dass er den steuerlichen Tatbestand vermindert oder ganz vermeidet (vgl. z. B. den Raucher, der durch die Einschränkung des Rauchens auch weniger zum Aufkommen der Tabaksteuer beiträgt). Meistens ist die Steuervermeidung gewollt, d. h. die (teilweise) Vermeidung des steuerlichen Tatbestands entspricht finanz- bzw. wirtschaftspolitischer Zielsetzungen.

Besondere Bedeutung hat die Steuervermeidung im Zusammenhang mit der Strukturpolitik. So können z. B. durch Abschreibungen (Minderung der Steuern vom Einkommen) Investitionen regional gelenkt werden. Mithilfe der Gewerbesteuer, deren Hebesätze von den Gemeinden festgesetzt werden, kann Industrieansiedlung beeinflusst werden. Auch die Produktion kann durch entsprechende Steuern gelenkt werden; man denke z. B. an die Hubraumbesteuerung durch die Kfz-Steuer mit den Folgen für die Automobilproduktion.

Der **Konsum** kann durch Verbrauchsteuern **gelenkt** werden. So werden z. B. Erhöhungen von Tabak- und Branntweinsteuern gelegentlich gesundheitspolitisch begründet, Tabak- und Alkoholkonsum sollen vermieden werden. Allerdings ist der Erfolg gering bei Gütern, deren Nachfrage relativ unelastisch auf Preissteigerungen reagiert.

Eine weitere, allerdings weder erlaubte noch gewollte Form der Steuerabwehr ist die **Steuerhinterziehung**. Eine Steuerhinterziehung liegt z. B. vor, wenn ein Steuerpflichtiger in seiner Erklärung vorsätzlich unrichtige Angaben macht, steuerliche Tatbestände dem Finanzamt nicht bekannt macht usw. und so Steuervorteile erhält. Steuerhinterziehung wird bestraft mit Freiheits- oder Geldstrafe. Durch eine rechtzeitige Selbstanzeige kann der Steuerschuldner aber Straffreiheit erreichen.

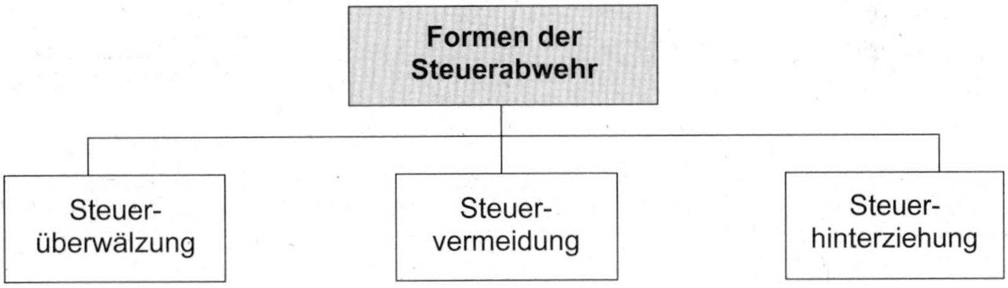

14.3 Ausgaben des Staates

Die staatlichen Ausgaben entstehen im Zusammenhang mit der Erfüllung der staatlichen Aufgaben. Nach dem Grundgesetz Art. 30 ist die Erfüllung dieser Aufgaben grundsätzlich Sache der Länder, soweit das Grundgesetz keine andere Regelung vorsieht. Die Gemeinden haben das Recht, im Rahmen der bestehenden Gesetze die gemeindlichen Aufgaben in eigener Verantwortung zu regeln (Art. 28 Abs. 2 GG).

In Art. 70 ff. ergeben sich aus den Vorschriften über die Gesetzgebungskompetenz die Zuständigkeiten der Gebietskörperschaften für bestimmte Aufgaben. Danach hat der **Bund** die ausschließliche Gesetzgebung über die auswärtigen Angelegenheiten, die Verteidigung, den Schutz der Zivilbevölkerung u. a. In diesem Bereich haben die **Länder** nur dann das Recht zur Gesetzgebung, wenn und so weit sie dazu durch ein Bundesgesetz ausdrücklich ermächtigt wurden. In der konkurrierenden Gesetzgebung, die sich z. B. auf die öffentliche Fürsorge, auf das Recht der Wirtschaft, auf die Verhütung des Missbrauchs wirtschaftlicher Machtstellung bezieht, haben die Länder die Gesetzgebungsbefugnis, wenn der Bund von seinem Vorrecht keinen Gebrauch macht.

Bei der Erfüllung bestimmter Aufgaben der Länder wirkt der Bund mit, wenn dies zur Verbesserung der Lebensverhältnisse erfordlich ist. Diese Aufgaben bezeichnet man als **Gemeinschaftsaufgaben** (Art. 91a GG). Die Mitwirkung des Bundes bezieht sich auf die Rahmenplanung und auf die Finanzierung (sog. Mischfinanzierung). Zu den Gemeinschaftsaufgaben gehören der Neubau und der Ausbau von Hochschulen, die Verbesserung der regionalen Wirtschaftsstruktur, die Verbesserung der Agrarstruktur und des Küstenschutzes.

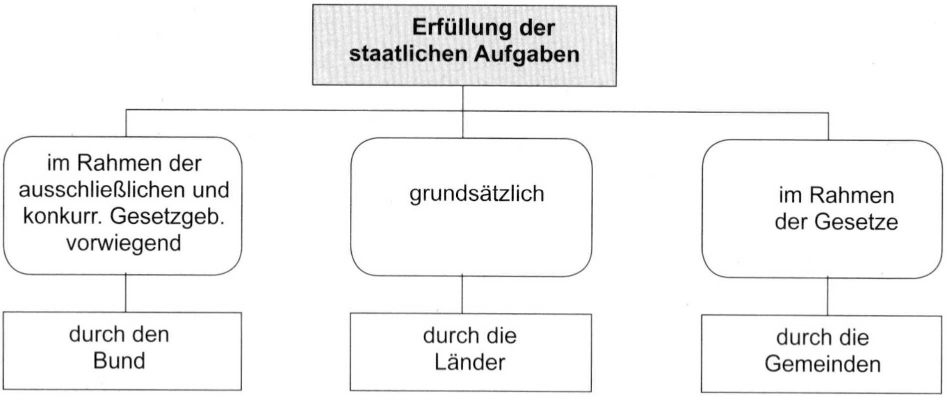

Die staatlichen Ausgaben lassen sich u. a. gliedern in

- Ausgaben für Güter und Dienstleistungen,
- Transferzahlungen an private Haushalte (dazu werden auch die Zinsen für die öffentlichen Schulden gerechnet),
- Subventionen an Unternehmen.

Die Tabelle 14.6 gibt die Entwicklung der Gesamtausgaben der öffentlichen Haushalte (einschl. der Sozialversicherungsträger usw.) und der wichtigsten Ausgabepositionen wieder.

	Insgesamt	darunter					
		Personal-ausgaben	Laufender Sachauf-wand	Zins-ausgaben	Renten u. Unter-stütz.	Baumaß-nahmen	Vermö-gens-übertrag
1995	950.523	200.250	198.170	66.162	323.213	38.855	29.384
1996	962.546	201.921	208.433	67.080	324.797	36.413	28.510
1997	921.798	177.762	198.100	67.645	320.821	32.407	26.308
1998	932.704	178.274	202.519	68.499	323.491	31.756	31.055
1999	951.294	181.066	208.948	69.940	327.690	31.536	30.148
2000	960.788	181.861	213.859	67.799	330.396	31.332	30.019
2001	975.465	182.891	216.739	66.765	340.486	30.427	27.009
2002	992.688	186.877	218.324	66.313	356.365	28.938	26.085
2003	1.003.807	187.875	223.542	65.792	365.335	28.127	25.682
2004	993.125	187.302	219.824	65.039	367.849	26.579	22.765
2005	1.002.244	186.340	225.847	64.173	369.599	25.363	21.088
2006	1.011.850	194.722	232.666	64.937	363.640	24.851	19.991
2007	1.016.334	194.965	241.835	66.141	356.676	24.407	20.657

Tab. 14.6: Ausgaben des Staates, verschiedene Ausgabearten der öffentl. Haushalte und der Sozialversicherungsträger in Mio. €, Entwicklung von 1995 bis 2007 (Quelle: Statistisches Jahrbuch 2008, vgl. Anm. zu Tab. 14.1)

In der Tabelle 14.7 werden für 2005 beispielhaft die Ausgaben des Sektors Staat (also einschl. der Sozialversicherungen) nach Ausgabearten wiedergegeben. Die Tabelle weist im Bereich Soziale Sicherung einen besonders hohen Anteil auf, weil hier die Ausgaben der Sozialversicherungsträger einbezogen sind.

		2001	2002	2003	2004	2005
	Insgesamt	**975.465**	**992.688**	**1.003.307**	**993.125**	**1.002.244**
	davon für					
1	Verteidigung	24.195	24.523	24.409	23.740	23.710
2	Öffentliche Sicherheit und Ordnung, Rechtsschutz	30.873	32.102	32.141	32.392	32.719
3	Schulen, Hochschulen, übriges Bildungswesen	83.851	76.932	77.122	77.448	78.029
4	Wissenschaft, Forschung, Entwicklung außerhalb der Hochschulen	9.596	9.441	9.445	9.305	9.331
5	Kulturelle Angelegenheiten	8.196	8.470	8.355	8.207	8.127
6	Soziale Sicherung	522.230	555.344	566.076	562.944	570.646
7	Gesundheit, Sport und Erholung	14.939	15.389	15.079	14.727	14.720
8	Wohnungswesen und Raumordnung	25.648	24.868	23.436	22.262	22.233
9	Wirtschaftsförderung	34.138	28.020	34.393	26.888	25.729
10	Verkehr und Nachrichtenwesen	22.932	22.956	22.265	21.977	22.635
11	andere	198.867	194.643	190.586	193.235	194.365

Tab. 14.7: Ausgaben des Sektors Staat (einschl. Sozialversicherungsträger) nach Bereichen in Mio. € 2005, zum Vergleich werden auch die Zahlen für einige Vorjahre angegeben, ab 1998 ohne Krankenhäuser und Hochschulkliniken mit kaufm. Rechnungswesen (Quelle: Statistisches Jahrbuch 2008)

14.4 Schulden des Staates

14.4.1 Öffentliche Kreditaufnahme

Der Staat kann heute seinen erheblichen Finanzbedarf nicht allein aus Steuereinnahmen und dgl. decken, Bund, Länder und Gemeinden müssen deshalb **Kredite** aufnehmen. Durch die sog. **Nettokreditaufnahme**, das ist die Neuverschuldung abzüglich der Tilgung bestehender Schulden, erhöhen sich die Schulden des Staates. Dafür muss er regelmäßig Tilgungs- und Zinszahlungen leisten.

Die Gebietskörperschaften können Kredite direkt bei inländischen Banken und dgl. aufnehmen oder sich mithilfe von Wertpapieren, z. B. Anleihen, Obligationen und dgl. Kredite verschaffen (Kreditmarktschulden i. e. S.). Neben diesen Schulden hat der Staat noch Schulden aus der Abwicklung der Währungsreform von 1948 gegenüber der Bundesbank und anderen Banken, die sog. Ausgleichsforderungen.

Arten der öffentlichen Schulden

- direkte Darlehen
- Wertpapierschulden
- Ausgleichsforderungen

In Tabelle 14.8 werden die Arten der öffentlichen Schulden wiedergegeben, außerdem wird die Höhe der einzelnen Schuldarten zum 31.12.2007 angegeben. Man erkennt, dass bei den sog. Wertpapierschulden Anleihen und Bundesobligationen eine besondere Bedeutung haben.

		31.12.2004		**31.12.2007**	
1	**Wertpapierschulden (Zeilen 2 – 9)**		**990.387**		**1.130.506**
2	Anleihen	498.751		579.356	
3	Bundesschatzbriefe	10.817		10.287	
4	Bundesschatzanweisungen	99.834		101.879	
5	Unverzinsliche Schatzanweisungen	33.747		35.127	
6	Finanzierungsschätze	1.074		2.488	
7	Bundesobligationen	168.957		173.949	
8	Landesobligationen, -schatzanweisungen	176.687		225.192	
9	sonstige Wertpapierschulden	500		2.227	
10	**Direkte Darlehen (Zeilen 11 – 18)**		**399.052**		**347.889**
11	von inländischen Banken und Sparkassen	328.649		253.905	
12	von inländischen Bausparkassen	701		1.862	
13	von inländischen Versicherungsunternehmen	44.994		64.149	
14	von der Bundesagentur für Arbeit	83		62	
15	von öffentl. Zusatzversorgungseinrichtungen	1.265		1.556	
16	von sonstigen Sozialversicherungen	451		563	
17	von sonst. inländische Stellen	6.660		7.730	

18	von ausländischen Stellen	16.249		18.062	
19	**Kreditmarktschulden i. e. S. (Zeilen 1 und 10)**		**1.389.439**		**1.478.394**
20	**Ausgleichsforderungen (Zeilen 21 und 22)**		**5.535**		**4.518**
21	der Deutschen Bundesbank	4.440		4.440	
22	sonstiger Gläubiger	1.095		78	
23	**Kreditmarktschulden i. w. S. (Zeilen 19 u. 20)**		**1.394.974**		**1.482.912**

Tab. 14.8: Arten der öffentlichen Schulden (Bund, Sondervermögen des Bundes, Länder, Gemeinden), Schuldenstand in Mio. € am 31.12.2007, zum Vergleich werden auch die Werte für 31.12.2004 angegeben (Quelle: Statistisches Jahrbuch 2008)

In der Tabelle 14.9 wird die Entwicklung der Schulden von 1992 bis 2007 in Mio € wiedergegeben, angegeben ist auch, wie die Schulden sich auf die Gebietskörperschaften usw. verteilen. An den gesamten Staatsschulden hat der Bund traditionell den größten Anteil. Den zweitgrößten Anteil haben die Länder, an dritter Stelle liegen die Gemeinden und Gemeindeverbände.

In Tab. 14.9 sind die Schulden der Kernhaushalte und der Extrahaushalte zusammengefasst. Zu den Extrahaushalten des Bundes zählen z. B. die Sondervermögen, zu denen der Länder z. B. Hochschulen mit eigenem Rechnungswesen, Landesbetriebe für Straßenbau und zu denen der Gemeinden die kommunalen Zweckverbände.

	insgesamt	Bund	Länder	Gemeinden
1992	679.867	407.562	196.342	75.963
1993	765.510	461.357	219.135	85.018
1994	840.122	513.151	235.542	91.429
1995	1.009.323	657.061	257.336	94.927
1996	1.069.247	692.929	279.864	96.454
1997	1.119.076	723.406	299.744	95.927
1998	1.153.660	743.212	314.765	95.436
1999	1.183.063	764.576	322.672	95.814
2000	1.198.145	773.897	333.187	91.061
2001	1.203.887	756.374	357.684	89.829
2002	1.253.195	778.607	384.773	89.815
2003	1.325.733	819.283	414.952	91.498
2004	1.394.954	860.244	442.922	91.788
2005	1.447.505	888.020	468.214	91.271
2006	1.497.111	932.110	480.475	84.526
2007	1.502.196	937.645	482.752	81.799

Tab. 14.9: Entwicklung der öffentlichen Schulden in Mio. € 1992 bis 2007 (Quelle: Statistisches Bundesamt 2008)

Für Ende 2007 schätzt die Europäische Union den Schuldenstand der europäischen Staaten gem. der Aufstellung in Tab. 14.10. Die Schulden werden nicht in Geldbeträgen angegeben, vielmehr wird die Wirtschaftskraft der Staaten berücksichtigt. Deutschland nimmt in dieser Aufstellung einen mittleren Platz ein.

	Staat	2005	2006	2007
1	Belgien	92,2	88,2	84,6
2	Deutschland	67,8	67,5	65,0
3	Finnland	41,4	39,2	35,3
4	Frankreich	66,7	64,2	64,2
5	Griechenland	98,0	95,3	93,4
6	Irland	27,4	25,1	25,1
7	Italien	106,2	106,8	105,0
8	Luxemburg	6,2	6,6	6,9
9	Niederlande	52,3	47,9	46,8
10	Österreich	63,4	61,7	59,9
11	Portugal	63,7	64,8	64,4
12	Slowenien	27,4	27,1	25,6
13	Spanien	43,0	39,7	36,2

Tab: 14.10: Staatsverschuldung im europäischen Vergleich 2007 Europäische Union), Bruttoverschuldung in v. H. des BIP; zum Vergleich werden die Werte auch für die Vorjahre angegeben (Quelle: Jahresbericht der EZB 2007)

Mithilfe bestimmter **Indikatoren** lässt sich die Staatsverschuldung analysieren. Wichtige Indikatoren dieser Art sind u. a. Kreditfinanzierungs-, Schulden- und Schuldendienstquote. Die Kreditfinanzierungsquote gibt die Nettokreditaufnahme in einem Von-Hundert-Satz der Gesamtausgaben an. Mit der Schuldenquote wird der Schuldenstand (am Jahresende) in Prozent des Bruttonationaleinkommens ausgedrückt. Die Schuldendienstquote umschreibt in einem Prozentsatz der Bruttokreditaufnahme die Ausgaben für Tilgungen und Zinsen (Schuldendienst).

14.4.2 Grenzen der Staatsverschuldung

Wegen der ständig zunehmenden Verschuldung werden die möglichen Wege zu ihrer Begrenzung diskutiert. Dabei zeigt sich, wie schwierig es ist, diese Grenzen eindeutig zu fixieren.

Das **Grundgesetz** Art. 115 schreibt dem Bund vor, dass die Einnahmen aus Krediten die Summe der im Haushaltsplan veranschlagten Ausgaben für Investitionen nicht überschreiten dürfen, Ausnahmen sind nur zur Abwehr einer Störung des gesamtwirtschaftlichen Gleichgewichts zulässig. (Ähnliche Vorschriften sind auch in den Länderverfassungen enthalten.) Aber es ist schwierig, den Begriff „öffentliche Investitionen" inhaltlich festzulegen, und anzugeben, wann und in welchem Umfang das gesamtwirtschaftliche Gleichgewicht gestört ist; deshalb reicht die grundgesetzliche Regelung kaum aus, die Grenzen für die Verschuldung zu bestimmen.

Gelegentlich wird versucht, die Grenzen der Staatsverschuldung durch bestimmte **Indikatoren** (s. o.) zu definieren. Neuverschuldungen müssten dann vermieden werden, wenn die Indikatoren die Verschuldungsgrenzen anzeigen. Indikatoren zur Schuldenbegrenzung sind umstritten.

Ökonomische Grenzen der Staatsverschuldung ergeben sich, wenn der Staat durch seine Kreditnachfrage die private Kreditnachfrage und damit private Investitionen verdrängt (Crowding-out-Effekt). Eine weitere Grenze besteht in der Inflationsgefahr, die eine Geldschöpfung aufgrund der staatlichen Kreditnachfrage verursachen kann. Wenn die Verschuldung auf Dauer stärker steigt als das Gesamtprodukt, entstehen erhebliche Probleme für die Volkswirtschaft. Allerdings muss auch in einem solchen Fall die wirtschaftliche Situation berücksichtigt werden. Denn von den Staatsausgaben, die mit der Kreditaufnahme finanziert werden, können Wachstumsimpulse ausgehen; das Sozialprodukt steigt, und damit nehmen auch die staatlichen Einnahmen aus Steuern zu.

14.5 Der Staatshaushalt

Bund, Länder und Gemeinden müssen für einen Planungszeitraum (Haushaltsjahr 1.1. bis 31.12.) **Haushaltspläne** (Budgets) aufstellen, die die geplanten Einnahmen und Ausgaben enthalten. Haushaltspläne sind die Grundlagen für eine rationale Haushalts- und Wirtschaftsführung der Gebietskörperschaften. Sie sind Ausdruck der Politik, die in der Gebietskörperschaft, z. B. im Bund, betrieben wird bzw. werden soll. Haushaltsdebatten haben deshalb in einer Demokratie besondere Bedeutung, da die Regierungsparteien ihre Programme darstellen und begründen müssen und die Oppositionsparteien dazu Stellung nehmen und Gegenpositionen vorstellen können. Die Debatten bieten deshalb dem Parlament (z. B. Bundestag) eine besondere Möglichkeit, seiner Aufgabe als Kontrollinstanz gerecht zu werden. Die Öffentlichkeit der Debatten und die Veröffentlichungen von Haushaltsentwürfen und -plänen geben auch den interessierten Bürgern Möglichkeiten zur Information.

Die Haushaltspläne sind nach bestimmten Grundsätzen (**Haushaltsgrundsätze** bzw. Budgetprinzipien) zu erstellen. Die Haushaltsgrundsätze beruhen auf den Vorschriften des Grundgesetzes (Art. 110 ff.), dem Gesetz über die Grundsätze des Haushaltsrechts, Haushaltsordnungen usw. Im Folgenden werden einige wichtige Grundsätze vorgestellt.

- *Vollständigkeit:* Alle erwarteten Einnahmen und Ausgaben und die erforderlichen Verpflichtungsermächtigungen sind ungekürzt in den Haushaltsplan aufzunehmen.
- *Einheit:* Einnahmen, Ausgaben und Verpflichtungsermächtigungen sind in einem Haushaltsplan zusammenzufassen.

- *Klarheit:* Der Haushaltsplan ist systematisch und übersichtlich zu gliedern, Einzelansätze sind ausreichend klar zu kennzeichnen.
- *Genauigkeit:* Einnahmen und Ausgaben sollen in der Höhe angesetzt werden, in der sie wahrscheinlich auch anfallen.
- *Vorherigkeit:* Der Haushaltsplan ist vor Beginn der Planperiode (Haushaltsjahr) zu erstellen, für die er gelten soll.
- *Regelmäßigkeit:* Haushaltspläne sind regelmäßig, z. B. regelmäßig jährlich, zu erstellen.
- *Öffentlichkeit:* Bei Planung und Vorbereitung des Haushalts ist Öffentlichkeit anzustreben, damit die Bürger sich ausreichend informieren können.
- *Spezialität oder Bindung*: Die in den Haushaltsplan eingegangenen Einnahmen und Ausgaben dürfen nur für einen bestimmten Zweck, nur in der angegebenen Höhe, nur für das angegebene Haushaltsjahr verwendet werden.
- *Nonaffektation:* Alle Einnahmen dienen zur Deckung aller Ausgaben.

Diese traditionellen Haushaltsgrundsätze wurden in neuerer Zeit durch **moderne Grundsätze** ergänzt. Sie berücksichtigen in besonderem Maße, dass die Gestaltung des Haushalts die Erfordernisse wirtschaftspolitischer Zielsetzungen berücksichtigen muss. Dazu zählen z. B. das gesamtwirtschaftliche Gleichgewicht, die mittelfristige Finanzplanung usw.

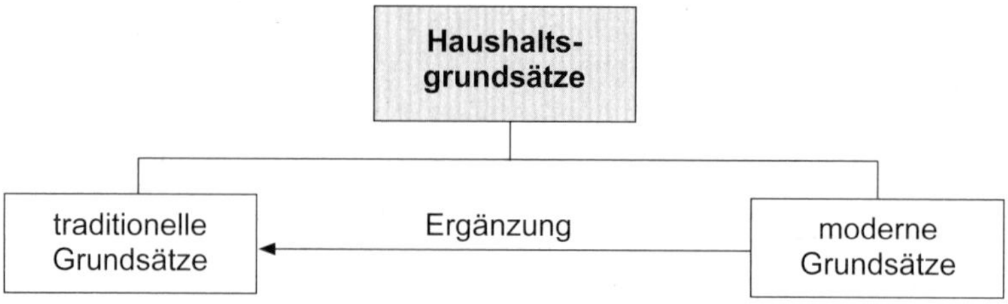

Der Haushalt durchläuft (wie hier kurz am Beispiel des Bundeshaushalts gezeigt wird) die folgenden Phasen: Entwurf, Beratung und Bewilligung, Vollzug, Kontrolle. Dieser Phasenablauf, der im Allgemeinen einen Zeitraum von drei Jahren umfasst, bezeichnet man als **Haushaltskreislauf**. In der 1. Phase wird der Entwurf aufgestellt, dazu werden aus den einzelnen Ressorts die Vorhaben mit dem entsprechenden Finanzbedarf gesammelt und dem Finanzminister vorgelegt; der Finanzminister prüft sie, ändert sie evtl. nach Abstimmung mit den zuständigen Stellen ab und stellt die Einzelpläne zum Haushaltsentwurf zusammen; dieser Entwurf wird dem Kabinett vorgelegt, das ihn schließlich verabschiedet. So gelangt er schließlich in den Bundestag und den Bundesrat (2. Phase), im Bundestag finden drei Lesungen mit Debatten und Bearbeitungen in den Ausschüssen statt, danach wird der Entwurf als Gesetz beschlossen. Die dritte Phase ist der Vollzug des Haushalts durch die Exekutive. In der vierten Phase wird der Haushaltsvollzug kontrolliert, und zwar sowohl durch den Rechnungshof als auch durch das Parlament.

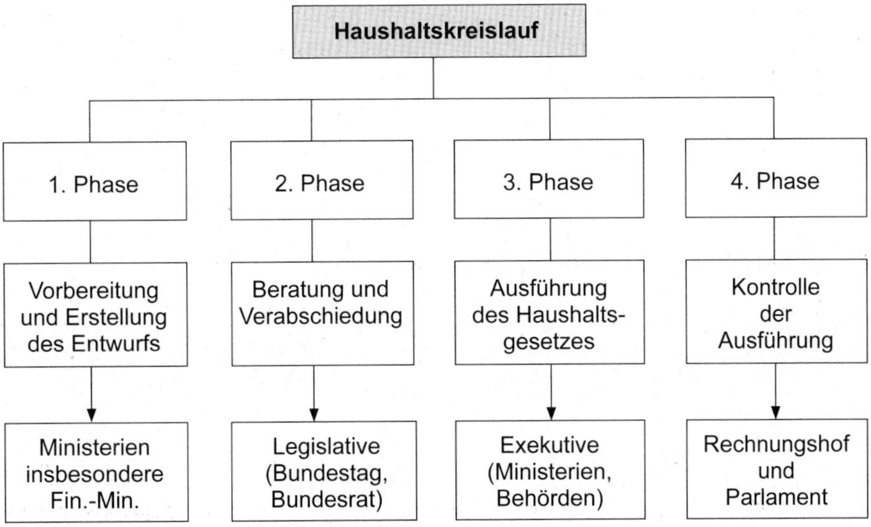

14.6 Beispiele für Steuern

Im Folgenden werden beispielhaft vier Steuern mit ihren wichtigsten Kennzeichen im Überblick dargestellt, die **Einkommensteuer**, die **Gewerbesteuer**, die **Umsatzsteuer** und die **Körperschaftsteuer**. Grundkenntnisse über diese Steuern sind für das Verständnis wirtschaftspolitischer Zusammenhänge erforderlich. Außerdem sind diese Steuern in der aktuellen Diskussion von erheblicher Bedeutung. (Der Leser findet im Anhang eine übersichtliche und informative Darstellung aller in Deutschland im Jahr 2006 erhobenen Steuern. In der Tabelle werden die Steuerarten, das Aufkommen der einzelnen Steuern und die Anteile des Aufkommens, die auf Bund, Länder und Gemeinden entfallen, erfasst. Die Angaben in der Tabelle werden durch ausführliche Anmerkungen ergänzt und erläutert.)

14.6.1 Einkommensteuer

Friedhelm Bohlsen bezieht als Angestellter der Großhandlung Anton Müller GmbH ein Gehalt. Sein Arbeitgeber zahlt ihm dieses Gehalt netto aus, d. h. die Lohnsteuer wurde bereits einbehalten und an das Finanzamt überwiesen. Wegen seines relativ hohen Einkommens ist Bohlsen allerdings einkommensteuerpflichtig; das drückt sich darin aus, dass er zu Beginn eines Jahres für die Einkünfte aus dem Vorjahr eine Einkommensteuererklärung gegenüber seinem Finanzamt abgeben muss. In einem Vordruck gibt er seine Einnahmen, z. B. sein Gehalt, Zinseinnahmen, Mieteinnahmen und die Ausgaben an, die er von seinen Einnahmen zur Verringerung des zu versteuernden Einkommens absetzen kann, das sind Werbungskosten, Sonderausgaben und außergewöhnliche Belastungen. Belege für die geltend gemachten Ausgaben fügt er der Erklärung ebenso bei wie die Lohnsteuerbescheinigung für das vergangene Jahr, auf der sein Arbeitgeber das Bruttogehalt und die einbehaltenen Abzüge bescheinigt hat.

Das Finanzamt ermittelt unter Berücksichtigung der erklärten Jahreseinnahmen und der geltend gemachten Ausgaben, soweit sie anerkannt werden konnten, die Höhe der Einkommensteuer. Davon wird die bereits bezahlte Lohnsteuer abgezogen. Bohlsen kann in diesem Jahr mit einer erheblichen Steuerrückzahlung rechnen.

14.6.1.1 Kennzeichen

Aus diesem Einführungsbeispiel lassen sich einige Kennzeichen der Einkommensteuer ableiten.

- Der Einkommenbesteuerung unterliegen **alle Einnahmen** eines Steuerpflichtigen, das sind z. B. Gehalt bzw. Lohn (als Einnahmen eines Arbeitnehmers), Gewinn (als Einnahmen eines Selbstständigen), seine Zins- und Mieteinnahmen, Renten.
- Die Einkommensteuer **berücksichtigt die besonderen Lebensverhältnisse** des Steuerpflichtigen. Wenn z. B. ein Steuerpflichtiger Kinder hat, kann er als einen teilweisen Ausgleich der dadurch anfallenden finanziellen Belastungen einen Steuerfreibetrag beantragen. Wenn er Mitglied einer Kirche ist, kann er die gezahlte Kirchensteuer absetzen, wenn er einen gemeinnützigen Verein durch eine Spende fördern will, wirkt die Ausgabe steuermindernd.
- Die Einkommensteuer **berücksichtigt** durch die progressive Gestaltung des Tarifs auch die **Leistungsfähigkeit** des Besteuerten. Bezieher geringer Einkommen, die unter dem Existenzminimum liegen, bezahlen keine Steuern.
- Auch die **Lohnsteuer** ist eine **Einkommensteuer**. Sie unterscheidet sich von der „erklärten Einkommensteuer" durch ihre besondere Erhebungsform.
- Durch die steuerliche Begünstigung bestimmter Ausgaben greift der Steuergesetzgeber lenkend in die Wirtschaftspläne der Steuerpflichtigen ein und beeinflusst ihr Verhalten. So werden z. B. durch die Abzugsfähigkeit von Werbungkosten bei Lohn und Gehalt die Bemühungen des Steuerpflichtigen um einen Arbeitsplatz, zur Verbesserung seiner beruflichen Qualifikation gefördert usw. Die Abzugsfähigkeit von Abschreibungen bei Mieteinnahmen kann den Wohnungsbau fördern. Die Bereitschaft eines Steuerpflichtigen, durch den Abschluss von Versicherungen sich gegen bestimmte Risiken, wie z. B. Krankheit, Unfall, Alter, abzusichern, belohnt der Steuergesetzgeber dadurch, dass die entsprechenden Versicherungsprämien von den Einkünften abgezogen werden können.

14.6.1.2 Steuerbefreiende Ausgaben

Ein Steuerpflichtiger kann gegenüber dem Finanzamt die folgenden Ausgaben geltend machen.

Werbungkosten sind die Ausgaben eines Steuerpflichtigen zur Erwerbung, Sicherung und Erhaltung von Einnahmen; das können Lohn-, Miet-, Zinseinnahmen usw. sein. Für einen Lohnempfänger sind z. B. Kosten für die Fahrt zum Arbeitsplatz, Ausgaben für Fachbücher und andere Ausgaben zur Weiterbildung im ausgeübten Beruf, Gewerkschaftsbeiträge abzugsfähige Werbungskosten. Von Mieteinnahmen können z. B. Abschreibungen, sonstige Aufwendung für das Haus bzw. für die Wohnung als Werbungskosten abgesetzt werden. Werbungskosten können nur von den Einnahmen abgesetzt werden, bei denen sie entstehen.

Werbungskosten sind meistens pauschaliert; das Finanzamt erkennt einen Pauschbetrag ohne Einzelnachweis an; der Pauschbetrag für Lohn und Gehalt beträgt zzt. 1.044 €. Über den Pauschbetrag hinausgehende Werbungskosten werden allerdings bei Vorlage der entsprechenden Belege selbstverständlich anerkannt.

Werbungskosten entsprechen den **Betriebsausgaben**, die ein Selbstständiger von seinen Betriebseinnahmen absetzt. Dazu zählen z. B. Abschreibungen, Lohnkosten usw.

Sonderausgaben sind besondere Aufwendungen eines Steuerpflichtigen. Das Einkommensteuergesetz zählt sie vollständig auf. Zu unterscheiden sind beschränkt und unbeschränkt abzugsfähige Sonderausgaben. Beschränkt abzugsfähig sind u. a. Vorsorgeaufwendungen, das sind z. B. Aufwendungen für Lebens-, Kranken-, Unfallversicherungen, die Aufwendungen für die Weiterbildung in einem nicht ausgeübten Beruf. Unbeschränkt abzugsfähig sind z. B. die gezahlte Kirchensteuer und Steuerberatungskosten. Auch Sonderausgaben sind pauschaliert. Sonderausgaben werden von der Summe der Einkünfte abgezogen.

Außergewöhnliche Belastungen sind durch zwei definitorische Merkmale gekennzeichnet. Einerseits müssen die Aufwendungen **außergewöhnlich** sein **im Vergleich** zu anderen Steuerpflichtigen mit gleichen Einkommens- und Vermögensverhältnissen. Andererseits muss es sich um **Belastungen** handeln, **denen sich der Steuerpflichtige** aus sittlichen, rechtlichen oder tatsächlichen Gründen **nicht entziehen kann**. Dazu gehören z. B. Unterhaltszahlungen an den Vater bzw. an die Mutter, die keine ausreichende Rente erhalten. Ausgaben für die Kinder (Kinderfreibeträge), Kinderbetreuungskosten Alleinstehender. Bei der Ermittlung der außergewöhnlichen Belastung berücksichtigt das Finanzamt zumutbare Eigenleistungen.

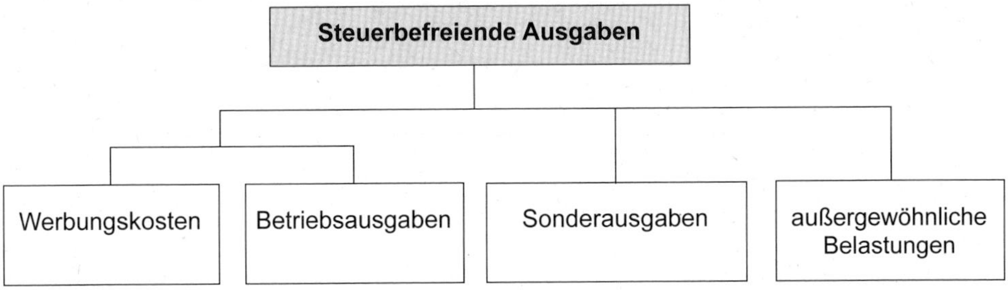

14.6.1.3 Schematische Darstellung: Von den „Einnahmen“ zum „Zu versteuernden Einkommen“

Einnahmen	Ausgaben	Einkunftsarten
Betriebseinnahmen	- Betriebsausgaben →	1. Einkünfte aus Gewerbebetrieb
		2. Einkünfte aus selbstständiger Arbeit
		3. Einkünfte aus Land- u. Forstwirtschaft
Lohn, Gehalt usw.	- Werbungskosten →	4. Einkünfte aus nichtselbstständiger Arbeit
Zinseinnahmen	- Werbungskosten →	5. Einkünfte aus Kapitalvermögen
Mieteinnahmen	- Werbungskosten →	6. Einkünfte aus Vermietung und Verpachtung
sonstige Einnahmen (z.B. Renten)	- Werbungskosten →	7. sonstige Einkünfte
		↓
		Summe der Einkünfte
		abzüglich Sonderausgaben
		↓
		Einkommen
		abzüglich außergew. Belastungen
		↓ zu versteuerndes Einkommen

Tab: 14.11: Begriffe der Einkommensbesteuerung

Folgendes einfaches Zahlenbeispiel kann das Schema veranschaulichen: *Der Steuerpflichtige F. B. erklärt dem Finanzamt in Altenaue für das vergangene Jahr ein Bruttogehalt von insgesamt 75.000 €; dabei sind Werbungskosten in Höhe von 7.500 € angefallen. Die Mieteinnahmen betrugen 10.000 €; die Werbungskosten dazu beliefen sich auf 15.000 €. Weitere Einnahmen hatte F. B. nicht. 10.000 € macht er als Sonderausgaben geltend, die außergewöhnlichen Belastungen betrugen 6.000 €.* (Das Beispiel zeigt, dass negative Einkünfte positive Einkünfte teilweise ausgleichen können.)

		Gehalt	Mieteinnahmen	
Einnahmen		75.000	10.000	
abzüglich Werbungskosten		7.500	15.000	
Einkünfte	aus nichtselbstständiger Arbeit	67.500		
	aus Vermietung und Verpachtung		- 5.000 (- 2.500)	
	Summe (negative Einkünfte werden nur zur Hälfte berücksichtigt)			65.000
abzüglich Sonderausgaben				10.000
Einkommen				55.000
abzüglich außergewöhnliche Belastungen				6.000
zu versteuerndes Einkommen				49.000

14.6.2 Gewerbesteuer

Die Großhandlung Anton Müller führt jährlich für ihren Gewerbebetrieb in Lübeck Gewerbesteuer an die Stadt ab. Seit 1999 wird das Gewerbekapital nicht mehr zur Besteuerung herangezogen, sodass die Steuer nur noch zu zahlen ist, wenn Ertrag anfällt. Die Stadt Lübeck kann 60 % des Aufkommens behalten, 40 % muss sie an das Land und an den Bund abführen.

14.6.2.1 Kennzeichen der Gewerbesteuer

Nach dem Gewerbesteuergesetz[3] kann man die Gewerbesteuer folgendermaßen kennzeichnen.

- Die Gewerbesteuer ist eine **Gemeindesteuer**; die Gemeinde legt den Hebesatz fest, der für alle Unternehmen in der Gemeinde gleich sein muss.
- **Steuergegenstand** (Steuerobjekt) ist jeder **Gewerbebetrieb**, soweit er im Inland betrieben wird. Betriebe, die der Besteuerung durch die Gewerbesteuer unterliegen weisen folgende Merkmale auf: Selbstständigkeit, Nachhaltigkeit und Gewinnerzielungsabsicht.
  Kapitalgesellschaften sind kraft Rechtsform Betriebe und unterliegen deshalb der Gewerbebesteuerung.
  Land- und forstwirtschaftliche Betriebe unterliegen nicht der Besteuerung; auch freiberufliche Tätigkeiten werden nicht nach dem Gewerbesteuergesetz besteuert.
- **Besteuerungsgrundlage** ist der **Gewerbeertrag**.
- **Steuerschuldner** ist der **Unternehmer**.

14.6.2.2 Berechnung

Für die Ermittlung der Gewerbesteuer wird der Gewerbeertrag herangezogen. Der **Gewerbeertrag ist der Gewinn**, der nach den Vorschriften des Einkommen- und des Körperschaftsteuergesetzes ermittelt wird, **vermehrt und vermindert um bestimmte Beträge**. Durch die Hinzurechnungen und die Kürzungen ergibt sich **der maßgebende Gewerbeertrag.**

Dem Gewinn werden bestimmte Beträge wieder hinzugerechnet, die bei der Gewinnermittlung (nach EStGes und KöStGes) abgesetzt wurden. So werden z.B. die folgenden Aufwendungen mit 25 % dem Gewinn wieder zugerechnet:

- Sämtliche Zinsaufwendungen (dabei wird bei Einzelunternehmen und Personengesellschaften ein Freibetrag von 100.000 € berücksichtigt),
- dauernde Lasten,
- Renten und
- Gewinnanteile stiller Gesellschafter.

---

[3] Die folgenden Ausführungen berücksichtigen die Änderungen des GewStG vom 2008.

Die Summe aus Gewinn und Hinzurechnungen kann u. a. um folgende Beträge gekürzt werden:

- 1,2 % des Einheitswertes des zum Betriebsvermögen des Unternehmers gehörenden (und nicht von der Grundsteuer befreiten) Grundbesitzes,
- die Anteile am Gewinn einer OHG, KG oder einer anderen Gesellschaft, bei der die Gesellschafter als Unternehmer (Mitunternehmer) des Gewerbebetriebs anzusehen sind,
- der Teil des Gewerbeertrages eines inländischen Unternehmens, der auf nicht im Inland liegende Betriebsstätte entfällt,
- Spenden u. dgl. zur Förderung steuerbegünstigter Zwecke.

Durch die Hinzurechnungen und Kürzungen ergibt sich aus dem Gewinn der Gewerbeertrag. Zur weiteren Berechnung ist der Gewerbeertrag auf volle 100 € nach unten abzurunden. Von dem Ergebnis wird bei natürlichen Personen und bei Personengesellschaften ein **Freibetrag** von 24.500 € abgesetzt. Der Gewerbeertrag von Kapitalgesellschaften kann nicht gekürzt werden.

Aus dem sich so ergebenden Betrag wird der Steuermessbetrag mithilfe der **Steuermesszahl** ermittelt. Die Steuermesszahl beträgt 3,5 %. Der Steuermessbetrag ergibt sich also mit 3,5 % vom maßgebenden Gewerbeertrag. Er ist die Grundlage zur Bemessung der Steuerschuld; sie wird mithilfe von Hebesätzen errechnet.

Hebesätze werden von den Gemeinden festgelegt; sie sind unterschiedlich hoch. Dadurch wird die Höhe der Hebesätze zu einem Standortfaktor der Unternehmen und gleichzeitig zu einem Mittel der Ansiedlungspolitik der Gemeinden. In der folgenden Tabelle werden für einige Gemeinden die Hebesätze angegeben (Stand 2008).

Gemeinde	Hebesatz	Gemeinde	Hebesatz
Hamburg	470	Dresden	450
Lübeck	430	Erfurt	400
Flensburg	375	Schwerin	390
Ludwigshafen	360	Stuttgart	420
München	490	Rostock	450
Frankfurt	460	Bad Oldesloe	350

Tab. 14.13: Hebesätze für einige Gemeinden

Der Einzelhändler Peter Carlsen hat einen Jahresgewinn von 50.325 €. die Hinzurechnungen sind mit 8.110 €, die Kürzungen mit 6.175 € anzusetzen. Die Gemeinde hat einen Hebesatz von 340 % festgesetzt. Die Gewerbesteuerschuld ergibt sich nach folgender Berechnung.

		Euro
Gewinn		**50.325,00**
zuzüglich Hinzurechnungen		8.110,00
abzüglich Kürzungen		6.175,00
Gewerbeertrag		52.260,00
Abrundung		52.200,00
maßgebender Gewerbeertrag		52.200,00
abzüglich Freibetrag		24.500,00
gekürzter **maßgebender Gewerbeertrag**		**27.700,00**
Steuermesszahl	3,5	
Steuermessbetrag		969,50
Hebesatz	340	
Steuerbelastung		**3.296,30**

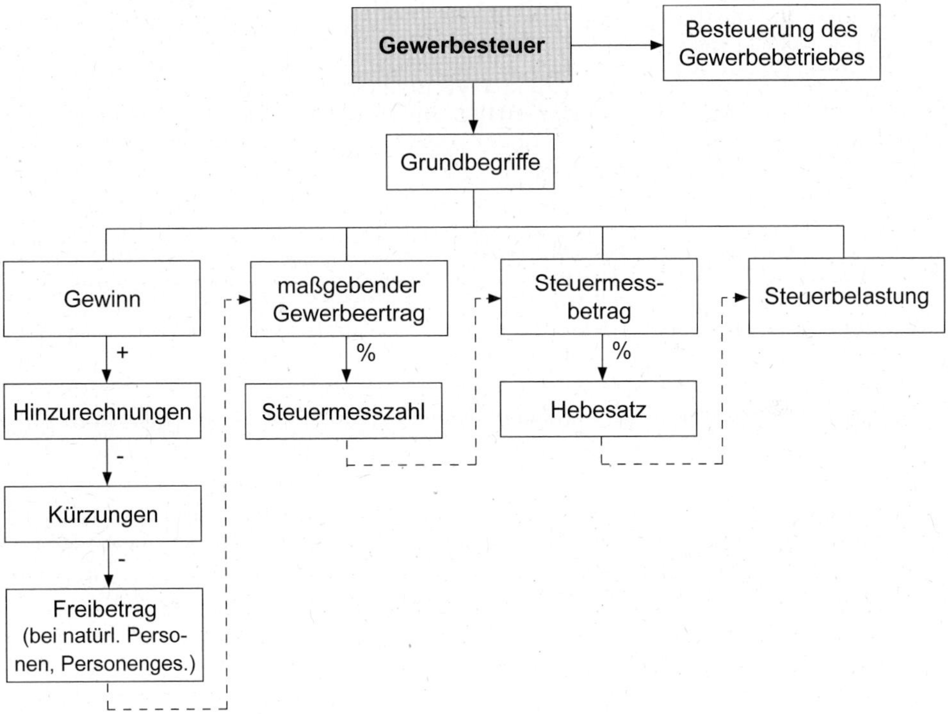

14.6.3 Umsatzsteuer

Der Einzelhändler Peter Carlsen hat bei dem Großhändler Müller in Lübeck Lebensmittel mit einem Warenwert von 2.000 € und einige Non-Food-Artikel mit einem Warenwert von 1.000 € eingekauft. Neben dem Warenwert enthält die Rechnung auch die Umsatzsteuer, die sog. Mehrwertsteuer. Sie wird für die Lebensmittel mit

140 €, das sind 7 v. H. des Warenwertes, und für die Non-Food- Artikel mit 190 € (19 v. H.) ausgewiesen. Die Rechnung lautet also über einen Gesamtbetrag von 3.330 €. Der Großhändler erhält mit der Überweisung vom Einzelhändler also nicht nur die Bezahlung der Waren, sondern auch den Steuerbetrag, der eigentlich dem Finanzamt zusteht. Beim Einkauf der Waren hat er aber selbst Umsatzsteuer an seine Lieferanten, andere Großhändler, Produzenten usw., gezahlt. Diese sog. Vorsteuer kann er von seiner Steuerschuld absetzen, sodass er nur den Differenzbetrag, die sog. Zahllast, an das Finanzamt abführen muss. Der Einzelhändler Clausen verkauft an die Endverbraucher die Waren auch mit einem Mehrwertsteueraufschlag. Von den eingenommenen Steuerbeträgen zieht er die an seine Lieferanten gezahlten Vorsteuerbeträge ab und überweist die Zahllast an das Finanzamt.

Dieses Beispiel zeigt bereits einige der wesentlichen Kennzeichen der Umsatzsteuer.

Besteuert werden **Umsätze**, das sind die Lieferungen (und sonstigen Leistungen), die ein Unternehmer gegen Entgelt im Inland ausführt, dazu zählen *z. B. die Verkäufe des Produzenten an den Großhändler, des Großhändlers an den Einzelhändler, des Einzelhändlers an den Endverbraucher.*

Besteuert werden aber auch **Entnahmen** des Unternehmers aus dem Unternehmen für Zwecke, die außerhalb des Unternehmens liegen. Wenn z. B. der Einzelhändler seinem Laden ein Paket Kaffee für den Verbrauch in seinem Haushalt oder als Geschenk für seinen Mitarbeiter entnimmt, fällt Umsatzsteuer an. Schließlich wird auch der Erwerb von Gütern aus Ländern der europäischen Union, der sog. **innergemeinschaftliche Erwerb**, im Inland besteuert.

Bemessungsgrundlage für die Umsatzsteuer ist das Entgelt, das der Leistungsempfänger (z. B. der Käufer) aufwenden muss, um die Leistung zu erhalten ohne Umsatzsteuer. Im Beispiel (s. o.) bemisst sich die Umsatzsteuer, die der Großhändler zu zahlen hat, nach dem Betrag, den er dem Einzelhändler für die Waren in Rechnung stellt (3.000 €).

Die Umsatzsteuer ist eine **Mehrwertsteuer**. Vor ihrer Einführung wurden Umsätze mit einer **Bruttoallphasenumsatzsteuer**, die kumulativ wirkte, besteuert. Diese Steuer wurde als Kostensteuer in die Verkaufspreise einkalkuliert. *Der Produzent, der dem Großhändler Lebensmittel lieferte, musste für diesen Umsatz eine Steuer von 5 % entrichten, die er im Verkaufspreis weitergab; wenn der Großhändler die Ware an einen Einzelhändler weiterverkaufte, musste er ebenfalls eine Umsatzsteuer von 5 % entrichten, Bemessungsgrundlage war sein Verkaufspreis, den er auf der Grundlage seiner eigenen Kosten, also einschließlich der Steuer seines Lieferanten, ermittelte; diese Steuer wurde also mitversteuert. Die Einkaufskosten des Einzelhändlers enthielten jetzt die Steuer des Großhändlers und die mitversteuerte Steuer des Produzenten. Schließlich musste auch der Einzelhändler seinen Umsatz versteuern; sein Verkaufspreis enthielt seine Steuer und die Steuern der Vorstufen.* Es ist leicht einzusehen, dass der Umsatzsteueranteil am Verkaufspreis besonders hoch war, wenn die Ware viele Stufen (Handels- oder Produktionsstufen) mit entsprechenden Besteuerungen durchlaufen musste. Von dieser kumulativ wirkenden Bruttoallphasenumsatzsteuer unterscheidet sich die Mehrwertsteuer ganz wesentlich.

Mit der Mehrwertsteuer wird der Mehrwert, die **Wertschöpfung**, besteuert. Damit tatsächlich nur der Mehrwert besteuert wird, kann jeder Steuerpflichtige von der Umsatzsteuer, die er über die Rechnung von seinem Kunden einzieht, die Vorsteuer, das ist die Umsatzsteuer, die ihm sein Lieferant in Rechnung gestellt hat, abziehen.

Der **Steuersatz** für die Mehrwertsteuer beträgt grundsätzlich 19 v. H.; er wird für bestimmte Umsätze auf 7 v. H. ermäßigt. Der ermäßigte Steuersatz gilt u. a. für Lebensmittel sowie für Bücher und Zeitungen.

Spätestens am 10. Tag nach Ablauf eines Monats muss der Unternehmer eine **Voranmeldung** abgeben und eine **Vorauszahlung** leisten. Wenn die Steuer im vorangegangenen Kalenderjahr weniger als 6.000 € beträgt, sind Abgabe der Voranmeldung und Leistung der Vorauszahlung erst am 10. Tag nach Ablauf eines Kalenderjahres fällig.

Zur Veranschaulichung soll ein einfaches Beispiel dienen. *Dazu wird die Herstellung eines Konsumgutes, z. B. eines Stuhls, gewählt, der bis zur ökonomischen Fertigstellung, d. h. bis zur Übernahme durch den Endverbraucher, mehrere Stufen durchläuft; bei jedem Übergang fällt Umsatz und damit die Umsatzsteuer an. Der Einfachheit halber wird ein Steuersatz von 10 % angenommen. – Das Schaubild zeigt z. B., dass der Großhändler das Produkt mit einem Warenwert von 100 ZE übernimmt und an die Vorstufe 110 ZE zahlt (100 ZE Warenwert und 10 ZE MwSt). Auf der Großhandelsstufe findet eine Wertschöpfung (Mehrwert) von 20 ZE statt. Das Produkt wird deshalb mit einem Warenwert von 120 ZE an den Einzelhändler weitergegeben, der dafür (einschl. MwSt) 132 ZE zahlt. Der Großhändler muss die erhaltene MwSt von 12 ZE aber nicht vollständig abführen, da er bereits an die Vorstufe 10 ZE MwSt, die Vorsteuer, gezahlt hat. Es fällt lediglich eine Zahllast von 2 ZE an; das sind 10 % der Wertschöpfung, des Mehrwerts, auf dieser Stufe. - Das Schaubild macht auch deutlich, dass die Anzahl der Umsatzvorgänge für die insgesamt anfallende Umsatzsteuer i.H.v. 15 ZE ohne Bedeutung ist.*

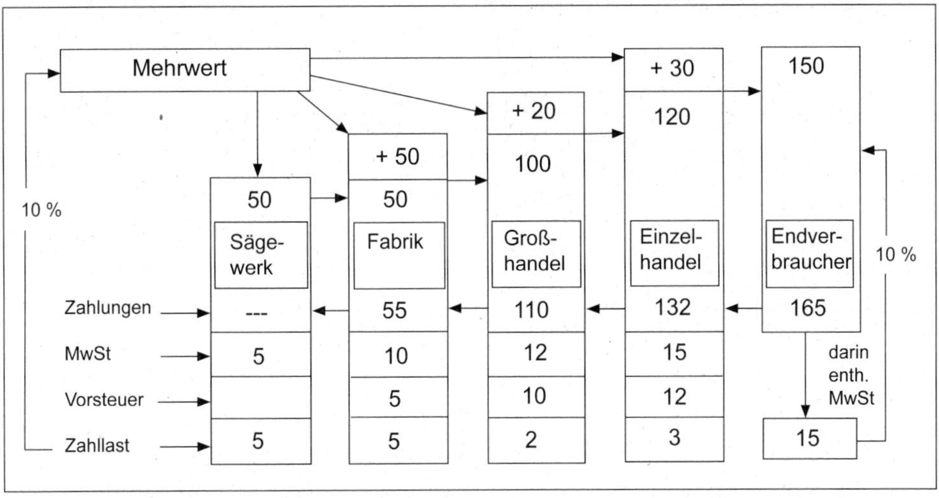

Abb. 14.5: Besteuerung von Umsätzen (Mehrwertsteuer, Vorsteuer und Zahllast) auf den einzelnen Stufen

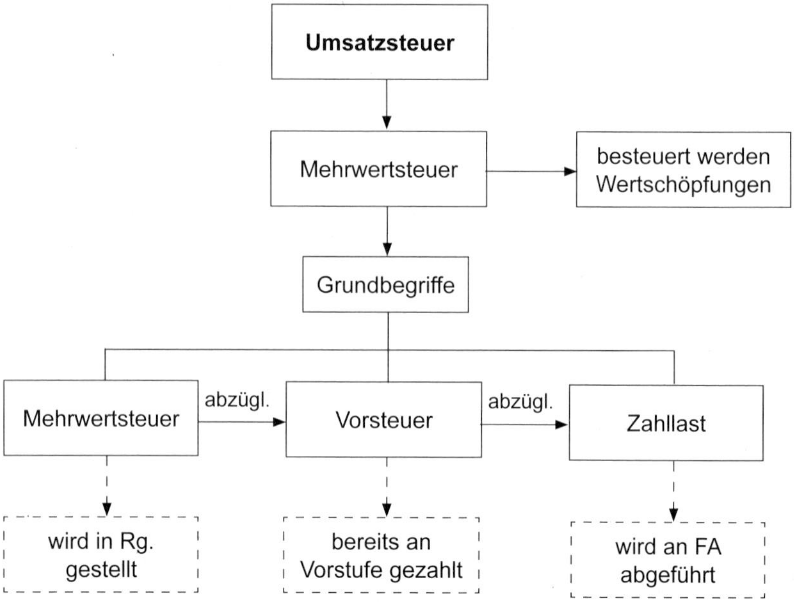

14.6.4 Körperschaftsteuer

Mit der Körperschaftsteuer wird das **Einkommen juristischer Personen**, das sind Körperschaften, Personenvereinigungen und Vermögensmassen, **besteuert**. Dazu zählen u. a.

- die Kapitalgesellschaften, z. B. AG, GmbH,
- Genossenschaften,
- Versicherungsvereine auf Gegenseitigkeit,
- Betriebe gewerblicher Art von juristischen Personen des öffentlichen Rechts, dazu zählen z. B. die Betriebe, die die Bevölkerung mit Gas, Wasser und Elektrizität versorgen, sowie die öffentlichen Verkehrsbetriebe.

Wenn diese juristischen Personen ihren Sitz oder ihre Geschäftsleitung im Ausland haben, sind sie nur **beschränkt steuerpflichtig**, d. h. die Besteuerung bleibt auf ihre inländischen Einkünfte beschränkt. Wenn die juristischen Personen dagegen ihren Sitz und/oder ihre Geschäftsleitung im Inland haben, werden ihre gesamten Einkünfte, auch die im Ausland erworbenen, zur Besteuerung herangezogen; d. h. sie sind **unbeschränkt steuerpflichtig**.

Von der Körperschaftsteuer befreit sind die Deutsche Post AG, die Deutsche Postbank AG, die Deutsche Telekom, die Deutsche Bundesbank, die Kreditanstalt für Wiederaufbau und ähnliche Institutionen.

Grundlage der Besteuerung ist das zu versteuernde Einkommen. Bei seiner Ermittlung werden die Vorschriften des Einkommensteuergesetzes zu Grunde gelegt: Von den Betriebseinnahmen werden die Betriebsausgaben abgezogen, daraus ergeben sich die Einkünfte aus Gewerbebetrieb[4]. Davon können Ausgaben zur Förderung mildtätiger, kirchlicher, religiöser und wissenschaftlicher Zwecke und der als besonders förderungswürdig anerkannten gemeinnützigen Zwecke bis zu einer bestimmten Höhe abgesetzt werden.[5] Schließlich steht den unbeschränkt steuerpflichtigen Körperschaften ein Freibetrag von 3.835 € zu.[6]

Der Gewinn der Körperschaft wird seit 2008 mit einem **Steuersatz** in Höhe von 15 % belastet.

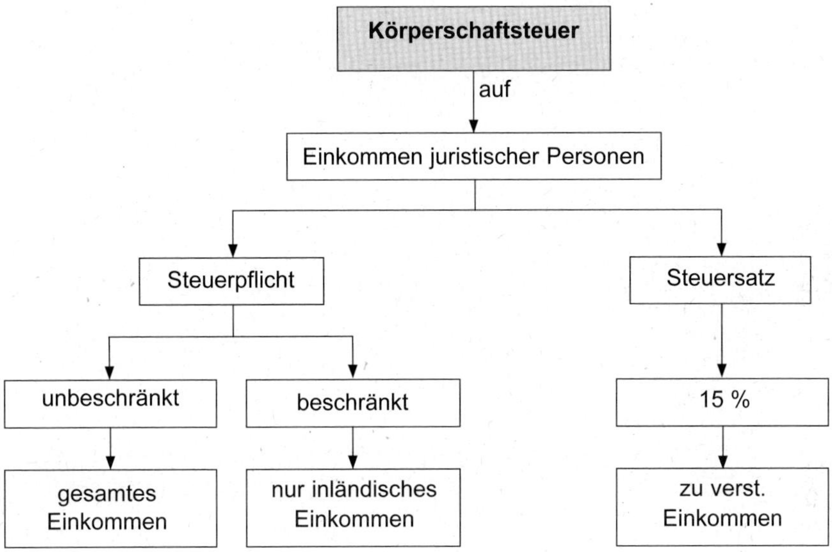

[4] Nach § 8 (2) sind bei Steuerpflichtigen, die nach den Vorschriften des HGB Bücher führen müssen, alle Einkünfte als Einkünfte aus Gewerbebetrieb zu behandeln.

[5] Vgl. § 8 KöStGes.

[6] Vgl. §24 KöStGes.

15. Außenwirtschaft

Familie Bohlsen will ihren Sommerurlaub in diesem Jahr in Norwegen verbringen. Friedhelm Bohlsen hat über ein Reisebüro ein Ferienhaus im Wald in der Nähe eines Fjords gemietet. Die Miete wurde mit den Gebühren vom Reisebüro in Euro in Rechnung gestellt. Für den Aufenthalt wird jedoch Bargeld benötigt. Renate Bohlsen will deshalb einige Tage vor Antritt der Reise bei der Altenauer Städtischen Sparkasse 500 € gegen norwegische Kronen tauschen. Um einen Überblick zu erhalten, lässt sie sich im Internet von einem Converter den Gegenwert von 500 € ermitteln; er beträgt an diesem Tag 3.844,56 nkr.

Die Anton Müller KG importiert u. a. aus Frankreich Rotwein, aus den Niederlanden Käse, aus Schweden Fischkonserven, aus Norwegen Lachs, aus USA und Argentinien Rot- und Weißweine. Soweit die Exporteure aus Ländern liefern, die dem Euro-Währungsgebiet angehören, werden die Rechnungen in der Gemeinschaftswährung Euro ausgestellt und selbstverständlich auch beglichen. Die anderen Lieferanten, die aus Ländern liefern, die dem Euro-Währungsgebiet nicht oder noch nicht angehören, stellen die Rechnungen im Allgemeinen in den jeweiligen Landeswährungen aus. Die Rechnungen werden durch Bankauftrag beglichen, die Bank belastet das Konto der Müller KG mit den über die jeweiligen Wechselkurse umgerechneten Gegenwerten in Euro.

Ein Hersteller von Gartengeräten in Altenaue führt einen Teil der Produktion in EU-Länder und in die USA aus. Die dafür ausgestellten Ausfuhrerklärungen werden der Versandzollstelle vorgelegt und bei der Ausgangszollstelle in Hamburg abgegeben. Mit den Ausfuhrerklärungen werden auch die Ausfuhrmeldungen ausgefüllt (Vordrucksatz). Die Ausfuhrmeldungen sind eine wichtige Grundlage für die Statistik des grenzüberschreitenden Warenverkehrs.

Hier wird in einfachen Beispielen angerissen, womit sich die folgenden Ausführungen zu befassen haben:

- Außenhandel der Bundesrepublik Deutschland,
- Einfuhr und Ausfuhr von Waren,
- Einfuhr und Ausfuhr von Dienstleistungen (z.B. Reisen),
- Rechnungsausgleich in Euro und anderen Währungen,
- Bedeutung von Wechselkursen,
- Erfassung des Außenhandels in der Statistik (Zahlungsbilanz).

15.1 Gründe für Außenhandel

Der internationale Güteraustausch kommt durch Preisvorteile, die ein Land gegenüber einem anderen Land hat, zu Stande. Auf die Vorteile internationaler Arbeitsteilung hat bereits Adam Smith hingewiesen; nach seiner Auffassung müsse ein Land wie ein Hausvater handeln und dort einkaufen, wo es am günstigsten sei.

Die **Vorteilhaftigkeit des internationalen Handels** liegt darin, dass Preisvorteile in anderen Ländern für Waren, Dienstleistungen und Produktionsfaktoren zur Steigerung von Produkt und Einkommen im eigenen Land ausgenutzt werden. Es zeigt sich, dass es unter Umständen sinnvoller ist, auf die Produktion eines Gutes im eigenen Land zu verzichten und es aus dem Land zu importieren, in dem es günstiger hergestellt werden kann. Die eigenen Mittel stehen dann für die Produktion solcher Güter zur Verfügung, die im eigenen Land günstiger zu produzieren sind; diese können exportiert werden.

Der Außenhandel ermöglicht so die inländische Versorgung zu günstigen Preisen. Er sichert aber auch die Versorgung mit Gütern, die im Inland nicht erzeugt werden können, z. B. wichtige Rohstoffe wie Erdöl, Baumwolle, Zinn, Nahrungs- und Genussmittel wie Kaffee, Tee, Bananen u. a.

Die **Preisvorteile** im internationalen Vergleich können unterschiedliche **Gründe** haben, so u. a.

- die besonderen naturgegebenen Voraussetzungen in einem Land wie z. B. Bodenschätze, die in großem Umfang vorhanden und leicht abzubauen sind;
  klimatische Bedingungen, unter denen landwirtschaftliche Produkte, z. B. Wein, besonders gut gedeihen;
  die geografische Lage mit natürlichen Häfen;
- die besonderen Faktorvoraussetzungen, z. B. relativ niedrige Löhne; technisches Wissen bestimmter Art;
- die Wirtschaftspolitik, die durch entsprechende Maßnahmen für ein relativ niedriges, stabiles Preisniveau sorgt (Stabilitätspolitik).

Durch Festlegung des Wechselkurses kann die Währung eines Landes unterbewertet sein. Die Güterpreise erscheinen dem Land mit der überbewerteten Währung als vorteilhaft, sodass es zum Import dieser Güter kommt.

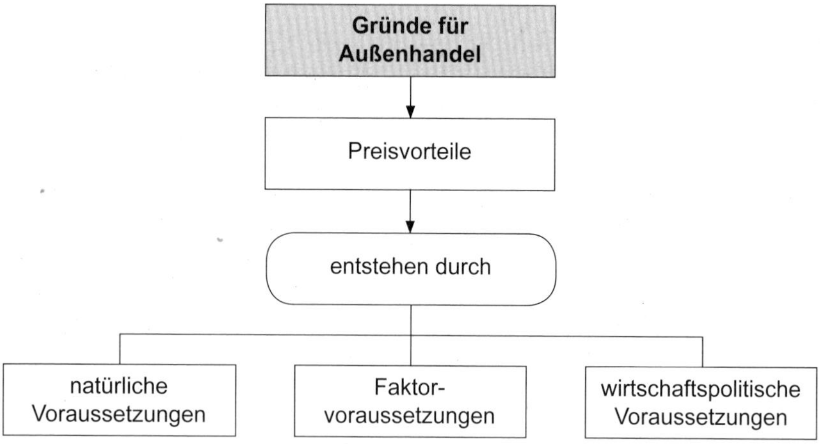

15.2 Der deutsche Außenhandel

Die **Bedeutung des deutschen Außenhandels** für die Wirtschaft Deutschlands kann in zwei Aspekten aufgezeigt werden. Deutschland ist erheblich am Weltexport beteiligt; in der Rangordnung der wichtigsten Ausfuhrländer steht es im Allgemeinen an zweiter oder sogar an erster Stelle. Die deutschen Ausfuhren machten im Jahr 2007 rd. 43 % des Bruttoinlandsprodukts in jeweiligen Preisen aus.[1] Diese Zahl weist auf die starke Abhängigkeit der Produktion und des Einkommens von ausländischer Nachfrage hin.

Andererseits benötigt die Bundesrepublik Deutschland auch Güter aus dem Ausland. Sie rangiert als Importland im Allgemeinen ebenfalls an zweiter Stelle. Die Importe hatten 2007 einen Wert in Höhe von rd. 40 % des Bruttoinlandsprodukts in jeweiligen Preisen.[2] Traditionell hat Deutschland einen Exportüberschuss, d. h. es werden mehr Güter aus- als eingeführt.

Der Güteraustausch der Bundesrepublik Deutschland findet überwiegend mit europäischen Ländern statt, rd. 75 % der Ausfuhren gingen 2007 in diese Länder, aus denen rd. 72 % der Einfuhren kamen (vgl. Tab. 15.1). Die Statistik zeigt, dass die EU-Länder, insbesondere die Länder der Währungsunion, in erheblichem Maße an diesem Güteraustausch beteiligt waren.

	Ausfuhr			**Einfuhr**		
	in Mio. €		**in v. H.**	**in Mio. €**		**in v. H.**
EU-Länder (27)	627.524			459.892		
andere europäische Länder	102.721			91.181		
Europa		**730.245**	**75,36**		**551.074**	**71,53**
Afrika		**17.588**	**1,81**		**15.682**	**2,04**
USA	73.356			45.626		
andere amerikanische Länder	27.441			24.728		
Amerika		**100.797**	**10,40**		**70.354**	**9,13**
Länder des nahen u. mittleren Ostens	23.759			6.479		
Japan	13.075			24.082		
VR China (ohne Hongkong)	29.923			54.649		
südostasiatische Schwellenländer[3]	32.298			33.222		
andere asiatische Länder	12.796			13.676		
Asien		**111.851**	**11,54**		**132.108**	**17,15**
Ozeanien und Polarregion	**6.988**		**0,72**		**2.625**	**0,34**
insgesamt		**967.469**			**771.843**	
regionale Zuordnung nicht möglich		**1.580**	**0,16**		**-1.433**	**-0,19**
alle Länder		**969.049**	**100,00**		**770.410**	**100,00**

Tab. 15.1: Aus- und Einfuhr nach Ländergruppen 2004 in Mio. € und in v. H. der Gesamtausfuhr bzw. -einfuhr (Quelle: Monatsbericht der Deutschen Bundesbank, August 2008).

[1] nach Monatsbericht der Deutschen Bundesbank August 2008
[2] ebenda
[3] dazu zählen: Brunei Daressalam, Hongkong, Indonesien, Malaysia, Philippinen, Singapur, Republik Korea, Taiwan, Thailand

Deutsche Produkte gehen vorwiegend in hochindustrialisierte Länder. Deswegen sind die europäischen Länder, insbesondere Frankreich, die wichtigsten Handelspartner Deutschlands. Die USA sind weiterhin wichtigster außereuropäischer Handelspartner; aber auch die Volksrepublik China gewinnt als Empfänger- und als Lieferland zunehmend an Bedeutung; als Empfängerland liegt es in der Rangordnung an zehnter, als Lieferland bereits an siebenter Stelle.

Die folgende Tabelle (Tab. 15.2) gibt aus der Sicht Deutschlands eine Rangordnung der elf wichtigsten Empfängerländer und elf wichtigsten Lieferländer.

Empfängerländer			**Lieferländer**		
nach Anteil an der Gesamtausfuhr in %			**nach Anteil an der Gesamteinfuhr in %**		
1	Frankreich	9,69	1	Frankreich	8,43
2	USA	7,57	2	Niederlande	8,35
3	Vereinigtes Königreich	7,33	3	China (ohne Hongkong)	7,09
4	Italien	6,72	4	Vereinigtes Königreich	6,63
5	Niederlande	6,44	5	USA	5,92
6	Belgien und Luxemburg	5,78	6	Italien	5,76
7	Österreich	5,44	7	Belgien und Luxemburg	5,46
8	Spanien	4,97	8	Österreich	4,25
9	Schweiz	3,75	9	Schweiz	3,87
10	China (ohne Hongkong)	3,09	10	Japan	3,13
11	Japan	1,35	11	Spanien	2,74

Tab. 15.2: Wichtige Empfänger- und Lieferländer, Anteile am Export und Import, 2007 (Quelle: Monatsbericht der Deutschen Bundesbank, August 2008)

Auch Dienstleistungen werden aus dem Ausland importiert und ins Ausland exportiert. Deutsche, die ins Ausland reisen und dort Geld für Leistungen ausgeben, importieren gewissermaßen die Dienstleistungen des ausländischen Hotelleriegewerbes u. Ä.; ausländische Unternehmen kaufen Transportleistungen deutscher Speditions- oder Fuhrunternehmen, diese Leistungen werden exportiert. Auch Nutzungsrechte für Patente und Lizenzen werden aus- oder/und eingeführt. (Vgl. dazu die Ausführungen über die Zahlungsbilanz, Kap. 15.5.)

Der Außenhandel der Bundesrepublik Deutschland konzentriert sich auf Produkte der gewerblichen Wirtschaft. Hauptsächlich werden Investitionsgüter und bestimmte Grundstoffe exportiert und importiert (vgl. Tab. 15.3). Es werden vor allem Fertigwaren, weniger Halbwaren und Rohstoffe ausgeführt und eingeführt.

	Warengruppen (Standard International Trade Classification)	Ausfuhr	Einfuhr
1	Nahrungs- und Genussmittel	4,1	5,9
2	Energie (Kohle, Erdöl, Gas, Strom)	2,3	10,5
3	Textilien, Bekleidung, Leder	2,7	4,8
4	Chemische Erzeugnisse	13,9	11,9
5	Metallerzeugnisse	8,6	9,3
6	Maschinenbau	16,7	9,0
7	elektronische Erzeugnisse	15,5	16,3
8	Fahrzeugbau	19,8	11,3
9	Andere Waren (andere Fertigwaren und bearbeitete Waren)	8,9	8,3
10	Sonstiges	7,5	12,7

Tab. 15.3: Deutscher Außenhandel nach Warengruppen 2007, angegeben sind die Anteile an der Ausfuhr und der Einfuhr in %
(Quelle: Institut der Deutschen Wirtschaft, Hg.: Deutschland in Zahlen, 2008)

15.3 Terms of Trade

Mit dem Begriff **Terms of Trade** bezeichnet man **das reale Austauschverhältnis von Export- und Importgütern eines Landes**. Vereinfacht ausgedrückt stellt dieses Austauschverhältnis den Quotienten aus den Exporten und den Importen dar; dabei werden die Exporte und die Importe mit den Preisen in der gleichen Währung, z. B. in Euro, bewertet; es beantwortet damit die Frage, wie viel Güter kann ein Land für den Wert seiner Exportgüter importieren.

Der Sachverhalt kann anhand eines einfachen Zwei-Länder-zwei-Güter-Falls beispielhaft veranschaulicht werden. Das Beispiel beruht auf folgenden Annahmen: Zwei Länder A und B, A exportiert nach B lediglich Elektrobohrer und importiert aus B ausschließlich Tomaten; ein Elektrobohrer kostet 1.000 €, 100 kg Tomaten kosten umgerechnet 200 €. Es ergibt sich folgendes Austauschverhältnis: 1 Elektrobohrer : ? kg Tomaten = 1.000 € : 200 €; d. h. Land A würde 500 kg Tomaten beziehen können. Es ist leicht nachzuvollziehen, dass das Austauschverhältnis für A günstiger wird, wenn der Preis für das Exportgut steigt (bei Konstanz oder Rückgang des Preises für das Importgut), oder wenn der Preis des Importgutes sinkt (bei Konstanz oder Anstieg des Preises für das Exportgut).

Da in der Realität eine Vielzahl von Gütern exportiert und importiert werden, muss bei der Ermittlung des realen Austauschverhältnisses mit Zusammenfassungen gearbeitet werden. Die Exportgüter werden im Exportpreisindex die Importgüter im Importpreisindex erfasst. Für die Terms of Trade ergibt sich folgende Formel:

$$\textbf{Terms of Trade (T.o.T)} = \frac{\textbf{Exportpreisindex}}{\textbf{Importpreisindex}}$$

Wie bereits das von der Realität abstrahierte, sehr einfache Beispiel zeigt, ist das reale Austauschverhältnis also abhängig von den Preisen der Export- und der Importgüter und wegen der Umrechnung der Importgüterpreise von den Wechselkursen. Steigt das Exportpreisniveau (bei konstantem oder abnehmendem Importpreisniveau), verbessern sich die Terms of Trade: Mit dem gleichen Export kann jetzt mehr importiert werden.

15.4 Außenhandelspolitik

Die Maßnahmen des Staates zur Beeinflussung des Außenhandels werden als Außenhandelspolitik bezeichnet. Im weiteren Sinne zählen dazu zunächst die wirtschaftspolitischen **Maßnahmen, die die Preisvorteile sichern** sollen, z. B. die weitergehende Ausbildung des technischen Wissens, dann aber auch die staatliche Kontrolle von Bodenschätzen zur Vermeidung von Raubbau, damit langfristig Exportchancen gesichert sind. Auch die Maßnahmen, mit denen der Stabilitätsvorsprung gegenüber anderen Ländern gehalten werden soll, entsprechen dieser Definition von Außenhandelspolitik.

Unter **Außenhandelspolitik im engeren Sinne** werden die folgenden **Maßnahmen** verstanden.

Zölle sind Abgaben auf Güter, die beim Überqueren der Grenze eines Zollgebietes (Staat oder Staatengemeinschaft) erhoben werden. Importzölle werden bei Einfuhr von Gütern erhoben; sie sollten einerseits als *Schutzzölle* die heimische Produktion schützen, andererseits aber auch als *Finanzzölle* die Einnahmen des Staates erhöhen. Mit **Kontingentierungen** wird die Einfuhr bestimmter Güter mengen- oder wertmäßig beschränkt. Die Maßnahmen dienen ebenfalls dem Schutz der heimischen Industrie. **Qualitätsvorschriften** für eingeführte Güter erhöhen deren Preis und erschweren dadurch ihren inländischen Absatz. So erhält die heimische Produktion einen Wettbewerbsvorteil vor ausländischen Waren.

Durch **Subventionen** werden Ausfuhrgüter verbilligt und ihre Exportchancen verbessert. Von **Dumpingpreisen** spricht man, wenn die Waren eines Landes unter dem „normalen Wert" in einem anderen Land verkauft werden, d. h. wenn der Preis unter den Produktionskosten plus angemessenem Gewinnzuschlag liegt. Mit dieser Preisdifferenzierung versucht der Exporteur, seine Absatzchancen im Importland zu verbessern. Der Staat kann auch mit einem **Embargo**, dem Ausfuhrverbot für bestimmte Güter, den Außenhandel beeinflussen.

Wenn zwei Staaten die Handelsbeziehungen, die zwischen ihnen bestehen, ordnen oder fördern wollen, schließen sie einen (bilateralen) **Handelsvertrag** ab.

Auch **internationale Abkommen** regeln Fragen der Handelsbeziehungen zwischen den beteiligten Staaten. Neben den Verträgen, die der EWWU zu Grunde liegen, ist das *Allgemeine Zoll- und Handelsabkommen* (GATT) ein besonders wichtiges Beispiel für Abkommen dieser Art gewesen. Das GATT sollte den internationalen Güteraustausch intensivieren und dazu beitragen, dass die natürlichen Ressourcen in der Welt bestmöglich abgebaut werden. Mittel dazu sind ein allgemeiner Zollabbau, das Verbot unterschiedlicher Behandlung der Partnerstaaten im Außenhandel (Diskriminierungsverbot), die Verpflichtung, Vergünstigungen in Verträgen zwischen zwei Ländern auch den anderen Partnerländern einzuräumen (Meistbegünstigung).

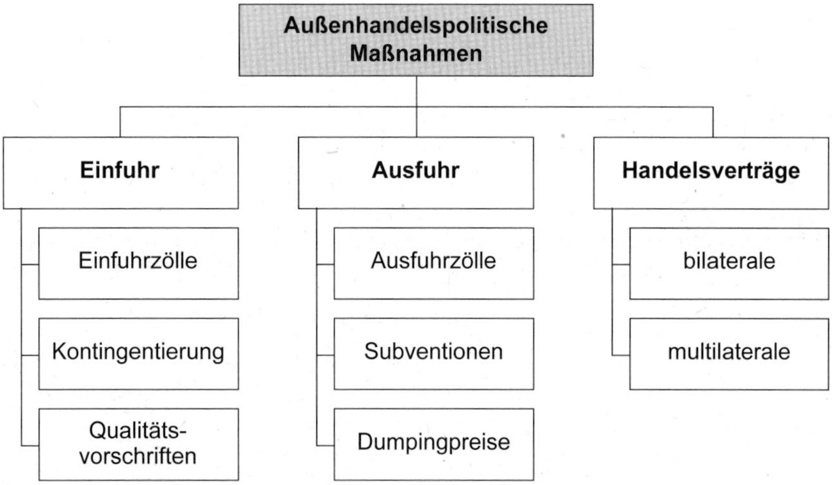

15.5 Wechselkurse

15.5.1 Entstehung von Wechselkursen

Erst über Wechselkurse können Preise für Güter und Leistungen international verglichen, Preisvorteile sichtbar werden. Als **Wechselkurs** bezeichnet man den **Preis für Devisen**, das sind ausländische Zahlungsmittel (Sorten, Buchgeld). Der Wechselkurs gibt also das Austauschverhältnis zweier Währungen an. Er ergibt sich in der Regel aus dem **Angebot von Devisen** und der **Nachfrage nach Devisen**. Die Nachfrage nach ausländischen Zahlungsmitteln entsteht, wenn importierte Güter und Dienstleistungen in einer anderen als der heimischen Währung zu zahlen sind.

Im Einführungsbeispiel wird angenommen, dass der Großhändler Müller die Rechnungen für die von ihm eingeführten Güter in der jeweiligen Landeswährung bezahlen muss. Sein Rechnungsausgleich kann dazu führen, dass mehr Devisen nachgefragt werden. Ähnliche Wirkungen können von der Nachfrage des Friedhelm Bohlsen nach norwegischen Kronen ausgehen.

Wenn ausländische Importeure Rechnungen in europäischer Währung zu begleichen haben, müssen sie Euro mit heimischer Währung nachfragen. So entsteht dann ein Angebot von ausländischen Währungen.

Die Nachfrage nach Devisen und das Angebot von Devisen entstehen aber nicht nur im Zusammenhang mit Einfuhr von Gütern und Dienstleistungen; auch Kapitalbewegungen und Spekulationen führen zur Devisennachfrage und zum Devisenangebot und damit zur Beeinflussung des Kurses.

Unter vereinfachenden Annahmen (es findet nur Güter-, kein Darlehensverkehr statt, die Rechnungen sind in der Währung des abgebenden Landes zu bezahlen) können die bisherigen Ausführungen in einem Beispiel typisiert zusammengefasst werden: Zwei Länder D (mit der Währung €) und K (mit der Währung $), zwei Güter: M (für Maschinen) und N (für Nahrungsmittel). Land D exportiert das Gut M nach Land K und importiert aus Land K das Gut N. Aus der Sicht des Landes D ist M das Export-, N das Importgut. Nachfrage und Angebot des Import- und des Exportgutes sind abhängig von den Preisen, die über den Wechselkurs vergleichbar werden: Bei sinkendem Preis nimmt die Nachfragemenge zu und die Angebotsmenge ab. Bei bestimmten Preisen stellen sich entsprechende Nachfrage- und Angebotsmengen ein (vgl. Abbildung).

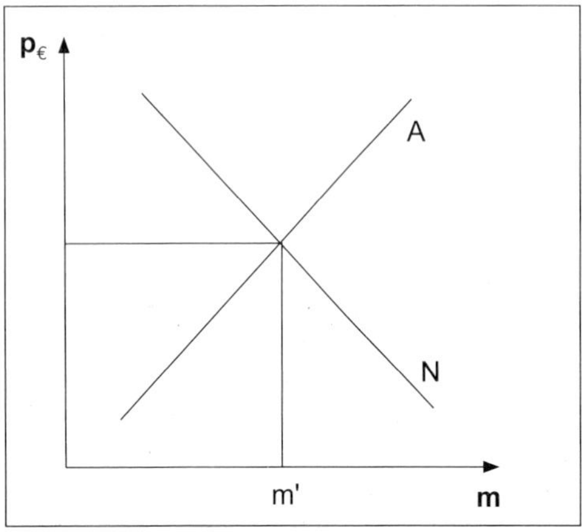

Abb. 15.1/1: Markt für das Importgut N (m' = importierte Menge)

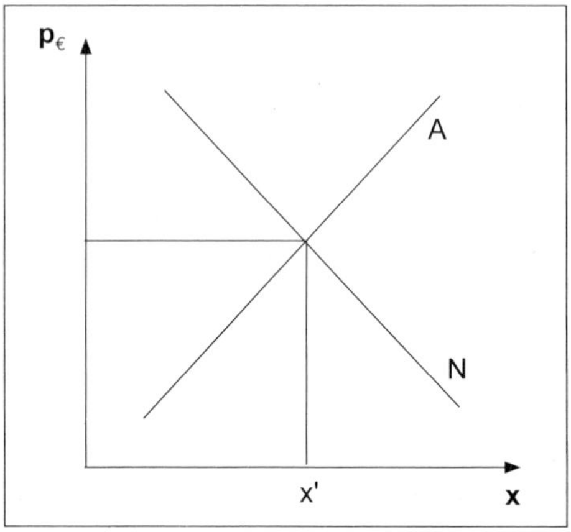

Abb. 15.1/2: Markt für das Exportgut M (x' = exportierte Menge)

Es wird also die Menge m' des Importgutes N importiert; die Menge x' des Exportgutes M wird exportiert. Bewertet man die importierte Menge mit dem Preis in Dollar, so erhält man den Wert des Imports in Dollar. Bei einer Bewertung der Exportmenge mit dem Preis in Dollar ergibt sich entsprechend der Wert des Exports in Dollar.

Da die importierte Menge in Dollar zu bezahlen ist, entsteht eine Nachfrage nach Dollar, die dem Wert des Imports in Dollar entspricht. Um die Rechnung für die aus D importierte Gütermenge bezahlen zu können, fragen die Importeure in K Euro nach, bieten dafür Dollar an. Dieses Angebot entspricht dem Dollarwert des Exports aus D. Aus dem Angebot von Dollar und der Nachfrage nach Dollar ergibt sich der Kurs w (vgl. Abbildung 15.2).

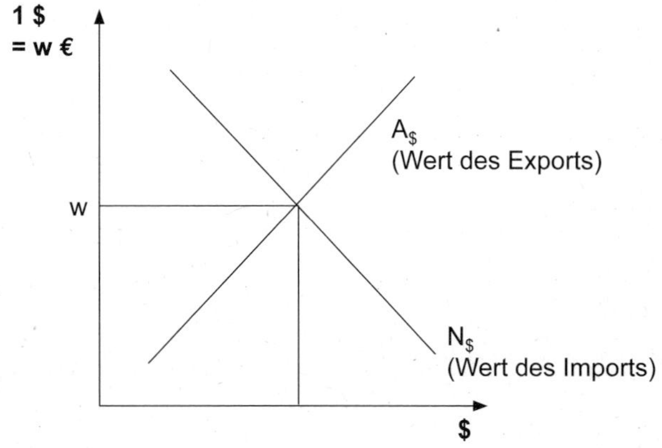

Abb. 15.2: Angebot von und Nachfrage nach Dollar

Es ist leicht nachzuvollziehen, wie z. B. die Nachfrage nach Dollar aus anderen Gründen, etwa für Reiseverkehr, für Schenkungen usw., die Darstellung in Abbildung 15.2 verändert und entsprechenden Einfluss auf w hat.

Der Kurs, der sich aus dem Zusammentreffen von Angebot und Nachfrage ergeben hat, ist ein **Gleichgewichtskurs**. Bei einem Gleichgewichtskurs gleichen sich das geplante Angebot von und die geplante Nachfrage nach Dollar aus. Damit sind auch die Werte von Export und Import ausgeglichen (Ex = Im).

15.5.2 Freie Wechselkurse

Es sei angenommen, durch die Vorgänge, die in Abbildung 15.2 dargestellt werden, habe sich ein Wechselkurs von 1 $ = 2,– € ergeben. Weiter sei angenommen, dass sich die Importe des Gutes erhöhen. Damit steigt der Wert des Imports in Dollar und schließlich auch die Nachfrage nach Dollar. Bei gleichbleibendem Angebot ergibt sich ein neuer Gleichgewichtskurs, hier bei 1 $ = 3,– € (vgl. Abbildung 15.3).

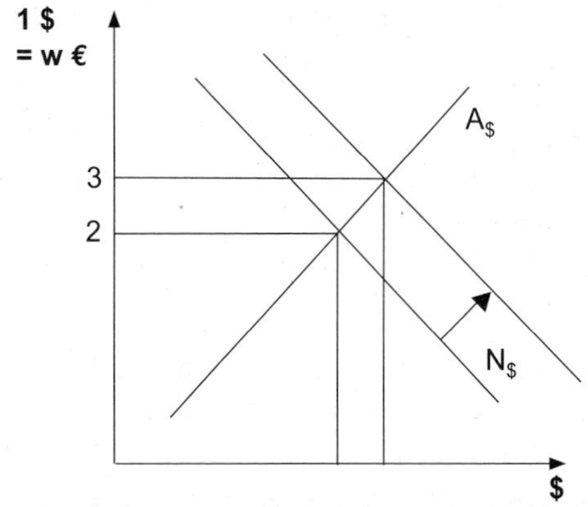

Abb. 15.3: Angebot von und Nachfrage nach Dollar bei freiem Wechselkurs

Diese Kursveränderung ist eine **Abwertung** des €. Aus der Sicht des Landes K erscheinen die Güter in D jetzt billiger als vorher; aus der Sicht des Landes D erscheinen die Güter in K jetzt teurer. Folgen dieser Abwertung sind: Die Exporte nehmen zu, die Importe nehmen ab. Es kommt zum Ausgleich von Exporten und Importen.

Wenn sich – wie im vorliegenden Beispiel – die Kurse lediglich aus dem freien Zusammenspiel von Angebot und Nachfrage ergeben, handelt es sich um **freie Wechselkurse**.

15.5.3 Feste Wechselkurse

Durch Vertrag vereinbaren Staaten, das Austauschverhältnis ihrer Währungen festzuschreiben und durch entsprechende Maßnahmen dafür zu sorgen, dass diese **festen Wechselkurse** über längere Zeit gehalten werden.

Es sei in Fortführung des Beispiels angenommen, dass sich aus dem Angebot von und der Nachfrage nach Dollar wieder ein Kurs von 1 \$ = 2,– € ergeben habe. Dieser Kurs wird durch Vertrag zwischen D und K als fest vereinbart. Wieder soll die Nachfrage nach dem Importgut zunehmen; der Wert des Imports steigt, die Nachfrage nach Dollar nimmt entsprechend zu (vgl. Abbildung 15.4).

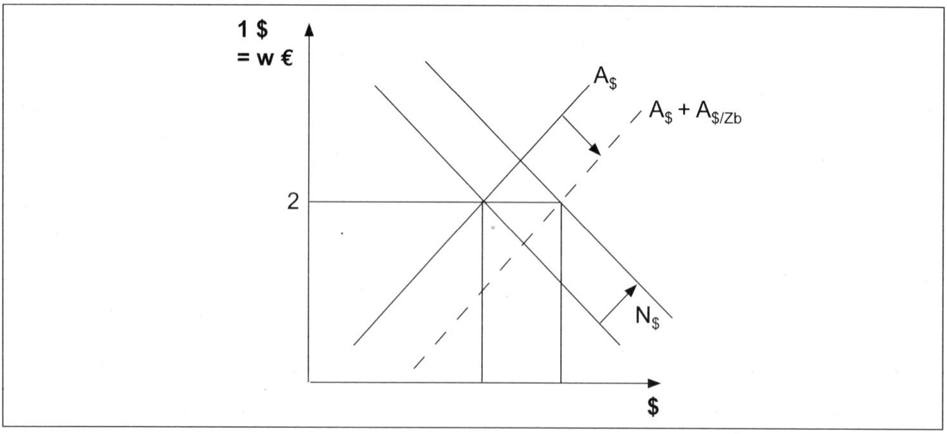

Abb. 15.4: Angebot von und Nachfrage nach Dollar bei festem Wechselkurs

Da feste Wechselkurse bestehen, kann sich kein neues Gleichgewicht bei gleichzeitiger Abwertung des Euro – wie bei freien Wechselkursen – ergeben. Es entsteht vielmehr bei dem festen Kurs eine Überschussnachfrage nach Dollar. In Höhe dieser Überschussnachfrage nach Dollar muss die Zentralbank zusätzlich Dollar aus ihrem Bestand anbieten. Das kann sie nur bis zur Höhe ihrer Währungsreserven. Neben diesem Liquiditätsproblem ergibt sich der Nachteil, dass Exporte und Importe nicht ausgeglichen sind (Ex < Im). Tritt der Fall ein, dass die Exporte steigen, sodass der Wert des Exports und das Angebot an Dollars zunehmen, entsteht ein Überangebot an Dollar. Die Zentralbank muss dafür als zusätzlicher Nachfrager auftreten, damit der

Wechselkurs konstant bleibt. Sie kommt zwar dadurch nicht in Liquiditätsschwierigkeiten, weil sie die Dollars mit € nachfragt; aber zum Ausgleich zwischen Exporten und Importen kommt es nicht (Ex > Im).

Sind die beispielhaft angesprochenen Ungleichgewichte dauerhaft, muss es zwischen den betroffenen Staaten zu Vereinbarungen über Auf- bzw. Abwertungen der Währungen kommen, d. h. die Wechselkurse müssten neu festgesetzt werden.

Meistens werden die Wechselkurse als **Leitkurse** vereinbart, um die der tatsächliche Kurs innerhalb vorgegebener Grenzen schwanken kann. Die Zentralbanken müssen erst intervenieren, wenn die Grenzen des Schwankungsbereichs (Interventionspunkte) erreicht sind.

Feste Wechselkurse haben gegenüber freien Wechselkursen Nachteile. Z. B. kommt es nie zu einem automatischen Ausgleich zwischen Exporten und Importen, i. w. S. der Leistungsbilanz. Die Gefahr der Übertragung ausländischer Inflation ist höher als bei freien Wechselkursen. Die Politik des Zahlungsbilanzausgleichs hat Vorrang gegenüber binnenwirtschaftspolitischen Zielen. Die Vorteile fester Wechselkurse liegen vor allem in der Stärkung der internationalen Integration durch gemeinsame Beschlüsse, Absprachen und Maßnahmen der beteiligten Staaten. Da die Kurse nicht schwanken, gibt es auch nur geringe Beschäftigungsschwankungen in der Exportgüterindustrie. Schließlich hofft man, dass sich der Zwang zum Zahlungsbilanzausgleich positiv auf die Politik zur Stabilität der Preise auswirkt.

15.6 Die Zahlungsbilanz

15.6.1 Aufgaben und Systematik

Alle wirtschaftlichen Transaktionen zwischen Inländern und Ausländern während eines Zeitraums finden ihren Niederschlag in der **Zahlungsbilanz**. Sie werden systematisch mit ihren Werten in der **Leistungsbilanz**, der **Bilanz der Vermögensübertragungen**, der **Kapitalbilanz** und in den Veränderungen der **Währungsreserven** erfasst. Die Leistungsbilanz ist weiter in vier Teilbilanzen unterteilt, in denen gleichartige Vorgänge jeweils zusammengefasst werden: Handelsbilanz, Dienstleistungsbilanz, Bilanz der Erwerbs- und Vermögenseinkommen, Bilanz der laufenden Übertragungen. Im Unterschied zu einer kaufmännischen Bilanz enthält die Zahlungsbilanz keine Bestands-, sondern nur Stromgrößen.

Die deutsche Zahlungsbilanz wird von der Deutschen Bundesbank in Zusammenarbeit mit dem Statistischen Bundesamt monatlich erstellt. Die Zahlungsbilanz liefert Orientierungsdaten für die verschiedenen Bereiche der Wirtschaftspolitik, insbesondere für die Geld- und Währungspolitik, sie gibt Hinweise auf Richtung und Umfang internationaler Wirtschaftsbeziehungen, sie informiert über Art und Umfang von Ungleichgewichten.

Die Systematik der Zahlungsbilanz folgt internationalen Vereinbarungen, die auf Vorschläge des Internationalen Währungsfonds zurückgehen. Gelegentlich muss sie den wirtschaftlichen Entwicklungen angepasst werden. Die Expansion der Geldvermögenspositionen und die Ausdehnung des Dienstleistungssektors machten die letzte Änderung erforderlich; bei dieser Gelegenheit wurde auch eine stärkere **Übereinstimmung der Zahlungsbilanzsystematik mit der Systematik der Volkswirtschaftlichen Gesamtrechnung** angestrebt.

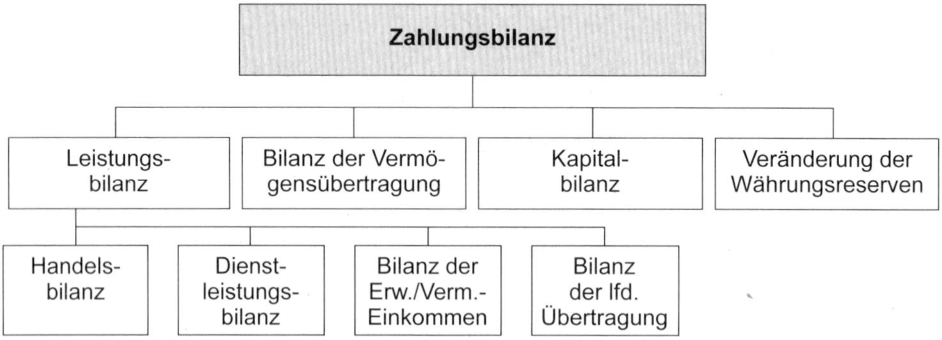

15.6.2 Inhalt der Zahlungsbilanz

Die Zahlungsbilanz präsentiert die wirtschaftlichen Vorgänge mit dem Ausland nach der folgenden Systematik. In der **Leistungsbilanz** werden auf den entsprechenden Teilbilanzen die Exporte und die Importe von Waren und Dienstleistungen, die Faktoreinkommen vom und an das Ausland und die laufenden Übertragungen dargestellt.

Die **Handelsbilanz** erfasst den sog. Spezialhandel; als **Spezialhandel** bezeichnet man den Außenhandel aus der Sicht des Zollinlands. Sie enthält auf der Aktivseite die Exporte, auf der Passivseite die Importe von Waren. Dazu zählen auch die Einfuhr von Waren zur Lohnveredelung und die Ausfuhr nach der Lohnveredelung, bestimmte Reparaturarbeiten u. Ä. Die Ausfuhr wird in fob[4]-Werten, die Einfuhr in cif[5]-Werten angegeben. Die Angaben zum Spezialhandel werden ggfs. korrigiert um die sog. **Ergänzungen zum Warenverkehr**, dabei handelt es sich hauptsächlich um den Lagerverkehr auf inländische Rechnung und die Absetzung der Rückwaren. *Die deutsche Handelsbilanz ist seit vielen Jahren positiv, d. h. es werden mehr Waren ausgeführt als eingeführt, der Saldo ist zeitweilig relativ hoch.*

Die **Dienstleistungsbilanz** wird gelegentlich auch als Bilanz des unsichtbaren Handels bezeichnet. In ihr werden auf der Aktivseite die Ausfuhr und auf der Passivseite die Einfuhr von Dienstleistungen angegeben. *Der Saldo der deutschen Dienstleistungsbilanz ist fast immer negativ, d. h. Deutsche haben in den vergangenen Jahren insgesamt mehr ausländische Dienstleistungen importiert als exportiert.* Allerdings sind die einzelnen Dienstleistungsbereiche an diesem Saldo unterschiedlich beteiligt. Zu den erfassten Dienstleistungen zählen u. a. die im Folgenden angegebenen Bereiche.

- **Reiseverkehr**: Inländer reisen ins Ausland, sie kaufen (importieren) ausländische Dienstleistungen, sie haben Ausgaben für die Inanspruchnahme des ausländischen

[4] fob – free on board
[5] cif – costs, insurance, freight

Gaststättengewerbes u. dgl., für den Einkauf von Waren; umgekehrt kommen ausländische Reisende ins Inland, sodass auch Dienstleistungen im Zusammenhang mit dem Reiseverkehr exportiert werden. Die Reiseverkehrsbilanz enthält auch die Ausgaben und Einnahmen im sog. Grenzwarenverkehr und die Warenkäufe der Ein- und Auspendler. *Der Saldo der deutschen Reiseverkehrsbilanz ist seit vielen Jahren immer negativ und relativ hoch*, er drückt aus, dass viele Deutsche im Ausland und nur sehr wenige Ausländer in Deutschland ihren Urlaub verbringen.

- **Transport**: Ausländer nehmen für den Transport von Gütern die entsprechenden Leistungen inländischer Frachtführer, Spediteure, Reeder u. dgl. in Anspruch, und umgekehrt. *Der relativ niedrige Saldo der deutschen Transportleistungsbilanz ist seit Jahren fast immer positiv;* der positive Saldo gibt an, dass mehr deutsche Transportdienstleistungen von Ausländern als ausländische Transportdienstleistungen von Deutschen gekauft werden.
- **Transithandel**, das ist der Warenhandel, der lediglich durch ein Land hindurchgelenkt wird. Der Transithändler kauft Ware in einem Ursprungsland ein und verkauft sie in einem Drittland, sie wird im Inland nicht bearbeitet, verarbeitet oder gelagert. Erfasst wird die Differenz zwischen Einkaufs- und Verkaufswerten, als Einnahme, wenn sie positiv, als Ausgabe, wenn sie negativ ist. *Die deutsche Transithandelsbilanz ist zzt. positiv*, das deutet auf die Bedeutung Deutschlands als Transitland hin.
- **Finanzdienstleistungen** sind Dienstleistungen von Banken, Versicherungen und ähnlichen Instituten, die in die Dienstleistungsbilanz eingehen, wenn sie ins Ausland verkauft oder vom Ausland verkauft werden. Erfasst werden die Wertschöpfungen der Institute aus diesen Geschäften. *Der Saldo der deutschen Bilanz der Finanzdienstleistungen ist seit Jahren positiv.*
- **Patente und Lizenzen.** Dieser Bereich der Dienstleistungsbilanz erfasst vor allem die Gebühren für Nutzungen von Lizenzen. *Der Saldo ist negativ und relativ hoch*, das weist darauf hin, dass in Deutschland in relativ hohem Umfang ausländische Lizenzen genutzt werden.
- **Entgelte für selbstständige Tätigkeit**, das sind z. B. Entgelte für Ingenieur- und sonstige technische Dienstleistungen, für kaufmännische Dienstleistungen, für Forschung und Entwicklung. *Der Saldo ist zwar relativ gering, aber dauernd negativ.*

Die **Bilanz der Erwerbs- und Vermögenseinkommen** ist eine eigenständige Kategorie der Leistungsbilanz. Hier werden die Faktoreinkommen vom und an das Ausland erfasst. Der *Gesamtsaldo aus dieser Teilbilanz ist negativ*, d. h. es fließen weniger Faktoreinkommen vom Ausland nach Deutschland als von Deutschland ins Ausland.

In der **Bilanz der laufenden Übertragungen** werden alle Übertragungen vom und an das Ausland erfasst, die Einkommen und Verbrauch der betroffenen Länder beeinflussen. Vermögensübertragungen sind deshalb grundsätzlich nicht enthalten. Öffentliche und private laufende Übertragungen werden danach unterschieden, welchem Sektor die inländische Stelle zuzuordnen ist. Zu den öffentlichen laufenden Übertragungen gehören die Zahlungen an internationale Organisationen, z. B. an die Europäischen Gemeinschaften, und die Zuwendungen an Entwicklungsländer, Renten und Pensionen usw. Ein Beispiel für private laufende Übertragungen sind die Überweisungen ausländischer Arbeitnehmer in ihre Heimatländer. In Deutschland weist die *Bilanz der laufenden Übertragungen seit Jahren erhebliche negative Salden* auf.

Die **Bilanz der Vermögensübertragungen** enthält alle öffentlichen und privaten einmaligen Übertragungen, die die Vermögen der betroffenen Länder beeinflussen. Für die Zuordnung einer Übertragung zu dieser Teilbilanz genügt es, wenn eine Seite sie als einmalig ansieht. Öffentliche und private Vermögensübertragungen werden danach unterschieden, welchem Sektor die inländische Stelle zuzuordnen ist. Beispiele für öffentliche und private Vermögensübertragungen sind Schuldenerlasse, Erbschaften, Schenkungen, Vermögensmitnahmen von Aus- bzw. Einwanderern, bestimmte Zahlungen der Europäischen Gemeinschaften an ein Land. In den vergangenen Jahren flossen mehr private Vermögensübertragungen nach Deutschland als von Deutschland ins Ausland; gleichzeitig flossen aber mehr öffentliche Vermögensübertragungen von Deutschland ins Ausland als umgekehrt. *Die Salden waren in einigen Jahren positiv, in anderen negativ.*

In der **Kapitalbilanz**, werden Vorgänge des langfristigen und des kurzfristigen Kapitalverkehrs erfasst. Die Kapitalbewegungen werden in folgende Kategorien eingeteilt:

- Direktinvestitionen, dazu zählen u. a. Beteiligungen, reinvestierte Gewinne, langfristige Kredite, grenzüberschreitende Käufe und Verkäufe von Immobilien,
- Wertpapieranlagen, dazu zählen u. a. Käufe und Verkäufe von Wertpapieren, von Anteilen an Geldmarktfonds, von Finanzderivaten,
- Kreditverkehr, dazu zählen Aufnahme und Vergabe von Krediten (von Kreditinstituten, von Privatpersonen und Unternehmen und von öffentlichen Stellen), man unterscheidet hier zwischen kurz- und langfristigen Krediten,
- sonstige Transaktionen.

Die Kapitalbilanz spiegelt also alle Kapitaltransaktionen zwischen Inland und Ausland wider. Auf der Aktivseite stehen die Kapitaleinfuhr vom Ausland ins Inland, die von ausländischen Kreditgebern empfangenen Kredite, die Zunahme der Verbindlichkeiten und die Abnahme der Forderungen. Auf der Passivseite finden sich die inländische Kapitalausfuhr ins Ausland, die den ausländischen Kreditnehmern gegebenen Kredite, die Zunahme der Forderungen und die Abnahme der Verbindlichkeiten. *In den vergangenen Jahren waren die Salden der Kapitalbilanz positiv*, d. h. es fanden mehr Kapitaleinfuhren als -ausfuhren statt.

Zu den **Währungsreserven** zählen vor allem

- die Sorten und Devisen, Sorten sind ausländische Banknoten und Münzen, mit Devisen bezeichnet man Guthaben bei ausländischen Banken (ausländisches Buchgeld),
- die Reserveposition im Internationalen Währungsfonds (Ziehungsrechte) und
- die Sonderziehungsrechte,
- der Goldbestand.

Die Währungsreserven sind seit Jahren relativ hoch. Verursacht wird dieser hohe Bestand durch den erheblichen Zufluss an Sorten und Devisen.

Zahlungsbilanz	
Aktiva	**Passiva**
1. Handelsbilanz	
Ausfuhr von Waren	Einfuhr von Waren
2. Dienstleistungsbilanz	
Ausfuhr von Dienstleistungen (z. B. Einnahmen für Reiseverkehr)	Einfuhr von Dienstleistungen (z. B. Ausgaben für Reiseverkehr)
3. Bilanz der Erwerbs- und Vermögenseinkommen	
empfangene Faktoreinkommen (Einkommen aus unselbstständiger Arbeit und Kapitalerträge)	gezahlte Faktoreinkommen
4. Bilanz der laufenden Übertragungen	
empfangene laufende Übertragungen	geleistete laufende Übertragungen
5. Bilanz der Vermögensübertragungen	
empfangene Vermögensübertragungen (z. B. Erbschaften)	geleistete Vermögensübertragungen (z. B. Schuldenerlasse)
6. Kapitalbilanz	
Kapitalimport empfangene Kredite Zunahme der Verbindlichkeiten Abnahme der Forderungen	Kapitalexport gegebene Kredite Zunahme der Forderungen Abnahme der Verbindlichkeiten
7. Währungsreserven	
Abgänge von Sorten und Devisen Abnahme von Ziehungs- und Sonderziehungsrechten	Zugänge von Sorten und Devisen Zunahme von Ziehungs- und Sonderziehungsrechten

Tab. 15.4: Zahlungsbilanz (Schematisierte Darstellung)

15.6.3 Zahlungsbilanzgleichgewicht und -ungleichgewicht

Die Zahlungsbilanz ist ein in sich geschlossenes **System der doppelten Buchführung**, jeder Vorgang wird gebucht und gegengebucht; Transaktionen, die statistisch nicht aufgegliedert werden können, d. h. ungeklärte Vorgänge, werden gesondert als Restposten gebucht. **Formal ist die Zahlungsbilanz deshalb immer ausgeglichen.** Das kann durch das folgende sehr einfache Zahlenbeispiel verdeutlicht werden.

Zu verbuchen sind die folgenden Transaktionen (ZE = Zähleinheiten):

1. Warenexport gegen Barzahlung (150 ZE),
2. Warenimport auf Ziel (70 ZE),
3. Einmalige unentgeltliche Lieferung von Waren an Entwicklungsländer (20 ZE),
4. Urlaubsreisen ins Ausland (40 ZE),

5. Kauf von ausländischen Lizenzen gegen Barzahlung (20 ZE),
6. Einkommen ausländischer Grenzgänger bar (5 ZE),
7. Kapitalerträge aus dem Ausland (15 ZE),
8. Überweisungen von Gastarbeitern in ihre Heimatländer (10 ZE),
9. Überweisung der Beiträge an die EG (8 ZE),
10. Finanzhilfe der EG für strukturpolitische Maßnahmen (2 ZE).

Zahlungsbilanz Aktiv	 Passiv	 Salden
1. Handelsbilanz		
1) 150 3) 20	2) 70	100
2. Dienstleistungsbilanz		
	4) 40 5) 20	- 60
3. Bilanz der Erwerbs- und Vermögenseinkommen		
7) 15	6) 5	10
4. Bilanz der laufenden Übertragungen		
	8) 10 9) 8	- 18
5. Bilanz der Vermögensübertragungen		
10) 2	3) 20	- 18
6. Kapitalbilanz		
2) 70		70
7. Währungsreserven		
4) 40 5) 20 6) 5 8) 10 9) 8	1) 150 7) 15 10) 2	- 84
		0

Wenn gelegentlich von einer positiven oder negativen Zahlungsbilanz, d. h. von einer nicht ausgeglichenen Zahlungsbilanz, gesprochen wird, kann nie die gesamte Zahlungsbilanz gemeint sein; sie ist formal immer ausgeglichen. Zahlungsbilanzüberschüsse oder -defizite können nur auf Teilbilanzen bezogen sein.

So kann es z. B. eine aktive (positive) Handelsbilanz geben, sie gibt an, dass mehr Waren ausgeführt als eingeführt wurden. Der Saldo aus Handels- und Dienstleistungsbilanz gibt den Außenbeitrag zum Bruttoinlandsprodukt an; ist der Saldo aktiv, ist der Außenbeitrag positiv (Ex > Im). Sehr häufig bezieht sich die Aussage auf die Leistungsbilanz; ein positiver Leistungsbilanzsaldo drückt einen positiven Beitrag zum Einkommen und zum Verbrauch im Inland aus.

15.6.4 Die Entwicklung der deutschen Zahlungsbilanz

Die folgende Tabelle (Tab. 15.5) gibt einen Überblick über die Entwicklung der Zahlungsbilanz seit 2003. Sie zeigt, dass die Leistungsbilanz in dieser Zeit trotz der positiven Handelsbilanz fast immer negativ war; im Saldo der Leistungsbilanz überwiegen die negativen Salden der Dienstleistungsbilanz und der Bilanz der laufenden Übertragungen. Die hohen Salden der Dienstleistungsbilanz entstehen dadurch, dass Deutsche ins Ausland reisen und damit gewissermaßen Dienstleistungen nach Deutschland importieren. Die hohen Salden in der Bilanz der laufenden Übertragungen werden insbesondere durch Zahlungen Deutschlands an die Europäischen Gemeinschaften verursacht.

	2003	2004	2005	2006	2007
Außenhandelsbilanz	129.921	156.096	158.179	159.048	198.640
Ergänzungen zum Warenhandel	- 11.142	- 16.447	- 13.761	- 12.722	- 9.430
Dienstleistungsbilanz	- 34.497	- 29.341	- 24.914	- 15.556	- 16.427
Bilanz der Erwerbs- und Vermögenseinkommen	- 15.067	20.431	25.687	37.616	41.966
Bilanz der laufenden Übertragungen	- 27.817	- 27.850	- 28.585	- 26.895	- 30.678
Leistungsbilanz	43.967	102.890	116.606	141.491	184.071
Vermögensübertragungen	311	435	- 1.248	- 175	224
Kapitalbilanz	- 61.758	- 122.984	- 130.725	- 151.113	- 222.620
Saldo der statistisch nicht aufgliederbaren Transaktionen	20.049	19.660	15.367	9.797	38.325

Tab. 15.5: Zahlungsbilanzen der Bundesrepublik Deutschland ab 2007, Angaben in Mio. € (Quelle: Monatsbericht der Deutschen Bundesbank, August 2008) – Anmerkungen: Ergänzungen zum Warenhandel umfasst hauptsächlich den Lagerverkehr auf inländische Rechnung; Minus bei Kapitalbilanz bedeutet Kapitalexport, Minus bei Veränderungen der Währungsreserven bedeutet Zunahme).

15.7 Die deutsche Volkswirtschaft im internationalen Wirtschafts- und Währungsgefüge

15.7.1 Das Bretton-Woods-Abkommen

Die Bundesrepublik Deutschland war an mehreren multilateralen Verträgen über Wechselkursvereinbarungen beteiligt. Dem Bretton-Woods-Abkommen trat sie 1952 bei. Dieses von 44 Staaten im Jahre 1944 in Bretton Woods (USA) beschlossene Abkommen trat 1947 in Kraft. Ziel des Abkommens war die **Neuordnung des Weltwährungssystems** und die **Stabilisierung des internationalen Zahlungsverkehrs**.

Die an dem Bretton-Woods-Abkommen beteiligten Staaten verpflichteten sich zum Beistand bei Zahlungsbilanzungleichgewichten und vereinbarten feste Wechselkurse über die Goldparität. Jeder Staat legte den Wert seiner Währung in Gold fest, damit ergaben sich bilaterale Wechselkurse zwischen den Ländern. Z. B. wurde die DM (1969) mit 0,242806 g Feingold bewertet, der Wert des US-Dollars belief sich auf 0,888671 g Feingold; dadurch ergab sich ein Austauschverhältnis zwischen den beiden Währungen von 1 $ = 3,66 DM (0,888671 / 0,242806). Der US-Dollar war die Leitwährung dieses Systems fester Wechselkurse; die USA verpflichteten sich, Dollars jederzeit in Gold umzutauschen.

Die beteiligten Staaten mussten vor allem durch entsprechende Maßnahmen ihrer Zentralbanken dafür sorgen, dass die tatsächlichen Wechselkurse nicht (oder nicht zu weit) von den vereinbarten Kursen abwichen. Ein Land, das mit eigenen Mitteln den Kurs nicht stabilisieren konnte, erhielt die Unterstützung eines Fonds, des **Internationalen Währungsfonds (IWF)**, der Teil des Bretton-Woods-Abkommens war.

Die Wechselkursvereinbarungen waren bis Anfang der 70er-Jahre gültig. Wegen der zeitweiligen Schwäche des Dollars kündigten die USA die Goldeinlösepflicht; der Dollar verlor seine Funktion als Leitwährung. Es kam vorübergehend zu flexiblen Wechselkursen. Allerdings schlossen sich einige europäische Staaten bereits 1972 zu einem Wechselkursverbund zusammen, der sog. Währungsschlange, der 1979 vom **Europäischen Währungssystem (EWS)** abgelöst wurde.

15.7.2 Der Internationale Währungsfonds (IWF)

Der Internationale Währungsfonds (International Monetary Fund, IMF) war Teil des Bretton-Woods-Abkommens; eines seiner Ziele war die Absicherung des festen Wechselkurssystems, das Grundlage des Abkommens war. Nach Ende dieses Wechselkurssystems blieb der IWF erhalten, den Mitgliedern ist jetzt die Wahl des Wechselkurssystems freigestellt. Die Ziele des IWF, an dem zzt. 182 Staaten beteiligt sind, kann man folgendermaßen umschreiben.

- Förderung der währungspolitischen Zusammenarbeit zwischen den Mitgliedsländern.
- Förderung der Stabilität der Währungen in den Mitgliedsländern.

Wichtigste Aufgabe des IWF ist, den Mitgliedsländern, die in Zahlungsbilanzschwierigkeiten geraten sind, finanziellen Beistand zu leisten. Dazu gewährt sie den Mitgliedsländern Kredite; die Kreditgewährungen sind z. T. mit Auflagen für die Gestaltung der Währungspolitik verbunden. Die Mittel zur Erfüllung dieser Aufgabe erhält der IWF von seinen Mitgliedern.

Der IWF teilt jedem Mitgliedsland eine **Quote** zu, deren Höhe u. a. vom Sozialprodukt und vom Umfang des Welthandels des jeweiligen Landes abhängig ist. Die Quoten werden regelmäßig überprüft und evtl. neu festgelegt. Die Quote bestimmt

- den **Anteil** des Mitgliedslandes **am Fondsvermögen**, der zu 75 % in heimischer Währung, 25 % in Sonderziehungsrechten besteht,
- die Höhe der ständigen **Bareinlagen,**
- den **Umfang der Ziehungsrechte** eines Mitgliedslandes, d. h. die Höhe der Kredite in ausländischer Währung, die das Land vom IWF erhalten kann,

- den **Umfang der Zuteilung von Sonderziehungsrechten** (SZR),
- den **Umfang des Stimmrechts** des Mitglieds in den Organen des IWF.

Mit ihrer Teilnahme am IWF und der Übernahme von Quoten erhalten die Länder **Ziehungsrechte**, das bedeutet, sie können zum Ausgleich von Zahlungsbilanzungleichgewichten Kredite in ausländischer Währung erhalten. Neben diesen Ziehungsrechten bestehen **Sonderziehungsrechte**; sie wurden Ende der 60er-Jahre zur Verbesserung der internationalen Liquidität eingerichtet. Länder, die am SRZ-System teilnehmen, können auf Antrag Kredite als SZR zur Beseitigung ihrer Zahlungsbilanzschwierigkeiten erhalten. Jedes am SRZ-System teilnehmende Land muss auf Verlangen des IWF konvertible, d. h. international frei austauschbare Währungen gegen SZR zur Verfügung stellen, und zwar bis zur doppelten Höhe seiner Zuteilung an SRZ. (Die IWF-Mitgliedsländer sind nicht automatisch Teilnehmer am SRZ-System; zur Teilnahme bedarf es besonderer Vereinbarungen.)

Der Wert eines SRZ wird durch einen Währungskorb definiert; der Wert wird täglich ermittelt. Das SZR ist kein internationales Zahlungsmittel geworden. Seine besondere Bedeutung erhält es vielmehr als Bezugsgröße für internationale Transaktionen im IWF.

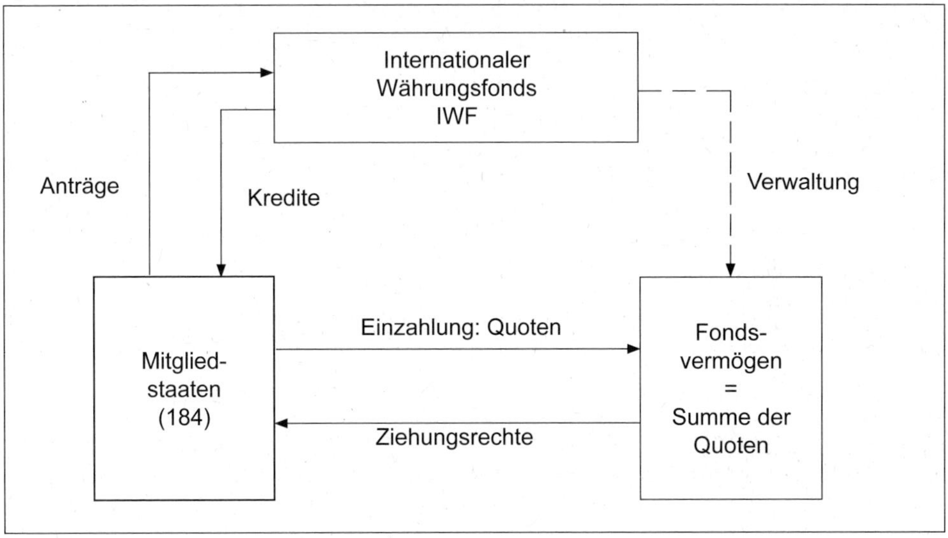

Abb. 15.5: Internationaler Währungsfonds

15.7.3 Das Europäische Währungssystem (EWS)

Im Jahr 1979 schlossen sich die EU-Mitgliedsländer zu einem Wechselkursverbund, dem EWS, zusammen. **Ziele** des EWS waren vor allem

- die Stabilisierung der Währungen der EU-Länder,
- die Festigung der internationalen Währungsbeziehungen,
- die Förderung des europäischen Integrationsprozesses.

Im Mittelpunkt des EWS stand die **Europäische Währungseinheit** (European Currency Unit, **ECU**). Sie war bis zur Einführung des Euro Bezugsgröße für die Wechselkurse, Indikator für Wechselkursabweichungen, Rechengröße für Forderungen und Verbindlichkeiten, Zahlungsmittel zwischen den Zentralbanken der EU-Länder und Reservemittel.

Der **ECU** wurde als **Währungskorb** definiert, in dem die Währungen der Mitgliedsländer mit festen Beträgen enthalten waren. Die Anteile der einzelnen Länder am Währungskorb waren unterschiedlich hoch, sie wurden ermittelt unter Berücksichtigung bestimmter wirtschaftlicher Kriterien, wie z. B. Höhe des Sozialprodukts und außenwirtschaftliche Bedeutung des jeweiligen Landes. Im Vertrag von Maastricht wurde der Währungskorb festgeschrieben.

Ein ECU war die Summe der Währungsbeträge in dem Währungskorb. Zur Veranschaulichung soll ein Beispiel von Ende 1996 dienen. Die folgende Tabelle (Tab. 15.6) gibt die Währungsbeträge wieder.

	Länder	Währung	Beträge
1	Deutschland	DM	0,6242
2	Frankreich	FF	1,332
3	Niederlande	hfl	0,2198
4	Belgien	bfrs	3,301
5	Luxemburg	lfrs	0,13
6	Italien	Lit	151,8
7	Dänemark	dkr	0,1976
8	Irland	Ir£	0,008552
9	Großbritannien	£	0,08784
10	Griechenland	Dr	1,44
11	Spanien	Pta	6,885
12	Portugal	Esc	1,393

Tab. 15.6: Währungsbeträge im ECU-Währungskorb

Ein ECU in einer Landeswährung ergab sich durch Addition der mit den aktuellen Wechselkursen bewerteten Währungsbeträge. Der DM-Wert eines ECU wurde z. B. folgendermaßen errechnet: 1 ECU = 0,6242 DM + (1,332 FF · 29,55) + (0,2198 hfl · 89,157) + ... = 1,93039.[6]

Für die am Wechselkursmechanismus teilnehmenden Länder legte die Kommission der Europäischen Gemeinschaften Leitkurse fest. Der ECU-Leitkurs für Deutschland betrug z. B. (1996) 1 ECU = 1,92573 DM. (Für die nicht teilnehmenden Länder wurden fiktive Leitkurse angenommen.)

Mithilfe der ECU-Leitkurse wurden bilaterale Leitkurse festgelegt. Es ergab sich so ein Gitter bilateraler Wechselkurse. Die teilnehmenden Länder waren verpflichtet, diese bilateralen Kurse zu verteidigen. Sie mussten intervenieren, wenn der tatsächliche

[6] Für die hier angedeutete Berechnung wurden die Durchschnitte der amtlichen Devisenkurse an der Fankfurter Börse vom Nov. 96 herangezogen; der angegebene ECU-Wert für DM wurde von der Kommission der Europäischen Gemeinschaften mitgeteilt. (Angaben nach Bundesbankbericht Jan. 97)

Kurs vom Leitkurs um ± 15 % abwich. (Zwischen Deutschland und den Niederlanden bestand eine Schwankungsbreite von ± 2,25 %.)

Die **Interventionspflicht** war so geregelt, dass die beiden von den Kursschwankungen ihrer Währungen betroffenen Zentralbanken mit dem Kauf bzw. Verkauf der jeweils anderen Währung eingreifen. Das EWS war mit einem **Beistand- und Kreditsystem** verbunden. Damit betroffene Zentralbanken ihren Interventionspflichten nachkommen können, erhielten sie Kredite; z. B. stellte die jeweilige zur Intervention verpflichtete Notenbank für die sog. sehr kurzfristige Finanzierung die erforderlichen Währungsbeträge zur Verfügung.

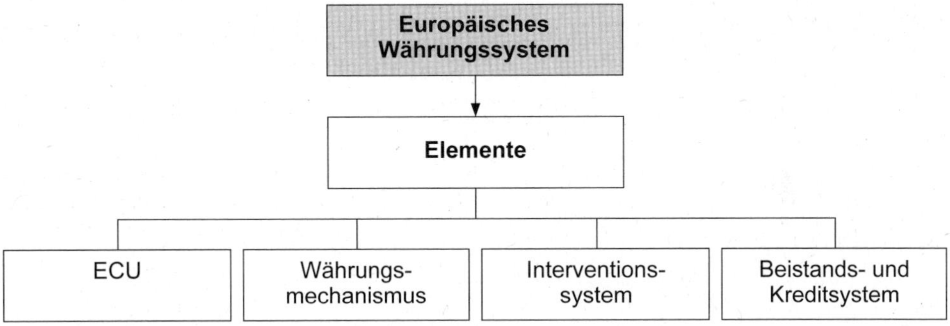

15.7.4 Die Europäische Währungs- und Wirtschaftsunion (EWWU)

15.7.4.1 Die Entwicklung der Gemeinschaftswährung EURO

Das Ziel des Europäischen Währungssystems war die Vorbereitung einer Währungsunion in Europa durch währungs- und wirtschaftspolitische Zusammenarbeit der betroffenen Staaten.

Der Europäische Rat berief im Jahre 1988 einen Ausschuss zur Entwicklung konkreter Vorstellungen für die Union. Der Ausschuss legte dazu einen Plan (nach seinem Vorsitzenden **Delors-Plan** genannt) vor. Er sah eine Entwicklung der Währungsunion in drei Stufen vor.

In der **1. Stufe** (ab 1. Juli 1990) sollten die Teilnehmerländer die Maßnahmen ihrer Wirtschafts- und Währungspolitik stärker koordinieren, um so die Unterschiede in den volkswirtschaftlichen Ergebnissen, z. B. Beschäftigungssituation, Preisniveau, abzubauen. Alle Gemeinschaftswährungen sollten in das EWS einbezogen werden, die private Verwendung des ECU wurde ermöglicht. Der Plan empfahl den Teilnehmerländern dringend, auf Wechselkursänderungen nach Möglichkeit zu verzichten und andere Anpassungsmechanismen zu nutzen. Die Voraussetzungen für die Errichtung eines europäischen Zentralbanksystems wurden durch entsprechende Änderungen der EWG-Verträge geschaffen.

Die **2. Stufe** war eine Übergangsphase (1. Januar 1994 bis 31.Dezember 1998), in der die Organe der Union auf - und ausgebaut wurden. Für die währungs- und wirtschaftspolitischen Maßnahmen blieben aber noch die nationalen Instanzen verantwortlich. Folgende wichtige Regelungen traten u. a. in Kraft:

- Koordinierung der Wirtschaftspolitik, insbesondere der Geldpolitik mit dem Ziel der Preisstabilität,
- regelmäßige Überwachung der Wirtschafts- und der Haushaltspolitik in den Mitgliedstaaten,
- Verbesserung der Konvergenz,
- Errichtung des europäischen Währungsinstituts (Zusammenarbeit der nationalen Notenbanken),
- Verbot für die Notenbanken, Kredite an den Staat zu vergeben.

Am Ende der 2. Stufe wurde das Europäische Zentralbanksystem errichtet; ihre Organe hatten das geldpolitische Instrumentarium festzulegen und die Einführung des EURO vorzubereiten.

Die **3. Stufe** begann am 1. Januar 1999. Dieser Tag ist für die Geschichte der Gemeinschaftswährung aus zwei Gründen von besonderer Bedeutung:

1. Die Zuständigkeit für die Geldpolitik ging von den elf betroffenen Zentralbanken auf das Europäische System der Zentralbanken (ESZB) über.
2. Die Euro-Umrechnungskurse für die Währungen der elf Staaten, die zunächst am Euro-System beteiligt waren, wurden unwiderruflich festgelegt. Dabei galt – wie vereinbart – 1 Euro = 1 ECU. Grundlage der Umrechnung war der Wert eines ECU am 31.12.98. Die Umrechnungskurse werden in der folgenden Tabelle (15.9) wiedergegeben. Der Tabelle kann man z. B. entnehmen, dass 1 € gleich 1,95583 DM war.

Im Verlauf der dritten Stufe, am 1. Januar 2001, führte auch Griechenland den Euro ein und nimmt seitdem am Euro-System teil.

Die dritte Stufe endete am 1. Januar 2002 mit der Einführung von Eurobanknoten und -münzen als gesetzliches Zahlungsmittel in den zwölf Staaten. Es ist ein Währungsgebiet, das **Euro-Währungsgebiet**, entstanden, in dem ein Zentralbanksystem, das **ESZB**, für eine einheitliche Währung, den **Euro**, zuständig ist.

	beteiligte Mitgliedstaaten	**1 EUR =**	
1	Belgien	40,3399	BEF
2	Deutschland	1,95583	DEM
3	Finnland	5,9473	FIM
4	Frankreich	6,55957	FRF
5	Irland	0,787564	IEP
6	Italien	1.936,27	ITL
7	Luxemburg	40,3399	LUF
8	Niederlande	2,20371	NLG
9	Österreich	13,7603	ATS
10	Portugal	200,482	PTE
11	Spanien	166,386	ESP
12	Griechenland	340,750	GRD

Tab.: 15.7: Euro-Umrechnungskurse zum 1. Januar 1999, Griechenland: 1. Januar 2001

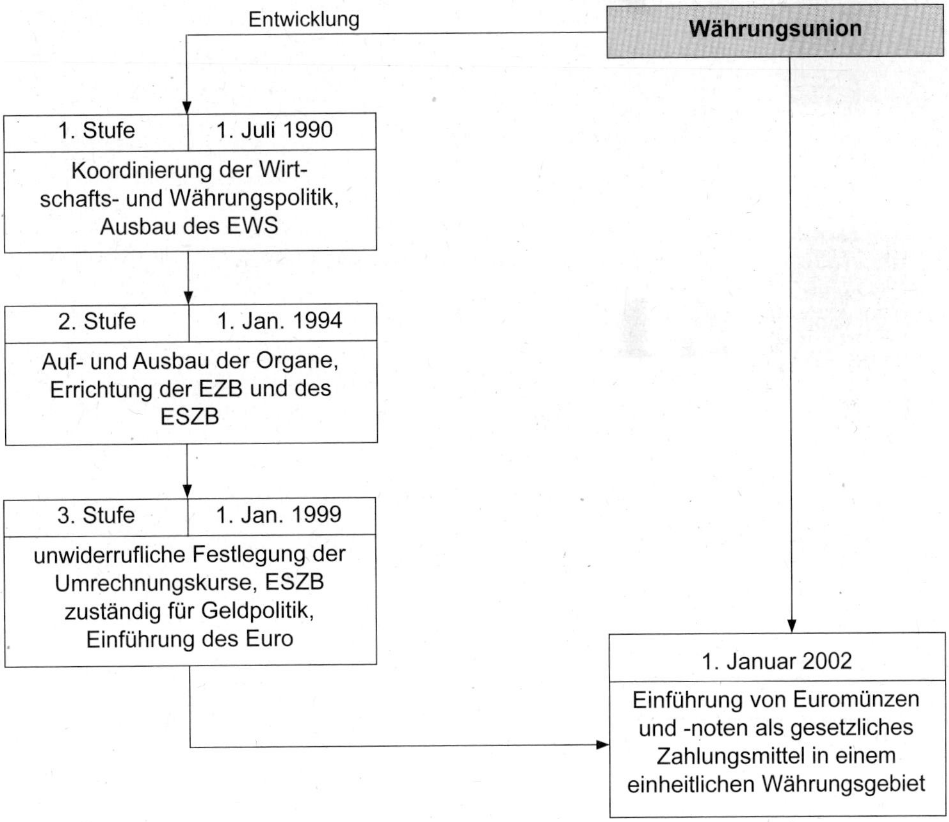

15.7.4.2 Konvergenz

Eine Währungsunion kann nur funktionieren, wenn die beteiligten Staaten in ihrer wirtschaftlichen Struktur und Entwicklung einander ähnlich sind und sich in wesentlichen ökonomischen Grunddaten annähern. Um diese Annäherung zu erzwingen, wurden vom Maastrichter Vertrag für den Beitritt und die Teilnahme am Euro-System sog. **Konvergenzkriterien** definiert. Sie beziehen sich auf folgende Bereiche: Preisniveaustabilität, niedrige langfristige Zinsen, Haushaltsdisziplin und Wechselkursstabilität.

Für diese Kriterien wurden **Referenzwerte** festgelegt. Die Staaten, die in die Währungsunion aufgenommen werden wollen, sollen diese Referenzwerte wenigstens annähernd erreichen. Die teilnehmenden Länder müssen ihre Maßnahmen in Währungs-, Finanz- und Wirtschaftspolitik auf diese Referenzwerte ausrichten.

Die Konvergenzkriterien lassen sich folgendermaßen umschreiben.

1. Die **Preisniveaustabilität** wird gemessen am Anstieg der Verbraucherpreise. Er darf die Preissteigerungsraten in den (höchstens) drei preisstabilsten Ländern der EU um nicht mehr als 1,5 Prozentpunkte überschreiten. Für die geldpolitischen Maßnahmen zur Stabilisierung des Preisniveaus in der Währungsunion ist seit dem 1.1.1999 die EZB zuständig.[7]

2. Kriterium für „**langfristig niedrige Zinsen**" ist der Zinssatz für langfristige Staatsanleihen. Er darf höchstens zwei Prozentpunkte über denen der drei preisstabilsten Unionsländer liegen.

3. Das Kriterium „**Haushaltsdisziplin**" hat eine ganz besondere Bedeutung, da von unsoliden Staatsfinanzen erhebliche Gefährdungen für die Preisniveaustabilität ausgehen; deshalb haben die beteiligten Staaten zusätzlich einen Stabilitätspakt beschlossen, der bei Verletzung dieses Kriteriums Sanktionen für das betreffende Land vorsieht.[8] Das Haushaltsdefizit darf höchstens drei Prozent des BIP ausmachen, d.h. ein am Euro-System beteiligter Staat darf sich nur bis zu dieser Höhe in einem Jahr neu verschulden.

4. Für die öffentlichen Schulden wurde ebenfalls ein Höchstwert festgelegt. Sie dürfen insgesamt den Wert von 60 % des BIP nicht übersteigen. Doch hier gestattet der Maastrichter Vertrag Ausnahmen, wenn der betreffende Staat durch Abbau von Schulden Annäherungen an den Referenzwert erkennen lässt.

5. Die **Wechselkursstabilität** eines beitrittswilligen Landes zeigt sich darin, dass seine Währung mindestens zwei Jahre am Wechselkursmechanismus - nationale Währung zum Euro - ohne Spannungen und ohne Abwertungen teilgenommen hat.[9]

[7] Vgl. hierzu die Ausführungen zur Geldpolitik in Kap. 9.
[8] Vgl. die Ausführungen zum Stabilitäts- und Wachstumspakt auf S. 314 ff.
[9] Vgl. die Ausführungen zum Wechselkursmechanismus II auf S. 312 f.

Von den 27 Ländern, die der Europäischen Union inzwischen angehören, nahmen von Anfang an lediglich die elf Staaten am Euro-System teil, die auch am EWS beteiligt waren. Sie erfüllten im Wesentlichen die Referenzwerte der Konvergenzkriterien.

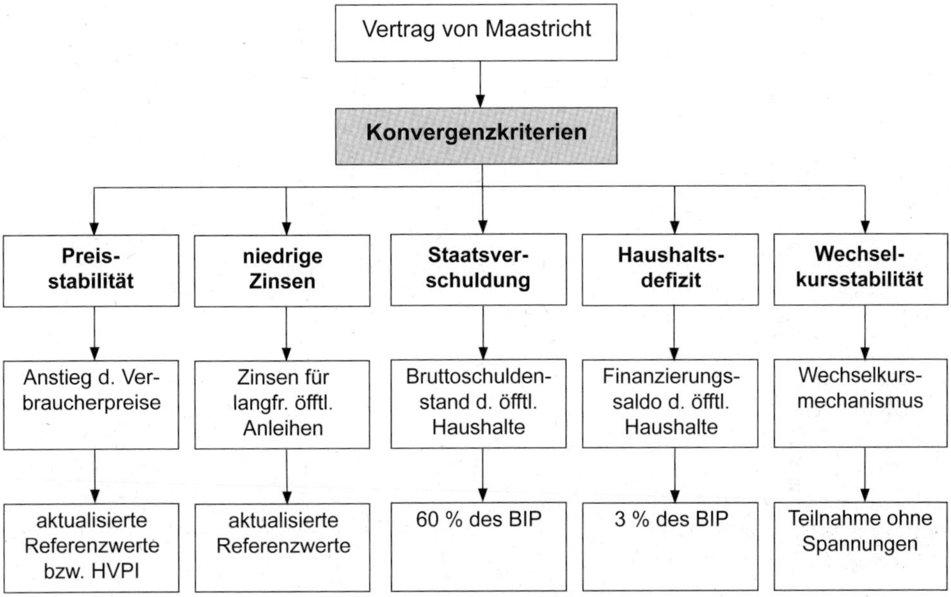

Die folgende Tabelle (Tab. 15.8) gibt für die Konvergenzkriterien die Referenzwerte im Jahr 1999 und den Stand der Konvergenz in der 3. Stufe zur Währungsunion an. Die Angaben spiegeln den relativ hohen Stand der Konvergenz bei den Kriterien für Preisstabilität, Zinsniveau und Finanzierungssaldo wider: Die vorgegebenen Referenzwerte wurden von den meisten Ländern unterschritten; lediglich Irland und Spanien konnten den Wert für die Preisstabilität nicht erreichen.

Allerdings warf (und wirft) der vorgegebene Wert für die Staatsverschuldung Probleme auf. Der Bruttoschuldenstand der öffentlichen Haushalte von Deutschland, den Niederlanden, Österreich und Spanien lag geringfügig, der von Belgien und Italien erheblich über 60 % des BIP. Bei diesem Kriterium ließ der Maastrichter Vertrag jedoch Ausnahmen zu: Der Beitritt zur Währungsunion sollte auch bei hohem Schuldenstand möglich sein, wenn diese Länder die Schulden erkennbar abbauten.

		Veränderung der Verbraucherpreise gegenüber dem Vorjahr in %	Finanzierungssaldo der öffentlichen Haushalte in % des BIP	Langfristiger Zinssatz im Durchschnitt in %	Bruttoschuldenstand der öffentlichen Haushalte in % des BIP
	Referenzwerte (1999):	**2,4**	**- 3,0**	**7,2**	**60,0**
1	Belgien	1,4	- 0,9	5,2	114,4
2	Deutschland	1,1	- 1,1	4,9	61,1
3	Finnland	1,8	2,3	5,1	47,1
4	Frankreich	0,9	- 1,8	5,0	58,6
5	Irland	3,1	2,0	5,1	52,4
6	Italien	1,9	- 1,9	5,1	114,9
7	Luxemburg	1,8	2,4	5,1	6,2
8	Niederlande	1,9	0,5	5,0	63,8
9	Österreich	0,9	- 2,0	5,1	64,9
10	Portugal	1,9	- 2,0	5,2	56,8
11	Spanien	2,5	- 1,1	5,1	63,5

Tab. 15.8: Konvergenzkriterien, Referenzwerte, Stand der Konvergenz 1999 (Quelle: EWI 2001, Bundesverband Deutscher Banken)

Für Dänemark und Großbritannien gilt nach dem Maastrichter Vertrag eine sog. **Opting-Out-Klausel**. Das ist eine Sonderregelung des Vertrages für Staaten, die zwar Mitglieder der EU sind, aber an der Kooperation auf einem Gebiet, z. B. im Eurosystem, nicht teilnehmen. Die Klausel gestattet den beiden Ländern, auch bei Erfüllung der Konvergenzkriterien selbst zu entscheiden, ob sie der Währungsunion teilnehmen.

Die aktuellen Statistiken zeigen, dass im Eurosystem die Konvergenz bei den Kriterien Preis- und Zinsniveau fortschreitet; im Wesentlichen sorgen dafür die geldpolitischen Maßnahmen der EZB. Die Länder mit traditionell hoher Staatsverschuldung (Belgien und Italien) haben die Schulden weiter abgebaut. Die Vorschriften des Stabilitäts- und Wachstumspakts sorgen zwar für Haushaltsdisziplin; aber einige Länder, z. B. Deutschland und Frankreich, haben große Schwierigkeiten, das vorgegebene Kriterium immer zu erfüllen; die Steuereinnahmen gehen zurück, die Ausgaben können nicht wesentlich gekürzt werden, so entstehen Finanzierungssalden, die gelegentlich den kritischen Wert von 3 % des BIP übersteigen. Die Finanzierungssalden können nur durch eine hohe Nettokreditaufnahme ausgeglichen werden.

In der folgenden Tabelle (Tab. 15.9) werden für die Länder des Euro-Währungsgebietes die aktuellen Finanzierungssalden angegeben. Zusätzlich weist die Tabelle auf die Entwicklung der Salden seit 2001 hin. Die Zahlen spiegeln die Stabilitätsbemühungen wider; sie weisen aber auch darauf hin, dass einige Volkswirtschaften erhebliche Schwierigkeiten haben, die Vorgaben des Stabilitätspaktes einzuhalten (vgl. z. B. Deutschland und Frankreich).

	Staat	**Finanzierungssalden**		
		2005	**2006**	**2007**
1	Belgien	- 2,3	0,4	- 0,3
2	Deutschland	- 3,4	- 1,6	0,0
3	Finnland	2,7	3,8	4,5
4	Frankreich	- 2,9	- 2,5	- 2,4
5	Griechenland	- 5,1	- 2,5	- 2,7
6	Irland	1,2	2,9	0,5
7	Italien	- 4,2	- 4,4	- 2,4
8	Luxemburg	- 0,1	0,7	1,0
9	Niederlande	- 0,3	0,6	- 0,4
10	Österreich	- 1,6	- 1,4	- 0,7
11	Portugal	- 6,1	- 3,9	- 3,0
12	Slowenien	- 1,5	- 1,2	- 0,6
13	Spanien	1,0	1,8	1,8
	Euro-Währungsgebiet	**- 2,5**	**- 1,5**	**- 0,8**

Tab. 15.9: Finanzierungssalden in Prozent des BIP (Quelle: EZB-Jahresbericht 2007)

In den Ländern, die zwar EU-Mitglieder sind, aber noch nicht am Eurosystem teilnehmen, sind die nationalen Zentralbanken für die Geld- und Wechselkurspolitik zuständig. Sie arbeiten im Rahmen des Erweiterten EZB-Rates mit dem Eurosystem zusammen, damit die Preisniveaustabilität in der EU gewährleistet ist. Grundlage der Zusammenarbeit ist die regelmäßige Analyse der gesamtwirtschaftlichen Rahmenbedingungen und insbesondere der Geld- und Wechselkurspolitik. Zur Analyse der Konvergenz wurde der Wechselkursmechanismus II entwickelt. Ziel der Zusammenarbeit ist letztlich, dass auch diese Länder den Euro als Zahlungsmittel einführen.

Die meisten Länder, die 2004 der EU beigetreten sind, haben das Ziel, in absehbarer Zeit den Euro als Währung einzuführen, um am europäischen Währungssystem teilzunehmen. Einige dieser Länder sind aber noch sehr weit von diesem Ziel entfernt, wie die Liste der Kriterien für Preisniveaustabilität und Verschuldung zeigen (vgl. Tab. 15.10); die Tabelle zeigt auch, wie sich die Kriterien seit 2005 entwickelt haben. In der Tabelle sind die entsprechenden Kriterien auch für Dänemark, Schweden und Großbritannien angegeben.

		Preisentwicklung HVPI			Haushaltssaldo in % des BIP			Bruttoverschuldung in % des BIP		
		2005	2006	2007	2005	2006	2007	2005	2006	2007
1	Dänemark	1,7	1,9	1,7	4,6	4,6	3,8	36,3	30,3	25,6
2	Schweden	0,8	1,5	1,7	2,4	2,5	3,0	52,2	47,0	39,7
3	Großbritannien	2,1	2,3	2,3	- 3,3	- 2,7	- 3,0	42,1	43,2	43,9
4	Bulgarien	6,0	7,4	7,6	2,0	3,2	3,1	29,2	22,8	19,8
5	Estland	4,1	4,4	6,7	1,9	3,6	2,6	4,4	4,0	2,7
6	Lettland	6,9	6,6	10,1	- 0,4	- 0,3	0,3	12,5	10,6	9,4
7	Litauen	2,7	3,8	5,8	- 0,5	- 0,6	- 0,9	18,6	18,2	17,6
8	Malta	2,5	2,6	0,7	- 3,1	- 2,5	- 1,6	70,8	64,7	62,9
9	Polen	2,2	1,3	2,6	- 4,3	- 3,8	- 3,0	47,1	47,6	47,0
10	Rumänien	9,1	6,6	4,9	- 1,4	- 1,9	- 2,9	15,8	12,4	11,9
11	Slowakei	2,8	4,3	1,9	- 2,8	- 3,7	- 2,5	34,2	30,4	30,6
12	Tschechien	1,6	2,1	3,0	- 3,5	- 2,9	- 3,4	30,2	30,1	30,4
13	Ungarn	3,5	4,0	7,9	- 7,8	- 9,2	- 6,2	61,6	65,6	65,4
14	Zypern	2,0	2,2	2,2	- 2,4	- 1,2	- 1,5	69,1	65,2	60,0
	EU - 11	3,7	3,3	4,1	- 3,6	- 3,4	- 2,8	39,4	38,2	37,2
	EU - 14	2,6	2,6	2,9	- 2,3	- 1,8	- 1,9	42,1	41,6	40,7

Tab. 15.10: Die Konvergenzkriterien für die Kriterien Preisniveaustabilität und Verschuldung in den EU-Mitgliedsländern, die den Euro bis 31.12.2007 noch nicht als Währung eingeführt haben
(Quellen: EZB-Monatsberichte Dez. 07 ff., EZB-Jahresbericht 2007)
Anmerkung:
EU – 14: alle in der Tabelle angegebenen Länder,
EU – 11: die unter Nr. 4 bis Nr. 14 angegebenen Länder, das sind die Länder, die 2004 bzw. 2007 der EU beigetreten sind

15.7.4.3 Der Wechselkursmechanismus II

Um die Währungen der EU-Mitgliedsländer, die noch nicht am Euro-System teilnehmen, an den Euro zu binden, wurde ein neuer Wechselkursmechanismus (**WKM II**) entwickelt. Mit seiner Hilfe werden folgende **Ziele** angestrebt:

- die wirtschaftliche und wirtschaftspolitische Konvergenz, insbesondere im Hinblick auf die Preisstabilität,
- die wechselkurspolitische Zusammenarbeit,
- die Vorbereitung dieser Länder auf die künftige Teilnahme am Euro-System.

Der Wechselkursmechanismus funktioniert folgendermaßen. Für die betreffende Währung wird ein **Leitkurs** zum Euro festgelegt. Um diesen Leitkurs kann der tatsächliche Kurs schwanken; die Standardschwankungsbreite beträgt ±15 %. Allerdings kann die tatsächliche Schwankungsbreite geringer sein; geringere Schwankungsbreiten drücken den Konvergenzfortschritt, z.B. hohe Preisstabilität usw., aus. Bei Abweichungen des tatsächlichen Wechselkurses vom Leitkurs, die über den durch die zulässige Schwankungsbreite hinausgehen, sind die betroffenen Länder zu Interventionen auf dem **Devisenmarkt** verpflichtet.

Die Teilnahme am WKM II ist freiwillig. Neben Dänemark nehmen zzt. Estland, Zypern, Lettland, Litauen, Malta, Slowakei an diesem besonderen Wechselkursmechanismus teil. Die Schwankungsbreite der dänischen Krone um ihren Leitkurs beträgt lediglich 2,25 %. Für die übrigen Währungen besteht die übliche Schwankungsbreite von 15 % um den jeweiligen Leitkurs.

	Land	**Währung**	**Schwankungsbreite**	**Oberer Interventionskurs**	**Leitkurs**	**Unterer Interventionskurs**
				1 Euro = ... jeweilige Währung		
1	Dänemark	Dänische Krone (DKK)	± 2,25 %	7,62824	7,46038	7,29252
2	Estland	Estnische Krone (EEK)	± 15 %	17,9936	15,6466	13,2996
3	Litauen	Litauischer Litas (LTL)	± 15 %	3,97072	3,45280	2,93488
4	Zypern	Zypernpfund (CYP)	± 15 %	0,673065	0,585274	0,497483
5	Lettland	Lettischer Lats (LVL)	± 15 %	0,808225	0,702804	0,597383
6	Malta	Maltesische Lira (MTL)	± 15 %	0,493695	0,429300	0,364905
7	Slowakei	Slowakische Krone (SKK)	± 15 %	44,2233	38,4550	32,6868

Tab. 15.11: Leitkurse und Schwankungsbreiten für die Währungen der am WKM II teilnehmenden Länder (Quelle: EZB-Jahresbericht 2007)

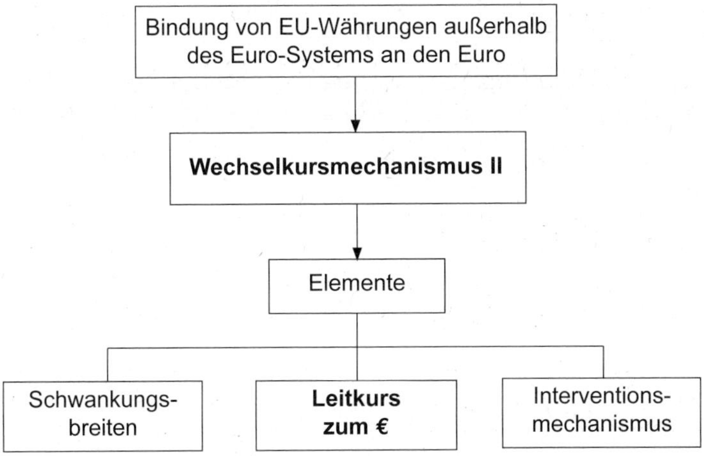

15.7.4.4 Der Stabilitäts- und Wachstumspakt

Ziele der Union sind Preisstabilität sowie Wirtschaftswachstum und Beschäftigung im Euro-Währungsgebiet. Die Voraussetzungen dafür können nur durch eine entsprechende Finanzpolitik geschaffen werden.

Hohe Haushaltsdefizite und hohe Bruttoverschuldungen engen die Möglichkeiten der Finanzpolitik, auf Konjunkturschwankungen durch Anpassungen von Einnahmen und Ausgaben zu reagieren, sehr ein. Die Zins- und Tilgungslasten der öffentlichen Haushalte belasten darüber hinaus auch die anderen Bereiche der Wirtschaft. Wenn die Kreditnachfrage der öffentlichen Haushalte zur Erhöhung des Zinsniveaus führt, kann die Investitionstätigkeit der privaten Unternehmen beeinträchtigt werden, Produktion und Einkommen wachsen dadurch langsamer oder gar nicht.

Eine besondere Gefahr für die Preisstabilität geht von der monetären Finanzierung der Haushaltsdefizite aus. Kredite der nationalen Zentralbanken an die Träger der Finanzpolitik zur Deckung der Haushaltslücken tragen durch die Vermehrung der gesamtwirtschaftlichen monetären Nachfrage zu inflationären Entwicklungen bei; sie sind deshalb verboten.

Wie die anderen Bereiche der Wirtschaftspolitik ist auch die Haushaltspolitik „eine Angelegenheit von gemeinsamem Interesse". Und wie die anderen Bereiche der Wirtschaftspolitik wird auch die Haushaltspolitik durch ein gemeinsames Gremium, den **ECOFIN-Rat**, koordiniert. Der ECOFIN-Rat setzt sich aus den Wirtschafts- und Finanzministern der Mitgliedstaaten zusammen. Grundlage für die Koordinierung der Haushalts- bzw. Finanzpolitik ist der **Stabilitäts- und Wachstumspakt**, der von den an der Gemeinschaft beteiligten Staaten im Jahr 1997 beschlossen wurde.

Ziele des Stabilitäts- und Wachstumspaktes sind

1. die Sicherung der dauerhaften Übereinstimmung der Finanzpolitik mit den Anforderungen eines soliden Haushalts,
2. die Überwachung der finanzpolitischen Entwicklungen, um im Falle budgetärer Fehlentwicklungen frühzeitig Warnsignale zu erhalten.[10]

Mit dem Pakt verpflichten sich die Mitgliedstaaten, mittelfristig **Haushalte** anzustreben, **die entweder nahezu ausgeglichen sind oder einen Überschuss aufweisen**. Dadurch soll erreicht werden, dass die Defizite unterhalb des Referenzwertes von 3 % des BIP bleiben.

Defizite, die über dem Referenzwert liegen, werden im Allgemeinen als übermäßig angesehen. Übermäßige Defizite veranlassen den ECOFIN-Rat, dem betroffenen Mitgliedstaat Empfehlungen für die Beseitigung des Defizits zu geben. Diese sollen dazu führen, dass innerhalb von vier Monaten wirksame Maßnahmen zum Abbau des Defizits getroffen werden. Wenn diese Maßnahmen nicht ergriffen werden, kann der ECOFIN-Rat **Sanktionen** erlassen. Sie bestehen in unverzinslichen Einlagen, die in Geldbußen umgewandelt werden können.

---

[10] nach EZB-Monatsbericht Mai 1999

Der Stabilitäts- und Wachstumspakt sieht auch ein **Frühwarnsystem** vor. Damit können die Entwicklungen der Haushalte in den Mitgliedsländern überwacht werden. Die EU-Mitgliedsländer, die am Euro-System beteiligt sind, müssen dem ECOFIN-Rat Stabilitätsprogramme, die anderen EU-Mitgliedstaaten Konvergenzprogramme vorlegen. In diesen Programmen sind die mittelfristigen haushaltspolitischen Ziele darzustellen.

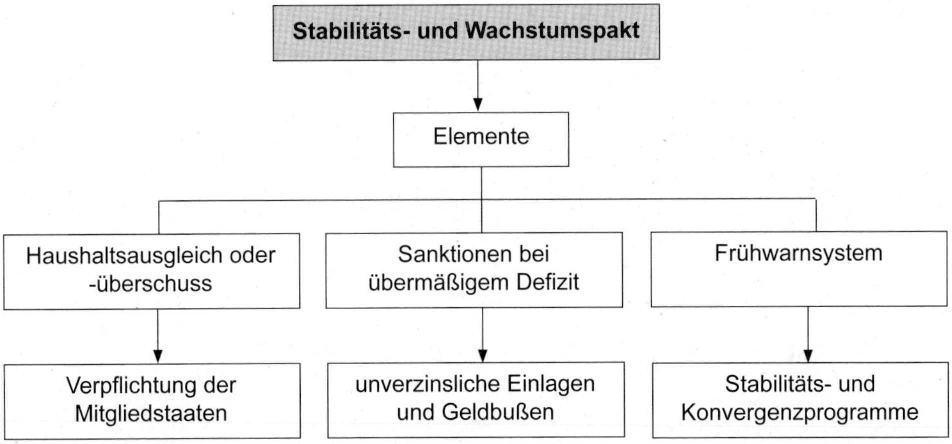

Durch die Gründung der Währungsunion sind wichtige Kontrollinstanzen und Instrumente zur Koordinierung der Wirtschaftspolitiken in den beteiligten Ländern entfallen. Der Stabilitäts- und Wachstumspakt ist an ihre Stelle getreten.

Er kann die Aufgaben wegen seiner Starrheit und seiner mangelnden Flexibilität nur unzulänglich wahrnehmen. Der Präsident der EU-Kommission Romano Prodi hat in einem Aufsehen erregenden Interview mit „Le Monde" im Oktober 2002 den Pakt als „dumm wie alle starren Entscheidungen" bezeichnet. Nach Prodis Auffassung gibt es kein blühendes, starkes Europa mit Wachstum, wenn Entscheidungen die veränderten Zeiten nicht angemessen berücksichtigen. Er sprach sich deshalb in der Folgezeit (auch in der Auseinandersetzung mit der deutschen Problematik) dafür aus, den Pakt intelligent und mit einer gewissen Flexibilität zu interpretieren.

Im November 2003 strengte die EU-Kommission ein Defizitverfahren gegen Deutschland und Frankreich an, weil beide Länder zum wiederholten Male den kritischen Wert für den Finanzierungssaldo ihrer öffentlichen Haushalte nicht erreichen konnten. Zweck des Verfahrens war, beide Ländern unter Androhung der im Pakt vorgesehenen Strafen zu erheblichen Einsparungen zu verpflichten. Die Mehrheit der Finanzminister im Ecofin-Rat stimmten allerdings für eine Aussetzung des Verfahrens.

Die Entscheidung des Ecofin-Rates hatte ein zwiespältiges Echo. Kritiker bezeichnen sie als Niederlage für Europa und als Bruch des Stabilitäts- und Wachstumspakts. Der EZB-Rat machte deutlich, dass der Mangel an finanzpolitischer Disziplin durch angemessene Maßnahmen ausgeglichen wird.

Im Jahr 2005 wurde der Stabilitätspakt korrigiert bzw. ergänzt. Diese sog. Reform enthält u. a. folgende Aspekte:

- Defizite über drei Prozent des BIP, die in den Mitgliedsländern in wirtschaftlich schlechten Zeiten entstehen, sollen in guten Zeiten ausgeglichen werden können. Das bedeutet, dass die Fristen für die Defizitminderungen gestreckt werden können.
- Die Fristen für die Rückführung der Defizite auf drei Prozent werden auf drei Jahre festgelegt; sie können aber unter besonderen Bedingungen darüber hinaus verlängert werden.
- Ausnahmetatbestände, die sog. einschlägigen Faktoren, können die Einleitung eines Defizitstrafverfahrens verhindern oder verzögern. Einschlägige Faktoren, die für Deutschland in Betracht kämen, könnten z.B. die Rentenreform oder die deutsche Einheit sein.

  Für die Anerkennung der Ausnahmetatbestände gelten folgende Voraussetzungen.
  - Das Defizit muss durch die von den einschlägigen Faktoren verursachten besonderen Ausgaben entstanden sein.
  - Das Defizit muss nahe bei drei Prozent des BIP liegen.
  - Das Defizit muss ursächlich für die Schwächung des wirtschaftlichen Wachstums sein.
- Bei der Budgetüberwachung sollen die betroffenen europäischen und nationalen Institutionen enger zusammenarbeiten und sich z. B. bereits vor Entscheidungen gegenseitig konsultieren.

15.7.4.5 Die Bedeutung der Gemeinschaftswährung EURO

Seit Gründung der Europäischen Gemeinschaft ist in Diskussionen und politischen Bemühungen immer das Ziel erkennbar gewesen: eine Wirtschafts- und Währungsunion in Europa. In einem Europa ohne Binnengrenzen für den Austausch von Waren und Leistungen, für den Personen- und Kapitalverkehr sollen Rechnungen in einer einheitlichen Währung ausgeglichen werden. Das Ziel ist erreicht, die Währungsunion besteht.

Bis zum Jahr 2004 nahmen nur 15 Staaten an der Europäischen Union und davon lediglich zwölf am Euro-System teil. Im Mai 2004 wurde die Union durch den Beitritt der folgenden zehn Staaten erweitert: Polen, Ungarn, die Tschechische Republik, Estland, Lettland, Litauen, Slowenien, die Slowakei, Malta und Zypern sowie Bulgarien und Rumänien.

Durch die Übernahme des Vertrages haben sich die Beitrittsländer verpflichtet, eines Tages auch am Euro-System teilzunehmen; eine Opting-Out-Klausel ist nicht vorgesehen, allerdings müssen vor der Einführung der Gemeinschaftswährung die Konvergenzkriterien annähernd erfüllt sein. Bis dahin werden die nationalen Währungen der Beitrittsländer über den Wechselkursmechanismus II an den Euro gebunden. Einigen Ländern wird dabei zunächst sicherlich eine große Schwankungsbreite ihrer Wechselkurse zugestanden werden müssen.

Es ist also **ein einheitliches Währungsgebiet in Europa** entstanden, dem **14 Staaten mit rd. 292 Mio. Einwohnern** angehören. Zwischen ihnen bestehen zum Teil erhebliche **Unterschiede** u. a. in den wirtschaftlichen Strukturen (vgl. Anhang III) und in den nationalen Interessen, die sich in den politischen Maßnahmen ausdrücken. Da der Währungs- und Wirtschaftsunion die politische Union fehlt, ist – außer in der Geld- und Währungspolitik – in vielen Bereichen eine Vereinheitlichung der Politik nur schwer möglich.

Durch die Union entsteht ein großer europäischer **Binnenmarkt**, dessen Bedeutung sich erschließt, wenn man berücksichtigt, dass die europäischen Staaten den größten Teil ihres Außenhandels untereinander abwickeln (vgl. Anhang IV). Der Handel zwischen ihnen wird durch die Einführung einer einheitlichen Währung erheblich erleichtert. Rechnungen können in einer einheitlichen Währung ausgeglichen werden. Die Unternehmen erhalten sichere Kalkulationsgrundlagen. Private Haushalte haben bei Reisen in die Unionsländer keine Kosten beim Umtausch von Währungen.

Preise für Waren, Leistungen und Produktionsfaktoren werden in Europa vergleichbar. Davon können Anregungen für das wirtschaftliche Wachstum in den europäischen Staaten ausgehen. Das kann den Wettbewerb stärken.

Das gilt auch für die Finanzmärkte. Es entstehen neue Märkte für Finanzdienstleistungen, wie z. B. für Bankgeschäfte und Versicherungen. Der Euro ist mittlerweile eine wichtige Anleihewährung geworden. So können deutsche Unternehmen auch in anderen Ländern Anleihen aufnehmen und Aktien unterbringen.

15.7.4.6 Die Euro-Zone – ein optimales Währungsgebiet[11]

Durch die Gemeinschaftswährung **entfällt** das **Wechselkursrisiko** zwischen den europäischen Währungen. Bei Flucht einer europäischen Währung vor der Entwertung im Inland, z. B. der italienischen Lira, in eine relativ stabile Währung, z. B. DM, wurde diese Währung, hier also die DM, aufgewertet. Das konnte erhebliche Nachteile für den Export des aufnehmenden Landes, hier für den deutschen Export, haben. Währungskrisen innerhalb der Währungsunion kann es nicht mehr geben.

Der **Wegfall von Wechselkursen** wirft jedoch auch Probleme auf. Der freie Wechselkurs ist ein wirtschaftspolitisches Anpassungsinstrument; er kann verhindern, dass wirtschaftliche Krisen von einem Land in das andere übertragen werden. Wenn dieses Instrument entfällt, müssen Anpassungen durch andere Instrumente möglich sein. Das gilt vor allem für das neue Währungsgebiet, dass sich aus Ländern mit sehr unterschiedlichen wirtschaftlichen Strukturen und Entwicklungen zusammensetzt.

Anpassungsinstrumente in einem optimalen Währungsgebiet sind u. a.

- Flexible Preise für Güter, Leistungen und Produktionsfaktoren,
- Flexibilität des Arbeitsmarktes,

[11] Die „Theorie des optimalen Währungsraums" stammt von dem Nobelpreisträger für Ökonomie Robert Mundell, der in Kanada lehrt.

- Mobilität der Arbeitnehmer, d.h. Arbeitnehmer müssen bereit und in der Lage sein, aus der Region, in der sie arbeitslos werden, in Regionen zu ziehen, in der Arbeitsplätze für sie zur Verfügung stehen,
- ein effizientes Finanzausgleichssystem, mit dessen Hilfe Regionen in Rezessionen unterstützt werden können.

Diese Anpassungsinstrumente funktionieren noch nicht ausreichend bzw. existieren gar nicht. So wird insbesondere die Mobilität von Arbeitnehmern durch Sachzwänge, z. B. starke (auch emotionale) Bindungen an die heimatliche Region, fehlende Sprachkenntnisse, Ängste vor dem Neuen und Ungewissen, behindert. Ein Finanzausgleichssystem zwischen den Mitgliedstaaten besteht nicht.

Allerdings kann erwartet werden, dass die beteiligten Staaten nach Einführung des Euro durch die Stabilitätspolitik des ESZB, durch die Einhaltung des Stabilitäts- und Wachstumspakts und schließlich durch die Ausdehnung des Währungsgebietes auf die Beitrittskandidaten zu Anpassungsmaßnahmen gezwungen werden. So kann sich die Europäische Währungsunion allmählich zu einem optimalen Währungsgebiet entwickeln, in dem die Anpassungsinstrumente funktionieren können.

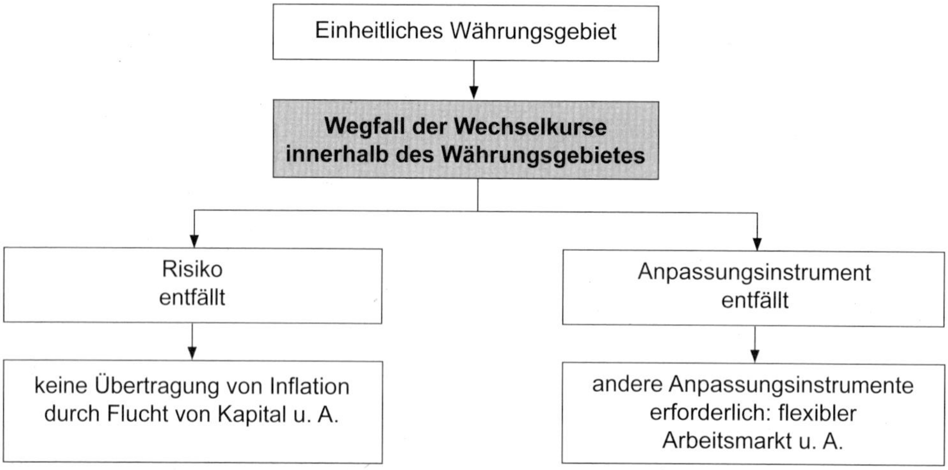

15.7.4.7 Der Außenwert des Euro

Der Außenwert einer Währung drückt sich in seinem Austauschverhältnis zu anderen Währungen aus. Die Tabelle 15.12 zeigt, wie sich der Außenwert des Euro im Verhältnis zu einigen wichtigen Währungen seit Januar 2007 entwickelt hat. Dargestellt wird der jeweilige Gegenwert für einen Euro in US-Dollar, Pfund, Yen, Rubel und Yuan.

Die Angaben in der Tabelle weisen u. a. auf den steigenden Außenwert des Euro in Bezug auf den Dollar hin. Von Januar 2007 bis Juli 2008 stieg der Dollarwert des Euro von 1,30 auf 1,58. Das heißt, im Juli lag der Gegenwert für 1 $ bei 0,63 €. Ursachen dieser Dollarschwäche sind die Verschuldung und das Handelsbilanzdefizit.

Private und öffentliche Haushalte der USA sind stark verschuldet. Die Schulden privater Haushalte stieg bis 2007 auf nahezu 14 Billionen US-$.[12] Viele amerikanische Haushalte haben in den vergangenen Jahren den Kauf von Konsumgütern und Immobilien mit Krediten finanziert. Die Kreditbeschaffung war für private Verbraucher relativ einfach, das zeigt das Beispiel der Immobilienkredite. Kredite für Hauskäufe wurden häufig ohne ausreichende Sicherheiten vergeben. Die Folge war, dass bei der krisenbedingten Zahlungsunfähigkeit der Kreditnehmer im vergangenen Jahr nahezu 20 Prozent dieses Kreditvolumens ausfielen. Man schätzt die Ausfälle auf mehrere Hundert Milliarden Dollar. Die Banken mussten diese Ausfälle abschreiben und gerieten dadurch in erhebliche Schwierigkeiten.

Auch der Staat ist erheblich verschuldet; die staatlichen Haushalte sind in den letzten Jahren i. d. R. defizitär. Kriegskosten, die Kosten für die Bekämpfung des Terrorismus, die Mittel für Konjunkturprogramme usw. erfordern neue Kreditaufnahmen, die Schulden wachsen, sie haben inzwischen einen Wert von rd. 5.000 Milliarden Dollar erreicht. Am Ende des Jahres 2007 lag die Bruttoverschuldung des Staates bei 49,2 % des BIP und der Finanzierungssaldo der öffentlichen Haushalte bei – 3,3 % des BIP.[13]

Der Kapitalbedarf wird durch Kapitalimporte gedeckt. Ausländische Kapitalanleger suchen Anlagemöglichkeiten in US-$, der immer noch wichtigsten und darum besonders begehrten Währung. Oder aber ausländische Zentralbanken intervenieren zur Stützung des Wechselkurses und kaufen Dollar mit heimischer Währung auf. Allerdings haben Anleger damit begonnen, ihre Anlagen in Dollar und Euro-Anlagen umzuschichten. Die Nachfrage nach Euro steigt also auch aus spekulativen Gründen.

US-Amerikaner verbrauchen mehr als sie im Inland herstellen; der Bedarf muss auch durch importierte Güter gedeckt werden. Häufig haben im Ausland produzierte Güter Kostenvorteile und können im Inland preisgünstiger angeboten werden als heimische Produkte, das gilt z.B. für viele chinesische Waren. Die Folge ist, dass sich die Nachfrage nach solchen Produkten ins Ausland verlagert. Es wird mehr importiert als exportiert; es entsteht ein Handelsbilanzdefizit.

Bei festen oder staatlich regulierten Wechselkursen wie zwischen USA und der Volksrepublik China fließen bei einem Importüberschuss Devisen ab. So stieg der Bestand an Devisenreserven bei der chinesischen Zentralbank auf mehr als 1.400 Milliarden Dollar. Um das Problem zu lösen, müsste der Chinesische Renminbi Yuan aufgewertet werden; dadurch würden chinesische Produkte aus US-amerikanischer Sicht teurer, die chinesischen Exporte müssten abnehmen. Um das zu vermeiden, interveniert die chinesische Zentralbank und kauft zur Stützung des Wechselkurses US-Dollar auf.

Bei freien Wechselkursen wie zwischen den USA und den Euro-Ländern wird bei einem Importüberschuss die Währung des exportierenden Landes aufgewertet, die heimische Währung wird abgewertet. So steigt der Wert des Euro ständig. Aus amerikanischer Sicht werden die Produkte aus den Euro-Ländern immer teurer; die Importe müssten abnehmen.

---

[12] nach: Der Spiegel 48/2007

[13] EZB-Monatsbericht August 2008

Eine Anpassung scheint sich abzuzeichnen. Der Euro verlor Anfang August erheblich an Wert.[14] Der Grund könnte in den geringen Erwartungen für das BIP-Wachstum in den Euro-Ländern in den nächsten Monaten liegen.

	US-Dollar	Pfund Sterling	Japanischer Yen	Chinesischer Renminbi Yuan	Russischer Rubel
			1 € = ...		
Januar 07	1,2999	0,66341	156,56	10,1238	34,4578
Februar	1,3074	0,66800	157,60	10,1326	34,4060
März	1,3242	0,68021	155,24	10,2467	34,5680
April	1,3516	0,67934	160,68	10,4400	34,9054
Mai	1,3511	0,68136	163,22	10,3689	34,8999
Juni	1,3419	0,67562	164,55	10,2415	34,7739
Juli	1,3716	0,67440	166,76	10,3899	35,0292
August	1,3622	0,67766	159,05	10,3162	34,9211
September	1,3896	0,68887	159,82	10,4533	35,1723
Oktober	1,4227	0,69614	164,95	10,6741	35,4008
November	1,4684	0,70896	162,89	10,8957	35,9174
Dezember	1,4570	0,72064	163,55	10,7404	35,7927
Januar 08	1,4718	0,74725	158,56	10,6568	36,0300
Februar	1,4748	0,75094	157,97	10,5682	36,1357
März	1,5527	0,77494	156,59	10,9833	36,8259
April	1,5751	0,79487	161,56	11,0237	37,0494
Mai	1,5557	0,79209	162,31	10,8462	36,9042
Juni	1,5553	0,79152	166,26	10,7287	36,7723
Juli	1,5770	0,79308	168,45	10,7809	36,8261

Tab. 15.12: Entwicklung wichtiger Wechselkurse von Januar 2007 bis Juli 2008 (Quelle: EZB- Monatsberichte August 2008 und frühere)

15.7.4.8 Wichtige Strukturdaten zur Europäischen Währungs- und Wirtschaftsunion

Deutschland ist, gemessen an der Bevölkerungszahl mit rd. 82. Mio. Bürgern das größte Land, gemessen am Bruttoinlandsprodukt auch das wirtschaftlich stärkste Land in der Union. Allerdings ist sein Wohlstand, der durch den Wert das BNE je Einwohner angezeigt wird, erheblich zurückgegangen, sodass Deutschland in der Wohlstandsrangordnung zurückgefallen ist. Das Gesamtprodukt wird in allen Ländern überwiegend im Sektor Dienstleistungen erstellt; der Anteil des Sektors Industrie ist weiter zurückgegangen, bei einigen Ländern, z. B. bei Deutschland, ist dieser Anteil noch immer relativ hoch. Die Inflationsraten liegen in einigen Ländern über dem von der EZB angestrebten Niveau. Die Arbeitslosenquote ist in einigen Ländern zwar relativ niedrig, in anderen liegt sie bei 10 %; hier zeigt sich das besondere Problem der EU. (Anhang III gibt in tabellarischer Form einen Überblick über die wichtigsten Strukturdaten.)

[14] lt. FAZ v. 09.08.2008

Die Exporte und Importe unterscheiden sich selbstverständlich hinsichtlich der Werte; auch in der Art der aus- und eingeführten Güter lassen sich Unterschiede erkennen, allerdings sind Industrieprodukte die wichtigsten Import- und Exportgüter, von geringerer Bedeutung sind landwirtschaftliche Produkte und Nahrungsmittel. Die Mitgliedstaaten wickeln ihren Außenhandel überwiegend innerhalb der Union ab, andere Staaten befinden sich nur ausnahmsweise unter den drei wichtigsten Empfänger- und Lieferländern.

Die folgende Tabelle (15.13) gibt für die 27 EU-Mitgliedstaaten die Import- und Exportwerte in Euro wieder. Die Angaben für Dänemark, Schweden und Großbritannien sowie für die 2004 bzw. 2007 beigetretenen Länder (außer Tschechien) wurden in Euro umgerechnet.

		Wert des Imports	Wert des Exports	Wert des Imports	Wert des Exports
	Länder	**in Mrd. heimische Währung**		**in Mrd. Euro**	
1	Belgien*			302,0	314,0
2	Bulgarien (Lw)	42,8	26,3	21,9	13,5
3	Dänemark (dkr)	538,0	556,0	72,1	74,5
4	Deutschland*			772,5	969,0
5	Estland (ekr)	177,0	126,0	11,3	8,1
6	Finnland*			59,5	65,5
7	Frankreich*			439,0	400,0
8	Griechenland*			50,7	16,6
9	Großbritannien (£)	309,0	221,0	428,8	306,7
10	Irland*			62,4	88,8
11	Italien*			368,0	359,0
12	Lettland (Ls)	7,761	4,042	11,1	5,8
13	Litauen (LTL)	60,987	43,234	17,7	12,5
14	Luxemburg*			16,2	11,8
15	Malta (Lm)			3,5	2,2
16	Niederlande*			307,0	348,0
17	Österreich*			114,3	114,7
18	Polen			118,8	101,1
19	Portugal*			57,0	37,5
20	Rumänien			51,0	29,4
21	Schweden (skr)	1.022,0	1.142,0	108,4	121,1
22	Slowakei (Sk)	1.442,0	1.421,0	43,2	42,5
23	Slowenien*			21,5	19,4
24	Spanien*			280,0	182,0
25	Tschechische Republik			85,8	88,9
26	Ungarn			68,8	68,5
27	Zypern (Z£)	3,719	0,634	6,4	1,1

*Tab. 15.13: EU-Mitgliedstaaten - Wert des Imports und Wert des Exports in Euro 2007 (Griechenland 2006) Angaben für die Länder, die bis Ende 2007 den Euro noch nicht als Währung eingeführt hatten, wurden umgerechnet (Ausnahme: Rumänien) Wechselkurs Stand Ende 2007 (Quellen: Fischer Weltalmanach 2009, EZB Monatsbericht Januar 2008 – für die Umrechnungen) * Beteiligung am Eurosystem, Anmerkung zu den Währungsangaben: (d, s, e,) kr = (dän., schwed., estn.) Kronen, £ = engl. Pfund, Z£ = zypr. Pfund, Ls = Lats, LTL = Litas, Lm = maltes. Lira, Lw = Lew, Sk = Slowakische Krone*

Anhang IV stellt in tabellarischer Form für alle EU-Mitgliedstaaten die jeweils wichtigsten Ausfuhr- und Einfuhrländer dar. Die Tabelle gibt außerdem an, welche Güter hauptsächlich aus- und eingeführt werden.

In der folgenden Tabelle wird die **Leistungsbilanz des Euro-Währungsgebietes** dargestellt. Ihr Überschuss weist darauf hin, dass die Überschüsse aus Handels- und Dienstleistungsbilanz die Defizite in den Bilanzen der Erwerbs- und Vermögenseinkommen sowie der laufenden Übertragungen mehr als ausgleichen konnten.

	Ausfuhr Einnahmen	**Einfuhr Ausgaben**	**Saldo**
Handelsbilanz (Warenhandel)	1.503,6	1.448,1	55,5
Dienstleistungsbilanz (Einnahmen und Ausgaben für gegebene und empfangene Dienstleistungen)	494,8	443,3	51,5
Bilanz der Erwerbs- und Vermögenseinkommen	550,8	547,8	3
Bilanz der laufenden Übertragungen	90,2	173,8	- 83,6
Leistungsbilanz	2.639,4	2.613,0	26,4
Vermögensübertragungen	25,7	11,6	14,1

Tab. 15.14: Euro-Währungsgebiet – wichtige Posten der Zahlungsbilanz: Leistungsbilanz und Bilanz der Vermögensübertragungen 2007, Angaben in Mrd. Euro (Quelle: Monatsbericht der EZB August 2008)

Bei einer Aufschlüsselung des Außenhandels des Euro-Währungsgebietes nach Empfänger- und Lieferländern für das Jahr 2007 zeigt sich, dass ein erheblicher Anteil mit den anderen Unionsländern abgewickelt wird, dabei hat Großbritannien allerdings eine besondere Bedeutung. Auch die Anteile der Ausfuhren nach USA und der Einfuhren aus USA sind beträchtlich.

	Länder	**Ausfuhren in % aller Ausfuhren**	**Einfuhren in % alker Einfuhren**
1	Dänemark	2,2	1,9
2	Schweden	3,7	3,5
3	Vereinigtes Königreich	15,2	11,4
4	Andere EU-Staaten	14,7	11,8
5	Russland	4,5	6,6
6	Schweiz	5,5	4,5
7	Türkei	2,7	2,2
8	Vereinigte Staaten	13,0	8,9
9	China	4,0	11,5
10	Japan	2,3	4,0
11	Andere asiatische Staaten	13,4	14,7
12	Afrika	5,8	7,6
13	Lateinamerika	4,1	5,1
14	Andere Staaten	8,9	6,3
	Insgesamt	100,0	100,0

Tab. 15.15: Euro-Währungsgebiet, geografische Aufschlüsselung der Aus- und Einfuhren 2007, in Prozent, bei den Positionen 1 bis 4 handelt es sich um Länder, die der Europäischen Union, aber nicht dem Euro-Währungsgebiet angehören (nach EZB-Monatsbericht August 2008))

In der folgenden Tabelle (Tab. 15.16) wird die europäische Union mit anderen bedeutenden Wirtschaftsregionen verglichen. Verglichen werden Größe, wirtschaftliche Bedeutung, Wachstum usw.

		EU 13[1]	USA	Japan	Russische Förderation	VR China
Einwohner (Mio.)		316	301	128	142	1.310
BIP in jew. Preisen (Mrd. heim. Währung)		8.916[2]	13.844	515.700	32.988	24.953
Währung		Euro	US-$	Yen	Rubel	Renminbi Yuan
Wechselkurs (Durchschnitt 2007) 1 € = ...[3]			1,3705	161,25	35,0183	10,4178
BIP in jew. Preisen in €[4]		8.916	10.101	3.198	942	2.395
BIP pro Kopf in €[5]		28.215,2	33.558,1	24.984,4	6.633,8	1.828,2
Anteil am weltweiten BIP in %[6]		16,8	22,4	7,0	3,1	9,6
Wirtschaftswachstum (2007, realer Zuwachs gegenüber 2006)		2,6[7]	2,2	2,1	8,1	11,9
Anteile der Sektoren an der Produktion[8]	Landwirtschaft	1,9	1,3	1,7	5,6	13
	Industrie	26,8	22	30	38	48
	Dienstleistungen	71,3	77	68	56	40
BNE je Einwohner in US-$[9]		30.780	43.560	38.950	4.460	1.740
Inflationsrate[10]		2,1	2,9	0,1	11,9	4,8
Arbeitslosenquote[11]		7,4	4,6	3,8	7,3	4,0
Haushaltsdefizit, -überschuss in % des BIP		- 0,4[12]	- 2,5	- 3,4	5,9	0,7
Staatsverschuldung in % des BIP		66,3[13]	60,8	180,0		
Exporte (Wert in Mrd. US-$)		2.055,1	1.163,0	620,9	352,5	1.217,9
Importe (Wert in Mrd. US-$)		2.020,7	2.017,0	712,8	199,7	955,8
Handelsbilanzüberschuss/ -defizit		34,4	- 854	91,9	152,8	262,1
Währungsreserven (Mrd. US-$)		476,0[14]	42,6	948,0	384,7	1.528,0
Bruttoaußenverschuldung (Mrd. US-$)			12.878,0	1.625,6	459,6	346,0

Tab. 15.16: Wirtschaftsgebiete im Vergleich, Quelle (wenn in den Anmerkungen nicht anders angegeben): Bundesagentur für Außenwirtschaft, Köln (Hg.): Wirtschaftsdaten kompakt, Mai 2008

Anmerkungen zu Tab. 15.16

1 EU-13: Euro-Währungsgebiet, die 13 Länder, die bis 2007 den Euro als Währung eingeführt haben (Belgien, Deutschland, Finnland, Frankreich, Griechenland, Irland, Italien, Luxemburg Niederlande, Österreich, Portugal, Slowenien, Spanien)

2 EZB-Monatsbericht Juli 2008

3 EZB-Monatsbericht Juni 2008 - Die aktuellen Wechselkurse weichen davon folgendermaßen ab (Ende Juni 2008): 1 € = 1,5553 US-, 161,25 ¥, 35,0183 Rbl, 10,4178 RMB.

4 Umrechnung mit den angegebenen Wechselkursen

5 ermittelt anhand der vorstehenden Angaben

6 gemessen in Kaufkraftparitätskursen (Quelle: EZB-Monatsbericht März 2008)

[7] EZB-Monatsbericht Juni 2008
[8] Quellen: EU-13: EZB-Monatsbericht Juli 2008, im Übrigen: Fischer Weltalmanach 2008
[9] Quelle: FWA 2008, für EU-13 ermittelt aus Anh.III
[10] Für EU-!3, USA und Japan: Anstieg des Verbraucherpreisindexes; die aktuellen Inflationsraten (Mai 2008) betragen für USA 4,2 und für Japan 1,3 (Quelle: EZB-Monatsbericht Juli 2008).
[11] Für EU-!3, USA und Japan: Arbeitslosenquote in % der Erwerbspersonen, saisonbereinigt).
[12] Für EU-13 wurde ein mittlerer Wert (Median) aus den 13 Werten für die Finanzierungssalden angenommen, vgl. Tab. 15.9.
[13] EZB-Monatsbericht Juli 2008
[14] Ende 4. Quartal: 347,3 Mrd. € (EZB-Monatsbericht Juli 08), umgerechnet mit dem angegebenen Durchschnittskurs, die Angaben beziehen sich auf 15 Länder.

Tab. 15.17 ergänzt die vorstehende Tabelle. Angegeben werden für die USA, für Japan, die Russische Föderation und die Volksrepublik China die wichtigsten Aus- und Einfuhrgüter und deren Anteile an der gesamten Ausfuhr und Einfuhr. Außerdem enthält die Tabelle die wichtigsten Ausfuhr- und Einfuhrländer mit den Anteilen an der gesamten Ausfuhr und Einfuhr. Schließlich zeigt die Tabelle sowohl den Wert des Exports in die Europäischen Union und den Wert des Imports aus der Europäischen Union.

	USA		Japan		Russische Föderation		VR China	
wichtigste Einfuhrgüter	Erdöl	16,5	Erdöl	20,1	Maschinen	48,6	Elektronik	24,9
	Elektronik	13,0	Elektronik	11,9	Chemieprod.	14,0	Brennstoffe	11,2
	Kfz	10,6	Nahrungsm.	7,4	Nahrungsm.	13,7	Chemieprod.	11,0
wichtigste Ausführgüter	Maschinen	14,0	Straßenfahrz.	21,6	Energieträger	65,0	Elektronik	29,6
	Elektronik	11,6	Maschinen	17,0	Metalle	14,3	Textilien	14,9
	Kfz	8,8	Elektronik	15,4	Chemieprod.	5,5	Elektrotechn.	7,5
wichtigste Lieferländer	China	16,5	China	20,6	Deutschland	13,3	Japan	14,0
	Kanada	16,0	USA	11,4	China	12,2	Korea	10,9
	Mexiko	10,8	Saudi Arab.	5,7	Ukraine	6,7	Taiwan	10,6
wichtige Empfängerländer	Kanada	21,4	USA	20,1	Niederlande	12,1	USA	19,1
	Mexiko	11,7	China	15,3	Italien	7,8	Hongkong	15,1
	China	5,6	Korea	7,6	Deutschland	7,5	Japan	8,4
Ausfuhr in EU-27 (Mrd. €)	180,7		77,9		143		231,0	
Einfuhr aus EU-27 (Mrd. €)	261,1		43,7		89,0		71,7	

Tab. 15.17: Außenhandel USA, Japan, Russische Föderation, VR China, angegeben werden die jeweiligen Anteile in % und der Handel mit EU-27 (Quelle: Bundesagentur für Außenwirtschaft 2008, online)

Anhang I

Gesetz zur Förderung der Stabilität und des Wachstums der Wirtschaft von 1967[1,2]

Auszug[3]

§ 1 (Ziele)

Bund und Länder haben bei ihren wirtschafts- und finanzpolitischen Maßnahmen die Erfordernisse des gesamtwirtschaftlichen Gleichgewichts zu beachten.[4] Die Maßnahmen sind so zu treffen, dass sie im Rahmen der marktwirtschaftlichen Ordnung gleichzeitig zur Stabilität des Preisniveaus, zu einem hohen Beschäftigungsstand und außenwirtschaftlichen Gleichgewicht bei stetigem und angemessenem Wirtschaftswachstum beitragen.

§ 2 (Jahreswirtschaftsbericht)

(1) Die Bundesregierung legt im Januar jeden Jahres dem Bundestag und dem Bundesrat einen Jahreswirtschaftsbericht vor. Der Jahreswirtschaftsbericht enthält:

1. die Stellungnahme zu dem Jahresgutachten des Sachverständigenrates... zur Begutachtung der gesamtwirtschaftlichen Entwicklung...;

2. eine Darlegung des für das laufende Jahr von der Bundesregierung angestrebten wirtschafts- und finanzpolitischen Ziele (Jahresprojektion); ...;

(2)...

§ 3 (Konzertierte Aktion)

(1) Im Falle der Gefährdung eines der Ziele des § 1 stellt die Bundesregierung Orientierungsdaten für ein gleichzeitiges aufeinander abgestimmtes Verhalten (konzertierte Aktion) der Gebietskörperschaften, Gewerkschaften und Unternehmensverbände zur Erreichung der Ziele des § 1 zur Verfügung. Diese Orientierungsdaten enthalten insbesondere eine Darstellung der gesamtwirtschaftlichen Zusammenhänge im Hinblick auf die gegebene Situation.

(2)...

§ 5 (Konjunkturausgleichsrücklage)

(1) ...

(2) Bei einer die volkswirtschaftlichen Leistungsfähigkeit übersteigenden Nachfrageausweitung sollen Mittel zur zusätzlichen Tilgung von Schulden bei der Deutschen Bundesbank oder zur Zuführung an eine Konjunkturausgleichrücklage veranschlagt werden.

(3) Bei einer die Ziele des § 1 gefährdenden Abschwächung der allgemeinen Wirtschaftstätigkeit sollen zusätzlich erforderliche Deckungsmittel zunächst der Konjunkturausgleichsrücklage entnommen werden.

§ 6 (Beeinflussung der öffentlichen Nachfrage durch Investitionssteuerung)

(1) Bei der Ausführung des Bundeshaushaltsplans kann im Falle einer die volkswirtschaftliche Leistungsfähigkeit übersteigende Nachfrageausweitung die Bundesregierung den Bundesminister der Finanzen ermächtigen, zur Erreichung der Ziele des § 1 die Verfügung über bestimmte Ausgabemittel, den Beginn von Baumaßnahmen und das Eingehen von Verpflichtungen zu Lasten künftiger Rechnungsjahre von dessen Einwilligung abhängig zu machen. Die Bundesminister der Finanzen und für Wirtschaft schlagen die erforderlichen Maßnahmen vor. Der Bundesminister der Finanzen hat die dadurch nach Ablauf des Rechnungsjahres frei gewordenen Mittel zur gesetzlichen Tilgung von Schulden bei der Deutschen Bundesbank zu verwenden oder der Konjunkturausgleichsrücklage zuzuführen.

(2) Die Bundesregierung kann bestimmen, dass bei einer die Ziele des § 1 gefährdenden Abschwächung der allgemeinen Wirtschaftstätigkeit zusätzliche Ausgaben geleistet werden; ... Zu ihrer Deckung sollen die notwendigen Mittel zunächst der Konjunkturausgleichsrücklage entnommen werden.

(3) ...

§ 7 (Konjunkturausgleichsrücklage)

(1) Die Konjunkturausgleichsrücklage ist bei der Deutschen Bundesbank anzusammeln. Mittel der Konjunkturausgleichsrücklage dürfen nur zur Deckung zusätzlicher Ausgaben gem. § 5 Abs. 3 und § 6 Abs. 2 verwendet werden.

(2) ...

§ 9 (Finanzplanung)

(1) Der Haushaltswirtschaft des Bundes ist eine fünfjährige Finanzplanung zu Grunde zu legen ...

(2) ...

(3) Der Finanzplan ist jährlich der Entwicklung anzupassen und fortzuführen.

§ 10 (Investitionsprogramme)

(1) Als Unterlagen für die Finanzplanung stellen die Bundesminister für ihren Geschäftsbereich mehrjährige Investitionsprogramme auf...

(2) ...

(3) Die Investitionsprogramme sind jährlich der Entwicklung anzupassen und fortzuführen.

§ 11 (Beeinflussung der öffentlichen Nachfrage durch Investitionesteuerung)

Bei einer die Ziele des § 1 gefährdenden Abschwächung der allgemeinen Wirtschaftstätigkeit ist die Planung geeigneter Investitionsvorhaben so zu beschleunigen, dass mit ihrer Durchführung kurzfristig begonnen werden kann.

§ 15 (Konjunkturausgleichsrücklage, Mittelzuführung)

(1) Zur Abwehr einer Störung des gesamtwirtschaftlichen Gleichgewichts kann die Bundesregierung durch Rechtsverordnung mit Zustimmung des Bundesrates anordnen, dass der Bund und die Länder ihren Konjunkturausgleichsrücklagen Mittel zuzuführen haben.

(2) In der Rechtsverordnung ist der Gesamtbetrag zu bestimmen, der von Bund und Ländern aufzubringen ist. Er soll ... in einem Haushaltsjahr drei vom Hundert der vom Bund und Ländern im vorangegangenen Haushaltsjahr erzielten Steuereinnahmen nicht überschreiten.

(3) ...

(4) ...

(5) Die den Konjunkturausgleichsrücklagen aufgrund einer Rechtsverordnung nach Absatz 1 ... zugeführten Beträge dürfen nur insoweit entnommen werden, als sie durch

Rechtsverordnung der Bundesregierung mit Zustimmung des Bundesrates freigegeben sind. Die Freigabe ist nur zur Vermeidung einer die Ziele des § 1 gefährdenden Abschwächung der allgemeinen Wirtschaftstätigkeit zulässig. ...

§ 16 (Kooperation mit den Gemeinden)

(1) Gemeinden und Gemeindeverbände haben bei ihrer Haushaltswirtschaft den Zielen des § 1 Rechnung zu tragen.

(2) Die Länder haben durch geeignete Maßnahmen darauf hinzuwirken, dass die Haushaltswirtschaft der Gemeinden und Gemeindeverbände den konjunkturpolitischen Erfordernissen entspricht.

§ 17 (gegenseitige Information)

Bund und Länder erteilen sich gegenseitig die Auskünfte, die zur Durchführung einer konjunkturgerechten Haushaltswirtschaft und zur Aufstellung ihrer Finanzpläne notwendig sind.

§ 18 (Konjunkturrat)

(1) Bei der Bundesregierung wird ein Konjunkturrat für die öffentliche Hand gebildet. ...

(2) Der Konjunkturrat berät ...

1. alle zur Erreichung der Ziele dieses Gesetzes erforderlichen konjunkturpolitischen Maßnahmen;

2. die Möglichkeiten der Deckung des Kreditbedarfs der öffentlichen Haushalte. ...

(3) ...

§ 19 (Beschränkung der Kreditaufnahme)

Zur Abwehr einer Störung des gesamtwirtschaftlichen Gleichgewichts kann die Bundesregierung durch Rechtsverordnung mit Zustimmung des Bundesrates anordnen, dass die Beschaffung von Geldmitteln im Wege des Kredits ... durch den Bund, die Länder, die Gemeinden und Gemeindeverbände ... beschränkt wird. ...

§ 23 (Beschränkung der Kreditaufnahme, Länderkontrolle)

Die einzelnen Länder haben ... sicherzustellen, dass die Beschaffung von Geldmitteln im Wege des Kredits durch das Land, seine Gemeinden, Gemeindeverbände ... sich im Rahmen der aufgrund dieses Gesetzes angeordneten Beschränkungen hält.

§ 26 (Herabsetzung und Erhöhung der Einkommensteuer)

Das Einkommensteuergesetz ... wird ... geändert:

...

3. ...

a) ... bei Anschaffung oder Herstellung von ... Wirtschaftsgütern des Anlagevermögens (kann) auf Antrag ein Abzug von der Einkommensteuer für den Veranlagungszeitraum der Anschaffung oder Herstellung bis zur Höhe von 7,5 v. H. der Anschaffungs- oder Herstellungskosten dieser Wirtschaftsgüter vorgenommen werden, wenn eine Störung des gesamtwirtschaftlichen Gleichgewichts eingetreten ist oder sich abzeichnet, die eine nachhaltige Verringerung der Umsätze oder der Beschäftigung zur Folge hatte, insbesondere bei einem erheblichen Rückgang der Nachfrage nach Investitionsgütern oder Bauleistungen. ...

b) ... Die Bundesregierung wird ermächtigt, durch Rechtsverordnung Vorschriften zu erlassen, nach denen die Inanspruchnahme von Sonderabschreibungen und erhöhten Absetzungen sowie die Bemessung der Absetzung für Abnutzung in allen Jahresbeträgen ganz oder teilweise ausgeschlossen werden können, wenn eine Störung des gesamtwirtschaftlichen Gleichgewichts eingetreten ist oder sich abzeichnet, die erhebliche Preissteigerungen mit sich gebracht hat oder erwarten lässt, insbesondere, wenn die Inlandsnachfrage nach Investitionsgütern oder Bauleistungen das Angebot wesentlich übersteigt.

...

Die Bundesregierung wird ermächtigt, durch Rechtsverordnung mit Zustimmung des Bundesrates Vorschriften zu erlassen, nach denen die Einkommensteuer ...

1. um höchstens 10 v. H. herabgesetzt werden kann.... Voraussetzung ist, dass eine Störung des gesamtwirtschaftlichen Gleichgewichts eingetreten ist oder sich abzeichnet, die eine nachhaltige Verringerung der Umsätze oder der Beschäftigung zur Folge hatte oder erwarten lässt, insbesondere bei einem erheblichen Rückgang der Nachfrage nach Investitionsgütern und Bauleistungen oder Verbrauchsgütern;

2. um höchstens 10 v. H. erhöht werden kann. ... Voraussetzung ist, dass eine Störung des gesamtwirtschaftlichen Gleichgewichts eingetreten ist oder sich abzeichnet, die erhebliche Preissteigerungen mit sich gebracht hat oder erwarten lässt, insbesondere, wenn die Nachfrage nach Investitionsgütern und Bauleistungen oder Verbrauchsgütern das Angebot wesentlich übersteigt.

...

§ 27 (Herabsetzung und Erhöhung der Körperschaftsteuer)

Das Körperschaftsteuergesetz ... wird ... geändert.

1. ... Wird die Einkommensteuer ... herabgesetzt oder erhöht, so ermäßigt oder erhöht sich die Körperschaftsteuer entsprechend ...

2. ...

Anmerkungen

1 Kurzbezeichnung: Stabilitätsgesetz (StabG)

2 Das Gesetz wurde am 8. Juni 1967 verabschiedet. Es war die Antwort der Wirtschaftspolitik auf die konjunkturelle Abschwächung der Jahre vorher. Zurzeit der Verabschiedung waren die entscheidenden Ministerien besetzt von Karl Schiller (Wirtschaft) und Franz Josef Strauß (Finanzen). Die Vorbereitung des Gesetzes fällt aber noch in die Zeit des berühmten liberalen Wirtschaftspolitikers Ludwig Erhard.

3 Der Auszug betont die Instrumente zur Beeinflussung der staatlichen und privaten Investitions- und Konsumnachfrage. Die Paragrafen 28 bis 33 bleiben unberücksichtigt. Die einzelnen Paragrafen erhalten in dem Auszug Überschriften zur besseren Orientierung; das Gesetz sieht diese Überschriften nicht vor.

4 Das Grundgesetz schreibt in Art. 109 zwischen Bund und Ländern Haushaltstrennung vor. Damit der Bund materiell (nicht formell) auf die Länderhaushalte Einfluss nehmen und seine Vorstellungen von einer antizyklischen Wirtschaftspolitik durchsetzen konnte, musste Art. 109 GG entsprechend ergänzt werden. Art. 109 Abs. 4 ist die Grundlage des StabG; dort werden die Ziele des § 1 StabG als Ziele der staatlichen Wirtschaftspolitik postuliert. Im Folgenden wird der Art. 109 GG vollständig wiedergegeben.

Art. 109 GG (Haushaltstrennung in Bund und Ländern; gesamtwirtschaftliches Gleichgewicht)

(1) Bund und Länder sind in ihrer Haushaltswirtschaft selbstständig und voneinander unabhängig.

(2) Bund und Länder haben bei ihrer Haushaltswirtschaft den Erfordernissen des gesamtwirtschaftlichen Gleichgewichts Rechnung zu tragen.

(3) Durch Bundesgesetz, das der Zustimmung des Bundesrates bedarf, können für Bund und Länder gemeinsam geltende Grundsätze für das Haushaltsrecht, für eine konjunkturgerechte Haushaltswirtschaft und für eine mehrjährige Finanzplanung aufgestellt werden.

(4) Zur Abwehr einer Störung des gesamtwirtschaftlichen Gleichgewichts können durch Bundesgesetz, das der Zustimmung des Bundesrates bedarf, Vorschriften über

1. Höchstbeträge, Bedingungen und Zeitfolge der Aufnahme von Krediten durch Gebietskörperschaften und Zweckverbände und

2. eine Verpflichtung von Bund und Ländern, unverzinsliche Guthaben bei der Deutschen Bundesbank zu unterhalten (Konjunkturausgleichsrücklagen),

erlassen werden. Ermächtigungen zum Erlass von Rechtsverordnungen können nur der Bundesregierung erteilt werden. Die Rechtsverordnungen bedürfen der Zustimmung des Bundesrates. Sie sind aufzuheben, soweit der Bundestag es verlangt; das Nähere bestimmt das Bundesgesetz.

Anhang II

Steuern im Überblick

In der folgenden Aufstellung wird eine nahezu vollständige Liste der Im Jahre 2006 in Deutschland erhobenen Steuern wiedergegeben (Quelle: Statistisches Jahrbuch 2007 der Bundesrepublik Deutschland). In der Tabelle werden die Steuerarten (Sp. 1), das Aufkommen der einzelnen Steuern (Sp. 2) und die Anteile des Aufkommens, die auf Bund Länder und Gemeinden entfallen erfasst (Sp 3, 4, 5). In Sp. 6 und 7 werden zum Vergleich das Aufkommen aus den einzelnen Steuerarten für 2002 und 2004 angegeben. Die Angaben in der Tabelle werden in einem ausführlichen Anhang ergänzt und erläutert, dabei werden die Begriffe auch definiert.

	1	2	3	4	5	6	7
1	Steuern in der Bundesrepublik Deutschland 2006[1]						
2	Steuerarten[2], Steueraufkommen[3], Steuerempfänger[4]						
3	**Steuerarten**	**Aufkommen in Mio. € 2006**	**Empfänger**			**Aufkommen in Mio. €[5]**	
4			**Bund**	**Länder**	**Gemeinden**	**2002**	**2004**
5	**1. Besitzsteuern[6]**						
6	**1.1 Personensteuern[7]**						
7	veranl. Einkommenst.[8]	17.566	7.466	7.466	2.634	7.606	5.395
8	Lohnsteuer	157.727	67.034	67.034	23.659	166.707	158.282
9	Körperschaftsteuer[9]	22.899	11.450	11.449		3.107	13.124
10	Zinsabschlagsteuer	7.595	3.798	3.797		8.478	6.774
11	Nicht veranl. Steuern vom Ertrag[11]	14.357	7.179	7.178		16.909	12.038
12	Vermögensteuer[12]	27		27		239	80
13	Aufsichtsratsteuer[13]						
14	Erbschaftsteuer[14]	3.763		3.763		3.021	4.283
15	Schenkungsteuer[15]						
16	Solidaritätszuschlag[16]	11.277	11.277			10.403	10.108
17	**1.2 Realsteuern[17]**						
18	Gewerbesteuer[18]	38.369	7.674	7.674	23.021	23.489	28.373
19	Grundsteuer[19] A	353			353	345	348
20	Grundsteuer B	10.045			10.045	8.916	9.591
21	**2. Verkehrsteuern[20]**						
22	Feuerschutzsteuer[21]	322		322		306	353
23	Grunderwerbsteuer[22]	6.181		6.181		4.763	4.669
24	Grunderwerbsteuer[23]					75	
25	Kfz.-Steuer[24]	8.397		8.397		7.592	7.739
26	Rennwett- u. Lotteriest.[25]	1.775		1.775		1.844	1.885
27	Umsatzsteuer[26]	111.318	72.357	38.961		105.463	104.715

28	Einfuhrumsatzsteuer[27]	35.370	22.991	12.379		32.732	32.651
29	Versicherungsteuer[28]	8.775	8.775			8.327	8.751
30	Pausch. Eingangsabg.[29]	1	1			5	3
31	**3. Verbrauchsteuern[30]**						
32	Biersteuer	779		779		811	787
33	Branntweinsteuer	2.160	2.160			2.149	2.195
34	Schaumweinsteuer	421	421			420	436
35	Zwischenerz.-Steuer[31]	26	26				35
36	Kaffeesteuer	973	973			1.091	1.025
37	Mineralölsteuer	39.916	39.916			42.192	41.782
38	Tabaksteuer	14.387	14.387			13.778	13.630
39	Stromsteuer[32]	6.273	6.273			5.097	6.597
40	Sonst. Bundessteuern[33]	0				2	1
41	**4. Sonst. Steuern und steuerähnliche Abg.[34]**	795			795	623	797
42	Hundesteuer						
43	Jagdsteuer						
44	Getränkesteuer						
45	Schankerlaubnissteuer						
46	Speiseeissteuer						
47	Zweitwohnungsteuer						
48	**5. Zölle[35]**	3.880	3.880			2.896	3.059

Erläuterungen

1 Die folgende Liste geht von den **kassenmäßigen Steuereinnahmen** 2006 aus.

2 Als **Steuerarten** bezeichnet man die einzelnen Steuern, die zusammen das **Steuersystem** bilden. Aufgezählt werden hier nahezu alle Steuern, die 2006 in Deutschland erhoben wurden, Die Steuerarten werden hier **eingeteilt**

- **nach den Objekten der Besteuerung**, danach gibt es die folgenden Gruppierungen: Besitzsteuern, Verkehrsteuern, Verbrauchsteuern, Sonstige Steuern (und steuerähnliche Abgaben, Zölle,
- **nach den Empfängern des Aufkommens**, das können Bund, Länder und/oder Gemeinden sein; entsprechend unterscheidet man Bundes-, Landes-, Gemeinde- und Gemeinschaftsteuern.

3 Als **Steueraufkommen** bezeichnet man die Summe der Einnahmen der Gebietskörperschaften aus Steuern in einem Kalenderjahr. Angegeben werden hier der Gesamtbetrag und die auf die Gebietskörperschaften entfallenden Anteile; die Anteile wurden nach den im Folgenden angegebenen Verteilungsschlüssel ermittelt. (Die Verteilung des Aufkommens auf die einzelnen Empfänger muss nicht in dem Jahre erfolgt sein, für das diese Liste erstellt wird; dadurch kann es Abweichungen von den Angaben in der offiziellen Steuerstatistik geben.)

4 Das Aufkommen aus einzelnen Steuern kann dem Bund, den Ländern den Gemeinen oder dem Bund und den Ländern gemeinschaftlich zustehen; entsprechend werden Bundes-, Landes-, Gemeinde- und Gemeinschaftsteuern unterschieden. Die **Steuerertragshoheit**, das heißt das Recht auf das Steueraufkommen, ist geregelt in Art. 106 GG. In der Tabelle wird die Steuerertragshoheit durch die Zahlenangaben in den Spalten 3, 4, und 5 kenntlich

gemacht. Der Gemeindeanteil am Aufkommen aus Einkommen- und Lohnsteuer ergibt sich als Gegenleistung für die Gewerbesteuerumlage.

Von der Steuerertragshoheit (auch als Steuerertragskompetenz bezeichnet) sind Steuergesetzgebungshoheit (Steuergesetzgebungskompetenz) und Steuerverwaltungshoheit (Steuerverwaltungskompetenz) zu unterscheiden.

5 Zum Vergleich werden hier die Aufkommen aus früheren Jahren angegeben.

6 Als **Besitzsteuern** bezeichnet man die Steuern, die an Besitz, Ertrag und Einkommen anknüpfen. Bei den Besitzsteuern werden Personen- und Realsteuern unterschieden. Mit den **Realsteuern** wird die wirtschaftliche Leistungsfähigkeit von (natürlichen und juristischen) Personen mittelbar erfasst.

7 **Personensteuern** sind Besitzsteuern. Mit den Personensteuern wird die wirtschaftliche Leistungsfähigkeit von (natürlichen und juristischen) Personen unmittelbar erfasst.

8 **Einkommen- und Lohnsteuern** sind **Gemeinschaftsteuern**; wegen der Gegenleistung für die Gewerbesteuerumlage wird das Aufkommen Verhältnis 42,5 : 42,5 : 15 auf Bund, Länder und Gemeinden verteilt. Gemeinschaftsteuern stehen nach GG Art. 106 dem Bund und den Ländern gemeinsam zu.

9 Die **Körperschaftsteuer** ist eine **Gemeinschaftsteuer**; vom Gesamtaufkommen erhalten Bund und Länder jeweils 50 %. Mit der Körperschaftsteuer wird das Einkommen juristischer Personen (z. B. Gewinn von Kapitalgesellschaften) besteuert.

10 Die **Zinsabschlagsteuer** ist eine **Gemeinschaftsteuer**; vom Gesamtaufkommen erhalten Bund und Länder jeweils 50 %. Die Zinsabschlagsteuer wird als sog. **Quellensteuer** erhoben.

11 Es handelt sich hier um sog. **Fälligkeitssteuern**, sie werden kraft Gesetz fällig; eine Veranlagung ist im Allgemeinen nicht erforderlich. Zu den nicht veranlagten Steuern vom Ertrag zählt z. B. die **Kapitalertragsteuer**.

12 Die **Vermögensteuer** wird seit dem 1.1.1997 nicht mehr erhoben. Die hier angegeben Beträge stammen aus Veranlagungsjahren vor diesem Datum.

13 Mit der Aufsichtsratsteuer werden die Vergütungen an Aufsichtsratsmitglieder besteuert (Lohnabzugsverfahren). Das Aufkommen ist im Lohnsteueraufkommen enthalten.

14 Gegenstand der **Erbschaftsteuer** ist der Übergang von Vermögenswerten durch Erbfall, durch Schenkung, durch Zweckzuwendungen.

15 Das Aufkommen aus der **Schenkungsteuer** ist im Erbschaftsteueraufkommen enthalten. Vgl. die Angaben in vorstehender Endnote.

16 Der **Solidaritätszuschlag** ist eine Ergänzungsabgabe zur Einkommen- und Körperschaftsteuer. Die Bezeichnung, die auf eine bestimmte Zweckbestimmung des Aufkommens schließen lässt, ist irreführend.

17 **Realsteuern** sind Besitzsteuern. Mit den Realsteuern wird die wirtschaftliche Leistungsfähigkeit von (natürlichen und juristischen) Personen mittelbar erfasst.

18 Mit der Gewerbesteuer wird der Gewerbeertrag von Gewerbebetrieben besteuert. Die Hebesätze werden von den Gemeinden festgesetzt. Das Aufkommen steht zu 60 % der Gemeinde zu, jeweils 20 % erhalten der Bund und das Land.

19 Steuergegenstand der **Grundsteuer** ist der Grundbesitz. Zu unterscheiden sind Grundsteuer A und Grundsteuer B, mit der Grundsteuer A werden die land- und forstwirtschaftlichen Betriebe,

mit der Grundsteuer B die übrigen Grundstücke, also auch die Betriebsgrundstücke, erfasst. Zur Information werden hier die Aufkommen aus A und B auch getrennt angegeben.

[20] Als **Verkehrsteuern** bezeichnet man alle Steuern, die an **Vorgänge des Rechts- und Wirtschaftsverkehrs** anknüpfen. Besteuert werden Vorgänge im Rahmen von Tauschbeziehungen.

[21] Mit der **Feuerschutzsteuer** wird die Entgegennahme des Entgelts für die Feuerversicherung besteuert.

[22] Die Grunderwerbsteuer fällt an, wenn die rechtliche oder wirtschaftliche Verfügungsmacht über ein Grundstück vom bisherigen auf einen neuen Eigentümer übergeht. Ein Teil der Steuer fließt den Gemeinden zu.

[23] Hier handelt es sich um den **Grunderwerbsteuerzuschlag**, der den Gemeinden zufließt.

[24] Die **Kfz.-Steuer** wird hier als Verkehrsteuer aufgefasst, danach wird die Anmeldung des Kraftfahrzeuges als Vorgang des öffentlichen Rechtsverkehrs besteuert.

[25] Die **Rennwettsteuer** fällt an, wenn eine Wette anlässlich eines Pferderennens beim Totalisator bzw., Buchmacher abgeschlossen wird. Die Lotteriesteuer hat der Veranstalter einer Lotterie vor Beginn der Veranstaltung zu entrichten.

[26] Die **Umsatzsteuer (Mehrwertsteuer)** erfasst die Vorgänge von Einkommensverwendung im Inland, also z. B. Verkäufe von Waren und Dienstleistungen, Eigenverbrauch eines Unternehmers usw. Die Umsatzsteuer ist eine Gemeinschaftsteuer, das Aufkommen wird zzt. im Verhältnis 65 : 35 auf Bund und Länder verteilt.

[27] Die **Einfuhrumsatzsteuer** ist eine Umsatzsteuer, die Einfuhren in das Zollgebiet erfasst.

[28] Bei der **Versicherungsteuer** wird die Entgegennahme von Entgelten (z. B. Versicherungsprämien) besteuert.

[29] **Eingangsabgaben** sind alle Abgaben, die bei der Einfuhr anfallen; der Abgabensatz ist **pauschaliert** für alle Waren, die weder für den Handel noch für die gewerbliche Verwendung bestimmt sind und einen bestimmten (relativ geringen) Wert nicht übersteigen.

[30] Gegenstand der **Verbrauchsteuern** ist der **Übergang von Gütern vom Hersteller in den Verkehr**, d. h. Verbrauch i. w. S. (Verbrauch in Haushalten, Weiterverarbeitung in anderen Betrieben usw.). Steuerschuldner ist der Hersteller (außer bei Bier- und Branntweinsteuer). Zu unterscheiden sind Mengen- und Wertsteuern. Verbrauchsteuern sind Bundessteuern, lediglich das Aufkommen aus der Biersteuer steht den Ländern zu.

[31] Die **Zwischenerzeugnissteuer** wird auf Getränke erhoben, deren Alkoholgehalt zwischen 1,2 und 22 Volumenprozent liegt, dazu zählen z. B. Sherry, Portwein u. Ä.

[32] Die **Stromsteuer** ist eine relativ neue Verbrauchsteuer. Das Stromsteuergesetz trat am 1.4.99 in Kraft, wurde aber durch das Gesetz zur Fortführung der ökologischen Steuerreform geändert. Das geänderte Stromsteuergesetz ist seit dem 15. Februar 2000 in vollem Umfang in Kraft. In dieser Steuer sind z. B. die Heizöl- und die Erdgassteuer enthalten.

[33] Die **sonstigen Bundessteuern** umfassen alle Steuern, deren Aufkommen nach GG Art. 106 dem Bund zustehen, die aber in der Aufzählung dieser Liste nicht erfasst sind.

[34] Die als **sonstige Steuern und steuerähnliche Abgaben** bezeichneten Steuern sind hier als Gemeindesteuern zusammengefasst, auch wenn sie definitionsgemäß Verbrauchsteuern sind.

[35] **Zölle** sind Abgaben, die bei Grenzüberschreitung erhoben werden. Sie haben den Charakter von Verbrauchsteuern.

Anhang III

EU-Mitgliedstaaten – wirtschaftliche Strukturdaten

1	2	3	4	5	6	7	8	9	10
	Länder	**Fläche (km^2)**	**Einwohner in 1.000**	**Anteile der Sektoren an der Beschäftigung in %**			**BNE je Einw.**	Arbeitslosenquote	
				1	**2**	**3**	**US-$**	2007	07/2008
1	Belgien*	32.545	10.541	2	25	73	38.460	7,5	7,1
2	Bulgarien	110.994	7.693	9	34	57	3.990	6,9	5,3
3	Dänemark	43.098	5.437	2,9	23,8	72,7	52.110	3,8	2,3
4	Deutschland*	357.093	82.375	2,1	25,4	72,4	36.810	8,4	7,3
5	Estland	45.227	1.342	5,3	34	61	11.400	4,7	4,0
6	Finnland*	338.144	5.266	4,8	26	69	41.360	6,9	6,3
7	Frankreich*	543.965	61.257	3,8	24,3	71,5	36.560	8,3	7,3
8	Griechenland*	131.957	11.147	12,4	22	65	27.390	8,3	7,8
9	Großbritannien	242.910	60.550	1,4	22	76	40.560	5,3	5,3
10	Irland*	70.273	4.268	5,9	28	66	44.830	4,7	5,9
11	Italien*	301.336	58.843	4,2	31	65	31.990	6,1	6,5
12	Lettland	64.589	2.288	12,1	26	62	8.100	6,0	5,7
13	Litauen	65.301	3.394	14	29	57	7.930	4,3	4,6
14	Luxemburg*	2.586	462	1,2	21	78	71.240	4,1	4,2
15	Malta	316	406	2	30	68	15.310	6,4	5,7
16	Niederlande*	41.526	16.340	3,0	20	76	43.050	3,2	2,6
17	Österreich*	83.871	8.281	5,7	27,3	67	39.750	4,4	4,2
18	Polen	312.685	38.129	17,4	29	53	8.210	9,6	6,8
19	Portugal*	92.345	10.589	12	31	57	17.850	8,0	7,5
20	Rumänien	238.391	21.590	32,1	30	38	4.830	6,4	6,0
21	Schweden	449.964	9.084	2,0	22	76	45.530	6,1	5,3
22	Slowakei	49.034	5.390	4,7	39	56	9.610	11,1	10,3
23	Slowenien*	20.253	2.007	8,8	37	53	18.660	4,9	4,2
24	Spanien*	504.782	44.121	5,3	30	65	27.340	8,3	11,0
25	Tschechien	78.866	10.270	4,0	40	56	12.790	5,3	4,3
26	Ungarn	93.030	10.067	5,0	32	63	10.870	7,4	7,6
27	Zypern	9.251	771	4,7	24	70	23.270	3,9	3,7

Anmerkungen:
Sp 2: Die mit * gekennzeichneten Länder haben den Euro als Währung eingeführt.
Sp. 4, 5, 6 und 12, 13, 14: Sektoren sind die Wirtschaftsbereiche 1. Land- und Forstwirtschaft einschl. Fischwirtschaft, 2. Industrie (einschl. Bergbau), 3. Dienstleistungen (einschl. Handel)
Sp. 9 und 10: Die Arbeitslosigkeit wird angegeben mit der standardisierten Arbeitslosenquote in Prozent der Erwerbspersonen; angegeben sind die Veränderungen zu entsprechenden Zeiträumen des Vorjahres.
In Sp.10: hauptsächlich Juli 2008, bei 8, 11, 20 – März 2008, bei 9 – Mai 2008

1	2	11	12	13	14	15	16	17	18
	Länder	**BIP zu Marktpr.**	**BIP Zuwachs**	**Anteile der Sektoren am BIP in %**			**BIP je Einwohner**	**Inflationsrate in %**	
		Mrd. €	%	**1**	**2**	**3**	EU 27 = 100	2007	07/2008
1	Belgien*	334,9	2,8	1	24	75	120	1,8	5,9
2	Bulgarien	28,9	6,2	9	31	60	38	7,6	14,4
3	Dänemark	227,7	1,7	2	26	72	125	1,7	4,4
4	Deutschland*	2.422,9	2,5	1	30	69	115	2,3	3,5
5	Estland	15,3	7,1	3	29	68	72	6,7	11,2
6	Finnland*	179,7	4,5	2,6	32,4	64,9	119	1,6	4,3
7	Frankreich*	1.892,2	2,2	2	20,8	77,2	110	1,6	4,0
8	Griechenland*	228,2	4,0	3,3	20,8	75,9	99	3,0	4,9
9	Großbritannien	2.047,2	3,1	0,9	24,1	75	119	2,3	4,4
10	Irland*	190,6	4,9	2,1	36,1	61,9	147	2,9	3,6
11	Italien*	1.535,5	1,5	2,1	26,6	71,4	102	2,0	4,0
12	Lettland	19,9	10,3	4	21	75	57	10,1	16,5
13	Litauen	28,0	8,8	5	35	60	60	5,8	12,4
14	Luxemburg*	36,3	4,5	0,4	14,6	85	285	2,7	5,8
15	Malta	5,4	3,7	3	23	74	77	0,7	5,6
16	Niederlande*	567,1	3,5	2,3	24,6	73,2	132	1,6	3,0
17	Österreich*	270,8	3,1	1,7	30,9	67,4	129	2,2	3,8
18	Polen	308,6	6,6	4,5	31,5	63,9	55	2,6	4,5
19	Portugal*	163,1	1,9	2,8	25	72,2	74	2,4	3,1
20	Rumänien	121,4	6,0	11	38	51	40	4,9	9,1
21	Schweden	332,0	2,7	1,4	29	69,6	124	1,7	4,1
22	Slowakei	54,9	10,4	3,6	31,6	64,8	68	1,9	4,4
23	Slowenien*	34,5	6,1	2,3	34,6	63,1	92	3,8	6,0
24	Spanien*	1.050,6	3,7	3,1	30	67	105	2,8	4,9
25	Tschechien	127,1	6,6	2,7	39,0	58,3	81	3,0	6,8
26	Ungarn	101,1	1,3	4	30	66	64	7,9	7,0
27	Zypern	15,6	4,4	4	20	76	93	2,2	5,1

Anmerkungen (Forts.)

Sp. 17 und 18: Die Inflationsrate wird angegeben mit den Veränderungen des HVPI in Prozent; angegeben sind die Veränderungen zu den entsprechenden Vorjahreszeiträumen.

Die Tabelle wurde nach den jeweils aktuellen Angaben von Fischer Weltalmanach 2009, Deutschland in Zahlen 2008 (hg. v. Institut der deutschen Wirtschaft), Eurostat, EZB-Monatsbericht 09/08. BuBk-Bericht 09/08. Im Allgemeinen beziehen sich die Daten auf 2007, bei FWA als Datenquelle auch auf 2006, in Ausnahmefällen auch auf 2005.

Anhang IV

EU-Mitgliedstaaten – Import- und Exportgüter, Import- und Exportländer

	Länder	wichtige Importgüter / wichtige Exportgüter	Anteil in %	wichtige Importländer / wichtige Exportländer	Anteil in %
1	Belgien	chem. Produkte, Arzneimittel Maschinen, Ausrüstungen mineralische Produkte	22 14 13	Niederlande Deutschland Frankreich	18 18 11
		chem. Produkte und Arzneimittel Maschinen, Ausrüstungen Transportausrüstungen	23 12 12	Deutschland Frankreich Niederlande	20 17 12
2	Bul- garien	Maschinen, Kfz mineral. Brennstoffe (Erdöl) Industrieware (z. B. Garne)	29 21 20	Russland Deutschland Italien	12 12 9
		Industriewaren (NE-Metalle, Eisen, Stahl) Fertigerzeugnisse (z. B. Bekleidung) mineralische Brennstoffe	29 19 15	Türkei Italien Deutschland	12 10 10
3	Däne- mark	Kfz Erdöl, Erdölerzeugnisse Elektrotechnik	9 5 5	Deutschland Schweden Niederlande	22 14 7
		Erdöl, Erdölerzeugnisse Arzneimittel Spezialmaschinen	8 7 7	Deutschland Schweden Großbritannien	17 15 8
4	Deutsch- land	Elektrische u. elektron. Maschinen/Geräte chemische Erzeugnisse Metalle, Metallerzeugnisse	17 12 11	Frankreich Niederlande China	8 8 7
		Kfz, Kfz-Teile Elektrische u. elektron. Maschinen/Geräte chemische Erzeugnisse	19 16 13	Frankreich USA Großbritannien	10 8 7
5	Estland	mineralische Produkte Kfz. und Kfz-Teile chemische Produkte	14 12 10	Finnland Deutschland Russland	16 13 10
		mineralische Produkte Rohstoffe Nahrungsmittel	12 10 8	Finnland Schweden Lettland	18 13 11
6	Finnland	Elektrotechnik, Feinmechanik, Optik mineralische Rohstoffe Metalle, Metallerzeugnisse	19 14 12	Deutschland Russland Schweden	14 14 10
		Elektrotechnik, Feinmechanik, Optik Papier, Pappe Metalle, Metallerzeugnisse	23 15 15	Deutschland Schweden Russland	11 11 10
7	Frank- reich	Halbfertigwaren Investitionsgüter Konsumgüter	31 21 16	Deutschland Italien Belgien/Luxemburg	17 9 9
		Halbfertigwaren Investitionsgüter Konsumgütern	31 24 15	Deutschland Spanien Italien	14 10 9

8	Grie- chenland	Maschinen, Fahrzeuge Brennstoffe, techn. Öle chemische Erzeugnisse	29 18 15	Deutschland Italien Frankreich	13 12 6
		sonstige Vorerzeugnisse Nahrungsmittel chemische Enderzeugnisse	21 15 15	Deutschland Italien Großbritannien	12 11 7
9	Großbri- tan- nien	Maschinen Straßenfahrzeuge chemische Erzeugnisse	23 12 11	Deutschland China USA	14 8 8
		Maschinen chemische Erzeugnisse Erdöl	24 18 10	USA Deutschland Frankreich	15 11 8
10	Irland	Büromaschinen, EDV-Ausrüstung chemische Erzeugnisse Transportausrüstungen	15 13 11	Großbritannien USA Deutschland	30 12 9
		chemische Erzeugnisse, Büromaschinen, EDV-Ausrüstung Nahrungsmittel	48 14 8	USA Großbritannien Belgien/Luxemburg	18 17 14
11	Italien	Metalle, Metallerzeugnisse Transportmittel chemische Erzeugnisse	13 13 13	Deutschland Frankreich Niederlande	17 9 5
		Maschinen, Anlagen Metallerzeugnisse Transportmittel	21 12 11	Deutschland Frankreich USA	13 11 10
12	Lettland	Kfz, Kfz-Teile mineralische Erzeugnisse Nahrungsmittel	12 11 10	Deutschland Litauen Russland	15 14 9
		Rohstoffe Nahrungsmittel chemische Erzeugnisse	19 13 8	Litauen Estland Deutschland	16 14 9
13	Litauen	Mineralprodukte Kfz, Kfz-Teile Chemieprodukte	16 15 13	Russland Deutschland Polen	18 15 11
		Nahrungsmittel Mineralprodukte Chemieprodukte	16 14 13	Russland Lettland Deutschland	15 13 11
14	Luxem- burg	Maschinen, Geräte Transportmittel Brennstoffe	16 16 13	Belgien Deutschland Frankreich	34 29 12
		Maschinen, Geräte Metallerzeugnisse chemische Erzeugnisse	19 16 7	Deutschland Frankreich Belgien	26 17 12
15	Malta	Maschinen, Transportmittel Brennstoffe, Schmiermittel Nahrungsmittel	41 12 12	Italien Großbritannien Frankreich	25 15 9
		Maschinen, Transportausrüstungen chemische Erzeugnisse Nahrungsmittel	62 9 4	Deutschland Singapur Frankreich	14 14 12

16	Nieder-lande	Maschinen, Transportmittel Mineralöl, Mineralölprodukte chemische Erzeugnisse	33 16 13	Deutschland Belgien China	20 11 9
		Maschinen, Transportmittel chemische Produkte Nahrungsmittel, lebende Tiere	33 17 13	Deutschland Belgien Großbritannien	24 12 9
17	Öster-reich	Maschinen Erdöl, Erdölerzeugnisse Nahrungs- und Genussmittel	13 6 6	Deutschland Italien China	42 7 4
		Maschinen Kfz Eisen und Stahl	19 6 6	Deutschland Italien USA	30 9 5
18	Polen	Maschinen, Transportausrüstungen Chemikalien und verwandte Produkte metallurgische Produkte	38 16 13	Deutschland Russland China	24 9 7
		Maschinen, Transportausrüstungen metallurgische Produkte Chemikalien und verwandte Produkte	42 13 12	Deutschland Italien Frankreich	26 7 6
19	Portugal	Maschinen, Ausrüstungen Fahrzeuge, Transportmittel chemische Erzeugnisse	18 14 11	Spanien Deutschland Frankreich	29 14 9
		Textilien, Bekleidung, Schuhe Fahrzeuge, Transportmittel Maschinen, Ausrüstungen	21 18 16	Spanien Deutschland Frankreich	25 14 14
20	Rumäni-en	Zulieferprodukte für Industrie Kapitalgüter (ohneVerkehrsmittel) Verkehrsmittel und -teile	35 22 15	Deutschland Italien Ungarn	17 13 7
		Zulieferprodukte für Industrie langfristige Konsumgüter Verkehrsmittel und -teile	37 24 15	Italien Deutschland Frankreich	17 17 8
21	Schwe-den	Maschinen Brennstoffe Straßenfahrzeuge	11 11 11	Deutschland Dänemark Norwegen	18 9 9
		Maschinen Straßenfahrzeuge chemische Erzeugnisse	17 14 11	Deutschland Norwegen USA	10 9 8
22	Slowakei	Maschinen und Transportausrüstungen Öle, Schmierstoffe chemische Erzeugnisse	44 11 9	Deutschland Tschech. Republik Russland	20 12 9
		Maschinen und Transportausrüstungen Eisen und Stahl chemische Erzeugnisse	54 8 5	Deutschland Tschechische Republik Frankreich	22 12 7
23	Sloweni-en	Maschinen, Transportausrüstungen chemische Erzeugnisse Halbwaren	34 12 10	Deutschland Italien Österreich	19 18 13
		Maschinen, Transportausrüstungen chemische Erzeugnisse Halbwaren	40 14 13	Deutschland Italien Kroatien	19 13 8

24	Spanien	Kfz Vorerzeugnisse Chemieerzeugnisse	16 15 11	Deutschland Frankreich Italien	15 12 9
		Vorerzeugnisse Chemieerzeugnisse Nahrungs- und Genussmittel	19 12 12	Frankreich Deutschland Portugal	19 11 9
25	Tsche- chische Republik	Elektrotechnik Maschinen Chemikalien und chemische Erzeugnisse	14 12 9	Deutschland China Polen	28 8 6
		Kfz, Kfz-Teile Maschinen Elektrotechnik	17 14 14	Deutschland China Polen	28 8 6
26	Ungarn	Maschinen und Transportausrüstungen bearbeitete Waren Energieträger	52 32 10	Deutschland Russland Österreich	27 7 6
		Maschinen und Transportausrüstungen bearbeitete Waren Nahrungsmittel	62 27 6	Deutschland Italien Frankreich	28 6 5
27	Zypern	Zwischenprodukte Konsumgüter Brenn- und Schmierstoffe	31 30 5	Griechenland Italien Großbritannien	18 10 10
		Industrieerzeugnisse unbearbeitete. landw. Erzeugnisse industriell verarbeitete. landw. Erzeugnis- se	60 24 14	Griechenland Großbritannien Deutschland	20 14 6

Anmerkungen

In der Tabelle werden jeweils die Güter sowie die Import- und Exportländer mit den höchsten Anteilen sowie die Anteile angegeben (Quelle: Fischer Weltalmanach 2009).

Aufgaben

Die folgenden Aufgaben sollen der Wiederholung, der übenden Anwendung und der Vertiefung des gelernten Stoffes dienen. Bei der Formulierung der Aufgaben wurden die **Anforderungsbereiche** I (Wiedergeben), II (Anwenden), III (Beurteilen) berücksichtigt. Bei der Abfassung wurden die folgenden **drei Aufgabenkategorien** unterschieden.

1. Aufgaben zur Wiederholung:

Diese Aufgaben nehmen den größten Teil des Aufgabenteils ein. Sie sollen dem Benutzer und der Benutzerin bei der Erschließung des Buches helfen, ihn und sie anregen, sich eingehend mit dem Text zu befassen und ihn gründlich zu lesen. Formulierungen und Anspruchsniveau dieser Aufgaben entsprechen überwiegend den Anforderungen des Bereichs I (Wiedergabe). Ein Teil dieser Aufgaben geht über die ausschließliche Wiedergabe hinaus. Sie dienen auch der übenden Anwendung. Der wiederholte Lernstoff wird auf neue Sachverhalte übertragen, angewandt oder weitergehend erörtert. Diese Aufgaben entsprechen dem Anforderungsbereich II (Anwendung, Transfer). Entsprechend ihrer besonderen Zielsetzung wird die Reihenfolge der Aufgaben zu den einzelnen Kapiteln durch den Fortgang des Textes bestimmt.

2. Aufgaben zur Beschäftigung mit Statistiken:

Das Buch enthält im laufenden Text zur Veranschaulichung oder zur Vertiefung der Ausführungen viele Statistiken. Erfahrungsgemäß können Inhalte von Häufigkeitstabellen u.Ä. leichter und problembewusster erfasst werden, wenn man sie aufbereitet, angegebene Werte umrechnet oder in Diagrammen darstellt. Die Aufgaben geben dazu entsprechende Arbeitsanweisungen oder Fragestellungen. Im Allgemeinen können diese Aufgaben dem Anforderungsbereich II zugerechnet werden, vor allem dann, wenn die Benutzer und Benutzerinnen des Buches die für eine bestimmte Fragestellung am besten geeignete Darstellungsform selbst wählen. Da auch diese Aufgaben helfen, den Text zu erschließen, sind sie in der Reihenfolge der Aufgaben zu einem Kapitel an entsprechender Stelle enthalten. Die Aufgaben werden durch Fettdruck der Aufgabennummer kenntlich gemacht.

3. Aufgaben zur Vertiefung und übenden Anwendung:

Es handelt sich hierbei um Aufgaben, die entweder einen einzelnen Aspekt des Textes aufgreifen, sie stehen dann in der Reihenfolge der Aufgaben an der entsprechenden Stelle, oder die mehrere Aspekte einbeziehen, sie stehen dann am Ende der Aufgabenreihenfolge zu einem Kapitel. Im Allgemeinen sind diese Aufgaben umfangreicher als die reinen Wiederholungsaufgaben, die Anforderungen liegen häufig im Bereich III, meistens sind allerdings mehrere Anforderungsbereiche angesprochen. Entsprechend einer Zielsetzung dieses Buches befassen sich diese Aufgaben auch mit Texten. Die Aufgaben sind durch kurze Vorbemerkungen kenntlich gemacht: Angegeben werden in Stichworten der inhaltliche Schwerpunkt der Aufgabe, eine Schätzung der Anforderungen, die geschätzte Bearbeitungsdauer und den Vorschlag für eine Bewertung in Punkten. Die Aufgaben können als Muster für Klausuraufgaben und für Aufgaben zur mündlichen Prüfung dienen.

Die Aufgaben werden im 2. Teil gelöst. Im Allgemeinen können die vorgeschlagenen Lösungen nur Anregungen sein. Vor allem bei den Wiederholungsaufgaben kann nicht der Text vollständig wiedergegeben werden. Gelegentlich enthalten die Aufgaben noch zusätzliche Informationen oder tragen zum Verständnis des Textes durch andere Formulierungen bei. Wegen der Einschränkungen stellen die Antworten zu den Wiederholungsaufgaben lediglich die Mindestanforderungen an die Kenntnisse dar. Bei Rechenaufgaben sind immer die Lösung und der Lösungsgang angegeben.

Die Statistikaufgaben sind vollständig gelöst, die für die Aufbereitung benötigten Tabellenteile werden angegeben, die Abbildungen entsprechend der Fragestellungen dargestellt. Es werden dazu verschiedene Darstellungsformen gewählt, z.B. Säulendiagramme, Flächen-(Kreis-)Diagramme, Kurvendiagramme. Allerdings steht den Lesern und Leserinnen die Wahl anderer Darstellungsformen selbstverständlich frei.

Die umfangreicheren Aufgaben der 3. Kategorie können nur andeutungsweise gelöst werden. Umfangreiche Erörterungen und Diskussionen müssen den Benutzern überlassen bleiben. Letztlich sind die hier angegebenen Lösungen nur Hinweise zur Lösung und zum Lösungsweg. Die Aufgabenteile sind mit Punktanteilen versehen. Bei der Schätzung der Punktanteile wurde die Zahl der Lösungsanteile und deren Schwierigkeitsgrad berücksichtigt.

1. Einführung

1. Was sind Wirtschaftssubjekte? Nennen Sie Wirtschaftssubjekte!
2. Nennen Sie Beispiele für öffentliche Haushalte!
3. Nennen Sie die Einkommen, die privaten Haushalten zufließen können; geben Sie auch an, wofür die Haushalte sie erhalten!
4. Geben Sie die im Text angegebenen Zusammenhänge zwischen Wirtschaftssubjekten wieder!
5. Kennzeichnen Sie kurz Wirtschaftstheorie, Wirtschaftspolitik, Wirtschaftsgeschichte, Finanzwissenschaft!
6. Unterscheiden Sie Mikro- und Makroökonomik!
7. Womit befasst sich die Betriebswirtschaftslehre?

2. Wirtschaftliche Grundtatbestände

1. Warum können Produktion und Verbrauch als Grundfunktionen der Wirtschaft bezeichnet werden?
2. Unterscheiden Sie Unternehmen und Betrieb!
3. Erklären Sie die volkswirtschaftlichen Produktionsfaktoren!
4. Nennen Sie die betriebswirtschaftlichen Produktionsfaktoren!

5. Unterscheiden Sie (auch mit einigen Beispielen) Konsum- und Produktionsgüter! Gehen Sie dabei auch auf die Einteilung in Gebrauchs- und Verbrauchsgüter ein!

6. Erklären Sie (auch mit Beispielen)
   a) komplementäre Güter,
   b) substitutionale Güter,
   c) limitationale Güter!

7. Erklären Sie die Bedeutung wirtschaftlicher Güter!

8. Definieren Sie Bedürfnisse!

9. Erläutern Sie die Möglichkeiten zur Systematisierung von Bedürfnissen!

10. Nennen Sie die Bedürfnisschichten der Maslow-Pyramide!

11. Was ist Bedarf?

12. Was heißt wirtschaften?

13. Erklären Sie das ökonomische Prinzip!

14. Erläutern Sie die besondere Bedeutung des Wirtschaftssubjekts Staat (öffentliche Haushalte)!

15. Was ist und welche Bedeutung hat die Arbeitsteilung? Nennen Sie auch Beispiele für Arbeitsteilung!

16. Erörtern Sie, warum durch Arbeitsteilung die Produktivität erhöht wird!

17. Nennen Sie Beispiele für internationale Arbeitsteilung!

3. Produktion und Verbrauch im Wirtschaftskreislauf

1. Beschreiben Sie den Sachverhalt, der im einfachen Wirtschaftskreislauf dargestellt wird! Beziehen Sie in Ihre Überlegungen die Ersparnisse der Haushalte mit ein!

2. Nennen und erklären Sie die Gleichungen für
   a) Einkommensentstehung und
   b) Einkommensverwendung in einer Volkswirtschaft ohne staatliche Aktivität und ohne wirtschaftliche Beziehungen mit dem Ausland!

3. Beschreiben Sie den Sachverhalt, der im erweiterten Wirtschaftskreislauf dargestellt wird!

4. Erklären Sie die folgenden Begriffe:
   a) Bruttowertschöpfung,

b) Vorleistungen,
c) Bruttoinlandsprodukt zu Marktpreisen,
d) Bruttonationaleinkommen zu Marktpreisen,
e) Nettonationaleinkommen zu Marktpreisen,
f) Nettonationaleinkommen zu Faktorkosten,
g) verfügbares Einkommen.

5. Geben Sie die Gleichung für die Verwendung des Bruttoinlandsproduktes zu Marktpreisen an!

6. Was versteht man unter Verteilung des Produktionsergebnisses? Unterscheiden Sie personelle und funktionale Verteilung!

7. Erklären Sie
   a) privater Verbrauch,
   b) Bruttoinvestitionen,
   c) staatlicher Verbrauch,
   d) Außenbeitrag.

8. Was wird mit den volkswirtschaftlichen Gesamtrechnungen angegeben?

9. Zu welchen Sektoren werden die Wirtschaftssubjekte in den Volkswirtschaftlichen Gesamtrechnungen zusammengefasst?

4. Private Haushalte

1. Unterscheiden Sie die personelle Einkommensverteilung von der funktionalen!

2. Was wird mit dem Median angegeben?

3. Nennen Sie Einkommensquellen!

4. Was geben die Wirtschaftsrechnungen privater Haushalte, die vom Statistischen Bundesamt veröffentlicht werden, wieder?

5. Analysieren Sie Wirtschaftsrechnungen privater Haushalte!
   a) Haushalte nach Größe des Haushalts: Vergleich der ausgabefähigen Einkommen und Einnahmen in einem Säulendiagramm (Tab. 4.1/3)!
   b) Haushalte nach Haushaltstyp: Vergleich ausgabefähige Einkommen und Einnahmen – private Konsumausgaben in einem Säulendiagramm (Tab. 4.1/1 und 4.2/1)!
   c) Haushalte nach Höhe des Nettoeinkommens: Vergleich Brutto-, Nettoeinkommen und ausgabefähiges Einkommen der Kategorien in einem Balkendiagramm ((Tab. 4.1/2)!

d) Haushalte nach Haushaltstyp: Umrechnung der privaten Konsumausgaben in Prozent der gesamten Konsumausgaben je Typ, Aufstellung in einer Tabelle (Tab. 4.2/1)!

e) Haushalte nach Haushaltstyp: Vergleich der Anteile der folgenden Konsumausgaben der einzelnen Typen, Darstellung in 100-Prozent-Säulen (Tab. 4.2/1)!
(1) Nahrungs- und Genussmittel;
(2) Kleidung, Schuh,
(3) Wohnen, Energie, Instandhaltung,
(4) Gesundheitspflege,
(5) Bildungswesen,
(6) alle übrigen privaten Konsumausgaben (Zusammenfassung der Positionen).

6. Was versteht man unter Armutsgefährdung?

7. Welche Personengruppen sind besonders von Armutsgefährdung betroffen?

8. Welche besondere Bedeutung hat der Medianwert für die Definition der Armutsgefährdung?

9. Stellen Sie für einen Ihnen bekannten Vier-Personen-Haushalt einen Wirtschaftsplan (ohne Zahlen) auf, in dem einerseits die Einnahmen und Einkommen nach ihren Quellen, andererseits die Ausgabenpositionen nach ihrer Bedeutung angegeben sind!

10. Geben Sie für Ihren Haushaltsplan die relativen Anteile der einzelnen Ausgabenpositionen an den Gesamtausgaben an!

11. Der Wirtschaftsplan eines privaten Haushalts enthält drei grundsätzliche Aspekte. Nennen und erklären Sie diese!

12. Erklären Sie den Begriff Nutzen!

13. Was wird mit Indifferenzkurven angegeben?

14. Was wird mit einer Budgetgeraden angegeben?

15. Erklären Sie (auch mit einer Zeichnung) den Punkt, der die optimale Güterkombination angibt!

16. Was wird mit dem „Grenznutzen“ angegeben?

17. Erläutern Sie das Sättigungsgesetz!

18. Was gibt die Nachfragefunktion an? Stellen Sie für die Nachfragefunktion $x = 10 - p$ eine Tabelle auf, stellen Sie die ermittelten Werte grafisch dar!

19. Zeichnen Sie Nachfragekurven (achten Sie auf die richtigen Bezeichnungen der Waagerechten und der Senkrechten) 1) für den Regelfall, 2) für den paradoxen Fall, 3) für ein komplementäres Gut, 4) für ein Substitut, 5) für ein superiores Gut, 6) für ein inferiores Gut, g) für ein Sättigungsgut!

20. Erklären Sie a) direkte Preiselastizität, b) Kreuzpreiselastizität und c) Einkommenselastizität!

21. Definieren Sie folgende Elastizitäten (direkte Preiselastizitäten), geben Sie Beispiele an:
    a) relativ elastische Nachfrage,
    b) relativ unelastische Nachfrage,
    c) vollkommen unelastische Nachfrage,
    d) vollkommen elastische Nachfrage!

22. 1. Gut: Preissenkung von 0,80 auf 0,70 je ME, Folge: Mengenzunahme von 60 auf 65 ME

    2. Gut: Preissenkung von 1,30 auf 1,10 je ME, Folge: Mengenzunahme von 5 auf 8 ME

    a) Errechnen Sie die Elastizitäten! Formeln, Rechenansätze usw. sind anzugeben.

    b) Vergleichen, beschreiben und beurteilen Sie die Elastizitäten! Nennen Sie für jedes Gut jeweils ein Beispiel, begründen Sie die Wahl der Beispiele!

23. Ein Haushalt hat für die Nachfrage nach einem Gut eine direkte Preiselastizität von -3. Eine Preiserhöhung für dieses Gut führt dazu, dass die nachgefragte Menge um 15 % zurückgeht.

    Um wie viel Prozent wurde der Preis erhöht? Wie ändern sich die Ausgaben (absolut und relativ)? Formeln, Rechenansätze usw. sind anzugeben.

24. Erläutern Sie die folgenden Elastizitäten! Geben Sie auch Beispiele an!
    1) $E(x_1/p_1) = -4$
    2) $E(x_1/p_1) = -0{,}2$
    3) $E(x_2/p_1) = 0{,}5$
    4) $E(x_2/p_1) = -0{,}2$
    5) $E(y/x) = -0{,}3$
    6) $E(y/x) = 3$
    7) $E(y/x) = 0{,}2$
    8) $E(x_1/p_1) = 2$
    9) $E(x_1/p_1) = 0$
    10) $E(x_1/p_1) = \infty$

5. Private Unternehmen

1. Unterscheiden Sie Unternehmen (mit Beispielen)

   a) nach der Art der erstellten Leistungen,
   b) nach Art der produzierten Güter,
   c) nach dem vorherrschenden Produktionsfaktor!

2. Nennen Sie wirtschaftliche Gründe für Standortentscheidungen!

3. Kennzeichen Sie Einzelunternehmung, OHG, KG, GmbH, AG hinsichtlich folgender Merkmale 1) Geschäftsführung, 2) Firma, 3) Haftung, 4) Mitsprachemöglichkeiten und Kontrolle durch Kapitalgeber, 5) Gewinnverteilung, Mindestkapitalien und -einlagen!

4. Unterscheiden Sie Personen- und Kapitalgesellschaft!

5. Beschreiben Sie die GmbH & Co. KG!

6. Erläutern Sie die Gewinnverwendung in einer AG!

7. Geben Sie an, wie sich die Aufsichtsräte der AG nach den verschiedenen Vorschriften zusammensetzen (Anteile der Arbeitnehmervertreter und der Aktionäre)!

8. Die Gesellschafter der Adamo OHG halten die folgenden Beteiligungen: Adamo – 1.500.000 €, Bastereit – 750.000 €, Cühlke – 150.000 €. Ein Jahresgewinn von 546.000 € soll nach den Vorschriften des HGB verteilt werden.

   a) Nehmen Sie die Gewinnverteilung vor! (Tabelle aufstellen!)
   b) Erörtern Sie das Ergebnis!
   c) Verteilen Sie einen Gewinn von 79.200 € nach den HGB-Vorschriften auf A, B und C!

9. Wilke Jörnsen ist Eigentümer einer Videothek. Das Geschäft erlebt in letzter Zeit einen Aufschwung, sodass J. an Erweiterung denkt. Dazu muss er weitere Räume ausbauen und das Sortiment erweitern. Für die Erweiterung benötigt er Kapital in Höhe von rd. 30.000 €. Die Bank ist bereit, ihm einen entsprechenden Kredit einzuräumen. Aber auch seine Freunde Stefan Frühling und Nicolas Kindt wären bereit, sich mit jeweils 15.000 € als Gesellschafter zu beteiligen. Frühling und Kindt fürchten allerdings das Risiko, das sie so gering wie möglich halten möchten; sie verstehen auch zu wenig von der Sache und wollen deshalb in der Geschäftsführung nicht mitarbeiten. Jörnsen ist das sehr recht, denn er möchte sich nicht zu viel in die Geschäftsführung hineinreden lassen.

   a) Welche Vorteile und Nachteile hat die Aufnahme eines Kredits bei der Bank?
   b) In welcher Rechtsform (Gesellschaft) würde das Unternehmen weitergeführt werden, wenn Frühling und Kindt als Gesellschafter aufgenommen würden? Begründen Sie Ihre Meinung! (Welche Vorteile und Nachteile hat diese Rechtsform?)

10. Eine Tageszeitung berichtete vor einiger Zeit mit Bezugnahme auf Veröffentlichungen des Statistischen Bundesamts, dass die Zahl der Unternehmungen, die bei Gründung bzw. bei Umgründungen die Rechtsform der GmbH wählen, erheblich zugenommen hat. In einem Kommentar schloss der Wirtschaftsredakteur daraus, dass die GmbH die beliebteste Rechtsform sei.

    a) Warum ist die GmbH als Rechtsform so beliebt? Erörtern Sie Gründe für die Wahl der GmbH als Rechtsform!

    b) Hat die Rechtsform GmbH auch Nachteile?

11. Beantworten Sie folgende Fragen so kurz wie möglich! (Lediglich Begriffe oder Zahlen angeben!)

1	Wie nennt man das Eigenkapital der GmbH?	
2	Wie hoch muss das Eigenkapital der GmbH mindestens sein?	
3	Wie nennt man den Anteil eines GmbH-Gesellschafters?	
4	Wie hoch muss der Anteil eines GmbH-Gesellschafters mindestens sein?	
5	Wie nennt man das Eigenkapital der AG?	
6	Wie hoch muss das Eigenkapital der AG mindestens sein?	
7	Wie nennt man die Pflicht eines GmbH-Gesellschafters, bei einer Erhöhung des Eigenkapitals seiner GmbH weitere Anteile zu übernehmen?	
8	Eine AG mit einem Eigenkapital von 10.000.000 € hat eine gesetzliche Rücklage von insgesamt 975.000 € gebildet. Sie hat einen Gewinn von 15 %. Wie hoch ist der Betrag, den sie der gesetzlichen Rücklage zuführt?	
9	Die AG aus Aufg. 8 führt 475.000 € den freien Rücklagen zu; weitere Rücklagen oder Rückstellungen sind nicht vorgesehen. Wie hoch ist die Dividende, die auf eine 50 €-Aktie entfällt?	
10	Wie viel Arbeitnehmervertreter sitzen im Aufsichtsrat einer AG mit einem Grundkapital von 3 Mio. €, die insgesamt 1.000 Arbeitnehmer beschäftigt? (höchstmögliche Zahl)	

12. Unterscheiden Sie den Primär- vom Sekundärmarkt!

13. Nennen und erklären Sie Gründe für den Börsengang eines Unternehmens!

14. Warum muss eine GmbH vor dem Gang an die Börse in eine AG (oder KGaA) umgewandelt werden?

15. Wovon ist die Börsenreife eines Unternehmens abhängig?

16. Was ist eine Due-Diligence-Prüfung?

17. a) Was wird mit dem KGV angegeben?
    b) Wie hoch ist das KGV bei einem Kurs von 100 Euro und einem Gewinn pro Aktie von 15 Euro?
    c) Warum ist für einen Anleger ein KGV von 6 ungünstiger als ein KGV von 4?

18. Was bedeutet die Abkürzung DVFA/SG?

19. Wie wird mithilfe von KGV und dem DVFA/SG-Schema der Emissionspreis ermittelt?

20. Erläutern Sie das Festpreisverfahren zur Ermittlung des Emissionspreises!

21. Erläutern Sie das Bookbuilding-Verfahren! Welche Vorteile hat das Bookbuilding-Verfahren gegenüber dem Festpreisverfahren?

22. Nennen Sie Unternehmensziele mit Beispielen, erklären Sie sie und geben Sie die zwischen ihnen bestehenden Beziehungen an!

23. Nennen Sie einige Bereiche der Kooperation zwischen Unternehmen!

24. Erklären Sie die folgenden Formen der Kooperation:
    a) Einkaufsgemeinschaften bzw. -genossenschaften,
    b) Depotsysteme,
    c) Rack-Jobber-Systeme,
    d) Franchisesysteme,
    e) freiwillige Ketten.

25. Kennzeichnen Sie die Merkmale und Ziele von Kartellen! Nennen Sie Beispiele für Kartelle!

26. Warum sind Kartelle grundsätzlich verboten? Nennen Sie Ausnahmen vom grundsätzlichen Kartellverbot!

27.

Thematischer Schwerpunkt	Wettbewerb und Kooperation im Einzelhandel, Kartelle
Anforderungen	I, II und III
Bearbeitungsdauer	60 Minuten
Punkte	26

Im Zusammenhang mit der Diskussion um eine Kartellrechtsreform erschien in der FAZ folgender Artikel

Kooperationen nicht zu Kartellen erklären

Die Handelsverbände lehnen eine Legalisierung der Kooperationen ab, wie sie in ... § 5 c des GWB (Kartellgesetz) vorgesehen ist. ...... (Eine Befragung) ... von 5.600 Einzelhandelsunternehmen komme zu dem Ergebnis, dass die Kooperation im mittelständischen Handel für die Wettbewerbsfähgigkeit und die Sicherung der Existenzfähigkeit der Betriebe von entscheidender Bedeutung sei. Die Einkaufszusammenschlüsse dürften nicht zu Kartellen erklärt werden, da die Bindung der Mitglieder dazu diene, das Gesamtangebot zu verbessern. Eine Festschreibung des für Kooperationen zulässigen Marktanteils auf 10 bis 15 % fördert nach Auffassung der Verbände die Konzentration und das Wachstum der Großbetriebe und Filialunternehmen, da die mittelständisch ausgerichteten Einkaufsvereinigungen systematisch kleingehalten würden. ... Die wettbewerbliche Wirkung der Kooperation müsse vor allen Dingen qualitativ bewertet werden. Deswegen werde auch bei höheren Marktanteilen eine Beeinträchtigung des Marktes nicht gesehen.

a) Erklären Sie Funktion und Bedeutung von Kartellen! (Was sind Kartelle?)

b) Warum sind Kartelle grundsätzlich verboten?

c) Unter welchen Bedingungen sind Ausnahmen vom Kartellverbot zulässig?

d) Beschreiben Sie das im Text vorgesehene Kartell? Welche Bedeutung hat es, wenn Kooperationen zu Kartellen erklärt werden?

e) Warum sollen nach der Auffassung der Interessenverbände des Handels Kooperationen im Handel nicht zu Kartellen erklärt werden? Nehmen Sie kritisch Stellung zu dieser Auffassung!

f) Wie wurde schließlich die Kooperation im Handel im GWB berücksichtigt? Lesen Sie dazu § 5c!

28. Kennzeichnen Sie die Merkmale und Ziele von

a) Fusionen,
b) Trusts,
c) Konzernen.

29.

Thematischer Schwerpunkt	Fusion und Kooperation
Anforderungen	II (überwiegend) und III
Bearbeitungsdauer	180 Minuten
Punkte	45

Schleswig-Holsteinische Zeitung v. 29.04.2005

Elefantenhochzeit im Handel

... Deutschlands größter Lebensmittelhändler Edeka übernimmt den Konkurrenten Spar und die 1050 Discountmärkte von Netto Süd, die einst zu Spar gehört hatten. Dazu kommt eine 25-Prozent-Beteiligung an der dänischen Netto Nord. ... Die Edeka-Gruppe ist mit einem Anteil von 20,2 Prozent Marktführer im deutschen Le-

bensmittelhandel. Zuletzt war das Wachstum eher schwach: 2004 legte der Umsatz lediglich um 0,3 Prozent auf 31,6 Milliarden Euro zu. ...Im Gegensatz zu Konkurrenten wie Rewe und Metro hat Edeka nur wenig Auslandsgeschäfte ... und ist auf den deutschen Markt angewiesen. Zudem hat Edeka bislang kaum Fuß gefasst in der boomenden Discount-Sparte. Mit Spar und Netto verleibt sich Edeka nun geschätzte 5,3 Milliarden Umsatz auf einen Schlag ein. ... Mit den Netto-Märkten schließt Edeka zudem seine offene Discount-Flanke. Der Spar-Konzern blickt auf äußerst schwierige Jahre mit hohen Verlusten und diversen Sanierungsrunden zurück. ... Für 2005 peilt der Konzern ein ausgeglichenes Ergebnis an.

... Zunächst aber muss ... das Kartellamt den Kauf abnicken... Branchenkenner vermuten, dass die Behörde nur unter Auflagen zustimmt. Ob es zu Jobabbau kommt, ist ebenfalls noch unklar. Es müsse geprüft werden, wo Zusammenarbeit sinnvoll ist, hieß es bei Edeka. ...

... Zusammen mit ITM[1] *und der spanischen Eroski-Gruppe bildet der Konzern künftig eine Vermarktungsgesellschaft. Die Allianz kommt nach eigenen Angaben auf ein Einkaufsvolumen von 75 Milliarden Euro. Das verschafft ihr gegenüber Handelsmarken und Markenherstellern eine größere Macht. Von den besseren Einkaufskonditionen profitiert Edeka besonders auf dem von Preiskämpfen geprägten deutschen Markt. ...*

Pressemeldung des Bundeskartellamtes vom 29.08.2005

Bundeskartellamt gibt Fusion EDEKA/Spar frei

... Das Zusammenschlussvorhaben konnte nach Angaben von Bundeskartellamtspräsident Dr. Ulf Böge ohne Auflagen freigegeben werden, da es im Lebensmitteleinzelhandel weder auf der Beschaffungs- noch auf der Absatzseite zur Entstehung oder Verstärkung einer marktbeherrschenden Stellung führt.

... Kartellamtspräsident Ulf Böge: „Da der Lebensmitteleinzelhandel trotz eines vergleichsweise hohen Konzentrationsgrads durch einen signifikanten Preiswettbewerb auf der Absatzseite geprägt, ist in keinem Regionalmarkt von der Begründung oder Verstärkung einer marktbeherrschenden Stellung der Zusammenschlussbeteiligten auszugehen.“

Auf den Beschaffungsmärkten ... kommt es ebenfalls nicht zu einer Entstehung oder Verstärkung einer marktbeherrschenden Stellung. Die Zusammenschlussbeteiligten bleiben mit ihren Marktanteilen deutlich unter der Marktbeherrschungsvermutung von einem Drittel und weitere Wettbewerber verfügen über vergleichbar hohe Marktanteile.

---

[1] Intermarché – Der französische Konzern ITM Enterprises S.A. übernahm Spar und Netto Süd (Netto Marken-Discount) 1997: sein Engagement in Deutschland war aber sehr verlustreich. Nach dem Verkauf von Spar und Netto Süd an Edeka ist er deshalb vollständig aus dem deutschen Markt ausgeschieden. Allerdings arbeitet ITM weiterhin mit Edeka (gemeinsam mit dem spanischen EROSKI-Konzern) zusammen.

An der Beteiligung der EDEKA an der Kooperation ALIDIS/Agenor, die EDEKA in Zukunft gemeinsam mit der ITM Entreprises S. A. und Centros Comerciales Ceco S.A. („EROSKI“) betreiben wird, bestehen schließlich aus kartellrechtlicher Sicht keine Bedenken.

Schleswig-Holsteinische Zeitung v. 15.02.2006

Spar verdient wieder Geld

Fünf Monate nach der Übernahme durch Edeka durfte Sparvorstandschef Stephan Schelo gestern doch noch den Erfolg der seit seinem Amtsantritt vor fast zwei Jahren umgesetzten Sanierung verkünden. Für 2005 zeichne sich ein operatives Ergebnis „im mittleren einstelligen Millionenbereich“ ab. ...

Gleichwohl sei die „Umflaggung“ von Spar auf Edeka bereits in vollem Gange. Rund die Hälfte der mehr als 2.000 Spar-Märkte werde bereits von Edeka beliefert. Die intern beschlossene Umsetzung bis Mitte des Jahres könnte demnach bereits schneller als geplant abgeschlossen sein.

Die große Mehrheit der selbstständigen Spar-Händler sei mit dem Wechsel zu Edeka sehr zufrieden, sagte Spar-Sprecher Weitzel: „Die Konditionen sind für die Händler vorteilhaft. deren Preise verbessern sich.“ ... Statt der 250 Produkte umfassenden Spar-Discountlinie „Die Sparsamen“ können die Händler jetzt im Wettbewerb mit der Billig-Konkurrenz auf die 700 „Gut-und-günstig“-Discountprodukte von Edeka zurückgreifen.

Nach der Spar-Übernahme im September hatte Edeka angekündigt, 1.700 der 3.200 Spar-Arbeitsplätze zu streichen. Von den insgesamt 1.554 gekündigten Sparmitarbeitern hätten bereits 1.180 das Angebot angenommen, in eine Transfergesellschaft zu wechseln.

a) Beschreiben Sie die Fusion, von der in den vorstehenden Texten die Rede ist!

b) Kennzeichnen Sie kurz anhand der Angaben in den Texten Voraussetzungen für den Zusammenschluss (gemeint sind besondere Probleme der beteiligten Unternehmen, die die Fusion erleichtert haben könnten)!

c) Edeka strebt Kooperationen an. Welche Unternehmen sind Kooperationspartner?

d) Erläutern Sie die Ziele der Fusion, der Kooperation und der Beteiligung!

e) Welche wettbewerbsrechtlichen Probleme werfen Fusionen und Kooperationen auf?

f) Wie beurteilt das Bundeskartellamt die Fusion und die Kooperation im hier anstehenden Fall?

30.

Thematischer Schwerpunkt	Fusionen
Anforderungen	überwiegend II
Bearbeitungsdauer	180 Minuten
Punkte	50

Financial Times Deutschland v. 27. März 2006

Anleger honorieren Offerte für Schering

Die Übernahmeofferte des Leverkusener Chemie- und Pharmakonzerns Bayer wird von der Börse mit Zustimmung aufgenommen. Die Bayer-Aktie legte am Freitag[2] um zwei Prozent auf 35,42 € zu. Das Schering-Papier ... schloss mit plus 1,6 Prozent bei 86,30 € nahe dem von Bayer angebotenen Kaufpreis von 86 €. ... Kritisch hinterfragt wird von Marktbeobachtern, wie Bayer die größte Übernahme seiner Firmengeschichte finanzieren will. ...

Bayer zufolge könnten 6.000 Jobs der insgesamt 60.000 Arbeitsplätze in einem fusionierten Unternehmen abgebaut werden. Am Ende der Integration sollen Synergien[3] von 700 Mio. € jährlich realisiert werden. ... Dabei kommt es in der Regel in der Verwaltung, im Management und in der Produktion zu Stellenstreichungen. Strategisch reizvoll ist aus Sicht von Analysten die Überlappung der beiden Konzerne bei der Erforschung neuer Krebstherapien. Die Aktivitäten sollen – wie alle innovativen Projekte – unter dem Dach der neuen Tochter „Bayer-Schering-Pharma“ mit Sitz in Berlin zusammengefasst werden. Rund 9 Mrd. € Umsatz wird die neue Pharma-Einheit erwirtschaften. Bayer-Chef Werner Wenning betonte, dass Verkäufe aus dem Schering-Geschäft nicht erwogen würden.

Zu den Perlen Scherings zählt das Diagnostika-Geschäft, das bei Röntgenkontrastmitteln weltweit marktführend ist. ... Geschätzte 5 Mrd. € Marktwert hat die Sparte. Verkauft werden sollen allerdings die Bayer-Töchter aus der Kunststoffsparte, H. C. Starck und Wolff Walsrode. ...

... Die Healthcare-Sparte, zu der neben Pharma auch Diagnostika und frei verkäufliche Medikamente (OTC)[4] zählen, soll der große Wachstumsmotor für den Gesamtkonzern werden. Mit einem Budget von 1,5 Mrd. € wird in den zukünftigen Kerngebieten Herz-Kreislauf-Krankheiten, Krebstherapie, Blutkrankheiten und Gynäkologie geforscht. ... Die jährlichen Wachstumsraten dieses Geschäftsbereichs sollen zweistellig sein. ...

---

[2] Freitag, 24. März 2006

[3] Der Begriff Synergie ist abgeleitet von dem griech. synergia, was so viel wie Mitarbeit, Zusammenarbeit bedeutet. Im wirtschaftlichen Sprachgebrauch bedeutet Synergie Zusammenwirken verschiedener Faktoren, das zur Verbesserung des wirtschaftlichen Ergebnisses führt. Als Synergieeffekte bezeichnet man die positiven Ergebnisse, die sich aus dem Zusammenwirken verschiedener Kräfte bei der Erstellung einer Gesamtleistung ergeben. Die Gesamtleistung ist höher als die Einzelleistungen zusammen.

[4] OTC = over the counter („über den Tresen“)

Bayer verdreifacht Nettoschulden

Trotz des geplanten Verkaufs zweier Töchter nimmt der Leverkusener Bayer-Konzern für den Erwerb des Berliner Konkurrenten Schering eine Verdreifachung seiner Nettofinanzschulden in Kauf. ... Damit wird sich die Bonität des Bayer-Konzerns, der bisher von Moody's und Standard & Poor's mit „A3" und „A" als guter Schuldner eingestuft wird, zunächst verschlechtern. Beide Rating-Agenturen nahmen Bayer nach der Ankündigung des 16,3 Mrd. € schweren Gebots für Schering auf ihre Beobachtungslisten für eine eventuelle Herabstufung der Bonität.

Moody's erkennt aber an, dass die höhere Verschuldung zum Teil dadurch ausgeglichen werden, dass der Konzern seine Position im Pharmabereich stärken könne. Zudem seien Kostensynergien zu erwarten. Derzeit rechnet die Agentur damit, dass das Rating maximal um eine Stufe gesenkt würde. Dies würde Bayer weiterhin die Zugehörigkeit zu den mit „Investment Grade" gerateten kreditwürdigen Schuldnern sichern. ... Bayer erwartet das „A"-Rating bis 2009 zurückgewinnen zu können.

Kurzfristig will Bayer den Zukauf mit 3 Mrd. € Barmitteln aus der eigenen Kasse sowie einer Kreditlinie der US-Bank Citigroup und der Schweizer Credit Suisse stemmen. Bis zu 4 Mrd. € sollen später durch eine Kapitalerhöhung und eine Wandelanleihe abgelöst werden. Wie viel Eigenkapital nötig ist, hängt davon ab, wie viele Schering-Aktionäre die Offerte annehmen.

Frankfurter Allgemeine Zeitung v. 25. März 2006

Bayer siegt mit einem Übernahmeangebot von 16,3 Milliarden Euro

... Mit der zunächst kräftezehrenden Übernahme der Schering AG will der Bayer-Konzern im Pharma-Spezialitätengeschäft auf Rang sieben in der Welt springen. „Ich bin fest überzeugt, dass der Zusammenschluss von Bayer und Schering auch die beste Lösung ist, um dem Pharma-Standort Deutschland wieder mehr Geltung zu verschaffen", sagte Werner Wenning (Bayer-Vorstandsvorsitzender). ...

Bayer (plant) nun, ... die Übernahme bis Jahresmitte abzuschließen. Das Vorhaben soll der Wettbewerbsaufsicht in Brüssel und in den Vereinigten Staaten vorgelegt werden. Auflagen oder Behinderungen erwartet Bayer nicht.

Mit den sich gut ergänzenden Programmen will Bayer das Gesundheitsgeschäft (Health Care) als wichtigsten Wachstumsmotor erheblich voranbringen. Mit gut 15 Milliarden Euro Umsatz oder fast 50 Prozent Anteil am Konzernerlös würde „Gesundheit" zum bedeutendsten Teilkonzern von Bayer. ... Auch nach einer Fusion würde die Drei-Säulen-Strategie mit den beiden anderen Teilkonzernen „Pflanzenschutz" und „Industrie-/Kunststoffgeschäft" fortgeführt, hieß es.

Durch ein deutlich vergrößertes Forschungsbudget, die Integration der Vertriebsnetze in mehr als 100 Staaten und eine Zusammenfassung der Verwaltung will Bayer die

Pharma-Ergebnisse beschleunigt verbessern und die eigene Ertragskraft erheblich stärken. Geplant sind ... Kosteneinsparungen vor allem im Vertrieb, Verwaltung und im Einkauf in Höhe von 700 Millionen Euro vom dritten Jahr nach der Übernahme an. ...

Die großen Pharmahersteller - Pharmaumsatz 2005 in Milliarden Euro

Pharmahersteller	**Staat**	**Umsatz Mrd. €**
Pfizer	USA	41,2
GlaxoSmith-Kline	Großbritannien	30,0
Sanofi-Aventis	Frankreich	26,0
Novartis	Schweiz	25,9
Roche	Schweiz	21,7
Astra-Zeneca	Großbritannien	19,3
Johnson & Johnson	USA	17,9
Merck & Co.	USA	17,7
Bristol-Myers-Squibb	USA	15,4
Wyeth	USA	15,1
Bayer	Deutschland	9,4
Boehringer Ingelheim	Deutschland	8,2
Schering	Deutschland	5,3
Merck KGaA	Deutschland	3,9

Bayer strebt nach alter Größe
von Brigitte Koch

Schafft Bayer, einst Apotheke der Welt, die Rückkehr in die gehobene Liga der Pharmaindustrie? Sollte die Offerte des Leverkusener Traditionskonzerns von wenigstens 75 Prozent der Schering-Aktionäre angenommen werden, fände Bayer tatsächlich vom Umsatz her zu alter Stärke im Pharmageschäft zurück. Im Weltmaßstab bliebe das Unternehmen mit dem berühmten Kreuz im Firmenlogo jedoch im Mittelfeld, weit hinter internationalen Pharmariesen wie Pfizer, GlaxoSmith-Kline, Sanofi-Aventis, Novartis oder Roche zurück. Als Gesundheitskonzern, der auch rezeptfreie Medikamente und Diagnostika anbietet, käme das neue Bayer-Schering-Gebilde auf Platz 12 als reines forschendes Pharmaunternehmen auf Platz 14. Doch soweit ist es noch nicht.

... Umsatz ist längst nicht alles in dieser forschungsintensiven Branche. Die entscheidende Frage ist vielmehr, wie sich die Produktportfolien ergänzen und ob es gelingt, ein wettbewerbsfähiges Pharmageschäft aufzubauen und damit strategisch voranzukommen. Auf den ersten Blick sind die Arbeitsgebiete der beiden Pharmaanbieter sehr unterschiedlich. Was aber grundsätzlich zusammenpasst, ist die Strategie beider Unternehmen, sich nicht im breiten Markt, sondern eher im profitablen Pharma-Spezialitätengeschäft tummeln zu wollen.

Bayer hat sich ... in der Forschung auf die Indikationsgebiete Herz-Kreislauf-Risikomanagement, Hämatologie und Onkologie (Krebs) zurückgezogen und will damit ein spezialisiertes Facharztgeschäft aufbauen. Schering versteht sich schon als hochspezialisierter Nischenanbieter. Das Unternehmen ist Weltmarktführer für Verhütungsmittel und wichtiger Anbieter von Hormontherapien. In diesem Markt ist Bayer überhaupt nicht vertreten. Mit Betaferon hat Schering zudem ein wirtschaftlich hoch erfolgreiches Medikament zur Behandlung der multiplen Sklerose im Programm. Überschneidungen und damit erhebliche Synergiemöglichkeiten in Forschung und Vermarktung gibt es vor allem in der Krebstherapie. Auf diesem Gebiet sei ein Zusammengehen auch am sinnvollsten, meinen die Fachleute. Hier ist Bayer gut unterwegs. Das Unternehmen macht sich mit den neuen Medikament Nexavar Hoffnung auf Spitzenumsätze von mehr als einer Milliarde Euro. die Schering-Entwicklungslinie ist hier weniger überzeugend bestückt und könnte von Bayer profitieren. Schering brächte wiederum eine anerkannt gute Position auf dem margenstarken amerikanischen und japanischen Markt in die Verbindung ein. Der Bayer-Konzern könnte dort also auf der Vertriebsstärke der Berliner aufbauen. ...

Überaus geschickt ist der Schachzug ..., den Standort Berlin als neuen Sitz der Zentrale von „Bayer-Schering-Pharma“ zu benennen und den Erhalt der Forschung in Berlin zu garantieren. Das kommt gut an, auch bei den Arbeitnehmern im Aufsichtsrat des Übernahmekandidaten, und es sichert Wohlwollen im politischen Umfeld.

1. Vergleichen Sie die beiden Unternehmen anhand der Texte einschließlich der Tabelle! Listen Sie in einer Tabelle einige Merkmale auf, und geben Sie die jeweiligen Ausprägungen für die Unternehmen an!
2. Welche Ziele verfolgt die Bayer AG mit der Übernahme von Schering?
3. Im Text ist von Synergiemöglichkeiten die Rede. Es werden Synergieeffekte von der Fusion erwartet. Was sind Synergieeffekte? Welche Synergieeffekte können sich im vorliegenden Fall ergeben?
4. Die Übernahme ist für die Bayer AG die größte in ihrer Geschichte. Welche besonderen Probleme wirft diese Übernahme deshalb auf?
5. Kann mit der Zustimmung zur Fusion durch die betroffenen Anspruchsgruppen und durch die Wettbewerbsbehörden gerechnet werden?

31. Was versteht man unter Unternehmenskonzentration? Wodurch entsteht sie, welche Bedeutung hat sie? Beziehen Sie Ihre Ausführungen auf den Handel; ziehen Sie zur Erläuterung und zur Veranschaulichung Tab. 5.2 und 5.3 heran!

32.

Thematischer Schwerpunkt	Umsatzkonzentration, Konzentrationskurve, Beurteilung
Anforderungen	II und III
Bearbeitungsdauer	90 Minuten
Punkte	18

Beurteilen Sie die Konzentration im deutschen Einzelhandel!

Bereiten Sie dazu das Zahlenmaterial tabellarisch auf, und stellen Sie anhand des aufbereiteten Zahlenmaterials die Konzentrationskurve dar! Interpretieren Sie das Ergebnis, vergleichen Sie es mit den entsprechenden aktuellen Angaben (Tab. 5.3 und Abb. 5.2)!

	Größenklassen von ... Mio. € bis unter ... €	**Anzahl der U**	**Umstz in Mio. €**
1	- 1	338.769	49.391
2	1 - 2	50.618	37.098
3	2 - 5	43.640	69.063
4	5 - 10	17.153	61.335
5	10 und mehr	21.503	803.006

Tab.: *Unternehmen des Einzelhandels nach Umsatzgrößenklassen 1999, Quelle: korrig. Mitteilung des Statist. Bundesamts im März 2004*

33. Nennen Sie betriebswirtschaftliche Produktionsfaktoren!

34. Beschreiben Sie das Gesetz vom abnehmenden Ertragszuwachs! Benutzen Sie bei der Darstellung die Begriffe Gesamtertrag, Grenzertrag und Durchschnittsertrag! Geben Sie in Abb. 5.2 die Ausbringungsmenge an, die für den Produzenten am günstigsten ist; begründen Sie Ihre Meinung!

35. Was sind Kosten? Unterscheiden Sie fixe und variable Kosten!

36. Erklären Sie Gesamtkosten, Stückkosten und Grenzkosten!

37. Beschreiben Sie typische Gesamtkostenverläufe und die dazu gehörenden bzw. daraus abgeleiteten Verläufe von Stück- und Grenzkosten!

38. Erläutern und begründen Sie den s-förmingen Kostenverlauf! Warum wird er auch als ertragsgesetzlicher Kostenverlauf bezeichnet?

39.

Thematischer Schwerpunkt	Kostenverläufe, Darstellung, Ableitung
Anforderungen	II
Bearbeitungsdauer	45 Minuten
Punkte	10

a) Erstellen Sie eine Tabelle auf (x, K, fK, vK, DvK, DK, GK)!

b) Stellen Sie in zwei Zeichnungen (Gesamtbetrachtung und abgeleitete Betrachtung) die ermittelten Werte dar.

40. Erläutern Sie das typische Mengenanpasserverhalten!

41. Erläutern Sie die Bedingungen p = GK!

42.

Thematischer Schwerpunkt	Mengenanpassung, Rechnung, Darstellung
Anforderungen	II
Bearbeitungsdauer	60 Minuten
Punkte	15

Ermitteln Sie für einen Mengenanpasser bei einem Preis von 29,50 € die Menge, die der Anbieter fixiert! Geben Sie den maximalen Gesamt- und den maximalen Stückgewinn an!

a) Stellen Sie eine Tabelle mit den erforderlichen Werten (fK, vK, U, Gew., DK, GK) auf!

b) Stellen Sie die ermittelten Werte grafisch dar (zwei Systeme)!

Ermitteln Sie in den Zeichnungen die Menge, die der Unternehmer fixieren sollte (mit Gesamt- und Stückgewinn)!

43. Leiten Sie die individuelle Angebotskurve eines Unternehmens (Mengenanpasser) aus dem aufsteigenden Strahl der Grenzkostenkurve ab!

44. Wie ergibt sich die Gesamtangebotskurve?

6. Markt und Preisbildung

1. Was ist ein Markt? Nennen Sie Beispiele für Märkte!

2. Erläutern Sie die Gleichgewichtssituation auf einem Markt, z. B. für ein Konsumgut! Ergänzen Sie Ihre Ausführung durch eine Zeichnung!

3. Stellen Sie grafisch dar
   a) Vermehrung und Verminderung der Nachfrage,
   b) Vermehrung und Verminderung des Angebots!

4. Wodurch entsteht ein Angebotsmengenüberschuss? Wie reguliert der Markt diesen Überschuss?

5. Wodurch entsteht ein Nachfragemengenüberschuss? Wie reguliert der Markt diesen Überschuss?

6. Was ist eine Börse?

7.

Thematischer Schwerpunkt	Ermittlung des Einheitskurses
Anforderungen	II
Bearbeitungsdauer	30 Minuten
Punkte	10

Ermitteln Sie den Einheitskurs (Kassakurs) für eine Aktie, für die die folgenden Kauf- und Verkaufaufträge vorliegen! Geben Sie den Kurs mit Zusatz an und erklären Sie die Angabe!

Kaufaufträge (Stück zu den angegebenen Kursen)	**Verkaufaufträge (Stück zu den angegebenen Kursen)**
1.000 bestens	400 zu 153 lim.
800 zu 152 lim.	1.000 zu 152 lim.
1.000 zu 150 lim.	300 zu 151 lim.
300 zu 149 lim.	800 bestens

8. Unterscheiden Sie Computerhandel von Parketthandel!

9. Wann werden Aktienkurse fortlaufend notiert?

10. Erklären Sie die Begriffe!

    a) Einheitskurs,
    b) Schlusskurs.

11. Was bedeuten folgende Kurszusätze?

    a) bezG (bG, bzG),
    b) bezB, (bB, bzB).

12. Definieren Sie die folgenden Marktformen nach der Zahl der Marktteilnehmer:

    a) Angebotsmonopol,
    b) Angebotsoligopol,
    c) Polypol!

13.

Thematischer Schwerpunkt	Marktformen
Anforderungen	I
Bearbeitungsdauer	15 Minuten
Punkte	7

Geben Sie den Begriff für die Marktform an! Setzen Sie die richtigen Begriffe in die folgende Tabelle ein!

	Kennzeichnung der Marktformen	**Begriff**
1	Ein Anbieter, viele Nachfrager	
2	Wenige (relativ starke) Anbieter, viele Nachfrager	
3	Viele Anbieter, viele Nachfrager	
4	Viele Anbieter, ein Nachfrager	
5	Der Anbieter kann seinen Preis setzen, er muss lediglich das Nachfrageverhalten der Verbraucher beachten	
6	Der Anbieter kann seinen Preis setzen, er muss aber sowohl das Preisverhalten der Konkurrenz als auch das Nachfrageverhalten der Verbraucher beachten	
7	Der Anbieter bekommt seinen Preis vom Markt	

14. Erläutern Sie das Preisverhalten des Angebotsmonopolisten!

15. Was wird mit dem Cournotschen Punkt angegeben?

16.

Thematischer Schwerpunkt	Preisfixierung, grafische Darstellung
Anforderungen	II
Bearbeitungsdauer	45 Minuten
Punkte	18

Ermitteln Sie den Preis (und die Menge), bei dem der Gewinn maximiert wird.

x	0	1	2	3	4	5	6	7	8
p in T €	4	3,5	3	2,5	2	1,5	1	0,5	0
K	2.000	3.000	3.750	4.200	4.500	5.000	5.730	6.750	8.250

a) Stellen Sie eine Tabelle mit allen erforderlichen Angaben auf!

b) Stellen Sie die Werte aus der Tabelle in zwei Zeichnungen (Gesamt- und abgeleitete Betrachtung) so dar, dass Zusammenhänge erkennbar werden!

c) Geben Sie in den Zeichnungen die Gewinnsituation an (einschl. Cournotscher Punkt, maxim. Gesamt- und Stückgewinn)!

17.

Thematischer Schwerpunkt	Preisfixierung, Gewinnmaximierung
Anforderungen	II und III
Bearbeitungsdauer	30 Minuten
Punkte	12

Ein Unternehmen, das seinen Preis selbst setzen kann, erwägt zur Verbesserung seines Umsatzes für ein Gut eine Preiserhöhung. Welche direkte Preiselastizität ist vorauszusetzen, damit diese Preispolitik erfolgreich sein kann? Begründen Sie Ihre Meinung ausführlich, nutzen Sie dazu ein frei gewähltes Zahlenbeispiel und eine Zeichnung!

18. Erläutern Sie das Preisverhalten des Polypolisten! Unterscheiden Sie dabei polypolistische und monopolistische Konkurrenz!

19. Welche Bedeutung hat die geknickte Nachfragekurve!

20. Erörtern Sie allgemein das Preisverhalten der Anbieter im Oligopol! Begründen Sie dabei auch die Ursachen für Preisstarrheit!

21. Erläutern Sie das preispolitische Verhalten von Oligopolisten (Preisführerschaft, Parallelverhalten, Koalitionsverfahren, Präferenzpolitik)!

22. Erläutern Sie Bedeutung und Wirkung von staatlich vorgeschriebenen

a) Mindestpreisen,
b) Höchstpreisen!

23.

Thematischer Schwerpunkt	Höchstpreis - Sozialmieten
Anforderungen	II und III
Bearbeitungsdauer	30 Minuten
Punkte	13

In einer Volkswirtschaft werden für Mietwohnungen Sozialmieten zum Schutz der Mieter vorgeschrieben.

a) Begründen Sie diese Maßnahme!

b) Erörtern Sie die Folgen dieser Maßnahme! Beziehen Sie in die Aufgabenbearbeitung eine Zeichnung ein!

c) Beurteilen Sie diese Maßnahme!

24. Was versteht man unter einer Spekulation?

25. Wie gefährden Spekulationen die Marktfunktionen?

26. Was sind Derivate?

27. Was ist ein Termingeschäft?

28. Was sind Futures?

7. Die Wirtschaftsordnung

Die Wirtschaftsordnung

1. Leiten Sie aus dem Einführungsbeispiel Kennzeichen einer planwirtschaftlichen und einer marktwirtschaftlichen Ordnung ab!

2. Nennen und erläutern Sie die grundsätzlichen Fragen jeder arbeitsteiligen Volkswirtschaft!

3. Welche Bedeutung haben Koordinationsmechanismen!

4. Erklären Sie die Bedeutung von Informations- und Sanktionssystemen!

5. Erörtern Sie anhand einiger Beispiele, wie Informationen und Sanktionen auch das wirtschaftliche Verhalten privater Haushalte lenken können!

6. Nennen Sie Kennzeichen der Wirtschaftsordnungen!

7. Charakterisieren Sie „Wirtschaftssysteme“! Unterscheiden Sie Wirtschaftssysteme von Wirtschaftsordnungen!

8. Wodurch unterscheiden sich marktwirtschaftliche von planwirtschaftlichen Ordnungen!
9. Was ist ein Markt? Wann ist er im Gleichgewicht? Welche Bedeutung hat das Gleichgewicht?
10. In der Marktwirtschaft werden die einzelwirtschaftlichen Pläne durch den freien Markt koordiniert. Erklären Sie diesen Satz!
11. Nennen und erklären Sie die Voraussetzungen für den sog. vollkommenen Markt!
12. Ist der sog. vollkommene Markt häufig anzutreffen? Begründen Sie Ihre Meinung!
13. Wie werden in einer freien Marktwirtschaft die drei grundsätzlichen Fragen jeder arbeitsteiligen Volkswirtschaft beantwortet?
14. Nennen und erklären Sie die Funktionen des Wettbewerbs!
15. Erörtern Sie Ansätze der Kritik an einer freien Marktwirtschaft!
16. Wie werden in einer Planwirtschaft die drei grundsätzlichen Fragen jeder arbeitsteiligen Volkswirtschaft beantwortet?

Die soziale Marktwirtschaft

17. Erörtern Sie die Grundidee der sozialen Marktwirtschaft!
18. Geben Sie die wesentlichen Aspekte der sozialen Markwirtschaft wieder!
19. Kennzeichen Sie kurz die Folgen des 2. Weltkrieges für die Wirtschaft!
20. Geben Sie den Kerngedanken des Morgenthauplans wieder!
21. Interpretieren Sie die Tab. 7.1! (Wirtschaftsdaten im Vergleich 1936 und 1945!)
22. Was versteht man unter einem schwarzen Markt?
23. Warum war eine Währungsreform erforderlich?
24. Beschreiben Sie Vorgang und Folgen der Währungsreform!
25. Was versteht man unter einer Liberalisierung der Märkte? Welche Folgen hatte die Liberalisierung der Märkte ab 1948?
26. Kennzeichnen Sie die Bedeutung des Marshallplans für die deutsche Volkswirtschaft!

27. Der wirtschaftliche Aufschwung lässt sich an den Statistiken in Tab. 7.2 ablesen. Stellen Sie die folgenden Zahlenreihen grafisch dar, und beschreiben Sie kurz die Darstellungen!

a) Entwicklung des BSP in konstanten Preisen,
b) Entwicklung der Arbeitslosigkeit,
c) das Volkseinkommen pro Kopf für die Jahre 1950, 1955, 1960, 1965, 1970.

28. Nennen Sie die wesentlichen Kennzeichen des Neoliberalismus!

29. Wodurch unterscheidet sich der Ordoliberalismus vom Neoliberalismus?

30. Welche Bedeutung haben die konstituierenden und die regulierenden Prinzipien?

31. Nennen und erklären Sie die konstituierenden Prinzipien!

32. Nennen und erklären Sie die regulierenden Prinzipien!

33. Wie lässt sich nach Müller-Armack die soziale Marktwirtschaft umschreiben?

34. Nach Müller-Armack hat der Wettbewerb in der Wirtschaft soziale Funktionen. Nennen Sie sie!

35. Durch welche Einrichtungen (Gesetz und Institution) wird der Wettbewerb in der sozialen Marktwirtschaft der Bundesrepublik Deutschland geschützt!

36. Welche Formen der Wettbewerbsbeschränkung kennen Sie?

37. Nennen und erklären Sie die drei Grundprinzipien der Sozialordnung in der Bundesrepublik Deutschland!

38. Mit seinen Eingriffen in das Wirtschaftsgeschehen aus sozialen Gründen verfolgt der Staat wichtige Ziele. Nennen Sie die Ziele, geben Sie an, mit welchen Mitteln diese Ziele erreicht werden sollen!

8. Wirtschaftspolitik

1. Definieren Sie „Wirtschaftspolitik“!

2. Kennzeichnen Sie die Bereiche der Wirtschaftspolitik!

3. Nennen Sie die Träger der Wirtschaftspolitik!

4. Welche Bedeutung hat die Wirtschaftswissenschaft für die Wirtschaftspolitik?

5. Nennen Sie die Ziele der Wirtschaftspolitik!

6. Was versteht man unter „Quantifizierung der Einzelziele“?

7. Zwischen den wirtschaftspolitischen Zielen besteht eine Relationalität. Erklären Sie Begriff und Bedeutung von Zielrelationalität!

8. Was wird mit dem Begriff „magisches Viereck“ umschrieben!

9. Nennen Sie die Mittel der Wirtschaftspolitik!

9. Geld und Geldpolitik

Geld

1. Entnehmen Sie dem Einführungsbeispiel
   a) Aussagen darüber, was den Wert des Geldes ausmacht,
   b) Angaben über die Bedeutung des Geldes in einer modernen arbeitsteiligen Volkswirtschaft!

2. Nennen und erläutern Sie die Funktionen des Geldes! Beziehen Sie sich bei Ihren Ausführungen auch auf entsprechende Angaben im Einführungsbeispiel!

3. Erklären Sie die Erscheinungsformen des Geldes!

4. Wie schafft der Bankensektor Geld?

5. Zahlungsmittel sind Forderungen an die Kreditinstitute. Erläutern Sie diese Aussage!

6. Was ist unter „Liquidität der Bank“ zu verstehen?

7. Wodurch wird der Wert des Geldes in einer Goldumlaufwährung bestimmt? Erläutern Sie die Bedeutung der Grundgleichung 1 kg Feingold = 2.790 Mark!

8. Wodurch wird der Wert des Euro bestimmt?

9. Erklären Sie kurz
   a) Preisindex,
   b) Inflationsrate,
   c) Kaufkraft,
   d) Kaufkraftverlust!

10. Wie wird der Preisindex für die Lebenshaltung aller privaten Haushalte definiert?

11. Für die folgende Aufgabe wird ein Warenkorb angenommen, der aus fünf Warengruppen mit den angegebenen Gewichtungsfaktoren besteht. Ermitteln Sie anhand der angegebenen Preise für das Basisjahr und die drei aufeinander folgenden Berichtsjahre

    a) Preisindex,
    b) Kaufkraft,

c) Inflationsrate,
d) Kaufkraftverlust!

Warengruppen	Gewichtungsfaktoren	Basisjahr	Berichtsjahre		
		0	1	2	3
1	1	8	8,5	9,0	9,1
2	5	4	4,2	4,8	5,0
3	3	3	3,9	4,3	4,9
4	4	5	5,1	5,6	5,9
5	2	2	2,3	2,7	3,0

12. Ermitteln Sie anhand der Angaben von Tab. 9.1/1 (Verbraucherpreisindex) die Inflationsraten für die Jahre 2004 bis 2007 allgemein und für die angegebenen Gütergruppen.

13. Nehmen Sie an, der HVPI hätte in einer Reihe aufeinander folgender Jahre die in der Tabelle angegebenen Werte. Ermitteln Sie dazu die Inflationsraten und die Kaufkraftverluste!

	HVPI
1	100,0
2	101,6
3	102,7
4	103,8
5	106,0
6	108,5
7	110,9
8	113,2
9	115,7

14. a) Definieren Sie Inflation!

    b) Erklären Sie kurz: schleichende, galoppierende, Hyper- und zurückgestaute Inflation!

15. Erörtern Sie Probleme, die durch Inflation entstehen können!

16. Erklären Sie die Ursachen von Inflationen!

17. Erklären Sie die Quantitätsgleichung!

Geldpolitik

18. Arbeiten Sie den Einführungstext zu Kap. *9.4 Geldpolitik* durch und kennzeichnen Sie die Textstellen, die auf Aspekte der Thematik Geldpolitik hinweisen! (Einige Aspekte werden im Anschluss an den Text aufgezählt!)

19. Nennen Sie die Institutionen des Europäischen Systems zentraler Banken (ESZB)!

20. Nennen Sie die allgemeinen Ziele des ESZB!

21. Nennen Sie die sonstigen Aufgaben des ESZB!

22. Erklären Sie den HVPI!

23. Welche Bedeutung hat der HVPI für die Geldpolitik?

24. Was wird als gefühlte Inflation bezeichnet?

25. Kann die gefühlte Inflation von der „offiziellen", mit dem HVPI gemessenen Preisentwicklung abweichen?

26. Welche Gefahr kann von der gefühlten Inflation ausgehen?

27. Definieren Sie die Geldmengen M1, M2 und M3!

28. Erläutern Sie die Geldmengenpolitik! Welche Bedeutung hat M3 für diese Politik?

29. Nennen Sie die Ziele der Geldpolitik, die das ESZB durch den Einsatz der geldpolitischen Instrumente erreichen will!

30. Erklären Sie Wertpapierpensionsgeschäfte; gehen Sie dabei auf die kurzfristigen Transaktionen ein!

31. Wie funktioniert der Mengentender?

32. Wie funktioniert der Zinstender? Warum wird das Zinstenderverfahren gelegentlich auch als „Tender für Erwachsene" bezeichnet?

33. Was wird mit dem marginalen Zinssatz (beim Zinstenderverfahren) angegeben?

34. Welche Bedeutung hat der Mindestzinssatz, den die EZB beim Zinstenderverfahren vorgibt?

35. Die EZB schreibt ein Wertpapierpensionsgeschäft im Zinstenderverfahren aus. Der Zuteilungsbetrag wird intern festgelegt, er beträgt 1.500 Mio. €. Die Zentralbank gibt einen Mindestzinssatz für die Gebote in Höhe von 4,5 % vor. Vier Banken (A, B, C und D) geben folgende Gebote ab.

    A - 1) 110 Mio. € zu 5,2 %, 2) 130 Mio. € zu 5,1 %, 3) 180 Mio. € zu 5 %, 4) 200 Mio. € zu 4,9 %, 5) 210 Mio. € zu 4,8 %,

    B - 1) 75 Mio. € zu 5 %, 2) 80 Mio. € zu 4,9 %, 3) 85 Mio. € zu 4,85 %, 4) 90 Mio. € zu 4,8 %, 5) 95 Mio. € zu 4,7 %,

    C - 1) 120 Mio. € zu 4,9 %, 2) 130 Mio. € zu 4,8 %, 3) 140 Mio. € zu 4,75 %, 4) 160 Mio. € zu 4,7 %, 5) 170 Mio. € zu 4,65 %,

D - 1) 70 Mio. € zu 4,75 %, 2) 65 Mio. € zu 4,7 %, 3) 60 Mio. € zu 4,65 %, 4) 55 Mio. € zu 4,6 %, 5) 50 Mio. € zu 4,5 %.

a) Ermitteln Sie den marginalen Zinssatz!
b) Errechnen Sie die Zuteilungsbeträge! Stellen Sie dazu eine Tabelle auf!
c) Errechnen Sie die Durchschnittssätze der Zinsen der einzelnen Banken!
d) Erörtern Sie das Ergebnis!

36. Was sind ständige Fazilitäten?

37. Erläutern Sie die Bedeutung der Spitzenrefinanzierungsfazilität!

38. Welche Bedeutung hat die Einlagenfazilität!

39. Welche Bedeutung haben Mindestreserven?

40.

Thematischer Schwerpunkt	Geldpolitik - Leitzinssenkung
Anforderungen	überwiegend II und III
Bearbeitungsdauer	60 Minuten
Punkte	23

Gegenstand der Aufgabe sind die beiden Texte auf dem Oktoberbericht der EZB (S. 181 ff.)

Erörtern Sie die Beurteilung der wirtschaftlichen Lage nach Text „Editorial" sowie die darauf beruhende Beschlussfassung des EZB-Rates und nehmen Sie Stellung zu den Beschlüssen vom 8. Oktober!

10. Konjunktur und Konjunkturpolitik

1. In dem Einführungsbeispiel auf S. 205 wird die wirtschaftliche Situation des Jahres 1986 (aus der Sicht des Herrn B.) beispielhaft beschrieben. Vergleichen Sie die aktuelle Situation mit dem Beispiel. Ziehen Sie dazu Information aus Zeitungen, Zeitschriften, TV, Gesprächen mit Eltern usw. heran.

2. Was ist unter einer Gleichgewichtssituation zu verstehen? Erklären Sie Angebots- und Nachfragelücken!

3. Definieren Sie gesamtwirtschaftliche Nachfrage und gesamtwirtschaftliches Angebot im Modell „geschlossene Volkswirtschaft ohne staatliche Aktivität"!

4. Was wird mit der Konsumfunktion (C = k + cY) angegeben?

5. Erklären Sie die folgenden Begriffe!
   a) Bruttoinvestition
   b) Nettoinvestition
   c) Reinvestition, Erweiterungsinvestition, Rationalisierungsinvestition.

6. Was wird mit der Investitionsfunktion I = I(i) angegeben?

7. Ein Unternehmer plant eine Investition mit einer Anschaffungsausgabe von 150.000 €; er rechnet mit jährlichen Nettoeinnahmen von 50.000 € für die vier Jahr der Nutzung; es wird ein Zinssatz von 10 % angenommen. Lohnt sich die Investition?

8. a) Stellen Sie grafisch mit gesamtwirtschaftlicher Nachfrage und gesamtwirtschaftlichem Angebot (geschlossene Volkswirtschaft, keine staatliche Aktivität) die Gleichgewichtssituation dar!
   b) Erklären Sie die Zeichnung!
   c) Kennzeichnen Sie die ungleichgewichtigen Situationen!

9. Was wird mit dem Investitionsmultiplikator angegeben?

10. C = 25 + 0,8 Y, I = 60 (geschlossene Volkswirtschaft, keine staatliche Aktivität) Bei den folgenden Aufgaben sind ggf. Formeln, Zwischenrechnungen, Rechenwege anzugeben!
    a) Ermitteln Sie das Gleichgewichtseinkommen!
    b) Ermitteln Sie die Ersparnis!
    c) Die Investitionen werden dauerhaft um 30 erhöht. Wie ändert sich das Gleichgewichtseinkommen?
    d) Erörtern Sie das Ergebnis von c)!
    e) Veranschaulichen Sie Ihre Ausführungen durch eine Grafik!
    f) Erörtern Sie die Bedeutung des „Gleichgewichtseinkommens“!

11. Erläutern Sie den in Tab. 10.2 dargestellten Sachverhalt!

12. Was wird mit dem Begriff Konjunktur umschrieben?

13. Was sind Konjunkturindikatoren? Unterscheiden Sie auch anhand von Beispielen Früh-, Spät- und gleichlaufende Indikatoren!

14.

Thematischer Schwerpunkt	Konjunkturindikatoren; Investitionen und Beschäftigung
Anforderungen	I und II
Bearbeitungsdauer	60 Minuten
Punkte	16

Erörtern Sie das Investitionsverhalten von Unternehmen im Konjunkturverlauf! Welcher Zusammenhang besteht mit der Beschäftigung?

15.

Thematischer Schwerpunkt	Konjunktur, Prognose
Anforderungen	I, II und III
Bearbeitungsdauer	90 Minuten
Punkte	24

Lübecker Nachrichten v. 25. Juli 2008

Ifo-Index sinkt: Das Ende des deutschen Aufschwungs naht

Der hohe Ölpreis und die Wirtschaftsflaute in den USA bremsen nach vier Wachstumsjahren den Aufschwung in Deutschland. Der Ifo-Geschäftsklimaindex stürzte im Juli ... ab. ... „Diese Ergebnisse legen nahe, dass der konjunkturelle Aufschwung zu ende geht", sagte gestern der Präsident des Münchner Ifo-Instituts für Wirtschaftsforschung, Hans-Werner Sinn. Der wichtigste deutsche Konjunkturindex beschleunigte seine Talfahrt im Juli überraschend stark. ...

Der Trend ging sowohl in der Industrie als auch im Einzel- und Großhandel und auf dem Bau nach unten, erklärte Sinn....

Als Hauptgründe für das Ende des Aufschwungs nannte der Wirtschaftsforscher die enorm gestiegenen Öl- und Energiepreise, die schwache Konjunktur in den USA und Teilen Europas und den starken Euro. .. Am stärksten brach die Stimmung im Einzelhandel ein.

a) Was wird mit dem ifo-Geschäftsklimaindex angegeben?
b) Stellen Sie die in Tab. 10.4 angegebenen Werte grafisch dar!
c) Wie wird das Geschäftsklima zzt. beurteilt?
d) Am ifo-Geschäftsklimaindex wird gelegentlich kritisiert, dass er lediglich die subjektiven Einschätzungen der Unternehmen wiedergibt. Nehmen Sie Stellung zu dieser Kritik!

16. Wodurch werden Krisenjahre gekennzeichnet? Bestimmen Sie anhand von Abb. 10.9 und 10.10 Krisenjahre der bundesdeutschen Wirtschaftsgeschichte!

17.

Thematischer Schwerpunkt	Darstellung von Konjunkturindikatoren, Ermittlung der Zyklusdauer
Anforderungen	II
Bearbeitungsdauer	60 Minuten
Punkte	16

Bestimmen Sie anhand von Abb. 10.9 bzw. 10.10 die Dauer eines Konjunkturzyklusses! Überprüfen Sie anhand der Angaben in Tab. 10.3, ob Ihre Annahme zutrifft! Bereiten Sie dazu die Tabelle auf (Ermittlung der Zuwachsraten), und stellen Sie die ermittelten Werte dar!

18. Was ist unter antizyklischer Konjunkturpolitik zu verstehen?

19. Worin liegt die besondere Bedeutung des Stabilitätsgesetzes?

20. Geben Sie den Inhalt von GG Art. 109 Abs. 4 kurz wieder! In welchem Zusammenhang steht GG Art. 109 Abs. 4 mit dem Stabilitätsgesetz?

21. Definieren Sie das Ziel des Stabilitätsgesetzes!

22. Erläutern Sie Interventionsmöglichkeiten nach dem Stabilitätsgesetz! Gehen Sie dabei insbesondere auf die Konjunkturausgleichsrücklage ein!

23. Welche Bedeutung hat das Gesetz heute? Was wird in besonderem Maße am Stabilitätsgesetz kritisiert?

24. Nennen und erklären Sie konjunkturpolitische Maßnahmen des Staates!

11. Wachstum und Wachstumspolitik

1. Erklären Sie „Bruttoinlandsprodukt"!

2. Warum ist das BIP als Konjunkturindikator besser geeignet als das BSP?

3. Werten Sie Tab. 3.6 aus! Stellen Sie dazu grafisch dar:

   a) die Entwicklung des Bruttoinlandsprodukts von 1991 bis 2007 in einem Kurvendiagramm,

   b) die Entwicklung der Zuwachsraten des BIP in einem Kurvendiagramm,

   c) die Entwicklung des Bruttoinlandsprodukts je Einwohner von 1991 bis 2007 in einem Kurvendiagramm,

   d) das Bruttoinlandsprodukt, das Bruttonationaleinkommen und das Volkseinkommen der Jahre 1991 und 2007 in einem Säulendiagramm,

   e) die Entwicklung des Bruttonationaleinkommens von 1991 bis 2007 in einem Säulendiagramm,

   f) die Entwicklung des Volkseinkommens von 1991 bis 2007 in einem Kurvendiagramm,

   g) die Entwicklung der Löhne und Gehälter je Arbeitnehmer mtl. in einem Balkendiagramm!

4. Nennen Sie die Bestimmungsgründe für wirtschaftliches Wachstum!

5. Nennen Sie Gründe für wirtschaftliches Wachstum!

6. Nennen Sie Gründe gegen wirtschaftliches Wachstum!

7. Nennen und erklären Sie die Vorbedingungen für Wachstum!

8. Nennen und erklären Sie die Mittel der Wachstumspolitik!

12. Strukturwandel und Strukturpolitik

1. Was ist eine Wirtschaftsstruktur?

2. Erklären Sie a) regionale und b) sektorale Wirtschaftsstrukturen! Nennen Sie Beispiele! Gehen Sie dabei auf die jeweilige Gesamtgröße und die relevanten Teilgrößen ein!

3. Was ist ein Strukturwandel? Wodurch wird er verursacht?

4. Unterscheiden Sie den intersektoralen vom intrasektoralen Strukturwandel! Nennen Sie auch Beispiele!

5. Stellen Sie die Angaben in der Tabelle (Einführungstext) grafisch dar (Kreisdiagramm oder Säulendiagramm)!

6. Nennen und erklären Sie die Ziele der Strukturpolitik!

7. Nennen und erklären Sie die Instrumente der Strukturpolitik!

8. Welche Ziele verfolgt die regionale Strukturpolitik?

13. Beschäftigungspolitik

1. Was versteht man unter einer sektoralen Beschäftigungsstruktur?

2. Nennen Sie Ursachen für die Änderung der Beschäftigungsstruktur!

3. Unterscheiden Sie intersektorale und intrasektorale Veränderungen der Beschäftigungsstruktur!

4. Was versteht man unter „Erwerbspersonen"?

5. Definieren Sie die Erwerbsquote!

6. Entnehmen Sie dem einführenden Text Beispiele für Ursachen von Arbeitslosigkeit und für beschäftigungspolitische Maßnahmen!

7. Wer ist nach der offiziellen Definition Arbeitsloser?

8. Was wird mit der Arbeitslosenquote angegeben? Geben Sie die Formel an!

9. Warum reicht die Arbeitslosenquote zur Analyse der Beschäftigungssituation häufig nicht aus?

10. Werten Sie Tab. 13.4 aus! Stellen Sie dazu die Entwicklung der Arbeitslosenzahlen (insgesamt, Frauen und Männer) in einem Kurvendiagramm, die Arbeitslosenquoten in einem Säulendiagramm dar!

11. Werten Sie Tab. 13.5 aus! Stellen Sie für 1992 und 2007 die Häufigkeiten in Säulen dar!

Beschreiben Sie die dargestellten Zusammenhänge! Stellen Sie einen Zusammenhang zwischen den Darstellungen zu Aufg. 10 her!

12. Hat sich die Arbeitslosigkeit in den alten und den neuen Bundesländern unterschiedlich entwickelt? Werten Sie zur Beantwortung dieser Frage Tab. 13.6 aus! Ermitteln Sie dazu den Anstieg der Arbeitslosenzahlen, stellen Sie die ermittelten Werte graf. dar!

13. Stellen Sie die Arbeitslosenquoten in den Ländern in einem Balkendiagramm dar, beziehen Sie die ALQ für Deutschland zum Vergleich mit ein!

14. Erklären Sie die in Tab. 13.10 enthaltenen Angaben!

15. Was versteht man unter dem Arbeitsmarkt?

16. Nennen und erläutern Sie die Arten (Ursachen) der Arbeitslosigkeit!

17. Charakterisieren Sie die zzt. in Deutschland herrschende Arbeitslosigkeit! Erörtern Sie ihre wesentlichen Ursachen!

18. Was versteht man unter einer Beschäftigungspolitik i. e. S.?

19. Unterscheiden Sie Arbeitsmarktpolitik als Ordnungspolitik von einer Arbeitsmarktpolitik, die man als Prozesspolitik kennzeichnen kann!

20. Nennen Sie die Träger der Arbeitsmarktpolitik!

21. Unterscheiden Sie die aktive Arbeitsmarktpolitik von der passiven!

22. Nennen Sie Maßnahmen der aktiven Arbeitsmarktpolitik!

23. Nennen Sie Maßnahmen der passiven Arbeitsmarktpolitik!

24. Unterscheiden Sie Arbeitslosengeld I und II anhand der folgenden Merkmale! Stellen Sie dazu eine Tabelle auf, und tragen Sie in die Spalten die jeweiligen Merkmalsausprägungen ein!

    Merkmale: Finanzierungsquelle, gemeinsame Voraussetzungen, besondere Voraussetzungen, Anspruchsdauer, Sätze.

25. Welche besondere Bedeutung hat das Kurzarbeitergeld?

26. Nennen Sie die Bedeutung von Betriebsvereinbarungen!

27. Erläutern Sie die Bedeutung von Tarifverträgen! Welche Funktionen erfüllen sie? Gehen Sie auch auf die sog. Tarifautonomie ein.

28. Nennen Sie Arten von Tarifverträgen!

29. Erklären Sie die Bedeutung der Tarifbindung!

30. Erläutern Sie die Bedeutung und die Voraussetzungen der Allgemeinverbindlichkeitserklärung von Tarifverträgen.

31. Geben Sie die wesentlichen Punkte der Kritik an den Tarifverträgen wieder!

32.

Thematischer Schwerpunkt	Tarifvertragspolitik
Anforderungen	II und III
Bearbeitungsdauer	45 Minuten
Punkte	24

Jedes zweite mittelständische Unternehmen in Deutschland sieht in den Flächentarifverträgen mehr Nachteile als Vorteile. Nur knapp jeder vierte Betrieb beurteilt nach einer Umfrage ... den Flächentarifvertrag überwiegend positiv. Bemängelt werden von den mittelständischen Unternehmen vor allem die eingeschränkte Flexibilität sowie Wettbewerbsnachteile gegenüber der Auslandskonkurrenz.

Nehmen Sie zu der vorstehenden Nachricht Stellung, gehen Sie dazu auf die folgenden Fragen ein!

a) Was versteht man unter einem Flächentarifvertrag?

b) Nennen Sie Argumente für und gegen den Flächentarifvertrag!

c) Welche Möglichkeiten zur Flexibilisierung eines Tarifvertrages gibt es? Erklären Sie sie!

d) Erörtern Sie die Bedeutung der sog. Produktivitätsregel für Lohnerhöhungen!

14. Finanzpolitik

Einnahmen und Ausgaben des Staates (Finanzpolitik)

1. Welche Ziele verfolgt die Finanzpolitik?

2. Wodurch unterscheiden sich Steuern, Gebühren und Beiträge?

3. Werten Sie Tab. 14.1 aus! Stellen Sie dazu die Entwicklung der Einnahmen ab 1992 in einem Kurvendiagramm dar! Ermitteln Sie die Zuwachsraten der Einnahmen insgesamt und der Steuern, und stellen Sie sie in einem Säulendiagramm dar! Ermitteln Sie für das erste und das letzte Jahr die Anteile der Steuern und der Einnahmen aus wirtschaftlicher Tätigkeit an den Gesamteinnahmen, stellen Sie die ermittelten Werte in einem Säulendiagramm dar! Geben Sie den Anstieg der Einnahmen von 1992 bis 2007 in einem V.-H.-Satz an!

4. Definieren Sie „Steuern"!

5. Erklären Sie auch anhand von Beispielen die folgenden Begriffe!

   a) Steuerobjekt,
   b) Steuerschuldner,
   c) Steuerträger,
   d) Steuerdestinatar,
   e) Steuerquelle.

6. Nennen Sie die klassischen Steuergrundsätze (nach Adam Smith)!

7. Nennen und erklären Sie moderne Steuergrundsätze!

8. Nach welchen Kriterien lassen sich Steuern einteilen? Nennen Sie zu den Begriffen auch einige Beispiele!

9. Erklären Sie

   a) progressiver Tarif,
   b) proportionaler Tarif,
   c) regressiver Tarif!

10. a) Erläutern Sie den Verlauf des ESt-Tarifs!
    b) Erläutern Sie die Bedeutung des sog. Splittingtarifs!

11. Erklären Sie den Vorgang der Steuerüberwälzung!

12. Wie ist nach dem Grundgesetz die Gesetzgebungskompetenz der Gebietskörperschaften geregelt?

13. Die Ausgaben des Staates lassen sich in drei Kategorien einteilen. Nennen und erklären Sie sie!

14. Werten Sie Tab. 14.6 aus! Stellen Sie dazu die Entwicklung der Ausgaben ab 1992 in einem Kurvendiagramm dar! Ermitteln Sie die Zuwachsraten der Ausgaben, und stellen Sie sie in einem Säulendiagramm dar! Ermitteln Sie für das erste und das letzte Jahr die Anteile der angegebenen Ausgabenarten an den Gesamtausgaben, stellen Sie die ermittelten Werte in einem Säulendiagramm dar! Geben Sie den Anstieg der Ausgaben von 1992 bis 2007 in einem V.-H.-Satz an!

15. Werten Sie Tab. 14.7 aus! Ermitteln Sie die prozentualen Anteile der Ausgabenbereiche an den Gesamtausgaben für 2005! Stellen Sie die ermittelten Werte dar!

16. Nennen Sie Arten öffentlicher Schulden, geben Sie an, welche Schuldenart besonders häufig von der öffentlichen Hand in Anspruch genommen wird (vgl. Tab. 14.8)!

17. Werten Sie Tab. 14.9 aus! Stellen Sie dar

   a) die Entwicklung der Schulden insgesamt, des Bundes, der Länder und der Gemeinden,
   b) die Schulden der Gebietskörperschaften als Anteile (%) der Gesamtschulden,
   c) den Anstieg der Schulden insgesamt und der Gebietskörperschaften von 1992 bis 2007!

18. Werten Sie Tab. 14.10 aus! Stellen Sie die Schulden der Länder für die Jahre 2005 und 2007 dar!

19. Welche Grenzen kann es für die Staatsverschuldung geben?

20. Was wird in Haushaltsplänen angegeben?

21. Nennen und erklären Sie die Haushaltsgrundsätze!

22. Erklären Sie den sog. Haushaltskreislauf!

Steuern

23. Ermitteln Sie nach der Tab. „Steuern im Überblick" (Anhang II)

a) die Summen von Besitzsteuern, Verkehrsteuern, Verbrauchsteuern und sonst. Steuern und steuerähnliche Abgaben,

b) die zehn Steuerarten mit den höchsten Aufkommen für 2006 und 2004, und geben Sie die Änderungen in der Höhe der Aufkommen in Prozent an (Umsatz- und Einfuhrumsatzsteuer sowie Grundsteuer A und B jeweils zusammenfassen)!

24. Definieren Sie (in Anlehnung an „Steuern im Überblick") Besitzsteuern, Personen- und Realsteuern, Verkehrsteuern, Verbrauchsteuern und sonst. Steuern!

25.

Thematischer Schwerpunkt	Steuerarten
Anforderungen	I bzw. II
Bearbeitungsdauer	30 Minuten
Punkte	12

In der folgenden Tabelle sind beispielhaft einige Steuerarten aufgelistet. Ordnen Sie sie (durch Ankreuzen) den angegebenen Einteilungskriterien zu! Nutzen Sie zur Lösung der Aufgabe (und zur weitergehenden Information) auch die Tab. Steuern im Überblick (Anhang II)!

		Überwälz-barkeit		**Empfänger**			**Objekt der Besteuerung**			
	Steuerarten	**direkte St.**	**indirekte St.**	**Bund**	**Länder**	**Gemeinden**	**Besitz**	**Vekehr**	**Verbrauch**	**sonst.**
1	Biersteuer									
2	Branntweinsteuer									
3	Einkommensteuer									
4	Erbschaftsteuer									
5	Gewerbesteuer									
6	Hundesteuer									
7	Kaffeesteuer									
8	Kfz-Steuer									
9	Lohnsteuer									
10	Solidaritätszu-schlag									
11	Tabaksteuer									
12	Umsatzsteuer									

26. Nennen und erklären Sie die Kennzeichen der Einkommensteuer!

27. Erklären Sie – auch anhand einiger Beispiele –

a) Werbungskosten,
b) Sonderausgaben,
c) außergewöhnliche Belastungen!

28. Nennen Sie die Einkunftsarten nach dem EStG!

29.

Thematischer Schwerpunkt	Einkommensteuererklärung
Anforderungen	II
Bearbeitungsdauer	20 Minuten
Punkte	11

Ein leitender kaufmännischer Angestellter hat die im Folgenden aufgezählten Ausgaben, die er in seiner Einkommensteuer-Erklärung gegenüber dem Finanzamt geltend macht. Er ist verheiratet, der Sohn (25 Jahre alt), studiert; er hat kein eigenes Einkommen. Die Ausgaben werden begründet, das Finanzamt erkennt einige Ausgaben nicht an.

1. Versicherungsprämien für Lebens-, Kranken- und ähnliche Versicherungen,
2. finanzielle Zuwendungen an den Vater, der keine eigenen Einkünfte hat,
3. Anschaffung von Fachbüchern für die Weiterbildung im ausgeübten Beruf,
4. Beiträge für eine Zusatzversicherung (zur Rente),
5. Reparaturkosten für das Haus, das zum Teil vermietet ist,
6. Kirchensteuer,
7. Fahrtkosten für die Fahrt zum Arbeitsplatz,
8. Spenden an einen gemeinnützigen Verein,
9. Ausgaben für die Anschaffung eines Anzugs, den der Angestellte vorwiegend während der Arbeit trägt,
10. Ausgaben für die Anschaffung eines Konversationslexikons,
11. Abonnement der Frankfurter Allgemeinen Zeitung wegen des Wirtschaftsteils,
12. Prämien für die Kfz.-Versicherung.

Listen Sie in systematischer Ordnung, beginnend mit „Einnahmen", die bei dieser Steuererklärung anfallenden Begriffe auf! Die vom Finanzamt anerkannten Ausgaben sind den Begriffen (mit Minuszeichen) richtig zuzuordnen!

30. Nennen und erklären Sie Kennzeichen der Gewerbesteuer!

31. Nennen und erklären Sie Kennzeichen der Umsatzsteuer!

32. Nennen und erklären Sie Kennzeichen der Körperschaftsteuer!

15. Außenwirtschaft

Außenhandel

1. Nennen Sie Gründe für Preisvorteile!

2. Erläutern Sie die Bedeutung des Außenhandels für die deutsche Wirtschaft?

3. Stellen Sie nach Tab. 15.1 die Anteile der Ausfuhren und der Einfuhren der Kontinente grafisch dar!

4. Werten Sie Tab. 15.2 aus! Stellen Sie dazu die Anteile an Ausfuhren und Einfuhren in einem Balkendiagramm dar!

5. Werten Sie Tab. 15.3 aus! Stellen Sie dazu die angegebenen Werte in einem Säulendiagramm dar!

6. Was wird mit dem Begriff Terms of Trade umschrieben?

7. Nennen und erklären Sie Maßnahmen der Außenhandelspolitik!

Wechselkurse

8. Wodurch entsteht Nachfrage und Angebot von Devisen?

9. Welche Aufgabe erfüllt der Wechselkurs?

10. Erklären Sie den Unterschied zwischen freien und festen Wechselkursen!

11. Erklären Sie Ursachen, Vorgang und Folgen einer Aufwertung und einer Abwertung des Euro zu einer anderen Währung!

12. Führen Sie beispielhaft in einer Zeichnung eine Zunahme des Angebots von Dollars durch bei freien und festen Wechselkursen!

13. Erklären Sie, warum es nach Änderungen von Exporten bzw. Importen bei freien Wechselkursen zum Handelsbilanzausgleich kommt, bei festen aber nicht!

14. Erläutern Sie die Vorteile und Nachteile fester Wechselkurse!

15.

Thematischer Schwerpunkt	Wechselkurse, Vergleich
Anforderungen	I, II und III
Bearbeitungsdauer	45 Minuten
Punkte	18

Häufig fordern Volkswirte die Einführung freier Wechselkurse, da diese den festen Wechselkursen immer überlegen sind. Nehmen Sie Stellung zu der Forderung und ihrer Begründung!

a) Nennen und erklären Sie zunächst die typischen Kennzeichen von freien und festen Wechselkursen!

b) Welche besonderen Vorteile haben freie Wechselkurse gegenüber festen Wechselkursen?

c) Nehmen Sie Stellung: Reicht die Überlegenheit aus, grundsätzlich auf feste Wechselkurse zu verzichten

Zahlungsbilanz

16. Welche Aufgaben erfüllt die Zahlungsbilanz?

17. Erklären Sie die Teilbilanzen einschließlich der Unterbilanzen der Leistungsbilanz!

18. Was heißt „im buchhalterischen Sinn ist die Zahlungsbilanz immer ausgeglichen"?

19. Erklären Sie

a) aktive Handelsbilanz,
b) negative Dienstleistungsbilanz,
c) passive Leistungsbilanz!

20. Was sind Währungsreserven?

21.

Thematischer Schwerpunkt	Zahlungsbilanz, Buchungen
Anforderungen	II
Bearbeitungsdauer	45 Minuten
Punkte	15

In der folgenden Tabelle sind wirtschaftliche Transaktionen mit dem Ausland aufgelistet. Verbuchen Sie die Vorgänge (aus inländischer bzw. heimischer Sicht), geben Sie dazu Buchung und Gegenbuchung in den entsprechenden Spalten der Tabelle an (Zutreffendes ankreuzen)!

		1		2		3		4		5		6		7	
		Handelsbilanz		Dienstleistungsbilanz		Bilanz der Erwerbs- und Vermögenseinkommen		Bilanz der laufenden Übertragungen		Bilanz der Vermögens-übertragungen		Kapitalbilanz		Veränderungen der Währungsreserven	
		A	P	A	P	A	P	A	P	A	P	A	P	A	P
1	Warenexport gegen Warenlieferung														
2	Export von Waren gegen Barzahlung														
3	Export von Waren auf Ziel														
4	Import von Waren gegen Barzahlung														
5	Import von Waren auf Ziel														
6	Urlaubsreisen ins Ausland														
7	Überweisung der Gebühr für die Nutzung ausl. Lizenzen														
8	Inanspruchnahme eines ausl. Frachtführers bei Warenlieferung ins Ausland gegen Barzahlung														
9	Erbanfall eines ausl. Geldvermögens, Überweisung ins Inland														
10	Zinseinkünfte im Ausland, Überweisung ins Inland														
11	Arbeitseinkommen bar eines dänischen Grenzgängers														
12	Türkische Arbeitnehmer überweisen ihre Arbeitseinkünfte in die Türkei														
13	Überweisung des staatl. Beitrags an eine intern. Institution, die ihren Sitz im Ausland hat														
14	Finanzhilfen einer intern. Institution an eine inländische Einrichtung														
15	Ausl. Kunde gleicht Rechnung aus														
16	Ausl. Institutionen kaufen inländische Wertpapiere														

22. Stellen Sie die Entwicklung der Leistungsbilanz und des Leistungsbilanzausgleichs grafisch dar (nach Tab. 15.5)!

23.

Thematischer Schwerpunkt	feste Wechselkurse, Leistungsbilanzüberschuss
Anforderungen	I (bei a), II (bei b) und III
Bearbeitungsdauer	60 Minuten
Punkte	32

Zwischen Land A und Land B wurden feste Wechselkurse vereinbart. Es besteht seit einiger Zeit eine aktive Leistungsbilanz zu Gunsten des Landes A.

a) Erklären Sie Inhalt und Bedeutung der Leistungsbilanz!

b) Wie kann es zu dem Leistungsbilanzüberschuss gekommen sein? Berücksichtigen Sie bei Ihren Erörterungen, dass A ein hoch entwickeltes Industrieland und B ein Agrarland ist.

c) Beurteilen Sie die Situation der beiden Länder!

d) Schlagen Sie Möglichkeiten zur Lösung der anstehenden Probleme vor! Begründen Sie Ihre Meinung!

Die deutsche Volkswirtschaft im internationalen Wirtschaftsgefüge

24. Erläutern Sie die Ziele des Bretton-Woods-Abkommens!

25. In Bretton Woods wurden feste Wechselkurse über die Goldparität vereinbart. Erläutern Sie dieses Wechselkursabkommen!

26. Welche Ziele verfolgt der IWF?

27. Erläutern Sie Begriff und Bedeutung sog. Ziehungsrechte!

28. Erläutern Sie Begriff und Bedeutung sog. Sonderziehungsrechte!

29. Erläutern Sie die Ziele des EWS!

30. Nennen Sie die Elemente des EWS, und erklären Sie sie kurz!

EWWU

31. Die Europäische Währungsunion wurde in drei Stufen entwickelt. Kennzeichnen Sie die Stufen!

32. Welche Bedeutung haben die Konvergenzkriterien für die EWU?

33. Welche Bedeutung hat der Wechselkursmechanismus II?

34. Stabilitäts- und Wachstumspakt

   a) Welche Ziele verfolgt der Pakt?

   b) Welche Konsequenzen haben „übermäßige Defizite“ in den Haushalten der am Stabilitäts- und Wachstumspakt beteiligten Staaten?

   c) Welche Bedeutung hat das Frühwarnsystem im Stabilitäts- und Wachstumspakt?

35. Welche Ziele verfolgt die EWU?

36. Welche Staaten gehören zzt. der Union an?

37. Nennen Sie einige Vorteile der EWU!

38. Können durch den Wegfall nationaler Währungen Probleme entstehen?

39. Werten Sie Anhang III nach folgenden Fragestellungen aus! Wählen Sie geeignete Darstellungsformen!

   a) Wirtschaftkraft (BIP)
   b) Bruttoinlandsprodukt je Einwohner,
   c) Bruttonationaleinkommen je Einwohner,
   d) Inflationsraten,
   e) Arbeitslosenquoten,
   f) Wirtschaftsstruktur – Anteile der drei Sektoren an der Erwerbstätigkeit.

40. Wirtschaftskraft der EU

   a) Entnehmen Sie der Tab. Anhang III Angaben: Wirtschaftskraft aller EU-Staaten (EU 27), der 13 EU-Staaten, die am Währungsverbund teilnehmen (EU 13), EU 13 und Großbritannien, Dänemark, Schweden (EU 16), der übrigen EU-Staaten (EU 11), und stellen Sie die Daten in einer Tabelle übersichtlich zusammen!

   b) Ermitteln Sie die prozentualen Anteile von EU 13, EU 16 und EU 11!

   c) Stellen Sie die Ergebnisse von b(in einem Säulendiagramm dar“

   d) Stellen Sie die prozentualen Anteile von EU 16 und EU 11 in einem Kreisdiagramm dar!

41. Werten Sie Anhang IV aus!

   a) Fassen Sie in einer Liste die Hauptausfuhrgüter zusammen!
   b) Fassen Sie in einer Liste die Haupteinfuhrgüter zusammen!
   c) Entnehmen Sie der Tabelle die Empfänger- und Lieferländer, in listen Sie sie in einer Rangreihe auf!

42. Stellen Sie die Entwicklung des Wechselkurses Euro – US-Dollar (Tab. 15.12) in einem Kurvendiagramm dar!

43. Welche Gründe hat der Außenwertverfall des US-Dollars?

44. Werten Sie Tab. 15.13 aus, stellen Sie die geografische Aufschlüsselung der Einfuhren und Ausfuhren der EU-Mitgliedstaaten in einem Balkendiagramm dar!

45. Werten Sie Tab. 15.15 aus, stellen Sie die geografische Aufschlüsslung der Einfuhren und Ausfuhren des Euro-Währungsgebietes in einem Balkendiagramm dar!

Lösungen

1. Einführung

1. Wirtschaftssubjekte sind die kleinsten organisatorischen Einheiten, die wirtschaftliche Entscheidungen treffen; z.B. private Haushalte, Unternehmen, Gebietskörperschaften.

2. Bund, Länder, Gemeinden

3. Lohn, Gehalt (unselbstständige Arbeit), Mieteinnahmen, Zinseinnahmen, Gewinne (Unternehmerhaushalte) bzw. Gewinnanteile (z.B. aus Wertpapierbesitz)

4. Z. B. Arbeitgeber – Arbeitnehmer, Verkäufer – Käufer, Lohn (als Kosten und Einnahme), Einnahmen – Ausgaben, Bauherr (Hypothekennehmer) – Bank (Hypothekengeber) usw.

5. Wirtschaftstheorie: Analyse und Erklärung wirtschaftlicher Zusammenhänge,
   Wirtschaftspolitik: Analyse der Ziele der staatlichen Wirtschaftspolitik, setzt Wirtschaftstheorie voraus,
   Wirtschaftsgeschichte: Beschreibung der Entstehung, Veränderung und Enwicklung wirtschaftlicher Zusammenhänge,
   Finanzwissenschaft: Wirtschaft der öffentlich-rechtlichen Körperschaften

6. Mikroökonomik befasst sich mit einzelwirtschaftlichen Zusammenhängen,
   Makroökonomik befasst sich mit gesamtwirtschaftlichen Zusammenhängen.

7. Betriebswirtschaftslehre befasst sich mit den wirtschaftlichen Aspekten von Unternehmen (bzw. Betrieben).

2. Wirtschaftliche Grundtatbestände

1. Produktion und Konsum bedingen einander, Mittel zur Nachfrage (zum Konsum) werden bei Produktion der Güter und Leistungen von Wirtschaftssubjekten (z. B. privaten Haushalten und Unternehmen), die Produktionsfaktoren zur Verfügung gestellt haben, verdient o. ä.

2. Unternehmen: übergeordnete Bereiche (Planung, Verwaltung, Kontrolle usw.),
   Betrieb: produktionstechnischer Bereich des Unternehmens.

3. Volkswirtschaftliche Produktionsfaktoren: Arbeit – alle Formen menschlicher Arbeit, Boden – naturgegebene Voraussetzungen der Produktion, Kapital - produzierte Voraussetzungen der Produktion.

4. Betriebliche (oder betriebswirtschaftliche) Produktionsfaktoren: Arbeit (dispositiv und objektbezogen), Materialien (Roh-, Hilfs-, Betriebsstoffe, Teile, Ersatzteile), Betriebsmittel (Maschinen, Anlagen usw.).

5. Konsumgüter werden von privaten Haushalten nachgefragt (Gebrauchs- und Verbrauchsgüter), Produktionsgüter werden von Unternehmen nachgefragt (Gebrauchs- und Verbrauchsgüter).

6. a) Komplementäre Güter: Ergänzung, z. B. Kaffee – Zucker,
   b) substitutionale Güter: Ersetzung, z. B. Kaffee – Tee,
   c) limitationale Güter: komplementäre Güter mit Begrenzung, z. B. Autoräder.

7. Wirtschaftliche Güter werden produziert, dadurch entstehen Kosten, die sich in den Verkaufspreisen niederschlagen.

8. Bedürfnisse sind subjektiv empfundene Gefühle von Mangel mit dem Streben, diese Mangelgefühle zu beseitigen.

9. Einteilung schwierig wegen Überschneidungen, Möglichkeiten u. a.: Sekundär- und Primärbedürfnisse; Existenz-, Luxusbedürfnisse; Individual-, Kollektivbedürfnisse usw.

10. Grund-, Sicherheits-, soziale, Wertschätzungs-, Entwicklungsbedürfnisse.

11. Bedarf: Summe der Bedürfnisse als Grundlage der Nachfrage.

12. Wirtschaften: Bedürfnisse mit den knappen Mitteln zur Bedürfnisbefriedigung in Einklang bringen.

13. Ökonomisches Prinzip (Wirtschaftlichkeitsprinzip): Maximalprinzip: mit gegebenen Mitteln einen möglichst hohen Ertrag erzielen, Minimalprinzip: ein gegebenes Ziel mit einem möglichst geringen Mitteleinsatz erreichen...

14. Staat produziert öffentliche Güter, vermindert durch Steuern und verbessert durch Transferzahlungen Nachfragemöglichkeiten, fragt Güter und Leistungen sowie Produktionsfaktoren nach usw.

15. Arbeitsteilung: Zerlegung der Produktion eines Gutes in mehrere (viele) Einzelverrichtungen, Spezialisierung, Qualifizierung, Unterscheidung: innerbetriebliche und zwischenbetriebliche Arbeitsteilung; Steigerung der Produktivität ...

16. Steigerung der Ergiebigkeit der Produktionsfaktoren durch Spezialisierung (Ausbildung, Betriebsmitteleinsatz) usw.

17. Lohnintensive Arbeit in Niedriglohnländern, Produktion mit hochwertiger Technologie in Industrieländern usw.

3. Produktion und Verbrauch im Wirtschaftskreislauf

1. Kreislauf (geschlossene Volkswirtschaft, keine staatliche Aktivität): wirtschaftliche Beziehungen zwischen den Sektoren private Haushalte, Unternehmen, Kapitalvermittlung - Einkommen, Konsumausgaben, Ersparnisse, Investitionen ...

2. a) Einkommensentstehung: $Y = C + I$, Nachfrage nach Konsum- und Investitionsgütern der Haushalte und Unternehmen führt zur Produktion, diese zur Nachfrage nach Produktionsfaktoren (z. B. nach Arbeit), die dafür entstehenden Ausgaben sind Einkommen.

   b) Einkommensverwendung: $Y = C + S$, die Haushalte geben das Einkommen für Konsumgüter und Ersparnis aus.

3. Kreislauf: wirtschaftliche Beziehungen zwischen privaten Haushalten, Unternehmen, Staat, Ausland, Kapitalvermittlung - Einkommen, Konsumausgaben, Ersparnisse, Steuern, Transferzahlungen, Subventionen, staatliche Nachfrage, Exporte, Importe ...

4. a) Bruttowertschöpfung: Bezeichnung für die Werte, die in einer Volkswirtschaft neu geschaffen wurden; zur Berechnung werden von den Produktionswerten die Vorleistungen abgezogen.

   b) Vorleistungen sind alle Güter und Leistungen, die bei der Produktion verwendet wurden, in den Produktionswerten also enthalten sind.

   c) Bruttoinlandsprodukt: Wert aller Güter und Dienstleistungen, die im Inland produziert wurden; BIP zu Marktpreisen: indirekte Steuern sind enthalten, Subventionen sind nicht enthalten. Das BIP ist der Indikator für die produktive Leistung einer Volkswirtschaft.

   d) Bruttonationaleinkommen zu Marktpreisen (früher: Bruttosozialprodukt zu Marktpreisen) ergibt sich aus dem BIP, wenn man die Erwerbs- und Vermögenseinkommen aus der übrigen Welt hinzuzählt und die Erwerbs- und Vermögenseinkommen an die übrige Welt abzieht. Das BNE ist der Indikator für das Einkommen in einer Volkswirtschaft.

   e) Nettonationaleinkommen zu Marktpreisen ergibt sich durch den Abzug der Abschreibungen aus dem Bruttonationaleinkommen.

   f) Nettonationaleinkommen zu Faktorkosten (früher: Nettosozialprodukt zu Faktorkosten) ist das Volkseinkommen. Es ist die Summe aus Arbeitnehmerentgelt und Unternehmens- und Vermögenseinkommen.

   g) Das verfügbare Einkommen der Volkswirtschaft lässt sich formelmäßig vereinfacht folgendermaßen umschreiben: NNE_{Mp} – geleistete direkte Steuern + empfangene direkte Steuern + empfangene Transferleistungen – geleistete Transferleistungen.

5. $BIP = C + I + A_{St} + Ex - Im$

6. Verteilung des Einkommens auf die beteiligten Personen (personelle V.) oder auf die beteiligten Produktionsfaktoren Arbeit und Kapital (funktionale V.).

7. a) Privater Verbrauch: Ausgaben der privaten Haushalte für Waren und Dienstleistungen und der Eigenverbrauch der privaten Organisationen ohne Erwerbszweck.

   b) Bruttoinvestitionen: Bruttoanlageninvestitionen der Unternehmen und Vorratsveränderungen. Enthalten sind die Anschaffungen der Unternehmen für Anlagegüter (einschl. Abschreibungen), Änderungen der Lagerbestände; enthalten sind auch der Nettozugang von bestimmten Wertsachen bei den privaten Haushalten.

   c) Staatlicher Verbrauch: Dienstleistungen des Staates, die den Haushalten unentgeltlich zur Verfügung gestellt werden.

   d) Außenbeitrag: Ausfuhr von Gütern und Dienstleistungen abzüglich Einfuhr von Gütern und Dienstleistungen.

8. VGR: Darstellung und Beschreibung der Zusammenhänge zwischen den Sektoren in Tabellen- oder Kontenform. Überblick über die Entwicklung wichtiger volkswirtschaftlicher Größen.

9. Sektoren der VGR:
   Private Haushalte, private Organisationen ohne Erwerbszweck, nichtfinanzielle Kapitalgesellschaften, finanzielle Kapitalgesellschaften, Staat, übrige Welt.

4. Private Haushalte

1. Personelle Verteilung: Verteilung des Produktionsergebnisses auf die beteiligten Personen, gefragt wird danach, wie hoch das durchschnittliche Einkommen von Personen ist, die die Produktionsfaktoren zur Verfügung gestellt haben bzw. Transfereinkommen beziehen.

   Funktionale Verteilung: Verteilung des Produktionsergebnisses auf die Produktionsfaktoren Arbeit und Kapital.

2. Der Median ist ein Mittelwert. Er teilt eine Reihe von Ausprägungen eines Merkmals in zwei Teile, die jeweils die gleiche Anzahl von Merkmalsausprägungen enthalten.

3. Die Wirtschaftsrechnungen geben die Verbrauchsstruktur privater Haushalte wieder.

4. Einkommensquellen sind z. B. selbstständige Arbeit, unselbstständige Arbeit, Vermögen, Sozialversicherungen ...

5. Analysen von Wirtschaftsrechnungen privater Haushalte!

   a) Haushalte nach Größe des Haushalts: Vergleich der ausgabefähigen Einkommen/Einnahmen

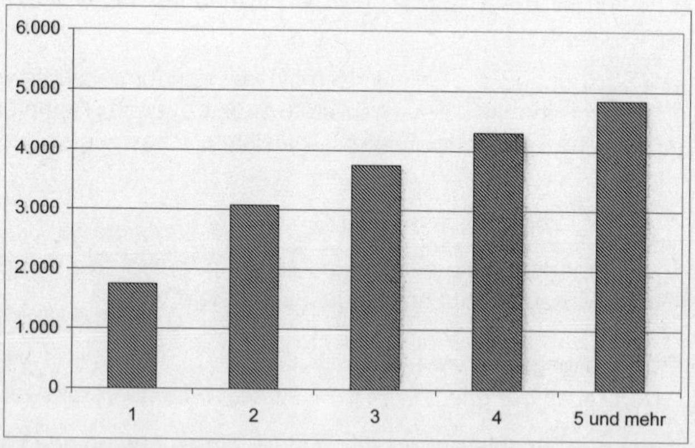

   b) Haushalte nach Haushaltstyp: Vergleich ausgabefähige Einkommen und Einnahmen – private Konsumausgaben

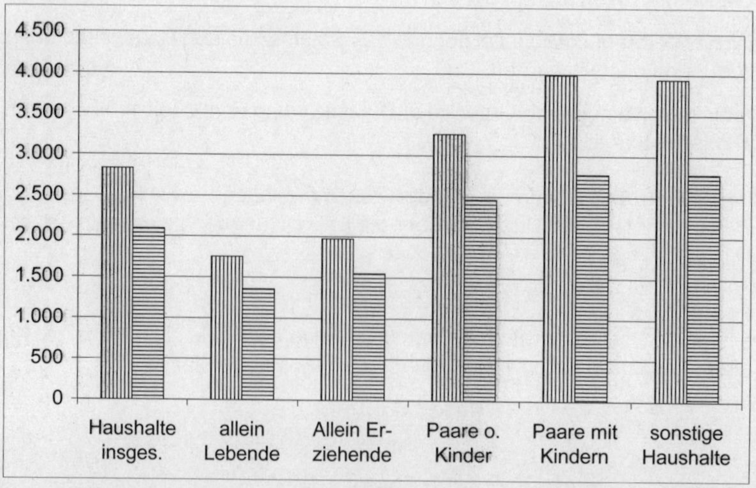

c) Haushalte nach Höhe des Nettoeinkommens: Vergleich Brutto-, Nettoeinkommen und ausgabefähiges Einkommen der Kategorien

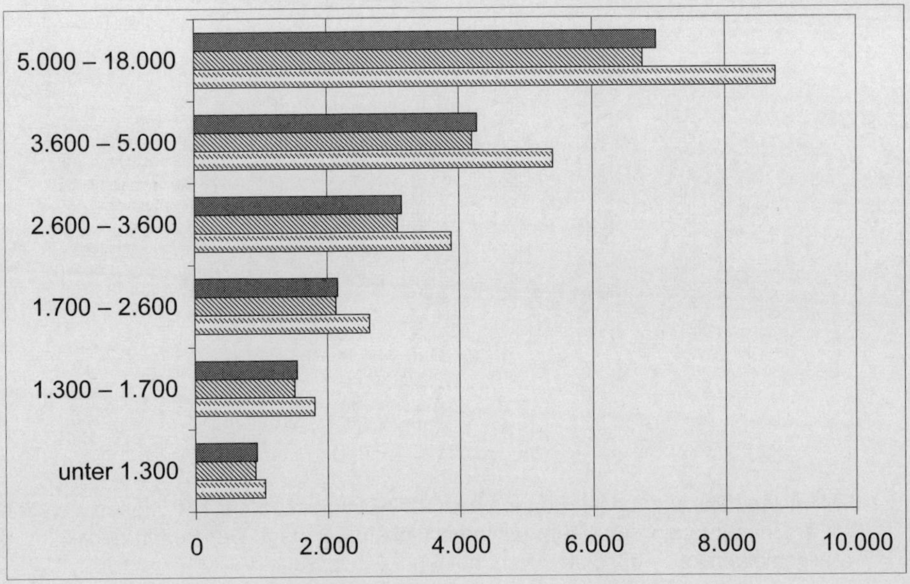

d) Haushalte nach Haushaltstyp: Umrechnung der privaten Konsumausgaben in Prozent der gesamten Konsumausgaben je Typ

		Haushaltstyp				
	Haushalte insgesamt	**Allein Lebende**	**Allein Erziehende**	**Paare o. Kinder**	**Paare mit Kindern**	**sonstige Haushalte**
Nahrungsmittel	13,7	11,9	15,7	13,4	15,4	15,0
Kleidung	4,4	3,9	5,9	4,1	5,3	4,6
Wohnen usw.	32,7	37,6	37,1	31,1	30,6	30,7
Gesundheitspfl.	4,0	4,5	2,2	5,1	2,6	3,0
Nachrichtenüberm.	3,0	3,4	4,6	2,4	2,8	3,5
Bildungswesen	0,7	0,4	1,4	0,2	1,4	1,0
sonstige	41,5	38,4	32,9	43,6	42,0	42,3
Private Konsumausgaben insges.	100,0	100,0	100,0	100,0	100,0	100,0

e) Haushalte nach Haushaltstyp: Vergleich der Anteile einiger Konsumausgaben der einzelnen Typen

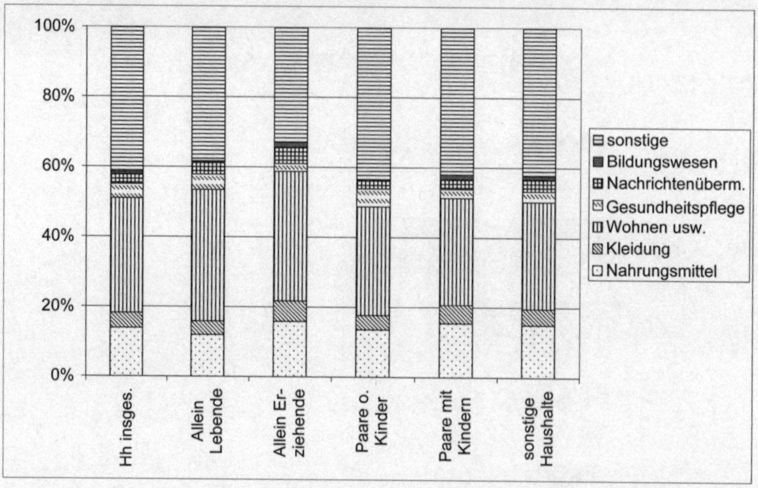

6. Armutsgefährdung besteht dann, wenn das Einkommen der betroffenen Personen bzw. Personengruppen unter dem mittleren Einkommen liegt. Der Begriff deutet an, dass im allgemeinen keine absolute Armut besteht.

7. Von der Armutsgefährdung sind besonders betroffen: Arbeitslose, Erwachsene ohne Schulabschluss, kinderreiche Familien.

8. Bedeutung des Medianwerts: Es wird vermieden, dass der Mittelwert ansteigt, weil die Anzahl der Merkmalsausprägungen gleich bleibt.

9. Einkommen, z. B. Lohn, Zinserträge, Mieteinnahmen, Renten,

   Ausgaben, z. B. für Lebenmittel, Bekleidung, Reisen, Mieten, Spenden, Bücher, Ersparnisbildung usw.

10. Z. B. Mieten: 25 %, Lebensmittel: 40 %, Energie: 10 % usw.

11. Beschaffung und Verwendung von Einnahmen und Verwendung von Vermögen. Grundlagen: Rangordnung der Bedürfnisse (in Abhängigkeit von der besonderen Situation des Haushalts), Preise (der Güter, die zur Befriedigung infrage kommen, auch die Preise anderer Güter), Zinsen für Anlagen und Konsumentenkredite (als Grundlagen der Entscheidung für den Konsum oder für die Vermögensbildung, d. h. späteren Konsum) u. Ä.

12. Nutzen: das subjektive Maß an Bedürfnisbefriedigung durch Konsum.

13. Eine Indifferenzkurve gibt alle Güterkombinationen (besser: Kombinationen von zwei Gütern) an, die den gleichen Nutzen stiften, jede Indifferenzkurve drückt ein anderes Nutzenniveau aus.

14. Budgetgerade verdeutlicht grafisch folgenden Zusammenhang: Einem Haushalt steht für den Konsum zweier Güter eine bestimmte Ausgabensumme zur Verfügung, die er mehr oder weniger gleichmäßig auf die Güter verteilt.

15. Die optimale Güterkombination wird grafisch durch den Berührungspunkt der Budgetgeraden mit einer Indifferenzkurve bestimmt.

16. Grenznutzen ist der zusätzliche Nutzen, der einem Wirtschaftssubjekt dadurch entsteht, dass er den Konsum um eine (kleine) Einheit ausdehnt.

17. Sättigungsgesetz: Bei fortlaufendem Konsum eines Gutes nimmt der Grenznutzen zunächst ab und wird schließlich negativ, d.h. der weitere Konsum bringt keinen Nutzen mehr.

18. Nachfragefunktion gibt an, dass und wie die nachgefragte Menge vom Preis bzw. von Preisänderungen abhängt.

    Zeichnung zu folgender Tabelle: vgl. Aufg. 13.1)

p	10	9	8	7	6	5	4	3	2	1	0
x	0	1	2	3	4	5	6	7	8	9	10

19. 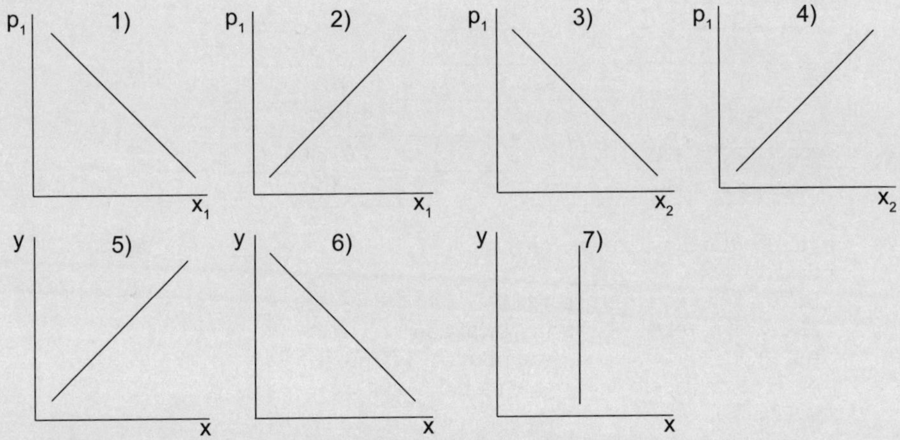

20. a) direkte Preiselastizität: Abhängigkeit der nachgefragten Menge eines Gutes vom Preis des gleichen Gutes,

    b) Kreuzpreiselastizität: Abhängigkeit der nachgefragten Menge eines Gutes vom Preis eines anderen Gutes,

    c) Einkommenselastizität: Abhängigkeit der nachgefragten Menge eines Gutes vom Einkommen bzw. von den Konsumausgaben.

21. a) Relativ elastische Nachfrage: Bei einer Preisänderung um 1 % ändert sich die nachgefragte Menge um mehr als 1 %. Bei einer Preiserhöhung sinken die Ausgaben, bei einer Preissenkung steigen die Ausgaben.

    b) Relativ unelastische Nachfrage: Bei einer Preisänderung um 1 % ändert sich die nachgefragte Menge um weniger als 1 %. Bei einer Preiserhöhung steigen die Ausgaben, bei einer Preissenkung sinken die Ausgaben.

    c) Vollkommen unelastische Nachfrage: Eine Preisänderung führt zu keiner Mengenänderung.

d) Vollkommen elastische Nachfrage: Preisänderungen führen zum Verschwinden der Nachfrage.

22. a) 1) (5/60) / (-01/0,8) = (5/60) · (0,8/-0,1) = - 0,67
2) (3/5) / (-0,2/1,3) = (3/5) · (1,3/-0,2) = - 3,9

b) 1) E > -1, die Nachfrage reagiert relativ unelastisch, d. h. bei einer Preissenkung von 1% nimmt die Nachfrage um weniger als 1% zu.
Beispiel: ..., Begründung: ...
2) E < -1, die Nachfrage reagiert relativ elastisch, d. h. bei einer Preissenkung von 1% nimmt die Nachfrage um mehr als 1% zu
Beispiel: ..., Begründung: ...

23. Ermittlung der Elastizität:
E = -0,15 / x = - 3, x = -0,15 / - 3 = 0,05
Preiserhöhung von 5%

p	x	A
100	100	10.000,00
105	85	8.925,00
Rückgang absolut		1.075,00
Rückgang in v. H.		10,75

24. Erörterung der Elastizitäten, Beispiel:
1) $E(x_1/p_1) = -4$
Regelfall, direkte Preiselastizität
E < -1, d. h. relativ elastische Nachfrage.
Bei einer Preiserhöhung für ein Gut um 1 % geht die N nach diesem Gut um mehr als 1 % zurück.
Beispiel: ...

2) $E(x_1/p_1) = -0{,}2$
Regelfall, direkte Preiselastizität
E > -1, d. h. relativ unelastische Nachfrage
Bei einer Preiserhöhung für ein Gut um 1 % geht die N nach diesem Gut um weniger als 1 % zurück.
Beispiel: ...

3) $E(x_2/p_1) = 0{,}5$
Kreuzpreiselastizität, Substitut
E < 1, d. h. relativ unelastische Nachfrage
Bei einer Preiserhöhung für ein Gut um 1 % nimmt die Nachfrage nach dem Substitut um weniger als 1 % zu.
Beispiel: ...

4) $E(x_2/p_1) = -0{,}2$
Kreuzpreiselastizität, Komplement
E > -1, d. h. relativ unelastische Nachfrage
Bei einer Preiserhöhung für ein Gut um 1 % nimmt die Nachfrage nach dem Komplement um weniger als 1 % ab.
Beispiel: ...

5) E(y/x) = -0,3
Einkommenselastizität, inferiores Gut (Sättigungsgut)
E > -1, d. h. relativ unelastische Nachfrage
Bei einer Einkommenserhöhung um 1 % geht die Nachfrage nach inferioren Gütern zurück, u. z. um weniger als 1 %
Beispiel: ...

6) E(y/x) = 3
Einkommenselastizität, superiores Gut (Nichtsättigungsgut)
E > 1, d. h. relativ elastische Nachfrage
Bei einer Einkommenserhöhung um 1 % nimmt die Nachfrage nach superioren Gütern zu, u. z. um mehr als 1 %
Beispiel: ...

7) E(y/x) = 0,2
Einkommenselastizität, superiores Gut (Nichtsättigungsgut)
E < 1, d. h. relativ unelastische Nachfrage
Bei einer Einkommenserhöhung um 1 % nimmt die Nachfrage nach superioren Gütern zu, u. z. um weniger als 1 %
Beispiel: ...

8) $E(x_1/p_1) = 2$, Giffenfall (paradoxer Fall), direkte Preiselastizität
E > 1, d. h. relativ elastische Nachfrage
Bei einer Preiserhöhung für ein Gut um 1 % nimmt die N nach diesem Gut um mehr als 1 % zu.
Beispiel: ...

9) $E(x_1/p_1) = 0$. Regelfall, direkte Preiselastizität
vollkommen unelastische Nachfrage
Bei einer Preiserhöhung für ein Gut verändert sich die N nach diesem Gut nicht.
Beispiel: ...

10) $E(x_1/p_1) = \infty$, Regelfall, direkte Preiselastizität
vollkommen elastische Nachfrage,
Bei einer Preiserhöhung für ein Gut um 1 % geht die N nach diesem Gut vollständig zurück.
Beispiel: ...

5. Private Unternehmen

1. Unternehmen nach
   a) Art der Leistungen: Sachleistungen – Erstellung von Gütern, z. B. Mühlenwerke, Getriebebau, Dienstleistungen – z. B. Lebensmitteleinzelhandel, Bank, Versicherung

   b) Art der Güter: z. B. Herstellung von Mehlprodukten, Getrieben,

   c) vorherrschendem Produktionsfaktor: lohn-(arbeits-)intensiv, z. B. Handel, Feinmechanik, kapitalintensiv, z. B. Werften, Bergbau; materialintensiv, z. B. Textilindustrie, Lederverarbeitung ...

2. Gründe für Standortwahl:
   - Verkehrliche Erreichbarkeit für Abnehmer und Lieferanten,
   - Standortkosten,

- Verfügbarkeit über den Produktionsfaktor Arbeit mit den erforderlichen Qualifikationen und Berücksichtigung der Lohnkosten,
- Grundstücksgröße, evtl. auch für Erweiterungen,
- Einflüsse der öffentlichen Hand, z. B. steuerliche Vorteile,
- Erschließungen, Kommunalabgaben, Bauleitplanungen usw.

3.

	EU	OHG	KG	GmbH	AG
Geschäfts-führung	der Eigentümer	die Gesellschafter	der (die) Vollhafter	der (die) gewählten Geschäftsführer	der Vorstand
Firma	Personenname	Personenname mit Zusatz oder Namen der Gesellschafter	Personenname mit Zusatz oder Namen der Gesellschafter	i. d. R. Sachbezeichnung mit Zusatz	i. d. R. Sachbezeichnung mit Zusatz
Haftung	der Eigentümer	die Gesellschafter; unmittelbar, unbeschränkt, solidarisch	der (die) Vollhafter, wie EU bzw. OHG - Teilhafter bis zur Höhe der Einlagen	beschränkte Haftung (Kapital), evtl. Nachschusspflicht (beschränkt oder unbeschränkt)	Grundkapital
Mitsprache Kontrolle	entf.	entf.	Teilhafter; Kontroll- und Widerspruchsrecht	Gesellschafterversammlung; Kontroll- und Widerspruchsrecht, Aufsichtsrat	Aufsichtsrat; Kontrolle des Vorstands, Hauptversammlung
Gewinnverteilung	entf.	4 % der Einlage, Rest nach Köpfen	4 % der Einlage, Rest angemessen	nach Kapitalanteil	Dividende
Mindestkapital, -einlage	–	–	–	Stammkapital 25.000 €, Stammeinlage 100 €	Grundkapital 50.000 €, Stückaktie, Nennbetragsaktie 1 €

4. Personengesellschaft: Person als Gesellschafter steht im Vordergrund, nicht die Kapitalbeteiligung, zumal diese nicht unbedingt erforderlich, wenn auch üblich ist. Gesellschafter arbeiten grundsätzlich mit, Gesellschafter haften persönlich mit ihrem Vermögen; Abstimmungen erfolgen i. d. R. nach Köpfen, nicht nach Kapitalbeteiligung, die Beteiligungen sind nicht übertragbar.

   Kapitalgesellschaft: Beteiligung steht im Vordergrund, Beteiligung ohne Kapitaleinlage ist nicht möglich; persönliche Mitarbeit der Gesellschafter ist nicht erforderlich; sie haften auch nicht persönlich mit ihrem Vermögen; Anteile sind übertragbar.

5. GmbH & Co. KG: Mischform aus GmbH und KG, also aus Kapital- und Personengesellschaft, die Merkmale der Personengesellschaft überwiegen. Aus GmbH: die grundsätzliche Haftungsbeschränkung, aus KG: 2 Haftergruppen, Vollhafter ist die GmbH, Teilhafter sind i. d. R. die Gesellschafter der GmbH. Haftungsbeschränkungen stehen im Vordergrund, evtl. steuerliche Vorteile der Personen- gegenüber der Kapitalgesellschaft.

6. Gewinnverwendung:
   Gesetzliche Rücklagen, u. z. 5 % des Gewinns bis 10 % des Grundkapitals erreicht sind,
   freie Rücklagen,
   (Rückstellungen),
   evtl. Gewinnvortrag,
   Restgewinn - Gewinnverteilung

7. Aufsichtsräte (AG)

Vorschriften		**Anzahl**	**Vertretung der**		**weitere Mitglieder**
			Anteilseigner	**Arbeitnehmer**	
AktGes. § 95 BVerfG Arbeitnehmervertretung bei mehr als 500 Arbeitnehmern	grundsätzlich - mind. höhere Anzahl durch Satzung möglich	3	2	1	
	bei Grundkap. bis 1,5 Mio € höchst.	9	6	3	
	bei Grundkap. von mehr als 1,5 € höchst.	15	10	5	
	bei Grundkap. von mehr als 10 Mio. € höchst.	21	14	7	
Mitbestimmungsgesetz (bei mehr als 2.000 Arbeitnehmern) Vertretung durch AN des Unternehmens* und Gewerkschaftsvertreter**)	bei 2.000 bis 9.999 AN	12	6	6 (4*+2**)	
	ab 10.000 AN	16	8	8 (6*+2**)	
	ab 20.000 AN	20	10	10 (7*+3**)	
Montanmitbestimmung Berücksichtigung weiterer (unabhängiger) Mitglieder	grundsätzlich - höhere Anzahl durch Satzung möglich	11	5 (4+1)	5 (4+1)	1

8. a) Gewinnverteilung: 546.000 €

Gesellschafter	**Anteile**	**Vorwegabzug (4 % der Ant.)**	**Restverteilung**	**Gesamtgewinn**
A	1.500.000	60.000	150.000	210.000
B	750.000	30.000	150.000	180.000
C	150.000	6.000	150.000	156.000
	2.400.000	96.000	450.000	546.000

b) Diskrepanz zwischen Vorwegabzug und Gesamtbeteiligung erkennen, Rückschluss: relativ geringe Bewertung der Kapitalanteile, hohe Bewertung der Mitarbeit, Geschäftsführung, Haftung

c) Gewinn = 3,3 % der Anteile

Gesellschafter	Anteile	Gewinn
A	1.500.000	49.500
B	750.000	24.750
C	150.000	4.950
	2.400.000	79.200

9. a) Vorteile: keine Beteiligung in der GF. keine Gewinnteilung
Nachteile: regelm. Zinszahlungen und Tilgungen (auch wenn kein Gewinn anfällt);

b) Kommanditgesellschaft, Begründung: J. führt allein die Geschäfte,
F und K werden nicht zur persönlichen Haftung herangezogen, sie haften allerdings mit ihrer Einlage,
geringe Einschränkungen in der GF durch Mitspracherechte, dazu Kontrollrecht, Widerspruchsrecht.
Gewinnzahlungen an die Gesellschafter nur, wenn auch Gewinn anfällt.

10. a) **Gründe** nennen und beschreiben:
Haftungsbeschränkung – Vorteil gegenüber der Personengesellschaft
relativ *wenig Eigenkapital* erforderlich – Vorteil: relativ gering z. B. gegenüber AG
zur Gründung nur *ein Gesellschafter* erforderlich – Vorteil gegenüber anderen Gesellschaften
Gesellschafter kann *Geschäftsführer* sein – keine Mitsprache von Gesellschaftern wie in anderen Gesellschaften,
einfachere Gründung (bzw. Umgründung) im Vergleich zur AG

b) Nachteile für Gläubiger: geringer Gläubigerschutz
Besteuerungsnachteile (Körperschaftsteuer)

11.

1	Wie nennt man das Eigenkapital der GmbH?	Stammkapital
2	Wie hoch muss das Eigenkapital der GmbH mind. sein?	25.000 €
3	Wie nennt man den Anteil eines GmbH-Gesellschafters?	Stammeinlage
4	Wie hoch muss der Anteil eines GmbH-Gesellschafters mind. sein?	100 €
5	Wie nennt man das Eigenkapital der AG?	Grundkapital
6	Wie hoch muss das Eigenkapital der AG mind. sein?	50.000 €
7	Wie nennt man die Pflicht eines GmbH-Gesellschafters, bei einer Erhöhung des Eigenkapitals weitere Anteile zu übernehmen?	Nachschusspflicht
8	Eine AG mit einem Eigenkapital von 10.000.000 € hat eine gesetzliche Rücklage von insgesamt 975.000 € gebildet. Sie hat einen Gewinn von 15 %. Wie hoch ist der Betrag, den sie der gesetzlichen Rücklage zuführt?	25.000 €
9	Die AG aus Aufg. 8 führt 475.000 € den freien Rücklagen zu; weitere Rücklagen oder Rückstellungen sind nicht vorgesehen. Wie hoch ist die Dividende, die auf eine 50 €-Aktie entfällt?	5 €
10	Wie viel Arbeitnehmervertreter sitzen im Aufsichtsrat einer AG mit einem Grundkapital von 3 Mio. €, die insgesamt 1.000 Arbeitnehmer beschäftigt? (höchstmögliche Zahl)	5

12. Als Primärmarkt bezeichnet man den Markt für die Erstemission eines Papiers, auf dem Sekundärmarkt findet der Handel des Papiers zwischen Anlegern statt.

13. Gründe für den Börsengang u. a.:
Wichtigster Grund: Finanzierung durch die Inanspruchnahme des Kapitalmarkts bei Erstemission (mit Grundkapitalerhöhung), bei späterer Erhöhung des Grundkapitals usw.,
Verbesserung der Kreditwürdigkeit durch Erhöhung der Sicherheit bei Erhöhung des Grundkapitals usw.,
Verbesserung des Images,
Mitarbeiterbeteiligung mithilfe eigener Aktien mit dem Ziel der Mitarbeiterprämierung, -bindung usw.

14. Umwandlung ist erforderlich, damit Anteile an dem Unternehmen gehandelt werden können.

15. Die Börsenreife einer AG ist abhängig von:
Umsatz und Umsatzentwicklung,
Kursentwicklungen,
Marktstellung,
Management ...

16. Due-Diligence-Prüfung ist eine Prüfung mit besonderer Sorgfalt. Geprüft werden u.a. Umsatz, Kursentwicklungen, Management, Marktstellung.

17. a) KGV: Kurs-Gewinn-Verhältnis, Quotient aus Kurs und Gewinn je Aktie. Das KGV gibt an, in wie viel Jahren die Ausgabe für eine Aktie über den Gewinn finanziert wird (wenn die Dividende etwa gleich bleibt).

b) $\text{KGV} = \frac{\text{Kurs}}{\text{Gewinn je Aktie}}$; $\text{KGV} = \frac{100}{15} = 6{,}7$

c) Bei einem KGV = 4 entspricht die Summe der Gewinne nach vier Jahren der Ausgabe für die Aktien, bei einem KGV = 6 erst nach 6 Jahren.

18. Deutsche Vereinigung für Finanzanalyse und Anlagenberatung e. V. und Schmalenbach-Gesellschaft - Deutsche Gesellschaft für Betriebswirtschaft e. V.

19. Der Gewinn des Emissionsjahres und der Folgejahre wird geschätzt; dazu wird das DVFA/SG-Schema herangezogen. Der Ausgabekurs ergibt sich über das KGV vergleichbarer Unternehmen, der Branche o. Ä. Wenn z. B. der geschätzte Gewinn 1,5 Euro beträgt, so ergibt sich (unter der Voraussetzung, dass weitere Überlegungen keine Rolle bei der Festsetzung des Ausgabekurses spielen) bei einem angenommen KGV von 20 ein Ausgabekurs von 30 Euro.

20. Das emittierende Unternehmen legt einen Festpreis fest, zu dem das Papier von Anlegern gezeichnet werden kann.

21. Beim Bookbuilding-Verfahren werden die interessierten Anleger an der Preisfindung beteiligt. Das emittierende Unternehmen legt eine Preisspanne fest; innerhalb der Spanne können interessierte Anleger zeichnen (Preis und Menge). Der Ausgabekurs wird nach dem Höchstumsatzprinzip gebildet.

22. Unternehmensziele: z. B. Gewinnmaximierung, Sicherung (Produktivität, Flexibilität), Unabhängigkeit, soziale und ökologische Ziele ...

23. Kooperationsbereiche:
Beschaffung, Lagerhaltung, Fuhrpark, Sortiment, Vertrieb, Qualitätsnormen ...

24. a) Einkaufsgemeinschaften, -genossenschaften: Beschaffungskooperation in der Organisationsform von Gemeinschaften (z. B. Ketten, Kaufring) oder Genossenschaften (z. B. EDEKA)

b) Depotsysteme: Kooperation zwischen Hersteller und Einzelhändler, Einzelhändler unterhalten Depot mit Sortiment des Herstellers (z. B. EDUSCHO)

c) Rack-Jobber-Systeme: Im Allgemeinen Kooperation zwischen Groß- und Einzelhandel, Großhändler mieten Regale in den Betrieben des Einzelhandels und statten diese auf eigene Rechnung aus

d) Franchisesysteme: Im Allgemeinen Kooperation zwischen Hersteller (oder Großhändler) und Einzelhändler: Franchisegeber und -nehmer. Nehmer vertreibt in einem bestimmten Gebiet das Sortiment des Gebers ....

e) Freiwillige Kette: zweistufige Kooperationsform: Zentrale/Großhandel - Einzelhandel, z. B. A & O, Ihre Kette, Spar ...

25. Kartell: vertraglicher Zusammenschluss von Unternehmen meist gleicher Branchen mit dem Ziel, den Wettbewerb untereinander einzuschränken und den Markt zu beeinflussen. Die Unternehmen bleiben rechtlich selbstständig. Beispiel: Preiskartell.

26. Grundsätzliches Kartellverbot: Kartelle schränken die wirtschaftlichen Chancen anderer ein. Kartelle behindern – wie andere Formen der Wettbewerbsbeschränkungen – die Vorteile (Funktionen) des Wettbewerbs ...

27. a) Kartelle erklären ...

Absprache	1	
U der gleichen Branche	1	
Ausschaltung des Wettbewerbs untereinander	1	
rechtliche Selbstständigkeit bleibt bestehen, wirtschaftliche Selbstständigkeit teilweise (Absprache)	1	4

b) grundsätzliches Kartellverbot:

Einschränkung des Wettbewerbs und seiner wichtigen Funktionen: Funktionen nennen		3

c) Ausnahmen im GWB aufgezählte Kartelle

anmeldepflichtige K.:	1	
sie gelten als genehmigt, wenn KA nicht widerspricht	1	
genehmigungspflichtige K.:		
sie müssen ausdrücklich genehmigt werden,	1	
Ministergenehmigung:		
bei Verbot durch KA - Erlaubnis durch BWM möglich.		
Grundlage:		
Wettbewerb darf nicht wesentlich beeinträchtigt werden	1	
oder andere Vorteile ...	1	5

d) Kooperation als Kartell:
Ausnahme vom grundsätzlichen Kartellverbot
zur Verbesserung der Wettbewerbssituation.
bei mittelständischen Handelsunternehmen. 2
anmelde- oder genehmigungspflichtig, 1
Kriterium: Marktanteil 1 4

e) Kooperation wären durch die Beschränkung auf einen geringen
Marktanteil zu sehr eingeschränkt und könnten dadurch im
Wettbewerb mit den großen Handelsuntern. nicht bestehen. 2
Behauptung: Wettbewerb wird insgesamt verbessert!
Kritik: (tendenzielle) Zustimmung, 2
trotz großer Umsatzkonzentration ist der Wettbewerb
nicht eingeschränkt worden,
das ist vermutlich den mittelständischen U mit ihren Einkaufskoop.
zuzuschreiben oder ähnlich .. 3 7

f) GWB § 5 c besagt, dass das grundsätzliche Kartellverbot nach § 1 für die Beschaffungskooperation kleiner oder mittlerer Unternehmen nicht gilt. Die beteiligten Unternehmen dürfen allerdings nicht zum Bezug gezwungen werden, der Wettbewerb auf dem Markt darf nicht wesentlich beeinträchtigt werden und der Kooperationsvertrag muss die Wettbewerbsfähigkeit der beteiligten kleinen und mittleren Unternehmen verbessern. 3 26

28. a) Fusion: Zusammenschluss (Verschmelzung) mehrerer Unternehmen (Aufnahme oder Neubildung), Ziele: Marktbeeinflussung, Rationalisierung, Erweiterung der Produktionsbasis ...

b) Trust: Zusammenschluss mehrerer Unternehmen unter gemeinsamer Leitung; die beteiligten Unternehmen bleiben nicht selbstständig; Ziel: Marktbeherrschung ...

c) Konzern: Zusammenschluss von Unternehmen unter einheitlicher Leitung; Abhängigkeitsverhältnis der beteiligten Unternehmen zum leitenden Unternehmen; Einschränkung der wirtschaftlichen Selbstständigkeit; Ziel: Sicherung von Beschaffung und Absatz ...

29. **Elefantenhochzeit ...**

a) Die beiden größten Lebensmittelhändler in Deutschland, Edeka und Spar, schließen sich zusammen; außerdem werden 1.050 Discountmärkte von Netto Süd, die bereits vor der Übernahme von Spar durch Intermarché zu Spar gehört hatten, in die Fusion einbezogen. Wegen des Umfangs der Fusion und der Größe der beteiligten Unternehmen wird der Zusammenschluss als **Elefantenhochzeit** bezeichnet. (3)

Es handelt sich bei dieser Fusion um eine **Übernahme**: Edeka (als Marktführer) übernimmt Spar und Netto Süd vom französischen Konzern Intermarché, der sich vollständig von seinem deutschen Engagement zurückzieht. Das neue Unternehmen wird weiterhin mit „Edeka" firmieren (möglicherweise wird der Name Spar als Markenname erhalten bleiben). Es ist eine horizontale Fusion: Edeka, Spar und Netto Süd gehören der gleichen Branche an (Lebensmittel) und richten sich mit ihren z. T. gleichen, z. T. differenzierten Sortimenten an die gleiche Zielgruppe, nämlich an private Verbraucherhaushalte (Ausnahmen sind die Großhandelsabholmärkte). (4)
7

b) Voraussetzungen
- Edeka
  - geringes Umsatzwachstum,
  - geringes Auslandsgeschäft,
  - kein Engagement im Discountgeschäft. (3)
- Spar
  - Verluste,
  - Sanierungsbedarf,
  - relativ geringe Ausstattung mit Discountartikeln, Nachteile gegenüber anderen Billiganbietern,
  - Rückzug des bisherigen Eigentümers ITM aus dem Deutschlandgeschäft. (4)
- Netto Süd
  - Rückzug des bisherigen Eigentümer ITM aus dem Deutschlandgeschäft,
  - sonstige Probleme wie bei Edeka und Spar sind nicht bekannt. (2) 9

c) Kooperation
Edeka will sich an der Kooperationsgemeinschaft Alidis/Agnor beteiligen, an der neben ITM auch der spanische Konzern Eroski beteiligt ist. Die Zusammenarbeit bezieht sich insbesondere auf die Beschaffung. Möglich scheint aber auch die gemeinsame Vermarktung von Produkten. (3)

Die 25-Prozent-Beteiligung an der dänischen Handelskette Netto Nord, die auch einige Geschäftsstellen in Norddeutschland unterhält, ist eine Grundlage für eine weitere Kooperation. Die Zusammenarbeit dürfte sich auf den Absatz beziehen. (2) 5

d) **Ziele der Übernahme** sind zusätzliche Umsätze in erheblichem Umfang, die Ausdehnung des Absatzmarktes durch die Erweiterung des Geschäftsstellennetzes und die Erweiterung des Discountgeschäfts mit der Ausdehnung des Discountsortiments. Daneben hat die Übernahme erhebliche Rationalisierungseffekte; sie zeigen sich z. B. in der Konzentration der Beschaffung, in der Belieferung der Geschäfte, in der Zusammenlegung von Verwaltungseinrichtungen u. Ä. Personal wird eingespart; Kosten, insbesondere Personalkosten, können sinken. (3)

Ziele der Kooperation sind die Erweiterung des Auslandsgeschäfts, die (internationale) Zusammenarbeit in der Beschaffung; neue Beschaffungsmärkte werden erschlossen; die Bedarfsmengen der Kooperationsteilnehmer werden zusammengefasst, für große Beschaffungsmengen lassen sich günstige Beschaffungskonditionen aushandeln, sodass letztlich die Beschaffungskosten sinken können. Daneben könnte auch die Ausdehnung des Absatzmarktes durch die Vermarktung eigener Marken Ziel der Kooperation sein. (3)

Ziele der Kapitalbeteiligung an Netto Nord lassen sich folgendermaßen umschreiben. Der Absatzmarkt wird nach Dänemark erweitert, vor allem aber wird Edeka beteiligt an der Ausdehnung des Geschäftsstellennetzes von Netto Nord in Norddeutschland. Besondere Bedeutung hat die Beteiligung wegen der Erweiterung des Discountgeschäfts (als Ergänzung zu Netto Süd). (3)

Durch die Fusion, die Kooperation und die Beteiligung wird die Wettbewerbsfähigkeit von Edeka gegenüber den großen Mitbewerbern verbessert. (1)

10

e) Durch die Fusion erhöht sich die Marktmacht der Edeka-Guppe. Edeka war bereits vor der Fusion Marktführer, durch den Zusammenschluss könnte also Marktbeherrschung gem. § 22 GWB entstehen. Es wird vermutet, dass Edeka den Markt beherrscht, wenn sie durch die Fusion insgesamt einen Marktanteil von mindestens einem Drittel erhält. Die missbräuchliche Ausnutzung von Marktmacht ist verboten. (3)

Die Kartellbehörde muss vor Genehmigung der Fusion also prüfen, ob Marktbeherrschung entsteht. Dazu ist zunächst der Marktanteil von Edeka zu ermitteln. Wenn er mindestens dreißig Prozent ausmacht, ist weiter zu prüfen, ob der Wettbewerb auf den Absatz- und Beschaffungsmärkten beeinträchtigt wird. Wenn keine oder keine wesentliche Marktbeherrschung vorliegt, wird die Fusion von der Kartellbehörde genehmigt, evtl. aber mit Auflagen. (3)

Kooperationsvereinbarungen sind Kartelle. Kartelle sind nach deutschem Kartellrecht grundsätzlich verboten. Allerdings sind Kooperationsvereinbarungen nach § 5 b GWB zulässig, wenn sie den Wettbewerb im Inland nicht wesentlich beeinträchtigen. (2)

8

f) Das Bundeskartellamt gibt die Fusion frei. Nach der Beurteilung des Amts führt der Zusammenschluss nicht dazu, dass auf der Beschaffungs- und auf der Absatzseite eine marktbeherrschende Stellung entsteht oder verstärkt wird. Besondere Auflagen werden für die Fusion nicht gemacht. (2)

Der erhebliche Preiswettbewerb im Einzelhandel verhindert, dass Edeka auf der Absatzseite eine marktbeherrschende Stellung erhält. Auch auf der Beschaffungsseite kommt es nicht zur Entstehung oder zur Verstärkung einer marktbeherrschenden Stellung, weil der Marktanteil von Edeka unter einem Drittel liegt und die Mitbewerber über etwa gleich hohe Marktanteile verfügen. (3)

Die Beteiligung an der Kooperationsgemeinschaft ist aus Sicht des Bundeskartellamts zulässig. (1)

6

30. **Bayer - Schering**

1. Vergleich

Merkmale	Bayer	Schering
Rechtsform	AG	AG
Nationalität	Deutschland	Deutschland
Branche	Pharma (als Teil eines Konzerns mit Kunststoff, Pflanzenschutz)	Pharma
Sortimentsschwerpunkte (Forschungsschwerpunkte)	Krebstherapie (Nexavar) Herz-Kreislauf	Diagnostik, Verhütungsmittel, Hormontherapie, multiple Sklerose (Betaferon)
Umsatz (Pharma)	9,4 Mrd. €	5,3 Mrd. €
aktueller Börsenwert der Aktien (24.3.06)	35,42 €	86 €
Rangplatz am Weltmarkt	11	13
Anteil am Umsatz der 14 größten Pharma-Unternehmen	3,66 %	2,06 %
Strategieschwerpunkt	Spezialisierung auf Nischenmärkten	Spezialisierung auf Nischenmärkten

Auswertung der Tabelle im Text

Rang-platz	Unternehmen	Nationalität	Umsatz in Mrd. €	Umsatz in %
1	Pfizer	USA	41,2	16,03
2	GlaxoSmith-Kline	Großbritannien	30,0	11,67
3	Sanofi-Aventis	Frankreich	26,0	10,12
4	Novartis	Schweiz	25,9	10,08
5	Roche	Schweiz	21,7	8,44
6	Astra-Zeneca	Großbritannien	19,3	7,51
7	Johnson & Johnson	USA	17,9	6,96
8	Merck & Co.	USA	17,7	6,89
9	Bristol-Myers-Squibb	USA	15,4	5,99
10	Wyeth	USA	15,1	5,88
11	Bayer	Deutschland	9,4	3,66
12	Boehringer Ingelheim	Deutschland	8,2	3,19
13	Schering	Deutschland	5,3	2,06
14	Merck KGaA	Deutschland	3,9	1,52
			257,0	100,00

10

2. Ziele der Bayer AG

- Ausbau des Teilkonzerns Health Care zum bedeutendsten Teil des Gesamtkonzerns. Health Care soll Wachstumsmotor werden. Es wird auf zweistellige Wachstumsziffern in der Zukunft abgezielt. Die Gesamtstrategie zielt auf Stärkung der Ertragskraft ab. (2)
- Stärkung der Wettbewerbsfähigkeit auf dem hoch konzentrierten Pharmamarkt. Durch den Zusammenschluss zu BayerSchering vergrößert sich das Kapital, die relative Stärke des Unternehmens nimmt zu. Das Unternehmen bleibt zwar weiterhin an 11. Stelle, rückt aber nahe an den nächsten Mitbewerber heran. Durch Konzentration der Forschungsmittel auf bestimmte Bereiche kann BayerSchering Mitbewerber abhängen (z. B. Forschung bei Krebstherapien). In anderen Bereichen können Positionen ausgebaut werden. (3)
- Aufbau eines wettbewerbsfähigen Pharmageschäfts. Dazu dient die Zusammenfassung der Produktportfolien beider Unternehmen zu einem umfangreichen Sortiment spezieller Produkte für Nischenmärkte.
  Bayer bringt z. B. folgende Produkte bzw. Produktlinien ein:
  Herz-Kreislauf-Mittel, Mittel bei Blut- und Krebserkrankungen,
  Schering bringt z. B. folgende Produkte bzw. Produktlinien ein:
  Verhütungsmittel, Hormontherapien.
  Darüber hinaus hat insbesondere Schering eine Reihe von frei verkäuflichen Medikamenten (OTC) im Sortiment. (5)
- Ausbau des Vertriebsnetzes. Dazu dient vor allem die Vertriebsstärke von Schering auf japanischen und amerikanischen Märkten. (2)

12

3. Synergieeffekte

Synergieeffekte sind positive Ergebnisse, die sich aus der Zusammenarbeit ergeben; die Gesamtleistung durch die Zusammenarbeit ist höherwertig als die Summe der Einzelleistungen (vor der Zusammenarbeit). Bei einer Fusion ergeben sich Synergieeffekte durch die Zusammenführung der Ressourcen. Ressourcen können z.B. finanzielle Mittel, Einrichtungen, Mitarbeiter u. Ä. sein. (2)

Vom Zusammenschluss der Bayer AG mit der Schering AG können Synergieeffekte vor allem in folgenden Bereichen erwartet werden: in der Forschung, im Vertrieb, in der Beschaffung und in der Verwaltung.

Beide Unternehmen forschen auf dem Gebiet der Onkologie; in der Forschung bestehen Überlappungen. Die Konzentration der Forschung bedeutet Zusammenführung der bisherigen Forschungsergebnisse und die Koordination der Forschung in der Zukunft; dafür steht ein insgesamt höheres Forschungsbudget zur Verfügung. Daneben können erhebliche Einspareffekte erwartet werden durch die Konzentration der Forschung an einem Standort. (3)

Synergieeffekte im Vertrieb können sich durch die Erweiterung der Absatzgebiete und durch die sinnvolle Erweiterung der Angebotspalette ergeben. Konkurrenz in den Absatzgebieten und bei gleichen Zielgruppen (z. B. Fachärzten, Apotheken) entfällt. (2)

Synergieeffekte in der Beschaffung können sich durch die Bündelung von Beschaffungsmengen ergeben. Die Verhandlungspositionen des Einkaufs werden verbessert. Die Mitarbeit in sog. Wertschöpfungsketten wird für die Hersteller attraktiver. (2)

Synergieeffekte in der Verwaltung können sich vor allem durch die Zusammenlegung von entsprechenden Abteilungen, z. B. Personal, Rechnungswesen, und im Management ergeben. Insgesamt werden Einspareffekte von 700 Mio. Euro jährlich erwartet. Sie ergeben sich vor allem durch die Streichung von 6.000 Arbeitsplätzen. (3)

12

4. Probleme

Probleme ergeben sich aus der Finanzierung der Übernahme. Die Bayer AG verdreifacht ihre Nettoschulden trotz des Verkaufs zweier Tochterunternehmen vor allem durch Kreditaufnahme. Die Kredite sollen später durch eine Kapitalerhöhung und durch eine Wandelanleihe[1] umgewandelt werden. (3)

Durch die hohe Verschuldung leidet die Bonität des Unternehmens; als Bonität bezeichnet man die Kreditwürdigkeit eines Unternehmens, d.h. seine Fähigkeit, seinen Verpflichtungen als Schuldner nachzukommen. Die Rating-Agenturen stufen die Bonität des fusionierten Unternehmens herunter. Allerdings beeinflussen die erwarteten Synergieeffekte das Ratingverfahren (zumindest bei Moody's) positiv. (3)

6

5. Zustimmung

Offensichtlich kann die Bayer AG bei allen Anspruchsgruppen mit der Zustimmung zu der Fusion rechnen. (1)

Anleger – Die Aktionäre sowohl der Bayer AG als auch der Schering AG sind mit der Fusion einverstanden, weil sie davon Gewinnsteigerungen und damit eine höhere Bewertung ihrer Anteile erwarten. Die für die Übernahme erforderliche Mehrheit in der Hauptversammlung der Schering AG dürfte sicher sein. (2)

[1] Bei einer Wandelanleihe einer AG erhält der Investor das Recht auf Umtausch der Anleihe in Stammaktien der AG zu einem späteren Zeitpunkt. Aus dem Gläubiger wird damit ein Aktionär oder anders ausgedrückt, aus den anfänglichen Schulden wird Eigenkapital.

Mitarbeiter – Der Betriebsrat der Schering AG ist trotz der Freisetzung von 6.000 Arbeitnehmern mit der Fusion einverstanden. Dazu trägt die Zusicherung bei, dass die Schering AG nicht zerschlagen wird und dass die Konzernleitung ihren Standort nach Berlin, dem Sitz der Schering AG, legen wird. Darüber hinaus kann erwartet werden, dass die Fusion und die damit verbundenen Rationalisierungen letztlich den größten Teil der Arbeitsplätze sichern werden. (4)

Wettbewerbsbehörden – Die Fusion muss durch die zuständigen Behörden genehmigt werden. An der Genehmigung besteht aber kein Zweifel, da durch den Zusammenschluss keine Marktmacht entsteht, die den Wettbewerb auf dem weltweiten Pharmamarkt behindern könnte. (3)

10

31. Unternehmenskonzentration ist die Ballung wirtschaftlicher Macht bei einzelnen Unternehmen oder Unternehmensgruppen. Sie zeigt sich in der relativen Größe des Unternehmens (vgl. Tab. 5.2) und (meistens damit zusammenhängend) in der Umsatzkonzentration, das ist die Konzentration des Gesamtumsatzes einer Branche bei wenigen großen Unternehmen (vgl. Tab. 5.3). Ursachen für die Konzentration:

Expansion: z. B. im Handel – ausgelöst durch Wettbewerb um Kunden:
Vergrößerung der Verkaufsflächen,
Erweiterung der Sortimente,
Erschließung neuer Vertriebslinien (Betriebstypendifferenzierung);

Auslese, z. B. im Handel:
kleinere Unternehmen können dem Wettbewerb mit den großen Unternehmen nicht standhalten und geben den Geschäftsbetrieb auf ...

Bedeutung:
Vorteile: Rationalisierung, günstige Beschaffung, bessere Berücksichtigung von Kundenwünschen, dadurch bessere und günstigere Versorgung der privaten Verbraucherhaushalte,
Nachteile: Bürokratisierung der Verwaltung, Gefahr der Wettbewerbsbehinderung ...

32. Umsatzkonzentration

	Größenklassen von ... Mio. € bis unter ... €	**Anzahl der Untern.**	**Umsatz in Mio. €**	**Anzahl der U**		**Umsatz**	
				in %	**in % kumul.**	**in %**	**in % kumul.**
1	- 1	338.769	49.391	71,82	71,82	4,84	4,84
2	1 - 2	50.618	37.098	10,73	82,55	3,64	8,48
3	2 - 5	43.640	69.063	9,25	91,80	6,77	15,25
4	5 - 10	17.153	61.335	3,64	95,44	6,01	21,26
5	10 und mehr	21.503	803.006	4,56	100,00	78,73	100,00
	zusammen	471.683	1.019.893	100,00		100,00	

5

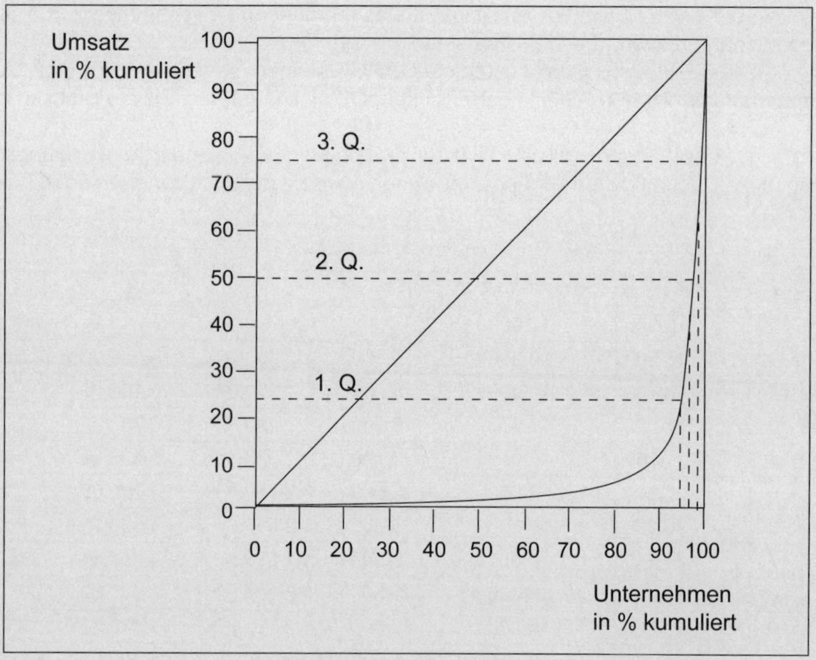

8

Die Anzahl der Unternehmen hat abgenommen, der Gesamtumsatz hat abgenommen.
Die Konzentration hat geringfügig abgenommen, das lässt sich in der Tabelle bei den Angaben zu den einzelnen Größenklassen ablesen ...; auch die Grafik weist die geringfügige Abnahme der Konzentration auf, dass lässt sich bei den Quartilen ablesen ... 5 18

33. Betriebliche Produktionsfaktoren: Materialien, Arbeit (dispositiv und objektbezogen), Betriebsmittel ...

34. Gesetz vom abnehmenden Ertragszuwachs: Ertrag steigt mit zusätzlichem Einsatz eines variablen Produktionsfaktors, zunächst mit steigenden, dann mit abnehmenden Zuwachsraten, und nimmt schließlich ab; d. h. der Grenzertrag steigt zunächst – bis zum Wendepunkt der Gesamtertragskurve – nimmt dann ab und wird schließlich – beim Maximum der Gesamtertragskurve – negativ.

35. Kosten sind der Verzehr von Gütern und Dienstleistungen im Produktionsprozess bewertet in Euro. Fixe Kosten sind in ihrer Höhe unabhängig von der Ausbringungsmenge (sie fallen auch an, wenn nicht produziert wird, z. B. Abschreibungen), variable Kosten nehmen mit zunehmender (abnehmender) Ausbringungsmenge zu (ab) (z. B. Rohstoffe) ...

36. Gesamtkosten: Summe aus fixen und variablen Kosten,
Stückkosten: Durchschnittskosten,
Grenzkosten: zusätzliche Kosten, die dadurch entstehen, dass die Ausbringungsmenge um eine Einheit zunimmt.

37. Konstanter K.-Verl.: Stückkosten sinken mit abnehmenden Zuwachsraten, GK = 0, proportionaler K.-Verl.: Stückkosten sind konstant, GK = DK, überportionaler K.-Verl.: Stückkosten steigen, GK steigen (stärker als die Stückkosten), unterportionaler K.-Verl.: Stückkosten sinken, GK sinken (stärker als die Stückkosten).

38. S-förmiger (= ertragsgesetzlicher) Kostenverlauf: Mit zunehmender Ausbringungsmenge steigen die Gesamtkosten zunächst mit abnehmenden, dann mit zunehmenden Zuwachsraten ...

39. a)

x	K	fK	vK	DvK	DK	GK
0	10.000	10.000				
1	15.000	10.000	5.000	5.000,00	15.000,00	5.000
2	18.200	10.000	8.200	4.100,00	9.100,00	3.200
3	20.200	10.000	10.200	3.400,00	6.733,33	2.000
4	21.700	10.000	11.700	2.925,00	5.425,00	1.500
5	23.500	10.000	13.500	2.700,00	4.700,00	1.800
6	26.000	10.000	16.000	2.666,67	4.333,33	2.500
7	29.800	10.000	19.800	2.828,57	4.257,14	3.800
8	35.500	10.000	25.500	3.187,50	4.437,50	5.700
9	43.500	10.000	33.500	3.722,22	4.833,33	8.000
10	54.000	10.000	44.000	4.400,00	5.400,00	10.500

für die errechneten Spalten
fK, vK, DvK, DK, GK (vollständige Richtigkeit) jeweils 1 P 5

b)

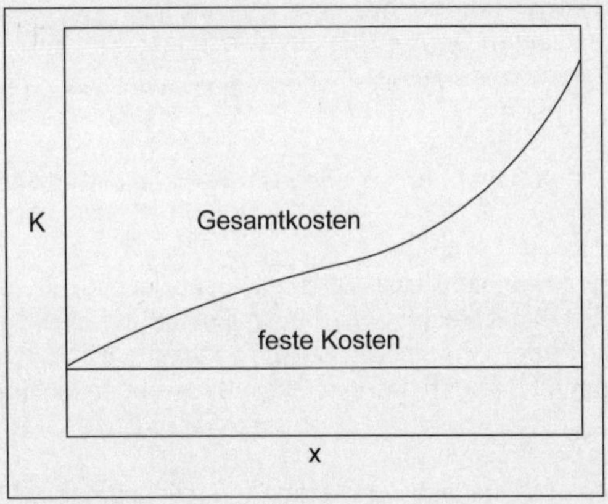

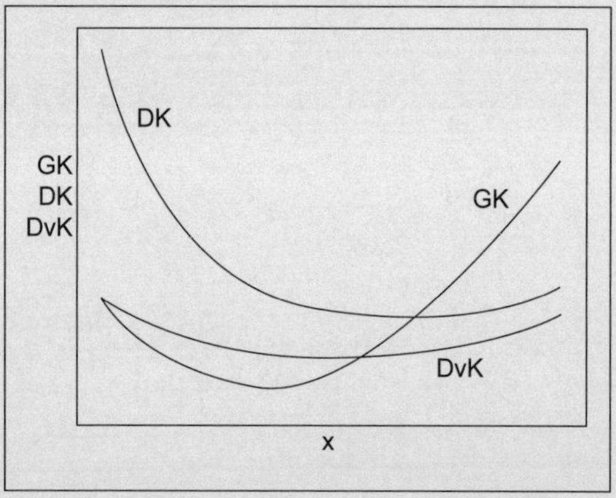

für jede richtige Kurve in beiden Zeichnungen 1 P 5 10

40. Für den Polypolisten ist der Preis vom Markt gegeben, er kann zum Gewinnmaximum die Mengenänderung nutzen (Mengenanpasser).

41. Für den Mengenanpasser ist das Gewinnmaximum erreicht bei dem größten Abstand zwischen Umsatz und Kosten, er wird die sich dabei ergebende Menge anbieten; bei dieser Menge ist p = GK. Der gegebene Preis deckt die bei der zuletzt produzierten Menge entstandenen zusätzlichen Kosten.

42. a)

x	K	fK	vK	U	Gewinn	DK	GK
0	40	40	0	0,0	- 40,0		
1	55	40	15	29,5	- 25,5	55,0	15
2	70	40	30	59,0	- 11,0	35,0	15
3	85	40	45	88,5	3,5	28,3	15
4	100	40	60	118,0	18,0	25,0	20
5	120	40	80	147,5	27,5	24,0	25
6	145	40	105	177,0	32,0	24,2	30
7	175	40	135	206,5	31,5	25,0	35
8	210	40	170	236,0	26,0	26,3	40
9	250	40	210	265,5	15,5	27,8	45
10	295	40	255	295,0	0,0	29,5	

je Spalte bei richtiger Ermittlung 1 P. 6

b) Grafische Darstellung

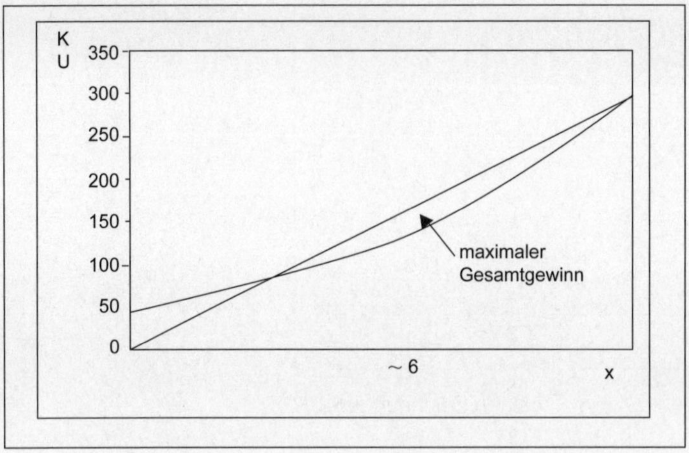

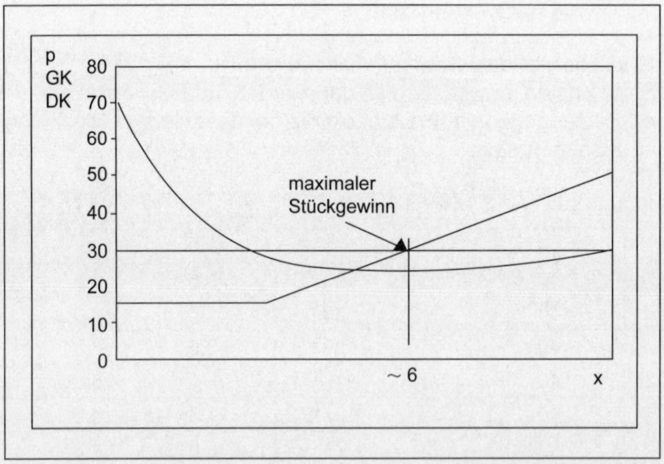

je Kurve in beiden Zeichnungen bei richtiger Darstellung (5) 1P	5		
Angabe der Gew.-Max. in beiden Zeichnungen U-K, p-DK bei x= 6	4	9	15

43. Der aufsteigende Strahl der GK-Kurve eines Mengenanpassers ist seine Angebotskurve wegen p = GK, bei steigenden Preisen nimmt der Umsatz zu, Differenz zwischen Umsatz und Kosten steigt. Die größte Differenz zwischen U und K ist bei p = GK.

44. Die Gesamtangebotskurve ergibt sich durch Addition der individuellen Angebotskurven.

6. Markt und Preisbildung

1. Markt ist das Zusammentreffen von Angebot eines Gutes und Nachfrage nach diesem Gut, z. B. Arbeitsmarkt ...

2. Der Markt ist im Gleichgewicht bei A = N, d. h. es ergibt sich ein Preis, bei dem so viel angeboten wird, wie die Nachfrager bei diesem Preis kaufen wollen.

3.

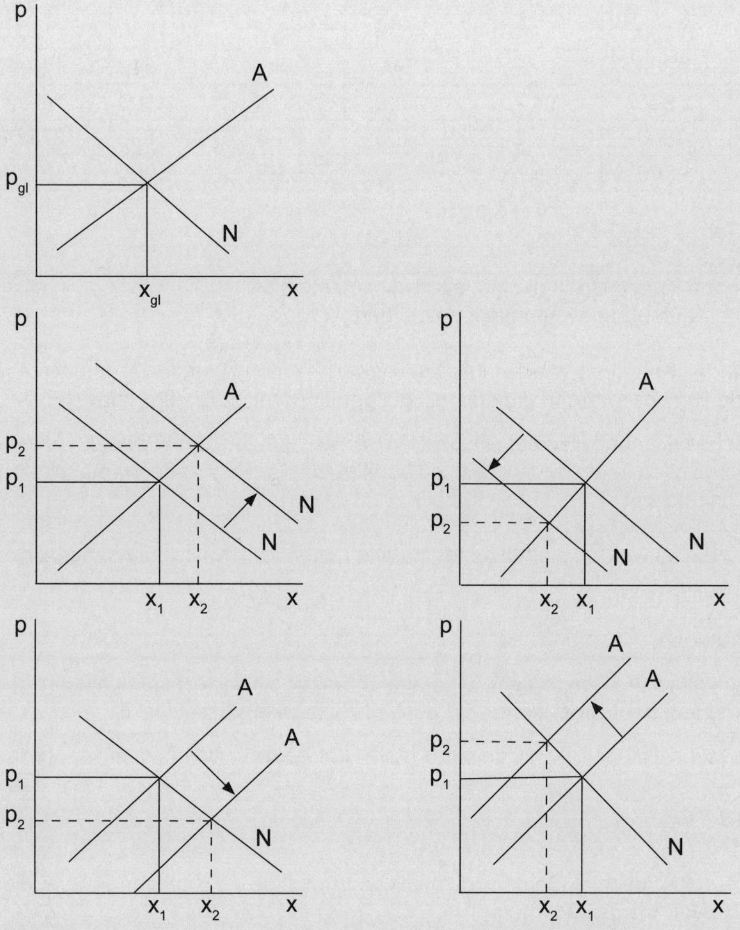

4. Angebotsmengenüberschuss: Anbieter erwarten einen Preis, der über dem Gleichgewichtspreis liegt, sie produzieren eine entsprechend große Menge, die angebotene Menge ist größer als die nachgefragte; der Preis muss sinken, damit die Menge gekauft wird.

5. Nachfragemengenüberschuss: Anbieter erwarten einen Preis, der unter dem Gleichgewichtspreis liegt, sie produzieren eine entsprechend geringe Menge, die nachgefragte Menge ist größer als die angebotene; der Preis muss steigen.

6. Eine Börse ist ein organisierter Markt. Die Wertpapierbörse ist der Markt für Aktien (und andere Wertpapiere). An einer Börse treffen das Angebot und Nachfrage von und nach Aktien und anderen Wertpapieren aufeinander. Aus Angebot und Nachfrage ergeben sich die Preise, das sind die Kurse der Wertpapiere.

7. Kursermittlung

Kurs	Kaufaufträge		Verkaufaufträge		Umsätze in Stück	Umsätze in Euro
149	3.100	1 - 4	800	8	800	119.200
150	2.800	1 - 3	800	8	800	120.000
151	1.800	1 - 2	1.100	7 - 8	1.100	166.100
152	1.800	1 - 2	2.100	6 - 8	1.800	**273.600**
153	1.000	1	2.500	5 - 8	1.000	153.000

Für richtige Tab.	4	
Angabe: 152 bz. B	4	
beim angegeben Kurs werden die höchsten Umsätze erzielt,	1	
ein Teil der Verkaufaufträge kann nicht ausgeführt werden	1	10

8. Computerhandel: Kauf- und Verkaufaufträge werden in einen zentralen Rechner eingegeben; über den Rechner werden die Abschlüsse getätigt. Vgl. z. B. den Xetra-Handel.

   Parketthandel: Makler und Händler sind in dem Börsensaal, „auf dem Parkett", anwesend, dort werden zwischen ihnen die Abschlüsse getätigt; der Parketthandel wird auch als Präsenzhandel bezeichnet.

9. Im variablen Handel werden die Aktien fortlaufend notiert, d.h. nach jedem abgeschlossenen Geschäft.

10. Begriffserklärungen:

    a) Der Einheitskurs wird nach dem Meistausführungs- bzw. Höchstumsatzprinzip vom Makler ermittelt; der Einheitskurs wird auch als Kassakurs bezeichnet.

    b Der Schlusskurs ist der Kurs, zu dem der letzte Handel in der Börsenstunde abgewickelt wurde.

11. Kurszusätze:

    a) bezG (bG, bzG): bezahlt Geld, Kurszusatz, wenn nicht alle Kaufaufträge bei diesem Kurs ausgeführt werden konnten,

    b) bezB (bB, bzB): bezahlt Brief, Kurszusatz, wenn nicht alle Verkaufaufträge bei diesem Kurs ausgeführt werden konnten.

12. Angebotsmonopol: Ein Anbieter, viele Nachfrager,
    Angebotsoligopol: relativ wenige, relativ starke Anbieter, viele Nachfrager.
    Polypol: viele Anbieter, viele Nachfrager.

13.

Kennzeichnung der Marktform		Begriff
1	Ein Anbieter, viele Nachfrager	A-Monopol
2	Wenige (relativ starke) Anbieter, viele Nachfrager	A-Oligopol
3	Viele Anbieter, viele Nachfrager	Polypol
4	Viele Anbieter, ein Nachfrager	N-Monopol
5	Der Anbieter kann seinen Preis setzen, er muss lediglich das Nachfrageverhalten der Verbraucher beachten.	A-Monopol
6	Der Anbieter kann seinen Preis setzen, er muss aber sowohl das Preisverhalten der Konkurrenz als auch das Nachfrageverhalten der Verbraucher beachten.	A-Oligopol
7	Der Anbieter bekommt seinen Preis vom Markt	Polypol

14. Der Angebotsmonopolist setzt seinen Preis, Reaktion von Konkurrenten muss er nicht befürchten, er stellt lediglich Kundenreaktionen in Rechnung (Abhängigkeit von der Elastizität der Nachfrage).

15. Cournotscher Punkt: Grenzumsatz = Grenzkosten; Bedingung für Gew.-Max. des Anbieters, der seinen Preis selbst setzen kann.

16. a)

x	p	K	fK	vK	GK	DK	U	GU	Gew.
0	4.000	2.000	2.000	0			0		- 2.000
1	3.500	3.000	2.000	1.000	1.000	3.000,0	3.500	3.500	500
2	3.000	3.750	2.000	1.750	750	1.875,0	6.000	2.500	2.250
3	2.500	4.200	2.000	2.200	450	1.400,0	7.500	1.500	3.300
4	2.000	4.500	2.000	2.500	300	1.125,0	8.000	500	3.500
5	1.500	5.000	2.000	3.000	500	1.000,0	7.500	- 500	2.500
6	1.000	5.730	2.000	3.730	730	955,0	6.000	- 1.500	270
7	500	6.750	2.000	4.750	1.020	964,3	3.500	- 2.500	- 3.250
8	0	8.250	2.000	6.250	1.500	1.031,3	0	- 3.500	- 8.250

für jede Spalte bei richtiger Ermittlung 1 P. 6

b)

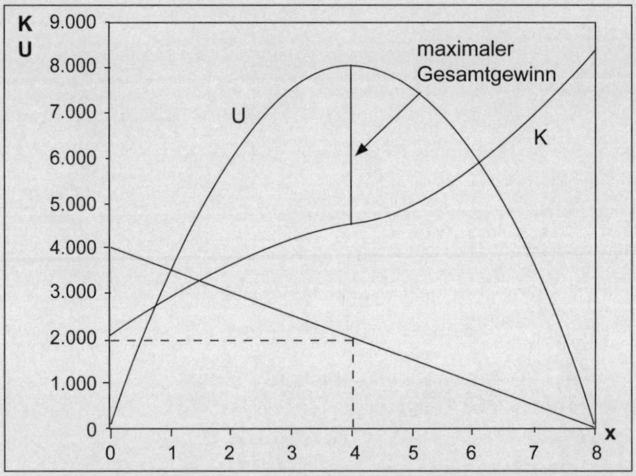

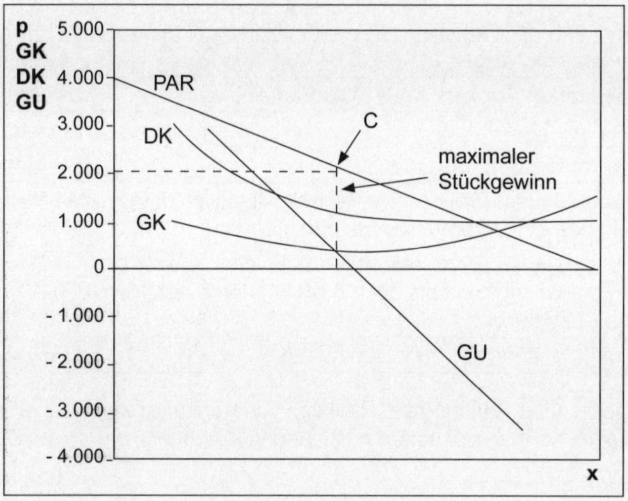

für die richtige Darstellung 7

c) Preis und Menge bei Gewinn: p ~2.000, x ~ 4
Cournotscher Punkt in Abbildung angeben
Gesamt- und Stückgewinn in Abbildung angeben 5 18

17. Es muss eine relativ unelastische Nachfrage vorliegen: E > -1 1
U ↑ = ↓ x · p ↑ ↑ 1
bei relativ unelastischer Nachfrage führt eine 1-prozentige Preiserhöhung zu einem Mengenrückgang von weniger als 1 %, das bedeutet: der Umsatz steigt. 2 4
Zahlenbeispiel:
Annahme E = - 0,3, Preissteigerung: 5 %
0,3 = X / 0,05
X = 0,3 · 0,05 = 0,015 4

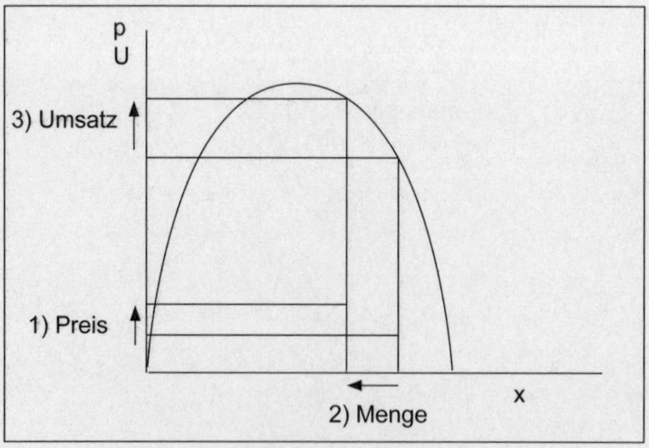

Zeichnung erklären, Folgen der Preissenkung ableiten mit entsprechenden Angaben in der Zeichnung: 4 12
Preis ↑ → Menge ↓ → Umsatz ↑

18. Für den Polypolisten ist der Preis vom Markt gegeben, er kann zum Gewinnmaximum die Mengenänderung nutzen. ... Bei monopolistischer Konkurrenz kann er wegen fehlender Transparenz und bestehender Präferenzen z.B. für sein Geschäft in Grenzen auch den Preis setzen.

19. Eine geknickte Nachfragekurve weist verschiedene Elastizitäten auf. Sie gibt an, dass die Nachfrage auf Preisänderungen innerhalb bestimmter Preisgrenzen anders reagiert (z.B. weniger stark mit Einschränkungen bei Preissteigerungen) als außerhalb dieser Grenzen.

20. Wenn im Oligopol ein Anbieter den Preis erhöht, wandern seine Kunden zu anderen Anbietern ab, die den Preis nicht erhöht haben; er muss also den Preis wieder senken. Senkt ein Anbieter seinen Preis, werden die Mitanbieter diesem Verhalten folgen, um keine Kunden zu verlieren. Die Umsätze gehen bei allen Anbietern zurück. Folge ist, dass im Oligopol häufig über längere Zeit die Preise konstant bleiben.

21. Preisführer: Ein Oligopolist ändert den Preis, die anderen Anbieter folgen;
Parallelverhalten: gleichgerichtete Preisänderungen im Oligopol ohne Absprachen;
Koalitionsverhalten: Oligopolisten sprechen sich über Preisverhalten ab;
Präferenzpolitik: Ein Oligopolist versucht, durch präferenzpolitische Maßnahmen (Werbung u. a.) Präferenzen für sein Produkt, seine Marke etc. zu schaffen.

22. a) Mindestpreis: Schutz der Anbieter, es entstehen Angebotsmengenüberschüsse, sie werden vom Staat aufgekauft, gelagert usw.
b) Höchstpreis: Schutz des Verbrauchers, es entstehen Nachfragemengenüberschüsse, produzierte Mengen müssen rationiert werden ...

23. a) Wegen Knappheit steigen die Mieten,
Schutz der Mieter, Höchstpreis 3
b) A nimmt ab, 1
mit dem vorhandenen Wohnraum kann Bedarf nicht gedeckt werden, 1
Verteilung d. vorhandenen Wohnraums d. staatliche Vorschriften 1
Zeichnung einbeziehen 2 5

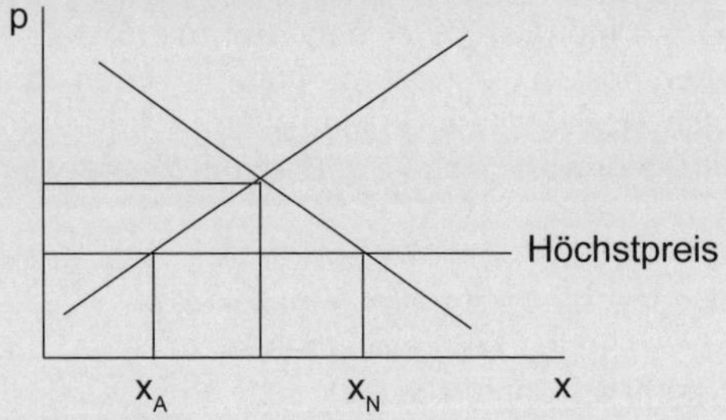

c) Beurteilung:
z. B. Mietwohnungen werden nicht gebaut, da sie wegen niedriger Mieten keinen Gewinn abwerfen; Staat muss weitergehend eingreifen ...
o. Ä.- Schutz aus sozialen Gründen usw. 5 13

24. Eine Spekulation kann man als ein Geschäft mit Erwartungen mit Bezug auf Marktentwicklungen bezeichnen. Der Spekulant will – im Allgemeinen auf der Grundlage einer angemessenen Risikobereitschaft – mithilfe einer kurzfristigen Investition finanzielle Vorteile daraus

ziehen, dass er – im Allgemeinen auf der Grundlage von besonderen Marktkenntnissen – andere Marktentwicklungen erwartet als andere Marktteilnehmer.

25. Durch Spekulationen können Marktfunktionen gefährdet sein. Die vom eigentlichen Warengeschäft losgelöste Spekulation gibt u. U. falsche Signale, z. B. über die Knappheit eines Gutes, das der Spekulation zu Grunde liegt.

26. Als Derivate bezeichnet man die auf dem eigentlichen Warengeschäft beruhenden Papiere, die den Anspruch an die Ware begründen, und unabhängig von dem eigentlichen Warengeschäft gehandelt werden können.

27. Termingeschäft (Warentermingeschäft) ist ein Geschäft, das auf einen späteren Termin ausgerichtet ist und in das die Erwartungen über den Preis der Ware zu diesem Termin eingehen.

28. Futures sind Terminkontrakte, denen standardisierte Vertragspunkte zu Grunde liegen. Dadurch gewähren sie den Käufern eine gewisse Sicherheit.

7. Die Wirtschaftsordnung

1. Planwirtschaftliche Ordnung: Vorgaben, gebundene Preise, Rationierung ...
   marktwirtschaftliche Ordnungen: freie Preise, Wettbewerb, bessere Versorgung ...

2. Probleme jeder arbeitsteiligen Volkswirtschaft:
   1. Bestimmung des Produktionsziels (Was und wie viel soll produziert werden?),
   2. Anordnung der Produktionsfaktoren (Mit welchen Produktionsfaktoren soll – vorrangig – produziert werden?),
   3. Verteilung des Produktionsergebnisses (Wer soll was und wie viel vom Produktionsergebnis erhalten?).

3. Koordinationsmechanismen: Markt und Plan koordinieren die Pläne der Wirtschaftssubjekte durch Information und Sanktion,

4. Informationssystem: Unternehmen werden informiert durch den Plan oder über den Markt, was, wie viel und womit sie produzieren sollen; wenn sie die Informationen richtig aufnehmen, werden sie belohnt, z. B. durch Prämien oder Gewinn, wenn sie die Information nicht erkennen bzw. falsch aufnehmen, werden sie bestraft, z. B. durch Maßregelung oder Verlust.

5. Z. B. ein Arbeitnehmer erkennt den Bedarf an bestimmten Qualifikationen in kaufmännischen Berufen und besucht deshalb Lehrgänge. Dadurch verbessert er seine beruflichen Chancen (z. B. bei Besetzung einer besser entlohnten Stelle).

6. Kennzeichen von Wirtschaftsordnungen:
   die Bedeutung des Koordinationsmechanismusses Markt oder Plan,
   die Bedeutung des Eigentums an Produktionsmitteln: Privat- oder gesellschaftliches Eigentum,
   die Bedeutung der Ziele, z. B. Freiheit und (soziale) Gerechtigkeit,
   Art und Umfang von Regelungen,
   Art, Zuständigkeiten und Rechte von Institutionen.

7. Wirtschaftssysteme
   1. Marktwirtschaft: Koordination durch den Markt, privates Eigentum an den Produktionsmitteln ...
   2. Planwirtschaft: Koordination durch zentrale Pläne, gesellschaftliches bzw. staatliches Eigentum an Produktionsmitteln ...

   Wirtschaftssysteme sind Idealtypen, in sich plausible, theoretisch „reine“ Gebilde; sie helfen, reale Wirtschaftsordnungen zu erklären, z. B. mithilfe des Begriffsapparates. Wirtschaftsordnungen sind Realtypen ...

8. Zu unterscheiden sind plan- und marktwirtschaftliche Ordnungen u.a. dadurch, in welchem Umfang sie den jeweiligen Koordinationsmechanismus zulassen, in welchem Umfang Privateigentum an Produktionsmitteln usw. besteht...

9. Als Markt bezeichnet man das Zusammentreffen von Angebot eines Gutes oder einer Leistung und Nachfrage nach diesem Gut bzw. dieser Leistung. Der Markt ist im Gleichgewicht, wenn genauso so viel angeboten wie nachgefragt wird. Im Gleichgewicht stimmen die Pläne von Anbietern und Nachfragern überein.

10. Die Unternehmen produzieren das, was Verbraucherhaushalte nachfragen; die Unternehmen entscheiden über Art und Umfang der Produktion nach Informationen über den Markt. Wenn sie die Informationen richtig interpretieren und ein Produkt auf den Markt bringen, das die Haushalte in dieser Art, zu diesem Zeitpunkt und zu dem Angebotspreis haben wollen und tatsächlich nachfragen, werden sie (die Unternehmer) positiv sanktioniert, d. h. sie verkaufen das Produkt, machen Gewinn usw. Wenn sie die Information falsch interpretieren, das Produkt zu früh oder zu spät oder nicht in der gewünschten Art auf den Markt bringen, werden sie negativ sanktioniert, d. h. sie erleiden Verluste usw.

11. Voraussetzungen des sog. vollkommenen Marktes:
    Unternehmen wollen Gewinne, Haushalte Nutzen maximieren,
    freier Marktzugang für die Marktteilnehmer,
    Überschaubarkeit des Marktes (Markttransparenz),
    keine Präferenzen,
    rasche Anpassungen an Marktänderungen.

12. Der sog. vollkommene Markt ist nur äußerst selten anzutreffen. Häufig ist Markttransparenz nicht vorhanden, die Nachfrager haben häufig Präferenzen für Marken, Geschäfte, rasche Anpassungen sind häufig nicht möglich usw.

13. In einer freien Marktwirtschaft werden das Produktionsziel, die Anordnung der Produktionsfaktoren und die Verteilung des Ergebnisses grundsätzlich über den Markt bestimmt. (Als freie Marktwirtschaft wird hier eine Wirtschaftsordnung bezeichnet, die dem Wirtschaftssystem „freie Marktwirtschaft“ sehr stark angenähert ist.)

14. Funktionen des Wettbewerbs:
    1. Lenkung der Produktionsfaktoren an den Ort des Bedarfs,
    2. Prozess- und Produktinnovation,
    3. Abbau wirtschaftlicher Macht.

15. Ansätze der Kritik an einer freien Marktwirtschaft:
    unsoziale Wirkungen des Marktes,
    Unternehmen produzieren keine öffentlichen Güter, weil keine Lenkung über den Markt erfolgt,

Unternehmen nutzen freie Güter, für die kein Preis existiert,
Einkommen erhalten nur diejenigen, die Produktionsfaktoren verkaufen,
Wettbewerb ist gefährdet,
Krisenanfälligkeit.

16. In einer Planwirtschaft werden das Produktionsziel, die Anordnung der Produktionsfaktoren und die Verteilung des Ergebnisses grundsätzlich durch den zentralen Plan bestimmt.

17. Grundidee der Sozialen Marktwirtschaft:
Marktwirtschaft: Die einzelwirtschaftlichen Pläne werden grundsätzlich durch Märkte gelenkt; der Staat soll den Wettbewerb schützen.
Sozial: Der Staat soll aus sozialen Gründen in das Wirtschaftsgeschehen eingreifen und ungerechte Marktlösungen korrigieren.

18. Wesentliche Kennzeichen der Sozialen Marktwirtschaft:
optimale Versorgung der Verbraucher,
Bereitstellung von Mitteln zur sozialen Sicherung wegen der Leistungsfähigkeit einer Wettbewerbswirtschaft,
Schutz des Wettbewerbs,
Korrektur von Marktlösungen vor allem aus sozialen Gründen.

19. Wirtschaftlich bedeutsame Folgen des 2. Weltkrieges: Gebietsverluste, Aufteilung des Reichsgebietes, Reparationsleistungen, Enteignung von Auslandsvermögen, Zerstörungen von Fabriken, Wohnhäusern, Infrastruktur, Eingliederungen von Vertriebenen und Flüchtlingen, unzureichende Versorgung der Bevölkerung u. a.

20. Morgenthauplan: Rückentwicklung Deutschlands in einen Agrarstaat.

21. Z. B. Zunahme der Bevölkerung - Abnahme der Erwerbspersonen, Rückgang von Volkseinkommen und industrieller Produktion, Rückgang der Versorgungsgrundlagen ...

22. Schwarzer Markt: Inoffizieller Markt neben dem offiziellen, auf dem lediglich rationierte Güter gegen Bezugsschein gekauft werden konnten.

23. Eine Währungsreform war wegen des Geldüberhangs erforderlich. Das Geld hatte keine Kaufkraft. Die Bevölkerung hatte das Vertrauen in die Reichsmark verloren.

24. Umtausch eines Betrages von 60 Mark im Verhältnis 1 : 1 (Kopfquote);
Abwertung aller anderen Geldbestände und der meisten Forderungen im Verhältnis 10 : 1;
ein Teil der Forderungen wurde gestrichen;
tatsächliches Abwertungsverhältnis 100 RM : 6,50 DM.
Vertrauen in die neue Währung - Zunahme der Produktion und allmähliche Verbesserung der Versorgung.

25. Liberalisierung der Märkte: Aufhebung der Bewirtschaftung von Gütern und Leistungen, Abschaffung des Bezugsscheinwesens ... Aufhebung von Vorschriften ...
Die Märkte bekommen allmählich ihre Lenkungsfunktion zurück.

26. Marshall-Plan (ERP): Hilfe für den Wiederaufbau Deutschlands (und des übrigen Europas). Die Hilfe wurde in Sachgütern gegeben (Lebensmittel, Maschinen, Materialien usw.), die von den Empfängern in Deutschland in DM zu bezahlen waren. Die zurückfließenden Mittel

wurden als langfristige Kredite für Investitionen zur Verfügung gestellt: Die Kredite waren in den folgenden 30 Jahren zurückzuzahlen.

27.

	BSP in konstanten Preisen (Index)	Arbeitslose (30.9.) in Prozent der Beschäftigten	Volkseinkommen zu laufenden Preisen DM pro Kopf
1950	100	8,2	1.602
1951	111	7,7	
1952	121	6,4	
1853	130	5,5	
1954	140	4,7	
1955	157	2,7	2.834
1956	168	2,2	
1957	177	1,9	
1958	183	1,7	
1959	196	1,1	
1960	226	0,6	4.252
1961	238	0,5	
1962	248	0,4	
1963	256	0,5	
1964	273	0,4	
1965	288	0,4	6.060
1966	296	0,5	
1967	296	1,6	
1968	319	0,8	
1969	344	0,5	
1970	364	0,5	8.725

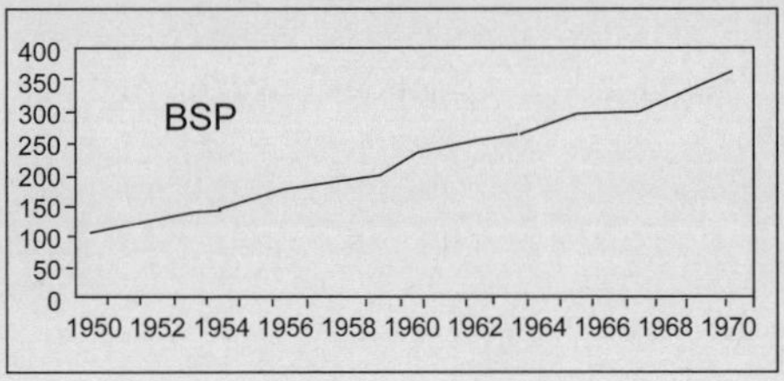

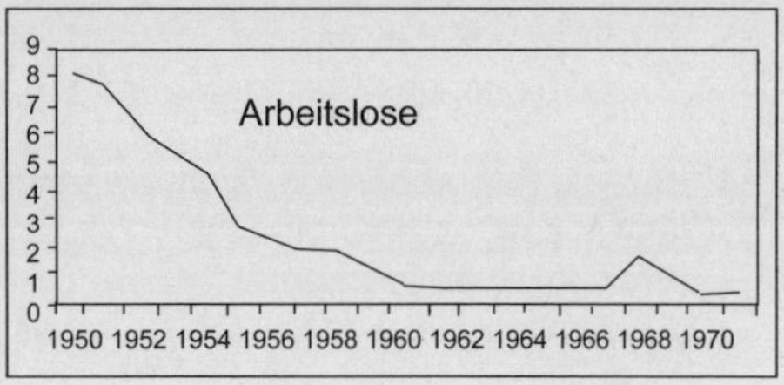

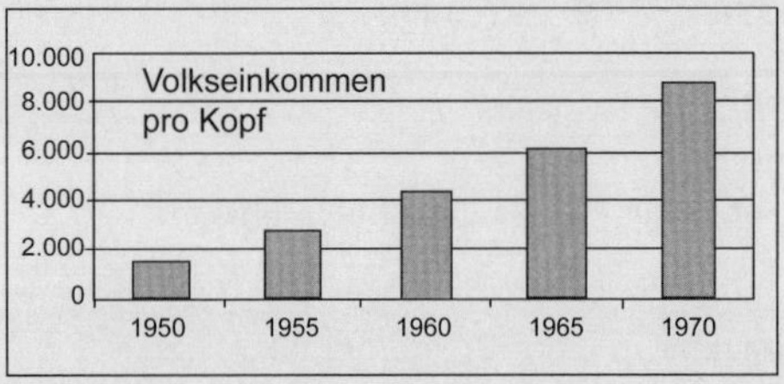

28. Kennzeichen des Neoliberalismus:
Grundlage: Ideen des klassischen Liberalismus - individuelle Freiheit und Selbstverantwortung des Einzelnen auch im Wirtschaftsleben; Betonung des Wettbewerbs und Ablehnung staatlicher Eingriffe in das Wirtschaftsgeschehen.
Aber: Mängel reiner marktwirtschaftlicher Ordnungen werden ebenso gesehen wie konzeptionslose Interventionen der Regierungen. Deshalb fordern neoliberale Volkswirte einen Ordnungsrahmen für die Wirtschaftspolitik, der auf bestimmten Prinzipien ruhen sollte.

29. Ordoliberalismus ist die deutsche Form des Neoliberalismus. Grundlage sind die von der sog. Freiburger Schule entwickelten Ordnungsvorstellungen für die Wirtschaft.
Danach soll der Staat
- den Wettbewerb kontrollieren,
- für die Stabilität des Geldwertes sorgen,
- eine Sozialordnung schaffen.

30. Die konstituierenden Prinzipien begründen (definieren) eine bestimmte Wirtschaftsordnung; die regulierenden Prinzipien umreißen die Aufgaben der Wirtschaftspolitik zum Schutz der Wettbewerbsordnung, zur Regulierung gewisser Mängel usw.

31. Konstituierende Prinzipien:
1. Preissystem vollständiger Konkurrenz (Grundprinzip),
2. Primat der Währungspolitik,
3. Offene Märkte,
4. Privateigentum,
5. Vertragsfreiheit,
6. Haftung,
7. Konstanz der Wirtschaftspolitik.

32. Regulierende Prinzipien:
1. Monopolaufsicht durch ein staatliches Monopolaufsichtsamt,
2. Einkommenspolitik, Korrektur der Einkommensverteilung,
3. Begrenzung der Planungsfreiheit der Betriebe,
4. Korrektur des Arbeitsmarktes bei anomalem Verhalten des Angebots.

33. Die Soziale Marktwirtschaft ist eine bewusst gestaltete marktwirtschaftliche Gesamtordnung. Sie verbindet das Prinzip der Freiheit auf dem Markt mit dem des sozialen Ausgleichs.

34. Soziale Funktionen des Wettbewerbs:
Orientierung am Verbrauch,
Produktivitätssteigerung,
Eindämmung einseitiger Einkommensbildungen.

35. Schutz des Wettbewerbs in der Bundesrepublik Deutschland:
Gesetz gegen Wettbewerbsbeschränkungen, GWB („Kartellgesetz"),
Bundeskartellamt in Berlin.

36. Formen der Wettbewerbsbeschränkungen:
Kartelle, Fusionen, Marktbeherrschungen, Ausschließlichkeitsbindungen.

37. Grundprinzipien der Sozialordnung:

Solidaritätsprinzip:	Hilfe auf Gegenseitigkeit in einer Solidargemeinschaft,
Subsidiaritätsprinzip:	Lösung sozialer Probleme auf der untersten möglichen Stufe,
Sozialstaatsprinzip:	Pflicht des Staates, soziale Probleme zu lösen.

38. Ziele staatlicher Eingriffe aus sozialen Gründen:
sozialer Ausgleich durch Steuern und Transferzahlungen,
soziale Sicherung durch gesetzliche Sozialversicherung (Zwangsversicherungen),
Schutz der Arbeitnehmer durch Schutzvorschriften,
Schutz der Verbraucher durch Schutzvorschriften,
Gleichberechtigung durch Vorschriften zur Mitbestimmung,
Chancengleichheit durch das Schulwesen.

8. Wirtschaftspolitik

1. Wirtschaftspolitik ist die Gesamtheit aller Maßnahmen zur Ordnung der Wirtschaftslebens, zur Beeinflussung der Wirtschaftsstruktur, zur Lenkung des Wirtschaftsablaufs, Verfolgung politischer bzw. wirtschaftspolitischer Ziele.

2. Bereiche der Wirtschaftspolitik: Ordnungspolitik, Ablaufpolitik, Strukturpolitik.

3. Träger der Wirtschaftspolitik: Instanzen und Institutionen, die die Wirtschaftspolitik durchführen. Primäre Träger: direkte Durchführung ..., sekundäre Träger: indirekte Einflussnahmen ...

4. Vertreter der Wirtschaftswissenschaften, d. s. im Allgemeinen Professoren der Volkswirtschaftslehre an den Universitäten und Mitarbeiter der wirtschaftswissenschaftlichen Institute, beraten die Träger der Wirtschaftspolitik. Sie erstellen Gutachten über die bisherige Politik, analysieren Zusammenhänge und stellen Prognosen über die künftige Entwicklung.

5. Ziele der Wirtschaftspolitik: stetiges und angemessenes Wachstum, hohe Beschäftigung, Stabilität des Preisniveaus, außenwirtschaftliches Gleichgewicht ...

6. Quantifizierung der Einzelziele: wertmäßige Angabe der Einzelziele, z. B. 2 % Wachstum usw.

7. Relationalität der Einzelziele: Die Einzelziele stehen in Relation zueinander, d. h. einige Ziele entsprechen einander, z. B. Wachstum und Beschäftigung, andere können einander widersprechen, z. B. Wachstum und Preisniveaustabilität. Bei Angabe bzw. Quantifizierung der Einzelziele ist die Relationalität zu berücksichtigen.

8. „Magisches Viereck“ gibt an, dass die wirtschaftspolitischen Ziele nicht alle gleichzeitig erfüllt werden können, weil es nicht nur Zielkomplementarität zwischen den Zielen, sondern auch Zielkonkurrenz gibt...

9. Mittel der Wirtschaftspolitik: Fiskalpolitik ..., Geldpolitik ...

9. Geld und Geldpolitik

1. a) z. B. Deckung durch Edelmetall ..., Kaufkraft ...
   b) z. B. Zahlungsmittel, Wertangabe, Recheneinheit, Schuldentilgungsmittel ..

2. Funktionen: Tauschmittel, Recheneinheit, Wertaufbewahrungsmittel, Liquiditätsreserve, Kreditübertragungsmittel, Schuldentilgungsmittel (Erklärungen ...)

3. Bargeld, Buchgeld

4. Die Banken schaffen Geld durch Monetisierung von Aktiva. Eine Bank gewährt einem Kunden einen Kredit, die Bank erhält eine Forderung an den Kunden, der Kunde erhält eine Gutschrift auf seinem Konto und kann über den Betrag durch Überweisungen, Abhebungen usw. verfügen. Die Bank diskontiert, d. h. kauft, einen Wechsel, den Barwert schreibt sie dem Kunden gut, der darüber verfügen kann.

5. Anlehnung an 4.: Die Guthaben der Bankkunden sind gewissermaßen Forderungen an die Bank; die Zahlungsmittel sind also durch Verpflichtungen der Bank entstanden. Usw.

6. Liquidität: Zahlungsfähigkeit

7. Das umlaufende Geld ist – zumindest teilweise – durch Gold gedeckt. Der Wert einer Kurantmünze (in Gold) wird durch den Feingoldgehalt bestimmt. Der Wert ergibt sich über den Feingoldgehalt in Gramm aus der Grundgleichung.

8. Der Wert des Euro wird durch seine Kaufkraft gegeben.

9. Erklärungen
   a) Preisindex: Zusammenfassung von Preisen für einen Warenkorb zur Beobachtung der Preisentwicklung (amtliche Preisstatistik), der Wert des Warenkorbs wird in einem Jahr, dem Basisjahr, gleich 100 gesetzt, die Indexwerte für die folgenden Jahre werden auf das Basisjahr bezogen, die Indexreihe zeigt die Entwicklung des Preisniveaus ...
   b) Inflationsrate: Preisanstieg von einem Jahr zum folgenden.
   c) Kaufkraft: Wert einer bestimmten Geldsumme, z.B. Wert der Geldsumme, die zum Kauf des Warenkorbs ausreicht.
   d) Kaufkraftverlust: Wertverlust einer bestimmten Geldsumme, sodass sie zum Kauf des Warenkorbs nicht mehr ausreicht.

10. Der Preisindex für die Lebenshaltung aller privaten Haushalte gibt den Wert eines Warenkorbs an, der die Waren und Leistungen enthält, die in den Begehrskreis der privaten Haushalte fallen. Er ist für die Beobachtung der Preisentwicklung von besonderer Bedeutung. – Das Statistische Bundesamt befragt eine Anzahl zufällig ausgewählter Haushalte (als Repräsentation aller privaten Haushalte) nach ihren Ausgaben für die Lebenshaltung. Die Ausgaben werden in Haushaltsbüchern aufgeschrieben, das Statistische Bundesamt erhält die Bücher zur Auswertung. Das Amt stellt auf diese Art fest, ob und wie sich die Lebenshaltung verteuert hat. Für ein Basisjahr, z. B. 1995, werden die Ausgaben gleich 100 gesetzt (1995 = 100), die Preisentwicklung wird auf dieses Jahr bezogen. Wenn z. B. berichtet wird 1996 = 102,2, dann hat sich die Lebenshaltung der privaten Haushalte (nach dieser Messung) um 2,2 % verteuert. Die Angabe 1997 = 103,7 besagt, dass sich die Lebenshaltung in Bezug auf das Basisjahr um 3,7 %, gegenüber 1996 um 1,5 Indexpunkte, verteuert hat. Wegen der Veränderungen des Verbraucherverhaltens muss das Basisjahr nach einigen Jahren neu festgelegt werden.

11.

Komponenten	Gewichtungs-faktoren	$p_0 \cdot q_0$	$p_1 \cdot q_0$	$p_2 \cdot q_0$	$p_3 \cdot q_0$
1	1	8,0	8,5	9,0	9,1
2	5	20,0	21,0	24,0	25,0
3	3	9,0	11,7	12,9	14,7
4	4	20,0	20,4	22,4	23,6
5	2	4,0	4,6	5,4	6,0
Σ		61,0	66,2	73,7	78,4
a) **Preisindizes** (bezogen auf das Basisjahr)		100,00	108,52	120,82	128,52
b) **Inflationsraten** (bezogen auf die jeweiligen Vorjahre)			8,52	11,33	6,39
c) **Kaufkraft** (bezogen auf das Basisjahr)		100,0	92,15	82,77	77,81
d) **Kaufkraftverluste** (Index-punkte – bezogen auf die jeweiligen Vorjahre)			7,85	9,38	4,96

12. Ermittlung der Inflationsraten zu Tab. 9.1

Verbraucherpreisindex (2005 = 100)	2004	2005	2006	2007
insgesamt		1,97	1,60	2,26
nach Gütergruppen				
Nahrungsmittel		0,10	1,90	3,93
andere Verbrauchs- und Gebrauchsgüter (ohne Energie)		0,91	0,30	1,40
Energie		10,25	8,50	3,96
Dienstleistungen (ohne Wohnungsmieten		2,04	1,00	2,87
Wohnungsmieten		1,01	1,10	1,09

13. HVPI - 1996 = 100

Jahre	HVPI	Inflations-raten	Kaufkraft	Kaufkraft-verluste %
1	100,0			
2	101,6	1,60	98,43	1,57
3	102,7	1,08	97,37	1,07
4	103,8	1,07	96,34	1,06
5	106,0	2,12	94,34	2,08
6	108,5	2,36	92,17	2,30
7	110,9	2,21	90,17	2,16
8	113,2	2,07	88,34	2,03
9	115,8	2,12	86,51	2,08

14. Begriffserklärungen
    a) Inflation: Erhöhung des gesamten Preisniveaus, Minderung der Kaufkraft ..
    b) schleichende Inflation:, schleichende Geldentwertung, langsamer Kaufkraftverlust, Preisanstieg mit geringen Raten ...
    galoppierende Inflation: Preisanstieg mit relativ hohen, ständig steigenden Raten ...
    Hyperinflation: Preisanstieg mit sehr hohen Raten (Beispiel: Inflation nach dem 1. Weltkrieg) zurückgestaute Inflation: Preisanstieg wird durch (staatlich vorgeschriebenen) Preisstopp und Lohnstopp zurückgestaut; die Inflation wird nicht wirklich verhindert, sie zeigt sich nach Aufhebung des Preisstopps besonders stark ...

15. Probleme bei Inflation:
    Umverteilung: Benachteiligung der Einkommen aus unselbständiger Arbeit ...
    Ungleiche Chancen zu Vermögensbildung: Benachteiligung der Bezieher von Tarifeinkommen gegenüber den Bezieher von Residualeinkommen ...
    Umschichtungen: Benachteiligung von Gläubigern ...
    Soziale Ungerechtigkeit: Benachteiligung der Bezieher fester Renten ...

16. Ursachen von Inflation:
    a) Nachfrageinflation: Der Anstoß zur Preissteigerung geht von der Nachfrage aus (N > A) ...
    b) Angebotsinflation: Der Anstoß zur Preissteigerung geht von der Angebotsseite aus (z. B. Kostendruck) ...
    c) Monetaristisch verursachte Inflation: Die Preissteigerung wird durch die Erhöhung der Geldmenge verursacht ...

17. Quantitätsgleichung: $G \cdot P = M \cdot U$
    sie zeigt, dass bei Konstanz der Gütermenge und der Umlaufgeschwindigkeit eine Erhöhung der Geldmenge zu einem Anstieg des Preisniveaus führt ...

18. Z.B.
    Geldpolitische Maßnahmen zur Vermeidung der Preisniveauinstabilität,
    Analyse der Rahmenbedingungen für die geldpolitischen Maßnahmen, z.B. Preis- und Geldmengenentwicklung, allgemeine wirtschaftliche Entwicklung,
    evtl. Stützung der wirtschaftlichen Entwicklung im Eurogebiet,
    Zielgrößen der Geldpolitik,
    Ziele und Instrumente der Geldpolitik,
    Träger der Geldpolitik (Europäisches Zentralbanksystem).

19. Institutionen des ESZB:
    nationale Zentralbanken
    Europäische Zentralbank
    mit den Beschlussorganen: Zentralbankrat, Direktorium, erweiterter Zentralbankrat

20. Ziele:
    Stabilität des Preisniveaus (vorrangig),
    harmonische und ausgewogene Entwicklung des Wirtschaftslebens in der Gemeinschaft

21. sonstige Aufgaben:
    Banknoten ausgeben,
    für den reibungslosen (internationalen) Zahlungsverkehr sorgen,
    Devisengeschäfte durchführen,
    Währungsreserven der Gemeinschaft halten und verwalten usw.

22. Der harmonisierte Verbraucherpreisindex vereinheitlicht die entsprechenden nationalen Preisindizes, sodass die Preisentwicklungen in den einzelnen Volkswirtschaften vergleichbar werden...

23. Der HVPI dient der EZB zur Beobachtung der Preisentwicklung; Abweichung, die über das zugelassene Maß (zzt. 2 %) hinausgehen, veranlassen die EZB zu entsprechenden geldpolitischen Maßnahmen.

24. Als gefühlte Inflation wird die subjektive Wahrnehmung der Inflationsentwicklung bezeichnet.

25. Ja, eine Abweichung ist möglich. Die gefühlte Inflation ergibt sich durch die Entwicklung der Preise für die Waren und Dienstleistungen, die private Haushalte besonders häufig kaufen. Diese Waren und Dienstleistungen sind zwar im HVPI enthalten, sie stellen aber nur einen relativ geringen Anteil an allen Waren und Dienstleistungen dar, die insgesamt im HVPI berücksichtigt werden. Wenn die Preise für die besonders häufig gekauften Waren und Dienstleistungen stärker steigen als die Preise der anderen im Index enthaltenen Waren und Dienstleistungen, ist die subjektiv empfundene Preisentwicklung höher als die „offiziell" gemessene, tatsächliche Preisentwicklung.

26. Die gefühlte Inflation bestimmt das Kaufverhalten der privaten Haushalte wesentlich mit. Sie kann (wenn sie höher ist als die im HVPI gemessene, tatsächliche Preisentwicklung) z. B. zur Fehleinschätzung der Kaufkraft des Haushaltseinkommens und dadurch zur Kaufzurückhaltung führen und die Konjunktur negativ beeinflussen.

27. M1 - Bargeldumlauf + Sichtguthaben,
M2 - M1 + sonstige kurzfristige Anlagen,
M3 - M2 + längerfristige Anlagen

28. Die EZB kontrolliert auch die Entwicklung der Geldmenge, weil eine übermäßige Ausweitung der Geldmenge auf inflationäre Preissteigerungen hindeuten. Zur Beobachtung wird M3 herangezogen; M3 zeigt die Preisentwicklung mittelfristig relativ stabil an.

29. Es wird kein Geldmengenziel vorgegeben. Sie begrenzt vielmehr die Zuwachsraten der Geldmenge. Zzt. wird eine jährliches Wachstum der Geldmenge M3 von 4,5 % toleriert.

30. Wertpapierpensionsgeschäfte sind ein wichtiges Instrument der Geldpolitik zur Beeinflussung der Geldmenge, des Zinsniveaus. Das ESZB nimmt den Geschäftsbanken vorübergehend Papiere ab, sie erhalten dafür Liquidität (zu einem bestimmten Zinssatz). Die Liquidität fließt an die ESZB zurück, wenn die GB die Papiere zurücknehmen. Zu unterscheiden sind kurzfristige von längerfristigen Transaktionen. Kurzfristige Transaktionen sind das Hauptrefinanzierungsinstrument. Die EZB löst das Verfahren durch eine Ausschreibung aus, dabei gibt sie den Zinssatz an. Die Geschäftsbanken können bieten, d. h. sie geben der EZB an, wie viel Liquidität sie gegen Sicherheiten (Papiere) bei dem vorgegebenen Zinssatz übernehmen wollen. Die EZB verteilt die Zuteilungsmenge auf die Gebote.

31. Mengentender: Die EZB schreibt einen Betrag aus, der intern festgelegt ist, gleichzeitig gibt sie den Zinssatz aus. Die Banken geben Gebote ab, d. h. sie geben die Geldmenge an, die sie zu dem vorgegebenen Zinssatz abnehmen wollen. Nach Eingang der Gebote teilt die EZB die Beträge den Banken zu, d. h. sie verteilt den Zuteilungsbetrag im Verhältnis der abgegebenen Gebote auf die Banken. Um bei der Zuteilung im notwendigen Maß teilnehmen zu können, geben die Banken meistens höhere Gebote ab. – So erhält die EZB keine eindeutigen Informationen über den Liquiditätsbedarf ...

32. Zinstender: Die EZB schreibt einen Betrag aus, der intern festgelegt ist; für die Gebote der Banken gibt sie lediglich einen Mindestzinssatz vor. Die Banken können bis zu zehn Geboten abgeben; dabei geben sie jeweils einen Betrag mit einem Zinssatz an, sie geben also an, welchen Betrag sie zu welchem Zinssatz haben wollen. Gebote unterhalb des Mindestzinssatzes werden nicht berücksichtigt. Die EZB verteilt den intern festgelegten Betrag auf die Banken unter Berücksichtigung der Höhe der Zinssätze, sodass das Gebot mit dem höchsten Zinssatz zunächst berücksichtigt wird, danach werden die folgenden Gebote mit den nächst höheren Zinssätzen bedient usw. Gebote mit niedrigen Zinssätzen finden u. U. keine Berücksichtigung mehr. Der niedrigste Zinssatz, zu dem noch zugeteilt werden kann, ist der sog. marginale Zinssatz.

    Bei hohen Geboten (hohe Zinssätze evtl. verbunden mit hohen Betragswünschen) kauft eine Bank Liquidität relativ teuer ein, bei niedrigen Geboten nimmt eine Bank evtl. an der Zuteilung nicht teil, erhält also auf diesem Wege keine Liquidität.

33. Der marginale Zinssatz ist beim Zinstenderverfahren von Bedeutung. Es ist der niedrigste Zinssatz in den von den Geschäftsbanken abgegebenen Geboten, zu dem noch zugeteilt werden kann. Häufig liegen mehrere Gebote mit dem marginalen Zinssatz vor, sodass der Restbetrag im Verhältnis der Betragsangaben verteilt werden muss.

34. Mit der Angabe eines Mindestzinssatzes gibt die EZB die Richtung ihrer Geldpolitik bekannt; sie erhofft sich von der Bekanntgabe eine Signalwirkung.

35. a) marginaler. Zinssatz 4,75

    b) Zuteilung

	A		B		C		D		
Erstzuteilung	110 130 180 200 210	5,2 5,1 5,0 4,9 4,8	75 80 85 90	5,00 4,90 4,85 4,80	120 130	4,90 4,80			
	830		330		250		0		1.410
Restzuteilung 2 : 1					60	4,75	30	4,75	90
Zuteilung insgesamt	**830**		**330**		**310**		**30**		1.500

    c) Durchschnittszins der Banken

A	B	C	D
572	375	588	
663	392	624	
900	412,25	285	142,50
980	432		
1.008			
4.123	1.611,25	1.497	142,50
4,97	**4,88**	**4,83**	**4,75**

d) A verfügt wegen seiner hohen Gebote über relativ hohe, aber relativ teure Liquidität, Problem: Liquiditätsnachfrage - Marktbedingungen ... B und C verfügen wegen ihrer relativ niedrigeren Gebote über weniger, dafür billigere Liquidität (als A), D verfügt wegen seines geringen Gebots über relativ wenig, aber sehr billige Liquidität, im Bedarfsfall Beschaffung von zusätzlicher Liquidität – Geldmarkt, teures Tagesgeld ...

36. Ständige Fazilitäten sind Kreditmöglichkeiten der EZB, die die Geschäftsbanken immer und unbegrenzt in Anspruch nehmen können.

37. Spitzenrefinanzierungsfazilität: Die EZB stellt den GB Übernachtliquidität zur Verfügung

38. Einlagenfazilität: Die GB können über Nacht ihre Überschussliquidität bei der ZB gegen Zinsen anlegen.

39. Mindestreserven: GB müssen bei der ZB einen bestimmten Anteil der Einlagen des Publikums bei der ZB hinterlegen.

40. Geldpolitik – Leitzinssenkung

Erste Oktoberwoche

Beurteilung der monetären und geldpolitischen Situation

Die Inflationsraten lagen eine Zeit lang über dem Niveau, das mit Preisstabilität zu vereinbaren ist. Aufwärtsrisiken bestehen weiterhin, wenn auch wegen der nachlassenden Nachfrage nicht mehr in dem bisherigen Maß. Ursache für den Anstieg des Preisniveaus waren vor allem die gestiegenen Energie- und Nahrungsmittelpreise. Außerdem hat es in den letzten Quartalen Lohnzuwächse gegeben, ohne dass die Arbeitsproduktivität in besonderem Maße gesteigert werden konnte. (3)

Eine besondere Bedeutung wird in der Analyse den Terminkontrakten für Rohstoffe zugewiesen; die Preise dieser Terminkontrakte sind zzt. relativ hoch und können die Preisniveaustabilität bis in das Jahr 2009 gefährden. (1)

Gefährdungen der Preisniveaustabilität sieht der EZB-Rat auch durch sog. Zweitrundeneffekte. Der Kostendruck durch gestiegene Beschaffungspreise führt zur Anhebung der Angebotspreise durch die Unternehmen; das gestiegene Preisniveau wiederum führt zu Lohnforderungen, die die Gewerkschaften evtl. durchsetzen können. Das kann über die gestiegenen Nachfragemöglichkeiten privater Haushalte und den Lohnkostendruck bei den Unternehmen zu einem weiteren Anstieg des Preisniveaus führen. Preissetzungs- und Lohnsetzungsverhalten sollen deshalb weiter beobachtet werden. (3)

Auch das Geldmengenwachstum weist auf eine Gefährdung der Preisstabilität hin. Mäßigend wirkt hier die nachlassende Kreditnachfrage der Unternehmen, auch die Kreditnachfrage privater Haushalte lässt weiterhin nach. (2)

Beurteilung der konjunkturellen und wirtschaftspolitischen Situation

Die Konjunktur im Euro-Währungsgebiet schwächt sich ab; Ursachen für die negative Entwicklung der Wirtschaftstätigkeit werden vor allem in der jüngsten Verschärfung der Finanzmarktunruhen gesehen. Die Erwartungen von weiter gehenden Auswirkungen auf die Realwirtschaft führen zu einer Abschwächung der Inlandsnachfrage; dazu tragen die restriktiven Finanzierungsbedingungen bei. Kredite werden teurer, sodass auch kreditfinanzierte Vorhaben, z. B. Kauf von Immobilien, aufgegeben oder verschoben werden. (2)

Gefahren werden auch gesehen, wenn die Finanzpolitik in der derzeitigen Situation wirtschaftlicher Unsicherheit nicht an den Vorgaben des Stabilitäts- und Wachstumspakts festhält. Dadurch können der Konjunkturzyklus geglättet und das Vertrauen des privaten Sektors gestärkt werden. Der EZB-Rat fordert schließlich von der Strukturpolitik Maßnahmen zur Förderung von Wettbewerb und Flexilität sowie zu einem gemäßigten Wachstum der Lohnstückkosten. (2)

Ergebnis: Die Stabilität des Preisniveaus ist weiterhin gefährdet. Preisstabilität trägt bei zu wirtschaftlichem Wachstum und Beschäftigung. Deshalb beschließt der EZB-Rat, die Leitzinsen vorläufig nicht zu ändern. (2)

8. Oktober

Bereits wenige Tage nach der Abfassung des Editorials kommt der EZB-Rat zu einer neuen Beurteilung der Lage. Durch die Finanzkrise ist das wirtschaftliche Wachstum erheblich gefährdet. Besondere Probleme bringt die mangelnde Verfügbarkeit über Liquidität. Die EZB muss deshalb dazu beitragen, dass die entsprechenden Engpässe auf den Finanzmärkten verringert werden. Da die Inflationserwartungen sinken (auch infolge der nachlassenden Nachfrage) hält der EZB-Rat eine Lockerung der monetären Bedingungen für vertretbar und beschließt eine Senkung der Leitzinsen um 50 Basispunkte und eine Änderung des Tenderverfahrens. (3)

Durch die Senkung der Leitzinsen können sich die Kreditbanken günstiger refinanzieren. Sie können über mehr Liquidität verfügen. Die Zinsen für Kredite (z.B. für Investition und Konsumtion) können sinken. Die Binnennachfrage könnte steigen. (2)

Gleichzeitig beschließt der EZB-Rat eine Änderung des Tenderverfahrens. An die Stelle des Zinstenders tritt der Mengentender. Bei einem Mengentender schreibt die EZB im Allgemeinen einen Betrag aus, der intern festgelegt ist; ob das im vorliegenden Fall auch so ist, geht aus der Formulierung der Pressemitteilung nicht eindeutig hervor. gleichzeitig gibt sie einen Zinssatz an, hier den Zinssatz für die Hauptrefinanzierungsgeschäfte i. H. v. 3,75 %. Die Banken können Gebote abgeben und erhalten im Wege der Zuteilung Liquidität. (3)

23

10. Konjunktur und Konjunkturpolitik

1. -

2. Gleichgewicht zwischen gesamtwirtschaftlicher Nachfrage und gesamtwirtschaftlichem Angebot (gesamtwirtschaftliches Gleichgewicht); Angebotslücke (inflatorische Lücke): die gesamtwirtschaftliche Nachfrage ist größer als das gesamtwirtschaftliche Angebot; Nachfragelücke (deflatorische Lücke): das gesamtwirtschaftliche Angebot ist größer als die gesamtwirtschaftliche Nachfrage.

3. In dem Modell „geschlossene Volkswirtschaft ohne Staat" besteht die gesamtwirtschaftliche Nachfrage aus der Nachfrage aller privaten Haushalte nach Konsum- und aller privaten Unternehmen nach Investitionsgütern; das gesamtwirtschaftliche Angebot besteht aus den im Inland produzierten und aus dem Ausland importierten Gütern und Leistungen.

4. Die Konsumfunktion gibt die Abhängigkeit der Konsumausgaben vom Einkommen an; sie besteht aus zwei Teilen: einem einkommensunabhängiger Teil und einem über die marginale Konsumquote vom Einkommen abhängigen Teil.

5. a) Bruttoinvestition: Gesamtheit aller Investitionen,

   b) Nettoinvestitionen: Investitionen ohne Abschreibungen (umschreibt gelegentlich die Neuinvestitionen),

   c) Reinvestitionen: Ersatzinvestitionen (Ersatz abgeschriebener Anlagegüter), Erweiterungsinvestitionen: Investitionen zur Erweiterung der Produktion, Rationalisierungsinvestitionen: Investitionen zur Verbesserung des Produktionsapparates.

6. Die Investitionsfunktion gibt an, dass die Investitionen funktional von der Höhe des Zinssatzes abhängen.

7.

Jahr	**Netto-einkommen**	**Abzinsungsfaktor**		**abgezinste Nettoeinnahmen**	
1	50.000	1 + 0,1	1,1	50.000 / 1 + 0,1	45.454,55
2	50.000	$(1 + 0,1)^2$	1,21	50.000 / $(1 + 0,1)^2$	41.322,31
3	50.000	$(1 + 0,1)^3$	1.331	50.000 / $(1 + 0,1)^3$	37.565,74
4	50.000	$(1 + 0,1)^4$	1.4641	50.000 / $(1 + 0,1)^4$	34.150,67
					158.493,27

Die Summe der abgezinsten Nettoeinnahmen ist größer als die Anschaffungsausgaben, also lohnt sich die Investition.

8. a)

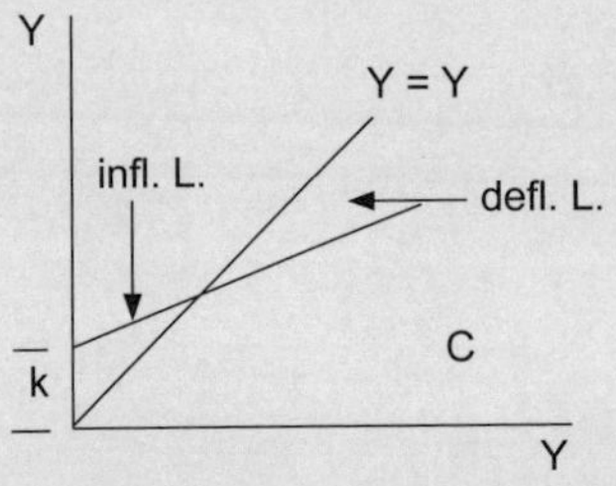

   b) Auf der Waagerechten wird A (Gesamtprodukt), auf der Senkrechten N (Gesamteinkommen) abgetragen. Auf der Winkelhalbierenden (Y = Y) ist A = N. C gibt die tatsächliche Nachfragekurve an; ihr Anstieg wird durch c gegeben. k gibt den konstanten Konsum an. (Modell: geschl. VW, keine staatliche Aktivität)

   c) Ungleichgewichtige Situationen:

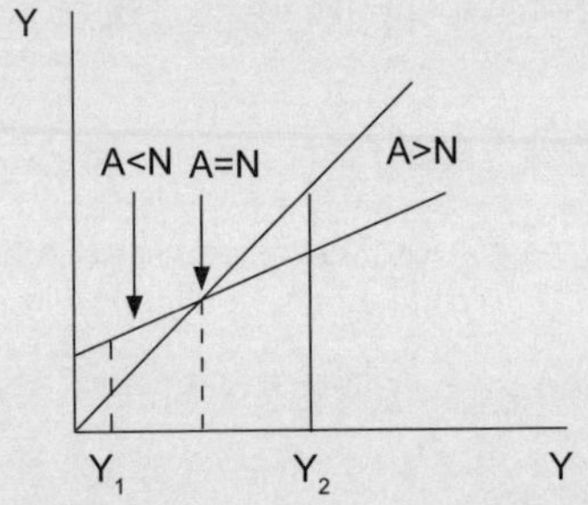

Inflatorische Lücke, d. i eine Angebotslücke (z. B. bei Y_1): A<N, es wird entspart, Beschäftigung nimmt zu, Lagerräumung, Preise steigen, ...

deflatorische Lücke, d. i. eine Nachfragelücke (z. B. bei Y_2): A>N, es wird gespart, Beschäftigung nimmt ab, es wird auf Lager produziert, Preise sinken bzw. steigen mit abnehmenden Zuwachsraten, ...

9. Der Investitionsmultiplikator gibt an, dass sich bei einer Erhöhung der Investitionen das Einkommen um ein Mehrfaches dieser Investitionen ausdehnt.

10. a) **Y = 25 + 0,8Y + 60,** Y - 0,8Y = 25 + 60
    Y (1 - 0,8) = 85, Y = 85 / (1-0,8) = **425**

    b) I = S; **S = 60**

    c) **Y + ΔY = a + cY + cΔY + I + ΔI**
    ΔY = cΔY + ΔI, ΔY - cΔY = ΔI, ΔY (1-c) = ΔI
    ΔY = ΔI / (1-c), ΔY = 30 / 0,2 = **150**

    d) Multiplikatorwirkung erklären;
    dabei auf die Bedeutung der marginalen Konsumquote eingehen

    e)

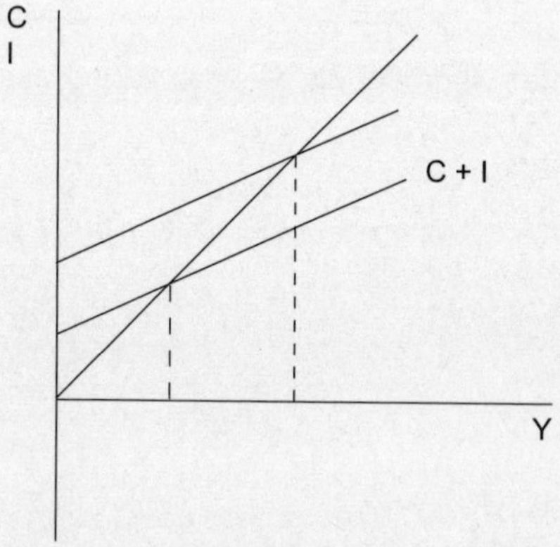

    f) Gleichgewichtseinkommen: A = N ..., I = S ...
    Trend zum Gleichgewicht, aber: Realität - Ungleichgewichte,
    erkennbar an Indikatoren
    Infl. Lücke: ..., defl. Lücke ....
    oder: Indikatoren auf Gleichgewicht beziehen

11. Tab. 10.2 zeigt, dass nach einer Investitionserhöhung das neue Gleichgewicht erst nach Ablauf einiger Phasen erreicht wird, da die Unternehmen ihre Produktion der Nachfrage mit zeitlicher Verzögerung anpassen. ...

12. Verlauf der gesamtwirtschaftlichen Nachfrage ...

13. Konjunkturindikatoren zeigen den Konjunkturverlauf an; zu unterscheiden sind Frühindikatoren (z. B. Aufträge), gleichlaufende Indikatoren (z. B. Produktion), Spätindikatoren (z. B. Preisentwicklung, Beschäftigung).

14. **Rezession**:
In der Rezession ist die Investitionstätigkeit sehr gering. Es besteht im Allgemeinen kaum Bedarf für Neuinvestitionen, lediglich für bestimmte Ersatzinvestitionen. Die Rationalisierungsinvestitionen im Aufschwung und im Boom wirken nach; der Auslastungsgrad ist niedrig.

Der Personalbedarf ist aus diesen Gründen sehr gering. Die Investitionstätigkeit und damit die gesamtwirtschaftliche Nachfrage kann durch geld- und konjunkturpolitische Maßnahmen angeregt werden, z. B. durch Senkung der Leitzinsen, durch Vergabe zinsgünstiger Kredite für bestimmte Investitionen u. Ä.

3

Aufschwung:
Im Aufschwung nimmt die Investitionstätigkeit allmählich zu. Ursachen dafür können niedrige Zinsen und besondere konjunkturpolitische Maßnahmen sein. Dennoch ist die Investitionstätigkeit noch schwach wegen der bisher relativ geringen Auslastung der Kapazitäten.

Personalbedarf ist zunächst noch gering, durch Rationalisierung frei gesetzte Arbeiter finden zunächst keine Arbeit. Aber allmählich nimmt die Beschäftigung zu. Allerdings sind die Löhne niedrig und die Forderungen von Arbeitnehmervertretungen noch sehr moderat. Allmählich wachsende Gewinne können deshalb für Neuinvestitionen genutzt werden. Die Neuinvestitionen betreffen zunächst den Investitionsgüterbereich und nur in sehr geringem Umfang den Konsumgüterbereich, da die Nachfrage nach Konsumgütern wegen der geringen Löhne und der weiterhin bestehenden (allerdings abnehmenden) Arbeitslosigkeit noch gering ist.

Im weiteren Verlauf des Aufschwungs finden dann auch Neuinvestitionen im größeren Umfang im Konsumgüterbereich statt. Wegen der steigenden Löhne steigt auch die Nachfrage nach Konsumgütern. Die Arbeitnehmervertretungen können Lohnverbesserungen durchsetzen. In der letzten Phase des Aufschwungs, die durch gute Auftragslage, starke Investitionstätigkeit, hohe gesamtwirtschaftliche Nachfrage und durch hohe Auslastung der Kapazitäten gekennzeichnet ist, geben im Allgemeinen die Arbeitgeber auch hohen Lohnforderungen nach. Hohe Lohnkosten und der Arbeitskräftemangel (vor allem bei Facharbeitern) erzwingen Rationalisierungsinvestitionen.

7

Boom:
Im Boom, in der Hochphase, ist die Investitionstätigkeit sehr hoch, vor allem finden weiterhin Rationalisierungsinvestitionen statt. Die Beschäftigung ist weiterhin sehr hoch. Aber die Investitionstätigkeit nimmt wegen der von den Unternehmen als schlecht eingeschätzten Zukunftsaussichten bereits ab.

3

Abschwung:
Im Abschwung nimmt die Investitionstätigkeit zunächst langsam dann stark ab. Der Investitionsbedarf ist gering; die Auslastung der Kapazitäten nimmt ab. Der Personalbedarf wird geringer. Die gesamtwirtschaftliche Nachfrage nimmt ab. Die Zahl der Insolvenzen nimmt allmählich zu. Die Gefahr der Illiquidität ist ein weiterer Grund, Investitionen zu unterlassen.

3 16

15. ifo Geschäftsklimaindex
a) Der ifo Geschäftsklima wird vom Institut für Wirtschaftsforschung an der Universität München monatlich erstellt. Dazu werden 7.000 Unternehmen des verarbeitenden Gewerbes, des Bauhauptgewerbes, des Groß- und des Einzelhandels nach der ihrer Beurteilung ihrer aktuellen Geschäftslage und nach der Einschätzung ihrer Geschäftserwartungen für die nächste Zukunft (6 Monate) befragt. Aus den Angaben wird der Geschäftsklimaindex entwickelt. Dieser Index gibt also die subjektiven Beurteilungen und Einschätzungen der befragten Unternehmen an. (3)

b)

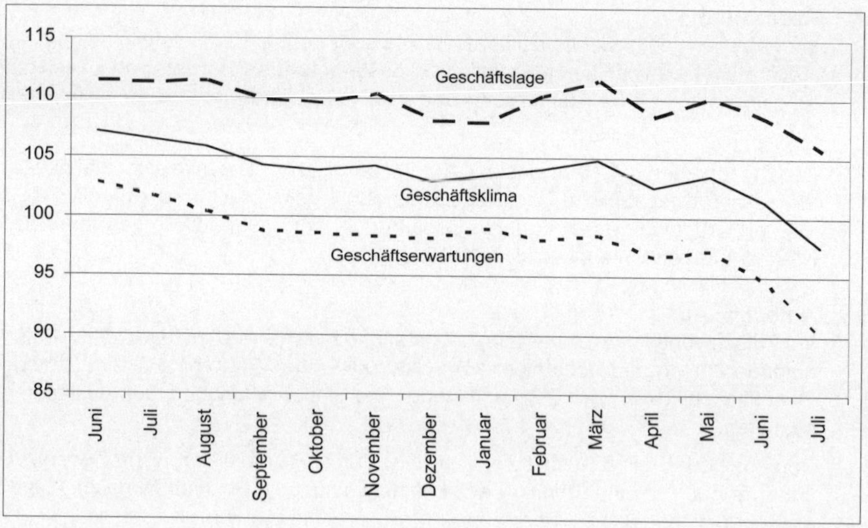

Kurven 3, Form 2 (5)

c) Der Index gibt einen negativen Trend wieder. Die befragten Unternehmen beurteilen zum dritten Mal in Folge sowohl die aktuelle Lage als auch ihre Erwartungen negativ. Der Klimaindex sinkt nach einem Anstieg bis März zunächst, sinkt aber schon im April und nach kurzer Erholung ab Mai. Der Bericht spricht davon, dass der Juliwert den niedrigsten Stand seit drei Jahren wiedergibt. Dieser Trend dürfte sich fortsetzen.

Als Ursache für die negative Beurteilung werden der hohe Ölpreis und die zurückgehende Konjunktur in den USA gesehen.

Der Export „verliert an Schwung". Das bedeutet aber zunächst noch keinen Rückgang. Wenn der Export tatsächlich zurückgeht, würde das einen erheblichen Einbruch im Konjunkturverlauf zur Folge haben, da die schwache Binnennachfrage die Konjunktur nicht stützen kann. Das nachlassende Wirtschaftswachstum würde sich dann sowohl in der Investitionsgüternachfrage der Unternehmen als auch in der Beschäftigungssituation negativ bemerkbar machen. (6)

d) Gegenstand der gelegentlichen Kritik am ifo Geschäftsklimaindex ist die Subjektivität seiner Ausgangsdaten. Zwei Kritikpunkte stehen dabei im Vordergrund:

- Es wird nicht erkennbar, auf welchen objektiven ökonomischen Tatbeständen die Einschätzungen und Urteile der Befragten beruhen.
- Die Verbesserung der Situation eines Unternehmens kann mit der Verschlechterung der allgemeinen wirtschaftlichen Situation kausal zusammenhängen, z. B. kann die positive Einschätzung auf einer gerade vollzogenen Fusion beruhen, bei der Arbeitsplätze in großem Umfang vernichtet werden und sich die Wettbewerbssituation verschlechtert.

Diese Kritik greift zu kurz. Unternehmen beurteilen die Situation z. B. nach Kennziffern wie Umsatz, Gewinn u. dgl.; daneben spielen z. B. bei den Handelsunternehmen sowohl das aktuelle als auch das erwartete Ausgabeverhalten der privaten Haushalte eine erhebliche Rolle, bei den Bauunternehmen z. B. die Aufträge zum Bau von Wohn- und Geschäftshäusern sowie von Produktionsanlagen. Auch das Subventions- und

Auftragsverhalten des Staates sowie das Investitionsverhalten ausländischer Anleger können die befragten Unternehmen tangieren und deshalb in die Beurteilung der Geschäftslage und in die Einschätzung der Geschäftserwartungen genau so eingehen wie erwartete Änderungen der Unternehmenssteuern und des Zinsniveaus. Die wirtschaftlichen Grund- und Rahmenbedingungen können in unterschiedlicher Bedeutung in die Beurteilung einfließen; durch die große Zahl der befragten Unternehmen aus den vier großen Unternehmensbereichen Verarbeitendes Gewerbe, Bauhauptgewerbe, Großhandel und Einzelhandel ergibt sich aber ein Trend, der zeigt, wie Unternehmen die konjunkturelle Situation und den Konjunkturverlauf für die nächste Zukunft beurteilen.

Bei positiver Beurteilung ihrer aktuellen Geschäftslage und der gleichen Einschätzung ihrer Geschäftserwartungen werden Unternehmen bereit sein zu investieren, bei negativer Beurteilung werden sie sich eher zurückhalten. So drückt der ifo Geschäftsklimaindex schließlich nicht nur die Beurteilung der aktuellen Lage und die Einschätzung der Erwartungen aus, sondern weist auch darauf hin, wie Unternehmen ihr wirtschaftliches Verhalten wahrscheinlich ausrichten werden. Insofern kann der ifo Geschäftsklimaindex schließlich eine wichtige Informationsquelle zur Beurteilung der Konjunktur sein. (10)

16. Krisenjahre: Z. B. durch hohe Arbeitslosigkeit, 66/67, 73/74 usw.

17.

	Bruttoinlandsprodukt				**ALQ**	**Abk. Besch.**		**Preisindex**	
	in jeweiligen Preisen		**in Preisen von 1991**					**für die Lebenshaltung aller privaten Haushalte**	
	Mio. €	**Veränderung**	**Mio. €**	**Veränderung**		**in Tsd.**	**Veränderung**	**1985 = 100**	**Veränderung**
1980	752.642,10		1.031.787,00		3,8	23.897		82,6	
1981	784.817,70	4,28	1.032.809,60	0,10	5,5	23.907	0,04	88,0	6,54
1982	811.977,50	3,46	1.023.095,10	- 0,94	7,5	23.639	- 1,12	92,6	5.23
1983	863.336,80	6,33	1.041.092,50	1,76	9,1	23.293	- 1,46	95,7	3,35
1984	895.215,80	3,69	1.070.389,60	2,81	9,1	23.351	0,25	98,0	2,40
1985	932.177,10	4,13	1.092.119,50	2,03	9,3	23.559	0,89	100,0	2,04
1986	984.385,10	5,60	1.117.735,20	2,35	9,0	23.910	1,49	99,9	- 0,10
1987	1.017.716,30	3,39	1.134.249,90	1,48	8,9	24.141	0,97	100,1	0,20
1988	1.071.657,60	5,30	1.077.803,30	- 4,98	8,7	24.365	0,93	101,4	1,30
1989	1.137.338,10	6,13	1.219.124,40	13,11	7,9	24.750	1,58	104,2	2,76
1990	1.239.985,10	9,03	1.288.660,10	5,70	7,2	25.460	2,87	107,0	2,69

Aufbereitung der Tab.[1]	4	
Darstellungen	10	
Bestimmung der Zyklusdauer mit Begründungen (Bestätigung der Hypothese aus Abb. 10.10)	2	16

[1] In die Überprüfung der Hypothese können auch die Angaben aus Tab. 3.5, 9.1 und 13.4 einbezogen werden; diese Angaben sind z. T. in diesen Darstellungen andeutungsweise berücksichtigt.

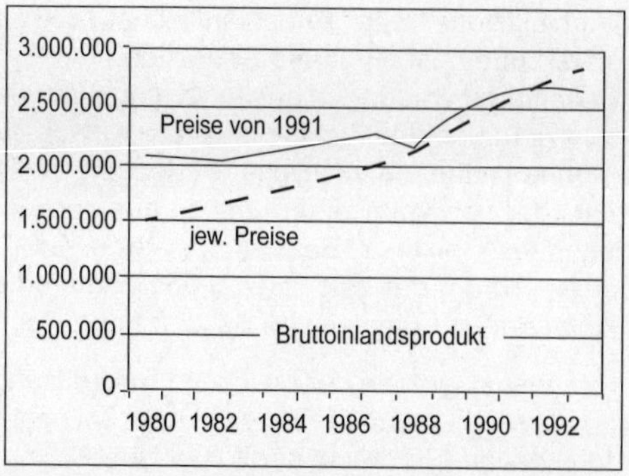

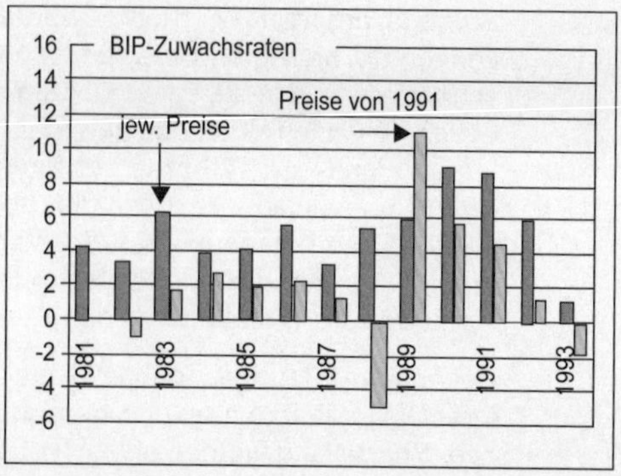

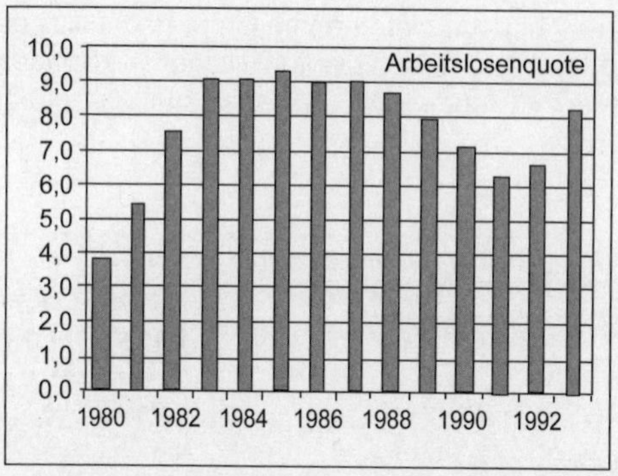

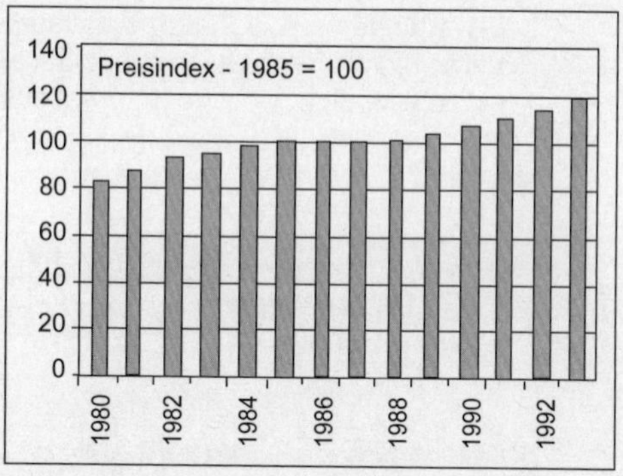

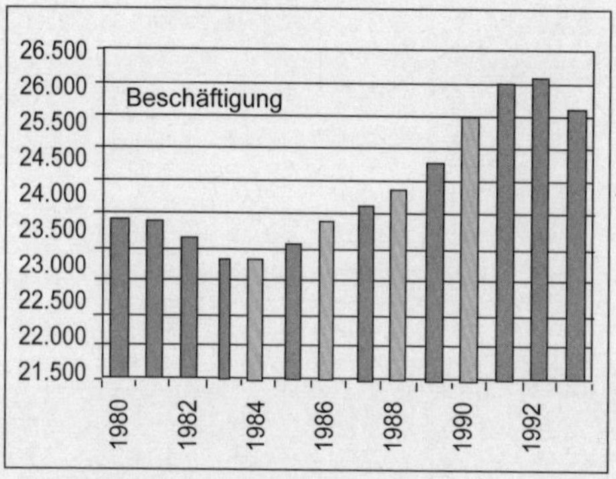

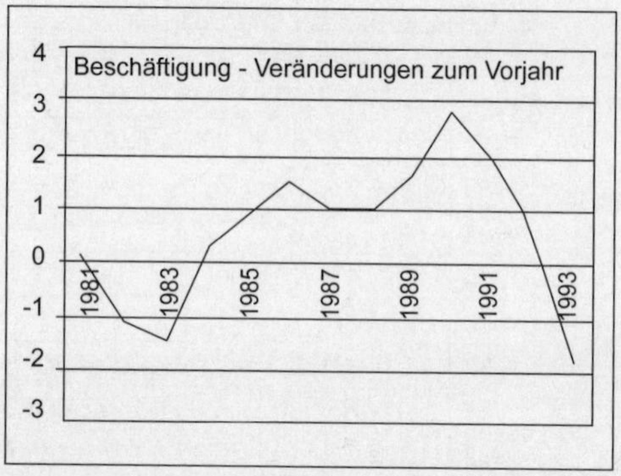

18. Antizyklische Konjunkturpolitik: Wirtschaftspolitik, die das Wachstum der Wirtschaft stabilisiert, d. h. gegen die konjunkturellen Schwankungen gerichtet ist und z.B. bei N<A die Nachfrage ankurbelt und bei N>A die Nachfrage zurücknimmt...

19. Die Bedeutung des Stabilitätsgesetzes ist in zwei Aspekten zu sehen.
    1. Nach Einführung des Gesetzes ist es gelungen, mit den Mitteln, die das Gesetz vorsieht, konjunkturelle Probleme abzumildern; insbesondere gelang es, die Beschäftigungssituation zu verbessern.
    2. Das Gesetz hat insbesondere theoriegeschichtliche Bedeutung: Es stellt die Kodifizierung eines wirtschaftstheoretischen Konzepts dar, das auf der Keynesianischen Lehre beruhte.

20. GG Art 109,4 ist die Grundlage für die Einführung des Stabilitätsgesetzes. Durch Bundesgesetz können Vorschriften zur Abwehr einer Störung des gesamtwirtschaftlichen Gleichgewichts erlassen werden ....

21. Ziel des Stabilitätsgesetzes: Bund und Länder haben bei ihren wirtschafts- und finanzpolitischen Maßnahmen die Erfordernisse des gesamtwirtschaftlichen Gleichgewichts zu beachten. Das Ziel wird durch vier Einzelziele definiert.

22. Interventionsmöglichkeiten nach dem StabGes.:
Konjunkturausgleichsrücklage, die bei N>A gebildet und bei N<A aufgelöst wird ...,
Rückstellung von Ausgaben,
Beschleunigung öffentlicher Investitionsvorhaben u. a.

23. Das Gesetz ist noch nicht außer Kraft; eine Novellierung wird gelegentlich diskutiert. Die derzeitigen wirtschaftlichen Probleme, die überwiegend strukturell verursacht sind, könnten mit dem Gesetz nicht gelöst werden. Außerdem ist das Gesetz umstritten, weil der Keynesianimus, d. h. seine theoretische Grundlage, umstritten ist. Ein besonderes Problem des theoretischen Ansatzes ergibt sich durch die Globalsteuerung, mit der wahrscheinlich sektorale und regionale Besonderheiten nicht ausreichend berücksichtigt werden können.

24. Mit Erhöhungen bzw. Verringerungen seiner Einnahmen und Ausgaben nimmt der Fiskus Einfluss auf die gesamtwirtschaftliche Nachfrage. Steuern, Transferzahlungen, Subventionen, Nachfrage nach Konsum- und Investitionsgütern.

11. Wachstum und Wachstumspolitik

1. BIP ist die Summe aller im Inland hergestellten Güter und Leistungen mit den Faktoren, die im Inland zur Verfügung gestellt wurden.

2. Das BIP berücksichtigt nicht den Saldo der Faktoreinkommen vom/an das Ausland.

3. Auswertung von Tab. 3.6

   a) Entwicklung des BIP

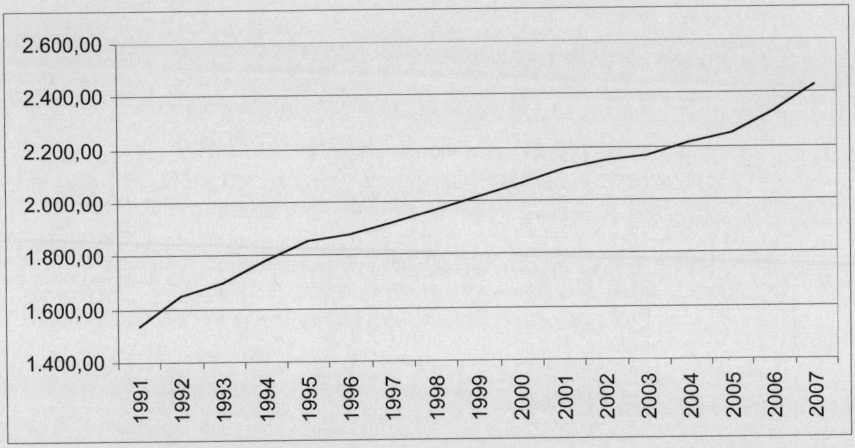

b) Entwicklung der BIP-Zuwachsraten

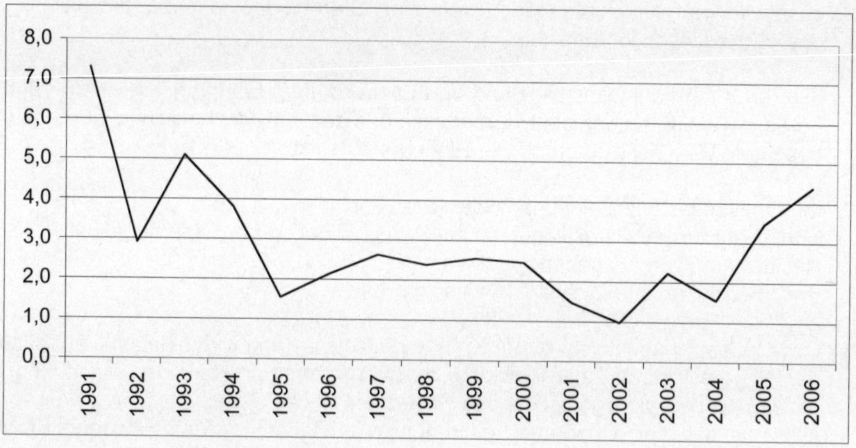

c) Entwicklung des BIP je Einwohner

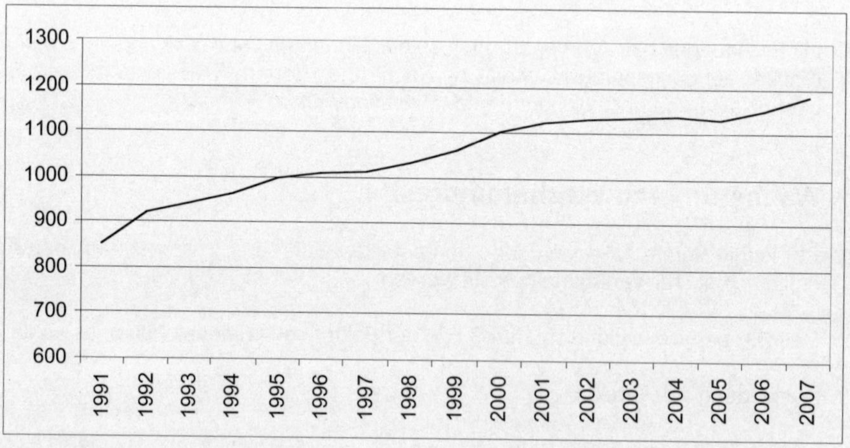

d) BIP, BNE, VE 1991 und 2004

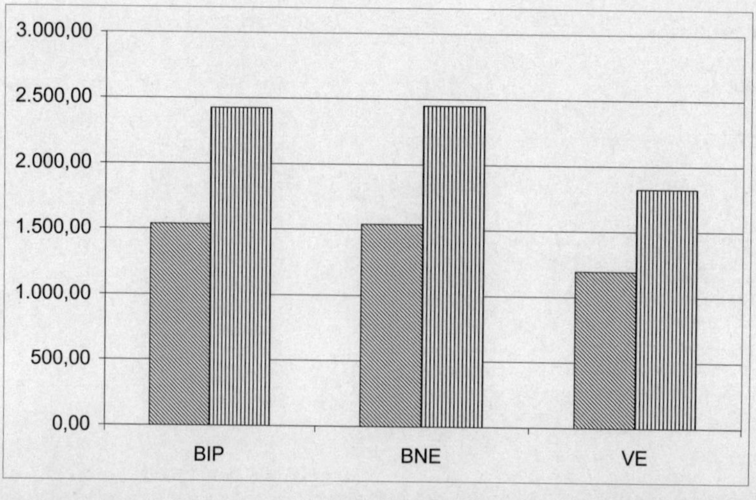

e) BNE 1991 bis 2004

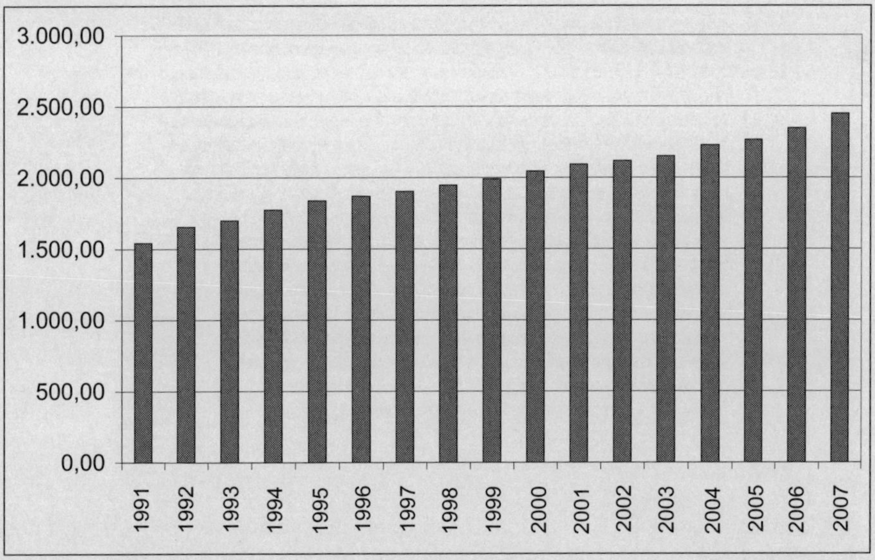

f) VE 1991 bis 2004

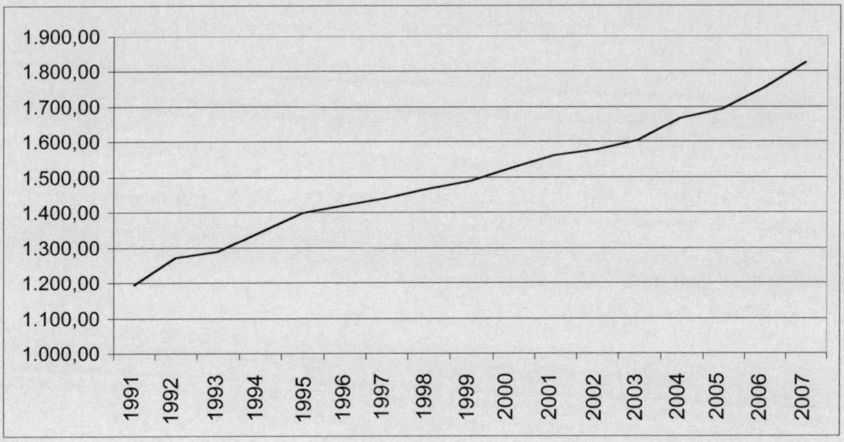

g) Löhne und Gehälter je Arbeitnehmer 1991 - 2004

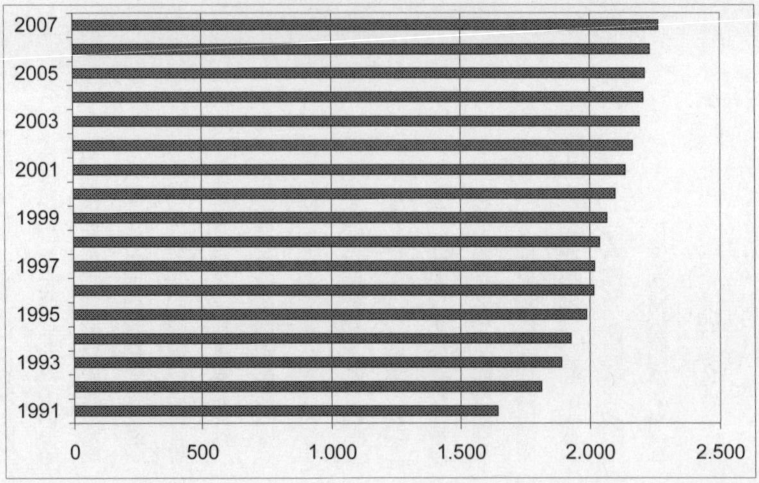

4. Bestimmungsgründe für wirtschaftliches Wachstum: Vermehrter und verbesserter Einsatz der volkswirtschaftlichen Produktionsfaktoren Arbeit und Kapital und des technischen Wissens.

5. Gründe für wirtschaftliches Wachstum: Verbesserung des Lebensstandards, Sicherung von Arbeitsplätzen, Erleichterung der Umverteilung, Verbesserung der Produktionsverbindungen usw.

6. Gründe gegen wirtschaftliches Wachstum: Kritik am Indikator, Gefährdung gesellschaftlicher Werte, Zerstörung der Umwelt

7. Vorbedingungen für Wachstum: Erhöhung des Kapitalstocks, Vorhandensein einer Infrastruktur, Verbesserung des technischen Fortschritts ...

8. Mittel der Wachstumspolitik: Anregung der Investitionen über Steuern ..., über Subventionen ..., über die Staatsnachfrage ...

12. Strukturwandel und Strukturpolitik

1. Wirtschaftsstruktur: Disaggregation (Aufteilung) einer ökonomischen Gesamtgröße in relevante Teilgrößen.

2. Anhand des im Buch enthaltenen Materials Strukturen nennen (Gesamtgröße und Teilgrößen): z. B. BIP, Steuern, Ausfuhren, Währungskorb, außenwirtschaftliche Struturdaten ...

3. Strukturwandel: Veränderungen in der Zusammensetzung einer Struktur durch gesellschaftliche, wirtschaftliche u. a. Veränderungen, durch Anpassungen ...

4. Sektoraler Strukturwandel: Verschiebungen zwischen den Sektoren und innerhalb der Sektoren (inter- und intrasektoraler Strukturwandel) ...

5.

	Landwirtschaft	**Industrie**	**Dienstleistungen**
1880	42 %	36 %	22 %
1935	26 %	42 %	32 %
1950	24 %	43 %	33 %
1992	3 %	39 %	58 %

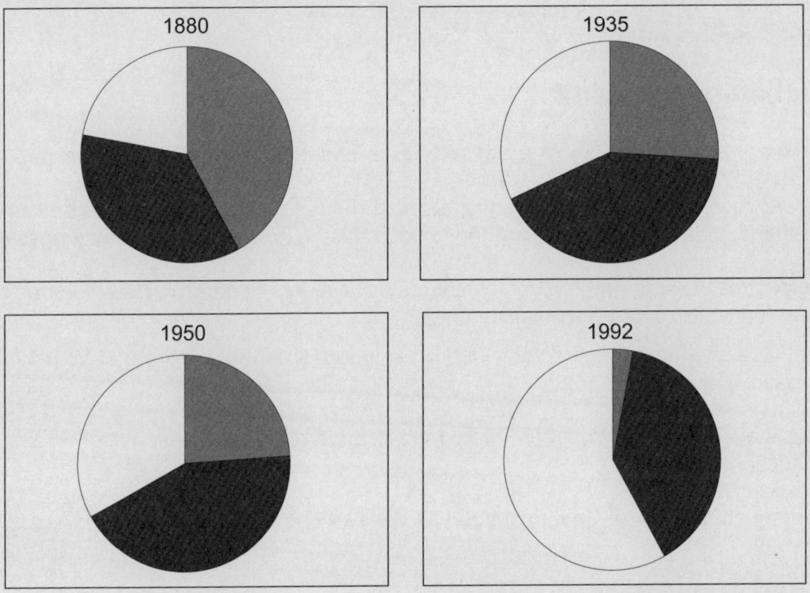

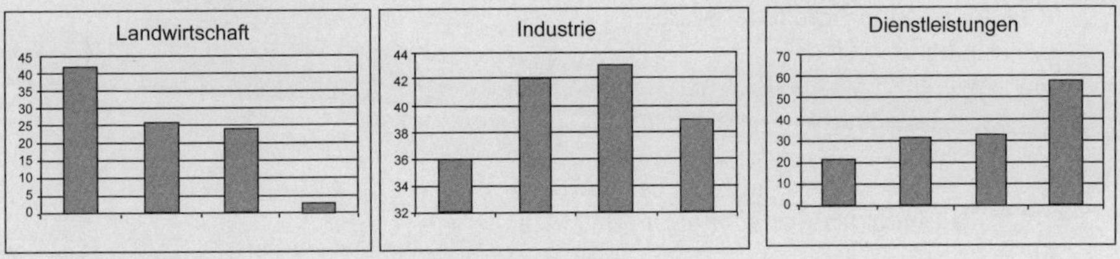

6. Ziele der Strukturpolitik: Ziele nennen und erklären
- Anpassung (Beschleunigung des Wandels)
- Erhaltung (Verhinderung oder Milderung des Wandels)
- Gestaltung (Lenkung des Wandels in eine bestimmte Richtung)

7. Instrumente der Strukturpolitik: Instrumente nennen und erklären:
   ordnungspolitische Instrumente, konstituierende und regulierende Instrumente unterscheiden,
   Bedeutung erklären
   Beispiele: Verstaatlichung vs. Privatisierung, Regulierung vs. Deregulierung,
   prozesspolitische Instrumente, direkte und indirekte Instrumente unterscheiden,
   Bedeutung erklären,
   Beispiele: Investitionspläne, Nachfragelenkungen mit Steuern, Angebotslenkungen mit Infrastrukturpolitik, unentgeltliche staatliche Vorleistungen, Investitionszuschüsse, Finanzierungserleichterungen,
   Wirkungen erörtern

8. Regionale Strukturpolitik: Mit angemessenen Maßnahmen sollen Disparitäten zwischen den Regionen abgebaut werden...

13. Beschäftigungspolitik

1. Sektorale Beschäftigungsstruktur: Aufteilung der Beschäftigten auf die drei Sektoren.

2. Ursache: Änderung der Produktionsstruktur, d. h. Produktion und Einkommenserwerb vorwiegend in der Landwirtschaft, dann in der Industrie, heute: im Dienstleistungssektor.

3. Intersektorale Veränderungen: Verschiebungen von einem Sektor zu einem anderen (z. B. von der Industrie zu den Dienstleistungen),

   intrasektorale Veränderungen: Verschiebungen innerhalb eines Sektors (z. B. vom Bergbau zum Maschinenbau).

4. Erwerbspersonen: alle Personen, die eine auf Erwerb ausgerichtete Tätigkeit ausüben oder suchen.

5. Erwerbsquote: Anteil der Erwerbstätigen an der Wohnbevölkerung

6. -

7. Arbeitslose sind Arbeitsuchende,
   die arbeitsfähig sind,
   die bereit sind, mindestens 15 Stunden in der Woche zu arbeiten,
   die beim Arbeitsamt registriert sind.

8. $$\text{ALQ} = \frac{\text{registr. Arbeitslose} \cdot 100}{\text{abhängig Beschäftigte + registr. Arbeitslose}}$$

9. Die Arbeitslosenquote reicht zur Kennzeichnung der Beschäftigungssituation nicht aus, da sie u. a. Umschüler, Teilnehmer an Arbeitsbeschaffungsmaßnahmen und Kurzarbeiter nicht enthält.

10. Auswertung Tab. 13.4

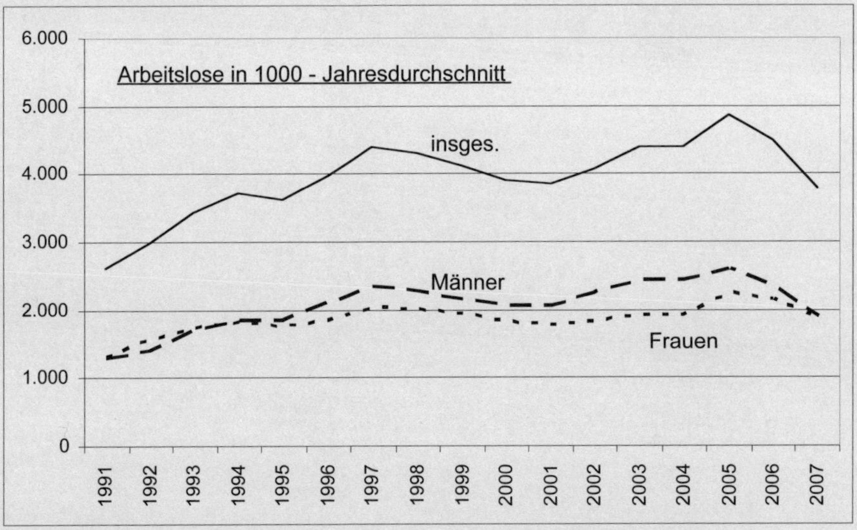

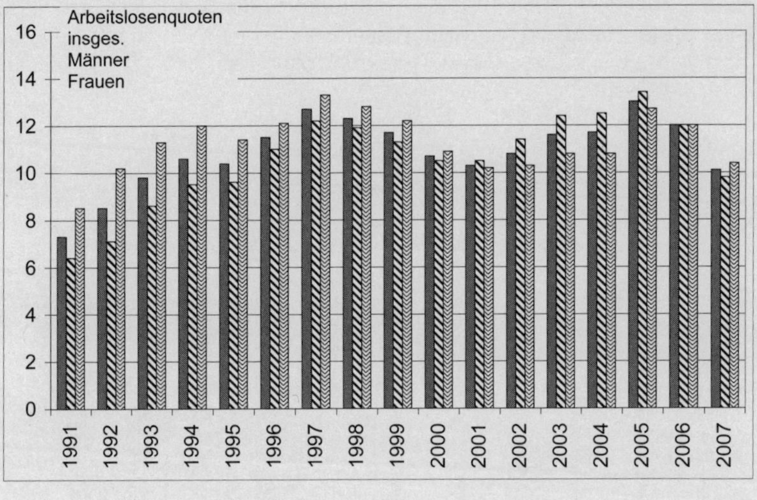

11. Auswertung Tab. 13.5

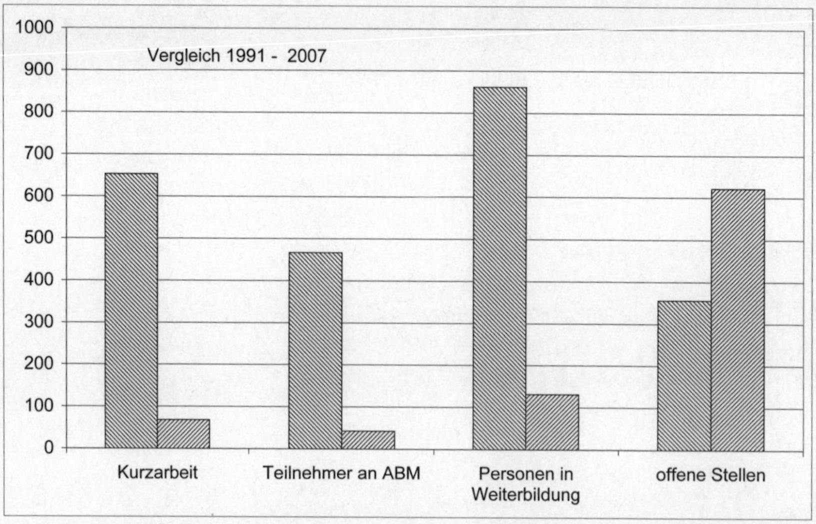

Zusammenhang: Zunächst nimmt z. B. die Kurzarbeit mit der Arbeitslosigkeit zu, ab 94 ab, die offenen Stellen bleiben etwa gleich, Weiterbildungsmaßnahmen nehmen ab usw. ... (Erklärungshypothesen anbieten, z. B. Kurzarbeit nimmt ab, weil sich die langfristige Arbeitslosigkeit stabilisiert ...)

12. Auswertung Tab. 13.6

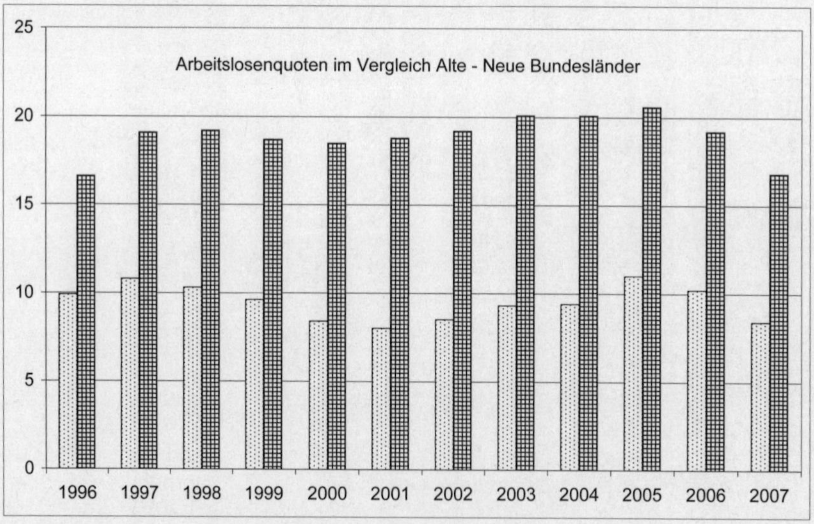

Die Abbildung (Auswertung der Tab. 13.6) zeigt in der Darstellung der Arbeitslosenquoten die unterschiedliche Entwicklung der Arbeitslosigkeit in den neuen und den alten Bundesländern.

13. Auswertung Tab. 13.7

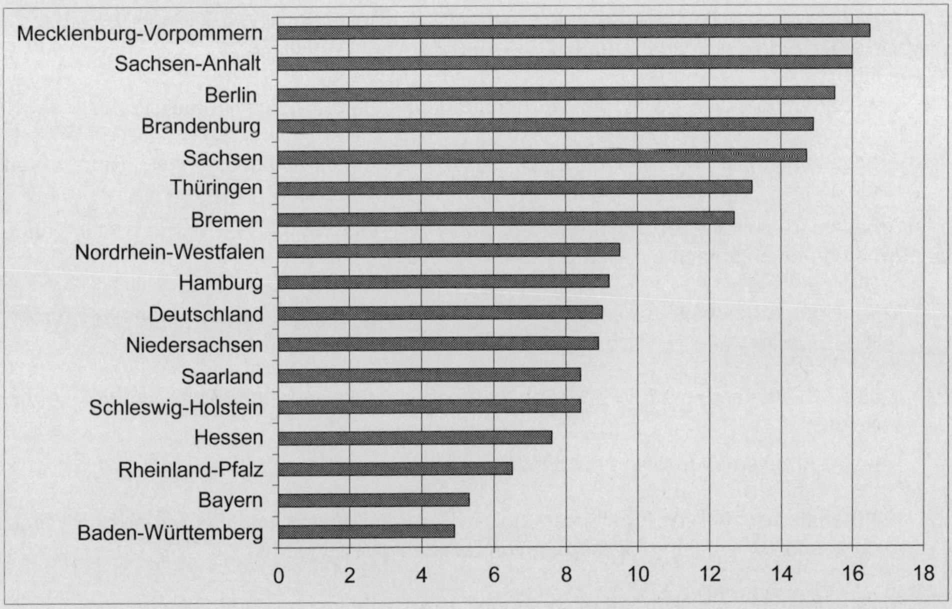

14. Tab. 13.10 gibt für 2007 die Bewegungen auf dem Arbeitsmarkt wieder. Die Angaben weisen u. a. auf folgende Sachverhalte hin.

- Zugang der Arbeitslosen in den Alten Bundesländer 5.118.000, in den Neuen Bundesländern 2.441.000, das sind rd. 48 % des Zugangs in den Alten Bundesländern,
- Zugang der Arbeitslosigkeit aus Erwerbstätigkeit:
  Alte Bundesländer: rd. 40 % des Gesamtzugangs,
  Neue Bundesländer: rd. 43 % des Gesamtzugangs,
- Zugang der Arbeitslosigkeit aus betrieblicher Ausbildung:
  Alte Bundesländer: rd. 20 % des Gesamtzugangs,
  Neue Bundesländer: rd. 21 % des Gesamtzugangs,
- Zugang der Arbeitslosigkeit aus Nichterwerbstätigkeit:
  Alte Bundesländer: rd. 35 % des Gesamtzugangs,
  Neue Bundesländer: rd. 30 % des Gesamtzugangs,
- Abgang an AL: sowohl in den Alten als auch in den Neuen Bundesländern höher als der Zugang,
- Offene Stellen nahmen sowohl in den Alten als auch in den Neuen Bundesländern zu.

15. Der Arbeitsmarkt ist das Zusammentreffen des Angebotes von und der Nachfrage nach Arbeit. Anbieter sind die privaten Haushalte, Nachfrager die Unternehmen. Auf dem Arbeitsmarkt ergibt sich der Lohn als Preis für den Produktionsfaktor Arbeit.

16. Arten (Gründe): strukturelle, konjunkturelle, saisonale, friktionelle Arbeitslosigkeit.

17. Arbeitslosigkeit in D.: überwiegend strukturelle AL; Ursachen sind vor allem: Rationalisierungen, Produktionsverlagerungen uns Ausland, Tarifabschlüsse ...

18. Beschäftigungspolitik i. e. S.: Teil der nachfrageorientierten Konjunkturpolitik.

19. Arbeitsmarktpolitik – Ordnungspolitik: Setzung von Rahmenbedingungen, Reform von Bedingungen, Schutzvorschriften usw.

    Arbeitsmarktpolitik – Prozesspolitik: Ausgleich von Angebot und Nachfrage von und nach Arbeit durch entsprechende Maßnahmen usw.

20. Träger der Arbeitsmarktpolitik: Bundesagentur, Regionaldirektionen, Agenturen für Arbeit.

21. Aktive Arbeitsmarktpolitik: Wiedereingliederung, Qualifizierung und Mobilisierung von Arbeitslosen.

    Passive Arbeitsmarktpolitik: Verwaltung der Arbeitslosigkeit.

22. Maßnahmen der aktiven Arbeitsmarktpolitik: Beratung, Vermittlung, Förderung der Weiterbildung und Umschulung, Förderung von Existenzgründunge usw.

23. Maßnahmen der passiven Arbeitsmarktpolitik: Auszahlungen von ALG I und II usw.

24. Vergleich ALG I – ALG II

	Merkmale	**Arbeitslosengeld I**	**Arbeitslosengeld II**
1	Finanzierungsquelle	Arbeitslosenversicherung	Steuermittel
2	gemeinsame Voraussetzungen	Beschäftigungslosigkeit, Meldung bei Agentur für Arbeit, Verfügbarkeit für die Vermittlung	Beschäftigungslosigkeit, Meldung bei Agentur für Arbeit, Verfügbarkeit für die Vermittlung
3	besondere Voraussetzungen	Erfüllung der Anwartschaftszeit	Erwerbsfähigkeit, Hilfsbedürftigkeit, Verfügbarkeit
4	Anspruchsdauer	nach versicherungspflichtiger Beschäftigung und Lebensalter: 6 - 12 Monate	unbegrenzt
	Anspruchsgrundlagen	Lohn bzw. Gehalt aus versicherungspflichtigen Beschäftigungen	Regelleistung (Sicherung des Lebensunterhalts) + Leistungen für Unterkunft und Heizung
5	Sätze	67 bzw. 60 % des wöchentlichen Bemessungsentgelts	Regelleistungen nach Familienstand, Alter u. Ä.: 100 bis 60 % des Regelsatzes Unterkunft und Heizung: In nachgewiesener Höhe

25. Kurarbeitergeld wird von der Bundesagentur geleistet. Unternehmen, die die reguläre Arbeitszeit erheblich herabsetzen müssen (z. B. aus konjunkturellen Gründen), beantragen bei der Bundesagentur Kurzarbeit. Wenn dem Antrag stattgegeben wird, zahlt die Bundesagentur an die Unternehmen (Erstattung der an die Arbeitnehmer gezahlten Beträge).

    Die betroffenen Unternehmen können mithilfe des Kurzarbeitergeldes vorübergehenden und unvermeidbaren Arbeitsausfall überbrücken.

26. Betriebsvereinbarungen sind Vereinbarungen auf betrieblicher Ebene zwischen Arbeitgeber und Betriebsrat. Sie betreffen Arbeitszeitregelungen, freiwillige betriebliche Leistungen usw.

27. TV werden zwischen den Verbänden der Arbeitgeber und -nehmer (Arbeitgeberverbände und Gewerkschaften), den Tarifpartnern, nach entsprechenden Verhandlungen abgeschlossen. Der Staat kann in die Verhandlungen nicht eingreifen (Tarifautonomie). Funktionen:
    Schutzfunktion, ...
    Ordnungsfunktion, ...
    Friedensfunktion, ...

28. Arten von TV:
    Lohntarifvertrag, ...
    Manteltarifvertrag ....

29. Tarifbindung: Bindung an die normativen Bestimmungen des Tarifvertrages gilt grundsätzlich nur für die Mitglieder der Tarifvertragsparteien. Bei Haus- u. ä. Verträgen gilt die Bindung für den einzelnen Arbeitgeber.

30. Die normativen Bestimmungen des Tarifvertrages können auf Antrag einer der Tarifvertragsparteien vom Bundesminister für Arbeit für allgemeinverbindlich erklärt werden. 2 Voraussetzungen: öffentliches Interesse. Beschäftigung von mindestens 50 % der Arbeitnehmer, die unter den Geltungsbereich des Tarifvertrages fallen, durch die tarifgebundenen Arbeitgeber.

31. Kritikpunkte:
    Mangelhafte Flexibilität,
    fehlende Öffnungsklauseln,
    Günstigkeitsprinzip
    Fehlen von günstigen Einsteigertarifen,
    Allgemeinverbindlichkeitserklärung

32. a) Flächentarifvertrag erklären ...
    z. B. allgemeine Verbindlichkeit von TV-Vereinbarungen in einem Gebiet in einer Branche, z. B. bei Lohnerhöhungen, Arbeitszeitregelungen 2

    b) für FlächenTV:
    sozialer Frieden ..., keine Abwerbungen über Löhne ...
    gegen FlächenTV:
    Vereinbarungen gelten auch für Betriebe, die durch sie besonders belastet werden, z. B. Lohnerhöhungen können nicht weitergegeben werden, geringe Produktivität, Arbeitszeitregelungen sind unvereinbar mit Produktionsablauf, Auftragslage u. Ä. ... 6

c) **Flexibilisierung** der Tarifverträge:
Flexibilisierung erklären, Bereiche (Ansätze) nennen
Erläuterungen durch Beispiele ...
1. Größere Betriebsnähe bei Regelungen der Arbeitszeit und anderer Arbeitsbedingungen (betriebsindividuelle Vereinbarungen) ... (3)
2. Größere Betriebsnähe bei Regelungen der Entlohnung (betriebsindividuelle Vereinbarungen) ... (3)
3. tarifliche Öffnungsklauseln ... (3) 9

d) Produktivität erklären ...
Produktivitätsregel - Zusammenhang zwischen Lohnerhöhungen und Produktivitätssteigerungen - erläutern ...
dazu auf Kosten und Preise (Überwälzbarkeit, Preisniveau bzw. Inflation) eingehen, Produktivität hoch qualifizierter Arbeit von der Produktivität „auch noch benötigter „Arbeit" unterscheiden, (2)
Bedeutung dieses Sachverhalts für Lohnerhöhungen erörtern (Lohnerhöhungen nicht an der Produktivität hoch qualifizierter Arbeit ausrichten) (3) 7 24

14. Finanzpolitik

1. Ziele der Finanzpolitik: fiskalisches Ziel ..., Stabilisierungsziel ..., Distributionsziel ..., Allokationsziel ...

2.

	Zwang	Gegenleistung
Steuer	ja	nein
Gebühren	nein	ja
Beiträge	ja	ja

3. Entwicklung der Einnahmen

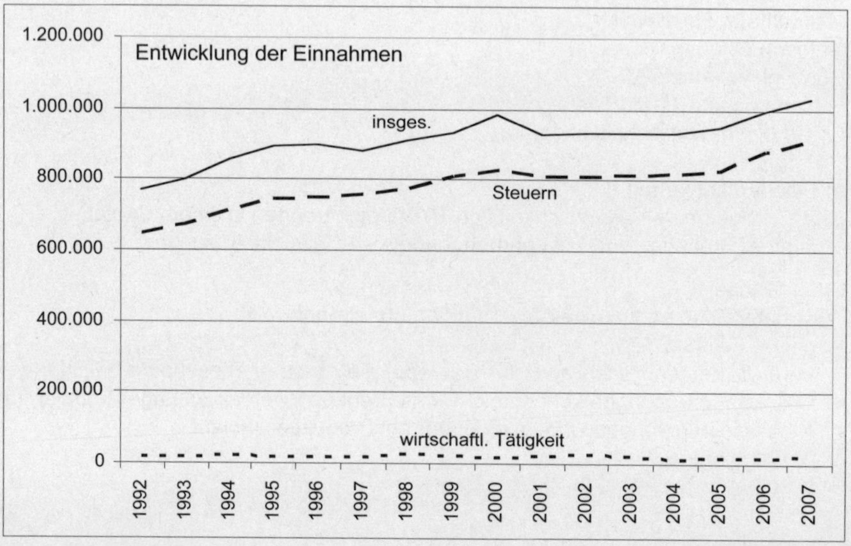

Zuwachsraten – Einnahmen insges. und Steuern

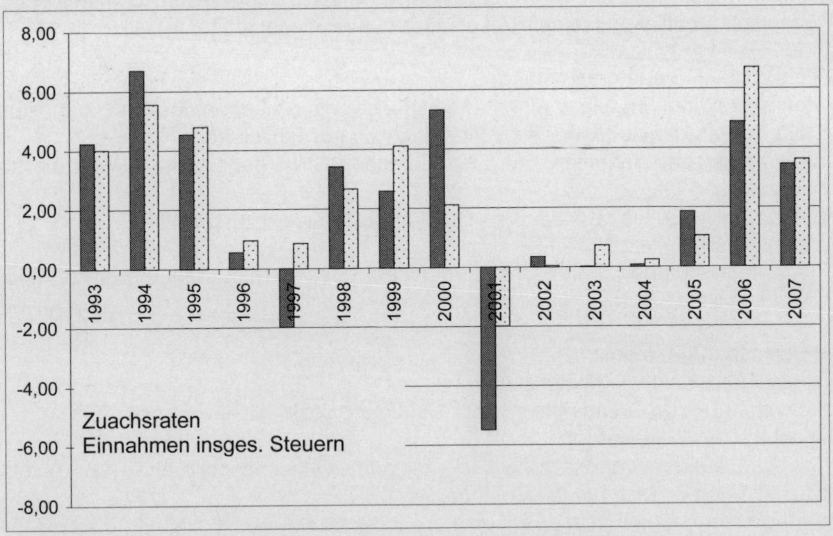

Anteile

	Anteile an den Einnahmen insgesamt	
	Steuern	Einnahmen aus wirtschaftlicher Tätigkeit
1992	84,54 %	2,49 %
2007	89,00 %	2,12 %

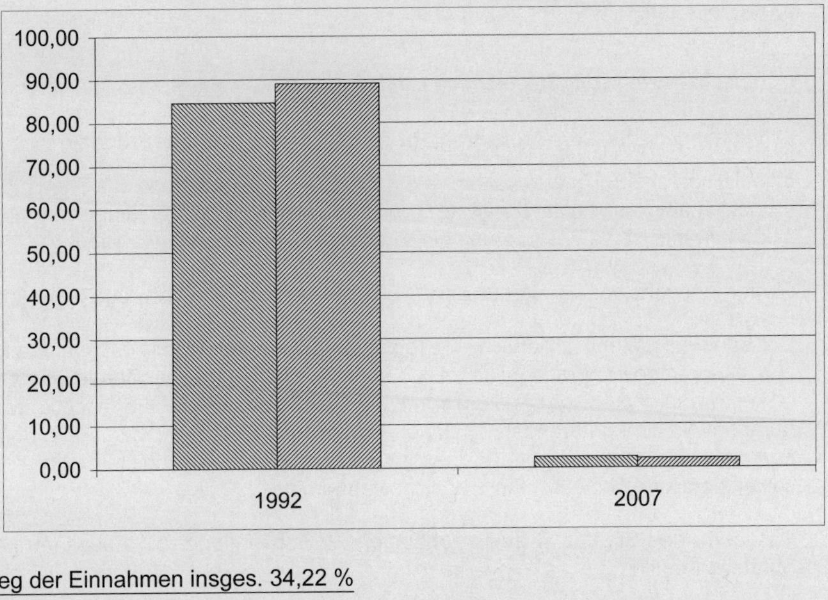

Anstieg der Einnahmen insges. 34,22 %

4. Steuern: Definitionsmerkmale nach Abgabenordnung: Geldleistungen, keine spezifischen Gegenleistungen, erhoben von öffentlich-rechtlichen Gemeinwesen, Einkunftserzielung der öffentlich-rechtlichen Gemeinwesen, Grundlage: Gesetze (Tarife).

5. a) Steuerobjekt: Steuergegenstand,
   b) Steuerschuldner: im Allgemeinen derjenige, der die Steuer an das Finanzamt zahlt,
   c) Steuerträger: derjenige, der die Steuer letztlich tatsächlich trägt,
   d) Steuerdestinatar: derjenige, der nach Auffassung des Steuergesetzgebers die Steuer tragen soll,
   e) Steuerquelle: Quelle, aus der die Mittel für die Steuerzahlung fließen.

6. Steuergrundsätze nach Smith: Gleichmäßigkeit, Bestimmtheit, Bequemlichkeit, Billigkeit der Besteuerung.

7. Moderne Steuergrundsätze:
   fiskalische Grundsätze: Mittelbeschaffung ...
   soziale und ethische Grundsätze: Berücksichtigung sozialer Gerechtigkeit und Leistungsfähigkeit bei der Besteuerung ...,
   wirtschaftspolitische Grundsätze: Berücksichtigung wirtschaftspolitischer, z.B. konjunkturpolitischer Erfordernisse bei der Besteuerung ...,
   steuertechnische Grundsätze: Bequemlichkeit der Besteuerung, Nachprüfbarkeit ...

8. Einteilungskriterien:
   Überwälzbarkeit: direkte und indirekte Steuern,
   Objekt der Besteuerung: z. B. Einkommensteuer, Tabaksteuern, Kfz.-Steuer ...
   Empfänger des Aufkommens: Bundes-, Landes-, Gemeinde-, Gemeinschaftsteuern,
   Umfang des Aufkommens: ...

9. a) progressiver Tarif: der Steuerbetrag steigt mit zunehmender Bemessungsgrundlage überproporional an,

   b) proportionaler Tarif: der Steuerbetrag steigt mit zunehmender Bemessungsgrundlage linear an,

   c) regressiver Tarif: der Steuerbetrag nimmt mit zunehmender Bemessungsgrundlage ab.

10. a) Verlauf der ESt: Grundfreibetrag, Progressionsstufen, obere Proportionalstufe,

    b) Splitting-Tarif: Bei gemeinsamer Veranlagung wird bei Eheleuten das Gesamteinkommen gleichmäßig auf beide verteilt und entsprechend versteuert, wegen des progressiven Steuertarifs ist die Besteuerung günstiger als bei getrennter Veranlagung ...

11. Steuerüberwälzung: Die Steuer wird über den Preis auf den Verbraucher abgewälzt.

12. Der Bund hat die ausschließliche Gesetzgebungskompetenz für bestimmte Aufgaben wie z. B. Auswärtige Angelegenheiten. Die Länder können in diesem Bereich nur Gesetze erlassen, wenn und soweit sie dazu durch ein Gesetz ausdrücklich ermächtigt wurden. Der Bund hat die konkurrierende Gesetzgebung für bestimmte Aufgaben wie z. B. Öffentliche Fürsorge. Die Länder haben in diesem Bereich Gesetzgebungskompetenz, wenn und soweit der Bund seine Kompetenz nicht wahrnimmt.

13. Ausgaben des Staates: Transferzahlungen ..., Subventionen ..., Ausgaben i. e. S., d. h. Staatsverbrauch ...

14. Auswertung Tab. 14.6

Entwicklung der Ausgaben

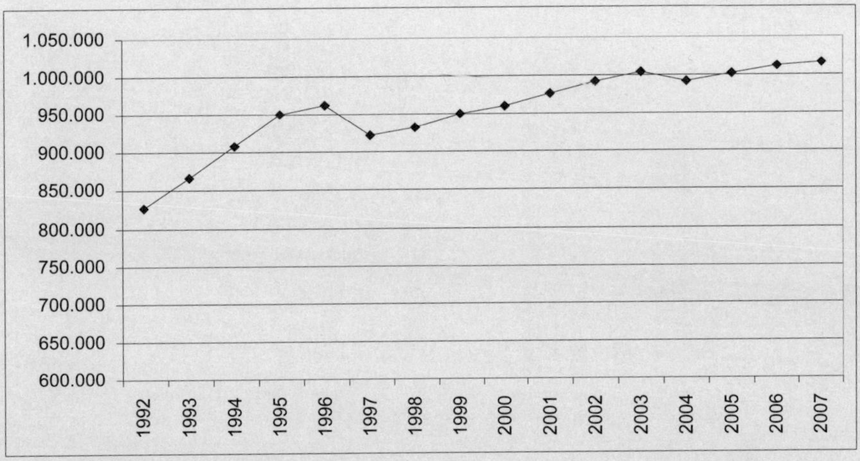

Zuwachsraten

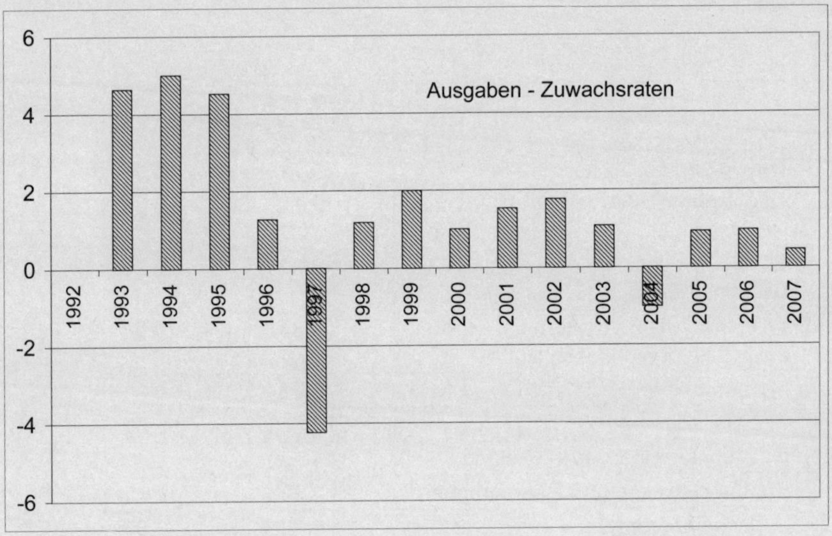

Anteile einzelner Ausgabenarten

		Personal-ausg.	Laufender Sachauf-wand	Zins-ausg.	Renten und Unter stütz.	Baumaß-nahmen	Vermögens-übertrag.
1992	827.636	21,17	21,91	6,24	31,59	5,10	3,71
2007	1.016.334	19,18	23,79	6,51	35,09	2,40	2,03

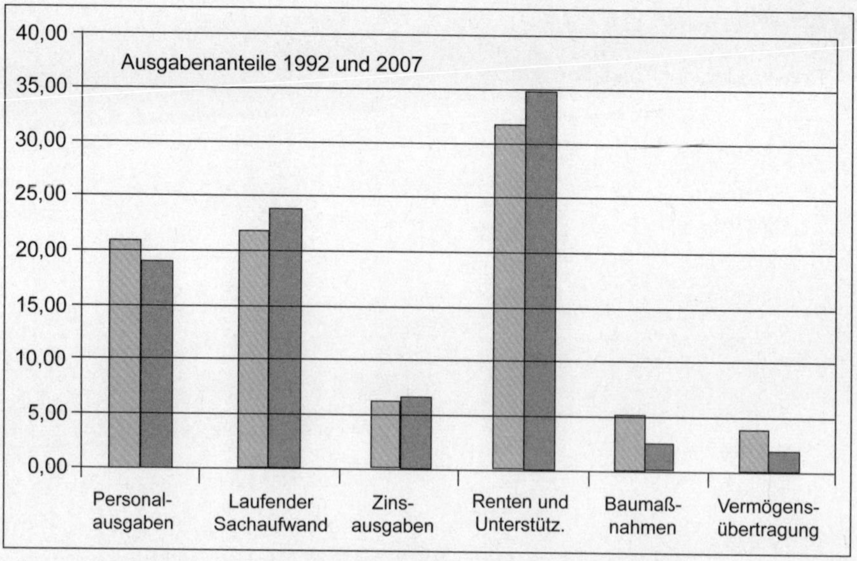

Anstieg der Ausgaben von 1992 - 2007: 22,80 %

15. Auswertung Tab. 14.7

		2005	
	Insgesamt	1.002.244	%
	davon für		
1	Verteidigung	23.710	2,37
2	Öffentliche Sicherheit und Ordnung, Rechtsschutz	32.719	3,26
3	Schulen Hochschulen, übriges Bildungswesen	78.029	7,79
4	Wissenschaft, Forschung, Entwicklung außerhalb der Hochschulen	9.331	0,93
5	Kulturelle Angelegenheiten	8.127	0,81
6	Soziale Sicherung	570.646	56,94
7	Gesundheit, Sport und Erholung	14.720	1,47
8	Wohnungswesen und Raumordnung	22.233	2,22
9	Wirtschaftsförderung	25.729	2,57
10	Verkehr und Nachrichtenwesen	22.635	2,26
11	andere	194.365	19,39

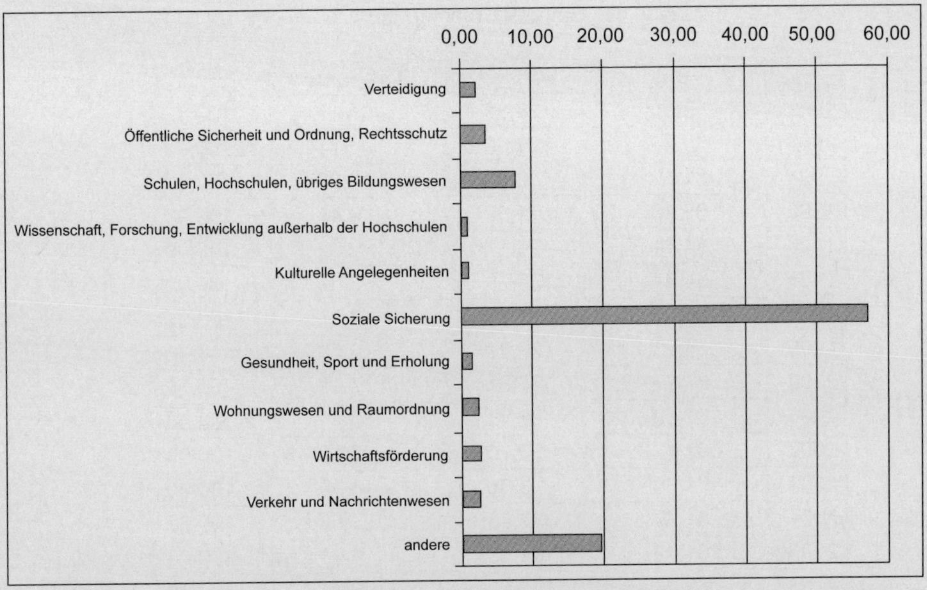

16. Arten öffentlicher Schulden: direkte Darlehen, Wertpapierschulden, Ausgleichsforderungen, besonders häufig sind bei den Wertpapierschulden die Anleihen und die direkten Darlehen von inländischen Banken und Sparkassen.

17. Auswertung Tab. 14.9

a) Entwicklung der öffentlichen Schulden

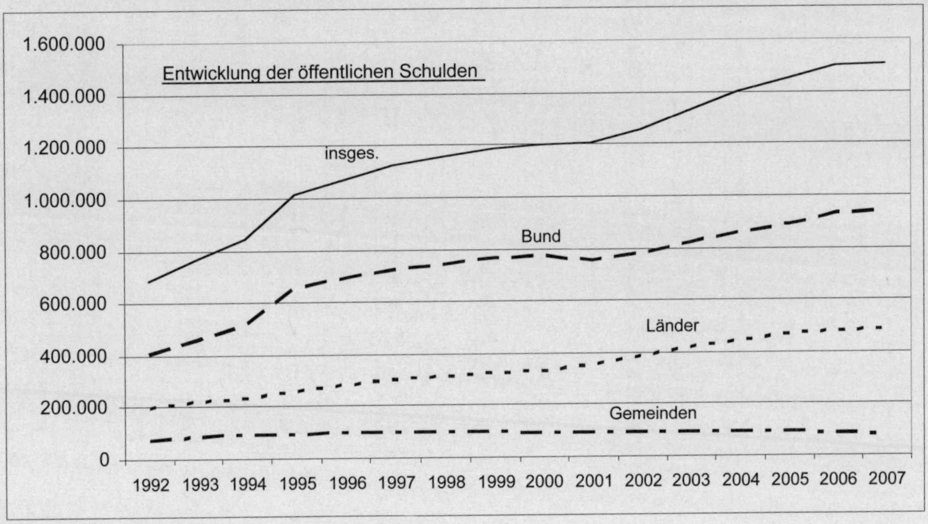

b) Anteile der Schulden der Gebietskörperschaften

	Bund	Länder	Gemeinden	
1992	59,95	28,88	11,17	100,00
1993	60,27	28,63	11,11	100,00
1994	61,08	28,04	10,88	100,00
1995	65,10	25,50	9,41	100,00
1996	64,81	26,17	9,02	100,00
1997	64,64	26,78	8,57	100,00
1998	64,44	27,29	8,27	100,00
1999	64,63	27,27	8,10	100,00
2000	64,59	27,81	7,60	100,00
2001	62,83	29,71	7,46	100,00
2002	62,13	30,70	7,17	100,00
2003	61,80	31,30	6,90	100,00
2004	61,67	31,75	6,58	100,00
2005	61,35	32,35	6,31	100,00
2006	62,26	32,09	5,65	100,00
2007	62,42	32,14	5,45	100,00

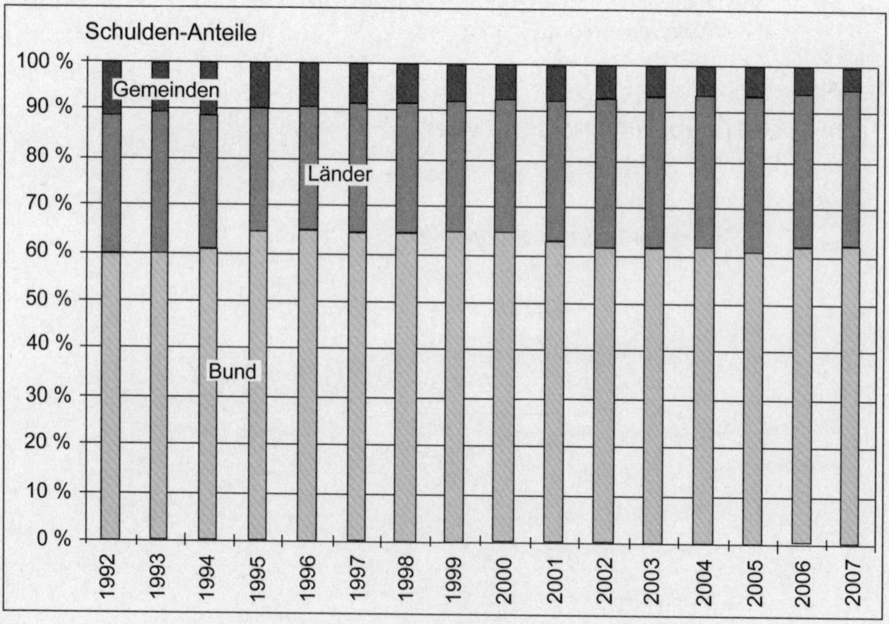

c) Anstieg der Schulden

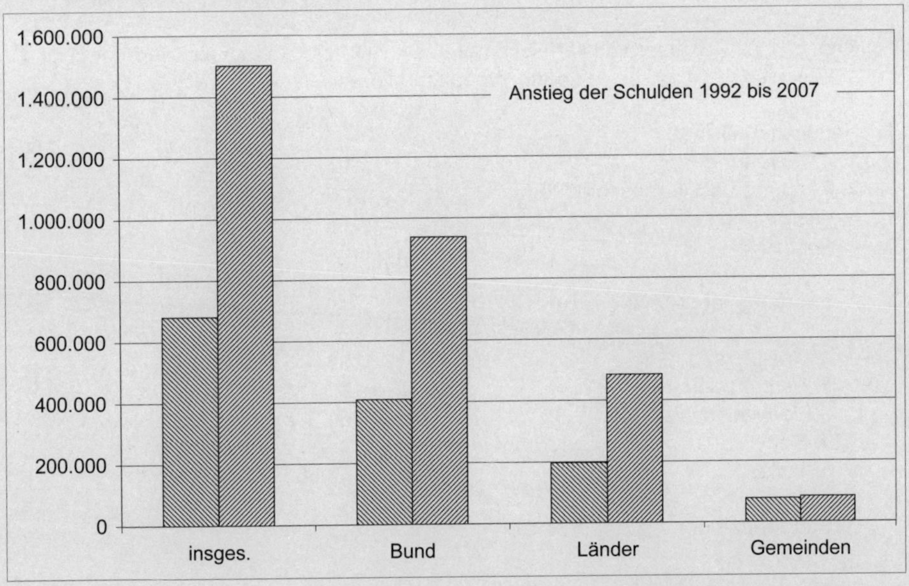

18. Auswertung Tab. 14.10

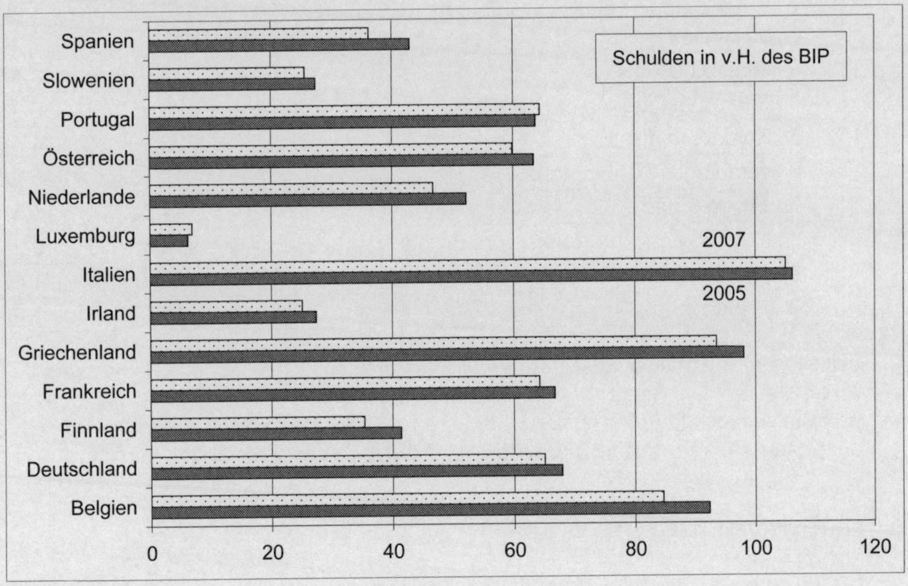

19. Grenzen der Staatsverschuldung können durch entsprechende Vorschriften gesetzt werden; die Grenzen werden durch bestimmte Indikatoren definiert; Grenzen ergeben sich durch bestimmte ökonomische Probleme ...

20. Haushaltspläne enthalten die geplanten Einnahmen und Ausgaben für eine künftige Haushaltsperiode.

21. Haushaltsgrundsätze: Vollständigkeit, Einheit, Klarheit, Genauigkeit, Vorherigkeit, Regelmäßigkeit, Öffentlichkeit, Bindung, Nonaffektation.

22. Haushaltskreislauf:
    1. Vorbereitung ...,
    2. Beratung und Verabschiedung ...,
    3. Ausführung ...,
    4. Kontrolle ...

23. Auswertung Tab. Anhang II

a) 1. Besitzsteuern: 283.978.000.000 €
   2. Verkehrsteuern: 172.139 000.000 €
   3. Verbrauchsteuern: 64.935.000.000 €
   4. Sonst. Steuern und steuerähnl. Abgaben: 975 000.000 €
   5. Zölle: 3.880.000.000 €

b) Steuern mit den höchsten Aufkommen

	Steuerarten	2004 Mio. €	2006 Mio. €	%
1	Lohnsteuern	158.282	157.727	- 0,35
2	Umsatzsteuer (einschl. Einfuhrumsatzsteuer)	137.366	146.688	6,79
3	Mineralölsteuer	41.782	39.916	- 4,47
4	Gewerbesteuer	28.373	38.369	35,23
5	Körperschaftsteuer	13.124	22.899	74,48
6	veranlagte Einkommensteuer	12.038	17.566	45,92
7	Tabaksteuer	13.630	14.387	5,55
8	nicht veranlagte Steuern vom Ertrag	12.038	14.357	19,26
9	Solidaritätszuschlag	10.108	11.277	11,57
10	Grundsteuer A und B	9.939	10.398	4,62

24. Besitzsteuern: knüpfen an Besitz, Ertrag und Einkommen (Personen- und Realsteuern), Verkehrsteuern: knüpfen an Vorgänge des Rechts- und Wirtschaftsverkehrs, Verbrauchsteuern: knüpfen an den Übergang von Gütern vom Hersteller in den Verkehr an, sonst. Steuern: Verbrauchsteuern, deren Aufkommen den Gemeinden zusteht.

25.

	Steuerarten	Überwälzbarkeit		Empfänger			Objekt der Besteuerung			
		direkte Steuer	indirekte Steuer	Bund	Länder	Gemeinden	Besitz	Verkehr	Verbrauch	sonstige
1	Biersteuer		X		X				X	
2	Branntweinsteuer		X	X					X	
3	Einkommensteuer	X		X	X	X	X			
4	Erbschaftsteuer	X			X					
5	Gewerbesteuer	X		X	X	X	X			
6	Hundesteuer	X				X				X
7	Kaffeesteuer		X	X					X	
8	Kfz-Steuer	X	X		X			X		
9	Lohnsteuer	X		X	X	X	X			
10	Solidaritätszuschlag	X		X			X			
11	Tabaksteuer		X	X					X	
12	Umsatzsteuer		X	X	X			X		

26. Kennzeichen der Einkommensteuer:
    1. Berücksichtigung aller Einnahmen eines Steuerpflichtigen,
    2. Berücksichtigung der besonderen Lebensverhältnisse eines Steuerpflichtigen,
    3. Berücksichtigung der Leistungsfähigkeit eines Steuerpflichtigen,
    4. Möglichkeit zur Lenkung von Verbrauch usw. eines Steuerpflichtigen.

27. a) Werbungkosten: WK sind Ausgaben eines Steuerpflichtigen zur Erhaltung, Sicherung und Erwerbung von Einnahmen. (Sie entsprechen auf Unternehmensebene den Betriebsausgaben). Sie werden von den Einnahmen abgesetzt, bei denen sie entstehen.

    b) Sonderausgaben: SA sind besondere Ausgaben, die der Gesetzgeber ausschließlich aufzählt. Sie dienen im Allgemeinen der Risikovorsorge, außerdem gehören Spenden an gemeinnützige Institutionen, Kirchensteuer u. Ä. zu den SA. SA werden von der Summe der Einkünfte abgesetzt.

    c) Außergewöhnliche Belastungen: aB sind Belastungen, denen sich der Steuerpflichtige nicht entziehen kann aus rechtlichen u. a. Gründen, und die im Vergleich zu anderen Steuerpflichtigen außergewöhnlich sind.

28. Das ESt-Gesetz nennt folgende Einkunftsarten: Einkünfte aus Gewerbebetrieb, selbstständiger Arbeit, Land- und Forstwirtschaft, aus nichtselbstständiger Arbeit, Kapitalvermögen, Vermietung und Verpachtung und sonstige Einkünfte.

29. **Einnahmen**
Lohn - Werbungskosten (Fachbücher, Fahrtkosten)
Mieteinnahmen - Werbungskosten (Reparaturkosten) 4
Einkünfte
aus unselbstständiger Arbeit,
aus Vermietung und Verpachtung,
- Sonderausgaben (Versicherungsprämien, Zusatzversicherung,
- Kfz.-Versicherung, Kirchensteuer, Spenden) 4,5
Einkommen
- außergew. Belastungen (Zuwendungen an Vater, Kinderfreibetrag) 2
zu versteuerndes Einkommen 0,5 11

30. Kennzeichen der Gewerbesteuer:
Steuerobjekt: Gewerbebetrieb,
Besteuerungsgrundlagen: Gewerbeertrag
Gemeinde setzt Hebesätze fest,
Steuer wird an Gemeinde abgeführt,

31. Kennzeichen der Umsatzsteuer:
Besteuerungsgrundlage: Umsätze und Entnahmen,
Bemessungsgrundlage: Kaufpreis,
Umsatzsteuer ist eine Mehrwertsteuer, besteuert wird die Wertschöpfung,
Zahllast ergibt sich durch Abzug der Vorsteuer von der Umsatzsteuer,
Steuersatz: 16 %, Ermäßigung u. a. für Lebensmittel und Druckerzeugnisse.

32. Kennzeichen der Körperschaftsteuer:
Gegenstand der Besteuerung: das Einkommen juristischer Personen, z. B. AG, GmbH,
unbeschränkte Steuerpflicht bei juristischen Personen, die ihren Geschäftssitz oder ihre Geschäftsleitung im Inland haben,
Grundlage der Besteuerung: das zu versteuernde Einkommen, es ergibt sich:
Betriebseinnahmen – Betriebsausgaben – Ausgaben für die Förderung mildtätiger Zwecke u. Ä. – Freibetrag

15. Außenwirtschaft

1. Absolute Preisvorteile durch z. B. Lohnniveau, natürliche Voraussetzungen, Stabilitätspolitik, technisches Wissen ... (Gegensatz: relative Preisvorteile; sie entstehen durch die besondere Wechselkurssituation und durch komparative Kostenvorteile).

2. Die Bedeutung des Außenhandels für die deutsche Volkswirtschaft wird in zwei Aspekten deutlich:

   1. Der Wert des Exports liegt bei 43 % des Bruttoinlandsprodukts: Produktion und Beschäftigung in Deutschland sind also vom Ausland abhängig.
   2. Deutschland muss in erheblichem Umfang Güter einführen; die Importe müssen mit den durch den Export hereingeholten Devisen bezahlt werden.

3. Auswertung Tab. 15.1

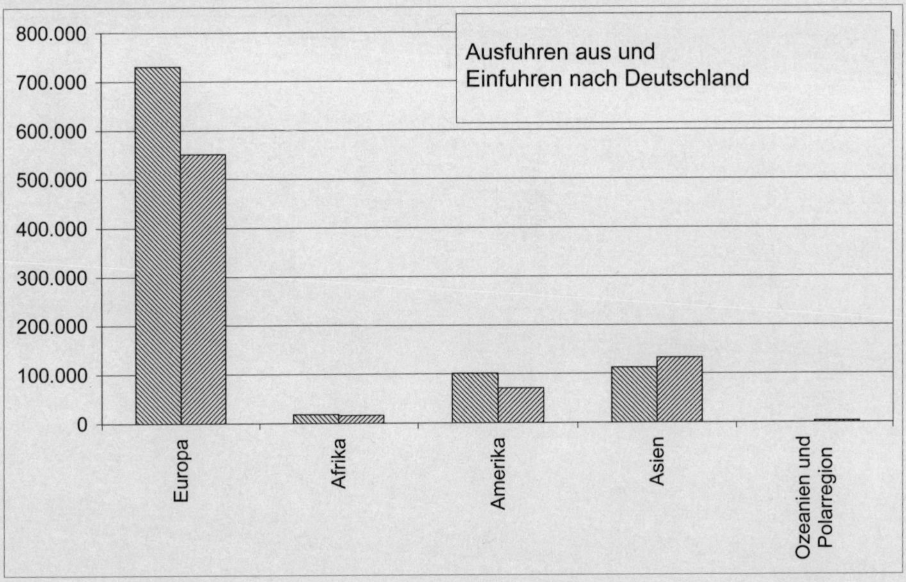

4. Auswertung Tab. 15.2

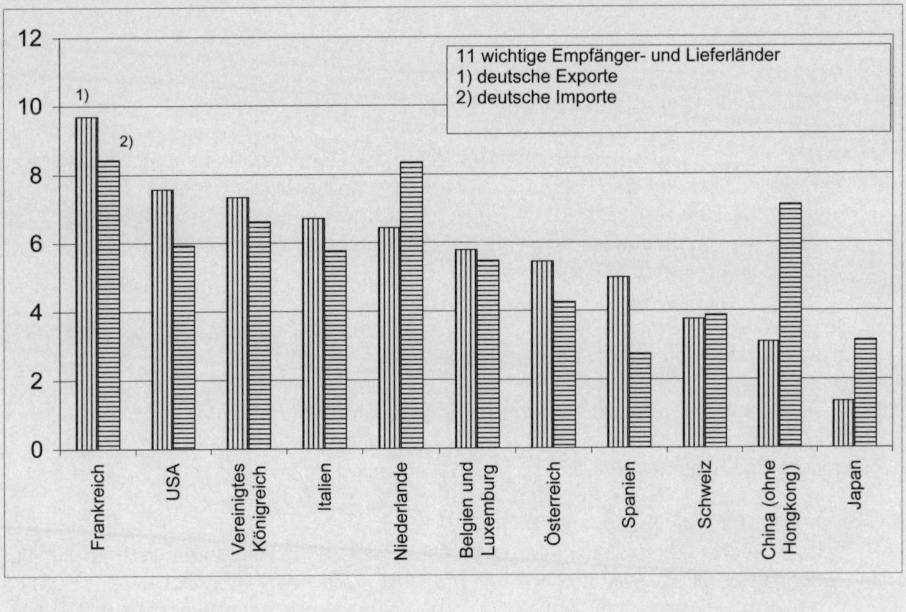

5. Auswertung Tab. 15.3

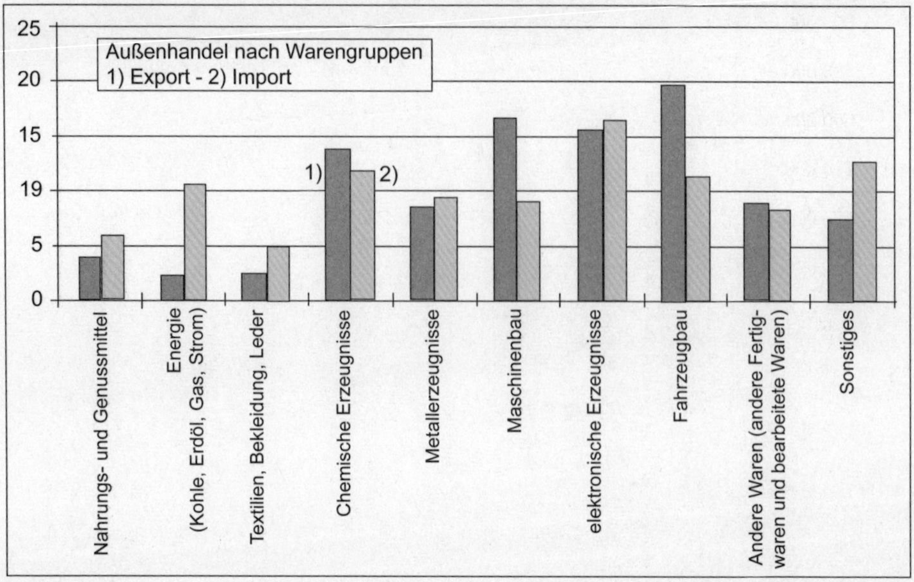

6. Terms of Trade: Reales Austauschverhältnis von Export- und Importgütern eines Landes...

7. Mittel der Außenhandelspolitik: Zölle, Kontingente, Dumpingpreise u. a. (als Mittel zur Sicherung von Preisvorteilen erklären).

8. Nachfrage nach Devisen: z. B. zum Ausgleich von Rechnungen für importierte Waren und Dienstleistungen, für den Bedarf von Touristen, die ins Ausland reisen...
   Angebot von Devisen: z. B. zum Ausgleich von Rechnungen werden Mittel in der Währung des exportierenden Landes benötigt, dafür sind entsprechende Mittel in der Währung des importierenden Landes anzubieten...

9. Der Wechselkurs macht Preise vergleichbar und Preisvorteile sichtbar, gibt das Austauschverhältnis zweier Währungen an.

10. Freie Wechselkurse ergeben sich aus Angebot und Nachfrage von und nach einer Währung. Feste Wechselkurse werden zwischen Ländern vereinbart und sollen in der Regel längere Zeit konstant bleiben.

11. 1. Aufwertung des Euro:
    freie Wechselkurse (Beispiel Euro – Dollar): verstärkte Nachfrage nach Euro mit Dollar, der Kurs sinkt (z. B. statt 2 € erhält man jetzt 1,75 € für einen Dollar), der Euro ist aufgewertet, es hat sich ein neuer Wechselkurs ergeben, feste Wechselkurse: Aufwertung muss zwischen den betroffenen Ländern vereinbart werden.

    2. Abwertung des Euro:
    freie Wechselkurse: verstärkte Nachfrage nach Dollar, der Kurs steigt (z. B. für einen Dollar erhält man jetzt für 2,20 € statt für 2 €), der Euro ist abgewertet ...
    feste Wechselkurse: Abwertung muss zwischen den betroffenen Ländern vereinbart werden.

12.

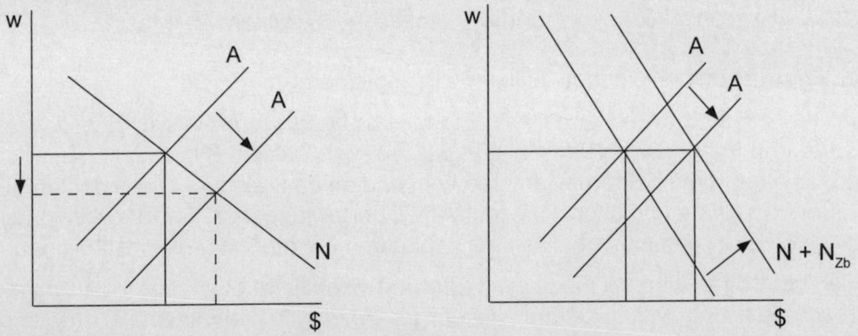

13. Freie Wechselkurse: Bei steigenden Importen (Annahme: konstante Exporte): Nachfrage nach ausländischer Währung steigt (z. B. Dollar), der Wechselkurs steigt, die heimische Währung (z. B. Euro) wird abgewertet, die Exportgüter erscheinen im Ausland billiger, Exporte (aus Deutschland) nehmen zu.

    Feste Wechselkurse: Da die Wechselkurse sich nicht automatisch anpassen, bleibt der Importüberschuss bestehen.

14. Vorteile:
    Feste Wechselkurse zwingen die beteiligten Länder zu Absprachen über wirtschaftspolitische Maßnahmen,
    geringe Schwankungen (Beschäftigung...) in der Exportgüterindustrie,
    Zwang zur Stabilitätspolitik.

    Nachteile:
    Kein automatischer Zahlungsbilanzausgleich,
    Gefahr importierter Inflation usw.

15. a) Kennzeichen
    1) freie Wechselkurse:
    ergeben sich durch Angebot und Nachfrage nach Währungen
    Nachfrage (bei Konstanz des Angebots) erhöht den Wechselkurs,
    Angebot (bei Konstanz der Nachfrage) senkt den Wechselkurs
    Höhe der Kurse - Signalwirkung - Bewertung der Währung 3
    2) feste Wechselkurse
    werden bilateral oder multilateral festgelegt,
    Der Kurs kann nur schwanken zwischen den Interventionspunkten, Zentralbanken greifen durch zusätzliches Angebot oder durch zusätzliche Nachfrage der Währung ein, um den Wechselkurs zu stabilisieren, gelegentlich wird Neubewertung erforderlich ... 5 8

    b) Vorteile freier W.
    automatischer Zahlungsbil.-Ausgleich (ausführlich erklären ....)
    geringe Übertragung ausländischer Inflation (ausführlich erklären...) 7

    c) Stellungnahme:
    evtl. Bezug auf Vorteile fester W.
    z. B. Integration ...
    Wertung ... 3 18

16. Die Zahlungsbilanz erfasst alle wirtschaftlichen Transaktionen zwischen Inländern und Ausländern. Die Transaktionen werden systematisch in Teilbilanzen erfasst.

17. Die Zahlungsbilanz ist in folgende Teilbilanzen gegliedert:

    Leistungsbilanz: Summe aus Handelsbil.: Exporte und Importe von Gütern, Dienstleistungsbil.: Exporte und Importe von Dienstleistungen, einschl. Reisen, Bilanz der Erwerbs- und Vermögenseinkommen: Faktoreinkommen vom und an das Ausland Bilanz der laufenden Übertragungen: private und öffentliche laufende Übertragungen, z. B. Überweisungen der Gastarbeiter in ihre Heimatländer, Beitragszahlungen an internationale Institutionen

    Bilanz der Vermögensübertragungen: private und öffentliche einmalige Übertragungen, z. B. Erbschaften und Schenkungen, einmalige Zahlungen internationaler Institutionen usw.

    Kapitalbil.: Vorgänge des langfristigen und kurzfristigen Zahlungsverkehrs: Beteiligungen, Kredite usw.
    Währungsreserven: enthält Auslandsaktiva und Währungsreserven sowie die Auslandsverbindlichkeiten der Bundesbank.

18. Die Zahlungsbilanz ist ein System doppelter Buchführung: Jeder Vorgang wird gebucht und gegengebucht. Deshalb ist die Zahlungsbilanz als gesamtes System immer ausgeglichen.

19. a) Aktive Handelsbilanz: Wert der Exporte > Wert der Importe;

    b) negative Dienstleistungsbilanz: es werden mehr Dienstleistungen ein- als ausgeführt; die Situation kann z. B. durch die Reisen der Deutschen ins Ausland entstehen;

    c) passive Leistungsbilanz: die Summe der Salden aus den vier Unterbilanzen ist negativ; das kann z. B. bedeuten, der hohe Exportüberschuss kann die negativen Salden der anderen Unterbilanzen nicht aufwiegen o. ä.

20. Währungsreserven sind z. B. ausländische Sorten und Devisen, Ziehungsrechte usw. Der Bestand an Währungsreserven der Bundesbank ist relativ hoch durch die erheblichen Zuflüsse.

21. Zahlungsbilanz, Buchungen

	Vorgänge	1 Handelsbilanz		2 Dienstleistungsbilanz		3 Bilanz der Erwerbs- und Vermögenseinkommen		4 Bilanz der laufenden Übertragungen		5 Bilanz der Vermögens-übertragungen		6 Kapitalbilanz		7 Veränderung der Währungsreserven	
		A	**P**	**A**	**P**	**A**	**P**	**A**	**P**	**A**	**P**	**A**	**P**	**A**	**P**
1	Warenexport gegen Warenlieferung	x	x												
2	Export von Waren gegen Barzahlung	x													x
3	Export von Waren auf Ziel	x											x		
4	Import von Waren gegen Barzahlung		x											x	
5	Import von Waren auf Ziel		x									x			
6	Urlaubsreisen ins Ausland				x									x	
7	Überweisung der Gebühr für die Nutzung ausl. Lizenzen				x									x	
8	Inanspruchnahme eines ausl. Frachtführers bei Warenlieferung ins Ausland gegen Barzahlung				x									x	
9	Erbanteil eines ausl. Geldvermögens, Überw. ins Inland									x					x
10	Zinseinkünfte im Ausland, Überw. ins Inland					x									x
11	Arbeitseinkommen bar eines dänischen Grenzgängers						x							x	
12	Türkische Arbeitnehmer überweisen ihre Arbeitseinkünfte in die Türkei								x					x	
13	Überw. des staatl. Beitrags an eine intern. Institution, die ihren Sitz im Ausland hat								x					x	
14	Finanzhilfen einer intern. Institution an eine inländ. Einrichtung									x					x
15	Ausl. Kunde gleicht Rechnung aus									x					x
16	Ausl. Institutionen kaufen inländ. Wertpapiere											x			x

22. Auswertung Tab. 15.5

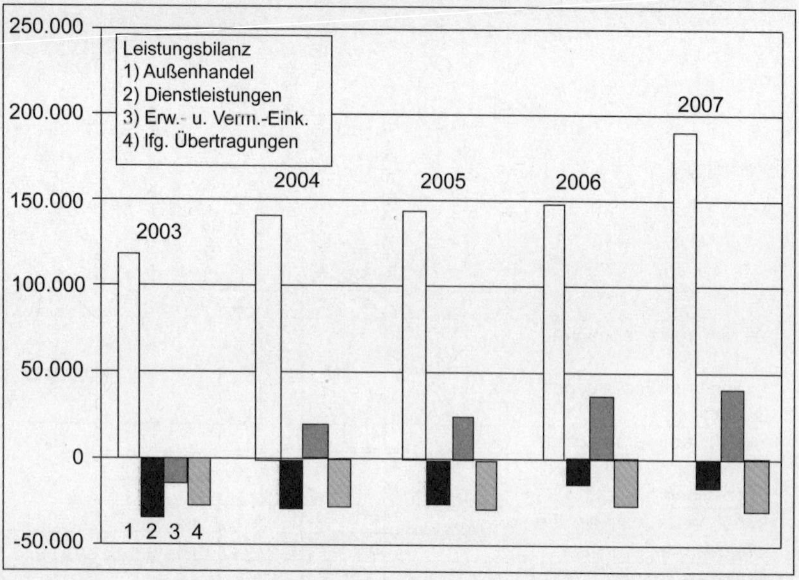

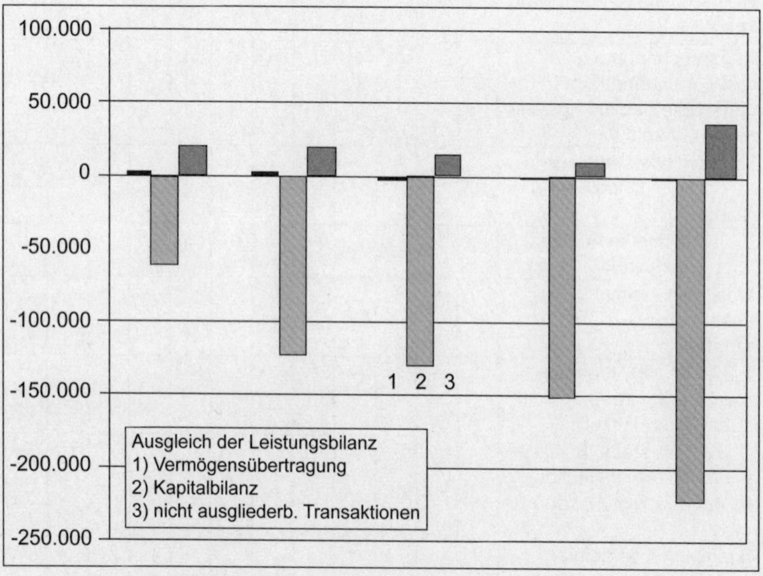

23. a) Inhalt der Leistungsbilanz:
Handel ..., Dienstleistungen ..., Schenkungen ... 3
Bedeutung: Zusammenfassung, steht der Kapital- und
Devisenbilanz gegenüber 2 5

b) Auf unterschiedliche Elastizitäten eingehen, Preisvorteile für Industrieprodukte, Sättigung bei Agrarprodukten ... 2 2
Folgerungen 1 5

c) A - Überschuss: Devisenzuflüsse, Probleme erörtern ...	2		
Nachfragewirkungen, Probleme erörtern	2		
B - Defizit: Devisenabfluss,	1		
keine Deviseneinnahmen ..., Begründung erörtern	2		
Verschuldung ..., Begründung und Probleme erörtern	2		
Verarmung ...,	1		
Abhängigkeit des Landes B von Land A ...	1	11	
d) 1) Veränderung der Wechselkurse,			
Abwertung B ...	1		
Erklärung bzw. Begründung	2		
Erörterung der Folgen: dabei auf beide Länder eingehen, z. B. N, Devisenzufluss, Devisenabfluss	2		
Frage anreißen nach real. Ausgleich der Zahlungsbilanz	6		
2) Entwicklungshilfe ... Bereiche andeuten	1		
3) Schuldenerlass ..., Probleme anreißen	2		
4) Schutzzölle zum Aufbau einer eigenen Industrie ...	2	16	32

24. Bretton-Woods-Abkommen: Neuordnung des Weltwährungssystems, Stabilisierung des internationalen Zahlungsverkehrs

25. Feste Wechselkurse über Goldparität:
Jedes beteiligte Land legte den Wert seiner Währung in Gold fest, über den Goldwert konnte das Austauschverhältnis der Währungen angegeben werden. Der US-Dollar war Leitwährung, die USA verpflichteten sich, Dollars jederzeit in Gold einzutauschen.

26. Der IWF leistet den Mitgliedstaaten finanziellen Beistand bei Zahlungsbilanzschwierigkeiten (z. B. bei negativer Leistungsbilanz).

27. Ziehungsrechte stellen Ansprüche auf Ziehung von Krediten in ausländischer Währung aus dem Fondsvermögen dar. Mitgliedstaaten können diese Kredite zum Ausgleich von Zahlungsbilanzungleichgewichten erhalten.

28. Sonderziehungsrechte sind weitere Ziehungsrechte. Länder, die am SZR-System teilnehmen, können auf Antrag Kredite als Sonderziehungsrechte erhalten. Jedes Land, das am SZR-System teilnimmt, muss auf Verlangen des IWF konvertible Währungen gegen SZR zur Verfügung stellen, und zwar bis zur doppelten Höhe seiner Höhe an SRZ.

29. Ziele des EWS: Europäische Integration, Entwicklung einer gemeinsamen Währung.

30. Die Elemente des EWS sind
    1. ECU bis zur Einführung des Euro ist der ECU (Europäische Verrechnungseinheit) Bezugsgröße für Wechselkurse, Zahlungsmittel zwischen Zentralbanken, Rechengröße für Forderungen und Verbindlichkeiten ...
    2. Währungsmechanismus – Festlegung eines ECU-Leitkurses, durch den sich die bilateralen Leitkurse der teilnehmenden Länder ergeben, die tatsächlichen Wechselkurse schwanken mehr oder weniger um diese Leitkurse; die teilnehmenden Länder sind zur Verteidigung der bilateralen Leitkurse verpflichtet,
    3. Interventionssystem – wenn die tatsächlichen Wechselkurse erheblich von den Leitkursen abweichen, müssen die betroffenen Zentralbanken intervenieren, d. h. sie müssen die jeweils andere Währung kaufen oder verkaufen,

4. Beistands- und Kreditsystem – andere Zentralbanken stehen der zur Intervention verpflichteten Zentralbanken bei, z. B. indem sie ihr Kredite geben, damit sie ihren Interventionsverpflichtungen nachkommen kann.

31. Drei Stufen der Entwicklung der EWU:

    1. Abbau der Unterschiede in den volkswirtschaftlichen Ergebnissen. z. B. Beschäftigung, Preisniveau, öffentliche Schulden, Einbeziehung der Gemeinschaftswährungen in das EWS usw.
    2. Aufbau und Ausbau der Organe der Union (z. B. des europäischen Währungsinstituts), Koordinierung der Wirtschaftspolitik, wichtige Regelungen: z. B. Verbot für die Notenbanken, Kredite an den Staat zu vergeben usw.
    3. Zuständigkeit für die Geldpolitik allein beim ESZB, unwiderrufliche Festlegung der Euro-Umrechnungskurse, am Ende der 3. Stufe: Einführung von Eurobanknoten und -münzen

32. Die Konvergenzkriterien sollen zur Konvergenz der beteiligten Staaten in wesentlichen ökonomischen Grunddaten beitragen. Die Konvergenzkriterien gelten für den Beitritt und die Teilnahme am Euro-System. Sie betreffen die Bereiche Preisniveaustabilität, niedrige langfristige Zinsen, Haushaltsdisziplin und Wechselkursstabilität. Für die Kriterien werden Referenzwerte festgelegt. Beitrittsländer müssen diese Referenzwerte annähernd erreichen. Die teilnehmenden Staaten müssen ihre wirtschafts- und finanzpolitischen Maßnahmen auf diese Referenzwerte ausrichten.

33. WKM II
    Mit dem WKM II können Länder, die dem Euro-System beitreten wollen zeigen, dass sie die Konvergenz mit dem Euro-System anstreben. Für die entsprechende Währung wird ein Leitkurs in Euro mit einer Schwankungsbreite festgelegt. Das beitrittswillige Land muss durch entsprechende wirtschafts- und finanzpolitische Maßnahmen den Wechselkurs innerhalb der Schwankungsbreiten halten, bei Überschreiten der Schwankungsbreite muss die betreffende nationale Zentralbank intervenieren.

34. Stabilitäts- und Wachstumspakt (SWP)

    a) Ziele
    Die Ziele Preisstabilität sowie Wirtschaftswachstum und Beschäftigung im Euro-Währungsgebiet werden durch geringe Haushaltsdisziplin der Mitgliedstaaten gefährdet. Deshalb soll der SWP die dauerhafte Übereinstimmung der Finanzpolitik mit den Anforderungen eines soliden Haushalts sichern und die finanzpolitischen Entwicklungen in den Mitgliedstaaten überwachen.

    b) Konsequenzen bei „übermäßigem Defizit"
    Bei „übermäßigem Defizit" gibt der EZB-Rat (ECOFIN-Rat) Empfehlungen an den betreffenden Mitgliedsstaat Empfehlungen für die Beseitigung des Defizits; der Mitgliedstaat soll innerhalb von vier Monaten Maßnahmen zur Beseitigung des Defizits treffen. Wenn die Maßnahmen nicht ergriffen werden, kann der ECOFIN-Rat Sanktionen erlassen. Als Sanktionen sind vorgesehen: zinslose Einlagen, die in Geldbußen umgewandelt werden können.

    c) Frühwarnsystem
    Wenn die Gefahr budgetärer Fehlentwicklungen besteht, müssen die EU-Länder, die am Euro-System teilnehmen, Stabilitätsprogramme vorlegen, die anderen Länder müssen Konvergenzprogramme vorlegen. In diesen Programmen sind die haushaltspolitischen Ziele darzustellen (z. B. Maßnahmen zum Abbau der Defizite).

35. Ziele der EWU
Freier Austausch von Gütern und Dienstleistungen in einem gemeinsamen Binnenmarkt, Stärkung der europäischen Position gegenüber anderen großen Währungsgebieten, Stabilisierung der Währung, Wachstum und Beschäftigung durch Zusammenarbeit in der Wirtschafts- und Finanzpolitik.

36. Mitgliedstaaten
Zur EU gehören 27 Staaten, von denen zzt. 13 Staaten am Euro-System teilnehmen, das sind: Belgien, Deutschland, Finnland, Frankreich, Griechenland, Irland, Italien, Luxemburg, Niederlande, Österreich, Portugal, Spanien, Slowenien.

37. **Vorteile** sind u. a.:
einheitliches Währungsgebiet mit 13 Staaten,
Währungsumtausch bei Reisen in Europa entfällt teilweise,

Preise für Waren und Dienstleistungen werden vergleichbar in den Mitgliedsländern der EWU, es entsteht ein großer Binnenmarkt,
Rechnungen für Lieferungen innerhalb der Mitgliedstaaten können in einer Währung beglichen werden,
Währungsrisiken entfallen ...

38. Probleme beim Wegfall von nationalen Währungen:
Beim Wegfall von nationalen Währungen entfallen auch die (freien) Wechselkurse zwischen den betroffenen Währungsgebieten. Der freie Wechselkurs ist ein wirtschaftspolitisches Anpassungsinstrument, er kann verhindern, dass wirtschaftliche Krisen übertragen werden. An die Stelle des Wechselkurses müssen andere Anpassungsinstrumente treten, z. B. Flexibilität des Arbeitsmarktes.

39. EU-Staaten - wirtschaftliche Strukturdaten, Tab. Anhang III

a) Wirtschaftskraft

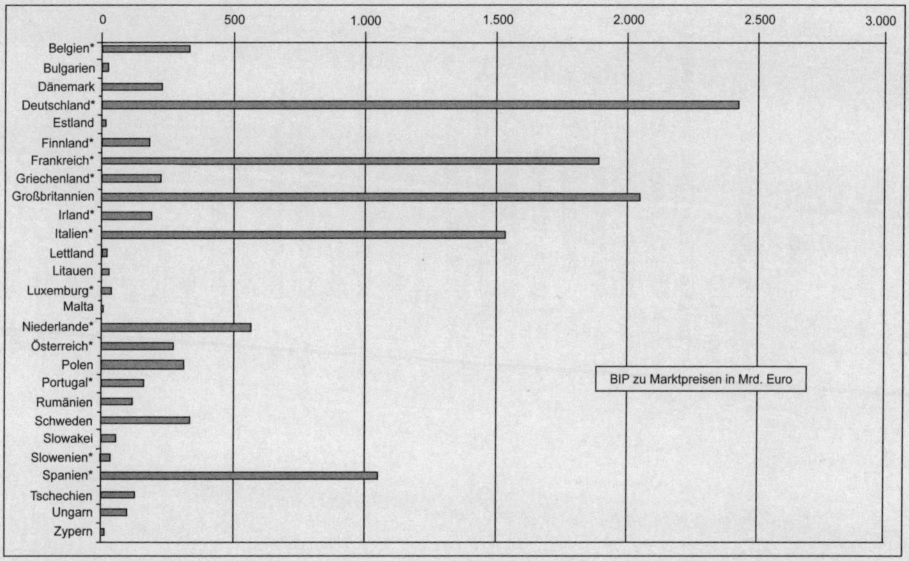

b) BIP je Einwohner

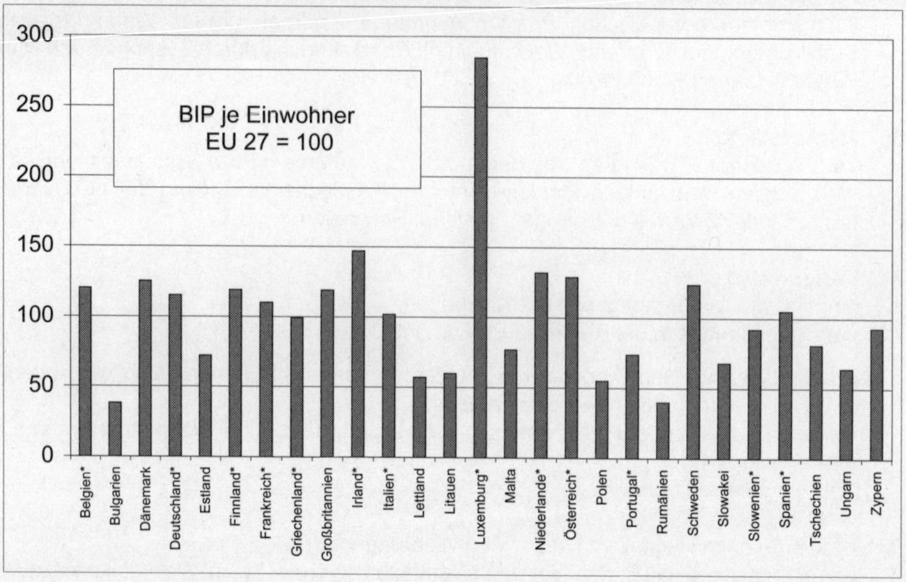

c) BNE je Einwohner

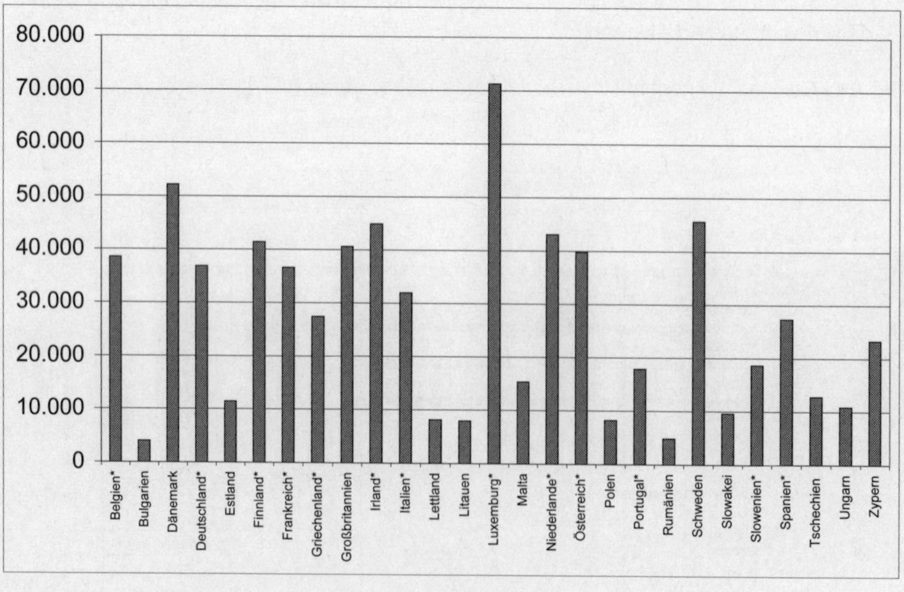

d) Inflationsraten 2007, zum Vergleich die aktuellen Inflationsrate von Juli 2008

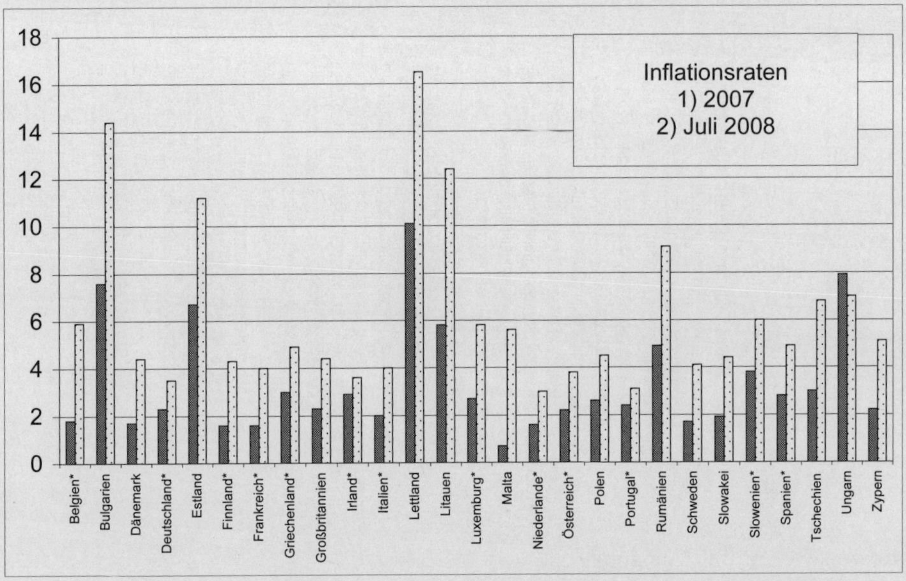

e) Arbeitslosenquoten 2007, zum Vergleich die aktuellen Quoten von Juli 2007

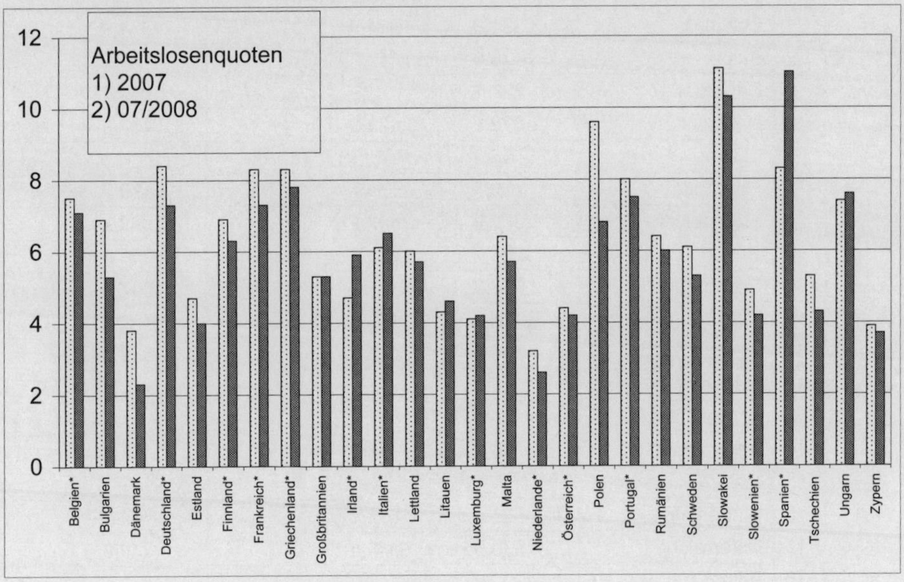

f) Wirtschaftsstruktur – Anteile der Sektoren (Landwirtschaft, Industrie, Dienstleistungen) an der Erwerbstätigkeit

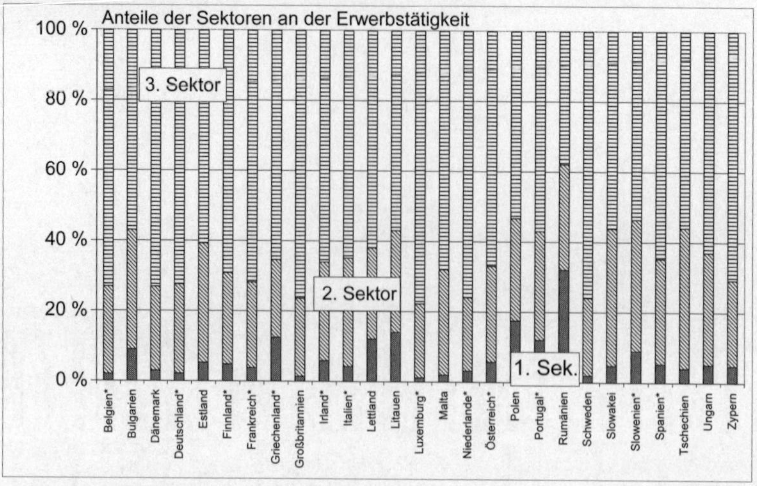

40. Auswertung Tab. Anhang III

a) Wirtschaftskraft der EU – BIP zu Marktpreisen in Mrd. €

		EU 27	EU 13	Dk, GB, S	EU 16	EU 11
1	Belgien*	334,9	334,9		334,9	
2	Bulgarien	28,9				28,9
3	Dänemark	227,7		227,7	227,7	
4	Deutschland*	2.422,9	2.422,9		2.422,9	
5	Estland	15,3				15,3
6	Finnland*	179,7	179,7		179,7	
7	Frankreich*	1.892,2	1.892,2		1.892,2	
8	Griechenland*	228,2	228,2		228,2	
9	Großbritannien	2.047,2		2.047,2	2.047,2	
10	Irland*	190,6	190,6		190,6	
11	Italien*	1.535,5	1.535,5		1.535,5	
12	Lettland	19,9				19,9
13	Litauen	28,0				28,0
14	Luxemburg*	36,3	36,3		36,3	
15	Malta	5,4				5,4
16	Niederlande*	567,1	567,1		567,1	
17	Österreich*	270,8	270,8		270,8	
18	Polen	308,6				308,6

19	Portugal*	163,1	163,1		163,1	
20	Rumänien	121,4				121,4
21	Schweden	332,0		332,0	332,0	
22	Slowakei	54,9				54,9
23	Slowenien*	34,5	34,5		34,5	
24	Spanien*	1.050,6	1.050,6		1.050,6	
25	Tschechien	127,1				127,1
26	Ungarn	101,1				101,1
27	Zypern	15,6				15,6
		12.339,5	8.906,4	2.606,9	11.513,3	826,2

b) Auswertung Tab. Anhang III

	BIP in Mrd. €	in % von EU 27
EU 27	12.339,5	
EU 13	8.906,4	72,2
(GB, DK, S)	(2.606,9)	(21,1)
EU 16	11.513,3	93,3
EU 11	826,2	6,7

c) BIP im Vergleich

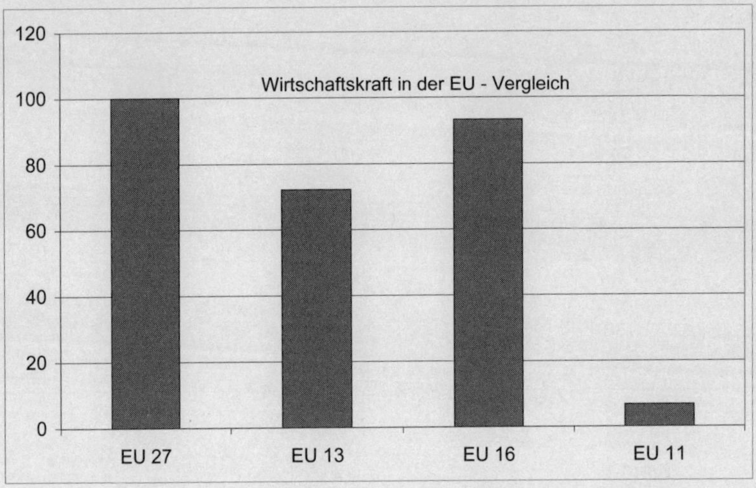

d) BIP EU 16 – EU 11

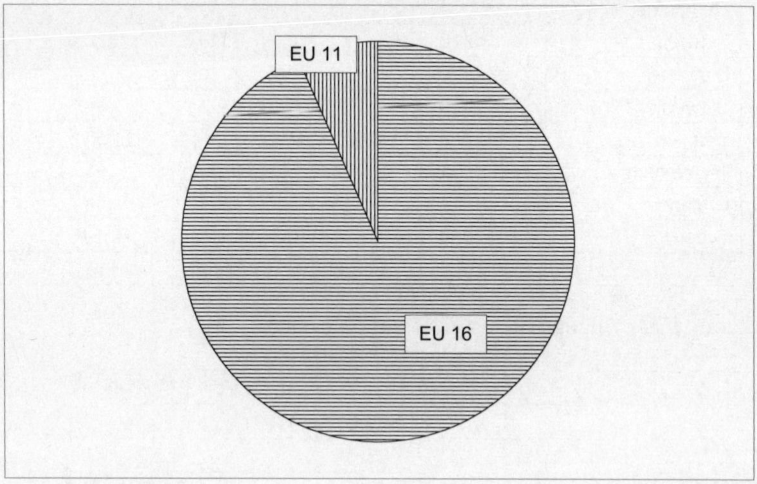

41. Auswertung Tab. Anhang IV

a) Hauptausfuhrgüter:
chemische Produkte
Maschinen
Fahrzeuge

b) Haupteinfuhrgüter:
Maschinen
Fahrzeuge
chemische Produkte

c) Länder: Der folgenden Tabelle liegt die Häufigkeit der Nennungen unter den drei wichtigsten Import- und Exportländern zu Grunde unabhängig vom Rangplatz.

Importländer		Exportländer	
Deutschland	24	Deutschland	24
Italien	9	Frankreich	12
Frankreich	8	Italien	8
Russland	8	Großbritannien	6
China	6	USA	6
Niederlande	4	Belgien	3
Belgien	3	Schweden	3
Großbritannien	3	Lettland	2
Österreich	2	Spanien	2
Polen	2	Russland	2
Schweden	2	Estland	1
USA	2	Polen	1
Dänemark	1	China	1
Finnland	1	Niederlande	1
Griechenland	1	Norwegen	1
Litauen	1	Portugal	1
Norwegen	1	Finnland	1
Spanien	1	Griechenland	1
Tschechische Republik	1	Kroatien	1
Ungarn	1	Litauen	1
		Singapur	1
		Tschechische Republik	1
		Türkei	1

42. Wechselkursentwicklung Euro – US-Dollar

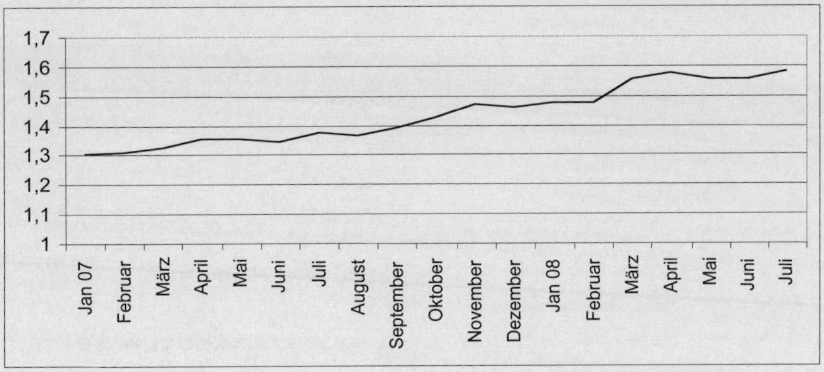

43. Die Schwäche des US-Dollars im Verhältnis zum Euro beruht z. T. auf der steigenden Nachfrage der US-Amerikaner nach europäischen Produkten. Die Amerikaner verbrauchen mehr als sie im Inland herstellen. Der Bedarf muss durch Importe gedeckt werden. Die daraus resultierende Nachfrage nach Euro führt zum Anstieg des Euro-Werts bzw. zum

Kursverfall des Dollars. Aus amerikanischer Sicht erscheinen europäische Produkte jetzt teurer. Die Nachfrage müsste eigentlich abnehmen. Bis August 2008 ist dies allerdings nicht geschehen.

44. Wert des Imports und Wert des Exports der EU-Mitgliedstaaten (Tab. 15.13)

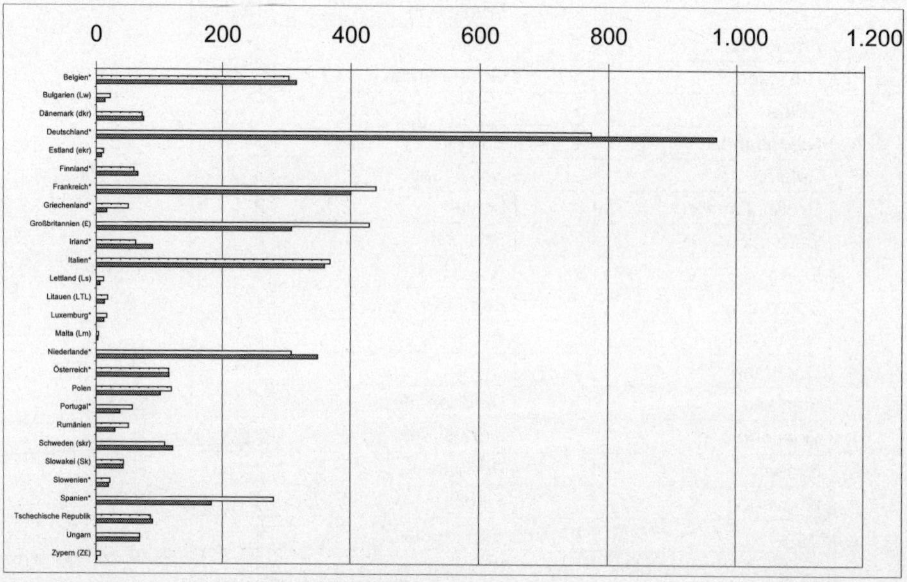

45. Einfuhren und Ausfuhren des Euro-Währungsgebietes

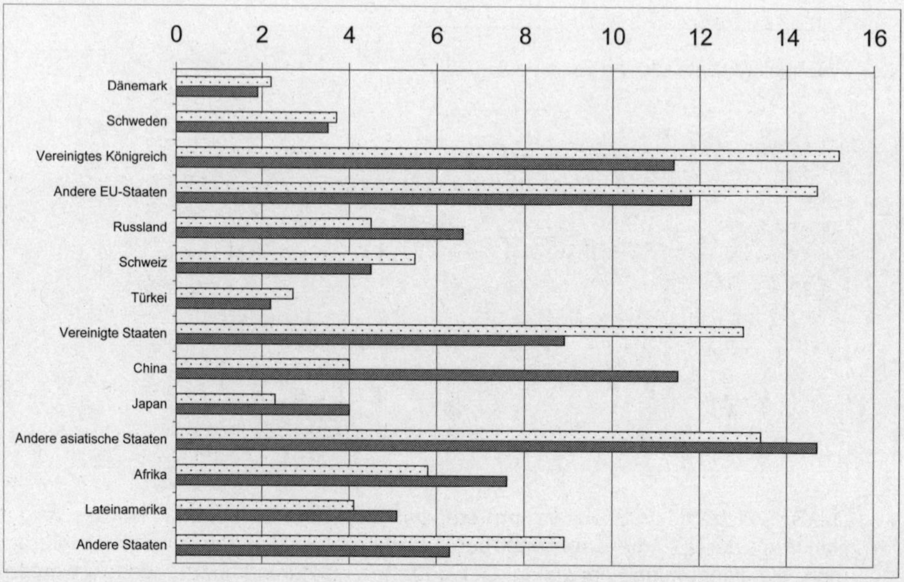

Stichwortverzeichnis

Abkommen, internationale ... 290
Ablaufpolitik ... 164
ABM ... 233, 235
Abschwung ... 207 f.
Abwertung ... 294
AG, Organe ... 84
Agentur für Arbeit ... 242
Aktien ... 85, 123
Aktiengesellschaft (AG) ... 83
Aktion, konzertierte ... 214
Allgemeine Zoll- und Handelsabkommen (GATT) ... 290
Allgemeinverbindlichkeitserklärungen ... 251
Allocation der Ressourcen ... 144
Allokationsaufgaben ... 253
Altersstruktur ... 236
Altliberalismus ... 153
Anerkennungsbedürfnisse ... 21
Angebot ... 115, 121, 141
-, gesamtwirtschaftliches ... 197, 202
Angebotsinflation ... 178
Angebotslücke ... 202
Angebotsmengenüberschuss ... 123
Angebotsmonopol ... 127
Angebotsoligopol ... 130
Anspruchsdauer ... 246
Anwartschaftszeit ... 246
Äquivalenzeinkommen ... 59
Arbeitgeberverband ... 250
Arbeitsdirektor ... 84
Arbeitslosengeld I ... 245
Arbeitslosengeld II ... 160, 247
Arbeitslosenquote ... 233
Arbeitslosigkeit ... 233
-, Arten ... 238
-, friktionelle ... 239
-, konjunkturelle ... 238
-, saisonale ... 238
-, strukturelle ... 238
Arbeitsmarktpolitik ... 242
-, aktive ... 242 f.
-, passive ... 242, 245
-, Träger ... 242
Arbeitsproduktivität ... 242
Arbeitsteilung ... 24
Arbeitsvermittlung ... 243
Armutsgefährdung ... 59
Aufgaben, fiskalische ... 253
-, staatliche ... 253
Aufschwung ... 207
Aufsichtsrat ... 83 f., 95
Auktionsverfahren ... 92
Ausfuhrgüter ... 325
Ausgabekurs ... 90
Ausgabeverhalten ... 61
Ausschließlichkeitsbindungen ... 159
Außenbeitrag ... 36
Außenhandel ... 285
Außenhandelspolitik ... 290
Außenwirtschaft ... 285
Außergewöhnliche Belastungen ... 275
Ausstattungsbestand ... 56
Ausstattungsgrad ... 56

Banken ... 14
Bargeld ... 172
Basisjahr ... 174
Bedarfsgemeinschaft ... 247
Bedürfnisbefriedigung ... 62
Bedürfnisschichten ... 21
Bedürfnisse ... 20
-, manipulierte ... 20
-, naturgegebene ... 20
-, soziale ... 21
Beistand- und Kreditsystem ... 305
Beiträge ... 23, 254
Bemessungsentgelt ... 246
Berechnungsverfahren ... 90
Beschäftigung ... 212
Beschäftigungspolitik ... 229
-, i. e. S. ... 241
Beschäftigungsstruktur ... 231
-, sektorale ... 230
Besitzgesellschaft ... 94
Besitzsteuern ... 258
Besteuerung, Grundsätze ... 256
Bestimmungen, normative ... 251
-, schuldrechtliche ... 251
Betriebsausgaben ... 275
Betriebsgesellschaft ... 94
Betriebsminimum ... 113
Betriebsoptimum ... 113
Betriebstypendifferenzierung ... 104
Betriebsvereinbarungen ... 250
Betriebsverfassungsgesetz ... 95
Betriebswirtschaftslehre ... 15 f.
Bewirtschaftung ... 147
Bilanz, der Erwerbs- und Vermögenseinkommen ... 295, 297
-, der laufenden Übertragungen ... 295, 297
-, der Vermögensübertragungen ... 295, 298
Bildung, berufliche ... 222
Binnenmarkt, europäischer ... 317
Bookbuilding-Verfahren ... 91

Boom ... 207
Börsengang ... 86 f.
Börsenhandel ... 85
Börsenreife ... 89
Börsenzulassungsprospekt ... 92
Bretton-Woods-Abkommen ... 301
Brief ... 124
Bruttoallphasenumsatzsteuer ... 280
Bruttoinlandsprodukt ... 34 f.
Bruttoinvestitionen ... 36
Bruttonationaleinkommen ... 34, 217
Bruttowertschöpfung ... 33
Buchgeld ... 172
Budgetgerade ... 63
Budgetprinzipien ... 271
Bundeskartellamt ... 158
Bundessteuern ... 258

Chancengleichheit ... 162
Computerhandel ... 124
Cournotscher Punkt ... 128 f.
Crowding-out-Effekt ... 271

Deficit-spending ... 216
Delors-Plan ... 305
Depotsysteme ... 98
Depression ... 207
Deregulierungen ... 241
Derivate ... 134
Devisen ... 291, 298
Dienstleistungsbilanz ... 295 f.
Direktinvestitionen ... 240, 298
Diskriminierungsverbot ... 291
Distributionsaufgaben ... 253
Dividende ... 84
Doppelgesellschaft ... 94
Due-Diligence-Prüfung ... 90
Dumpingpreise ... 290
Durchschnittsertrag ... 109

ECOFIN-Rat ... 314
Eigenkapitalfinanzierung ... 88
Ein-Euro-Job ... 248
Einfuhrgüter ... 325
Einheitskurs ... 124
Einkaufsgemeinschaften ... 98
Einkaufsgenossenschaften ... 98
Einkommen, ausgabefähige ... 48
-, privates ... 32
-, selbstständige Arbeit ... 47
-, unselbstständige Arbeit ... 47
-, verfügbares ... 32, 35
-, Vermögen und Unternehmertätigkeit ... 47
Einkommensentstehung ... 31
Einkommenspolitik ... 156
Einkommensteuer ... 273
Einkommensverteilung, funktionale ... 46
-, funktionelle ... 26
-, personelle ... 26, 46
Einkommensverwendung ... 32
Einlagefazilität ... 181, 195
Einnahmen, Beschaffung ... 61
-, Verwendung ... 61
Einsteigertarife ... 252
Einwirkungspflicht ... 251
Einzelunternehmen ... 79
Embargo ... 290
Emissionskonzept ... 87, 92
Emissionspreis ... 90
Empfängerländer ... 325
Entgeltsicherung ... 249
Ergebnis, Verteilung ... 144
Erhard, Ludwig ... 146, 151
ERP-Sondervermögen ... 151
Erreichbarkeit, verkehrliche ... 77
Ertragsgesetz ... 109
Erweiterter Rat ... 183 f.
Erweiterungsinvestition ... 199
Erwerbsquote ... 231
Erwerbstätigkeit ... 230
ESZB, Aufgaben ... 185
-, Geschäftspartner ... 191
Eucken, Walter ... 154
Euro, Außenwert ... 318
Europäische Währungseinheit (European Currency Unit, ECU) ... 304
Europäische Währungs- und Wirtschaftsunion (EWWU) ... 305
Europäische Zentralbank (EZB) ... 182
Europäischer Wirtschaftsrat (OEEC) ... 150
Europäisches System der Zentralbanken (ESZB) ... 182
Europäisches Währungssystem (EWS) ... 302 f.
European Recovery Program (ERP) ... 150
Eurosystem ... 182
Euro-Währungsgebiet ... 306
Existenzbedürfnisse ... 20
Existenzgründungen ... 244
Extrahaushalt ... 269
EZB ... 183
EZB-Direktorium ... 183
EZB-Rat ... 183

Fazilitäten, ständige ... 190, 195
Feinsteuerung ... 192
Festpreisverfahren ... 91
Finanzdienstleistungen ... 297
Finanzplanung, mittelfristige ... 214
Finanzpolitik ... 253
Finanzwirtschaft ... 16
Finanzwissenschaft ... 16
Fiskalpolitik ... 168, 216
Förderung beruflicher Weiterbildung ... 243
Franchisesysteme ... 98

Freiburger Schule 153
Freiheit 165
Friedensfunktion 250
Friedenspflicht 251
Frühwarnsystem 315
Fusion 100, 158
Futures 134

Gebietskörperschaften 253
Gebrauchsgüter 19
Gebühren 23, 254
Geld 124, 169
-, Erscheinungsformen 172
-, Funktionen 170
Geldmenge 188 f.
Geldmengenziel 188
Geldpolitik 168 f., 171, 179
-, Instrumente 190
Geldschöpfung 172
Geldströme 30
Geldüberhand 149
Geldvolumen 172
Geldwertstabilität 154
Gemeinde 14
Gemeindesteuern 258, 277
Gemeinschaftsaufgaben 266
Gemeinschaftssteuern 258
Generaldirektionen 184
Gerechtigkeit 165
-, soziale 138
Gesamtkosten 111
Gesamtrechnungen, volkswirtschaftliche 39
Gesamtschuldner 81
Geschäftsführer 82
Geschäftsführung 80, 82
Gesellschaft des bürgerlichen Rechts (GdbR) 94
Gesellschaft mit beschränkter Haftung (GmbH) 82
Gesellschafterversammlung 82
Gesetz gegen Wettbewerbsbeschränkungen (GWB) 100, 158
Gesetzgebung, ausschließliche 266
-, konkurrierende 266
Gewerbebetrieb 277
Gewerbeertrag 277
Gewerbesteuer 277
Gewerkschaft 250
Gewinnlinse 115
Gewinnmaximierung 143
Gewinnverteilung 81
Gewinnvortrag 84
Giralgel 172
Gleichgewicht 197, 202
-, außenwirtschaftliches 212
-, gesamtwirtschaftliches 212
Gleichgewichtseinkommen 202
Gleichgewichtskurs 293
Gleichgewichtsmenge 121, 142
Gleichgewichtspreis 121, 142
Gleichverteilung 106
Globalsteuerung 213
GmbH, Organe 82
GmbH & Co. KG 93
Going Public 86
Goldbestand 298
Goldparität 302
Goldumlaufwährung 173
Gossen 65
Gossensche Gesetze 65
Grenzertrag 109
Grenzkosten 129
Grenznutzen 62, 65
Grenznutzenausgleich 66
Grenzsteuersatz 261
Grenzumsatz 129
Grundbedürfnisse 21
Grundkapital 83
Grundsätze, ethische 257
-, fiskalische 257
-, soziale 257
-, technische 257
-, wirtschaftspolitische 257
Gründungszuschuss 244
Günstigkeitsprinzip 251
Güter 19
-, freie 19, 145
-, inferiore 69
-, Knappheit 22
-, komplementäre 68
-, komplementäre 19
-, limitationale 19
-, materielle 19
-, öffentliche 145
-, superiore 69
-, wirtschaftliche 19

Haftung 81
Handel, Vorteilhaftigkeit des internationalen 286
Handelsbilanz 295 f.
Handelsbilanzdefizit 318 f.
Handelsvertrag 290
Harmonisierter Verbraucherpreisindex (HVPI) 186
Hauptrefinanzierungsgeschäfte 181
Hauptrefinanzierungsinstrument 192
Hauptversammlung 84
Haushalte, öffentliche 14, 23
-, private 13, 35, 45
Haushaltsdisziplin 308
Haushaltsgrundsätze 271
Haushaltskreislauf 272
Haushaltsnettoeinkommen 49

Haushaltspläne ... 271
Hebesätze ... 278
Hilfebedürftigkeit ... 247
Hinzurechnungen ... 278
Hochkonjunktur ... 208
Höchstpreis ... 67, 132

Idealtypen ... 139
Ifo Geschäftsklimaindex ... 211
Image ... 88
Indexwert ... 174
Indifferenzkurven ... 63
Individualbedürfnisse ... 20
Industrieplan ... 147
Inflation ... 177
-, gefühlte ... 187 f.
Inflationsrate ... 174
Information ... 143
Informationssysteme ... 138
Infrastruktur ... 222
Inhaberaktien ... 84
Inlandsprodukt ... 26
Innovation ... 144
Instrumente, ordnungspolitische ... 226
-, prozesspolitische ... 226
Internationale Währungsfonds (IWF) ... 302
Intervention ... 214
Interventionspflicht ... 305
Investitionsnachfrage ... 215
Investitionsneigung ... 208
Investitionssteuerung ... 215
Investitionstätigkeit ... 218, 221

Jahresergebnis gem. DVFA/SG nach Steuern ... 91
Jahreswirtschaftsbericht ... 214
Juristische Person ... 81

Kapitalbedarf ... 319
Kapitalbilanz ... 295, 298
Kapitalgesellschaft ... 81
Kapitaltransaktionen ... 298
Kartellbehörde ... 100
Kartelle ... 99, 158
Kartellgesetz ... 158
Kartellverbot ... 100
Kassakurs ... 124
Kaufkraft ... 173 f.
Kaufkraftindex ... 174
Kette, freiwillige ... 98
KG ... 81
Kirchhof-Modell ... 262
Kollektivbedürfnisse ... 20, 23
Kommanditgesellschaft auf Aktien (KGaA) ... 81, 93
Kommanditist ... 81
Kommissionsagenturen ... 98
Komplementär ... 81
Konjunktur ... 197
Konjunkturausgleichsrücklage ... 215
Konjunkturindikatoren ... 210
Konjunkturpolitik ... 197, 212
-, antizyklische ... 213
-, monetäre ... 216
Konjunkturzyklen ... 205 f.
Konkurrenz, monopolistische ... 129
-, vollkommene ... 129
Konkurrenzkampf ... 130
Konsum ... 17, 20
Konsumfunktion ... 199
Konsumgüter ... 19
Konsumnachfrage ... 215
Konsumquote, marginale ... 199
Kontingentierungen ... 290
Kontrollrecht ... 81
Konvergenz ... 308
Konvergenzkriterien ... 308
Konzentration ... 101
Konzentrationskurve ... 106
Konzern ... 100
Kooperation ... 97
Koordinationsmechanismen ... 138
Körperschaftsteuer ... 282
Kosten ... 111, 129
-, fixe ... 111
-, variable ... 111
Kostendruckinflation ... 178
Kostenverläufe, Typen ... 111
Kredite ... 23, 254
Kreditfinanzierungsquote ... 270
Kreditübertragungsmittel ... 171
Kreditverkehr ... 298
Kreditwürdigkeit ... 88
Kreislauf ... 197
Kreuzpreiselastizität ... 73
Krise ... 207
Kulturbedürfnisse ... 20
Kündigungsschutzbestimmungen ... 161
Kursentwicklungen ... 89
Kurs-Gewinn-Verhältnis (KGV) ... 90
Kursmakler ... 124
Kurzarbeit ... 233, 235
Kurzarbeitergeld ... 249

Laissez-faire-Liberalismus ... 153
Landessteuern ... 258
Langzeitarbeitslosigkeit ... 237
Lebensstandard ... 219
Leistungsbilanz ... 295 f., 322
Leistungssatz ... 246
Leitkurse ... 295, 312
Leitzinsen ... 182
Liberalisierung ... 149
Liberalismus ... 141

Liquidität 191
Liquiditätsreserve 171
Lizenzen 297
Lohnsteuer 274
Lohntarifvertrag 251
Lücke, inflatorische 202
Luxusbedürfnisse 20

Magisches Viereck 167
Makroökonomik 15
Management 89
Manteltarifvertrag 251
Markt 141
-, organisierter 123
-, schwarzer 148
-, vollkommener 143
Marktbeherrschung 158
Marktentnahmekonzept 49
Marktformen 126
Marktstellung 90
Markttransparenz 143
Marktwirtschaft 140
-, freie 141
-, soziale 146, 151, 157
Marshall-Plan 150
Maslow-Pyramide 21
Maßnahmen, beschäftigungspolitische 236
-, präferenzpolitische 131
Maximalprinzip 23
Median 46
Medianeinkommen 59
Meistbegünstigung 291
Mengenanpasser 115
Mengenanpasserverhalten 129
Mengentender 181, 192
Mikroökonomik 15
Mindestpreise 131
Mindestreserven 190, 195
Mindestschluss 125
Minijob 248
Minimallöhne 156
Minimalprinzip 23
Mischfinanzierung 266
Mitarbeiterbeteiligung 88
Mitbestimmung 161
-, paritätische 95
Mitbestimmungsgesetz 95
Mittel, arithmetisches 46
Mobilisierung 243
Mobilitätshilfen 245
Monopolaufsicht 156
Montanmitbestimmung 95
Morgenthau-Plan 147
Müller-Armack, Alfred 146, 151
Multiplikatorprozess 204
Münzen 172
Münzgewinn 172
Münzregal 172

Nachfrage 121, 141
-, Einkommenselastizität 73
-, Elastizität 127
-, gesamtwirtschaftliche 197, 199, 202
-, private Haushalte 66
Nachfragefunktion 66, 68
Nachfrageinflation 178
Nachfragekurve 67, 127
Nachfragelücke 202
Nachfragemengenüberschuss 132
Nachfragereaktionen 127
Nachschusspflicht 82
Nachtwächterstaat 141
Namensaktien 84
Nationaleinkommen 26
Nennbetragsaktien 83
Neoliberalismus 153
Nettoinlandsprodukt 26
Nettokreditaufnahme 268
Nettonationaleinkommen 34
Nettowertschöpfung 33
Noten 172
Nutzen 62
Nutzenmaximierung 143
Nutzenniveau 63

Offene Handelsgesellschaft 80
Offenmarktgeschäfte 190 f.
Öffnungsklauseln 252
OHG 80
Opting-Out-Klausel 310, 315
Ordnungsfunktion 250
Ordnungspolitik 153, 155, 163
Ordoliberalismus 153

Parallelverhalten 130
Parketthandel 123
Patente 297
Personalzusatzkosten 239
Personengesellschaften 80
Pfandkredite 192
Phänomen der Knappheit 133
Pioniergewinne 144
Planungsfreiheit 156
Planwirtschaft 137 f., 140
Polypol 129
Präferenzen 143
Präsenzhandel 124
Preisbildung 121
Preiselastizität 70
Preisführer 130
Preisindex, Lebenshaltung aller privaten Haushalte 173
Preisindizes 173
Preiskartelle 130

Preisniveau 173
Preisniveaustabilität 212, 308
Preisstabilität 186
Preisstarrheit 130
Preissystem, vollständige Konkurrenz 155
Preisvorschriften, staatliche 131
Primärbedürfnisse 20
Primärmarkt 87
Prinzip, ökonomisches 23, 61
Prinzipien, konstituierende 153, 155
-, regulierende 153, 155
Privateigentum 141
Produktinnovation 218
Produktion 17
Produktionsbedingungen 219
Produktionsfaktor Arbeit 78
Produktionsfaktoren 17, 108
-, betriebswirtschaftliche 108
Produktionsmittel, Eigentum 138
Produktionspotenzial 217
Produktionsstruktur 231
Produktionswerte 26, 33
Produktionsziel 144
Produktivität 218
Progression, indirekte 260
Prozessinnovation 218, 221
Prozesspolitik 153, 164
Publizitätspflicht 96

Qualifizierung 243
Qualitätsvorschriften 290
Quantitätsgleichung 179

Rack-Jobbing-Systeme 98
Rahmentarifvertrag 251
Rationalisierungsinvestition 199, 208
Realtypen 139
Recheneinheit 171
Rechtsformen 79
-, besondere 93
-, gemischte 93
Rechtsformwechsel 86
Regelleistung 247
Regelungen, kollektivvertragliche 250
Regionalpolitik 227
Reifegrad 19
Reinvestition 199
Reiseverkehr 296
Rezession 207
Rücklage, freie 84
-, gesetzliche 84

Sachkapital 221
Sachverständigenrat 165
Sanktion 143
Sanktionssysteme 138
Sättigungsgut 69
Sättigungsmenge 67
Satzung 83
Schlusskurs 125
Schulden, öffentliche 308
Schuldenpolitik 215
Schuldenquote 270
Schuldentilgungsmittel 171
Schutzfunktion 250
Sektoren 14
Sekundärbedürfnisse 20
Sekundärmarkt 87
selbstständige Tätigkeit, Entgelte 297
Selbstverwirklichungsbedürfnisse 21
Sicherheit 166
Sicherheitsbedürfnisse 21
Smith, Adam 24, 141, 256, 285
Solidaritätsprinzip 159
Sonderausgaben 275
Sondervermögen 269
Sonderziehungsrechte 298, 303
Sorten 298
Sozialordnung 154, 159
Sozialprodukt 26
Sozialstaatsprinzip 160
Sozialversicherung 161, 253
Sparfunktion 199
Spekulationen 133
Spezialhandel 296
Spitzenrefinanzierungsfazilität 181, 195
Spitzensteuersatz 261
Splittingtarif 263
Staat 14, 253
-, Ausgaben 265
-, Einnahmen 254
-, Nachfrage 24
-, Schulden 268
Staatshaushalt 271
Staatsverschuldung, Grenzen 270
Stabilisatoren, automatische 216
Stabilisierungsaufgaben 253
Stabilitäts- und Wachstumspakt 314
Stabilitätsgesetz 166, 213
Stammeinlage 82
Stammkapital 82
Standard International Trade Classification 289
Standardschwankungsbreite 312
Standorte, freie 76
-, gebundene 76
Standortentscheidungen 76
Standortkosten 77
Stecknadelproduktion 24
Stellen, offene 235
Steuerabwehr 264
Steuerarten 257
Steuerdestinatar 256
Steuereinnahmen 23
Steuerertragshoheit 258

Steuerfreibetrag 274
Steuergegenstand 277
Steuergrundsätze 256
Steuerhinterziehung 265
Steuermesszahl 278
Steuern 254 f., 273
-, direkte 257
-, indirekte 257
Steuerobjekt 256, 258
Steuerquelle 256
Steuerschuldner 256, 277
Steuertarif 259
-, progressiver 259
-, proportionaler 260
Steuerträger 256
Steuerüberwälzung 264
Steuervermeidung 265
Stille Gesellschaft 94
Struktur, regionale 224, 227
-, sektorale 223
Strukturpolitik 164
Strukturwandel 224
-, intersektoraler 225
-, intrasektoraler 225
Stückaktien 83
Stückkosten 113
Subsequent Effects 180
Subsidiaritätsprinzip 160
Substitute 19, 68
Subventionen 24, 290
Subventionszahlungen 226
Sucharbeitslosigkeit 238
Supply Chain 78

Tarif, regressiver 260
Tarifabschlüsse 240
Tarifautonomie 250
Tarifbindung 251
Tarifverträge 250
Tarifvertragspartner 250
Tauschmittel 24, 171
Tauschwirtschaft 24
Tenderverfahren 192
Termingeschäft 133
Terminkontrakte 134
Terms of Trade 289
Transaktionen, kurzfristige 192
Transfereinkommen 47
Transferzahlungen 24, 31
Transithandel 297
Transport 297
Trust 100

Übernachtliquidität 195
Überwälzbarkeit 257
Übrige Welt 14
Umsatzsteuer 279
Umschulung 243
Umverteilung 160, 219
Unfallschutz 161
Unternehmen 13
-, Arten 75
-, private 75
Unternehmenszusammenschlüsse 99
Unternehmertätigkeit 254

Veränderungen, intersektorale 230
-, intrasektorale 230
Verbrauch, privater 35
-, staatlicher 36
Verbraucherschutz 161
Verbrauchsgüter 19
Verbrauchsteuern 258
Verkaufaufträge 124
Verkehrsteuern 258
Vermögen, Verwendung 61
Verschmelzung 100
Verschuldung 318
Versorgung 147
Verteilungskorrektur, Steuern 160
Verteilungspolitik 222
Verteilungsprobleme 177
Vertretung 82
Volkseinkommen 26, 31, 35
Volkswirtschaft 14 f.
Vollhafter 81
Vorleistungen 26, 33
Vorratsinvestitionen 36
Vorratsveränderungen 36
Vorstand 84
Vorsteuer 281

Wachstum 217
Wachstumspolitik 220
Währung, Binnenwert 173
Währungsreform 148, 178
Währungsreserven 295, 298
Warentermingeschäfte 133
Wechselkurse 291
-, feste 294
-, freie 293, 317
Wechselkursmechanismus II 312
Wechselkursstabilität 308
Weiterbildung 235
Werbungskosten 275
Wertaufbewahrungsmittel 171
Wertpapieranlagen 298
Wertpapierbörse 123
Wertpapierpensionsgeschäfte 192
Wertschöpfung 26, 32, 281
Wettbewerb 144, 154
-, Regulierung 158
-, Schutz 158
Wettbewerbsverbot 81

Wiedereingliederung 243
Wirtschaft, Grundfunktionen 17
Wirtschaften 22
Wirtschaftsgebiete 324
Wirtschaftsgeschichte 16
Wirtschaftskreislauf 29
-, einfacher 30
-, erweiterter 30
Wirtschaftsordnung 135, 137
Wirtschaftspläne, private Haushalte 61
Wirtschaftspolitik 16, 163
-, Mittel 167
-, Träger 164
-, Ziel 165
Wirtschaftsrechnungen 48
Wirtschaftsstruktur 224
Wirtschaftssubjekte 14
Wirtschaftssysteme 139
Wirtschaftstheorie 15
Wirtschaftswachstum 212
Wirtschaftswunder 151
Wohlstand 166

Zahlungsbilanz 295
Zahlungsbilanzgleichgewicht 299
Zeitgeschäft 133
Zentralbanksystem 172
Ziehungsrechte 298, 303
Ziele, finanzpolitische 253
-, Relationalität 167
Zielkomplementarität 167
Zielkonflikt 167
Zielkonkurrenz 167
Zinsen 308
Zinsniveau 190
Zinstender 193
Zölle 258, 290
Zulassungsstelle, Regionalbörse 92
Zumutbarkeit 243
Zwangsabgaben 254
Zweitrundeneffekte 180